ПАРАМАХАНСА ЙОГАНАНДА
(ҚАҢТАР 5, 1893 – НАУРЫЗ 7, 1952)

Құдай Романы

ӘҢГІМЕЛЕР МЕН ЭССЕЛЕР

ЖИНАҒЫ

КҮНДЕЛІКТІ ЖЕКЕ АДАМ ӨМІРІНДЕ

АЛЛА ТАҒАЛАНЫ ДҰРЫС

ТАНЫП – ТҮСІНУ

I I ТОМ

Self-Realization Fellowship
FOUNDED 1920
Paramahansa Yogananda

Құдайдың өзі махаббат деп айтқан Парамаханса Йоганананың сөзін бізге түсіндіріп, гуруының даналық сөздерін қағаз бетіне түсіріп, сақтап, бізге және кейінгі өсіп келе жатқан ұрпаққа қалдыру мақсатында шабыттана ұмтылған біздің сүйікті рухани басшымыз әрі президентіміз

ШРИ ДАЙЯ МАТАҒА

Self-Realization Fellowship қоғамы атынан арналады

ПАРАМАХАНСА ЙОГАНАНДАНЫҢ РУХАНИ МҰРАСЫ

Оның толық шығармалар жинағынан, даналық дәрістерінен, және бейресми құрған әңгімелерінен

Парамаханса Йогананда Лос-Анджелесте 1920 жылы йоганың ежелгі ғылымы туралы және оның философиясы мен уақыт сынағынан өткен медитация әдістерін таратуға бағытталған өзі негізін қалаған сектарлық емес діни қоғам Self-Realization Fellowship [1] халықаралық бас кеңсесін ашты. Парамаханса Йогананда біздің кезеңіміздегі аса көрнекті рухани қайраткерлердің бірі ретінде кеңінен танылды және оның өмірі мен қызметінің беделі әлі де қарқынды өсіп, жалғасын тауып келеді.

Оның ондаған жылдар бұрын ұсынылған көптеген діни және философиялық тұжырымдамалары мен әдістері қазіргі білім беру ісінде, психологияда, бизнесте, медицинада және басқа да өмір салаларында өзінің орнын таба отырып, өмірге неғұрлым тұтас, ізгілікті және рухани көзқарастың қалыптасуына ықпалын тигізуде. Парамаханса Йоганаданың ілімдері әр алуан салаларда әр түрлі философиялық және метафизикалық қозғалыстардың өкілдері арқылы

---

[1] (Сөзбе-сөз "Self-Realization Fellowship " (сэлф риализейшн феллоушип) Парамаханса Йогананда өз ілімдері мен жазба еңбектерін таратып, мәңгі сақтау үшін негізін қалаған қоғам. Self-Realization Fellowship қоғамының мақсаты бүкіл дүние жүзілік шәкірттеріне және барлық ақиқат іздеушілерге Құдаймен туыстығын ұғындыра отырып, бауырластық рухын білдіру және оларды осы қоғам мүшелерінің жетекшілігімен берілетін рухани дәрістерін қолжетімді таныстырып әрі қарай үздіксіз тәжірибелері мен жаттығулары арқылы Құдаймен байланыс орнатып, адамның санасын ең жоғарғы өзгермейтін мәңгілікті Сана, Құдай санасына – жеткізу. Бұл рухани қоғам). Жан иелерінің міндеті – өмірін бүкіл болмыс міндетімен сәйкес Құдайдың разылығына бағыттау. –Self-Realization Fellowship аббревиатурасы [эс-эр-эф] деп айтылады.

түсіндіріліп және шығармашылық түрде қолданылып келуінің өзі бұл ілімнің тек орасан зор практикалық маңызын дәлелдеп қана қоймайды. Ол сондай-ақ, Йогананда қалдырған рухани мұраның уақыт өте келе мәні жойылып кетпеуін қадағалау қажеттігін көрсетеді. Болашақ ұрпаққа жолдау ретінде өз ілімін бүкіл әлемге тарату үшін берік негіз қалау мақсатында *Парамаханса Йогананда шығармаларының толық жинағы* атты ұстаздың еңбектері баспа орталығында жарияланып, толассыз түрде шығарылуда. Парамаханса Йогананда туралы ақпараттар мен дерекнамалардың көбейе түсуіне байланысты оқырмандар оның өмірі мен ілімі туралы қай басылымда дұрыс беріліп отырғандығын жиі сұрайды. Мұндай сұрақтарға жауап ретінде біз Шри Йогананда келеңсіз жағдайларды болдырмау үшін алдын-ала қамданып, өзінің ілімдерін таратып, оны келешек ұрпақ үшін мұқият сақтауға бағытталған Өзіндік Таным Қоғамдастығы (Self-Realization Fellowship) құрғанын айтып, түсіндіріп отырамыз.

Өзіндік Таным Қоғамдастығының басылымы бойынша Кеңесін басқарған шәкірттерді Парамаханса Йогананда өзі таңдап оқытты және ол өзінің дәрістерінің, жазбаларының жариялануына қатысты ерекше нұсқау берген болатын. Self-Realization Fellowship (Өзіндік Таным Қоғамдастығының) басылымы бойынша Кеңестің Мүшелері (монахтар мен монах әйелдер) сүйікті ұстазының дүние жүзіне берген жолдауының бастапқы күші мен дұрыстығын сол күйінде сақтап, әрі қарай жалғасын табуы үшін осы нұсқауларды орындауды өздерінің қасиетті міндеті деп санайды.

Self-Realization Fellowship (Өзіндік Таным Қоғамдастығының) атауы мен оның төсбелгісін Шри Йогананда бүкіл әлемде оның рухани және гуманитарлық жұмысын жалғастыруға бағытталған ұйымның сәйкестендірілуі үшін құрастырды. Бұл символ барлық кітаптарда, аудио және бейне материалдар мен Парамаханса Йогананда негізін қалаған қоғамның жетекшілігімен шығарылатын басқа басылымдарында да көрсетіледі және ұстаздың ілімдері мен дәрістері оқырманға сол қалпында сақталып, дұрыс жеткізіліп отырғанының айғағы болып табылады.

SELF-REALIZATION FELLOWSHIP

АЛҒЫСӨЗ

Self-Realization Fellowship/Yogoda Satsanga Society of India қоғамының рухани басшысы әрі үшінші президенті Шри Дайя Матаның (1914-2010) Парамаханса Йогананданың таңдамалы дәрістері мен әңгімелерінен құралған бірінші томдық

Адамзаттың мәңгілік ізденісі атты кітабынан алынған

Мен алғаш рет Парамаханса Йогананданы 1931 жылы көрдім. Ол Солт-Лейк-Ситиде мейірім мен шуағын шашып үлкен аудиторияның алдында сөз сөйледі. Айналамдағы ешкімді байқамай, бар назарым ұстазға және оның сөздеріне ауып, кісі толған залдың соңында тұрдым. Оның даналық сөздері мен Құдайға деген махаббаты менің жаныма, жүрегіме және санама бойлап, жан-дүниемді толтырды. Мен тек бір нәрсеге: «Бұл адамның, мен әркез сүйгім келетіндей Құдайды сүйетініне сенімді болдым. Ол Құдайды таныды. Мен оның соңынан еремін»,- деп ойладым және солай істедім.

Парамахансажидің қасында өткізген алғашқы күнімнен бастап оның даналық сөздері менің өміріме үлкен бетбұрыс әкелді әсіресе ол сөздерді барлық әлем үшін барлық заманға сақтау керек деген маған ой келді. Парамаханса Йогананданың қасында ұзақ жылдар бойы болып, осы қасиеттің әрі қуанышты міндетті: оның дәрістерін, класстарын, ресми емес әңгімелерін, Құдайға деген махаббат пен осынау көз жеткісіз ғажайып қазыналы даналыққа толы жеке уағыздарын жазып алу бақыты бұйырды. Гурудэва сөйлегенде шабыты оның сөзінен көрінетін, ол тоқтамастан бүтіндей бір сағат сөйлейтін. Тыңдаушылар таң-тамаша қалып отыратын, ал менің қаламұшым қағаз бетімен зырылдайтын! Маған Ұстаздың дауысынан стенографиялық белгілерге айналдыратын ерекше құт құйылатын. Стенографиялық белгілерді ажыратып жазу мен үшін батиқалы жұмыс болатын және мен онымен әлі күнге айналысамын. Менің жазбаларыма көп жыл болды, олардың кейбіріне 40 жылдан асты, соған қарамастан оларды ажыратуға кіріскен кезімде олар бір ғажайыптың күшімен менің санамда тап бір күні кеше жазылғандай айқын тіріледі. Мен өзімнің ішкі есту түйсігіммен Гурудэваның әрбір нақты сөйлемді айтқан дауыс модуляциясын естимін.

Ұстаз өзінің дәрістеріне ешқашан дайындалған емес, тек кейде бір-екі жадынама жасайтын. Шіркеуге келе жатқанымызда ол бізден жиі: « Бүгінгі тақырыбымыз қандай еді?», - деп сұрайтын. Ол бар назарын соған аударып, кейін аяқ астынан табыла қалатын тақырып, оның ішкі Құдай берген шабыт қоймасынан еркін құйылатын.

Гурудэваның уағыздарының тақырыптары шіркеулерде алдын ала жоспарланатын және алдын ала хабарланатын. Бірақ кейде ол сөйлей бастағанда оның ақылы мүлдем басқа бағытта жұмыс істей бастайтын. Ұстаз дәл сол сәтте оның санасында болған шындықты айтатын және өзінің жеке рухани тәжірибесі мен интуициясы бастау болған баға жетпес даналығы мол ағын болып оның аузынан төгілетін. Ылғи да, Құдайға құлшылық етіп болғаннан кейін адамдар оған келіп, баяғыдан бері қинаған мәселеге жарық төккені немесе оларды қызықтыратын әлде бір пәлсапалық түсінікті түсіндіріп бергені үшін оған алғыс айтатын.

Кейде дәріс барысында Ұстаздың санасы кенеттен биікке көтерілетін, ол өзінің аудиториясын мүлдем ұмытып кетіп, Құдаймен тікелей диалог құратын және сол кезде оның барлық болмысы Құдайлық қуаныштан және тәнті қыларлық махаббаттан шуақ шашатын. Осындай жоғары күйде, оның санасы Құдай санасымен қосылғанда ол ішкі түйсігімен Шындықты қабылдап, өзі көрген нәрсенің бәрін суреттеп беретін. Құдай оған Құдай Ана немесе өзге бір пішіндегі бейнеде келетін. Біздің ұлы ұстаздарымыздың немесе қымбат адамдарымыздың бірі оның алдына келген кездері де болған. Мұндай кездері тіпті тыңдаушылардың өздері ерекше бата алғандай сезімде болатын еді. Осындай көтеріңкі көңіл-күй жағдайында Гурудэваның ерекше жақсы көретін әулие Франциск Ассизскийдің көрінуі Ұстазды «Құдай! Құдай! Құдай!» атты тамаша өлең шығаруға шабыттандырды.

БхагавадГитада шаттанған ұстаздың көңіл-күйі былайша суреттеледі: «Түсінбеушілікті өзінің «Менін» тану арқылы қуған адамдардың даналығы жарқыраған күн сықылды, «Меннің» Биігін ашады».(БхагавадГита V:16) Парамаханса Йоганандадан тарайтын рухани жарық қастерлі жылылық тудыратын, егер де оның жылуы, табиғилығы және момындығы болмаса, әрқайсысының көңілдері салқындықты сезінер еді. Оның сөйлеген сөзінен –ақ тыңдаушылардың әрқайсысы Гурудэваның сөзі жеке өзіне бір арналып тұрғандай сезінетін. Ұстаздың адамдарды махаббатқа бөлейтін тағы бір тамаша қасиеті ол оның әзілі болатын. Сөйлеуімен, қимылымен, бет-әлпетінің қозғалысымен санаға шындықты жеткізу немесе терең мәселеге байланысты туындаған шиеленісті болдырмау үшін ол әрқашан керек кезінде тыңдаушылардың көңілді күлкісін шақыратын.

Парамаханса Йогананданың көп қырлы қайталанбас, нұр таратқан нар тұлға екендігін айтып жеткізуге бір кітап аздық етеді. Бірақ, мен өз басым, мына беріліп отырған қысқа мақала әрбір оқырманды автордың даралығын сезіндіріп, кеуделерін қуанышпен толтырып байытатынына күмән келтірмейтініне сенімдімін.

Менің қуанышым шексіз, мен өзімнің Гурудэвамды оның Құдаймен тілдескен сәтінде көрдім, мен оның терең шындығын және жанының жалынды тебіренісін көрдім; мен оларды жылма-жыл жазып алатынмын, енді міне, оларды көпшілікпен бөлісіп отырмын. Бұл қуаныш емес пе?! Ұстаздың жалынды сөздері біздерге Сүйікті Әке де, Сүйікті Анада, Мәңгілік Досымыз да бола алатын Құдайымызға апаратын тура жолдың есіктерін кеңірек ашып көрсетеді.

Дайя Мата

Лос-Анджелес, Калифорния
Мамыр 1975 ж.

Ризашылыққа ие болған жарты ғасыр, мүмкін одан да көп уақыт бойы, мен Парамаханса Йонанданың Крия- йога миссиясының өскенін бақылап, қатысып отырдым. Оның болмысынан шыққан Құдайға деген махаббат алауын көрдім, бұл алау менің жүрегімді құдайшыл махаббатпен рухтандырып, басқа адамдарға осы сәуле трансформаторының ризашылығын сыйлай отырып, жүректерінде құдайшыл махаббатты тұтандырды. Сонымен қатар, көптен күткен Өзіндік таным қоғамдастығы *Адамзаттың мәңгілік ізденісі* атты кітабына қосымша том болып саналатын, барлық жайдың ақиқатына терең Рухани ләззат пен қуаныш беретін *Құдай Романы* атты кітапты жарыққа шығарды.

«Құдаймен роман мүлтіксіз және шексіз» деген болатын Гурудэва. Парамахансаның бойынан Құдаймен орнатқан мәңгі достық қатынасының бүкіл даңқы мен тәттілігі айқын көрінетін. Осы жылдар бойы ол үлгілі жандардың өнегесін үйреніп, олардың өмірі туралы айтып, уағыздар тәжірибесін беріп келді, ол менің жүрегімнен шыққан барлық тілектеріме жауап әкелгендей еді. Құдайшыл махаббаттан ең алдымен сезілетін, жаным арқылы таралатын, уәде беру менің бүкіл тілектерімді ақтады.

Парамахансада басқаларға Құдайды олардың өмірінің саналы шынайылығы ретінде тануға көмектескісі келетін бір ғана тілегі болды. Құдайдың барлық балалары үшін қайғы жұтып, Оған шын жүрегімен «Мен Сенің махаббатыңды олардың жүректерінде оята аламын ба?» деп сыйына отырып, жиі жылаған. Құдайшыл махаббат бұл әр жүректе шарасыздық ауруын жоя алатын және Құдай жаратқан осы жалғыз әлемнің бірлігін уатып жіберген бүкіл жарақатты, алауыздықты, жек көрушілікті және түсінбестікті жоюдың жалғыз ғана жауабы болып табылады. Осы том беттеріндегі ыстық дұғалардың орындалуы үшін айтылатын Құдайшыл махаббат алауы, өзі жанасқан әр жүректе Құдайға деген махаббатты оята алады.

Дайя Мата

Лос-Анджелес, Калифорния
Қараша 19, 1986 ж

КІРІСПЕ

Ең үлкен роман- бұл Құдаймен бірге болған роман.Ол әділ әрі жақтаушы және біздің жандарымыз оның сүйіктілері, Жан Құдаймен, яғни Ғарыштағы Үлкен Жанмен бір болғанда, мәңгілік роман басталады.

– Парамаханса Йогананда

Өзін Құдай жолына толық арнаған Құдаймен үнемі байланыста болатын жандар үшін Парамаханса Йоганаданың әңгімелер жиынтығынан тұратын *Құдай Романы* атты шығармасы олардың мәні болып табылады. Осылайша, оның өзі жаратқан пендесінің әрбіріне Алла тағаладан шығатын махаббатт пен Рухани ләззатқа қалай жету керек екені туралы әңгіме ететін кітап.

Адамзат уақыт, кәрілік немесе өлім ескірте алмайтын мүлтіксіз махаббатқа ешқашан тырыспайды деген автордың хабарламасы жалпыға бірдей үндеу тастайды. Әрине, бәрі де мұндай қатынастың ләззаты мен мүлтіксіздігін басынан кешіргісі келер еді, бірақ әркез олардың алдында: «Бұл сонда мүмкін бе?» деген сұрақ тұрады. Парамаханса Йогананда батыл түрде мұның мүмкін екенін айтумен болды. Өзінің өмірі мен ілімдерінің негізінде, ол біз іздеген ішкі ләззат пен махаббатты Құдайдан табуға болатынын дәлелдейді. «Ол ләззатты адамның Алла тағаламен байланыс кезінде алады» Нағыз ләззатқа жан құмарын қанағаттандырғанда ғана жетуге болады,-деп өзінің *Құдай Романы* деп аталатын ашық дәрістерінде айтатын. «Жан мен рух арасындағы махаббат мінсіз таза, ол барлық жан иелерінің бұл дүниедегі іздеп жүрген ләззаты»

Парамаханса қарапайым теория мен теология туралы айтпайды; оның сөздері- шабыттандырушы және тәжірибелік қадамды уағыздайтын махаббат тәжірибесі мен Құдай даналығы. «Есту үшін құлаққа ие болғандар» тап солайша, өздері үшін өз өмірлерінде барлығын толтыратын құдайшылдықты аша алады. Оның даналығы

филологтар оқуының нысаны емес; ол өмірі ішкі қуанышқа және
сыртқы жайластырушылыққа толы динамикалық рухани тұлғаның
эмпирикалық куәгері; үйрету үшін өмір сүрген әлем ұстазы
Премаватардың (махаббаттың іске асуы) жалғыз ғана тілегі- құдай
махаббаты мен даналығын тарату болатын.

Парамаханса Йогананда Үндістанда, Горакхпурда 1893 жылғы 5
қаңтарда дүниеге келді. Оның балалық шағы оны Құдай ға арналған
тағдыр екенін көрсететін түрлі оқиғаға толы болды. Мұны ерте
түсінген анасы оның асыл идеалдарын және рухани ұмтылыстарын
барынша қолдап отырды. Жарық дүниедегі ең жақсы көретін анасы
қайтыс болғанда, ол 11 жаста болатын, анасының өліміне қатты
қайғырып, өлген анасын іздеумен болды бірақ бұл ізденіс жолы
оны Құдайды табуға және барлық адамзат жүрегі жауап күтетін
жауаптарды тек Құдайдың өзінен ала алатына үйрететін күш беріп,
оны қайратты етті.

Ол ұлы *Джанаватардың* (Даналықтың Іске асуы) Свами Шри
Юктешвар Гиридің шәкірті болды. Шри Юктешвар ұлы гурулардың
рухани ұрпағының жалғасы еді, онымен Йоганандажи туғаннан
байланыста болатын: Сондай-ақ, Лахири Махасая Шри Йоганананың
ата-анасы мен Шри Юктешвардың ұстазы болатын. Йогананда әлі
сәби кезінде Лахири Махасая оның анасына бата беріп, былай деген:
«Кішкентай ана, сенің ұлың йог болады. Рухани кеме сықылды Құдай
Патшалығына көптеген жандарды өткізеді». Лахири Махасая біздің
заманымызда Крия-йога ілімін жаңғыртқан ұлы ұстаз Махаватар
Бабажидің шәкірті болатын. Адам жанын Құдаймен қосуға бастайтын
өмір өнерінің және медитацияның Адам нанғысыз техникасын
меңгерген, осы техниканы Кришна БхагавадГитеде және Патанджали
Йога сутраларда мадақтайтын. Махаватар Бабажи Крия-йога қасиетті
ғылымын Лахири Махасаяға, ол оны Шри Юктешварға, ал Шри
Юктешвар өз кезегінде оны Парамаханса Йоганандаға тарту етті.

1920 жылы Парамаханса Йогананда азат етуші йога білімін
тарату үшін өзінің әлемдік миссиясын бастауға дайын деп танылды.
Махаватар Бабажи оған: «Сен Батыста Крия-йога білімін таратуға
таңдап алынғансың. Көп жыл бұрын мен *Кумбха-мелада* сенің ұстазың
Шри Юктешварды кездестіріп оған сені шәкірт етіп жіберетінімді
айтқанмын. Крия-йога [Құдайға жетудің ғылыми техникасы] ақыр

аяғында жер бетіне таралып, Ол адамдардың әрқайсысына Бір Шексіз Әкені сезінуге және Жер беті халықтарының арасында үйлесімділік орнатуға көмектесіп, сол арқылы жеке, баға жеткісіз қасиетке ие болуға мүмкіндік береді», - деп Құдай алдындағы жауапкершілікті тапсырады.

Парамаханса Йогананда өз міндетіне Америкада Бостондағы 1920 жылы Халықаралық діни либералдар конгресінде делегат ретінде кірісті. Он жылдан астам уақыт бойы ол күн сайын ірі қалалардағы пәрменді аудиторияның алдында сөз сөйлеп Американы аралады. 1925 жылдың 28 қаңтарында *Лос-Анджелес Таймс* газеті былай: «Филармонияның залы өз алдына бөлек дүние ...мында жиналған мыңдаған Адам құр кетуге мәжбүр өткені 3000 орынға есептелген зал хабарланғанындай дәрістің басталуына бір сағат қалғанда, аузы мұрнынан шыға толды. Құрама Штаттарға Құдай туралы, христиан ілімін уағыздауға келген үнді адамы свами Йогананданы тыңдауға осы адамдардың барлығы келді»,-деп жазды . Батысқа Шри Йогананданың қызыл сөздің майын тамыза және түсінікті тілмен айтқан йога таңқаларлықтай жаңалық фактісі болды. Йога барлық шынайы діни ілімдердің іс жүзіндегі *мәні* бола тұра, әмбебап ғылым болып табылады.

1925 жылы Лос–Анджелесте Парамаханса Йогананда Self-Realization Fellowship қоғамның бас орталығы, халықаралық штаб-пәтерді бекітті, ол оның негізін тіпті 1917 жылы Индияда қалаған және ол Йогода Сатсанга деп аталады. Халықаралық штаб-пәтерден, Гуру ілімдері бүкіл дүние жүзіне таратылады, оның ішінде оның сансыз кітаптары мен рухани өмір туралы *Өзіндік таным сабақтарындағы Крия* йога медитация ғылымы кіреді.[2] Гуру жұмыстары Парамахансаның өз жұмысын жалғастырып, пәктігін сақтайтын адамдарды дайындау үшін негізін қалаған " Өзіндік таным Монах ордені" ұйым мүшелері арқылы бағытталып, өңделеді.

30- шы жылдардың соңында Парамахансажи елдегі сөз сөйлеуін біртіндеп азайтады. «Мені топыр қызықтырмайды,- деді ол, мені тек Құдайды тануға шынымен ұмтылған жандар қызықтырады». Ол ойшыл, даналығы мол өзі бір жеке алдына тұйық мінезді салмақты шәкірттерімен жұмыс жасады, Self-Realization Fellowship жанынан

---

[2] Үндістан мен іргелес аумақта тұратын адамдар (ақиқат іздеушілер) осы басылымдарды Үнді Йогода Сатсанга қоғамынан алады.

ашылған Құдайға құлшылық ету шіркеулердегі мен SRF қоғамының бас орталық Кеңсесі орналасқан штаб - пәтерде әңгімелесулер мен дәрістер ғана болмаса, оның көпшілікке шығуы шектелді. Мына кітапқа оның өміріндегі сол кезеңдегі берген дәрістері мен бейресми әңгімелері енген.

Парамаханса Йогананда: «Мен төсекте өлмеймін, Құдай мен Үндістан туралы айтып, тікемнен тұрып өлемін» деп болжап әлденеше рет айтты. 1952 жылдың 7 наурызында бұл сәуегейлік орындалды. Үндінің елшісі Б. Р. Сеннің құрметіне ұйымдастырылған банкетке Парамахансажи ділмар ретінде шақырылып, ол шабытты сөз сөйлеп, оны өзінің «Менің Индиям» өлеңіндегі: «Ганга өзені бар ана жақта, ормандарда, Гималайлық үңгірлерде адамдар Құдай туралы ойлайды, мен ол жақта қасиеттілікке ие боламын, менің денем сол жерге тиесілі!» ,-деп дәйексөзбен түйіндеді. Содан кейін ол өзінің назарын жоғары жаққа аударып, *махасамадхи* күйіне кірді, — дамыған йогтардың жасайтын әрекетімен оны жаны денеден саналы түрде шықты. Ол өзі өмір сүргендей, адамдарды Құдайды тануға шақырумен өлді.

1977 жылы Парамаханса Йогананданың жиырма бес жылдық махасамадхи мерейтой құрметіне үнді өкіметі естелік марка шығарды. Маркамен берге:«Парамаханса Йогананданың өмірінде Құдайға және адамзатқа қызмет етудің сүйіспеншілік идеалы толығымен айқындалды. Йогананда өмірінің басым бөлігін Үндістаннан тыс жерде өткізсе де, ол біздің ұлы әулиелеріміздің қатарынан өз орнын алады. Оның еңбегінің өнімі молайып, ол еңбегі әлемдегі барлық адамдарды рухани тәуіп етушілікке тарту жолында одан сайын жарқырай түсуде»,- деген ақпараттық үнпарақ шығарылды.

Сондай-ақ, Парамаханса Йогананданың дәрістеріне қатысу үшін қазір уақытпен және кеңістікпен тасалансақ та, біз оның сөздерін оқи отырып, ризашылығын ала аламыз, және осы мүмкіндік үшін біз Өзіндік таным қоғамдастығының президенті болған Шри Дайя Матаға қарыздардамыз. Гурудың рухани қызметінің ерте кездегі сөйлеген сөздері тұрақты түрде жазылмай қалды. Бірақ Шри Дайя Мата Парамаханса Йогананданың шәкірті атанып, 1931 жылы өзіне қасиетті еңбекті алған кезден бастап, оның сөйлеген сөздері келешек ұрпақ үшін жазыла бастады. Дайя Мата: «Парамахансамен жеке таныс болған адам оның ұлылығы ілімдерінің терең даналығында ғана емес, оның терең махаббатында, сонымен қатар аяушылық білдіре түсіне алатынында екенін жақсы біледі. Оның әр сөзінен, ым-ишарасынан айтып жеткізуге болмайтындай мейірімділік көрініп тұрады, оның махаббаты шексіз және еш жағдайға қатысты емес екенін әрбір адам жақсы білді. Оның көзінше әлсіздік пен кемшілік маңызға ие болған жоқ, ол әр жанның бойынан құдайдың айқын кескінін көре білді»,- деп жазды. Бұл кітапқа Парамахансажидің Өзін-өзі тану сабағын шәкірттеріне берген жеке нұсқаулардан, медитацияның техникасы мен қағидаттарынан тұратын көптеген жазбалары жинақталып, оның жазба жұмыстарымен бірге SRF сабақтарына (*Self-Realization Fellowship Lessons*) үй тапсырмаларын оқуға арналған сериялар енді. Өзге сөйлеген сөздері «Өзіндік Таным» журналында тұрақты жарияланып тұрады. ««*Адамзаттың мәңгілік ізднесіі*» деген кітабына «*Құдай романы*» деп аталатын оның сөйлеген сөздер таңдамаларының екінші томы жалғасады.

Бұл томда жинақталған дәрістер осылайша оқуларымен таныс аудиторияда оқылды. Бірінші кезекте, бұл кітапқа аудиторияларда, Өзіндік таным ғибадатханаларда және Лос-Анджелестегі халықаралық штаб-пәтерлерде өткен сабақтар мен дәрістер енгізілген. Бірнеше дәрістер бейресми кездесулерде немесе *сатсангаларда* аздаған қатысушылармен өткізілді немесе медитация кезінде, Гуру Құдаймен шадыман құдайшыл роман туралы барлық көріністі сақтауды қамтамасыз ететін экстатикалық қатынас кезінде өтті. Кейбір шабыттандырушы жазбалар да осы томға енгізілген. Парамаханса өзінің бос уақытында ақиқаттың нақты аспектілерін адамдардың дұрыс түсінуіне көмектесу үшін өзінің не сезінгені туралы қысқа мақалалар жазды.

Бұдан да кең аудиторияға кейбір терминдер мен пәлсапалық түсініктерді түсіндіру мейлінше пайдалы болуы ықтимал. Осы мақсатпен біз бұл кітапқа көптеген сілтемелер мен глоссарийлер енгіздік. Олар санскриттегі кейбір сөздердің және пәлсапалық терминдердің мағынасын түсіндіреді және оларда Парамаханса Йогананданың өмірі мен қызметіне қатысты оқиғалар, адамдар, жерлер жөнінде мәліметтер қамтылған. Бұл кітапта келтірілген Бхагавад-Гитадан алынған дәйексөзді Парамаханса Йоганданың өзі санскриттен ағылшын тіліне аударды. Кейде ол сөйлеген сөздердің мәтініне қарай лезде аударылып отырды. Бхагавад-Гитадан алынған бұл *Құдай романындағы* дәйексөздердің көпшілігі (Self-Realization Fellowship қоғамы 1995 жылы басып шығарған) Парамаханса Йогананданың «*Бхагавад Гита: Құдаймен Арджунаның тілдесуі*» - *Құдай патшалығын ғылыми түсіну* атты шығармасынан алынған. Гитадан алынған сөздердің басым бөлігін ол шығармалар мен әңгімелерінің жиынтығындағы жаңа сөздерге берілетін түсініктемелердің нақты нұсқасын көрсететін сілтемелерінде қолданылады.

Құдай романы Парамаханса Йогананданың сұхбаттары мен дәрістері жинағы серияларының екінші томы болып саналады. Ол да бірінші том секілді сансыз оқырмандарға рухани жолдағы құдайшыл жарық сәулесі, шабыттандырушы, бағыт көрсетуші, өмірге жаңа мән-мағына әкелуші. «Ең бірінші роман- шексіздікпен. Егер сіз Құдайдың барлық жерде екенін және ол барлығының барлығы тек Құдай екенін ұғынсаңыз, сонда сіз өмірдің қаншалықты тамаша болатынын білесіз. Ол саған келіп, саған жөн сілтесе, құдайшыл махаббат романы басталатын болады»,- деген Парамаханса.

SELF-REALIZATION FELLOWSHIP

Лос-Анджелес, Калифорния
Қараша 1986

Құдайшыл махаббатты тәрбиелеу жолдары

Self-Realization Fellowship (Өзіндік Таным қоғамдастығы) гибадатханасы, Голливуд, Калифорния, 10-ші қазан 1943 жыл

Тұтастай алғанда, әлем *махаббат* деген сөздің нағыз маңызын ұмытты. Адамдардың махаббатты қорлағаны соншалық, тек санаулы адамдар ғана оның маңызын түсінеді. Зәйтүн ағашының кез-келген әрбір бұтағынан алынатын зәйтүн май секілді, махаббат та дүниенің әрбір бөлшегінде болады. Бірақ махаббатқа анықтама беру қиын нәрсе, олай дейтінім, апельсиннің дәмін сөзбен айтып толығымен жеткізу қалай мүмкін болмаса, махаббатты да сөзбен айтып жеткізу соншалықты мүмкін емес. Оның дәмін татып көру үшін өнімін жеп көру керек. Махаббат та сол секілді. Әрқайсыңыз өз жүрегіңізде махаббатты сезіндіңіз, осылайша сіз ол туралы аз да болса мағлұматқа иесіз. Бірақ махаббатты қалай дамыту қажеттігін, оны тазартып, кеңейте отырып, Құдайшыл махаббатқа айналдыру жолдарын екінің бірі біле бермесі анық. Осы құдайшыл махаббаттың ұшқыны әрбір жүректе өмірдің бастапқы кезінде болады, бірақ, оны дамыту жолдарын білмегендіктен, адамдар, әдетте, жоғалтып алады.

Көптеген адамдар махаббаттың бар екені туралы түсініктің қажеттілігін ешқашан ойланып та көрмеген. Олар махаббатты туыстарына, дос-жарандарына, және өздері қатты бауыр басқан жандардың барлығына арнайтын сезім ретінде қабылдайды. Бірақ одан да едәуір үлкен нәрсе бар. Сіздерге махаббат туралы сипаттай алатын жалғыз ғана тәсіл бар, ол- сол махаббаттың ықпалы туралы жеткізу. Егер сіз құдайшыл махаббаттың кішкене ғана бөлшегін сезінетін болсаңыз, онда өз бойыңызда ұстап тұра алмайтындай әлдеқайда ұлы, барлығын тегіс қамтитын қуанышты сезіне аласыз.

Менің осы сіздерге айтып отырған нәрсем туралы ойланып көріңіз. Махаббаттың ләззаты сезімде емес, ол алып келетін Ләззатта.

Махаббат қуаныш сыйлағандықтан, бізге махаббаттың өзі ұнайды, өйткені ол бізге соншалықты үлкен, баянды бақыт сыйлайды. Сөйтіп, махаббат алға қойған мақсат емес, бұл жерде алға қойған мақсат-мейірімділік болып табылады. Жаратушы *Сат-Чит-Ананда болып табылады*, яғни мәңгі өмір сүретін, мәңгі түсінікті және мәңгі жаңа Мейірімділік болып табылады. Біздің жанымыз *Сат-Чит-Ананданың* жеке көрінісі. «Біз Ләзза ттан шықтық, Ләззатта өмір сүретін боламыз, бір күні осы қадірлі Ләззатта біз қайтадан еріп кетеміз».[1] Бүкіл құдайшыл эмоциялар –махаббат, аяушылық білдіру, ержүректік, өзін-өзі құрбандыққа итермелеу, бойұсыну секілді қасиеттердің барлығының Ләззатсыз еш мәні болмас еді. Ләззат таза да, пәк көңіл мен шексіз Мейірімділік көрінісін білдіреді.

Адамның қуанышты қабылдауы мида, йогтар *сахасрара* немесе мың жапырақты лотос деп атайтын Құдай санасының орталығында пайда болады. Бірақ, қуанышты нағыз сезіну мида емес, жүректе пайда болады. Мида орналасқан Құдайшыл сананың таңғаларлықтай ғажайып арнасынан қуаныш жүрек орталығына[2] түседі де, сол жерде өзін көрсетеді. Бұл қуаныш Құдайшыл мейірімдіктен Рухтың ажырамас және негізгі атрибутынан пайда болады.

Ләззат нақты сыртқы жағдайлармен үйлесімдікте туылғанымен, ол оларға тәуелді емес; көбінесе қуаныш ешқандай материалдық себепсіз де туындай береді. Кейде таңертең ұйқыдан « құдды бір қанат біткендей», тұла бойыңыз ләззатқа толы күйде оянасыз, бірақ, мұның себебін өзіңіз де түсінбейсіз. Және терең медитация тыныштығына шомғаныңызда, ешқандай сыртқы себепсіз ләззат іштен пайда болады. Медитация қуанышы адамның жүрегін кернейді. Ал медитацияның терең тыныштығын сезініп көрмеген адамдар нағыз бақыттың не екенінен бейхабар.

---

[1] Тайттирья Упанишад 3-6-1

[2] *Анахата чакра*, арқа орталығы, ауа элементін тербейтін *Вайи* бақылауының орталығы, жасампаз *Ом* (Әумин) вибрациясының айқындалуы. Адам өмірі мен сана әрдайым омыртқа мен мида орналасқан негізгі жеті энергетикалық орталықтың чакра болып табылатын «өмір ағашының» күші мен белсенділігі арқасында анықталады. Осы орталықтардан адамның барлық физиологиялық және психологиялық мүмкіндіктеріне күш тарайды. Өзінің бірыңғай пайда болу орталығының арқасында, кейбір рухани және психологиялық мүмкіндіктер физиологиялық үрдістермен тығыз байланысты. Мысалы, жүректің физиологиялық қызметі мен рухани қабылдау орталығында байланыс бар екені айдан анық. Бірге жұмыс жасай отырып, олар адами да, құдайшыл да махаббаттың ұлы эмоциясын көрсетеді. (*чакраға* берілген түсінікті глоссарийден қараңыз.)

Біз өз тілектеріміз орындалған уақытта бақытты сезінеміз; бірақ та жас кезімізде бақыттың жүрегімізге кенет қайдан енгенін өзіміз де білмейтінбіз. Қуаныш әрдайым белгілі жағдайларда айқындалады, бірақ олар арқылы емес. Сонымен, біреу-міреу мың долларға ие болып: «О, мен қандай бақытты жанмын!» деп айғайлаған кезде, кенет байып кету жағдайы ішкі жасырын мейірімділіктің қайнар көзінен босатқан қуаныш субұрқағының құралы ретінде қызмет етеді. Осылайша, қарапайым адам өмірінде нақты жағдайлар қуанышқа кенелу үшін қажетті, бірақ қуаныштың өзі мәңгі, жанға байырғы кезден тән жағдай болып табылады. Махаббат, сонымен қатар, жан жағдайы болып та табылады, алайда қуанышқа қатысты ол екінші орында, қуанышсыз махаббат та болмайды. Сіз қуанышсыз махаббатты ойлай аласыз ба? Қуаныш қай уақытта да махаббаттың серігі болып келеді. Біз ажырамас махаббат қайғысы туралы айтқанымызда, қанағаттанбаған ынтықтық туралы айтамыз. Махаббаттың нағыз көрінісі әрдайым қуанышпен бірге жүреді.

МАХАББАТТЫҢ ӘЛЕМДІК ТАБИҒАТЫ

Әлемдік түсінік бойынша, махаббат үйлесімдік беріп, біріктіретін және байланыстыратын жаратуға құштарлықтың құдайшыл күші болып табылады. Екінші жағынан алғанда, ғарыштық энергиядан шығатын, ғарыштық Құдайшыл санадан шығатын жаратылысты заттандыратын кері итергіш күш те болады. Бұл күш *майяның* және үйлесімсіздікті туындататын физикалық әлемнің алдап-арбау күшінің көмегімен барлық формаларды айқындалған күйде ұстап тұрады. Махаббаттың біріктіргіш күші барлығын үйлесімді етіп, ақыр соңында барлық жаратылысты Құдайға үйлесімді ете отырып, ғарыштық кері итеру күшіне кедергі келтіреді. Махаббаттың біріктіргіш күшімен ризашылықта өмір сүрушілер, табиғатпен және өздерінің айналасындағы адамдармен үйлесімдікке еніп, Құдаймен берекелі бірлікке енуге талпынады.

Бұл әлемде махаббат екі жақтылықты пайымдайды; ол екі немесе одан да көп жаратылыстар арасында сезім алмасу кезінде пайда болады. Жануарлардың өзі бір-біріне және өз ұрпақтарына махаббатын білдіреді. Көп жағдайда, серіктестің бірі о дүниелік болған кезде, екіншісі көп ұзамай соңынан барады. Бірақ, жануарлардың махаббаты сезікті, олар махаббаты үшін жауап бере алмайды. Ал, адам жаратылысы, керісінше, өз махаббатын басқа адамдарға білдіре алады және саналы түрде өз тағдырын өзі шешу мүмкіндігіне ие.

Адам бойында махаббат түрлі жолдар арқылы айқындалады. Біз ері мен әйелінің арасындағы, ата-ана мен баласының арасындағы, аға мен қарындастың арасындағы, достар арасындағы, қызметші мен қожайынының арасындағы және гуру мен шәкіртінің, Христос пен оның ізбасарлары арасындағы, Үндістанның ұлы ұстаздары мен олардың *шәкірттері* арасындағы, яғни құдайға шын берілген адам мен Құдай арасындағы, жан мен Рух арасындағы махаббатты білеміз.

Махаббат дегеніміз әмбебап эмоция; ол табиғат ойы арқылы көрінеді. Осылайша, махаббат әке жүрегі арқылы өткен кезде, ата-ананың санасы оны әке махаббатына айналдырады. Ал енді ана жүрегі арқылы өткен кезде, ол ана махаббатына айналады. Ал енді махаббат ғашық жанның жүрегі арқылы өткен кезде, бұл адамның санасы осы әлемдік махаббатқа басқаша қасиеттер береді. Ешқандай да дене құралы емес, махаббат өтетін сананың нақ өзі оған айқындалудың түрлі дәрежесін береді. Әке ана махаббатын басынан кешіре алады, ана- достық махаббатты, ал ғашық жан- құдайшыл махаббатты басынан кешіре алады.

Махаббаттың әрбір жарқылы өзінің табиғаты ретінде бірыңғай Ғарыштық Махаббатқа ие, бірақ ол өзін адам махаббаты ретінде әр түрлі қасиетте сипаттаған кезде, ол мүлтіксіз таза бола алмайды. Ана өзінің баласын не үшін жақсы көретінін білмейді, және баласы да анасын неліктен жақсы көретінінен бейхабар. Олар бір-біріне деген махаббаттың қайдан келетінін білмейді. Бірақ бұл Құдайшыл махаббаттың пайда болуы, және ол пәк те, риясыз болғанында Оның құдайшыл махаббатын көрсетеді. Осылайша, адам махаббатын қарастыра отырып, біз құдайшыл махаббат табиғаты туралы мағлұматқа ие болып, түсіне бастағандай боламыз, өйткені адамдар сезімінде біз Құдай махаббатының ұшқынын таба аламыз.

ӘКЕ МАХАББАТЫ СЕБЕПКЕ ИЕ

Әке махаббаты дана, және өзіндік себепке ие. Бұл жерде басым болып тұрған бірден бір себеп: «Бұл менің балам және оған өзім қамқор болып, өзім қорғаймын» деген ой болып отыр. Әке мұны риясыз түрде, баласына қамқор бола жола жүріп, пайдалы істерге үйретіп, барлық жамандықтардан қорғай және тәрбиелей отырып өз

Парамаханса Йогананда Калифорния лейтенант губернаторымен және Гудвин Дж. Найт ханыммен бірге, олар Махатма Ганди Бейбітшілік Мемориалын және Өзіндік таным қоғамдастығына Көл ғибадатханасын ашылуына көмектескен. Тынық мұхит қоршауы, Калифорния, 1950 жыл, 20 тамыз. Махатманың күлінің бір бөлігі осы суретте түскен кісілердің артындағы тас табытта сақтаулы. Мемориалды тамашалауға жыл сайын мыңдаған адамдар келіп тұрады. (*xxx бетті қараңыз*).

махаббатын білдіреді. Бірақ та әке махаббаты отбасылық махаббаттың барлық формалары секілді, көбінесе ырықсыз; әке өз баласын сүймеуге хақы жоқ.

АНА МАХАББАТЫ СЕЗІМГЕ НЕГІЗДЕЛГЕН ЖӘНЕ ШЕКСІЗ

Ана махаббаты кең. Ол қандай да бір себептерге емес, сезімге негізделген. Нағыз ана махаббаты шексіз. Біз көп жағдайда олардың рухани табиғатқа ие екеніне иландыра аламыз және, осылайша, ол адам махаббатының көптеген түрлеріне қарағанда, әлдеқайда таза болып келеді. Жаратушы ана жүрегіне балаға деген, сол баласынан орнына ештеңе күтпестен, қылығына де қарамастан жақсы көретіндей махаббатты аямай берген. Баласы қылмыскер болып өскеннің өзінде, ана махаббаты өзгермей, сол қалпында қалған кезде, әке шыдамы таусылып, кешірім беруге әзір тұрмайды. Ананың шексіз махаббаты, мүмкін, Құдайшыл махаббаттың сезімінің өзі болар. Нағыз ана өз баласына бүкіл дүние тегістей теріс айналған кездің өзінде де, кешірімшіл болады. Мұндай махаббат Құдайшыл махаббат үлгісі ретінде қызмет ете алады; Ол баласының жасаған күнәсіне қарамастан кешіреді. Сонда, Жаратушыдан басқа кім ана жүрегін осындай махаббатқа толтыра алады дейсің? Ана махаббаты арқылы Құдай бізге өзінің бізге деген шексіз махаббатын бүлінгенімізге, жасаған күнәларымызға қарамастан айқын түрде көрсетіп отырғанын түсінуіміз керек.

Құдайшыл Рух жендет емес. Ол бізді елес әлеміне көрсеткенін біледі. Ол біздің жайсыздықты сезініп отырғанымызды да біледі; Ол біздің берілмейтінімізді біледі. Адам өзін үнемі күнәқар санап, рухани надандықтың ішкі түнегіне терең еніп кетуі мүмкін. Одан да шексіз Құдайшыл махаббат ретінде көрсетіп, барлығын кешіре білетін Құдай анадан көмек сұрай отырып, өзін дұрыстауға тырмысқан дұрыс.

Бүгін түнде медитация жасаған кезімде, мына махаббатқа толы өлең жолдарын Құдайшылдыққа арнап әндеттім:

О Құдай Ана, мен Сенің кішкентай балаңмын, Сенің мәңгі өшпес киіміңде отырған дәрменсіз балаңмын. Мен Сенің киіміңе жасырынған өз жолымды аспанға ұрлап әкетем. Сенің киімдер мені өз баспанаңа апаратын өз жолымды таба береді. Маған карма тиісе алмайды, өйткені мен Сенің балаңмын, Сенің кішкене ғана дәрменсіз балаңмын. Сенің киімдерің арқылы өз жолымды табамын.

Америкада жұмыс жасаған уақытының алғашқы он бес жылында Парамаханса Йогананда Құрама Штаттарының әрбір аймағында ондаған қалалардағы орасан аудиториялар үшін әлемдегі ең үлкен сабақтар берумен қатар, толассыз саяхат жасаумен болды. Ол өзі 100,000 аса шәкіртті Крия–Йога жолымен құдаймен нақты қарым-қатынас орнату әдістеріне баулыды. Оның өмірдегі бүкіл ісі Крия–Йога ілімін халықаралық таратуда мәңгі есте қалдыруға кепіл болу үшін және өз өмірін Парамахансажи келесі өмір жылдарын кітап жазуға және сырттай оқуға арналған сабақтарын дайындауға, сонымен қатар (SRF/YSS) Өзіндік Таным қоғамының ұйымдастырушылық қызметінің жұмысын жалғастырып, осы қоғамды пәк таза күйінде сақтайтын шәкірттер дайындауға арнады.

Өйткені, осы Құдаймен байланыстың өзі Ана махаббатында және барлығын да кешіре білетін Құдайшыл махаббат болып табылады.

ЕРЛІ-ЗАЙЫПТЫЛАР АРАСЫНДАҒЫ МАХАББАТ

Ерлі-зайыптылар махаббаты адам махаббатының ең жоғарғы көрінісі бола алады. Иса: « еркек әке-шешесін тастап, әйеліне қосылады, сөйтіп екеуі біртұтас болады » [3] деген кезінде осыны айтқан болатын. Әйел мен еркек бір-біріне адал, шынайы болып, бірін-бірі жақсы көрсе, олар өздерінің тәндерінде, жандары мен ақыл-ойларында толық үйлесімдікті сезінеді. Олардың махаббаты өзінің жоғары формасында айқындалғанда, нәтижесі мұратты одақ болып табылады. Бірақ бұл махаббаттың да өзіндік ақау тұсы бар, ол құдайшыл махаббатты көлеңкелейтін нәпсіқұмарлықпен күңгірттенген. Сексті қалауды Табиғат жаратылысты жалғастыру мақсатында өте күшті етіп берген, осылайша, секс ерлі-зайыптылар арасында өзіндік орынға ие. Бірақ ол осы қарым-қатынастың басым факторы болған кезде, махаббат үйінен біржола кетеді; оның орнын құлай берілу мен тым еркінсу, зорлық-зомбылық пен достықты және өзара түсіністікті жоғалту басады. Сексуалдық құштарлық махаббаттың пайда болуына әсер ететін жағдайдың бірі болғанымен, сексті махаббат деп айту қиын. Секс пен махаббат бір-бірінен алшақтығы ай мен күннің алшақтығындай. Тек нағыз махаббаттың өзгермелі күші қарым-қатынаста басым болған жағдайда, секс махаббатты айқындау тәсілі болады. Секспен өмір сүретін адамдар өз жолынан айырылып, ерлі-зайыптылық қатынастан еш рахат таба алмайды. Секс негізгі эмоция болмаған жағдайда, махаббатқа байланысты екінші орында болған кезде ғана нағыз махаббаттың не екенін түсінуге мүмкіндік пайда болады. Заманауи әлемде, өкінішке орай, махаббаттың сексуалдық нысапсызданумен бүлінуі кең етек алып отыр.

Сексуалдық өмірде табиғи амалсыз емес ұстамдылықты ұстанатын адамдар, өздері үшін ерлі-зайыптылық қарым-қатынастың күшті қасиеттерін достықты, өзара түсіністікті және махаббатты ашады. Мысалы, мадам Амелита Галли-Кьюрси [4] мен оның күйеуі Гомер

---

[3] Матай 19:5

[4] Бүкіл әлемге танымал сопрано (1889-1963). Ол Парамаханса Йоганандамен Америкаға алғаш келген жылдарында кездесті. Ол және оның күйеуі Өзіндік таным қоғамдастығының

Сэмьюэлс Батыста кездестірген адамдардың ішіндегі бір-біріне деген сүйіспеншілігі ең мықты адамдар болатын. Олардың махаббаты тамаша, өйткені олар мен айтып отырған мұраттармен өмір сүреді. Оларға қысқа мерзімге болса да, бір-бірінен ажырауға тура келсе, қайтадан бір-бірінің бөлшегі болып, өз ойлары мен махаббаттарын бөлісу үшін кездесетін сәтті тағатсыздана күтеді. Олар бірі-бірісіз өмір сүре алмайды.

Элла Уиллер Уилкокс [5] пен оның күйеуінің арасындағы қарым-қатынас та ерлі-зайыптылар арасындағы махаббаттың тағы да бір керемет үлгісі болып табылады. Оларды жақсы танитын менің шәкіртім, мистер Джон Ларкин бұрын-соңды мұндай ерлі-зайыптылар арасындағы махаббатты көрмегенін айтты. Ол: «Олардың әрбір кездесуі бірінші рет кездескендей болатын. Олар толығымен бір-біріне жаралғандай еді. Күйеуі қайтыс болғаннан соң үш жыл бойы Элланың бар ойы күйеуімен о дүниеде бірге болу еді, ал уақыты келген кезде осы өмірмен күйеуінің атын атай қоштасты» деді.

Мен осы елде осы ғашық жандардың қарым-қатынасына ұқсас, риясыз берілген бір адамды кездестірдім. Ол өз әйелін қатты сүйгені соншалық, әйеліне деген махаббаты құдайшыл махаббатқа айналып кетті. Әйелі өлген кезде ол оны қайта табу жолын іздеп, ұзақ уақыт бойы ел кезіп кетті. Бірақ жолы болды. Ол өз әйеліне деген махаббат арқылы Құдайды тапты. Енді оның әңгімесіне құлақ түрелік. Әйелі өлгеннен кейін ел кезіп жүріп, Гималай тауынан ұлы әулиені кездестіреді. Ол әулиені өзіне де, әйеліне де бір уақыт ішінде арнау беруге көндіреді. Уәде орындалатынына иландыра отырып, әулие: «Әйелің қайда?» деп сұрайды, сонда күйеуі әйелінің о дүниелік болғанын айтады. Дей тұрғанмен, әулие берген уәдесінде тұрып, екеуіне де арнау береді. Ол ер адамға медитацияға енуіне бұйырады да, оның әйелін шақыра бастайды. Кенеттен әйелі пайда болады. Күйеуімен ұзақ уақыт бойы сөйлеседі. Содан соң бірге қатар отырып, әулиеден арнау алады. Әулие батасын берген соң, әйел ғайып болады. Осы сәттен бастап, күйеуі өзінің әйелі ретінде білген сүйікті форма. Шын мәнісінде кез-келген адам секілді, Құдайшыл сананың жеке айқындалуы болып

шын берілген мүшелері болды. Ол Парамахансаджидің «Мәңгілік сыбдыры» атты кітабының алғысөзін жазды. (қараңыз: ххх бет).

5 Американың ақыны (1850-1919).

табылатынын ұғынды. Оның алдынан кез-келген мұратты адами қатынастың ар жағында тұрған құдайшыл махаббаттың нағыз мәні ашылды. Ол үшін бұл теңдессіз, айрықша әсер ететін жағдай болды.

Бірақ ерлі-зайыптылар махаббаты зұлымдыққа толы болып келеді. Көптеген адамдардың бұл өмірде жүректері қанағаттанбайды. Олар нағыз махаббатты таба алмайды. Әдемі келбетті басты назарда ұстайтындар, өздеріне есеп берместен, көрде де бет-әлпеті сұлу, ішінде әзәзілдің өзі жатса да, керемет киінгендерді іздейді. Мен адамдарды Құдай жаратқан ынтықтық заңына берілгіштігі үшін айыптамаймын, мен осы ынтықтықтың нәпсіқұмарлық арқылы болатынын кіналаймын. Әйелге көз тіккен кез-келген ер адам қанағат алу нысанына қарап тұрғандай әсерде болады да, өзін-өзі бүлдіреді: үздіксіз сексуалдық қатынас жүйке жүйесі мен жүректі зақымдайды да, ақыр соңында адамның тыныштығы мен бақытына кесірін тигізеді. Адамзат жан табиғаты рух екенін түсінуі керек. Егер ер адам мен әйел адам бір-біріне өздерінің нәпсісін қанағаттандыру құралы ретінде қараса, олар өз бақытынан айырылары сөзсіз. Ондай жағдайдағы махаббат жәймендеп, біртіндеп, біртіндеп суып кетеді.

Секске құлай берілу жағдайын май құйылмаған автокөлікпен жүргенмен салыстыруға болады- тән мұны көтере алмайды. Күш-қуат беретін сұйықтың әрбір тамшысы қанның сегіз тамшысына сайма-сай. Өзіңді бақылай білуге үйрену өте маңызды. Оны міндетті түрде бақылаудан және ақыл-ойды тазартудан бастаған жөн, және бұл өз тілектерін жеңгеннің өзінде де, сексті тежеуден де маңыздырақ. Жәй ғана тежеу арқылы өзіне қауіп төндіріп алуға болады.

Ер адам мен әйел адам бірін-бірі Құдайдың жаратылысы ретінде қабылдауға тиіс. Маған күйеуі әйелін «мама» деп атағаны немесе әйелі күйеуін «папа» деп атағаны қатты ұнайды. Әрбір әйел ер адамға өз әкесіне қарағандай қарауы тиіс. Әрбір әйелді мен анам ретінде қабылдаймын. Менің көзқарасымда олар тек әйел ғана емес, Құдай ана үлгісі ретінде. Және Құдай ананың нақ өзі ғана менімен әйел арқылы сөйлесетін кейпін ұстанамын.

Әйелдер ер адамдарға «зат»[6] ретінде қарамауға тиіс. Міндетті түрде жақсы, сүйкімді, жұмсақ болып көрінуі керек, бірақ бұл жерде талғамға аса мән берген жөн. Жынысты сексуалдық арқылы қарату

---

[6] Сексуалдық әуестікті мағынасын білдіретін белгілі сөз.

дұрыс емес. Ер адамның әйелге деген ынтықтығы керісінше, жан-тәнінен шығуы тиіс. Өз сексуалдық тілектерін бақылауда ұстайтын және өздерін секс-символ деп санайтын адамдар өздеріне жар табуда жолдары болғыш. Маған көптеген қыздар жас жігіттердің өздерінен қарым-қатынасты жалғастыру шарты ретінде ең алдымен сексті талап ететінін айтып, шағымданады. Бірақ секспен ерте жастан айналысу үлкен зиянын тигізеді. Үндістанда жас жігіттер тойы болғанға дейін сүйіспейді, тіпті біріне- бірі жақындамайды да. Махаббат бірінші болып келеді. Дұрысында солай болуға тиіс. Екі адам біріне-бірі шексіз ынтықтықты сезініп, біреуі үшін екіншісі өзін құрбан етуге дайын болған кезде, олардың арасында нағыз махаббат бар деп ауыз толтырып айтуға болады. Тек сонда ғана олар некеде асыл да, қадірлі қатынасқа дайын. Ол үшін жәй ынтықтық жеткіліксіз. Ерлі –зайыптылардың бірі екіншісін бақылауға тырысса, онда шын махаббаттың жоқ екенінің белгісі. Бірақ олар өз сезімдерін серіктесінің қуанышы мен бақыты үшін көрсететін болса, онда олардың махаббаты құдайшыл сипатқа ие болады. Нақ осындай қарым-қатынаста біз Құдайдың бейнесін көре аламыз.

Маған күйеуге шыққан әйелдер жиі келіп: «Менің күйеуім рухани даму жолына қызығушылық танытқанымды ұнатпайды»,- дейді. Бұл өзімшілдік дер едім. Егер әйелі рухани даму жолына түскісі келсе, күйеуі онымен бірге болуы тиіс. Ол оны жоғалтпайды, керісінше, ол әйелінің қадір-қасиетінің бір бөлшегіне ие болады. Әйелі күйеуіне деген қатынаста өзін осы принцип бойынша ұстауы тиіс. Ерлі-зайыптылардың бір-бірінің алдындағы ең күшті тілегі -рухани даму тілегі болуы қажет, жанын ақтару түсіністіктің, шыдамдылықтың, қамқорлық пен махаббаттың құдайшыл қасиетін әкеледі. Бірақ рухани даму тілегіне күшпен баулу дұрыс емес. Өзіңіз нағыз махаббатта өмір сүріп көруіңіз керек, сонда сіздің рақымшылдығыңыз өзіңіздің сүйіктіңізге даритын болады.

Некеде бірнеше жылдар болған соң, мыңдаған әйелдер мен ерлер өздерінен: «Біздің махаббатымыз қайда кетті?» деп сұрайды. Ол сексуалдық нысапсыздану мен өзімшілдік мехрабында өртеніп, сыйластықтың жетіспеушілігінен жоғалып кетті. Осы аталғандар қарым-қатынасқа түсетін болса, онда махаббат күлге айналады. Әйел, әдетте күйеуі көңіл бөлмеген уақытта ашуға мініп алады. Бірақ жазғыру мен балағаттау әркез адамның ең жанды жеріне тиеді.

Тілдің ұзындығы адамды өлтіруге дейін баратыны туралы жәйдан-жәй айтылмаса керек. Әйел мен еркек бір-бірімен осындай қатынас орнатса, олар өздерінің бақытын өздері қиратады. Еркек өз әйелінің бойынан Құдайды көріп, үнемі оның рухани дамуына әрекеттесіп отыруға тиіс. Ол әйелін тек сезім ынтықтығын қанағаттандыру үшін емес, өзінің Құдай қосқан жары екенін, сондықтан да бірге өмір сүріп жатқанына сендіруі керек. Әйел де күйеуіне осылай қарауы тиіс.

Қарама-қарсы жыныстан қорқу- келесі бұрыс жағдайға жатады; шамадан тыс ынтықтық секілді қалыптан тыс жек көрушілік, табиғатынан жайсыз ахуал. Менің ұстазым Свами Шри Юктешварджи[7] мені әйелдерге жолдан тайдыру нысаны ретінде қарамауға, керісінше оларды Әлемдік Құдайшыл Ана ретінде қабылдауға үйретті. Егер еркек әйелді ана символы ретінде қабылдай бастаса, онда ол бұрын көріп-білмеген күш пен махаббат қорғанысына ие болады. Құдайдың рақымымен, мен көптеген ер адамдар мен әйелдердің санасын бір ғана қарапайым ақиқатпен өзгерте алдым: кез-келген еркек әйелдің бойынан Құдай Ана символын көруге, ал әрбір әйел ер адамның бойынан әлемдік Әке символын көре білуге тиісті екенін айттым. Осы адамдар менен кетіп бара жатып, Құдай Ана мен Көк Аспан Әкесі олармен мен арқылы сөйлескенін сезді, өйткені менің көздегенім де сол еді.

Егер сексуалдық ынтықтық болмаған жағдайда, ерлі-зайыптылар арасында махаббат бола ма екен, мен осыны білгім келеді. Қарапайым адамдар, сөз жоқ, оны сезіне алмас еді, ал рухани дамыған жандар сезімдері секске негізделмегендіктен, сол махаббатпен рахаттанар еді. Өз бойларында рухани қасиеттер дамытқан адамдар секстің нағыз махаббатқа еш қатысы жоқ екенін жақсы түсінеді. Егер сіз өз жаныңызда шынайы махаббатты дамытар болсаңыз, онда сіз Құдайшыл махаббаттың бір бөлшегіне болса да ие бола алар едіңіз. Мұндай махаббат көптеген әулиелер өмірінде көрініс тапқан.

ҚОЖАЙЫН МЕН ҚЫЗМЕТШІ АРАСЫНДАҒЫ МАХАББАТ

Қожайын мен қызметші арасындағы махаббат өзара тиімділікке негізделген. Қожайыны ақшаны неғұрлым көбірек төлесе, қызметші оны соғұрлым жақсы көреді. Қызметші қызметін жақсы атқарса,

---

[7] Парамаханса Йоганаданың рухани ұстазы.(Глоссарийден қараңыз.)

қожайыны да оған жақсы қарайды.

Мұндай қарым-қатынас махаббатқа ұқсас болғанымен, әрқайсысы өзіне қажеттісін ойлап, маған бұл адам керек деп өз пайдасына негізделген.

ДОСТЫҚ АДАМ МАХАББАТЫНЫҢ ҰЛЫ КӨРІНІСІ

Достар арасында болатын қарым-қатынас адам махаббатының ең ұлы көрінісі болып табылады. Достық махаббат пәк, өйткені ол мәжбүрлеуден, ықтиярсыз көндіруден азат. Адам өзіне досты еркін таңдай алады; ол ешқандай ырықсыз сезіммен байланысты емес. Достық махаббат ер адам мен әйел адам қатынасында да, әйел мен әйел, ер адам мен ер адам қатынасында да айқындала алады. Достық махаббатта сексуалдық ынтықтық деген атымен болмайды. Егер кімде-кім құдайшыл махаббатты достық арқылы танығысы келсе, ол сексті мүлдем ұмытуы тиіс; тек осы жағдайда ғана достық құдайшыл махаббат өсімін береді. Мұндай қатынастың жарқын үлгісі ретінде әулиелер достығы мен олардың ізбасарлары арасындағы достықты атап өтуге болады. Егер сіз құдайшыл махаббатты таныған болсаңыз, сіз онымен ешқашан ажырамайсыз, өйткені әлемде оған тең келетін ештеңе де жоқ.

Махаббат күтпеген жерден келеді. Мен ешқашан басқа адамдарға олардан бірдеңе күту мақсатында қарамаймын. Егер бір адам мен үшін бірдеңе жасаған болса да, мен оған ешқашан міндетсіндірмеймін. Егер менде махаббат сезімі болмаса, жақсы көремін деп өтірік мүләйімсімеймін, ал егер ол адамға деген махаббат сезімі болған жағдайда, мен өз махаббатымды аямаймын. Мен мұны Ұстазымнан үйрендім. Маған достық сезімін сезінбейтін адамдар бар, бірақ мен барлық аламдарға, тіпті дұшпаныма да жақсылық ойлаймын, өйткені менің жүрегімде дұшпандарға орын жоқ.

Махаббатты сұрап алу мүмкін емес, бұл басқа жүректің берген сыйы. «Мен сені сүйемін» деуден бұрын алдымен өз сезіміңізге көз жеткізіп алыңыз. Сізге берілген махаббат мәңгі болуға тиіс. Сол адаммен бірге болу үшін емес, оның рухани дамуына тілектес болғандықтан. Сүйікті адамыңның дамуын тілеп, оның жаны туралы ойлаған ойдың өзінен таза қуанышты сезінсеңіз, сіз құдайшыл махаббатқа жетесіз; тек сол ғана нағыз достықтың айқын көрінісі болып табылады.

ГУРУ МЕН ШӘКІРТІНІҢ ШЕКСІЗ ҚҰДАЙШЫЛ МАХАББАТЫ

Гуру мен оның шәкіртінің арасындағы қарым-қатынас достықтағы махаббаттың ең асқақ көрінісі; бұл бірыңғай мақсатқа негізделген шексіз құдайшыл байланыстың: бәрінен де жоғары тұрған Құдайға деген махаббаттың нақ өзі. Шәкірт Ұстазына өзінің жанын тапсырады, және Ұстаз өз жүрегін шәкіртіне береді. Олардың арасында құпия ештеңе де болмайды. Махаббаттың кез-келген басқа формаларында ымыраға орын беріледі. Бірақ гуру мен шәкіртінің арасындағы махаббат сондай таза.

Мен Ұстазыммен арада болғандай жоғары қатынасты бүкіл әлемнен таба алмайтын секілдімін. Гуру мен шәкіртінің қарым-қатынасы махаббаттың жоғары формада көрінуі. Бір күні мен оның ашрамынан Гималайға Құдайды тезірек табу мақсатында кеткен болатынмын. Көп ұзамай өзімнің мықтап қателескенімді түсіндім. Ашрамға қайтып оралғанымда, ол мені ештеңе болмағандай қарсы алды. Оның сәлемдесуі де әдеттегідей болды, жазғырудың орнына ол жәй ғана: «Таңғы асқа не берілетінін қарап келейік» деді де қойды.

«Ұстазым, бірақ» дедім мен, «менің ашрамнан кетіп қалғаныма ренжімей тұрсыз ба?»

«Мен ренжуге тиістімін бе?» деп жауап берді Ұстаз. «Мен басқалардан ештеңе де күтпеймін, сондықтан да менің тілектеріме кереғар келетіндей ештеңе де жасай алмайды. Мен сені өз пайдама жаратып жүрген жоқпын, мен өз бақытымды сен бақытыңды тапқанда ғана табамын».

Ұстаз осы сөздерді айтып болған кезде, мен оның аяғына жығылып: «Мен өзімді шын мәнісінде жақсы көретін адамды кездестіріп тұрмын!»,- деп айғайлап жібердім.

Егер мен әкемнің ісіне жетекшілік етіп, бір жаққа аңдамай шығып кеткен болсам, әкем маған қатты ренжір еді. Бірде әкемнің маған жұмысқа кіру жөнінде Өте тиімді ұсынысынан бас тартқанымда ол менімен жеті күн бойы сөйлеспей қойды. Сөз жоқ, ол маған әке махаббатын шын жүректен берді, бірақ бұл махаббат- соқыр махаббат. Оның ойынша мені ақша бақытты етеді деп санады, бірақ мен сол кездің өзінде ақша бақыт әкелмейтінін жақсы түсіндім. Тек Ранчиде мектеп ашқан кезімде, әкем жұмсарып: «Сенің сонда сол жұмысқа бармағаныңа қуаныштымын»,- деді.

Менің Ұстазымның қарым-қатынасына қараңыз, ашрамнан Құдайға тез жол табу үшін кетсем де, оның маған деген махаббаты өзгермстен, сол күйінде қалды. Ол наразылық білдірген жоқ. Бірақ, қателескен кезімде ол үнемі маған ол: «Егер менің махаббатымды сатып алуға болатындай болса, ол махаббат емес. Егер саған деген қатынасымды сенің қабылдауыңнан қорыққаннан өзгертетін болсам, онда менің сезімім нағыз махаббат сезімі емес. Мен сенімен әрдайым адал болуға тиіспін. Сен кез-келген уақытта кете аласың, бірақ менің жанымда болған кезінде, мен әрдайым сенің қателіктеріңді көрсетіп отырамын, ол сенің өзің үшін пайдалы екені есіңде болсын»,- деп айтып отыратын. Мен өзіме басқа біреу осынша назар аударады деп ойлаған емеспін. Ол мені қандай болсам, сол күйімде жақсы көрді. Ол менің дамуымды, бақытты болуымды қалады. Бұл оған бақыт әкелді. Ол менің жүрегім қайда болу керектігін білді, сол үшін Құдайды тануымды қалады; сондықтан менің Құдай Анамен бірге болғанымды қалады.

Бұл құдайшыл махаббат емей, немене? Мені махаббат пен діншілдік жолына бағыттауды қалау ма? Мұндай сезім гуру мен шәкіртінің арасында пайда болады, шәкірті ұстазын алдап-арбамайды, және ұстазы шәкіртін билеуді ойламайды. Жоғары күштер осындай қатынастарды басқара алады; және басқаша махаббат деген болмайды. Мен құдайшыл махаббатты өзімнің Ұстазым арқылы танығаныма қуанамын.

ҚҰДАЙ МАХАББАТЫНЫҢ БХАГАВАН КРИШНАДАҒЫ БИІК КӨРІНІСІ

Кришна Тәңірі өз өмірінде махаббатты ең жоғары формада көрсете білген. Ол әлемге еркек пен әйелдің арасында дақ түспейтіндей махаббаттың болатынын көрсетті. Оның өмірбаяны туралы дәлме-дәл түрде жұртшылыққа жеткізу мүмкін емес, өйткені оның өмірі ғажайып және барлық жер заңдарынан, қағидалары мен стандарттарынан асып түседі. Кришнаның өмір жолын түсінбегендіктен теріс түсініктер мен көп қателіктер бар екенін білгендіктен, бір кездері Кришна өмірінің шын маңызы туралы кітап жазамын деп ойлаймын. Бірақ оның құдайшыл махаббатының көрінісі бірегей тамаша.

Кришнаның шәкірт қыздары көп болған, бірақ олардың ішінде Рада есімді қыз алғашқы шәкірті еді. Әрбір шәкірт қыз өздеріне:

«Кришна мені басқалардан артық көреді», деп айта алатындай сезімде болған. Бірақ, Кришна Радамен көбірек әңгімелескендіктен, қалған қыздар оған қызғана қарайтын. Олардың қызғанышын байқаған Кришна оларға сабақ беруді жөн көреді. Бір күні Кришна өтірік басы ауырып қалған сыңай танытады. Мазасы қашқан шәкірт қыздар Ұстазының айналасында әбігерге түседі. Кришна оларға: «Егер біреуің басыма шығып, аяғымен тапасаңыз, ауру жазылады» дейді. Шәкірт қыздар шошып кетіп, бұлай жасай алмайтынын айтып: «Сен Тәңірсің, Әлемнің Билеушісісің. Сенің тәніңді аяқпен таптау, қасиетті басыңды қорлағанмен тең!»,-деп жауап береді.

Ұстаз ауру күшейіп бара жатқанын білдіреді, міне, осы жерде Рада пайда болады. Ол Оған жақындап келіп: «Сен үшін не істей аламын?» деп сұрай бастайды. Кришна өзінің өтінішін қайталайды. Рада күттірместен Оның басына шығып, аяғымен таптай бастайды, «ауру» да басылып, Кришна ұйықтап кетеді. Басқа шәкірт қыздар ашулана Раданы Оның жанынан алып кетеді.

«Біз сені өлтіреміз»,- деп қоқан-лоқы жасайды.

«Бірақ, не үшін?»

«Ізгі Ұстазымыздың басына шыққаның үшін!»

«Онда тұрған не бар?», «Оның басына шығып таптағандықтан ауруы басылған жоқ па?», - дейді Рада,

«Осы қылығың үшін сен тозақтың түбінен бір шығатыныңды білетін шығарсың»

«Сендер осыған мазасызданып тұрсыңдар ма?, «Мен Оны бір секундқа болса да бақытты ете алсам, тозақта мәңгілік жатуға риза болар едім» ,-деп жымиды Рада.

Осы сөздерден соң барлық шәкірттер Радаға басын иіп, Раданың өз жағдайы емес, Ұстаздың жағдайын ойлайтынын және сондықтан да Кришна оған көбірек көңіл бөлетінін түсінеді.

Алайда, осындай назар аударылғанның салдарынан, бірнеше уақыттан кейін Раданың тәкаппарлығы оянады. Бір күні Кришна Радаға: «Осы жерден қашып кетіп, екеуміз бірге болайық»,- дейді. Ол оның менменшілдігін байқағысы келді. Рада болса өте бақытты еді. Олар біраз жер жүрсе де, Кришнаның бір жерге тоқтап, аялдау ойында да жоқ. Ақыр соңында әбден шаршаған Рада: «Осы жер дем алуға ыңғайлы екен»,- дейді. Кришна оның сөздерін елемеген болып: «Бұдан да жақсырақ орын табалық»,- дейді. Олар тағы да алға қарай ұзақ жүреді. Әбден әлсіреген Рада: «Мен ары қарай жүре алар емеспін»,- дейді. Сонда Кришна: «Жақсы, сен менің арқалағанымды қалаймысың?»,- дейді. Бұл сөздерді естіген Рада елігіп кетіп, Кришнаның арқасына секіріп мініп алады. Кришна сол кезде ғайып болып, Рада жерге құлап түседі. Оның тәкаппарлығы жоғалады; тізерлей тұрып, ол: «Менің Сүйікті Тәңірім, мен өз тілегімді орындауда Сені пайдаланғаным дұрыс болмады, кешіре гөр!»,- деп жалбарынады. Кришна қайта пайда болып, оны кешіріп, батасын береді. Рада бұл тәжірибеден өте керемет сабақ алады. Ұстазды қарапайым адамдай бағалап, әйелдің арбауына түсіру өте жаман қателік болды. Осыдан кейін Рада, Ізгі Ұстаз оның тәні үшін емес, оның жанын бағалағанын түсінді.

Жан мен Рухтың мүлтіксіз махаббаты

Бастан кешіретін махаббаттың ішіндегі ең биік түрі медитация кезіндегі Тәңірмен бірлесу махаббаты. Адамның бақыты ол сәттегі ләззаттану шағы. Ал, ең жоғарғы ләззат жанның Алла тағаламен байланысу кезі. Жан мен Рух арасындағы махаббат мүлтіксіз, біздің іздейтініміз де нақ сол махаббат. Медитация жасаған кезіңізде, махаббат та өседі. Сіздің жүрегіңіз айқарыла ашылады. Егер сіз сексуалдық әуестігіңіз бен тәнге ынтықтығыңызды бақылап үйренсеңіз және айналадағының барлығын сүюге талпынып, терең медитация жасайтын болсаңыз, онда сіздің өміріңізге өзіңіз ешқашан армандап көрмегендей махаббат кіреді. Жанның өзі әуелден пәк, сондықтан ол тазалық арқылы ләззаттанады. Жанның алатын ләззатының жоғарылығы оған түскен хабарлардың тазалығына байланысты. Бұл махаббат Кришна берген махаббат және Иса Христос оны өзінің бүкіл шәкірттеріне таратқан. Бұл Исаның Мәриямға деген махаббаты. «Иса шәкірттерімен бірге жол жүріп бара жатып, бір ауылға кірді. Сол жерде Оны Марта есімді әйел үйіне шақырып, қонақ етті. Мартаның Мәриям деген сіңлісі бар еді. Ол Иеміз Исаның аяқ жағына отырып алып, сөзін құлақ салып тыңдады. Ал қонақты жақсылап күтудің қамын ойлаған Марта зыр жүгіріп қызмет етті. Арасында Исаға келіп: — Мырза, сіңлімнің барлық жұмысты маған қалдырғанына жайбарақат қарап отырасыз ба? Ол маған көмектессін, айтыңызшы! — деді. Ал Иеміз Иса:— Әй, Марта, Марта-ай, сен көп нәрсенің қамын ойлап, уайымдайсың. Ал керегі бір-ақ нәрсе ғой: Мәриям игілікті жағын таңдап алды, оны содан ешкім айыра алмайды»,[8]- деді. Екінші бір жағдайда, «Құтқарылу мейрамынан алты күн бұрын Иса Бетанияға барды. Сол ауылда Өзі өлімнен қайта тірілтіп алған Елазар тұратын Осы жерде Исаға арнап қонақасы берілді. Марта қызмет етті. Дастарқандас болғандардың ішінде Елазар да Исамен бірге отырды. Ал Мәриям бір қадақтай таза, өте құнды иісмайға толы құтыны қолына алды. Осы иісмай нард деген өсімдіктен жасалған болатын. Мәриям оны Исаның аяқтарына құйып, оларды шашымен құрғатты. Үй ішінде майдың жұпар иісі аңқып кетті. Исаның шәкірттерінің бірі, кейінірек Оған опасыздық жасаған Яһуда Исқариот: — Неліктен осы иісмайды сатып, түскен ақшаны мүсәпірлерге үлестіріп бермеген? Оның бағасы бір жылдық жалақыға тең емес пе?! — деп наразылық білдірді. Бұл сөзді Яһуда мүсәпірлердің қамын ойлағандықтан емес, ұры болғандықтан айтты. Ортақ қаржы сақталатын әмиянды Яһуда ұстайтын, әрі түскен ақшаға қол сұғатын. Иса оған қарсы шығып былай деді: — Мәриямға тиме! Ол осыны істеуі арқылы Менің денемді қабірге қоятын күнгі май жағу салтын алдын ала орындады. Мүсәпірлер әрдайым қастарыңда ғой, ал Мен ұдайы қастарыңда бола бермеймін»,[9] - деп жауап беріпті. Ол Мәриямның құрбандығын Өзі үшін емес, Оның Рухы үшін қабылдады. Мәриям да Оның аяғын жуа отырып, Құдайға деген махаббатын көрсетті. Мәриямның өз махаббатын Оған, Жаратушыға арнауын, және содан соң айналасындағылардың барлығына Мәриямның дұрыс пікірін көрсетті. Біз ешкімді де Тәңірден артық көрмеуіміз керек. Ол Өзін іздеушілерге сыйға тартатындай махаббаттан терең махаббат та жоқ.

Онда адамның уақытша махаббатын іздеудің қажеті не? Ерлі-зайыптылық, туыстық және тіпті бауырлар арасындағы қатынастың өзі тұйыққа тірейді. Тек Құдайшыл махаббат қана мүлтіксіз. Тәңір біздің жүрегімізде тіршілік етеді және, мүмкін, бір күні сіз барлық адами құштарлықтан жоғары тұрған Оның бәрін сіңіре білетін махаббатын сезетін боласыз.

Құдайды Оның қолдаушылығы үшін емес, Оның ішкі дүниеңізде болатыны үшін және сізді Өзінің бір бөлшегі етіп жаратқаны үшін жақсы көріңіз, сонда Оған апарар жолды табатын боласыз. Терең медитацияда сіз сөзбен жеткізіп болмайтындай махаббатқа кенелесіз;

---

[8] Лұқа 10:38-42

[9] Жохан 12:2-8

сіз Оның құдайшыл махаббатын танып, сол махаббатты басқаларға сыйлай аласыз.

Мен бұл сезімді осы түнде басымнан өткіздім. Мен ұйқыға кетіп бара жаттым, сол кезде ұлы махаббат алауында сіздердің барлығыңызды көрдім. Сіздерді қаншалықты жақсы көретінімді білсеңіз ғой! Сіздердің жүздеріңізден жүректеріңізді көріп тұрмын.

Құдайшыл махаббатқа шомған адамның санасында жалғандыққа, нәсілдік және діни ырым-жырымдарға орын жоқ, ешқандай шекара да жоқ. Осыны сезген кезде, сіз гүл мен құбыжықтың арасында, бір адам мен екінші адамның арасындағы айырмашылықты көрмейтін боласыз. Сіз табиғатпен қосылып, барлық жандарға махаббат сыйлайтын боласыз. Барлық жандарды Жаратушының балалары ретінде және Оның бойынан өз аға –апаларыңды көре отырып, сіз өзіңізге: «Жаратушы менің Әкем. Мен Оның жаратылысының кішкене қиыршығымын. Мен барлығын да жақсы көремін, өйткені мен олармын, ал олар деген мен. Менің ағам Күн, ал менің әпкем Ай, бәрін жаратқан менің Әкем және менің әкемнің сыйлаған бүкіл жаратылысын жақсы көремін»,- деп үнемі айтыңыз.

Нағыз махаббат Құдайшыл, және ол қуаныштың, ең жоғарғы ләззаттың өзі. Оның бір бөлшегі болу үшін неғұрлым көп медитация жасасаңыз, соғұрлым сіздің жүрегіңіз махаббатқа тола түседі. Сонда сіз махаббаттың қуаныш екенін, ал қуаныштың Жаратушы екенін түсінесіз.

Ғарыштық жарату табиғаты мен оның қайнар көзіне жаңа көзқарас

Self-Realization Fellowship (Өзіндік Таным қоғамдастығы жанынан ашылған),бірінші ғибадатхана,Энсинитас, Калифорния, 29-ші маусым 1940[1]жыл

Бүгін мен сіздерге жаңа сәуледе ғарыштық жасау табиғаты мен оның қайнар көзі туралы түсінік беремін. Сіздерге сызып көрсететін картина оқулықтардан оқыған нәрсеңіздің барлығынан өзгеше. Ол маған Шексіздіктен сөйлеуіме байланысты ашылады.

Ғылым мен өнердің кез-келген саласындағы қолжетімді болып отырған барлық білім және құпия атомдар және кеңістік пен адамзат тарихын қосар болсақ, ендігі эфирде ақиқат вибрациясы ретінде бар. Бұл вибрациялар бізді толығымен қоршап тұр және оларды тікелей қабылдаудың тәсілі де бар. Ол жан интуициясының бәрін білетін күшін пайдаланады. Кез-келген ақиқатты ашу үшін, бізге өз санамызды бар болғаны ішкі дүниеге, әмбебап білімді Құдаймен бірыңғай жанға бағыттауымыз қажет. Зерек адамдар біреудің дұрыс нәрсе айтып отырғанын естіген кезде, оларға бұл соншалықты таныс секілді болады! Олар: «Мен де солай ойлағанмын!» деп дауыстап жібереді. Ақыл-ой бұрын жанның интуициялы түрде білген ақиқатын біледі.

Осы дереккөзден мен өзімнің барлық дәрістерімді аламын. Егер маған біздің әңгімелеріміз үшін дәлелдер мен идеялар жинау үшін оқу керек болса, мен не істерімді де білмес едім! Мен оқуға деген қажеттілік жоқ деп ойлағандықтан да, аз оқимын. Алғашқы бірнеше

---

[1] 1938 жылы Энсинитастағы Эрмитаж СРФ аймағында салынған Өзіндік таным Қоғамының алғашқы ғибадатханасы Тынық мұхитқа қарайтын құзда тұрды. Ол Алтын Лотос Ғибадатханасы деп аталды. Жағалау топырағының бірте-бірте мүжілуінің салдарынан ғимарат теңізге құлады. Энсинитас әлі де Өзіндік таным ашрамы орталығының бір бөлігі болып табылады. Оған үнемі қызмет жүргізіліп отыратын Эрмитаж, оңаша қалуға арналған орын мен ғибадатхана кіреді. (*Энсинитасқа* берілген түсінікті глоссарийден қараңыз).

бетімді бітірер сәтте, оның вибрациясы бойынша, қандай ақиқаттан тұратынын біліп отырамын. [2]

Адамзатқа рухани ақиқат көзін ашқан ұлы жандар өз білімдерін тікелей осы ақиқаттар вибрациясы арқылы алады. Сонымен қатар жасалып үлгерген немесе болашақта жасалатын кез-келген өнертабыс идеясы вибрацияланады. Ғалым дұрыс шоғырланған кезде, ол өз өнертабысы идеясының вибрациясын интуициялы түрде алуға икемделеді. Ғалымдар өздері жаңалық ашқанын айтады, бірақ, шын мәнісінде олар ешқандай да жаңалық ашқан жоқ. Олар бар болғаны, әрдайым болған нәрсенің- вибрациядан құралған эфир [3] көшірмесінің жамылғысын шешті.

ҒАРЫШТЫҚ ТҮСТІҢ БАСТАМАСЫ

Құдайдың кеңістікке айқындалған жағдайды қалай келтіргені бойынша менталдық картинаны құру үшін, өзіңіздің ұйықтап жатып, шексіз ғарышты түсіңізде көріп жатқаныңызды көз алдыңызға елестетіп көріңіз. Қай жаққа бұрылсаңыз да, алдыңызда шексіздік, басқа ештеңе де жоқ. Сіз оны шеті-қиыры жоқ, бәрін қамтитын Парасатты түсінген, шадыман әлем ретінде сезінесіз. Жоғары Парасат ойланып қалған кезде ол сондай болды да: «Мен бұл жағдайда ұзақ боламын; жападан-жалғыз, татуластықта, Өз шаттығымда, санамда және даналығымда балқыған күйде. Бірақ қазір мен ғарыш туралы қиялдағым келеді»,- дейтін болады.

---

[2] «Брахманды таныған барлық Ведтер жан-жақтан ағын тәріздес құйылып жатқан ізгіліктір бар резервуар болып табылады». Бхагавад Гита, II:46).

[3] Осындай феноменнің танымал үлгісі Джон О Нейлдың «Жомарт данышпан» атты кітабында келтірілген. Ұлы ғалым және өнертапқыш Никола Тесла (1856-1943) осылайша айналып тұратын электромагниттік алаң принципін ашты, бұл жаңалық энергетикалық желі мен өнеркәсіпті қалыптастырған айнымалы ток пен басқа да дүниелердің пайда болуына мүмкіндік жасаған жаңалық болды. 1882 жылы досымен бірге Будапешт саябағында күн батар шақта серуендеп жүріп, Тесла кенет транс жағдайына ұқсас жағдайда мелшиіп қатып қалады. Серіктесіне Тесла ішкі көрінісін айта бастайды: «Маған қара. Менің қалай айналдырғаныма қара» деген дауыс қайта-қайта шығып тұрады. Досы оны ауырып қалдыға санайды; бірақ ұлы өнертапқыш кейіннен шын мәнісінде айнымалы ток қозғалтқышының жұмыс жасап тұрғанын «көргенін» түсіндіріп береді: «Мен мәселені шештім. Мына менің алдымда үнсіз жұмыс жасап тұрғанын сен қалай көрмейсің? Адамдар енді ауыр жұмыстың құлы болмайды. Менің қозғалтқышым оларды мұндай ауыр жұмыстан босатады, ол бүкіл әлемге қызмет ететін болады» . Келесі бірнеше айдан соң ол миында эфир көшірмесінің детальдық формасын жетілдіруді жалғастырады. Ол осы жаңалықты алты жыл бойына миында ұстап барып, жүзеге асырады.

Және осы құдайшыл Парасат, яғни Рух, өз идеяларын түстің пайда болуы арқылы саналы түрде жүзеге асыруды қалап, жарата бастады. Ол Өз күшін Өзінің абсолюттік табиғатынан саралай отырып, Өз санасын бөлді. Осылайша, Оның санасы жылжымайтын Рухтың айқындалмаған табиғаты мен Оның қабылдауы мен Оның ойлары үрдісінің сансыз вибрациядан тұратын ғарыш энергиясының айқындалған табиғатына бөлінді.

Біз ойдың қалай жұмыс жасайтынын білеміз. Біз жылқы туралы ойлаған кезімізде, өз ойымыздың нысанын көрмейміз; бірақ егер жылқы туралы армандайтын болсақ, ойымыз неғұрлым шоғырланғандықтан, біз оның бейнесін ұстап тұра аламыз. Ал жылқыны өз көзімізбен көрген кезде, сезім арқылы қабылданған формалар түрінде айқындалатын Құдайшыл ойдың вибрациясына бағытталғандықтан, біздің ойымыз одан сайын шоғырлана түседі.

Рух Өзінің саналы түсін Оның санасы мен Оның ой күшін көптеген заттарға бөле отырып, бастаған кезде, екі жақтылық заңы мен *майя* арқылы айқындалды. Осы екі жақтылық санасы арқылы Рух санасы Өзін бөлген кезде, осы сананың бір бөлігі Рухтан, өзін көрсету мақсатында белсенді парасатты күшпен шығады. Біз табиғатта осыған ұқсас бейнелерді көптеп көреміз. Үйеңкі ағашының дәні құнарлы топыраққа түскен кезде, ол зәулім ағашқа айналғанша өмірге ұмтылып, өсіп, күш жинай бастайды. Осылайша, Құдайшыл сана дәні Оның еркімен белсенді қызмет топырағына отырғызылған кезде, ол шексіз жаратылысқа жайыла өседі.

Бірақ бұл, бар болғаны Құдайдың түсі екенін ұмытпауымыз керек; бұл ғарыштық жаратылыс Құдайшыл ойдың қиялдағыш концентрациясы ғана. Рухтың алғашқы жіктелуі таза ойдың айқындалуы болды. Әрі қарай, Оның санасының ойша дәнінен босатылған соң, сәуле, ғарыш сәулесі пайда болды. Сана мен сәуле шын мәнінде бір ұғымды білдіреді, тек сәуле тығыздығы жоғарырақ. Тап солайша, от туралы ой да таза менталдық болып саналады, бұл жерде от туралы түстің өзі елеулі образ.

Құдай түсінде көргендей, дүниеде жарық болғанын қалаған кезде, ол өз жаратылысына қарады. «Сонымен, деп ойлады Ол, «бұл менің қалауым емес еді, жарық, бар болғаны бүкіл әлемге тарады. Түйсінетіндей бірдеңе болуы керек» деп ойлады. Сондықтан Ол осы бұлдыр ғарыштық жарықты белгілі бір форманы қабылдауына мәжбүр етті. Және бұл жерде, жаратылысқа қатысты *түс* деген сөзді назардан тыс қалдырмаңыз. Егер сіз түс идеясын алып тастасаңыз, онда бұл жаратылыстың үмітсіз мистификация екенін түсінесіз.

Осылай Құдай түсінің сәулесі кеңістікті толтыра бастады. Бұл сәуле Құдай ойымен немесе еркімен ерекше жүйе бойынша жасалған бүкіл жаратылыстың негізі: мен жизнетрондар және жизнетрондар концентрациясы деп атайтын өмір күшінің нәзік сәулесінің протондар мен электрондарың неғұрлым тығыз атом сәулесіне айналуы деп білемін. Құдай бұл протондар мен электрондарға күш берген, соның арқасында олар өздерін атомдар мен молекулаларға жинап алған. Одан да күшті оймен Ол атомдар мен молекулаларды газ, жылу, сұйық пен қатты жағдайын пайда болдыруға мәжбүр еткен. Тұмандылық, немесе газдар бірінші айқындалды. Ол газдарға күшпен ықпал етіп: «Олар жылу, сұйық пен қатты дереккөзі болуы үшін, осылайша шоғырлансын» деп тілек білдірген. Солай болды да. Құдай *майя* мен елесті жаратты, соның арқасында ауа, от, су және жер, Оның қалған жағдайындағы ойларда, шын мәнісінде өзгешелік болмағанымен, әр түрлі болып көрінеді. Содан соң Ол: «Ал, енді осы Менің түсімнің жаратылысына еніп шаттанайық»,- деген екен.

ПАРАСАТ ЭВОЛЮЦИЯСЫ

Құдай материяның Өзінен аздап бір өзгеше болғанын қаламады, сондықтан да Ол оны эволюция үрдісі арқылы өтіп, материя мен сана (Құдай себепші болған вибрациялар) біртұтас екенін толығымен ұғынуға тиісті қалаған парасатпен толтырған. Осы туа бітті парасаттың материалдық жаратылыста алғашқы пайда болуы *майя* немесе елес адасуынан қашып, материяның Құдайшыл сана азаттығына кенелу үшін өтетін алғашқы есігі. Элементтермен және минералдармен жабылған парасат ұйқыда жатады; соған қарағанда өсімдік әлемі көбірек көріну мақсатында пайда болған. Теңіз көбігінен суда тіршілік ететін жануарлар пайда болып, олардың кейбіреуі құрлықта тіршілік етуге мүмкіндік беретін даму сатысына жеткен. Салғырт материя болып көрінгендер тірі формаларды қабылдай бастады.

Өмірдің неғұрлым әлсіз формалары неғұрлым күштілер мен агрессивтілер алдында қорғансыз болып, тірі қалу үшін күрес арқылы өмірдің неғұрлым биік, нәтижелі формаларына эволюция басталды. «Икемділердің аман қалуы» бізге қорқынышты заң секілді болып көрінуі мүмкін, бірақ ол олай емес. Бірін-бірі өлтіретін жануарлар Құдайшыл ойдың басқаша айқындалуы. Өз формаларына бекітілген олар сана бейнесінің не екенін түсінбейді. Бірақ үлкен балық кішкентай балықты жегенде, соңғысының ой формасы Құдайшыл санада ериді, Құдайдың дараланған ұшқыны эволюциялық дамуда бір сатыға болса да жоғары тұрған басқа өмір формасына инкарнациялап, өткен өмірдегі кішкентай балықтың жанына даму үшін үлкен әлеует береді.

Өлім бұл жерде тек әдіс қана, соның арқасында материя Құдайшыл санаға оралып, жанды Құдайға апарар келесі адым үшін босатады. Өлім- жан ілгерілеуі үрдісінің бір бөлігі. Дамушы парасаттың эволюция үшін неғұрлым қолайлы жағдайында көтерілген циклі адам деңгейіне жеткенше жалғаса береді. Тек адам ғана өзінің құдайшыл пайда болуын көрсетіп, *майя түсін*[4] атап өтіп, саналы түрде Құдаймен бірлесе алады.

РЕИНКАРНАЦИЯ ТҮСТІҢ ІШІНДЕГІ ТҮС КЕЗЕГІ

Дүние өлімге толы екенін және сіздің өзіңіздің тәніңіз де жаныңыздан бір күні азат етілетінін ұққан кезіңізде, Құдайшыл жоспар тым қатал секілді болып көріне бастайды. Сіз Оны мейірбан етіп елестете алмайсыз. Бірақ өлімге даналық көзімен қарар болсаңыз, онда сіз мұның жәй ғана сынақтар мен өзгерістерден өте отырып, қайтадан Құдайдан азаттық алатыны туралы Оның ойы екенін көресіз. Әулиеге де, күнәқарға да өлген соң азаттық беріледі, шынында олардың рақымшылдығының дәрежесіне қарап көп, не аз мөлшерде беріледі. Астралдық әлемнің[5] құдайшыл түсінде өлген соң барлық жандар азаттыққа тап болғанына қуанады, өйткені өмірде мұндайды ешқашан басынан өткізбегенін біледі. Осының барлығын ескере отырып, өлім елесінен өткен адамға қайғырудың қажеті жоқ, өйткені ол азаттыққа жетті. Осы елестен босасымен, ол өлімнің соншалықты жаман емес екенін көреді. Өзінің өлгені тек түс екенін және өзінің тап

---

[4] Адам денесін өзінің омыртқада мен мидағы табиғатта жоқ құпия күшке сену орталығымен бірге (*чакраға* берілген түсінікті глоссарийден қараңыз), өзінің құдайшыл әлеуетін көрсетуге қабілетті жанды қамтамасыз ету үшін Құдай жаратты.

[5] Астралдық әлем бұл нәзік сфера немесе «жұмақ»; физикалық әлемнен кейін болады. (Глоссарийден қараңыз.)

қазір отқа жанып, суға батпайтынын, өзінің азат және қауіпсіздікте[6] екенін анық түсінеді.

Бірақ елес материалдық заттарды игеруге ықылас қоятындықтан, тәнінен босаған соң біраз уақыт өте ол жерге оралуды аңсайды. Тәннің ауруға, жағымсыздыққа ұшырағыш екенін біле тұра, жер тәжірибесінің елес тілегі бұл білімді жауып, парасатты алдайды. Осылайша, астралдық жоспарда кармалық белгіленген уақыт өткен соң, адам қайтадан туылады. Өлімнің келуіне байланысты осы әлемге оралу үшін ол тағы да жер жағдайының ұлы түсінен алға, астралдық жоспардың неғұрлым нәзік түсіне қарай жылжиды.

Туу мен өлім сіздің бір түстен екінші түске өтетін есігіңіз. Сіздер не істесеңіз де, оны материалдық әлем түсі мен астралдық әлем түсі арасында, елестің қорқынышты түсі мен бұлдыр ләззат бөлмелері арасындағы жүріс деп атауға болады.

Осыған қарағанда реинкарнация түстің ішіндегі түстер сериясы: Құдайдың ұлы түсінің ішіндегі адам даралығының түстері.

Біреу Францияда құдіретті патша болып туады да, бірнеше уақыт бойы елді билеп, содан соң қайтыс болады. Келесі жолы ол Үндістанда туылып, орманға медитация жасау үшін өгіз арба жегіп барады. Содан соң ол Америкада табысты бизнесмен болып туылуы мүмкін; және ол өлім түсінен қайта өткен кезде, Тибетте Будда ізбасары болып туылып, өмірін ломаист монастырында өткізуі мүмкін. Осылайша, біреуді жек көруге немесе қандай да бір ұлтқа бауыр басудың қажеті жоқ, өйткені сіз бірде индус болсаңыз, тағы бірде француз, кейде ағылшын немесе американдық, иә болмаса Тибет тұрғыны болуыңыз әбден мүмкін. Бәрібір емес пе? Кез-келген өмір түстің ішіндегі түс, әлде жоқ па? Сіз олар жасаған өтірік пен қиындықтың арасында дәрменсіз күйде солай қаңғырып жүре бермексіз бе? Әрбір ұлт өз тәртіптері дұрыс санап, ең күшті өнегеге иеміз деп ойлайды. Сіз осы адасумен өмір сүрмексіз бе? Мен олай жасамаймын. Даналық салтанат құрмай, реинкарнация тым азапты тәжірибемен пайда болатын болады. Реинкарнациядан қашып құтылу дегеніміз елестің аурулы жалғасуы. Өмір мен өлім деп аталатын жағдайлар өзгерісінен әлі қанша рет өтетін боласыз? Жауабы қарапайым:

---

[6] «Жанды қару да жаралай алмайды, от өртей алмайды, су сулай алмайды, жел кептіре алмайды...Жан өзгермейді, бәріне ене алады, әрдайым тыныштықта, мызғымас мәңгі бұлжымас. Жан сезілмейді, айқындалмаған және өзгермейді деп айтады. Осыны біле отырып, сен аза тұтуға тиісті емессің. (Бхагавад Гита II:23-25).

сіз толығымен бұлдыр жаратылыс табиғатын ұғынып, қорқынышты түстерден құтылып, Құдайда оянғанша өте беретін боласыз.

ӨМІРДІҢ ӨЗІ СІЗДІҢ КӨЗ ЖАСЫҢЫЗҒА ТҰРМАЙТЫН ТҮС

Мен өмірді неғұрлым көбірек бақыласам, соғұрлым оның түс екеніне көз жеткіземін. Мен сіздерге беріп отырған осы философияда көбірек сенімділік табамын. Сіз Құдайдың рақымы бойынша өмір сүріп отырғаныңызды түсініңіз. Егер Ол Өз ойын шақырса, физикалық айқындалған әлем тіршілік етуін доғарар еді. Осы әлемнің өзі түс және біз барлығымыз осы жерде ұйықтаймыз. Бұл өмір нағыз өмір емес; сіз адасқан кезде күлесіз, жылайсыз, түсіне білсеңіз ол үшін көз жасын төгудің өзі артық. Өзіміздің өмір тәжірибемізді шынайылыққа жақындату қайғы-қасіреттен өтуді білдіреді. Осы әлеммен өз санаңызды теңдестіре отырып, оған бақытсыздық орны ретінде қараңыз. Бізді қайғы-қасіреттен құтқаратын кім? Ақша ма? Ешбір материалдық мұны істеуге қабілетті емес. Құдайды тану және Онымен мәңгілік бірлікте екенімізді түсіну- міне, азаттыққа апарар жалғыз жол. Мұны әрдайым есте сақтаңыз. Осы әлем егер шынайы болса, онда Құдайдың шынымен де тым қатігез болғаны. Бірақ Ол біздің қайғы-қасірет пен өлім қыспағынан бірнеше рет өткен соң, оянып, осы елесті жеңе алатынымызды біледі: біз жерді Оның түсі ретінде танып, инкарнацияны доғарамыз. Бхагавад-Гитада Құдай Кришна арқылы сөйлеп: «Менің сенімді шәкірттерім, Маған кенеле (Рух) отырып, жоғары табыстарға қол жеткізді; олар осы қайғы орны мен жалт етіп өте шығатын әлемде қайта туылуға бейім емес»,[7]- деп уәде берген болатын.

Бір адам бомбаның астында қалып, қаза болады. Соғыс алаңында ол қатты үрейленген болатын; бірақ өлген соң ол барлық үрейден және тәннің молаға тартылысынан құтылғанына қуанады. Осыны білу үшін осындай қатты қыспақтан өтудің қажеті жоқ. Одан да саналы рухани күш салудың көмегімен даналыққа ие болған дұрыс. Егер бізге сынақтан өту қажет болса, онда мұны дұрыс қалыпта қабылдағанымыз жөн. Исаның бізге сабақ болсын деп қандай сынақтан өткенін еске түсіріп көріңіз: Ол крестке қағылып, осы қайғы-қасірет түсінен өтуге тиісті болды. Бірақ керіп тастаудың алдында ол: «Мына киелі үйді бұзыңдар, Мен оны үш күнде қайта тұрғызамын»,[8]-депті. Ол тәнінің,

---

[7] Бхагавад-Гита VIII:15.

[8] Жохан 2:19.

крестке қаққан шегенің, тіпті өлім үрдісінің өзі түстен басқа ештеңе емес екенін білді. Ол осыны ұғынғандықтан, өмірді өзінің тән түсінде қайта құра алатынын түсінді. Бұл өмір мен өлім бұлдырын көрудің керемет әдісі емес пе? Бұл жалғыз ғана жол. Кришна Арджунамен өзінің түсіндірме әңгімесін Бхагавад-Гитада материяның өткінші табиғаты мен онда бекітілген Тәңірдің мәңгілік табиғатын есте сақтауға арналған ілімнен бастаған.

БІЗДІҢ ШЕКТЕУЛЕРІМІЗ ТЕК ТҮСІМІЗГЕ ЕНЕДІ

Өмір сізді осының шынайы екендігіне сенуге үйретеді. Сіз тамақ ішіп, күн сайын ұйықтау қажет екенін, әйтпесе, олай жасамаңыз, өлетініңізді сезінесіз. Сіздің әдеттеріңіз өзіңізге зиянын тигізетін, ет, секілді тағамдарды пайдалануға ықтиярсыз көндіреді, сіздің шылым шегетін, ішімдік ішетін және ойлайтын әдеттеріңіз бар, сіз ол әдеттерсіз өмір сүре алмайсыз. Біз бәріміз де еш бақылаусыз түсімізде өз санамызда түрлі шектеулерді сезінеміз, және қате тәртіптің жаман түсінің үйреншікті жағдайына бір сарында ауысатын болсақ, бізге оны өз бойымыздан жұлып тастау үшін, жағымсыз өмір тәжірибесінен өту қажет болады. Сіз өз тәніңізді тамақтандыру үшін қанша уақыт жоятыныңызды ойлап көріңіз. Ол сізге не береді? Сіз өз тәніңізді неғұрлым көбірек қамқорласаңыз, сізді соғұрлым қайғы-қасірет күтіп тұратынын білесіз бе? Егер сіздің көзқарасыңыз осы бұлдыр формамен тым теңдестірілетін болса, онда сіз үмітсіз түрде адасуға тап боласыз.

Құдай барлық тіршілікті дамытқан шынайылықты бұлдыр образбен түсіндірсеңіз болды, осы бұлдыр шынайылық сізді бұлдыр қасіретпен жазалайтын болады. Бірақ Құдай осы дүниеде бәрінен де маңызды екенін түсінгеніңізде, сізге ештеңе де кедергі бола алмайды. Егер сіз су да, масса да Құдайдың түсі екенін түсінсеңіз, сіз Иса секілді, судың үстімен жүре аласыз бір бұлдыр форма басқа бұлдыр форма үстімен жүре алады. Ендігі қатты және сұйық денелер немесе материяның кез-келген басқа формаларының арасында өзгеріс тосқауылы болмайды. Бірақ сіз мұндай қабілетке тек қиял күшімен жете алмайтыныңызды *ұғынуыңыз* керек.

Үндістанда адамдар қызып тұрған көмірдің үстімен еш күйместен жүрген жағдайлар болды. Англияның бірнеше көрнекті ғалымдары қызған көмірдің үстімен жиырма жеті фут бойы жүріп өткен бозбаланы бақылаған. Осы бақылауға басынан аяғына дейін қатысқан журналист от жасанды деп ойлап, осы экспериментті қайталап көріп, қатты күйік алған. Бұл бозбала нақты ой үрдістерінің көмегімен өз ақыл-ойының оттың санадан басқа ештеңе де емес екеніне сенуіне мәжбүр етті, сондықтан да санадағы заттар ағзаға зиянын тигізе алмайды.

Егер сіз қазір күннің суығы сізге зиянын тигізбейді деп санасаңыз, ол сізге әсер етпейді. Бірақ егер суықтан тоңып қаламын деген ойда болсаңыз, ол солай болады да. Мұның мәнісі мынада: сіз сана бақылауын іске асырмайсыз. Өз ақылыңызды бақылай отырып, сіз бұл Дүниенің бұлдыр сағым екені туралы ақиқатты түсіне аласыз. Міне сондықтан да тақуалар өз ізбасарларынан тәнді тәртіпке келтіріп, оған тым көп назар аудармауды талап етеді. Мақсат тәнді азапқа салу емес, шәкіртті, егер ол жайлылық материалдық әлем заттарынан бас тарта ала алатындарына сенетін болғандықтан оны үрейлендіретін жағымсыз жағдайлардан қорғау болып табылады. Жайлылық ақылдан пайда болады. Өзіңіздің психологиялық күйіңізді өзгертіңіз, сонда жайсыздықты сезбейтін боласыз.

Өмірді неғұрлым қарапайым ету бәрінен де жақсы. Мен Үндістанда ештеңені қорек етпейтін және ең қиын жағдайда өмір сүрген тақуаларды көзім көрді; соның өзінде олардың денелері тығыншықтай, күтіммен отырған америкалыққа қарағанда таңғаларлықтай күшті, неғұрлым әдемі. Олар өз ақылын денсаулық пен сезімді қанағаттандыру сыртқы жағдайға тәуелді емес екеніне үйретті.

Әлем біздің ақылымызға түрлі әдістер арқылы бағыт сілтеген. Ол біз үшін көп нәрсені үйреншікті етеді, және сонда біз оларсыз өзімізді бақытты сезіне алмаймыз деп ойлаймыз. Өз өміріңізді неғұрлым қарапайым етіңіз. Балаларыңыздың өмірін де қарапайым етіңіз. Егер сіз осылай жасамасаңыз, өмір тәжірибесі оларды қатты түңілдіруі мүмкін.

Өзіндік таным өмір салтының философиясы, яғни пайымды медитация, ізгі ниет, дұрыс өмір салты. Өз балаларыңызды осы философиямен сәйкестендіре тәрбиелеңіз. Оларды еркелетпеңіз және өз тәніңіз бен зиянды тілектерді құптай отырып, жаман үлгі көрсетпеңіз; оларға дұрыс тәрбие беріңіз. Өз балаларыңызды сағым құлы етудің не қажеті бар? Оларға шынайы азаттық беріп, өмірлерін қарапайым етіп, олардың бойында рух сабырлығы мен ішкі шаттықты дамытыңыз. Осыны өзіңіздің жеке өміріңізбен де жасаңыз. Өзіңізді ештеңемен байланыстырмаңыз. Сонда бұл философия сізді құтқарады. Егер мен отырғышта отырып, сол отырғыш сынып қалса, сынған отырғышқа бола қамықпаймын. Басқасына отырамын. Маған бәрібір.

Әркез, сіз бәр нәрсеге бауыр басқаныңызда, бұл жеке меншік сезімі сіздің адасуыңызды одан сайын үдете түседі. Бір күні өзіңізге ештеңе де тиесілі емес екенін білген кезде, сіздің қатты көңіліңіз қалады. Сондықтан да, әуел баста өзіңіздің меншігіңіз болмаған заттарға бауыр басу ақымақтық емей, немене? Сіз бұл заттарға өзінің жұмыс берушісінің үйінде тұратын, оларға адал қарап, бірақ өзінің үйі басқа жерде екенін білетін, тек уақытша қарап, күтетін үй шаруасындағы әйел секілді қарауыңыз керек.

ӨМІРГЕ СОНШАЛЫҚТЫ КӨҢІЛ АУДАРМАҢЫЗ

Бұл әлем жаман орын, онда бәрі қауіпті. Біз не істеуіміз керек? Біз өмірге соншалықты көңіл аудармауымыз керек. Жалған көріністі өмірге сабырлы қарау философиясына үнемі сүйенетін болсаңыз, жеңуге болады: мұнда барлығы да Құдайшыл пьесадағы эпизодтар секілді. Біз актерлерміз. Біз өз ролімізді жақсылап орындауға тиіспіз, бірақ өзімізді осы драмамен өткір түрде теңдестірудің қажеті жоқ. Медитация бізге осы ішкі азаттыққа алып барар жолды көрсетеді. Бұл -дүниенің түс екенін, бүкіл дүниені ниеттеніп жаратқан Жаратушы екенін ұғынуға көмектесетін жалғыз ғана әдіс. Сондықтан да, Ол осы сағым жерді жаратса да, Ол осы сағымнан құтылу жолын көрсетті.

Өзіміз қорқынышты түсімізде еске түсірмесек, бұл әлемде еш жамандық болмайды. Сізде мұндай күйзеліс тәжірибесі бар. Егер түсіңізде аяғыңыздан автокөлік өтіп кеткен болса, сіздің қайғыңыз шынайы болып көрініп, аяғыңыз шынымен де жарақат алғандай болып көрінеді. Бірақ, ұйқыдан оянған соң, сіз күліп: «Қандай ақымақтық еді. Бұл бар болғаны қорқынышты түс қой» дейсіз. Құдайда оянған кезде дәл осылай болады. Ол сізді қорқынышты түстен ояну үшін сілкиді де: «Не болды? Сіздің түсіңізге қасірет пен өлім енді» дейді. Сонда Ол сізге шынайылықты көрсетеді. Бұл өмір тәжірибесін, ақыр соңында, барлық адамзатқа беретін Ол. Бұл керемет емес пе!

Құдайдың бұлдыр жаратылысы сізді қорқыту үшін емес, ақырында, оның шын мәнісінде жоқ екенін ұғынуға мәжбүр етуге арналған. Онда қорқудың қажеті не? Иса: «Өздерің құрметтейтін Киелі жазбада (Құдайдың билерге арнап мынаны айтқаны)сендер құдайсыңдар» деп жазулы тұрған жоқ па?» [9] деген болатын. Иса аз ғана уақытқа

---

[9] Жохан 10:34.

өзінің бұлжымас құдайшыл мәнін ұмытып, «О, Құдайым, Құдайым! Неліктен Мені жалғыз қалдырдың?» [10]деп дауыстап жіберген. Бірақ көп ұзамай ол қайтадан өзінің Құдайдың ұлы екенін және ешқашан жансызданбайтынын, және өзінің Тірілуімен дәлелдегенін қайтадан ұғынды. Оның бүкіл өмірі оның шынайы түрде сағым сағанасынан көтерілгенін дәлелдеді.

Егер сіз өмірдің түс екенін ақылмен түсініп, бірақ әлі де мұны толығымен ұғынбай, әлі де Құдайды таппаған болсаңыз, сіз бұл әлемде де, бұл әлемнен тыс та тіршілік етпейсіз. Бұл көңілсіз жағдай. Осы адасудың бұғауында қала көрмеңіз. Құдайға келу үшін орасан күш жұмсаңыз. Мен сіздерге осы есті ақиқат пен есті ойды айтып отырмын және сізге санаңызды қайғы-қасіреттен құтқаратын өмірге деген философиялық көзқарасты ұсынамын. Ештеңеден қорықпаңыз. Егер өлім келсе, жақсы, келе қойсын. Не болса, сол болады. Бұл түске өзіңізді үркітуіне жол бермеңіз. «Мен аурудан, жоқшылықтан және бақытсыз жағдайлардан қорықпаймын. Тәңірім, мені сынақтардан өткізгенде олардың бұлдыр табиғатын түсініп, позитивтік әрекеттермен ішімнен Сенің мені шақырып жатқаныңды сезіне отырып, жеңуім үшін, маған батаңды бер» деп жар салыңыз.

АЛДАМШЫ ТҮСТЕР МЕДИТАЦИЯ КЕЗІНДЕ ЖОҒАЛАДЫ

Медитация Құдай кескіні бар немесе Құдай образының өз бойымызда екені туралы таза сананы ұғынып, айқындауға талпыныс болып табылады. Тән санасы туралы жалған көрініс пен осы тән қажеттіліктері мен ақылға ілескен жанама «керексіз қайсар қажеттіліктерден» арылыңыз. Қаншалықты қарапайым бола алсаңыз, соншалықты болуға тырысыңыз; сонда сіз өміріңіздің қаншалықты жеңіл және бақытты бола алатынын таңдана көретін боласыз. Сондықтан да өзіңізді азат етіңіз. Олай болмаған жағдайда, өлім сізге тосын болып көрінеді, және сіз осы өмірден кетуге дайын болмағандықтан, өзіңізге ауыр тиеді. Бірақ дұрыс өмір салтын қалыптастыру, дұрыс ойлар және медитация арқылы сіз Шексіздікке жақындасаңыз, өмір мен өлім елесі Оның мәңгі Болмысының қуанышында ғайып болады. Осылайша, медитация әлем үшін өлмей өлу болып табылады. Бұл Тәңірдің маған сыйлаған жаңа пайымдамасы.

---

[10] Марқа 15:34.

Медитация кезінде сіз саналы түрде ұйқыда жатып санасыз жасайтын нәрсеңізді жасайсыз. Өз тәніңізге қарап оның қайғы-қасіреті туралы ойлайсыз да, оянған соң, сөзсіз, «не болды?» бұл сонда, бар болғаны жаман түс пе?» дейтін боласыз. Жауап әр түн сайын, ұйықтап жатқан кезде келеді: бұл бұлдыр дүние мен қайғы-қасіретімен, ауру-сырқауымен бірге осы бұлдыр тән сіздің сана экраныңыздан ғайып болады. Егер өмір бұлдыр болмаса, сіз шынайылықтан ұйықтап жатып та ажырай алмас едіңіз. Әр түн сайын сіздің санаңыз тәніңізден өзіңізге физикалық тән емес екеніңізді еске салу үшін босап шығады. Ұйқыда жатып санасыз түрде бастан кешіретініңізді, сіз саналы түрде медитацияда бастан кешіре аласыз.

Ұйқыға берілмеңіз және сананы жоғалтпай, өз ақылыңызды сабырлы, бейбіт түрде түс көрмеген ұйқы кезіндегідей қалыпта, толық емес санада, терең медитацияда қалдырыңыз сонда санадан тыс әлемнің неғұрлым нәзік әлеміне өтесіз. Онда сіз өз тәніңіз туралы мүлдем ұмытып, өз жаныңыздың бейбіт, жан шаттығымен, өзіңіздің шынайы Мәніңізбен және жанның Құдаймен бірігуімен рахаттанасыз. *Самадхи* жағдайына ене отырып, қуаныш әкелетін азаттықты байқайсыз. Медитация сіздің жалған көріністерден биікке көтеріліп, өзіңіздің шынайы мәніңізді түсінуге талпыныс жасайтын жол. Егер сіз осындай түсінікті жалған көріністерде сабырлы түрде қала отырып, медитация жағдайындағыдай, әрекетті жағдайда сақтай алсаңыз, онда сіз осы Құдайдың бұлдыр әлемінен биікке көтерілесіз. Ұйқы сіз үшін аяқталады. Міне сондықтан да Кришна Құдай егер Рух бостандығын қаласаңыз, сіз кез-келген жағдайда тыныштықты сақтай білуіңіз керек деп үйреткен болатын: «Кімде-кімнің тыныштығы осымен (өз тәнімен байланыс ақылын) бұзылмайтын болса, кімде-кім сабырлылық пен байсалдылықты қайғы мен рахат кезінде сақтай алса, сол адам мәңгі өмірге кенеледі».[11]

ЕШҚАШАН ЖАН АЗАБЫНА ТҮСПЕҢІЗ

Ұстазым Шри Юктешвар осыған керемет түрде үйретті. Не жағдай болмасын, егер мен жан мазасыздығына түссем, ол ешқандай сылтауды қабылдамайтын. Мен ашрамға келіп, оның аяғының қасына отыра кетіп, оның даналығына құлақ аса отырып, медитация

---

[11] Бхагавад Гита II:15.

жасайтынмын. Поезға үлгеру үшін кететін уақытым таяп қалғанда, ол менің жан күйзелісімді көріп, маған ештеңе айтпастан жымиып қарайтын. Алдымен мен мұны ақылға сыйымсыз деп санайтынмын. Бірақ оның мені осы жаттығуға тартқан кездегі аздаған қарбалас уақыт өткен соң, ол: «Мен сенің уақытылы поезға шығып жүргеніңе қарсы емеспін. Бірақ, мені тыңда, саған оған бола мазаланудың қажеті жоқ. Жүйке қозуына жан тыныштығыңды бұзуына жол берудің қажеті бар ма? Сен менде болған кезде байсалды болуға тиіссің, ал кетуге уақыт таяған кезде тұр да, жүре бер» деп түсіндіретін. Ол менің сабырлы белсенді және белсенді сабырлы болуды игерген кезге дейін ұстап, бірнеше поезды жіберуге еріксіз көндірді.

Сіз келесіні миға тоқып алуыңыз керек. Бір жаққа эмоционалдық қозу күйінде асығып, онда жете алмай, сабырсыз болғандықтан рахатқа кенеле алмасаңыз, неғұрлым сабырлы болуға тырысып көріңіз. Ішкі мазасыздықты ештеңе де ақтай алмайды. Егер әрдайым сабырлылықты сақтасаңыз, сіздің ісіңіз де алға басып, нәтижесі көрініп тұратын болады. Ал егер осы бәрін қамтитын бұлдыр әлемнен оянғыңыз келсе, сіз қандай жағдай болғанның өзінде де, сабырлылықты өз бойыңызда дамыта білуіңіз *керек*. Ақылыңыз мазалана бастаса болды, оған ерік күшінің қатты соққысын беріп, тынышталуына әмір етіңіз. Бостан босқа толқымаңыз. Әркез, мазасызданған уақытта, есіңізде болсын, сіз өз бойыңыздағы әлем туралы жалған көріністі одан сайын үдете түсесіз.

СІЗ ӨЗ ТҮСТЕРІҢІЗДЕН ҚОРҚАСЫЗ

Сезім тәжірибесінің кез-келген формасында сіз өзіңізге: «Бұл түс» деп айта отырыңыз. Елестің Құдай адам бойында неғұрлым күшті етіп жасаған үш түрі болады: секстен, алтыннан және шараптан ләззат алу. Бұл нәрселерге аса мән бермеңіз. Ұстамды болуға үйреніңіз, сонда азат боласыз. Осы елестердің біріне неғұрлым көбірек мән беретін болсаңыз, ол сізді неғұрлым көбірек арбап, Құдайдан алшақтатады. Бірақ сізді Құдайдан безінуге ештеңе де, тіпті азат болғыңыз келген кезде бастан кешіретін күшті ынтықтықтың өзі де бөгет бола алмайды. Есіңізде болсын, бұл жаман қылықтар өзіңіз әлпештеп өсірген және өзіңізді құл еткен елестен басқа ештеңе де емес. Сіз ішімдіксіз өмір сүре алмаймын деп ойлайсыз, бірақ сізді ішімдік туралы ойлауға мәжбүр етіп отырған өзіңіздің тілектеріңіз. Бұл ойды басыңыздан шығарып тастаңыз, сонда осы елес аяқталады да, сіз азаттыққа кенелесіз. Тек өзіңіз ғана өзіңізді адастырасыз, және өзіңізден басқа ешкім де сізді азат ете алмасы анық. Сіздің өзіңізден күшті дұшпаныңыз жоқ, сол сияқты сенімді досыңыз да жоқ. Құдай сізге таңдау бостандығын берді: жалған көрініс тұтқынында қалу немесе одан босап шығу. Сіз өз түстеріңізден қорқасыз.

Бір қатты қобалжулы адам Лахири Махасаяға [12] келіп: «Мен үнемі өзімді қылғындырғысы келетін елесті көремін»,- дейді.

Сонда Лахири Махасая: «Сен өз түсіңнен өзің қорқасың»,- деп жауап берді.

«Бірақ бұл түс емес, Мен оны көремін ғой»,- деді әлгі адам.

Сонда Лахири Махасая: «Қалай болғанда ол шынайылық емес, оның бәрі түс»,- деп жауап берген.

Адам гурудың сөзіне сеніп, көп ұзамай сауығып кетті. Сондықтан да сізге өзіңізді өзгерту, сауықтыру үшін өз ақылыңызды пайдалану қажет. Әрдайым: «Маған ештеңе де қауіп төндіре алмайды. Ештеңе де менің ақыл-ойымды мазалай алмайды» деңіз. Сіз өзіңіз ең абыройлы, ең айбынды адамдай қасиетке ие екеніңізді ұғыныңыз. Сіз өзіңізге көбірек сенуіңіз керек. Егер өз ақылыңызды қатайтсаңыз, сіз үрейден арыла алатын боласыз.

АҚЫЛ КҮШІ ШЕКСІЗ

Ұлы тақуалар жасаған кереметтер олар өздері үшін емес, мына біздер үшін керемет. Осы дүниені жаратып отырған ақылдың күш екенін білген кезіңізде, сіз үшін мүмкін болмайтындай ештеңе де қалмайды. Бірақ ең бастапқы кезінде бұрын-соңды болып көрмеген нәрсе «жаратамын» деп тырыспаңыз. Ақыл бүкіл қасиеттің барлығы болып табылады; бірақ оның әлеуетін қолдану жолын үйренген уақытқа дейін: «Ақыл бүкіл қасиеттің барлығы болып табылғандықтан, мен осы құздан секіріп кетсем де маған ештеңе болмайды» деп айту пайымсыз. Өзіңіздің ақылыңызды не нәрсеге көндіре алсаңыз, солардың барлығын да сіз орындай аласыз. Не жасалса да, бәрі де ақылдан шығады, бәрі де ақыл арқылы бақыланады. Сіздер ақыл-ой күшіңізді неғұрлым көбірек дамытсаңыз, онда ақыр аяғында, бір нәрсе жасауға әліңіз жететін болады. Әлемнің ұлылары осыны дәлелдеген. Иса ауруды сауықтырып, өліні

---

[12] Парамаханса Йогананданың гуруының гуруы және ұлы Махаватар Бабажидің осы заманғы Құдайды іздеушілерге пайда беретін Крия -Йога туралы ғылымды жеткізген діни ұстаз. (Глоссарийдан қараңыз).

тірілткен, шарапты суға айналдыра білген. Кришна тауды соламайымен көтеріп, оны ізбасарларын қираткыш дауылдан қорғау үшін төбесінде көтеріп тұрған. Бұл аватарлар ақыл бүкіл қасиеттің барлығы екенін дәлелдеген. Олар мұны тек қиялдап қана қоймай, біліп: «Әкем Екеуіміз біртұтас» [13] деп айта алған. Тәңірдің барлығын да Оның елесінен жаратқаны секілді, Тәңірмен бірыңғай жандар да осыны жасай алады. Пайғамбарлар өз кереметтерін нақ осылай жасаған.

«Мәсіх туралы Ізгі хабарға көңілдеріңнен мол орын беріңдер: Забур жырлары, мадақтау өлеңдері және Киелі Рух дарытқан басқа да әндер арқылы бір-біріңе зор парасатпен тәлім-тәрбие және бағыт-бағдар беріңдер. Жүректерің ризашылыққа кенеліп, Иемізге арнап ән айтып отырыңдар!» [14] Егер сіз өз ақылыңызды рухани түрде тазартып, медитация арқылы дамытып және Құдайды өз санаңызға жібере алсаңыз, сіз де ауру, шектеулер мен өлім туралы жалған түсініктерден азат боласыз. Бұл әлем тынышталу үшін паналайтын орны ретінде ойластырылмаған, бұлдыр сағымға- қорқынышты түстерге және арагідік, ақыр соңында оянып, өзіміздің тұрағымызға, Құдайға оралатындай жақсы түстердің де орны.

ТЕК ҚҰДАЙДА ҒАНА СІЗДЕР АДАСУДАН АЗАТСЫЗ

Сондықтан да өмірдің өткінші сағымына ынтық болмаңыз. Өміріңізді Құдайға арнаңыз, тек қана Құдайға. Бұл азаттыққа және осы әлемдегі қауіпсіздікке жеткізетін жалғыз ғана жол. Құдайсыз қорғаныс сезімі де болмайды; қайда бағыт алғаныңыз маңызды емес, адасу бізге зиянын тигізуі мүмкін. Дәл қазір азат болыңыз. Дәл қазір Тәңірдің ұлы болыңыз; осы жалған түс көрінісінен біржола құтылу үшін өзіңізді Оның жемісі екеніңізді ұғыныңыз. Терең де, шынайы медитация жасаңыз, сонда бір күні сіз ұйқыдан Тәңірдің қуаныш екпінінде оянып, адамдардың қасірет шегем деген ойының ақымақтық екенін көресіз. Сіздер және мен, және олар, барлығымыз да Таза Рухтың өзіміз. Кришна: «Шынайы еместен болмыс болмайды. Шынайылықтан болмыстың жоқтығы болмайды. Екі пайымның жоғары ақиқаты данагөйлерге мәлім» [15] деп үйреткен болатын.

---

[13] Жохан 10:30.

[14] Қолостықт. хат 3:16.

[15] Бхагавад Гита II:16.

Мен сіздермен осы жерде күн сайын кездесе алар едім, бірақ, сіздер тыңдағандарыңызды тәжірибеде қолданып көрмей, бұл қажетті емес деп ойлаймын. Осы жексенбілік жиналыстарда мен, сіздерге өмір бойы, басқа жерлерде естігеннен гөрі көп мағлұмат бердім деп есептеймін. Осы құдайға қызмет ету орындарына келіп, сіз жалған көрініс бұғауын үзуді білетін боласыз. Үйіңізде Өзіндік таным сабақтарын (*Self-Realization Lessons*) [16] оқыңыз және әділ түрде оларды тәжірибеге енгізіңіз. Әрбір адам Құдайға оралу үшін өздерінің жеке күшін салғаны дұрыс. Басқаша сөйлейтін кез-келген адам, сізге дұрыстықты айтып тұрған жоқ. Егер өзіңіз Құдайды табуға әрекет жасасаңыз, Құдай да, гуру да сізге көмек қолын соза алады. Біреудің жұмыс жасағанын бақылап тұрып, ақша таба алмайсыз. Сіз мұны өзіңіз жасауыңыз керек. Тек сіздің ғана еңбегіңіз сізді Құдайға алып келеді. Сондықтан да қазір ең күшті әрекет жасаңыз. Түнді медитацияға қалдырыңыз. Бөлінбейтіндей көңіл қоя медитация жасаңыз. Бұл дұғаны механикалық түрде айту фарсы болып жүрмесін. Өз жаныңызды Құдайға тапсырыңыз. Сонда сіз өміріміздің, оның әрбір минуты сиқырлы тіршілікке айналғанын көресіз.

---

[16] Глоссарийдан қараңыз.

Ғылыми Қадам арқылы Дінді тану

Self-Realization Fellowship (Өзіндік Таным қоғамдастығы жанынан ашылған), бірінші ғибадатхана, Энсинитас, Калифорния, 18-ші ақпан 1940 жыл

Ғылым мен діннің арасында үлкен дау-дамай бар екенін жиі естіп жүрміз. Ғалымдардың «аспан мен жер» бірнеше күн ішінде жаратылғаны туралы пікірге күмәнмен қарайтыны рас. Олардың жер мен аспанды зерттеуі жаратылыс баяу эволюциялық үрдіс арқылы көрінгенін және газды жерге айналдыруға , соңынан өсімдіктер мен жануарлардың, содан адамның пайда болуына миллиондаған жылдар қажет болғанын дәлелдейді. Осылайша, біз ғалымдар ізденістері мен қасиетті мәтіндерді дәлме-дәл қабылдау арасындағы үлкен айырмашылықты бақылаймыз.

Нағыз ғалым барлық жаңаны қабылдауға қабілетті болуы тиіс. Және ақпараттың шағын көлемінен бастап, ол табиғаттың тексерілген құрылымының принциптерін қалай қызмет ететінін білу үшін ашуға тиісті. Содан соң ол әлемге әрі қарай жаңадан жарыққа шығатын өз іздеулерінің нәтижесін ашып беруі тиіс. Осы табиғат заңдарын ашушы ғалымдардың әрекеттерінен біз өз өркениетіміздің бүгінгі игілігін көреміз. Бірте-бірте біз табиғат заңдарын тәжірибе жүзінде пайдалануды үйренеміз; мысалы өз үйімізде қолданыстағы толып жатқан бүкіл керек-жарақтарымыз.

ҒАЛЫМДАР ҚҰДАЙШЫЛ АШЫЛУМЕН ЖҰМЫС ІСТЕЙДІ

Ғалымдарды көп жағдайда дінге сенбегені үшін кемел материалистер ретінде қабылдайды. Бірақ Жаратушы оларды бұл үшін кері итермейді. Оның бәрін қамтығыш заңдары риясыз және адам сеніміне тәуелді емес. Бұл мағынада Жаратушы адамдар тәлімгері емес, бірақ Ол заңды билеуші. Оған бас иеміз бе, жоқ па, оған мән бермістен, Ол бізге өз еркімізді ашып айтуға бостандық берді. Оның заңдарына сүйене отырып, біз өз сыйымызға ие боламыз.

36

Күмән келтіруші ғалым өз ұстанымын былай түсіндірер еді: «Мен тіпті Құдайға сенбегеннің өзінде, өзімді дұрыс ұстауға тырысамын. Егер Құдай бар болса, Ол мені марапаттап немесе жасаған ісіме қарай жазалайды. Ал егер Құдай жоқ болса да, мен бәрібір қылығыма қарай ар заңы бойынша өмір сүргендіктен құрметке ие боламын».

Осылайша, сене ме олар Құдайға, жоқ па, немесе материалдық сыйақы алуға тырмыса ма, әйтеуір ғалымдар үсті-үстіне Құдайшыл заңдарды ашып, тіпті онымен бірігіп болса да біздің әлемімізге мейірім алып келеді.

СЕНІМ БАР БОЛҒАНЫ БІРІНШІ ҚАДАМ

Адамдардың басым бөлігі ешқашан діни доктрина апробациясына ғылыми қадам жасап көрмесе де, заң дүниеде барлығын басқарады. Олар зерттеуге немесе інжіл мәтіндерін дәлелдеудің мүмкін еместігіне сенеді. «Біз тек сенуге тиіспіз», деп олар өздерін және өздерін қоршаған жандарды иландырады; және осы олардың дінілігімен қабылдануы тиіс. Бірақ інжіл бізге: «сенім дегеніміз — *үміттенгеннің* жүзеге асатынына күмәнданбау, әлі де көрінбей тұрған *уәденің* орындалуына шүбәсіз илану» [1] деген болатын. Сенім бірінші адым болып табылатын нанымнан өзгеше. Егер мен сіздерге осы ғимараттың ар жағында үлкен арыстан тұр десем, сіз: «Ол мүмкін емес!» деп жауап берер едіңіз. Бірақ мен қоймастан: «Сол жерде арыстан бар» дей беретін болсам, сіз маған сеніп қалып, көзбен көру үшін сол жерге барар едіңіз. Наным шындыққа көз жеткізу үшін қажет; егер сіз сол жерден арыстанды көре алмайтын болсаңыз, онда мені ертегі айтып отыр дер едіңіз! Осылайша, мен сізді рухани тәжірибеге бейімдеймін, сіз бастамас бұрын, алдымен маған сенуіңіз қажет. Сіз оған сенімді болуыңыз керек.

Сенімді, осылайша, теріске шығаруға болмайды; ол ақиқатты интуициялық түрде дәлелдеу. Сенім сауықтырып, өлгендерді тірілте алады, сонымен қатар жаңа кеңістік жасай алады. Иса: «Сенімдеріңнің жеткіліксіздігінен. Сендерге шындығын айтайын: тіпті тарының түйіріндей ғана сенімдерің болса, мына тауға: «Бұл жерден ана жаққа көш!» десеңдер, ол көшер еді. Қолдарыңнан келмейтін ештеңе де болмас еді», [2] -деп айтқан.

---

[1] Еврейлерге хат 11:1

[2] Матай 17:20

Парамаханса Йогананда трансконтиненталдық дәріс туры кезінде Аляскаға барар
жолда кемеде ,1924 жыл

Парамаханса Йогананда және Лютер Бербанк. Санта-Роза, Калифорния, 1924 жыл. Зауыттың әлемге әйгілі ғалымы Парамахансажи оқытатын Крия – йога ілімін қолдайтын ізбасар болды.

Парамахансажи өзін 1926 жылы Питсбург Өнеге сотына қатысуға шақырған төреші А.Д. Брэндонмен (*сол жақта*) бірге. Төреші Брэндонмен ұстаздың әлеуметтік және қылмыстық мәселелерді шешу бойынша көзқарасын нықтады. Соңынан ол Парамахансажиге: «Егер осы елдің адамдары сіз оқытып жатқан доктринаға сәйкес болса, Өнеге Соты аз пайдаланылып немесе тіпті болмас па еді»,- деп жазды.

Ғылым жаңалық ашуда саналы түрде өзгеруге бейім. Нақты әрекеттер Гарвардта іске асқанымен, дін ешқашан дұрыс зерттелмеген, сондықтан да ол оған шүбәлана қарайды. Эксперименталдық психология өзінің адамның ішкі дүниесін түсінуде керемет дамуда. Эмоционалдық жағдайды белгілейтін приборлар ойлап шығарылды. Мысалы, адам ақиқатты қалай жасырғысы келгенімен, полиграф жалғандыққа жол бермейді.

ӨЗІНДІК ТАНЫМ ҚҰДАЙДЫ ҚАБЫЛДАУ ҮШІН ҚАЖЕТ

Ғылым дәлелге негізделеді. Белгілі ауру түрлерін емдеу тәсілдері мен себептері әлі де ашылу керек болса да, медицина алға жылжыды. Ғылым сыналып, дәлелденген теорияларға азды-көпті сенімді. Дінде бәрі де басқаша. Біраздан соң, мүдделері орындалмаған кезде олардың жанында күмән пайда болып, ақиқат дәлелін табу мақсатында діннен дінге ерсілі-қарсылы жүреді. Сіз Жаратушы туралы шіркеулер мен ғибадатханаларда естіп жүрсіз; Ол туралы кітаптан оқи аласыз; бірақ Құдайшылдықты сіз белгілі ғылыми *тәжірибе* көмегімен жеткен Өзіндік таным арқылы басыңыздан кешіре аласыз. Үндістанда дін осындай ғылыми әдістерге негізделген. Үндістан осы мағынада табысқа жетті және Құдайды танығысы келгендер осы техниканы үйренуі керек бұл білім тек Үндістанға тиесілі емес. Электр қуаты Батыста ашылса да, Үндістан осыны пайдаланып отыр; осылайша, Батыс Үндістан ашқан Құдайды тану әдісін қолдануға тиісті. Үндістан діни ақиқатты тәжірибе жолымен дәлелдеді. Болашақта, дін дерекпен дәлелденіп, тек сенімге негізделмейтін болады.

Миллиондаған адамдар айтады: «Мен, иланып Құдайға дұға оқыдым, бірақ көп жағдайда Құдай менің дұғама жауап бермейді»,- деп өздерінің жүрегіне толық сенбегендіктен шіркеулерді бірінен соң бірін аралап шығады. Бірақ, Біз Құдай туралы білмесек те, Ол біз туралы бәрін де біледі. Оның себебі біздің ақыл-ойымызды жеп отырған күмән болып отыр. Егер жаратушы шын мәнісінде бар екені рас болса, біз Оны тануымыз қажет. Неге біз Оны жеке басымыздың тәжірибесі арқылы танымастан, Ол туралы тек жәй оқып, естіп қана қоюымыз керек?

Бірақ Құдайды танудың айқын жолы бар. Ол жол қандай жол дейсіз ғой? Ол діни ақиқатты діни зерттеу жолы. Өзіңіз неге сенсеңіз, соны жаратыңыз! Дінді ғылым ретінде қолданып, өзіңізге эксперимент жасай отырып, оны өмірге іске асырыңыз. Ақиқатты іздеу бұл әлемдегі ең ғажайып ізденіс. Жексенбілік шіркеуге бару мен *пуджиді*[3] орындаудың орнына, одан да дініңізді өзіңіздің тәжірибеңізде іске асырыңыз. Өз өміріңізді рухани мұраттар айналасында құруды үйреніңіз. Тәжірибесіз діннің құны да жоқ.

Осы жерге жақын маңдағы ранчоға иелік ететін бір адам материалистік көзқараста болған болатын. Мен оған арагідік Энсинитасқа бас сұғып тұруға кеңес бердім, ол менің айтқаныма құлақ асты. Басында бірнеше рет келгеннен соң ол маған көзі жасқа тола: «Мен мұндай атмосферасының өзі Құдайға қаныққан орынның бар екенін білсемші»,- деген болатын. Дінді міндетті түрде қолдану керек. Ол сізді – сіздің санаңыз бен тәртібіңізді өзгертуі тиіс. Бізге күнделікті келетін адамдар өз өмірлерін жақсартты. Олар рухани түрде өзгерді.

Демек, дін жолын бекем ұстануды өз өміріңізде іске асырылуы тиіс. Көптеген шіркеулер кембағалдар мен кемтарларға мейірімділік көрсеткенімен, ол сізге Құдай тану жолының тереңіне үңілу мен оны толық ашуға және өміріңіздің түпкі мақсаты болатын Құдаймен бірлесу яғни Құдайға бағыттайтын жолды үйретпейді.

ҮНСІЗДІК АЛҒАШҚЫ ТӘЖІРИБЕНІҢ ӨЗІ

Дінді алғаш рет қолданған кезде, ол тыныштықтан басталуы тиіс. Адамдардың басым бөлігі үнсіздік пен сабырлы медитацияға уақыт таппай жатады. Мен ішкі тыныштықта сағаттап боламын. Мен адамдармен бірге болған кезде, бар болмысыммен соларға арналамын. Бірақ жалғыз қалған кездері, мен өмір рахатымен Құдаймен бірлесу шаттығымен рахаттанамын. Мен қайда болсам да, Құдай ләззаты әрдайым менімен бірге. Сіздерге де осылай өмір сүру үшін неге оны қолданып көрмеске? Сіздердің басым көпшілігіңіз ойларыңызды жан-жаққа шашыратпай, он минут та отыра алмайсыз. Сіз өз үйіңізде сабыр сақтап отыруға ыждағатты емессіз, өйткені ақыл-ойыңыз әрдайым беймаза күйде. Ұстазым, Шри Юктешвар: «Адам бақыттың қойма есігін жаба отырып, үнемі сол бақытты іздеуге ұмтылады. Ол сол бақыттың өзі өзінің бойында тұрғанын білмеудің өзі ақымақтық емес пе?» дегенді жиі айтып отыратын. Мен бала кезімнен бастап Құдайды іздедім және Онымен бірлесудің өзі маған теңдесі жоқ, ең

---

[3] Үнділіктердің салттық дәстүрлері бойынша табыну.

кеудемсоқ болып саналатын материалдық тілектердің жүзеге асуына мүмкіндік беретін бақытты берді. Егер сізбен Құдай бірге болмаса, онда сізде ештеңе жоқ деп есептеймін. Ал егер Ол сізбен бірге болса, онда сізде барлығы да баршылық; өйткені Ол дүниенің билеушісі.

Егер сіз діни тәжірибені сезіне алмаған болсаңыз, медитацияны бастап қолданып көріңіз. Тәңірді Оның тыныштығынан шақыртыңыз. Сіз қоймастан: «Тәңірім, маған көңіл аударшы!» дей беріңіз. Егер сіз түн тыныштығы мен таңда күш салсаңыз, көп ұзамай өз санаңызда Құдайшыл сәуле жарқылын көріп немесе Оның қуанышының толқындарын сезінетін боласыз. Медитацияда толық тыныштықтағы Құдайды тану тәжірибесі ең шынайы және есте қаларлықтай нәтижелерге қол жеткізеді.

Бір кездері ғалымдар суды өзбетіндік элемент деп ойлаған. Бірақ соңынан, екі көзге көрінбейтін газды, сутегі мен оттек қосылып, суды түзетінін тәжірибелер дәлелдеген. Сол секілді діни тәжірибе арқылы да тамаша рухани ақиқаттар пайда болады. Тыныш медитацияда бола отырып, сана ішкі дүниеге бағытталған кезде, сіз Құдайды және өзіңіздің жеке шынайы табиғатыңызды тани аласыз. Діни заңдардың тәжірибесі сізден тыс болмағандықтан керемет, олардың нәтижесі үнемі сізбен бірге, сіздің өзіңіздің ішінде, өзіңіздің санаңыздың ішінде.

ШЫНДЫҚТЫ АЙТЫҢЫЗ

Діни тәжірибені қолдану ғана бақытқа кенелтеді. Әрдайым қолданылуға тиісті ең маңызды рухани принциптердің бірі шынайылық болып табылады. Шындықтың маңызын адамдардың басым бөлігі түсінбейді. Шындық Шынайылықтың дәлме-дәл сәйкестігі; осылайша, шындық әрдайым жақсы. Өз бойында ұсақ-түйекке бола жалған сөйлеу әдетін қалыптастырған адамдарға кез-келген жағдайда шындықты айту оңайға соқпайды. Өтірікшінің шын сөзі зая кетеді дегендей, мұндай өтірікшілер шын сөйлеу туралы ешқашан ойланбайды да; олар, сонымен қатар, өздерінің өтірігін де мойындамайды. Олардың жеке қиялы өздері үшін шындыққа айналады да, қай жағдайда да нағыз шындықты көре алмайды.

Шындықтың қандай маңызды екенін түсінбейтіндердің көбісі: «Егер мен шын сөйлейтін болсам, мені бәрібір басқа біреу алдайды, бүкіл әлем осылай ғұмыр кешіп жатыр. Аздаған өтірік сөз маған қайда болса да керемет тіршілік етуге көмектеседі»,- деп ойлайды. Қандай қайғылы жағдай!

Шыншыл болу үшін біз дәлел мен ақиқат арасындағы айырмашылықты көруіміз керек. Егер сіз кемтар адамды көріп, оның кембағалдығына айқын көз жеткізсеңіз, оған: «Мистер Ақсақ, халыңыз қалай?» дейтін болсаңыз, сіз ол адамды ренжітіп аласыз. Оның ақаулығын баса айту, ол адамға ауыр соғады. Осылайша, жағымсыз *дәлелдерді* айқын көрсетудің қажеті жоқ, тіпті шын болғанның өзінде.

ӨТІРІКТІҢ ЗАЛАЛСЫЗЫ БОЛМАЙДЫ

Егер сіз белгілі себептермен шындықты айтқыңыз келмесе де өтірік айтудан аулақ болыңыз! Оңаша орында толық сеніммен медитация жасап жатқаныңызды көз алдыңызға елестетіп көріңізші. Сіз өзіңіздің немен айналасып отырғаныңызды ешкім көріп тұрмағанына сенімдісіз. Бірақ кенеттен сізді біреу іздеп тауып алады да: «Сәлем! Сен мұнда не істеп отырсың?»,- деп дауыстап жібереді. Медитация жасап отырғаныңызды жасырып қалғыңыз келіп: «Мен банан жеп отырмын» деп жауап бересіз. Бұл жерде өтірік айтудың қажеттілігі жоқ. Сізге: «Мен қазір бос емес едім, қазір мазалағыңызды да қаламаймын»,-деп жауап беруге болар еді. Бұл шыншыл сөз, тіпті бөгде әуестіктен жасырынғанның өзінде де кез-келген өтіріктен артық. Көп адамдар нақ осылай өтірік сөйлейді. Мұндай өтірік сөйлеу әдетке айналып кететіндіктен, ешқашан өзіңізге өтірік айтуға жол бермеңіз.

Алайда, егер басқа адамға кесірі тиетін шындықты айтудың қажеті жоқ. Бір ішімдікке құмар болып, бірақ сол әдетін бөгде жандардан жасыруға тырысатын адамды көз алдыңызға елестетіп көріңіз. Сіз оның әлсіз тұстарын біле тұрып, шын сөйлеген кейіпте достарыңызға: «Сіз осындай адамның ішімдікке әуес екенін білесіз ба?»,- деп айтсаңыз, ол дұрыс болмайды. Бұл жағдайда өз басыңызға қатысты емес нәрсеге араласудың қажеті жоқ екенін есте сақтаңыз. Егер басқаларға зиянын тигізбесе, басқалардың қателіктеріне мейіріммен қараңыз. Қол ұшын беруге мүмкіндігіңіз болмаса, мәселені көзбе-көз сыпайы түрде талқылаңыз; бірақ көмектесемін деген сылтаумен адамды ренжіте көрмеңіз. Онда сіз оған өзіңізге дұшпан болуға «көмектесесіз». Бұл қылығыңызбен оның жақсы жағына өзгеру тілегін де басып тастауыңыз мүмкін.

Шындық әрдайым қайырлы; шынайылық кейде нұқсан келтіруі мүмкін. Шындық қаншалықты әділ болса да, абырой әпермейтін болса, онда оны әділ деп айту қиын. Ешқашан жеке тұлғаға бағытталған дәлелдерді жария етудің қажеті жоқ, өйткені сіз сол адамға зиян келтіресіз. Сары пресса журналистері көпшілікке танымал адамдар өмірімен таңғалдыру мақсатында осылай жасайды. Ол осы адамдардың беделіне зиян келтіруді немесе олар арқылы өзінің жеке басының пайдасын ойлайды. Егер игіліксіз мақсатта болса, жұртшылыққа басқа адамдардың өмірінен тура шындықты ашамын деп, өзіңізге жаман карма заңына тап болуға жол беріп алмаңыз. Сіз оны жасырғыңыз келсе, оның қалай да ашылып қалмауын ойлаңыз. Ақыр соңында, Тәңір кешірімшіл, және біз, Оның балалары да, Ол секілді кешіре білуіміз керек. Басқа адамдардың қателігінің төрешісі болуға талпынудың не қажеті бар? Сіздің талпыныстарыңыз өзіңізге қайтып оралып, кесірін тигізеді. Біз басқа адамдардың өмірінен түйін шығара білуіміз керек. Кей адамдар бейбіт өмір сүреді, ал біреулер түрлі келеңсіз жағдайларға, бақытсыздыққа тап болып, көңілі бұзылумен өмірлері өтеді. Өйткені олар әлемде өмір сүре білу мүмкіндігін ашу даналығынан бейхабар. Әйтпесе олар басқалар туралы өтірік, өсек айтпас еді ғой.

БАСҚА АДАМДАРДЫҢ БАҚЫТЫ СІЗ ҮШІН ӨТЕ МАҢЫЗДЫ

Өзімшілдікке қарсы тұруды үйреніңіз. Тәңірді сүюшінің шынайы мақсаты басқаларға бақыт сыйлаудан тұрады. Басқаларға қуаныш сыйлау өзіміздің жеке басымыздың бақыты үшін өте қажет және нағыз игілікті іс болар еді. Кей адамдар тек өз отбасының қамын ғана ойлайды: «Біз төртеуміз, осы да жеткілікті» десе, кейбіреулері: «*Мен қалайша бақытты бола алар екем?*» деп ойлайды. Бірақ нақ осылай ойлайтын адамдар ешқашан бақытты бола алмайды!

Өз бақытын басқаның бақытына қол сұғу арқылы іздеу дұрыс емес. Егер басқаның ақшасын иемденер болсаңыз, сіз байып кетуіңіз ықтимал, бірақ сіз одан ешқашан бақыт та таппайсыз, өйткені бұл адамдардың өкпе-реніші сізге әсерін тигізбей қоймайды. Әлем заңы басқалар есебінен бақытты болудың мүмкін еместігін айтады, өйткені мұндай қылыққа барсаңыз, қарғысқа ұшырайсыз. Ал егер, тіпті өз есебіңізден болса да, барлығына бақыт сыйлайтын болсаңыз, адамдар сізге ризашылығын білдіреді. Сіз өз мұқтаждығыңызға мән бермесеңіз де, басқа адамдардың мұқтаждығы туралы естен шығармаңыз. Егер сіз олардың игілікті өміріне қамқор болу қажет екенін сезінсеңіз, сіз оларды бақытты еткіңіз келеді. Өзімшіл емес адам өз жақындарымен және бүкіл әлеммен әрдайым үйлесімдікте болады.Өзімшіл адамның халі –проблемалар, бақытсыздық және жан тепе-теңдігін жоғалту болып табылады.

«ӨЗІН-ӨЗІ ҰСТАЙ БІЛУ» ЕРІК ҚҰДІРЕТІНЕ ЖЕТЕЛЕЙДІ

Жердегі өзгеріс бүкіл әлем өміріне әсер етеді. Адамның дұрыс іс-әрекетінің өз өмірі ғана емес, қоғам үшінде үлкен маңызы бар. Діни тәжірибелер қоғам өміріндегі бейберекеттік адамдардың надандықтарынан, имансыздықтарынан туындайтынын дәлелдейді. Өзін-өзі қадағалап, дұрыс әрекет жасауға талпынбаған, үнемі оқшау мінез танытып, көңілдерінің хошы болмай жүретін, барлық ынта-жігерден ада адамдардың өмірі бақытсыз, олардың ішкі жан дүниесі әлі тазармағандықтан өмірдің ләззатын толық ала алмайды. Олардың Жандары ауруға шалдыққан. Ал керісінше өзін-өзі қадағалап, дұрыс әрекет жасауға ұмтылған адамдар өмірдің ләззаті мен қуанышын көре алады.

Егер сіз өзіңізді қандай да бір нәрсесіз өмір сүре алмаймын деп санайтын болсаңыз, онда сіз сол заттың құлысыз. Бақыт құпиясы өзін билей білуден тұрады. Сіз жасауға болмайтын нәрселерді жасауға ынтық боласыз, адамның іс-әрекеті мен оның нәтижесі адамдардың ой-өрісі, сана-сезіміне байланысты. Бірақ өз бойыңызда өз тілектеріңізді бақылайтын күшті дамыта алсаңыз, олардың қаншалықты күшті екеніне қарамастан, сіз өзіңізді басқаруға қабілетті бола аласыз. Адамдардың басым бөлігі өз бойларында өзін ұстай білу қасиетін дамытуы қажет; ол сізге жасауға болмайтын нәрселерден аулақ болуға көмектеседі. Сіз: «Мен бұл зиянды қылыққа әуестенбеймін» десеңіз, өзіңізді билей білгеннің белгісі. «Сабырлы болу» мен дұрыс іс-әрекет жасай білу рухани күшті дамытады.

Адам тәртібі рухани өмірді көрсетеді. Байлықтың сыртқы көрінісі жанға бақыт әкелмейді, жан тек күнделікті өмірді бақылау кезінде ғана тыныштықта бола алады. Әр таң сайын, ұйқыдан ояна, мен өзіме міндеттер қоямын да, күні бойына оларды менталды түде орындалуына өзімді мәжбүрлеймін. Бұл ұлы күшті дамытады; және өзімнің міндеттерімнің орындалғанын көрген кезімде, өзімді жеңімпаз сезінемін. Өзіңізді бақылауға алыңыз. Өзін-өзі бақыламайынша, адамның өзінің өзімшілдік толқыны алып кетуіне бейім болады. Ешқандай жауапкершіліксіз бейберекет өмір сүруге дағдыланбаңдар, адам өзінің бақытын өзі құрайды. Себебі, өмірдегі барлық жаман-жақсы қатынастар тек қана адамның өзіне байланысты.

ДІНДЕГІ ТӘЖІРИБЕ

Өмірдің әр күнінде өз сеніміңізбен өмір сүріңіз. Жексенбі сайынғы айтылатын дұғалар сізді кешірімшіл болуға үйретеді: егер біреу сіздің сол жақ бетіңізге соқса, оң жақ бетіңізді тосыңыз. Бірақ осыны өмірде пайдаланасыз ба? Әлде мұндай қылықты ақымақтық деп санайсыз ба? Талпынып көріңіз. Егер сол адамға шапалақпан жауап берсеңіз, сіздікі дұрыс емес, өйткені сіз де оның деңгейіне түсіп кеткен болып саналасыз. Ыза мен өкпе сіздің санаңызды улап қана қоймай, сіздің тәніңізге әсерін тигізеді. Сіздің миыңыздағы от жүйке жүйеңізге зиян келтіреді. Неліктен сіз өзіңізді ренжіткен адамның жек көрушілігін жұқтыруыңыз керек? Өзіңіздің жан тыныштығыңызды бұзудың қажеті не? Одан да: «Мен бақыттымын, сіздің қарсылық әрекеттеріңізге қарамастан, мен саған ешқашан жамандық жасаған емеспін және саған тек бақыт тілеп келемін» деген дұрыс емес пе? Шапалаққа шапалақпен жауап қайтару неғұрлым оңай көрінгенімен, есіңізде болсын, оның кесірі рухани тепе-теңдікті жоғалту және физиологиялық бұзылу бір мезеттік кек алу рахатына тұрмайды. Бірақ, оның жасаған іс-әрекеті жан иелерінің рухында және жоғары әлемдерде жазылып қалады. Ол жазуды жою мүмкін емес. Іс-әрекеттің салдары әділет заңдылығы бойынша өз қарымтасын алғанша жойылмайды. Әрдайым жүрегің таза болсын, қандай істе болмасын өзіңізге және дұшпаныңызға көмектесіңіз; ал егер сіз дұшпаныңызға шапалақпен жауап берсеңіз, онда тек оның эмоциясын күшейтесіз, жаман қылық көрсетсең, сен де соған сәйкес жауабын аласың. Егер адамдармен өзіңнің қарым-қатынасың жақсы болса, олардың саған да қарым-қатынасы жақсы болады.

Сондықтан, эмоцияларды бақылау бақытқа кенелуде өте қажет. Сізді ашуға мінуге немесе қызғануға мәжбүрлей алмайды. Сіз өзіңіздің жеке санаңызда өзгермеген күйде қаласыз. Сіз өзіңізді ұғынасыз. Ынтықтық пен ойларды бақылаудың рухани тәжірибесі сізге бейбітшілік пен тыныштық қазынасын сыйлайды.

ТЫҒЫРЫҚТАН ШЫҒАР ЖОЛ ҚАШАН ДА БОЛАДЫ

Мазасыздық сізге ешқашан көмектеспейді. Ол тек ашуды ғана қалдырып, сіздің жүйке жүйеңізді күйдіріп қана қоймайды, жүрегіңізге де күш түсіреді. Жұмыстан шығарда, жұмыс туралы мүлдем ұмытып, үйге жұмыс қамын алып келмеңіз. Әр нәрсені бір ойлау санаңызды тұмандандырып, ашық ойлауына мүмкіндік бермейді. Сіз Құдайға үміт артуға үйреніңіз. Бұл ғылымның өзі, Құдайшыл заң болып табылады. Тығырықтан шығатын жол қашанда табылады; сіз өз үрейіңіздің себептерінен құтылу жолдарын әбден ойластыруға уақыт таба алсаңыз, онда сіз өзіңізді басқара да аласыз.

Көптеген адамдар маған өз мәселелерін талқылау мақсатында келеді. Мен оларға бойын еркін ұстауға, медитация жасауға және сыйынуға кеңес беремін; және олар арқылы жан тыныштығына жеткен кезде, мен оларға мәселені шешуге болатындай басқа жолдар төңірегінде ойлануына кеңес беремін. Сана Құдайда тыныштық тауып, сенім бұрынғысынан да күшті болған кезде, олар әрдайым мәселелерін шешетіндей жарамды шешімге келеді. Мәселелеріне мән бермей, елемесе ақыл-ой мазасыздығы секілді ешқашан шешімін таппайды. Сөзсіз тыныштыққа кенелгенше медитация жасауды тоқтатпаңыз; содан соң Құдайдан өз мәселеңіздің шешуге көмек сұрап, Құдайға жүгініңіз. Сонда сіз еш мазасызданбастан мәселеңіздің шешімін табатын боласыз.

ҚҰДАЙШЫЛ ЗАҢДАРДА «ЕГЕР» ДЕГЕН СӨЗ ҚОЛДАНЫЛМАЙДЫ

Терең және күшті сыйыну арқылы Құдайдан жауап алуға болады. Бірақ сіз Оған сыйынған кезде қажетті күш салмайтын болсаңыз, онда жауап алуыңыз екіталай. Кейде әрбір адамның Оған сыйыну арқылы өз тілектері орындалып жатады. Сіздің еркіңіз күшті болса, ол Әкеге жетеді де, Әке сіздің тілегіңіздің орындалғанын қалайды. *Ол қалап тұрған кезде, табиғат бағынады.* Жаратушы сеніммен, шешімдікпен айтылған дұғаға қашан да жауап береді. Кейде Ол сол адамға көмектесетін адам туралы санасына ой салады; осылайша, бұл адам Жаратушының қолындағы құралға айналады.

Бұл керемет күштің қалай тамаша жұмыс жасайтынын сіз білмейсіз. Ол математикалық түрде жұмыс жасайды. Бұл жерде «егер» деген сөзге орын жоқ. Бұл Інжілдің: бұл көзге көрінбейтіннің айғағы деген *сенімді* тұспалдауы.

Егер сіз Құдаймен бірлікте болсаңыз, онда сіз менің шындықты айтып отырғанымды түсінесіз. Құдай сізге бағыт сілтеп, Өз заңдарының құпиясын ашып беру үшін Оған бет ала жүріп, Оған сыйыныңыз. Сіздің миллиондаған ойларыңыз нағыз медитацияның,

ішкі тыныштықты тегіс қамти алатын Құдаймен бірлесудің бір
мезетіне де тұрмайды. Тәңірге: «Мен, тіпті миллиард рет ойланып-
толғансам да, өз мәселелерімді шеше алар емеспін, оларды Сенің
қолыңа тапсыра, періштелерің арқылы берілетін Сенің уағызыңды
сұрай отырып шеше аламын деп ойлаймын» ,-деңіз. Жаратушы қай
адам өзіне көмектескісі келсе, сол адамға көмектеседі. Сіздің санаңыз
тыныш және Оған медитацияда сыйынғаннан кейін сенімге толы
болса, онда сіз міндетті түрде сол мәселелерді шешу жолдарын көретін
боласыз. Өзіңізге берілген шешімге сүйенсеңіз, олжалы боласыз. Бұл
күнделікті өмірде діни ғылымды қолдану болып табылады.

ДІНИ ҒЫЛЫМ- КӨРУ ЖӘНЕ СЕНУ

Көзге көрінгеннің барлығы Көзге көрінбейтіннің нәтижесі болып
табылады. Сіз Құдайды көре алмайтындықтан, Оның бар екеніне
сенбеуіңіз мүмкін. Алайда әрбір ағаш немесе шөптің жапырағы
Тәңірдің күшімен толыққан. Оның күші көзге көрінеді. Сіздің көріп
отырғаныңыздың барлығы ағашқа немесе шөпке айналдырып отырған
Күштің жерге еккен дәнінің нәтижесі. Сіз Шексіздік фабрикасында
шын мәнісінде не болып жатқанынан бейхабарсыз. Бұл кеңістіктегі
кез-келген зат, тіпті әлі айқындалып үлгермеген заттар да Құдайдың
ойы болып табылады, және осы күш бізге беріледі. Нақ осы қайнар
бұлақтан біз ұлы кітаптарды, революциялық механизмдерді, ғылымның
кез-келген саласындағы үздік жетістіктерді көсіп аламыз. Одан басқа,
бұл салалардағы санада Құдайды танудың керемет үлгісі жатыр.

Сана өз өміріңізді шындықта негіздеуге үйренген кезіңізде
білімнің жетілген құралы болып табылады. Бұл жағдайда сіз заттарды
пәк, бұзылмаған күйде көре аласыз. Демек, өз санаңызбен эксперимент
жасауды үйренуіңіз керек. Сенім ғылымына сүйенуді үйреніңіз, сонда
сіз аса көрнекті ғалым, өнертапқыш, өз тағдырыңыздың билеушісі
бола аласыз.

Егер сіздер мен айтқан ақиқатты есте сақтап, қолданатын
болсаңыз, онда сіздің алдыңызда ешқандай тосқауыл болмайды.
Сіздің жетістіктеріңіздің ең үздігі- Құдаймен бірлікте болу болады.
Ғылыми нанам тәжірибесі арқылы сіздің рухани қабілетке ысылмаған
сеніміңіз жоғары деңгейге дейін өсуі мүмкін. Сонда сіз жер бетіндегі
нағыз табысты, басқа ғалымдарға қарағанда зор, маңызды адам
боласыз. Оны ашқандар күмәнмен өмір сүрмейді, өйткені «ақиқатты

біле түсесіңдер, ал ақиқат сендерді азаттыққа жеткізеді».[4] Құдайды таныған кезде, бәріне де қол жеткізе алатын боласыз.

---

[4] Жохан 8:32

Ләззат іздеу

Шамамен 1936 жыл

Барлық тілектер орындалған кездің өзінде, өз санаңызда жылт еткен «тағы бірдеңені» қалайтын өткінші тілекті байқап көру туралы ойланып көрдіңіз бе? Мынаны саралап көріңіз: сіз бір нәрсеге әзір қолыңыз жетпегендіктен сол нәрсе туралы ойды ұмыттыңыз делік, бірақ оған қол жеткізген кезіңізде, ерте ме, кеш пе, сіздің сол нәрсеге қызығыңыз басылып, тағы да басқа бір нәрсені қалайтын боласыз.

Тіпті өмір сізге өзіңіз армандағанның барлығын байлықты, билікті, достарды бергеннің өзінде де біраз уақыт өткен соң сіз бәрібір қанағаттанбай, мына өмірдің қызығын алған үстіне ала бергіңіз келеді одан да зор нәрсені қалар едіңіз. Сезімдер материалды болғандықтан, олар рухани ләззатты қабылдай алмайды. Жан рухани құмарын қандыра алмайды. Осының салдарынан жан өмірден түңіліп, бәрінен жалығады. Бірақ ешқашан зеріктірмейтін бір нәрсе бар-ол Ләззат. Адам жоғарғы ләззатты, нағыз бақытты жан арқылы алады.

Көптеген нәрселеріңізді іздеу кезінде, тікелей немесе жанама түрде болсын, шын мәнісінде, сіз тілектердің жүзеге асуымен келетін бақытты іздейсіз. Сіз қайғы-қасірет әкелетін нәрсені қаламайсыз. Сонымен қатар сіз бастапқы кезде аздаған ләззат сыйлап, бірақ сізді болашақта өкініш пен қайғы-қасіретке батыратын нәрсені қаламайсыз. Сіздің мақсатыңыз болып саналатын нәрседен тыс, сіз оған ие болуды аңсайсыз, сол тілегіңізге қол жеткізген соң, үлкен қуанышты сезінесіз. Онда неліктен қуанышпен тікелей рахаттанбасқа? Оны материалдық игілік пен рахат делдалдығы арқылы іздеудің не қажеті бар?

Сіз мәңгі материалдық құндылық болып саналмайтын ықыласты іздеген кезіңізде, сіздің қуанышыңыз олардың өмір мезгіліне тікелей байланысты. Материалдық нысандар мен материалдық тілектер рахаты уақытша ғана, осылайша, олардан алынатын барлық қуаныш ұзаққа созылмайды. Тамақты қабылдау, иіс сезіну, әуенді тыңдау арқылы рахатқа бату, кереметті тамашалау, әдемі нәрселерді дене арқылы сезіну- мұның барлығы дәмді, иісті сезіну, есту, көру және сезіну қанша уақытқа созылса да ақыл-ой шаршайды, яғни бұның бәрі басқа нәрсеге аударылған кезге дейін созылатын өткінші ләззат.

Сіз артынан қайғы-қасірет ізін қалдыратын өткінші қуанышты қаламайсыз. Сіз найзағайдың жарқылы секілді жарқ етіп, ғайып болатын бейнетті емес, мәңгі ләззат әкелетін қуанышты іздейсіз. Сондықтан, Сіз радий сәулесін шығаратындай, мәңгі жарқырап тұратын қуанышты іздеуіңіз керек.

Сонымен қатар, сіз бір-біріне ұқсас сезімді сезінгіңіз келмейді; сіз миыңызды шаттыққа бөлеп, үнемі өзгеріп, билеп, назарыңызды тұрақты түрде жұмыс істетіп, қызықтырып отыратын қуанышты қалайсыз. Тұрақсыз бақыт қуаныш әкеле алмайды; біркелкі ләззат іш пыстырады, сізді терең немқұрайлылық жағдайы кереғарлығына батыратын тұрақсыз қуаныш сізді азапқа түсіреді. Сондықтан, ләззатты жан арқылы алып, жаныңыз таза болсын, сезімдеріңізді рухани жолмен жетілдіріңіз.

Үнемі өзгеріп отыратын және түрлі рольдерімен бұқара халықтың көңілін көтеретін актер секілді өз-өзімен болатын қуаныш міне, барлығығымыз бірдей талпынатын қуаныш. Бірақ мұндай қуанышқа тек терең күнделікті медитация арқылы жетуге болады. Әрдайым жаңаша керемет қуаныштың сарқылмас ішкі қайнар бұлағы сіздің шөліңізді қандыра алады. Ол табиғатынан, осы құдайшыл бақыт ақыл-ойымызды жалықтырмайтын, басқа нәрсені іздеуге мәжбүрлемейтін жалғыз ғана керемет.

Зұлым және мейірімді қылықтар жасай отырып, сіз әрдайым бақыттың ізіне түсесіз. Алғашқы нұсқасы бақытты етуге уәде бергенімен, бірақ қайғы алып келеді, соңғысы, керісінше, алдымен талап етілетін тәртіп пен ерік күшіне байланысты күрделі болып көрінгенімен, бірақ соңына қарай қуанышқа әкеліп тірейді. Жаратушы үзіліссіз, әрдайым жаңаша қабылданатын қуаныштың өзі, және Оған қол жеткізген кезіңізде, сізді әрбір тілегіңіз орындалған соң соңыңыздан қуып жүретін «басқа бір нәрсені» іздеуді доғарасыз. Құдай сол «басқа бір нәрсенің» өзі. Оған жеткен кезде, өз ізденістеріңізді қысқартасыз. Сарқылмас қуанышта сіз өзіңіз армандаған нәрсеге қол жеткізесіз.

Ләззат сыйлайтын материалдық нысандар санадан тыс қалады. Олар, өздері әкелетін қуаныш секілді, санада қиялдың арқасында пайда бола алады. Қуаныш, табиғатынан адам жанындағы рухтың бақытты жағдайы бола тұра санаға жақын және сана іштей күйге келген кезде, сол санада туылады. Сезім ләззатының өздері әкелген сыртқы нысандары бұзылған кезде, олармен бірге бұзылады. Бірақ жаннан ажырамайтын Құдайшыл қуаныш берік. Сонымен қатар, егер адам сананың ойланбастан қайғыға берілуіне жол бермей, қуанышты қалай қолдау керектігін білетін болса, оның санада айқындалуы да қирауға тиісті емес.

Оның орындалуын материалдық таратушы немесе осы байланыс арқылы туындаған тілек арқылы іздемеңіз. Абсолюттік, сызғымас Бақытты өз бойыңыздан іздеңіз, сонда сіз мәңгі, ұғынылған және әрдайым жаңа Қуанышты- Құдайды табасыз. Материалдық ләззатқа қарағанда, бұл ақыл-ойдың астрактілі қабілеті емес, бірақ ол ұғынылған, өз-өзінен туындаған және өз-өзінен айқындалған Рух қасиеті. Оны тауып, әрдайым бақытты болыңыз. Ал таза рухани жан ләззатты Жоғары Рухпен тура байланыста, материалдық денеден тыс, тікелей алады.

Осы жағдайға жеткеніңізде, сіз ешқашан осы әлем мен оның тұрғындарына жек көрушілікпен қарайтын арсыз бола алмайсыз. Сіз Құдайды дұрыс бағытта қабылдай бастайсыз. Оның мәңгілік баласы бола тұра, сіз Оның жаратылысының көркемдігі мен сұлулығына өз табиғатыңыздың шадыман жағдайы арқылы қуануға тиіссіз. Бірақ, керемет ішкі Құдайшыл қуанышты түсінбестен басқа бір нәрседен рахат табатын адамдар материалист болады. Мәңгі қуаныштың барлық тілектерін сөндіретін мәңгі Құдайшыл бейнеде іске аса отырып, өзіңді тілекке тоймайтын, мәңгі қанағат таппаған пенде ретінде ұстау лайықсыз. Адамдар өздерінің мәңгі өлмейтін жан екенін түсінбегендіктен, өзін-өзі дене деп танығандықтан олар ләззатты, қайғыны және өз бойындағы немқұрайлылықты басқаша қабылдайды.

Міне сондықтан да, сіз өзіңіздің нағыз өшпес және өзгермес мәніңіздің қосалқысы ғана болып табылатын осы өзгермелі табиғатты қиратуыңыз керек. Сіз мәңгі қуанышқа, жанның шынайы табиғатына кенелгеніңізде, ол сіздің өміріңіздің барлық жағдайларында, сіздің басыңызда қандай жағдайлар өткеніне қарамастан мызғымас бақыт болып қала береді. Сіз Құдай болып табылатынның барлығын Қуанышпен қабылдайсыз. «Алла тағаламен байланысқан йогтың рухани дәрежесі көтерілген сайын, оның бақыт сезімі де көтеріле береді. Сонда оның сезімдері тазарып, жоғары ләззатты берік бақытқа жетеді».[1]

---

[1] Бхагавад Гита V:21

Тағдыр дегеніміз не?

Self-Realization Fellowship (Өзіндік Таным қоғамдастығы),
халықаралық штаб-пәтері, Энсинитас, Калифорния, 16 -ші қараша
1939жыл

Тағдыр адам тағдыры билеп-төстейтін құпия, бұлтармас сыртқы күш болып табыла ма? Мұндай тұжырым көпшілікті болатын нәрсе боладыда, оған ештеңе де істей алмайсың дегенге сенуге мәжбүр етеді.

Тағдыр күні бұрын анықталған әлдебір нәрсені білдіреді- бірақ осы әлдебір бірдеңе өзіңіз арқылы себеп пен салдар заңы немесе кармамен күні бұрын анықталған. Жаратушы сізге әрекет ету бостандығын берді; бірақ себеп заңы сіздің әрекетіңіздің нәтижесін басқарады. Осылайша, әрбір әрекет әбден анықталған нәтиже беретін себепке айналады. Сіз өз әрекетіңізбен себепті пайда болдырғанда, салдар оған шарасыз түрде сайма-сай болады. Сіз қандай әрекет жасасаңыз да зұлымдық па, әлде мейірімділік па, сіз дереу өз әрекетіңіздің жемісін орасыз. Осылайша, күн сайын сіз өз тағдырыңызды анықтайтын себептер жасайсыз. Мүмкін кешкі асты ішіп отырып сіз: «Өтінемін, тағы да бола ма?» дейсіз. Тамақ ішіп алған соң: «Маған осынша тамақ ішпеу керек еді» деуіңіз мүмкін. Бұл адам табиғаты. Біз Құдайдың ең ақылға қонбайтындай, оғаш жаратылысымыз. Біз өзімізді зиялы адаммын деп санайсыз да, бірақ өз тілектеріңіздің құлы болып қала бересіз. Күн сайын «тағы да аздап жесем бола ма» дегеннен сіз «кенет» өзіңізді жүрек немесе тынышсыз іш ауруына ұшыратуыңыз мүмкін.Сонда сіз мұңды түрде: «Неге бұл менің басымнан өтіп жатыр? Соған қарағанда менің тағдырым солай болып тұр-ау шамасы» дей бастайсыз. Бірақ бұл олай емес. Сіз өзіңізді қадағалап, тамақты азырақ ішу керек екенін ұмытып «тағы да аздап ішсем» дегеніңіз туралы естен шығардыңыз. Егер қозғалтқыш шамадан тыс жұмыс жасаса, ал сіз оған одан сайын күш артсаңыз, оған оңай болмайды. Ол істен шығуы мүмкін. Тап солайша сіз ас қорыту органыңызға да салмақ түсіресіз. Бұл жағдайда себепші болып отырған өзіңіз; сіздің асқазаныңыздың ойық жарасы мен астың қорытылмауы тікелей нәтижесі болып табылады. Адамзат тағдыры мен оның өмір сүру жағдайлары адамдардың іс-әрекетінен туындайды.

НЕЛІКТЕН БІЗ-БІР-БІРІМІЗДЕН ӨЗГЕШЕМІЗ

Әрбір кішкентай шамның жарығының ар жағында токтың ұлы күші тұр; әрбір кішкене толқынның ар жағында оны туындатқан ұлы мұхит бар. Адамдармен де тап солай. Құдай адамдарды Өзіне ұқсата жаратып, әрқайсысына бостандық берді. Бірақ сіз өз болмысыңыздың Қайнар көзі мен өзіңізден ажырамайтын Құдайдың теңдессіз күшін естен шығардыңыз. Бұл әлем мүмкіндіктері шексіз; Әрбір индивидуум әбден айқын шектеулермен пайда болып жатқан кезде, адамның әлеуетті ұстанымы ештеңемен шектелмеген. Бұл карма заңы жұмысының нәтижесі болып табылады. Денсаулықтың бұзылу салдары немесе кенеттен болған қаржылық құлдырау, иә болмаса басқа да бақытсыздықтар кенеттен басыңызға түскенін білмей дал боласыз, бірақ, есіңізде болсын, оның барлығын осы немесе өткен инкарнацияларда жасаған өзіңізсіз, сол енді сіздің санаңызда бүршігін беріп тұр.[1] Егер сіз ақылдырақ болсаңыз, сол негативтік нәтижені дұрыс ойлау және дұрыс өмір салты арқылы азайтар едіңіз; бірақ сіз өз ойларыңыз бен әрекетіңіздің кесірін ұғынбастан өмір сүрудесіз, ал өзіңізді шошытардай, еш себепсіз бір нәрсе бола қалған кезде сіз: «Бұл енді тағдыр ғой» дей саласыз. Сіздің қалт кеткен тұстарыңыз, ауру-сырқауларыңыз немесе басқа да быықытсыздықтар ағаттықтан басталды және осы себептердің зардабы бір сәтте сыртқа ытқып шығу үшін, іште пісіп жетіледі.

Ауру-сырқау, денсаулық, сәтсіздік, табыс, бағынышты жағдай, тең құқылық, ерте өлім немесе ұзақ өмір – осының барлығы өзіңіз өткен өмірде еккен дәннің бүршігі. Немесе іс-әрекетің, мақсат-ниетің қандай болса, соған байланысты соның нәтижелері. әрбір қозғалыстың немесе іс-әрекеттің себебі және соған сәйкес оның салдары болатыны белгілі. Жақсылықтың да, жамандықтың да өзіне сәйкес қайтарылатын есесі бар. Сіздің осы әлемге ішіміздегі мейірімділік пен зұлымдықтың түрді деңгейімен келуге нақ осылар себепші болған. Соған қарағанда Құдай бізді Өзіне ұқсатып жаратқанымен, екі бірдей адам болмайды, әрқайсысы өзіне Құдайдың берген мүмкіндігін пайдаланады. Міне, сондықтан да кей адамдар себеппен және себепсіз қайғырады. Ал

---

[1] *Реинкарнация* деген түсінікті глоссарийден қараңыз.

кей адамдар болмашы нәрсеге күйіп-пісіп жатады. Ал қайсыбіреулер өздерін бақыламастан қомағайлана тамақ іше береді. Оларды Тәңір солай жаратты ма? Жоқ. Әрбір адам қандай болса, өзін сондай етіп жасады. Егер Тәңір озбыр секілді бізді осындай етіп жаратса, онда әлемде әділдік болмас еді. Маған кейде Тәңір басы ауырса да, іші ауырса да немесе үнемі болатын жағымсыз жағдайларда Өзін кәналап отырған үлкен адам зообағын бақылай отырып, қатты таңғалатын болар деген ой келеді. Өзіңіздің ауру-сырқауыңызға, қаржылық қиыншылықтарыңызға немесе эмоционалдық мәселелеріңізге Құдайды немесе басқа біреуді кінәламаңыз. Сіз өткен өміріңізде осы мәселелер себебін тудырдыңыз, сондықтан, бүгінгі жасап жүрген іс-әрекетіңіз сол өткен өміріңіздегі әрекетіңіздің салдары енді оны түп-тамырымен суырып алу үшін бар күшіңізді салыңыз.

ЗАРДАППЕН КҮРЕСТІҢ ҮШ ТӘСІЛІ

Тағдыр себептің салдар туғызғанын білдіреді. Егер қалай жасау керек екенін білсеңіз, оны өзгертуге болады. Алайда, ол оңай емес.

1. Сіз зардап мөлшерін азайта аласыз
2. Сіз зардапқа қарсы тұра аласыз
3. Сіз оны толығымен тоқтата аласыз

Неліктен адамдар дәрігерге көрінеді? Өйткені бұл олардың өткен өмірдегі бұрыс әрекеттер арқылы пайда болған зардаптарын *азайту* жолы. Ал, физикалық тұрғыдан қарастырғанда ауруды жеңілдету немесе оны жеңудің жолы диета ұстап, жаттығулар жасау немесе медикаменттер қабылдаудан тұрады. Біздің шәкірттеріміздің бірі өз асқазанының ойық жарасын сүт пен нан диетасына отыру арқылы емдеді. Бірақ зардапты азайту мен толығымен жойып жіберу себепті жеңді дегенді білдірмейді. Жағымды жағдайларда себеп әр түрлі формада жаңа нәтижелерді тудыра алады.

Карма зардаптарына *қарсы тұру* сауықтырудың қажетті түрлерін пайдалануды білдіреді, бірақ бұл жерде ойлау күшіне көбірек сенім арту керек. Өзіңізді шектейтін жағдайларды қабылдаудан бас тартыңыз. Денсаулыққа, күшке, табысқа кереғар жағдаймен бетпе-бет келгеннің өзінде де сеніңіз. Сонда сіздің бұрыс әрекеттеріңіздің зардабы өз санаңызға оның алдында тайсалмауға мүмкіндік берсеңіз, неғұрлым аз зиянын тигізетін болады. Осыны есте сақтаңыз. Сіз, сонымен қатар, өткен өмірдегі ақымақ әрекеттерге осы өмірдегі дұрыс тәртібіңізден туындайтын, жаман карма үшін қолайлы жағдайларға жол бермеуге болатындай жақсы нәтижелер арқылы қарсыласа аласыз. Осыны есте сақтаңыз.

Бірақ сіз тағдырдың ықпалын қалайша толығымен қирата саласыз? Өзіміздің бұрын жасалған жағымсыз зардаптарымызды толығымен тоқтатанидай жалғыз ғана әдіс ол себепті жою. Өткен өмірдің зиянды ұрықтары мидан қызып тұрған темірмен күйдірілуі тиіс; сонда ауру-сырқау немесе басқа да бақытсыздықтар түріндегі қайталаулар болмайтын болады. Оларды даналық алауында өртеп жіберіңіз. Адам өз қателіктері үшін жапа шегеді, ал сол қателіктердің ең алғашқы себебі надандық болып табылады. Сіздің бойыңыздан надандық қараңғылығын біржола алып тастайтын медитациядан туындаған даналықты іздеңіз. Кришна: «О Арджуна, алаулап жанып жатқан оттың ағашты күлге айналдырғаны секілді, даналық алауы да барлық карманы күлге айналдырады»[2] деген екен. Сіз терең медитация жасаған кезіңізде, Құдайшыл даналық сәулесі сананың жасырын бұрыштарында сақтаулы жаман карманың ұрығын жандырып жібереді.

ТІПТІ ӨЛІМ ТАҒДЫРЫН ДА ӨЗГЕРТУГЕ БОЛАДЫ

Иса өзгермейтін тағдыр секілді нәрсенің жоқ екенін неғұрлым айқын түрде көрсетті. Елазар өз кармасына сәйкес, ол белгілі бір күні өлуге тиіс болды. Заң орындалды да, Елазар қайтыс болды. Жазмыш солай болды. Бірақ өлімнің өзі кері айналмайтын тағдыр болып саналмайды. Иса карма заңын орындап, Елазарды өмірге қайтарды. Ол мұны қалай жасады? Ол тек: «Тұр да, кете бер» деген жоқ. Иса Елазардың тәнінен жаны қайда кеткенін көрді, алдымен оны кері қайтару үшін астралдық тәнге оранған жанмен байланысқа түсті. Иса:«— Тасты алып тастаңдар! — деп бұйырды. Бірақ марқұмның әпкесі Марта:—Ием, ол іістеніп барады, жатқанына төрт күн болды!»,[3] — деп қарсылық білдірді. Бірақ ол ендігі бұзылып бара жатқан Елазардың тәніне қайтарған жоқ. Иса Елазардың тәнін біртұтас етіп, жан мен өмір оған қайта оралған уақытқа дейін қайта қалпына

---

[2] Бхагавад Гита IV:37

[3] Жохан 11:39

келтіруді ойлады. Тек содан соң ғана форма өмірді қабылдауға дайын болды, ол Елазарды оятты. Осылайша, Иса екі нәрсені жасап шығарды: біріншіден, ол өз өмірі мен өзінің құдайшыл күшін Елазардың тәніне енгізді. Солай, Елазардың кармасымен жұмыстана алды: ол оны өзіне алды. Тәнді өлім себебінен азат етіп, әрі қарай өмір сүре алуы үшін[4] ол тән клеткаларын жаңартты. Міне, Иса Елазарды табиғат заңы бойынша оның тірілуіне ешбір амал болмағанның өзінде осылай тірілтіп алды.

Егер шам жанып кетсе, жарық болмайтыны сөзсіз. Шамды өзгертпейінше, сіз жарық жаға алмайсыз. Тап солайша, жан сәулесі өлім кезінде тәннен кетсе, келесі инкарнацияда тән шамы ауыстырылмайынша, ол өмірге орала алмайды. Бірақ, Иса секілді ежелгі уақыттағы ұлы данагөйлер тән тағдыр арқылы өлімге дайындалған болса, оны тек қолынан келетіндер ғана тірілте алатынын білген. Әрине, өлгендерді қайта тірілту- бұл тағдырды өзгертудің ең ақырғы жағдайы; бірақ ол адамның әлеуетті түрде, яғни айтқанда, шарасыз тағдыр деп аталатын өлімнің өзін билей алатынын көрсетті.

Махаватар Бабажида[5] өлген адамның қайта тірілту күшін көрсете білген. Бабажи өзінің рухани жолдағы ілгері жылжыған бірнеше шәкіртерімен тұратын Гималай тауын кезіп жүріп, көптен өзіне рухани шәкірт болғысы келіп жүрген адаммен кездесіп қалады. Сол бейтаныс адамы Бабажиге шәкірт болуына өтініш жасайды, өтініші қабыл алынбаған соң, ол таудан секіріп өлетінін айтып байбалам салады. Бабажи қазіргі даму сатысына қабылдай алмаймын, өлсең өл дейді. Сізбен бірге болмасам маған сізсіз өмірдің мәні жоқ деп бірден құздан секіріп кетеді, ал шәкіртер үрейлене мелшиіп қатып қалады. Бабажи оларға қираған денені алып келуін сұрайды. Шәкіртері ұстазының айтқанын орындап, бейтаныс адамның жансыз денесін Махаватардың аяғына алдына әкеп қояды. Ол қираған денені қолымен сипап, қайта қалпына келтіреді де, өлген адамды қайта тірілтеді. Осылайша, жаңағы бейтаныс адам Өзінің абсолюттік сенімі мен шын берілгендік іс-әрекетімен, Бабажидің асқақ ізбасарлары ортасына

---

4 Бүкіл болмыс көрінісі – Жаратушының энергиясы, Оның нұры. Жаратушы мен бүкіл болмыс «бір» болса, онда «мен» де соның ішіндемін дегендер Таңғажайыптар заңында орындай алады. Йог өз қалауынша және ерік күші мен визуациялауына қарай әрбір заттың нақты кескінін (ағаш болсын немесе дәрі болсын немесе адам болсын) жасай алады. – *Йог өмірбаяны* атты кітаптың 30 тарауындағы « Таңғажайыптар заңы» қараңыз.

5 Глоссарийдан қараңыз.

кіруге мүмкіндік бермеген жаман карманың соңғы түйірін өтеп, Ұлы гуруға шәкірт болып қабылданады.

Екінші бір жағдайда, алайда, Бабажи карма заңын өз ізбасарының кармасын өзіне ала орындады, осылайша, ол алдын ала белгіленген өлім тағдырын жұмсарта білді, мұндай іс тек нағыз гурудың қолынан келеді. Бірде Махаватар Лахири Махасаямен[6] және басқа да бірнеше шәкірттермен салтанатты от алауы алдында бірге отырған болатын. Кенет Бабажи отта жанып жатқан шабақтың шоғын алады да, сол шоқпен жанында отырған шәкірттердің бірінің иығына басып алады. Лахири Махасая таңдана қарап Гурудан мұндай адам шошырлық қылықтың себебін сұрайды. Сонда Бабажи: оған қарап тұрып: «Сен оның көз алдымызда ағаштың күлге айналғаны сияқты оның отта жанып кеткенін қалар ма едің? Оның кармасы арқылы бүгін оттан азапты өлімді қабылдауды алдын ала белгілеп қойылған. Оттағы қып-қызыл шоқпен денесін күйдіріп оның кармасын алып, өзін аман сақтап қалдым»,[7]- дейді. Мұндай қасиет Құдай жаратқан ұстаздың, нағыз Құдаймен бір толқындағы яғни Ол Алла тағала мен жаны бір, өмірде ол өзін жан деп таныған, өзінің Құдаймен байланысын сезініп, Сонымен ұқсас екенін, Оның бір бөлшегі екенін ұғынған жандарға ғана беріледі.

ЖАҒЫМСЫЗ ЗАРДАПТАРДАН АУЛАҚ БОЛУ ҮШІН БҰРЫС ҚЫЛЫҚТАРДАН АУЛАҚ БОЛЫҢЫЗ

Бойыңды аулақ ұстайтындай себептер туралы айталық. Сіз бұрыс қылыққа байланысты барлық импульсті бақылауға алуыңыз қажет, яғни сараңдықты, қызғаншақтықты, ашушаңдықты және күнделікті өмірде кездесетін соларға ұқсас басқа да қасиеттерді жеңу. Осы жаман эмоциялардың барлығын тұрақты түрде бақылап отырғаныңыз жөн. Олармен күресу керек. Бірақ сіз олардан арылу жолдарын ойланып көрмедіңіз де.

---

[6] Глоссарийдан қараңыз.

[7] Екі жағдайда да шәкірттер жоғары даму сатысында тұрды және олардың асқақ жандары соңғы сынақтардан өтті. Қарапайым адам да осылай өз кармасын тазартып, құдайшыл рақымға ие болады деп түйін шығарудың өзі ақымақтық болар еді. Осы Махаватар Бабажи туралы екі оқиға да толығымен «Йог өмірбаянында», 33 тарауда «Бабажи, Заманауи Үндістанның Йог-Христосы» деген бөлігінде келтірілген.

Материалистер симптомдарды және қосымша себептерді емдеуге шоғырланады. Олар неғұрлым терең заңдар мен алғашқы себептерге сенбейді. Олар мұны былай дәлелдейді: сіз өнегелі тәртіп нормаларына кіріскен кезіңізде, ол екі себеп бойынша болады жаман ортаның ықпалы немесе өзін-өзі бақылаудың жетіспеушілігінен болатын жағымсыз жағдайлардан.Әрине, бұл дұрыс.

Бірақ тереңірек ізденетіндер адам қайғысының нақты себептерін көре отырып, сіздің осы себептерге деген зеректік дәрежеңіз өткен өмірден алып келген өзіңіздің ішкі дүниеңіздегі ұрықтарға тікелей байланысты екенін қоса айтады. Тіпті дәрігер сізді қандай да бір аурудан емдеп шығарғанның өзінде , осы әдеттен арылып болмасаңыз, аурудың алғашқы себебі болып табылатын басқа кеселдер оның орнын басуы мүмкін. Егер біреулер дәрігердің көмегімен асқазанның ойық жарасын жазып, дұрыс тамақтанбауды жалғастыра беретін болса, оның асқазанының ойық жарасы қайта ашылып немесе одан да жаман жағдай туындауы мүмкін. Рухани жетілген адам бұл жердегі басты себепті, яғни өткен өмірден қалған жаман қасиет – сараңдықты және қазіргі өмірде дұрыс тамақтанудың орнына алдына келген тамақтың барлығын қомағайлана жей беретін күшті тілекті бірден көріп, Адамның іс-әрекеті, тағдыры өзінің қалауына байланысты, қалауы болып, өзі талпынып ұмтылмаса, қандай істе де оған көмектесу өте қиын екенін және бұл өмірдің қысқа және өткінші екенін ескертіп, адамды тура жолға салуға кеңес берер еді.

Қажет болған уақытта және қажет болған жағдайда дымқыл жылы топырақта дәннің өскені секілді барлық жақсы және жаман іс-әрекеттері өз жемісін береді. Бұл неліктен адам өзіне дұрыс қарым-қатынас ортасын таңдайтынының маңызын түсіндіреді. Сіз карманың-аурудың немесе басқа да бақытсыздықтың ұрығын өткен өмірден өз бойыңызда сақтап жүргеніңізді өзіңіз де білмейсіз. Айталық, сіздің санаңызда ішімдікке деген құмарлық ұрығы жасырынып жатыр делік. Сіз осы өмірде ешқашан ішімдікті аузыңызға да алып көрмегенсіз, бірақ бір кеште сіз бір бокал ішімдік ішесіз де, содан кейін кенет сіздің бойыңызда тағы да ішу тілегі оянады. Ақыр соңында сіз тағы да ішкіңіз келеді. Сөйтіп, өз бойыңызда сақталған өткен өміріңіздегі барлық іс-әрекеттің себептері мен оның салдары, қазіргі әрекетіңізге байланысты, бүгінгі таңда қайта оянуы мүмкін.

Осылайша, сіздің бойыңызда жаман қасиеттерді тудыратын адамдармен қарым-қатынас орнату мүлдем ақылға сыйымсыз.

Сіз өз санаңызда жаман қылықтардың мүлгіген ұрықтарын алып жүргеніңізді білмейсіз. Бұл ұрықтардың өсіп-өнуіне ешқандай да мүмкіндік бермеген жақсы.

Бұл принциптердің қаншалықты терең екенін көріп отырсыздар ғой? Тағдыр немесе карма мәселелерін жеңу ең ғажайып философия болып табылады. Бұл адамның өз өмірін толығымен басқара алатынының дәлелі. Және егер сіз өмірдің құлы емес, керісінше қожайыны болған жағдайда қаншалықты керемет екенінің дәлелі. Адам өзінің бақытын өзі құрайды. Себебі, өмірдегі барлық жаман-жақсы қатынастар тек қана адамның өзіне байланысты.

Сіздің қас дұшпаныңыз- өзіңіздің зиянды қылықтарыңыз. Олар сіздің соңыңыздан жеңбейінше қалмайды. Тағдырдан азат болу үшін, зиянды әдеттерден арылу керек. Қалай? Айналаның дұрыс болуы- ең жақсы емнің бірі деуге болады. Егер сіз ішімдік ішуге бейім болсаңыз, ішпейтіндермен араласыңыз. Егер сіз әлсіз денсаулығыңыздан зардап шексеңіз, позитивті ойлайтын адамдармен араласыңыз. Егер сіз сәтсіздікке бағышталсаңыз, сізді табысты адамдар қоршағаны дұрыс. Осындай жағдайда сіз өзгере бастайтын боласыз.

Сіздің әрбір әдетіңіз өзіңіздің миыңызда қандай да бір «трафарет» немесе сүрлеу жол жасайды. Бұл нәрселер сізді нақты түрде, тіпті көбінесе еркіңізден тыс ұстауыңызға мәжбүр етеді. Сіздің өміріңіз өз миыңызда өзіңіз жасаған тегістелген жол арқылы өтеді. Бұл жағдайда сізді азат адам деп айтуға болмас, өйткені аз немесе көп мөлшерде сіз өзіңіз қалыптастырған әдеттердің құрбаны болып саналасыз. Сіздің трафаретіңіз неғұрлым терең болса, соғұрлым сіз біреудің айтқанымен жүретін марионетка секілдісіз. Бірақ осы әдеттер үстемдігін *заласыздандыруға* әлің жете ме? Қалай? Мида жақсы әдеттер трафаретін жасай отырып. Сонда сіз жаман әдеттер іздерін медитация арқылы *сүртіп тастай* аласыз. Басқа жол жоқ. Алайда, сіз жақсы орта және жақсы жағдайсыз жақсы әдеттер қалыптастыра алмайсыз делік. Онда сіз жаман қылықтарыңызды абыройлы ортамен де, медитациямен де кетіре алмайсыз.

Тіпті ну орманнан тығылатын жер іздеп кетсеңіз де, сіздің ескі әдеттеріңіз қыр соңыңыздан екі елі қалмайтын болады. Егер олардан қашып құтыла алатын болсаңыз, оларды жеңуге күш салып көріңіз. Орманыңызды жаман әдеттерден арылтыңыз. Сонда азат етілесіз. Қазымыр, ұрысқақ отбасыларда: « О, егер қала сыртында үйіміз бар болса, біз бақытты отбасы болар едік!» деген сөздер айтылады. Ақыр аяғында олар аңсаған затына қол жеткізгенімен, бір-бірімен тату болуды бәрібір үйренбей, өздерінің шатақ мінездерін қоймайды, сондықтан да өздері армандап қол жеткізген үйдің өзінде де өмірлері өмір болмайды.

Сонда нені күтесіз? Өздеріңді өздерің үйретіңдер. Бұл ең жеңіл де ең ауыр міндет болуы мүмкін: егер сіз жақсы адамдар ортасында медитация жасасаңыз, сізге жеңіл болады, ал медитацияға уақытыңызды бөлмей, өзіңізге кері ықпалын тигізетін адамдармен қарым-қатынас орнатсаңыз, сізге өте қиын болады.

ЖАҚСЫҒА ӨЗГЕРУГЕ ДЕГЕН ТАЛПЫНЫСЫҢЫЗДАН ЕШҚАШАН АРЫЛМАҢЫЗ

Өзіңіз туралы ешқашан біткен адам ретінде айта көрмеңіз. Сіз неліктен берілуге тиіссіз. Сіз неге: «мен өзгере алмаймын, мен қартайдым, менімен бәрі де бітті» деп ойлайсыз? Сіз өзіңіз қаласаңыз күн сайын, әрбір мезетте өзгере аласыз. Менің бір байқағаным, кей адамдар жыл сайын бір деңгейде өзгермстен қала береді. Мен оларды психологиялық антиквариат деп айтар едім. Ештеңеден тайсалмастан, өздерін жақсы жағына қарай өзгертуге дайын тұратын адамдар да болады. Бұл дұрыс өмір салты.

Бір уақыттарда мен егде тартқан сенатордың зайыбын танушы едім. Ол ішімдікке құмар болатын, бірақ, күйеуі қайтыс болған соң, ол үйінен бүкіл ішімдікті лақтырып тастады. Ол бір орында отыра алмайтын жағдайға тап болды. Сондықтан да күн сайын әр түрлі нәрселермен айналысып, биге қатысты және өте пайдалы жобалардың алға басуында өте белсенді екенін көрсетті. Оның көзқарасына сәйкес, кәрілік барлық қызығушылықтарды ысырып қойып, өлімге дайындалу емес еді. Ол ұзақ өмір сүріп, әрдайым денсаулығы мықты, бақытты, белсенді адам қалпында қалды. Ол жәй адам болған жоқ, сондықтан да мен оған қызыға қарайтынмын.

Көп адамдар уақытынан бұрын қартаяды. Сіз жасым жетпіс бесте, немесе сексен бесте деген сылтауды желеу етіп, беріліп кетпеңіз. Өз жасыңыз туралы ешкімге тіс жармаңыз және ешкімге сіздің жасыңыздың егде тартқандығы үшін сізді аяп, мүсіркеуіне жол бермеңіз. Өзіңіздің бойыңызда сергектік қалыпты ұстаңыз. Өз жасыңыздан біршама жасқа кіші адамдай сезініңіз өзіңізді. Біз өз рухымыздың арқасында жаспыз, бойымызда күш қуат қайнап жатыр.

Энтузиаст болыңыз. Психологиялық қартайған жас адамдар болады, олар ештеңеге де қабілетті емес. Оларда амбиция да, ынта, құлшыныс та жоқ. Ол адамдар өзгеруді де ойламайды, барлық сезімдерінің ықпалында жүреді, өзін-өзі тек қана тән деп танып, саналары өздерінің нәпсілерінен аса алмай, тәндерінің құлына айналған. Мұның себебі өзінің санасымен қалай күресудің әдісін білмегендіктен,Сіз осыны айтып немесе ойлаған кезде сарқылып қаласыз. Сіз туралы басқа адамдар не айтып жатса да, ол маңызды емес, сіздің жеңілуге әзір тұрған шешіміңіз бәрінен де жаман. Айталық, Сіз өмірден түңілдіңіз, яғни санаңыз жетілмеген, Міне, рухани сауатсыздықтың нәтижесі.

Сіз: «Мен талпынып көрдім, бірақ Құдаймен байланыс орнату қолымнан келмеді», деген кезіңізде сіздің берілгеніңіз. Сіз Оған жете алмайсыз. Кей ұстаздар, отыз жасқа дейін Құдайды іздеуді бастамаған адамдар, кейін де Оған жете алмайды дегенді айтады. Бірақ бұл олай емес. Сіз талпыныс жасаған сайын, Құдай сізге келетін болады. Бұл шындық, алайда, Құдайды немесе Ақиқатты лайықты түрде іздеуді қаншалықты ерте бастасаңыз, Оны табу да соншалықты жеңілге түседі, өйткені әдеттер әлі де түпкілікті қалыптаса қойған жоқ. Бірақ Кришна зиянды әдеттерге қарамастан, Құдайды қоймастан іздейтін болсаңыз, Оны табуға болатынын айтты: «Тіпті нағыз зұлымның өзі, Маған қызмет ету үшін барлығын қоятын болса, дұрыс шешім қабылдағаны үшін жақсы адам болып саналады. Ол мейірімді іс жасаушы адам болып, сарқылмас бақытқа кенеледі. О Арджуна, Менің ізбасарларым ешқашан адаспайтынын барлығын сендір!» [8] деген болатын. Сондықтан да, егер сіз өзіңіз үшін: «Мен Құдайды іздейтін боламын, Алғашқы Жаратушыны іздеп табамын тіпті іздеп жүріп өлімге ұшырағанның өзінде» деген шешім қабылдаңыз, Оның бар екенін және Оның сізге жауап қайтаратынын, Алла тағаланың Өзі сізді еститінін біліп қойыңыз.

ПЕРІШТЕЛЕР КӨКТЕ ЕМЕС ЖЕРДЕ ҚАЛЫПТАСАДЫ

Сізді өзіңіздің жетілмегендігіңізден өлім құтқарады деп ойламаңыз. Өлген соң да сіз бұрын қандай болсаңыз, сол қалпыңызда қаласыз. Ештеңе де өзгермейді; сіз тек тәннен босап шығасыз. Егер өлер шақта сіз жауыз, өтірікші немесе алаяқ болсаңыз, өлген соң

---

[8] Бхагавад Гита IX:30-31

періште болып кетемін деген ойдан аулақ болыңыз. Егер мұндай мүмкін болатын болса, онда бізге бір мезетте періштеге айналу үшін мұхитқа секіріп кетуге болмас па еді! Өзіңізді қалай жасасаңыз, о дүниеде де сол қалыпта қаласыз. Реинкарнацияланған кезіңізде өз табиғатыңызды өзіңізбен бірге ала кетесіз. Өзгеру үшін күш салу қажет. Нақ осы әлем өзгеруге мүмкін болатындай орын болып табылады. Адам мұнда жалғыз ғана мақсатпен өз жанын байланыстырып тұрған бұғауды үзу үшін келеді. Ауру-сырқау, сәтсіздік, жазғыру, сараңдық, қызғаныш секілді әдеттердің барлығын қазірден бастап жойыңыз. Сіз өзіңіздің жаман қылықтарыңыздың пілләсінде мекендеп жүрсіз және жеке күшіңізді сала отырып, олардан құтылуға тиіссіз. Жан көбелегі керемет құдайшыл қасиеттер қанатын қатайту үшін азат етілуге тиіс. Егер жібек жіп жиналатын сәтте пілләдан құтыла алмаса, ол өзіне –өзі жасаған қақпанға түседі де, сонымен бірге о дүниеге аттанады. Солайша, егер сіз жаман қылықтар жібімен шырматылып қалсаңыз, сол шырматылған күйіңізде өлесіз.

Өміріңіздің соңғы күніне дейін позитивті болыңыз, мұңаймай, рух сергектігін сақтауға тырысыңыз. Тіпті өлер алдында да: «Міне, менің де өмірім аяқталды» дей көрмеңіз. Өзіңізді аяп, мүсіркеудің орнына, сіз: «Осы шөл дала жағалауында жылап-сықтап қалып бара жатқандар, мен сендерді аяймын» деп ойлаңыз. Егер санаңыз таза болып: «Тәңірім, мені Өз қолыңа алшы»,- деген оймен кететін болсаңыз, өлім сіз үшін жағымсыз болмайды.

МЕДИТАЦИЯ ҚАЛАЙ СІЗДІҢ ТАҒДЫРЫҢЫЗДЫ ӨЗГЕРТЕДІ

Егер сіз шын мәнісінде өзіңізді қайғыруға мәжбүр етіп жүрген жаман қылықтар мен тағдыр кеселінен арылтқыңыз келсе, медитациядан артық ешқандай әдіс жоқ. Өзіңіздің мияңыз тыныштталатын оңтайлы орын дайындап, Құдайға барлық ынтаңызды арнап терең медитация жасаңыз.

Айталық, сізде қаржылық мәселеге немесе рухани дамуға байланысты қиыншылықтар туындады делік. Терең медитация арқылы: «Мен және менің Әкем біртұтас» дегенді қайталай беріңіз, сонда сіз өзіңізді Құдай баласы екеніңізді ұғынасыз. Осы бағыттағы жолды тас қылып ұстап алыңызда айырылмаңыз. Орасан қуанышты сезінгенше медитацияны тоқтатпаңыз. Ол сіздің жүрегіңізге енген кезде, Жаратушы Өзіне арналған сіздің өтінішіңізді естіп, Оның сіздің дұғаңыз бен рақымды ойларыңызға жауап бергенін білдіреді; Міне айқын да нақты әдіс:

Алдымен татулықты сезінуге талпынып, «Мен және менің Әкем біртұтас дегенді ойлап отырып, содан соң өз жүрегіңіздегі ұлы қуанышты сезініңіз. Сол қуаныш пайда болған кезде: «Әке, Сен менімен біргесің. Мен өз ішімдегі Сенің күшіңе менің жаман әдеттерім мен және өткен өмір бейімділіктерінің клеткаларын жандырып жіберуге әмір етемін» деңіз. Сонда Құдай күші мұны медитацияда орындайды. Өзіңізді әйелмін, немесе еркекпін деген шектеулерден арылтыңыз, кім болсаңыз да сіз Құдайдың баласы екенін *біліңіз*. Құдайға: «Мен өз миымның клеткаларына өзгеріп, мені қолында қуыршақ етіп отырған жаман әдеттер арнасын қиратуға әмір етемін. Тәңірім, оларды Өзіңнің құдайшыл сәулеңде жандырып жіберші»,- деп сыйыныңыз. Және Өзіндік танымның медитациялық техникасын, әсіресе Крия-Йоганы қолданар болсаңыз, сіз Құдай сәулесінің өзіңізді тазартқанын көресіз.

Бірақ сізге миыңызды тыныш ұстап, бір қалыпты ұстамдылық қажет болады; сіз Құдаймен терең бірлесуіңіз керек. Бұған ең қолайлы кез- түн. Айнала жым-жырт болған мезгілде Құдаймен бірлікті болудың өзі ғанибет емес пе? Құдаймен қатынас орнатуда ең күшті әсерді ұйықтар алдындағы уақыт, түн мезгілі. Мен ұйқым келмесе, ол туралы ойыма да алмаймын. Мен түн мезгілін Құдаймен бірге өткізгім келеді, өйткені Ол мені өзінің қамқорына алып, менімен бірге екенін сездіреді.

ЕҢ МАҢЫЗДЫ МАРАПАТ- ҚҰДАЙМЕН БІРГЕ БОЛУ

Мен болашағым үшін де, өткен өмірім үшін де мазаланбаймын. Мен Құдай үшін күн сайын жәй ғана өмір сүремін, бар болғаны сол-ақ. Мен нені болса да жақсы етіп жасауға тырысамын; бірақ ештеңені ойлап, мазаланбаймын. Бұл әлемде мен Құдай үшін қызмет етемін, және менімен не болатыны маған маңызды емес. Мені Тәңірмен айыратындай не болуы мүмкін? Үндістанда болған кезімде мен осында, Вашингтон тауында қалғандар үшін: «Мен сендерді ешқашан сағынбаймын, өйткені мен сендермен мәңгілікке біргемін. Және осы толқын өмір мұхитының бетінен кеткен кезде, мен тағы бір жерде боламын; бірақ қайда болсам да, біз бір өмір мұхитында, Құдайда бірге боламыз»,- деп жаздым.

Сондықтан да сіз Құдайды таныған кезіңізде, ешқашан өз достарыңыз бен сүйіктілеріңізбен қоштасу сәті келген кезде қайғырмайтын боласыз. Өткен өмірдегі көптеген достарымды мен осы өмірден таптым. Қазіргі достарымның көпшілігімен де кейін кездесетін боламын.

Мен алғаш Америкаға келген кезде, мен бұлдыр сағымнан кейбіреулерінің маған таныс бет әлпеттері көрінді. Міне, « достарымның ұйқыда жатқан естеліктері, теңізбен жүзіп келе жатқанда мені қарсы алды»,[9] -деп жазғанымда сондықтан болатын. Мен мыңдаған қашықтыққа Үндістанды артқа тастап,бейтаныс елге келгенімде, өзімді жападан жалғыз қалғандай сезініп едім. Бірақ мен өз елесімде көптеген таныс адамдарымды көргенімде, жүрегім қуанышқа толып, көңілім жәй тапты.

Мен бұрыннан мадам Галлии-Курси [10] және оның күйеуімен таныс екенімді білемін. Бір күні ән шырқап жатқан дауысты естідім де: «Ән айтып жатқан кім? Қайтадан қойыңызшы» деп сұрадым. Дауыс Галли-Курсидікі еді. «Мен онымен кездесемін»,- дедім мен. Соңынан, Чикаго қаласында кешқұрым маған бір досым келіп: «Білесің бе, мадам Галли-Курси қазір осы қалада. Менің ойымша, сіздер танысуларың керек сияқты»,- деді. Мен онымен кездесуге ұсыныс жасадым, содан бізді бір-бірімізбен кездестіру жолдары ұйымдастырылды. Бірақ барлық концерттерге билеттер сатылып кеткен. Ақыр соңында оның менеджері маған өз ұлының билетін берді. Біз мадам екеуміз концерттен соң кездескен кезде, ол менімен амандасты да: «Мен сізге алдын ала билет берілмегені үшін барлығына ұрыстым»,- деді. Сол кезден бастап біз достық қарым-қатынастамыз; онымен де, оның күйеуімен де достығымыздың адалдығы әлі де сақталып келеді.

ТАҒДЫР ТҮНЕГІНЕН ҚАШЫҢЫЗ

Өмір қыңыр, тұрақсыз және түрлі жағымсыздықтарға толы болып көрінгенімен де, біз әрдайым бағыттаушы, өзімізді сүйетін Құдайдың қанатының астындамыз. Біз, айталық, өткен өмірдегі өзіміздің жаман қылықтарымыздың кесірінен түнекке қамалдық. Бірақ босап шығып, қайтадан Құдаймен бірлесуге әліміз жетеді.

---

9 Өзіндік таным қоғамы басып шығарған Парамаханса Йогананданың поэзия кітабынан алынған *Жан Әнінен.*

10 xxx беттегі түсініктен қараңыз.

Тағдыр торымен – зұлымдықпен, адами мәселелермен, әлсіздікпен, ауру- сырқаулармен, қаржылық қиындықтармен қоршалсақ та, біз бәрібір оларды ысырып қоя алатындай ішкі күшке иеміз.

Жас кезіңізде сіз әлемді жаулап алуға күшіңіз жететіндей болып көрінді, бірақ жасыңыз ұлғая келе сіз бұл қасиеттерді жоғалттыңыз. Әр күн сайын сіз өзіңіздің әдеттеріңіз бен қоршаған ортаңыздың құлы болып бара жатқаныңызды дәлелдей түсесіз. Оның орнына, күн сайын сіз: «Менің күшім бәріне де жетеді. Мен өлуім мүмкін, бірақ Тәңірдің құшағында азат түрде өлемін. Мені жаман қылықтар торы да, тағдыр қамалы да тоқтата алмайды»,- дегенді қайталаудан жалықпаңыз. Мұндай бостандық күн сайын, ерік күшін шынықтыра отырып, медитация жасайтын болсаңыз, сізге келеді. Өз түрмеңізді Құдай емес, өзіңіз жасадыңыз. Осы торларды да жасаған өзіңізсіз және өзіңіз қиратуыңыз керек. Сіз қашқын, яғни тән тұтқынынан қашатын қашқын болуыңыз керек. Әрбір тұтқын камераларынан – жаман қылықтардан, іңкәрліктен, эмоциядан, тілектерден, өмір мен өлімнен қашыңыз. Сіздің жаныңыз қамауға түскен түрме торлары даналық арасымен бұзылуы мүмкін, медитация кезінде оларды неғұрлым көбірек араластырсаңыз, Құдай күші арқылы соғұрлым азат етіле бастайсыз. Одан сіз бұл өмірдің түске ұқсас екенін түсінесіз; бұл жәй ғана спектакль.

Қымбаттыларым менің, мен мұнда дәріс оқуға келмейтін болғандықтан, сіздермен кездесу маған қатты ұнайды; мен жауыр болған сөз орамын айтып отырғаным жоқ, мен сізбен Рух санасында сөйлесіп отырмын. Мен сіздерге өз жанымнан шығып жатқан нәрселерді айтып отырмын. Мен Құдайды іздеуде терең қызығушылық танытқан жандарды іздеймін. Осы жерде қандай керемет жандар отыр, ондай жандар Вашингтон тауындағы ашрамда да тұрып жатыр! Жылдар, әлем жылдары және үйлесімдік. Мен, Тәңірге Оның ұлылығы үшін ризашылығымды білдіремін.

Мейірімді іс жасау әрдайым оңай бола бермейді. Бірақ бұл өмірдегі ең керемет нәрсе өзінің пәк өзіндік санасы қамалында мұның Құдайға қажет екенін біле тұра өмір сүру мүмкіндігі. Оның бойында ұлы бақыт жатқандықтан, Ол жалғыз ғана жауаптың өзі. «Түрлі қызметтерден босамаса да, ол, Менің бойымнан тірек тауып, мәңгі, өшпес тұраққа жетті».[11] бүкіл болмыстың Құдаймен байланыстылығын біліңіз,

---

[11] Бхагавад Гитаны өзгертіп айту XVIII:56.

адамдардың барлығына жақсылық пен қайырымдылық жасауға тырысыңыз. Сіз барлық адамдарды жақсы көріп, барлығына бірдей қарап, адамдарды алалап бөлмеңіз, қандай болса да, әр адамның бойынан Құдайды көруге талпынуыңыз керек. Қандай ауыр кезең болғанына қарамастан, Ақиқат соқпағымен жүріңіз, тек солайша сіз Тағдыр бұғауын қирата аласыз.

Ақырзаман

Self-Realization Fellowship (Өзіндік Таным қоғамдастығы жанынан ашылған),бірінші ғибадатхана,Энсинитас, Калифорния, 26 -ші мамыр 1940 жыл

Бүгінгі таңда орнаған әлемдегі жағдайды ескере отырып, сіз менің неліктен «ақырзаман» туралы айтқым келіп отырғанын түсінетін шығарсыз. Біздің әңгімеміз сіздерге алдағы уақытта болуы мүмкін деген көп нәрселерді түсінуге көмектеседі.

Біз қазіргі уақытта немесе болып кеткен оқиғаларды туралы білген кезде, олар анық немесе, керісінше, бұрмаланған күйде біздің санамызда ізін қалдырады. Адамдар пікірлерін өздерінің өмір салтына немесе даму деңгейіне сәйкес жасайды. Өзімшілдік, теріс ұғым, жек көрушілік, ашу өмір жағдайлары мен жұмбақтарын шынайы түрде түсінуге кедергі келтіреді. Тек Құдаймен одақтас бола отырып, біз Оның әрдайым және барлық жерде жұмыс жасап тұрған заңдарын бағалай аламыз. Адам Құдай жаратылысына енгізген рақымсыздыққа, жексұрын нәрселерге қарамастан, біз зұлымдық өзін-өзі қиратып, Құдай күші барлығын жеңетінін көреміз.

Ақырзаман бірнеше мағынаға ие және мен сіздерге осыны дәлелдеймін. Біріншіден, дәлме-дәл мағынада. Бұл оқиға екі нұсқаны тұспалдайды: ішінара құлдырау және толық жойылу. Әлі де аздаған уақыт өткен соң, бізді толығымен жойылып кету қаупі күтіп тұр. Және де Қорқыныш сезімі кернеген тақуалар тобы мезгіл-мезгіл ақырзаман болатынын болжап отыр. Бірнеше жыл бұрын біз Нью-Йоргтік көшбасшысы менталдық фобияға еніп немесе адасып, немесе өз қиялымен ізбасарларын осындай болжамдармен үрейлендірген секте туралы оқыған болатынбыз. Өз шәкірттерін үрейлендіре ұстап отырғандар нағыз ұстаз болып саналмайды. Біз әрдайым үреймен емес, даналықпен өзімізге тарта білуіміз керек.

Енді өз оқиғама ораламын. Осы секта мүшелері болатын апатқа дайындалды. Бүкіл жеке дүние- мүлкін сатып, олар өз ұстазымен бірге таудың басына ақырзаманды күтуге кетеді. Олар ұзақ күтеді. Бірнеше күн өткен соң, ашыға бастайды. Ешқандай ақырзаман болмағандықтан, олар өз қателіктерін түсінеді. Негізінде, олар дүние- мүлкін сатпай-ақ, алдын-ала болатын істің анық қанығына көз жеткізіп алу керек еді.

Бұл тек адамдардың соғыс немесе басқа да апаттың болатыны туралы болжамдарға үрейленуінің бір көрінісі ғана. Көбінесе мұндай болжамдар екіұшты болып келеді. Бірақ кез-келген жағдайда қорқудың қажеті жоқ. Өмір деген не? Бар болғаны өткінші түс қана. Өлім деген не? Осы секілді түс. Түс аяқталады, барлық жаманшылық та аяқталады. Осы тұрғыдан алып қарағанда, өздерінің азапты түстері аяқталғандықтан, шайқаста қаза болғандарға аяушылық білдірмеймін. Бірақ, мен жан азабын бостан бос тартып, мына жалған өмірдің шөл даласында адасып жүргендерге аяушылық білдіремін. Көп уақыт бойы менің санам бұл жерде емес, еуропаның шайқас даласында лағып жүр.[1] Мен сізге осындай өзгеше дүниелерді айтып отырғанымда, мұның барлығы қиялдан туындаған деп ойлауыңыз мүмкін, бірақ олай емес. Әрине, егер өз басыңнан мұндай жағдайлар өтпесе, басқалардың қабілетіне сену қиын. Бірақ Жаратушы жасау толқындарына сәуле тарататын менталдық әлемде бірнеше жылдарды өткізетін болсаңыз, және егер құдайшыл сана күшімен бар күшіңізді сала жұмыс істейтін болсаңыз, онда сіз мен секілді барлық Құдайшыл жаратылыс құпиясының ашылғанын көре алатын боласыз.

АДАМНЫҢ ЖАҚСЫ ЖӘНЕ ЖАМАН ҚЫЛЫҚТАРЫ ЖЕР БАЛАНСЫНЫҢ ҮЙЛЕСІМДІГІНЕ ӘСЕРІН ТИГІЗЕДІ

Дұрысында, ұлттың ішінара құлдырауы адамдардың жаман қылықтарының салдарынан болады. Егер біз барлығын жарылғыш заттың көмегімен анықтауды бастасақ, онда бір ғана әрекет арқылы өзіміздің өркениетіміздің өлшемін біршамаға қысқарта аламыз. Сонымен, егер біз жақсылап күш салып көрсек, онда біз бүкіл дүние жүзін жойып жібере аламыз! Жаратушы адамға қалай жаратуды жаратса, солай қиратарлықтай билік берді. Біз өзіміз үшін керемет әлем жасап алдық, бірақ оны қирату да өз билігімізде. Біз өз тәртібімізбен өзіміздің айналамыздағы әлемге тіл тигізетін болсақ, қоршаған орта құлдырауға әкеп соқтыратын күшті өзгерістермен жауап беретін

---

[1] Бұл Екінші Дүниежүзілік соғыс кезінде болған әңгіме.

болады. Мұндай жағдайлар тарихта аз болған жоқ. Нұх пайғамбар кезіндегі дүниежүзілік топан су соның бір көрінісі. Мұндай апаттар дұрыс әрекет етпегендіктен және адамзаттың надан қателіктерінен туындайды. Бұл әлемдегі болып жатқан жағдайлар өзінен-өзі болады деп ойламаңыз. Адамдардың әрекеті Оның ғарыш заңдарының жұмысына әсерін тигізбейді деп те ойламаңыз. Ғасырлар бойы болып жатқандардың барлығы эфир беттерінде жазылған. Адамзаттың эфирде қалдыратын зұлымдық вибрациясы Жердің үйлесім балансын бұзады. Жер зұлымдық ауытқушылықтарына толған кезде, осы эфир тербелісі жер сілкінісін, су тасқынын және басқа да апаттарды шақырады.

Дәл осылай, ұзақ уақыт бойы сіз бұрыс өмір салтын қолданған кезде, біздің тәнімізде белгілі бір ауруларға әкеп соқтыратын түрлі үйлесімсіз үрдістер айқындала бастайды. Бұл өз тәніңізде өзіңіз жасап алған у және Жаратушы ол удан құтылғаныңызды қалайды. Бірақ, көп жағдайларда адам өзгеруге шешім қабылдаған кезде, өкінішке орай, тәнге зиян келіп, көп ұзамай бұ дүниемен қоштасасыз. Дәл солайша Жер де үйлесімсіздік пен аурулардан зиян шегеді. Бұл осы планетаны мекендеген адамдардың біріккен әрекетінен болады. Бұл жерде күмән келтірудің қажеті жоқ. Адамның өз қолымен жасаған жағдайлары, немесе жаман кармалық жағдайлары климатқа, желге және мұхитқа әсер етеді, тіпті жердің болмашы құрылымының өзіне мезгіл-мезгіл жер сілкінісін шақыра отырып, әсерін тигізеді. Біздің әлемге жіберіп отырған бүкіл зұлым ойларымыз, ашу мен жауыздық мұның барлығы статистикалық кернеу секілді, жердің магнит алаңының ауытқуына әкеп тірейді. Осы соғыс алып келген қирауда, біз әлемдік құлдырауды өмірлердің, үйлердің бүлінгенін көреміз. Көп жағдайда бұл Нұх топан суынан да жаман; бұл от пен қанның тасқыны. Бірақ бір нәрсе үміттендіреді: адамзаттың жақсы кармасы жаман кармадан артық. Егер керісінше, жер негативтік вибрациядан жарылатын болса. Болып жатқан жағдайға қарамастан, жер көтеріліп келе жатқан циклда, яғни мейірімділік салтанат құрады деген сөз.

ЖЕРДІҢ ӨМІР ЦИКЛДАРЫ

Дүние өзіне меншіктелген мерзіммен тірі ағзаға ұқсайды. Біз Жер Ананың балаларымыз. Біз оның төсіне өзі берген тамақты жеу үшін еңкейдік. Ол бізді оттек ағынымен, күннің шағылысымен және өз атмосферасының суымен тойдырады. Жер де біз секілді жастық шақ, есейген шақ, қарттық кезеңнен, өлімнен және реинкарнациядан өтеді. Жер жастық шақта, есейген шақты және қарттық кезеңде бар. Жер қайта туылып, адамдарға өз кармасын өтеу үшін жаңа өмір, жаңа күш, жаңа мекен ортасын әкелу үшін, құлдырау кезеңі және бүліншілік арқылы «өледі». Жер бірнеше рет апаттар мен қайта туылу кезеңдерінен өтті. Бірақ жердің түпкілікті өлімі ол Құдайда қайтадан еріген кезде басталады.

Мен жердің өмір циклы[2] деген не екенін қысқаша түсіндіріп өтемін. Бұл циклдар 24,000 жылға созылады, төрт *югаға* немесе кезеңге бөлінеді- көтеріліп келе жатқан 12,000 жыл осы *юга* арқылы дамуға және төмен түсетін 12,000 жыл *юга* арқылы надандық пен материализмге бөлінеді. Осы жарты циклдардың әрқайсысы *Дайва Юга* деп аталады. Жер өзінің пайда болу шапағынан бастап көптеген толық циклдардан өтті. Төрт циклдан тұратын әрбір *Дайва Юга Кали Юга*, материализмнің қараңғы кезеңі, *Двапара Юга*, электр немесе атом ғасыры, *Трета Юга*, рухани кезең және *Сатья Юга*, ақиқат пен даму деп аталады.

ДВАПАРА ЮГА

Жер ендігі *Кали Югадан* өтті, материализм кезеңінің ұзындығы 1,200 жыл. Менің гуруымның Свами Шри Юктешвардың есептеуінше, біз 240 жылға жуық 2,400 жылға созылатын екінші кезеңде, *Двапара Югада* өмір сүріп жатырмыз. Әлі де тым материалистік болып көрінгенімен, электр қуатының дамыған кезеңі басталды. Егер сіз осы төңіректе ойланып көрсеңіз, адам прогресінің жалпы заттарды қабылдаудан түсіністікке және оның нағыз мәнінде энергияны басқаратынын көресіз. Бұл циклде адамзат электр қуаты мен электр магнитін зерттеуші ғылым саласында біраз ілгері жылжиды.

Двапара Юга прогресіне байланысты, түрлі аурулар сәуле арқылы неғұрлым көбірек емделетін болады. Вибрация энергиясы химиялық элементтер ене алмайтын, негізгі құрылыс материалдары заттарына, атомдар электрондарына жете алады. Осы соғыстан соң сіз энергиямен айналысатын ғылымдағы олқылықты көресіз. Сонымен қатар авиация да қарқынды дами бастайды. Көптеген саяхаттар ауа арқылы жасалатын болады. Бүгінде көп адамдар бұрын

---

2 Глоссарийдан *юга* деген түсінікті қараңыз.

поездарға үрейлене қарағаны секілді, ұшақтарға күмәнмен қарайды; бірақ ұшақтар ендігі жеңіске жетіп, поездар өткен кезең естелігі ретінде сақталатын болады. Аздап автокөліктер де жәй қозғалыс құралы ретінде қабылданатын болады.

Осы екінші циклдың проблемасы- ол ғылым доктор Джекил мен мистер Хайданың рөлін орындайтындықтан, қауіпсіз деп айту қиын. Адам ғылымды тек жарату мен мейірімділік үшін ғана қолданбайды, қирату үшін де қолданады. Осылайша, ғылымның дамуын қауіпсіз деп атауға болмас. Нағыз Дүниежүзілік соғыс ғылыми техникалардың адамзатты жою үшін қолданылып отырғанын көрсетті. Бұл дау-дамай бізді ғылыми жаңалықтарды тұрмыстық қажеттілікке көбірек пайдалануды үйретеді. Бірақ біз өз бойымызда рухани күштерді дамытқан уақытқа дейін, біз ғылымды жою мақсатында қолдануды жалғастыра беретін боламыз.

Осы соғыс тәжірибесі бойынша, адамдар технологияны дұрыс пайдаланбаудың қиратқыш зардабын түсінеді. Бірінші дүниежүзілік соғыста және одан да ертерек соғыс игілікті іс болып саналды. Бірақ қазір ондай пікір атымен жоқ. Ешкім де бұл соғыста соғысқысы келмейді. Бұл соғыс аяқталған соң бейбітшілікті бұзулады деген үрей неғұрлым қатты болады, егер біреулер қайтадан соғыс ашатын болса, қалған бүкіл дүние жүзінің халқы осы ұлтқа тарпа бас салары сөзсіз. Мен сіздерге болашақта болатын нәрселер туралы айтып отырмын.

Осы сәтте қарулану қажет деп есептеймін. Барлығы әлі де дөрекі күшті қолданып отырғанда, басқалардан күштірек біреу қашан да табылады. Христос қылышты пайдаланған жан, сол қылыштан өледі деп дұрыс айтқан. Күшті пайдалану тек Христос пен Ұлылардың жолдауларын түсінгенде ғана азаятын болады, яғни соғыс атаулының барлығы тек рухани күшпен ғана тоқтатылады.

Жер бетінде *барлық* елдер жалпы келісім бойынша бейбіт конференцияларға қатысып, кедейлікпен күресуге көмектесе отырып, өз қаруларын жойғанда ғана толық бейбітшілік орнайды. Дөрекі күшке сене отырып, адам үлкен ақымақтық жасайды. Осылай жалғаса бере ме? Оны қалай өзгертуге болады? Түрлі ұлттардың миларын соғыс оқтаған кезде ғана олар өздерінің болжамсыздығын түсіне бастайды.

Бірақ мен сізге, айтатын, соғыс барлық ұлттардың бостандығы үшін күресу керек. Карма күші Үндістан мен басқа да шет елдердің тәуелсіздікке яғни бостандыққа қол жеткізуі үшін жұмыс жасауда.

Барлық халықтарда руханилық тәрбиеленуі тиіс

Нағыз соғыстың өзінен басқа сақтанатын нәрсе ең қорқынышты дұшпан большевизмнің дінсіздігі. Мына бір оқиғада арыстан мен аюды бұғының сүйегі үшін таласқан кезде, аю өліп, ал арыстанның омыртқасы сынады да, олжаға жете алмай қалады. Осы айқасты сырттай бақылап тұрған түлкі келіп, олжаны іліп кетеді. Дінсіз коммунизм өз ықпалын кеңейту үшін өз сағатын тосуда. Біздің бірінші кезектегі мақсатымыз бүкіл жер бетінде руханилықты тәрбиелеп, қорғау.

Неліктен адамдар Құдай біздің Әкеміз және біз оның балаларымыз, бір дүниенің отбасымыз екені туралы басқалардың пікірін қабыл алмайды? Ұлттық патриоттық жеткіліксіз. Егер Құдай мұраты мен жалпыға бірдей бауырластық болмаса, онда өмір сүрудің қажеті жоқ. Осы әлемді жаратқан кім? Бізді жаратқан кім? Біз Құдайдың бар екенін білеміз. Бұл білімді ешкімнің бұзуына жол бермеңіз. Құдайға сену доктринасы-жер бетіне бейбітшілік алып келуге қабілетті жалғыз ғана нәрсе. Басқа ешқандай идеология оған қабілетті емес.

Өз еліне құлай берілу

Сіз өзіңіз тұрып жатқан елге адал болуыңыз керек. Біз бұл елде қиратқыш элементтердің әрекет етуіне жол бермеуге тиіспіз. Отанын сату, меніңше, осы әлемдегі барлық зұлымдықтың ішіндегі ең жаманы. Ешқашан өз жеріңізді, отбасыңызды, көршілеріңізді немесе достарыңызды сатпаңыз; өз еліне адал адам Құдайға да адал. Жарғанат туралы оқиғаны еске түсіріп көріңіз. Құстар мен жануарлар бір-бірімен соғысқан кезде, жарғанат осы сәтте кім күшті болса, соның жағында болды. Бейбітшілік орнаған кезде, құстар да, жануарлар да екеуі бірге: «жарғанатпен күресуге» шешім қабылдайды.

Сондықтан өз еліне адал болудың маңызды екені есіңізде болсын. Егер сіз сол мұраттарды қабылдамайтын болсаңыз, батаңызды беріңіз де, кете беріңіз. Бұл жерде онсыз да патриотизмнің жетіспеушілігі байқалады. Мен сіздерге басқа халықтарды жоюға талпынып отырған Американы сол патриоттықпен жақсы көру керек дегенді меңзеп отырғаным жоқ; Бүкіл дүние жүзін жақсы көру мақсатында Америка мен оның мұраттарын жақсы көріңіз. Америкадағы сіздің өміріңіздің тым қысқа екенін ұмытпаңыз; басқа инкарнацияларда сіз басқа елдерде тұратын боласыз. Егер әрбір адам өз елін жақсы көре отырып, осы махаббатты басқа елдерге таратса, онда ешқашан да соғыс болмайды.

Сондықтан да нағыз патриот емес адамға шыдамдылық танытпаңыз. Осы елді сүймейтін адам, осы елде тұруға құқылы емес. Өзіңе тамақ беріп отырған қолды тістелеген дұрыс па? Мені сатқаннан гөрі, ұрып-соққанды қалар едім. Сатқындық менің бойымда жиіркеніш сезімін тудырады; мен ешқашан ешкімді сатқан емеспін. Менің барлығына деген махаббатым шынайы. Сен маған сатқындық жасадың деп менің алдыма тұрып айтатындай адам жоқ. Мен біреуді ұнатсам, бүкіл жан-тәніммен ұнатамын. Бұл өзіме әділ емес адамдарды білмейді деген сөз емес; құдайшыл махаббат сәулесі үшін ешқандай жамылғы жоқ. Қымбаттыларым менің, ешқашан ешкімге сатқындық жасамаңыз, егер біздің жолымызды сатқындық кездесетін болса, адамды дұрыс бағытқа салып, оның кез-келген дұрыс емес қылықтарына қолдау көрсетуден бас тартпаңыз.

Жаратушы кімнің дұрыс, кімнің бұрыс екенін жақсы біледі. Онда қайырымды істер жасау үшін біріккеніміз дұрыс емес пе? Осы елдің мұраттарын қорғаңыз. Егер соғыс осы жерге төніп, Америкаға менің көмегім қажет болса, жерінде тұрып жатқан халықты қорғап, адамдарының махаббаты үшін мен қолымнан келген көмегімді аямас едім. Біз Американы және өзіміз жақсы көретіндерді қорғауда өз ролімізді орындауымыз керек, бірақ жек көрушілікпен толы болмағанымыз жөн. Әлем ешқашан осы қазіргідей махаббатқа зәру болып көрген емес. Махаббат соғысты түпкілікті жоюда айбынды фактор болып есептеледі. Қандай жағдай болса да, біз Тәңірді өз махаббатымыздың жол сілтейтін жұлдызы етіп және осы махаббатты бүкіл адамзатқа жіберетінімізді шешіп алайық. Менімен менталды түрде сыйыныңыз: «Көк Аспан Әкесі, Сен махаббаттың өзісің; мен сенің кескініңмін. Мен махаббат өрісімін. Мен бүкіл адамзат менің махаббат патшалығында сыйуы үшін осы өрісті кеңейтемін».

Соғыстар кезегінде бұл соғыс соңғы соғыс емес. Кімде-кім жеңіп, басқа халықтарды жазалау үшін осы билікті пайдаланған болса, уақыты келген кезде осы ел өз басымен жауап беретін болады. Қиратуға деген адам әлеуеті оны жасау күшіне қарағанда әлдеқайда өсті. Электр дәуірінде қауіпсіз орын болмайды. Масштабты соғыстар жүргізудің неғұрлым көбірек әдістері пайда болады. Құдайға шүкір, *Двапара Юга* бар болғаны 2,400 жылға ғана созылады.

ТРЕТА ЮГА

Әрі қарай біз *Трета Югаға*, ұзындығы 3,600 жылға созылатын үшінші кезеңге немесе ғасырға жақындаймыз. Бұл менталдық кезеңде адамдардың басым бөлігі сана күшін қолданады. Бұл күш қазіргі күшке қарағанда өте күшті дамитын болады. Көп дәрежеде, барлығы да осы күштің есебінен жасалатын болады. Адамдар ақылдырақ , демек, өмір сүруге қауіпсіз болады; адамдар өз мәселелерін бейбіт түрде шешуге тырмысатын болады. Электр қуаты сана күшіне орын бере, неғұрлым азырақ қолданылатын болады. Бүкіл адамдар бір-бірінің ойын оқиды деп айту қиын. Әлсіз дабылдар мен әлсіз қабылдағыштарды қабылдауға қабілетті күшті радиоқабылдағыштар шығады, олар кей адамдар осы сана кезеңінде неғұрлым күшті ақыл-ой энергиясын игергендіктен, тек күшті дабылдарды қабылдайтын болады.

Осы уақытта сана күшінің көмегімен біз өзімізді қоршағандар туралы жақсырақ білетін боламыз, сондықтан да өзіңді әдепсіз түрде көрсетудің өзі ыңғайсыз болады. Адамдар өтірігін ешкім ешқашан білмейді дегенде ғана өтірік айтатын болады, тұтастай алғанда өтірік азаяды. Өзара түсіністіктің нәтижесінде, адамдар бір-бірімен бейбіт тіршілік етуге үйренеді. Сауықтыруда ақыл-ой күші тағам ретінде қолданылатын болады.

САТЬЯ ЮГА

Үшінші кезеңнен соң адам санасы жаратылыстың бүкіл құпиясын біліп, Құдаймен бірлікте өмір сүретін ақиқат ғасыры *Сатья Юга* кезеңі басталады. Осы кезеңнің адамдары үшін материалдық әлем мен астралдық аспан арасында кедергі болмайды, олар астралдық әлемге еніп, осы өріске ауысқан жандармен тілдесе алатын жағдайға жетеді. Көтеріліп келе жатқан *Сатья Юга* 4,800 жылға созылады. Осы юга бойына, басқа дәуірлерге қарағанда, көптеген дамыған жандар азаттық табады.[3]

Бірақ, тіпті *Сатья Юганың* соңы да ақырзаманды білдірмейді. Цикл барлық төр кезеңге қайта-қайта түсіп, көтеріліп, үзілмейді. Оқтын-оқтын жаңа үзіліссіз циклды жалғастыру үшін әлем қырылатын апаттар болып тұрады. Жер жандарды құдайшыл үлеске қайтару үшін жаратылған;

---

[3] «Антропологтардың басым бөлігі 10,000 жыл бұрын адамзат Тас дәуірінде өмір сүрді дегенге сене отырып, кең таралған Лемурии, Атлантида, Үндістан, Қытай, Жапония, Египет, Мексика және көптеген басқа елдерінің ежелгі өркениет ілімдерін «миф» ретінде санайды». - «Йог өмірбаяны»

сондықтан да ол үлкен жүкті арқалап келеді. Жұмыс әзірге аяқталмай тұрып адамдар Құдайға эволюция жолымен бірте-бірте дамып жатқанда бұл планета қирамайды. Тек Құдайға жандар эволюциясы қажетті болмаған кезде ғана әлем жоғалатын болады. Сол кезде ақырзаман басталады. Сондықтан да біздің жеріміз күнге құлап, барлығы ыстыққа еріп, бір секундта буға айналады деп қорықпаңыз. Нағыз ақырзаман әлі алыста. Әлемнің тындыратын жұмыстары әлі көп.

ӨЗІҢІЗ ТУЫЛҒАН КЕЗЕҢНЕН ЖОҒАРЫ БОЛЫҢЫЗ

Сізге азат болу үшін ақырзаманды күтудің қажеті жоқ. Басқа бір жол бар: өзіңіз туылған ғасырдан биік тұрыңыз. Материалдық кезеңде адамдардың басым бөлігі материалдық дәрежеде ойлайды. Бірақ сіз Христосқа ұқсас жандардың өз уақытынан озып туғанын да көре аласыз. Менталдық және электр кезеңінде осы *югаға* сәйкес адамзат дамуының сипаттамасы басым болады. Сол секілді, басқа да неғұрлым жоғары дамыған және жеткіліксіз түрде дамыған тұлғалар да болады. Осылайша, электр қуаты кезеңінде әлі де тас дәуірінде өмір сүріп жатқан адамдарды кездестіре аласыз. Әрдайым баланс болады; өз уақытынан озып туған адамдар да, өркениет заманынан да қалыс қалған адамдарда кездесетін болады.

Неғұрлым рухани дамуы төмен тұлғалар өз кезеңінің даму деңгейіне жеткенше, қайталанатын инкарнациялар арқылы алға баса бастайды. Сөйтіп,саналарының өсуіне байланысты өмірдің негізгі мақсатына жетуге жол ашыла береді. Шын мәнінде сапалы жоғарғы деңгейлі кезең әлі келген жоқ. Осы әлем циклы әткеншекке ұқсайды. Бірақ өз эволюциямызды дамытып, дұрыс өмір салтын қолдану мен және Крия-Йога [4] секілді рухани тәжірибе арқылы шапшаңдататын болсақ, біз өз уақытымыздан басып озып, осы және жақын уақыттағы өмірлерде Құдайда азаттыққа кенелеміз.

ӘЛЕМ БІЗ ҮШІН САНАНЫ БӨЛУМЕН АЯҚТАЛАДЫ

Біз ақырзаманды бастан кешіретін басқа бір жағдай, түс көру кезінде, белгілі психикалық бұзылу кезінде және өлімде сезінетін бөлінулер. Бұл жағдайлар біздің еркімізге қарамастан беріледі; соған

---

[4] Глоссарийдан және *Йог өмірбаяны* атты кітаптың 26 –шы тарауын қараңыз.

қарағанда, біз үшін ақырзаманды бастан кешіру біз үшін қажетті секілді. Олардың мақсаты бізге материалдық әлім мен өзіміздің шынайы табиғатымыздың, өз жанымыздың алдамшылығын көрсету болып табылады. Дүниеге келісімен біздің жанымыз бірден елес торына енеді. Біздің қасіретіміз арқылы, Жаратушы бізге осы әлем өте оңды емес яғни дұрыс жетілмегендігін көруге, оған деген ынтықтығымызды бұзуға көмектеседі. Бізді осы әлемге шын берілмей, одан алшақ болғанымызды қалайды, Құдай біздің осы өмірдегі тіршілігіміздің бұлдыр сағым екенін көрсетуге тырысады. Мен әлем мен оның жетіспеушіліктерін неғұрлым көбірек көрген сайын, Құдайды тануға деген ықыласым да соғұрлым күштірек бола түсті.

БІЗ ҮШІН ӘЛЕМ ТІЛЕКТЕРДЕН АРЫЛТУМЕН АЯҚТАЛАДЫ

Метафизикалық мағынада біздің тілектеріміз дүние аяқталған кезде ғана аяқталады. Өзіңізді бақытты етіңіз, сіз пендешілікпен ойлаған арман тілектеріңізден арылу үшін бар күшіңізді салып көріңіз. Егер сіз өмір сүре алмайтындай бір нәрсеге кез болсаңыз, сізге әлі де өмірдің соқпақтарынан сабақ арқылы өтуге тура келеді. Сіз осы жерден кеттіңіз делік, ал сіздің тілектеріңіз болса, әлі де қанағаттандырылмаған күйде қалды. Олар сіздің жаныңызды жегідей жейтін болады. Сіз бұл жерге өзіңізді өз тілектеріңізден емдеген кезге дейін жан қасіреті мен көңіл қалушылықты қайта-қайта әкеліп, сан рет келуге мәжбүр боласыз.

Одан да Құдайға жалбарынып: «Тәңірім, мен Сенен мені жаратуды сұраған емеспін. Сен мені осында бағыттадың. Мен қолымнан келгенінше бәрін де жасаймын, бірақ менде Сенің еркіңді орындаудан басқа тілек жоқ. Мен ендігі бұл жерге қайта оралып, қайғыруды қаламаймын. Мен бірде бай, бірде кедей болып, кейде аурулы немесе басқа да қайғы-мұңмен, кейде жоғалған махаббаттың жарқылымен шексіз туылғым келмейді. Мен өлмеймін. Мен өлмейтін жанның өзімін» дегенді айтыңыз.

Тілектерден арылу сізді тас бауыр етіп жібереді деп мазаланбаңыз. Тілектің болмауы бұл неғұрлым тамаша сана жағдайы. Мені бәрі де қуантады, бірақ мен ештеңені аңсамаймын, сондықтан да тілек орындалмағандықтан көңіл қалушылықты сезбеймін. Не істесем де, қайда барсам да, үнемі қуанышқа кенеліп жүремін.

Сондықтан да, бақытқа жетер ең қысқа жол жаңа тілектерсіз өзіңізге Тәңір берген рольді жақсылап орындау болып табылады.

Сонда сіз іштей сыртқы көріністерге тәуелді емес патша секілді боласыз. Сіз кез-келген миллионерден әлдеқайда бақыттырақ боласыз, ал егер сіз олардың проблемаларын білсеңіз, ешқашан олардай болғыңыз келмес еді. Ақшаны жоғалтып аламын деген үрей, ауру-сырқау үрейі, қауіпсіздік сезімінің болмауы, нағыз дос болып табылатын адамды түсінбеу бұлар басында келелі мәселелері тым көп адамдар мәселелерінің ішіндегі тек санаулысы ғана. Мені басқалар тек ақша үшін жақсы көргенін қаламас едім. Бұл сонда махаббат па?

Мен үшін нағыз достық баға жетпейтін қазынамен тең. Мен еш өтінішсіз, орнына ештеңе алуды күтпейтін достықты жақсы көремін. Достық деген ақшаға да, қоқан-лоққыға да, билікке де сатылмайтын асыл зат. Ол өзінен-өзі сыйланады. Егер осындай достық басыңыздан өтпеген болса, мұңаймаңыз. Егер шынайы болсаңыз, осыны бағалай білетін нағыз жандарды кезіктіресіз.

Ештеңеге бауыр баспайтындай етіп, жәй қарапайым өмір сүріңіз. Қай жерде жүрсеңіз де, өз жүрегіңізде жұмақ қуанышының бір бөлшегін өзіңізбен бірге ала жүріңіз. Есіңізде болсын, бұл әлем біздің көңілімізді көтеру үшін ғана. Киноға барып, трагедия немесе комедияны, әлде драманы қарап отырып, соңынан: «О бұл не деген керемет фильм еді!»дейсіз. Сол секілді, сіз өмірге де солай қарауға тиіссіз. Қорықпаңыз. Егер үрейлене өмір сүретін болсаңыз, денсаулықтан айырыласыз. Ауру-сырқау мен жағымсыз нәрселерден биік болыңыз. Тәніңізді емдеп жатқанда, ішкі дүниеңіз қозғалмаған күйде қалыңыз. Құдайға толығымен сеніңіз, өзіңізге сенімді болыңыз. Сонда сіз дүниенің бүкіл шектеулерін жеңетін боласыз; сіз тыныштық пен бақыттың билеушісі боласыз. Мен сендерді осындай күйде көргім келеді.

Жаратушы бізге осы азаттықты әр түн сайын ұйқы кезінде береді. Ұйықтап бара жатып Оған: «Тәңірім, мен үшін дүние аяқталды. Мен Сенің қолыңда тыныштық таптым. Сен маған Өзіңнің өмір картинаңды: трагедия мен күлкіні, денсаулық пен ауруды, өлім мен өмірді, байлық пен кедейлікті, соғыс пен бейбітшілікті көрсетесің-бұлардың барлығы да біздің көңілімізді көтеретін түс қана. Мен Сенің ойларыңда, жалғыз Шынайылықта боламын»,- деңіз.

НАҒЫЗ АҚЫРЗАМАН САМАДХИДЕ БАСТАЛАДЫ

Жоғарыда айтылған ақырзаманның соңы *самадхи* кезінде немесе Құдайшыл экстазда анықталады. *Самадхидің* екі түрі болады. Сіз медитация жасауға талпыныс жасаған кезде, санаңыз әр түрлі бағытқа шашырайды. Сіз шоғырлану мүмкін емес деп ойлайсыз. Бірақ егер тыныштықта болып, қажетті уақыт аралығында сабырлылықпен өз талпынысыңызды жалғастыра беретін болсаңыз, сіз Құдайдың керемет үнсіздігін сезесіз. Сіздің Оған шоғырланған санаңыз жеткен кезде, дүние ұмыт болады, және сіз осы тыныштықта әлемнің кез-келген ләззатынан артық бақыт табасыз. Бұл толығымен ішкі сана арқылы Құдайға сіңірілген және дүниені қабыл алмайтын жағдай *сабикальпа самадхи* деп аталады. Әдеттегі сана қалпына оралған кезде , егер сіз жоғары дамыған тұлға болмай және барлық тілектер мен ынтықтықтардан құтылмаған болсаңыз, әлем қиялы сізге қайтадан әсер ететіндіктен, мұны «әлемнің ішінара еруі» деп атауға болады.

Самадхидің екінші және жоғары жағдайы бұл Құдаймен өзара қарым-қатынасы бар, материяның ықпалынан шығып, тәні материалдық әлемде болса да, өзі рухани әлем заңдылығымен өмір сүретін Өзін жан екенін таныған, әрбір секундта Құдайды еске алып отыратын жағдай. Бұл *нирбикальпа самадхи* деп аталады. Онда ақыл-есі бір бағытта болады және барлық шектеулер мен барлық құмарлық ниеттер аяқталады.

Менің *Самадхи*[5] деп аталатын поэмамдағы жанның азат жағдайы бұл дүние жүзін шарлап жүрген барлық адамдар өмірінің мақсаты болып табылады. Көптеген адамдар тәндегі болатын санадан түндегі ұйқыларынан тұра алмай қаламыз деп қорықпайды, керісінше олар Материалдық әлемді ұмыттыра алатын *самадхи* санасынан ояна ала алмаймыз деп қорқады. *Самадхи* туралы бұлай ойлаудың өзі бос сөз. Бұл сананы тоқтату емес, қайта сананы кеңейту мен дамыту жолы болып табылады.

ӨЗ ЕЛЕСТЕРІҢІЗДІ ҚҰДАЙДА АЯҚТАҢЫЗ

Құдаймен бірге бола, өзіңіз үшін әлеміңізді қазір аяқтаңыз. Өз жаныңыздың ғибадатханасын мазасыз тілектермен және шулы пенделік рахатпен қорламаңыз. Өз санаңызда және Құдайға деген махаббатта пәк түрде қалыңыз. Осы сатыға қазір жетіңіз. Сонда, мүмкін, осы электр дәуіріндегі соғыс кезінде, немесе менталдық дәуірде, немесе

---

5 Бұл поэма *Йог өмірбаяны* атты кітаптың 14-ші тарауындағы «Ғарыштық сана тәжірибесі» мен «Жанның әндері» атты кітаптарында берілген.

ақиқат ғасырында, сіз жер бетіне бейбітшілік әкелу үшін Христос келгендей келіп, адамзатқа: «Мен өзіме Құдай берген сабақтарды оқып шықтым, Мен үшін дүние деген жоқ. Әлі де өмірден, өлімнен және сансыз қайта туылудан қайғы-қасірет шеккен аға-апаларыммаған еріңіз! Мен сіздерге ақырзаманның сіздің ойдан шығарылған қиялдарыңыздың соңы екенін көрсетемін. Осы сабақты жаныңыз ұлы Құдайдың жүрегінде мәңгілік жұлдыздай мәңгі жарқырап тұруы үшін миыңызға түйіп алыңыз»,- деңіз.

Жер бетіндегі өмірдің өткінші екенін, бірақ сіз қалай болғанда да мәңгіге Құдай баласы екеніңізді ұмытпаңыз. Надандық жарысын ұйымдастырмаңыз. Алдымен Құдайды таныңыз. Ол сізді қай жаққа бағыттаса да – ол әскер жолы бола ма, әлде бизнесмен жолы бола ма, немесе әртіс, әлде рухани ұстаз жолы бола ма, қалай болғанда да дұрыс жол екенін біліңіз. Оны шынайы түрде таныған кезде, сіздің жолыңыз сенімді болады. Міне, сондықтан да Жазбалар: «Алдымен Құдай патшалығын ізде…» дейді.

Егер сіз өмірде мен атап өткен қағидалардың ең болмағанда бірнешеуін іске асырсаңыз, сіз өзгересіз. Мен сіздермен бірге болғанда, ақиқаттан тек жәй ғана инттелектуалдық ләззат бергім келмейді; мен Құдайды сіздердің өз бетіңізше қабылдағаныңызды қалаймын. Мен сіздерге жетілмегендіктен арылып, *Оған* көтерілу үшін не істеу керегін айттым.

Діннің әдістері мен себептері

Жексенбі күнгі өткізілген кластан Патанджалидың [1] Йога-сутрасы,
Self-Realization Fellowship (Өзіндік Таным қоғамдастығының)
гибадатханасы, Лос-Анджелес, Голливуд, Калифорния, 17- ші қаңтар
1943жыл

Афоризмдер- қандай да бір заң немесе принципті дәл түрде түйіндейтін қысқаша нақыл сөздер. Данагөй Патанджалидің *Йога сутралары* немесе афоризмдері ақиқат туралы қысқаша нақыл сөздерден тұрады. Ол йоганың Сегіздік жолын сипаттау үшін тақырып беріп: «Енді мен йог пәні туралы айтамын» деп бастайды.

Үнді философиясының [2] алты негізгі жүйесінің бірі ,Санкхья діннің *себептерін* ұшы- қиырсыз, кең етіп мазмұндайды, Веданта жетуге болатын түпкі мақсатын сипаттайды; ал Йога осы мақсаттарға жету әдістерін ұсынады. Бұл тұжырымдар бірігіп, қос бағыты адам баласына қайғы қасіреттен қашып құтылу жолдарын, Жаратушының шаттығын қалай сезіну керек екенін көрсетуден тұратын шынайы дінді құрайды: бұл азапты да, жағымды да өмір жағдайларымен [3] шектелмейтін мәңгі бақыт. Демек, дін екі сатыға ие деген сөз.

Санкхья философиясы әр адамның жоғары мақсаты жан, ақыл-ой және дене азаптарынан арылу екенін көрсете отырып, бірінші сатымен байланысады. Алайда, біз ауру-сырқаусыз өмір сүре аламыз, бірақ, бәрібір бақытты бола алмаймыз. Азапты арқалаған көп адамдар бар және қайғы-қасірет шекпейтін аздаған адамдар бар. Бірақ, бұдан дәл осы сәтте қайғы-қасіретке ұрынбаған адамдар бақытты деу қисынсыз.

---

[1] Өте ежелден сақталып келе жатқан Патанджалидың *Йога-сутрасы* (сонымен қатар, *Патанджалидың афоризмі* деген атпенде белгілі), йога жолының принциптерін баяндайтын йога ғылымының қасиетті мәтіні. (Глоссарийдағы *Патанджали* және *йога* деген түсініктемелерді қараңыз).

[2] Йога, Веданта,Санкхья, Миманса, Ньяя, Вайшешика

[3] Глоссарийдан Санатан Дхармаға берілген түсінікті қараңыз.

Ауырмау жағдайы жанға жағады, бірақ ол өзінен- өзі бақыт тудыра алмайды. Веданта мақсат немесе діннің екінші сатысы деп анықтаған шынайы және мәңгі шаттыққа жету үшін, діннің толық түсінігі мен принциптерін қолдану қажет. Йога дегеніміз осы.

Қайғы-қасіретке душар болған адамдар көбінесе «Иә, мен дінсіз де бақыттымын» деген ұстанымды қабылдайды. Осындай ұтымды дәйектеменің көмегімен көпшілік адамдар өздерін дінге тек бейім адамдар ғана берілу керек, ал басқаларға оның қажеті жоқ деп сендірген. Сіз ертеңгі күні не боларын білмейсіз. Ертеңгі күні сіз қайғы-қасіретке ұшырауыңыз да ықтимал. Қарапайым адам бұл ықтималдықтан азат етілмеген. Міне, сондықтан Санкхья философиясы өзіңізді дене, ақыл-ой және жан қасіретінен қайталану *ықтималдығы* болмасы үшін, біржола азат ететіндей құдайшыл заңдарға сүйенуді үйретеді. Алла тағаланы үнемі есте ұстап, діни рәсімдерді дұрыс орындап, оның салт-дәстүрімен жүрген адам көптеген күнәлі істерге ұрынбай, өмірін шырғалаңсыз дұрыс бағытта салу арқылы мына өмірдің бақытына жете алады.

Бірақ Веданта филосоофиясы мұның жеткіліксіз екенін түсіндіреді; бұл діннің барлық мақсаты емес. Егер сіз сабырлылықты ауру болмағандықтан ғана сақтап отырсаңыз, сіз ерте ме, кеш пе бұл өмірден де жалығып ақыр соңында: «сергелдеңге түсіретін бір нәрсе іздейсіз». Іш пыстырарлық тыныш дүниені қаламайсыз. Тым тыныш өмірде, өмір сүріп қалған адамда, өз өмірлерін өзгерту үшін аз ғана болса да мұнды оқиғаларға бой алдырып жатады. Сіз жәй ғана сабырлы болғыңыз келмейді. Тек сабырлылықты ғана сақтайтын адамда нағыз бақыт та жоқ, аздап болса да ешқашан өзгермейтін адам, өзгерту үшін күйінішті де қабылдауға әзір тұрады. Дін сізді тек қасіреттен арылтып қана қоймайды, сонымен қатар сізді осы мәңгі бақытқа, Құдайдағы ғарыштық бақытқа міндеттейді. Дін сіздің бақытыңызды уламас үшін қасірет микробын өлтіреді. Ол қайғы-қасірет тамырын жойып, өмірдің нағыз Шаттығына жетуді қамтамасыз етеді.

ЙОГ ДІННІҢ МІНДЕТІН ОРЫНДАЙДЫ

Оған қалай жетуге болады? Патанджали Санкхьяны үйренген соң Йоганы үйрену керектігін айтады. Яғни, Сіз *неліктен* діни жолға түсу керек екенін түсініп, *қалай* діни жолға түсуді білуіңіз керек. Сіз ендігі өз тәніңіз бен жаныңыздағы кез-келген қасіретті жою жолдарын және олардың болашақта қайталанбауынан құтылу жолдарын білуге тиіссіз.

Әзірге қайғы-қасірет билігінде болып тұрғаныңызда, сіз күйініштен азат бола алмайсыз. Сіз, мүмкін, «Мұндай азаттық мүмкін бе?» деп ойлайтын боларсыз. Бірақ ол Иса үшін мүмкін болмап па еді? Исаның өмірінің мақсаты сіздерге өзі жасағанын жасауды көрсетуден тұрған жоқ па? Бұл мақсат тек Исаны құдай деп тану үшін ғана емес. Оның өмірі біздердің әрқайсымызды өзіне ұқсату үшін шабыттандыруға арналған. Жан құтқаруы барлығына бірдей. Осы өмір түнегінен құтылу да барлығына бірдей. Бабаджи азат. Лахири Махасайя мен менің ұлы ұстазым Свами Шри Юктешвар да азат болған. Әулие Франциск те азат. Патанджали де азат. Өз жандарыңызды азат етіңіз! Міне, Өзіндік таным ілімдері не үшін қажет. Сіздердің жаныңызды қасірет мүмкіндігінен арылту.

Осылайша, Йога жол сілтеп, әдістерді ұсынады. Веданта болса, Құдайды таба отырып, өзіңді қайғыдан арылтып, мәңгі шаттыққа, мәңгі қуанышқа, мәңгі даналық пен мәңгі тіршілік етуге жету мақсаттарын ашады. Бұл жағдай сондай қалаулы! Сіз өзіңіздің шадыман тіршілігіңізді ұғынып, өзіңіздің өшпес екеніңізді түсінесіз. Бұл өмір тәжірибесі сипаттауға берілмейді.

Егер сіз адамдарға үнді дінін ұстанатыңызды айтсаңыз немесе, былайша айтқанда, өздерінің дінінен басқа кез-келген дінді ұстанатыныңызды айтсаңыз, олар сізді бірден қате түсініп қалады. Бірақ Патанджали барлық есімнамамен және қасаң қағидалармен шектелмейді. Ол Йога дегеніміз бүкіл діннің жүрегі екенін пайымдайды; бұл дін туралы ғылымның көмегімен діннің шынайы принциптері дәл және нақтыланған нәтижелермен құпталады. Йога діннің міндеттерін орындайды: бірлікке жету немесе Құдаймен қосылу- бұл, өз кезегінде, кез-келген жан үшін шұғыл қажеттілік болып табылады.

ДІННІҢ ӘМБЕБАП ҒЫЛЫМЫ

Үнді *ришилері*, ұлы тақуалар дінге ғылым ретінде қараған, өйткені оның тәжірибеде жүзеге асуы адам қасіретінің бұғауын үзіп, Құдайдың образы бойынша жаратылған біздің санамызды Оның ғарыштық қуанышымен біріктіреді. Көптеген адамдар: «Мен рухани жолға түсуге әлі де дайын емеспін» деп күмән келтіретіні де рас. Бұл біреулер айта алатындай ең үлкен өтірік. Неге? Өйткені жан жалған көріністің квадрат саңылауына үйлеспейтін дөңгелек қазықшаға ұқсайды. Біздің әрқайсымыз іздейтін, ештеңемен бүлінбеген сол жалғыз нәрсе бақытты әлем бере алмайды. Әлемде мыңдаған бақытсыз адамдардың бар екені де сондықтан.

Мен кездестірген кей адамдар менің бір кездері ойлап, қалаған нәрселерімнің бәріне де ие; сонда да олар осы тілектерді орындауда бақыт таба алмады. Мен алдымен Құдайды іздедім және Құдайшыл қуаныш бәрін тегіс қамтитынын, мәңгі жаңа, кез-келген арбаудан да асып түсетіндей екенін де аштым.

Әр адамның ең үлкен арманы- бақытты болып, басқаларды бақытты ете отырып, қуанышқа кенелу болғандықтан, Одан қашуға сізге жол жоқ. Сізге бұл неге керек? Басқалары сізге жалған сөз бен бос уәдеңіз үшін кешірсе де, бірақ Құдайдан басқа ешкім сізге шынайы да, мәңгі шаттықты бере алмайды.

Өмірдің бас кезінде, ортасында және аяғында Тәңір бақытын іздеңіз, өйткені ол ғана сізді күйініштен біржола құтқарады. Егер сіз ақша бақыт әкеледі деп ойласаңыз, сіз уақытыңызды текке жойдым деп есептеңіз; олар ешқашан сізді бақытты ете алмайды. Егер сіз адам махаббатын іздесеңіз, сіз Құдайдан миллион есе күшті махаббатты табасыз. Құдайды табу дегеніміз, жүрегіңіз қалаған барлық нәрсеге қол жеткізу деген сөз. Қалай болғанда да, сізге қажеттінің барлығы Құдайдан табылады. Рухани болу- денсаулыққа, бақыт пен табысқа есік ашумен тең. Міне, сондықтан да өмірге деген ғылыми қадамды зерттеу шын мәнісінде маңызды болып табылады. Қайғыны қуып, рахатқа батуға үйрену, болатын нәрсе. Егер мен бұған бала күнімнен бастап үйренбеген болсам, мен өз өмірімде ең үлкен деген қателік жіберген болар едім.

ЛОГИКА КЕЗЕҢІ БАСТАЛДЫ

Адам шектеулер қыспағында өмір сүреді. Келесі сәтте ол жарақат алып немесе біреу оның жүрегін жаралайтынын адам қайдан білсін? Жалғыз шынайы қорғанысты Иса секілді әлемнің ерекше ұлылары тапқан. Осындай қорғанысқа ие болу және оны басқа адам тіршілігіне бере білуге қабілетті болу- жалғыз дұрыс азаттық және ең биік даналық.

Парыздар кезеңі өтті. Енді логика кезеңі басталды. Кез-келген оқиға алдында сіз түсініп болғанша, ақыл-ой көрегендігін көрсетуге тиіссіз; және сонда сіз адаспайтын боласыз. Барлығы да өзіндік себепке ие. Және осы талдау кезеңін сіз түсінуге тырмысыңыз. Жексенбілік мектепке баруына мәжбүрлеген бала осы сабақтардың барлығынан көп әсер алмайды, өйткені оған өзіне қаншалықты пайдалы екені дұрыстап айтылмаған. Мен Үндістанның бір христиан қауымындағы жексенбілік мектептерді көргенімді есіме алып отырамын. Онда ыждағатты оқудың орнына айқай-шу мен мазасыздық көп болды. Балалар бұл сабақтан қандай білім алып жатқандарын өздері де түсінеді.

Заманауи дін өмірден бөлінді. Ол жексенбілік таңның орнатылған тәртібіне айналды: аздаған дұға, аздаған діни ән салу және уағыздар; осымен аптаның қалған күндері бітеді. Келесі күнделікті өмірлерінде сезімдеріне ерік беріп отбасының шырқын бұзып, орынсыз іс-әрекеттерге бой алдырып, қолынан келгенше түрлі қулықтарға барып, басқаны алдап, өздерінің дұшпандарын өлтіріп жатады. Діннің шын мәні бұрмаланып, өзінің бастапқы дұрыстығы мен түпкі мағынасы ұмытылған.

Дінді тәжірибелік жеке қажеттілік ретінде сезіну керек. Қасиетті кітаптар немесе тақуалар бізге бір нәрсені жасамауға кеңес берсе, логиканы пайдаланыңыз, сонда мұны жасау сіздің қызығушылығыңызда емес екенін түсінесіз. Мысалы, «Зинақорлық жасама» Неліктен? Өйткені көп машақат осы пәрменді жасампаз күшті дұрыс қолданбағандықтан болып жатады. Осы қасиетті қабілетті теріс пайдалану жүйке жүйесі мен жалпы денсаулыққа кесірін тигізеді. Екіншіден, эмоционалдық шиеленіс сезім орталығы болып табылатын жүрекке зиянын тигізеді. Адам ешқашан басқа адамның жүрегімен ойнауға тиісті емес.

Қалауыңыз сіздің өмір бойына бірге болатын адам екеніне көз жеткізбестен некеге отыру ақылғы сыйымсыз және қатал қылық. Егер түк шықпайтын болса, ажырасып кетерміз деген оймен ешқашан некеге отырмаңыз. Адамдар некеге отырып, бірнеше ай немесе жыл өткен соң некені бұзуды қалайтын болса, онда, олардың арасында біріктіретіндей шынайы махаббаттың болмағаны, араларында махаббатсыз, тез жалықтыратын секс қана болған. Егер неке махаббат пен жоғары принциптерге емес, сезім ләззатына негізделсе, онда мұндай өзара қарым-қатынас зинақорлық болып саналады, ақыр соңында қайғыға ұшыратып тынады. Егер ері мен әйелінің арасындағы сексуалдық қатынаста махаббат болмаса, бірте-бірте олар басқа сексуалдық қатынас іздейтін болады. Мұндай қателіктерді некеге тұрмай тұрып көрегенді түрде қолданса, болдырмауға болады. Сондықтан, отбасын құрарда сан түрлі қателіктер жібермейтіндей етіп отбасының маңызы мен бірлігі жоғары болуын қадағалауыңыз керек.

Құдайшыл махаббаттан бақытты қанағат табыңыз

Ері мен әйелінің арасындағы сенім мен махаббат бірте-бірте ақылды шектеуден босатады да, сексуалдық қатынастары құдайшыл махаббат деңгейіне көтеріледі. Құдайшыл махаббат секстен асып өссе, бұл жоғары махаббат жыныстық ынтықтықты тамаша адам қатынасына өзгертеді. Жалғыз ғана сексуалдық қанағат жүрекке қуаныш әкеле алмайды; нағыз махаббатсыз жүрек бос күйде қалады. Бірақ егер әйел мен еркек некеде жандарына жағатын шынайы махаббатты бөліссе, олар бақытты қанағатқа ие болады.

Біреулер Құдайға деген мүлтіксіз махаббатты табады, тіпті жоғары дәрежеде. Иса үйленбеген. Көптеген ұлы тақуалар үйленбеген, өйткені олар нағыз шаттықты Құдайдан тапқан. Бақыт ең биік мақсат екенін түсініп, бақытты Құдайдан іздесе, олар даналық жолымен жүреді деген сөз.

Адами тіршілік бұл әлемдегі мыңдаған ақаудың себебі болып табылады, бірақ, дегенмен, адамға күнәкар ретінде қарау маған ұнамайды. Одан да ол адасты деген үйлесімдірек. Адасқан адамды жаман қылықтарға итермелейтін сезім. Сезіміңізге өзіңізді матап тастауына мүмкіндік бермеңіз. Денсаулық пен тыныштық кетпей тұрып, оларды теріс пайдаланғанда не ұтамыз? Бұлай жасамауға сізге көмектесу үшін , дін өзін-өзі бақылау мен ұстамдылықтың мәңгі принциптерін үйретеді, олардың көмегімен сіз жыныстық инстинкті жеңе аласыз. Мысал үшін, дәм сезімін алайық. Сіз неліктен ашкөздікке орын бермеуіңіз керек? Өйткені артық тамақ жеу сізге зиян келтіреді. Кей адамдар алдында ас тұрса болды, іше береді; бірақ қай ауру да тамақты артық жегеннен және тамақтануда жаман әдеттерді қолданғаннан болады.

Зұлымдық бумерангтың өзі

Қазір мен сіздерге себептерін түсіндіретін Санкья философиясы туралы айтамын. Мен сізге тек жексенбі күндері емес, күнделікті өмірде дін заңдарына сүйену қажеттілігін көрсетемін.

Неліктен басқа адамға өтірік айғақ болуға болмайды? Өйткені ол екіжүзділік қатынасты тудырады. Опасыздық Құдай алдындағы ең үлкен күнә. Жеке бастың пайдасы үшін немесе жазалау үшін біреу туралы жалған сөйлеу өз жанына жала жапқанмен тең. Егер кезкелген адам айналасындағылармен шынайы болмаса, сонда қандай абыржу болған болар еді!». Айталық, сіз біреуге өзіңіздің медитация жасағалы жатқаныңызды айттыңыз делік, бірақ, оның орнына, оған қандай болмасын зиян келтіру үшін сіз сол жерден қашып кетуге дайын тұрсыз; бұл ең жаман формадағы опасыздық пен екіжүзділік. Жәбірленушіні қолдау мақсатында біреуге қарсы жалған айып тағу, яғни оның жаман қылығына бірге қатысқанмен бірдей. Бұл ішкі эмоционалдық және ақыл-ой дау-дамайының себебі болады. Сіз осы дау-дамайдан уақытша болса да, арылсаңыз, ақыр соңында, бұл өзіңізге қарсы айналып, жан қасіретіңіздің себебі болады.

Басқа адамның меншігін қалау да өзіңізге қасірет төндіргенмен бірдей, өйткені сіз өзіңіз жасап отырған қылықты өзіңізге де тартып аласыз. Махаббат пен мейірімділік сыйласаңыз, сол махаббат пен мейірімділікке ие боласыз. Бірақ ашкөздікті, менмендікті, қызғаншақтықты шақырсаңыз, сіз соларды да өзіңізге тез жақындатып аласыз.

Сіз неге ұрламауға тиіссіз? Ойланып көріңіз, егер бүкіл адам ұрлықшы болса, бұл әлем не нәрсеге ұқсар еді. Меншігін қорғап қалып, ұрланған заттарын қайтару үшін аяусыз айқастар мен қылмыстар күшейер еді. Ұрлық- бұл басқа адамның құқығынан айыратын анти-әлеуметтік қылық. Ол дүниенің мәңгі заңдарына қарсы. Қоғамда да қылмыскерлерді құрту үшін тиісті құрал мен білік жоқ. Ұрыларды түрмеге отырғызғанда, олар өздерінің жаман қылықтарын қатайтып, басқа қылмыскерлерден қылмыстың жаңа түрлерін үйренеді. Егер бұлай болатын болса, онда олар түрмеден бұрынғысынан бетер болып шығады.

ПІКІРДЕН ҚАТЕЛЕСУ СІЗДІ ЖАМАН ҚЫЛЫҚ ЖАСАУҒА МӘЖБҮРЛЕЙДІ

Шәкірттерімнің бірінің баласы, бозбаланы ұрлық жасағаны үшін түрмеге жабады. Оның жағдайын білуге келгенімде, ол жиіркенішті түрде: «О, тағы бір уағыз айтушы. Маған уағыз оқи беруіңізге болады»,-деді.

«Соншама бұлай сенімді болма», «Біз тек жәй ғана әңгімелессек болмай ма?»,-дедім.

Ол «жарайды»,-деп жауап берді. «Мен саған осы оқиға бойынша өз нұсқамды айтайын. Менің әкем бай болды. Ал басқа адам құлығын асыра, бүкіл ақшасын алып кетті. Мен сол адамға барып, одан менің отбасыма көмектесуін сұрадым. Ол өзінің шынымен де әкемнің ақшасын «ұрлағанын» білді; солай болғанның өзінде, ол маған көмек те, жұмыс та бермеді. Сонда мен мұндай «әділ» қоғамның бөлшегі болғым келмейтінін білдім. Екі апта өткен соң мен он жеті рет ұрлық жасадым. Бірақ әрбір тонау барлығын кейін қайтарып беру ниетінде жасалған болатын. Міне, сондықтан да өзісіммен нағыз зұлымдық жасамадым деп есептеймін».

Мен «Жақсы, онда бір бөлмеде отырған жиырма адамның біреуі медитация жасайтынын, екіншісі музыкада ойнаймын деп, үшіншісі өлең оқимын десе, келесісі жазатынын айтады, ал тағы біреуі ұйықтайтынын айтса, солай, қалғандары әрқайсына кедергі болады. Сонда сол адамдар өздерінің қалаған ісін табысты орындай ала ма?»,-дедім.

Жас жігіт: «Жоқ»,-деп жауап берді.

«Сенің жағдайыңа ұқсас жағдайлар көп», -дедім мен сөзімді жалғастыра, «бірақ егер мұқтаж болған адам өзіне қажетті алу үшін тонай бастаса, онда не болады? Сенің ақталуларыңа қарағанда, сенің қылықтарың соншалықты жаман болып көрінбейді. Бірақ олар, сөз жоқ, болмыстың негізгі заңдарының тұрғысынан алғанда жаман қылық». Бұл сөздер оған әсер еткендей болды. Мен сөзімді жалғастырып:

«Сенің отбасыңа қолдау көрсетуді көздегенің абыройлы іс. Бірақ, сен жақсылық жасаймын деп, оларды көп қайғыға душар еттің. Өйткені, Сен қате әдістерді қолданып, сәтсіздікке ұшырадың».

Ол жылап жіберді. Соңынан, ол шартты түрде соттан ақталып шықты.

Сонымен, сіз пайымдауда қателесудің өзі бізді жаман қылықтар жасауға итермелейтінін көріп тұрсыз. Міне, сондықтан да даналық қажет. Даналықтан асқан пәк, неғұрлым таза ештеңе де жоқ.

ӘРБІР ЗАҢНЫҢ СЕБЕБІ

Әрбір құдайшыл тыйым өз негізіне ие. Санкхьяның міндеті осы негіздерді көрсету.

«Әкең мен анаңды құрметте» Неліктен? Әке мен ана Құдай өкілдері болып табылады. Олар Қасиетті Әкенің бетпердесі. Әке мен ана образдарының артында тұрған қасиетті Әкені ешқашан ренжіте көрмеңіз. Оларды құрметтеңіз, өйткені Құдай сол жандардың бойында. Ол оларға сізге қарайласуды тапсырды. Бірақ, егер ата-ана баласын

Құдайдан безінуге және дұрыс жолдан бас тартуға мәжбүрлесе, онда басқа заң күшіне енеді. Бірде-бір ата-ана баласын Құдайды іздеп, ақиқатқа сүйенуден айнытуға құқылы емес. Бұл ата-анаға бағынбайтын жалғыз ғана жағдай; өйткені біз өзімізді ата-анамыз арқылы жақсы көретін Құдайға адалмыз.

«Өлтірме» Неге? Кейбіреулер мұны жануарларды да өлтіруге болмайды деп түсінеді. Басқалары, біз адамдарды өлтірмеуге тиіспіз деп айтады. Егер біз ешкімді өлтірмейтін ұстанымды қабылдасақ, онда біз ештеңе де жей алмайтын жағдайда боламыз, өйткені көкөністі азық ретінде қолданудың өзі өмірді тартып алғанмен бірдей. Өмірдің кез-келген түрлерін мәнсіз жою дұрыс емес, ал, әсіресе, оның адам мен жануарларда жоғары айқындалуы кезінде. Өмір Құдайдың бейнесі және біздің орынды құрметімізге лайық. «Өлтірме» бұл адамдарға қатысты, яғни адамдарды өлтірмеу деген сөз. Басқа адамның өмірін жою дұрыс емес, өйткені өзіңіз рахаттанып отырғандай тіршілік ету құқығын басқа адамнан тартып алу дұрыс емес. Сіз өзіңіз қимайтындай нәрсені басқадан тартып алуға тиісті емессіз. Адамда бар ең күшті махаббат адамның өз-өзіне деген махаббаты, демек, қателесе өлтіру, өзіңіз қатты жақсы көретін нәрсені басқадан тартып алумен тең. Екінші себебі адамның Құдайға ұқсап жаратылуында. Алла тағала бүкіл болмысты жаратушы Сіз Оның тек бір бөлігісіз, өмірді құра алмайсыз сондықтан Алла тағаланың жасаған өмірін бұзуға да сіздің айрықша құқыңыз жоқ. Ал үшінші себеп Құдай жер бетінде өзі жасаған жандар үшін, білім алатын өзінің өмір мектебін салды, егер сіз жаныңызға осы мектептен білім алуға мүмкіндік бермесеңіз, онда сіз дұрыс жасамаған болар едіңіз. Сіз адам өлтірген кезде, қоғам заңы мен Құдай заңын бұзған болып саналасыз.

Соғыс- бұл адам өлтіру. Ол Құдай принциптеріне қарама-қайшы. Сіз қаншама соғыс дін мен саясат үшін болғанын білесіз. Соғыс ешқашан барлық мәселелерді шешпейді. Бірінші дүниежүзілік соғыс барлық мәселені шешеді деп саналған болатын. Бірақ ол соғыс осы соғысқа қарағанда түкке тұрғысыз болып қалды. [4] Бұл соғыс крест жорықтары болады. Бұл әлем өзгерді, сіздер жақсы әлемді көретін боласыз. Бұл соғыс барлық қаналған халықтың бостандығының бастамасын білдіреді. Бірақ бұл соғыссыз да жүзеге асар еді.

Тарих шапағында патшалар мен көсемдер шайқас алаңында өз

---

[4] Екінші Дүниежүзілік соғыс

әскерлерімен бірге жүрген; бірақ біздің заманымызда халық соғысады деп шешкендер тылда қауіпсіздікте қалады. Енді келесіде биліктегілер соғыс туралы айтса, бүкіл халық бірігіп, өз көсемдерін алғы шепке жіберер еді. Оларға шайқас алаңы мен күшті қару беріңіз, сонда бір күннен соң соғыс та аяқталады.

Қандай адам өз бауырына қару кезеңгісі келеді? Сонда да, ол соғысып, басқа елде тұратын адамдарды қыруда, өйткені олар өзінің бауырлары екенін түсінбейді. Кез-келген адам бала күнінен бастап барлығымыз да бір Әкенің балалары екенімізді біліп өсуі керек. Егер біз басқаларды жақсы көруге үйренсек, олар да бізді жақсы көруге үйренетін болады.

Бір адам қылышпен қаруланса, оның көршісі мылтықпен қаруланады. Біріншісі қолына мылтық алса, оның көршісі пулемет алады. Адам неғұрлым пәрменді және қатулы адам өлтіру тәсілдерін ойлап табуда. Соғысқұмар халықтар шайқастар жүргізе отырып, өздерін қырып-жоюда, және бұл әділеттілік Құдайшыл әділеттілік бұл кереғарлықты шешеді. Ақылға сыймайтындай, тиісті жазалау өлшемін, яғни міндетті түрде адам өзі қалаған жаза түрі емес, қандай болуға тиісті жазалауды анықтайтын Құдай заңдары болады.

Нағыз қару: бұл Бейбітшілік пен Махаббат

Әрине, әділетті соғыс пен басып алу соғысының арасында айырмашылық бар, бірақ бүкіл халық қару-жарақтарын ысырып қойып, «Енді барлығымыз жиналып, барлық мәселелерімізді бейбіт түрде шешейік» дер болса, анағұрлым жақсы болар еді. Біріккен ниеттесу мен әріптестік арқылы әрбір халық өзі мұқтаж болған нәрсеге қол жеткізеді. Иса нағыз қару: ол бейбітшілік пен махаббат деп айтқан болатын. Және осы қару келуге тиіс. Адам өзінің қате тәрбиесінде қаншалықты терең адасатыны маңызды емес, бір күні ол мәңгі ақиқатқа оралуға тиіс болады.

Қоғам әлі де мәңгі ақиқат пен олардың өмірге абсолюттік қажеттілігін игермегені өкінішті. Патанаджали афоризмдері көрсеткендей, бұл әділеттілік заңдары тек шіркеу үшін ғана емес. Саясат, қоғамдық өмір, өнегелі өмір, рухани өмір барлығы да құдайшыл заңдарға бағынуға тиісті. Мен діннің мәңгі парыздарының әрқайсысын саралап көрдім. Олардың барлығы да бақыттың жоғарғы заңдары болып табылады.

Дұрыс тәртіп принциптеріне, сонымен қатар дұрыс тәртіп себептеріне бала өміріне *басынан* бастап бағыт беру үшін үйде, мектепте, жексенбілік мектептерде оқытылуы тиіс. Біздің Үндістандағы тақуаларымыз балаларды дін жолына, йога жолына үш жастан бастап бағыттау қажет екенін, өйткені әдеттер осы жаста қалыптаса бастайтынын айтады.

ШЫНАЙЫ ГУРУҒА БАҒЫНУ- ДАНАЛЫҚҚА АПАРАР ЕҢ СЕНІМДІ ЖОЛ

Надандық адам баласының қас дұшпаны. Міне, сондықтан да, білімді өзі басқарып, басқа адамдарды білімге бағыттау ең үлкен даналық болып саналады. Мен өзімді қоршап отырғандардың барлығына өз сөздерімді өлшеместен сөйлеймін. Егер олардың қылықтарынан қателік көретін болсам, мен оны дер кезінде айтып отырамын. Бірақ басқалардың себептерін елемей көрген емеспін.

Гуруға бағыну Құдайды іздеуші үшін ең сенімді жол. Ұстазым (Свами Шри Юктешвар) алдымен маған не істеу керек екенін айтты, ал соңынан себептерін келтірді. Мен оның өз даналығында қателеспейтінін түсіндім. Оны тыңдай отырып, мен көптеген адасулар мен бір өзім болып ақиқатты табу талпынысымнан босадым. Гуру-Ақиқатты таныған жан. Ол өмірдің қараңғы орманындағы жетекші болып табылады. Егер оның соңынан ерер болсаңыз, ол сізді қараңғылықтан алып шығады. Егер жалғыз жүріп жол табуды ойласаңыз, сіз орманда адасып жүре бересіз. Сондықтан да гуруға ілесіңіз, сонда ол сізді осы орманнан алып шығады.

Нысаншылық пен қасаң қағидалар дінді басқаруға тиісті емес. Дін себепке негізделуі тиіс, ал себепті Санкхья ілімі анықтайды. Адасқан ұл секілді, біз Құдайды жәйіне қалдырдық, және біз өз жанымызды Онымен қауыштыруымыз керек. Жанның Құдайшыл Рухпен қауышуы дегеніміз Йога- әрбір адам іздейтін осы керемет бақытпен қауышу. Бұл тамаша анықтама емес пе? Рухтың мәңгі жаңа Шаттығында өздеріңіз бастан кешіріп отырған қуаныштың барлық басқа бақыттан артық екеніне және ешкім де сізді сол жолдан тайдыра алмайтынына көз жеткізесіз.

Егер сіз өзіңізді діни адам деп есептеп, бірақ Құдайдың әмірімен өмір сүрмесеңіз, сіз ояунуңыз керек. Шынайы емес болуға болмайды. Діни өмірді бастаудың ең қолайлы уақыты –біздің жас және дēніміз сау шағымыз. Егер сізге өмір сүруге аз-ақ уақыт қалған болса, сізге күш сала еңбектену қажет. Ал егер алда әлі де ұзақ өмір тұрса, онда осы алтын уақытыңызды текке жойып алмай, мүмкіндікті пайдалану керек.

Сіздер барлығыңыз да жер бетінде жалғызсыз. Және Құдайшыл Рухтан басқа ешкімге де міндетті емессіз. Бүкіл адами қатынастар Құдайшыл Әке махаббаты болғандықтан шынайы болып табылады. Ол өзіңіздің ең жақын туысым деп санайтын адамдарға қарағанда, әлдеқайда сіз үшін көбірек қам жейді. Бірақ Дүние Билеушісінде бір ғана нәрсе жоқ, ол сіздің махаббатыңыз екені есіңізде болсын. Ол бүкіл кейіптер бойына әрбір адам үйіне аман-есен оралып, «Әке, мен жолдан тайдым. Мен қателіктерге ұрындым; бірақ кез-келген тілек ағыны Сенің ұлы шадыман мұхитыңа әкелетінін енді түсіндім»,- деп айтқанын күтеді.

Мен осыны түсінген кезде қандай ләззатты сезгенімді білсеңіз ғой: «Мен бала кезімде әкем мені қарап жүреді, анам маған қамқор болады, әпкем мені әр нәрседен сақтандырып жүреді, ал ағам мені қорғап жүреді деп ойлайтынмын; бірақ мен өзімнің ұйқымнан оянып, «Тек Сен ғана, шын мәнісінде осы өмірде маған бағыт беретін. Бұл Сенсің жалғызым, мен талпынып, іздеп отырған, О Құдайым» дегенді қуана айтатын болдым.

Қымбаттыларым менің, сіздің ұйқыңыз, міндеттеріңіз, мақсатыңыз менікінен өзгеше деген оймен сағымға ие болып жүрмеңіз. Біз бәріміз де сол, Құдай болып саналатын құдайшыл бағытқа жетуді көздейміз.

Рухани сананың көптүрлілігі

*Өзіндік таным қоғамының халықаралық штаб-пәтері, Лос-Анджелес,
Калифорния, 1-ші және 3-ші тамыз, 1934 жыл*

Рухани сана шексіз; ол адам санасының біз ие болып отырған
бүкіл шегін сыйдырады.

Сана өз мәнінде әрдайым бейкүнә. Ол барлық әрекеттерде,
жақсыда да, жаман әрекеттерде де бірге болғанымен, сол пәк, дақ
түспеген күйінде қалады. Қылыш гүлді кесіп өтсе, беткі жағы лас
болып қалуы мүмкін, бірақ сол күйінде өзгерместен қалады. Сана
да сол секілді. Жазықсыз адамды өлтіру үшін қолданылған қылыш
зұлымдықпен мойындалады. Ал қас жауын өлтіру үшін қолданылған
қылыш мейірімді іс жасаушы ретінде құрметке ие болады. Осы
тұрғыдан алғанда, сана жақсы іс үшін пайдаланылса, оны рухани деп
атайды, ал жаман қылықтарға пайдаланса, оны жауыз деп атайды.

Өзеннің қайнар бастауына ие болғаны секілді, сана өзені де
өзінің қайнар көзіне ие. Ол Құдай жаратқанның барлығынан тыс
Ғарыштық Санадан, Құдай санасынан басталады. Ғарыштық Сана
материя өрісіне –Дүниенің планеталары мен «аралдарынан» және
өсімдік пен жануарлардың түрлі формаларынан және адам өмірінен
тұратын әрбір атомға баса көктеп енген кездегі Сана жоғары сана
болып табылады. Жоғары сана ой көріністерінің өрісіне енгенде, ол
соқыр сезім деп аталады. Соқыр сезім адам өмірінің бұлшық ет және
сансорлық фазасына кіргенде, оны адами немесе сергектік сана деп
атайды. Сергектік санасы сезімге және материалдық әлем заттарына
жанасқанда, оны пенде санасы деп атайды, және ол өзіне немесе
басқаларға зиян келтіру үшін қолданылса, оны арам сана деп атайды.
Ал оны мейірімді істер жасау үшін және Құдаймен үндестікті құру
үшін пайдаланса, онда оны рухани сана деп атайды.

Ғарыштық Сананың Рухтан тәнге және біздің материалдық, рухани
талпыныстарымызға төмен түсіп, адам санасына енуін жүзеге асырып
отыратын сатылар осындай. Осылайша, Ғарыштық Сана физикалық

және сыртқы әлемге енгендіктен, материалдық болады. Біздің жанымыз өзінің Қасиетті Рухтағы қайнар көзінен алыстап, осы сана өзенімен жүзіп келе жатып, қасірет жартасына тап болып, апатқа ұшырағандай. Осы сана ағынында эволюциялық төмен түсетін қозғалысты тоқтатудың жалғыз ғана әдісі ағынға қарсы, кейін Қасиетті Рухтағы қайнар бастауға қарай кері жүзу. Неғұрлым алысқа, төмен ағатын сана ағынымен пендеге тән бейімділікке қарсы жүзгендер материалдық санаға ие деп айтады. Ал ағынмен жоғары қарай қайнар бастауға, Қасиетті Рухқа қарай жүзгендер туралы рухани санаға ие деп айтады.

Арагідік адам ойы мен санасы өзгеруі мүмкін. Бұл өзгеріс қайырымдылық жағына қарай жоғарыға бағыт алу, әлде төменге, материалдық әлемге бет алу болуы мүмкін. Бұл бағыт қай жағына қарай болса да, отбасында, халықта немесе тұтастай қоғамда әрбір индивидуумдағыдай басым болуы мүмкін. Өйткені, бөлек адам жаратылысы сананың түрлі сатыларынан өткеніндей, олар арқылы да, бірлесе отбасылар, халықтар және қоғам өтеді. Үндістанда оның гүлдену кезеңінде материалдық интеллект пен руханилықтың жоғары деңгейі болды. Америка қазір мәнді нәтижеге қол жеткізіп, рухани дамуға қадам басуда.

Үндістан жер бетіндегі басқа халықтарға қарағанда руханилық ғылымында неғұрлым ілгері жылжыған. Оның рухани дамуын Өзіндік таным Қоғамына кіретін тақуалар арқылы көруге болады. Махатма Гандидің өзі неге тұрады: бұл қарапайым адам Британ Империясын Сіз ұлы рухани күштің миллионмен немесе қылышпен билеушінің артында емес, Ақиқат сөзбен, Ақиқат өмірмен билеушінің артында тұрғанын түсінуіңіз керек деп шындыққа еріксіз көндірді.

Ұлт немесе адам туралы нағыз рухани ақиқат өмір және ғарыштық заңдармен біріге өмір сүру өнері секілді бір-бірінен өзгеше, және неғұрлым күшті байланыс және Құдай мен Қасиетті Рухқа құдайшыл тартылу секілді. Мұндай рухани даму діни идеяларды сіңіру жолымен емес, сол діни негізде жатқан ақиқатты игеру жолы арқылы өтеді. Қасаң қағида қабығы мен ақиқат өнімінен теория қабығын шеше білуге үйренген дұрыс.

АҚИҚАТ ДЕГЕНІМІЗ НЕ?

Өзіндік таным қоғамының ерекше өзгешелігі оның ақиқатты шынайы өмір тәжірибесі арқылы тануға үйрететіндігінде. Ақиқаттар сіз үшін оларды іштей ұғынбайынша, ақиқат болып табылмайды. Ұғынусыз олар, бар болғаны идея ғана. Міне, сондықтан да, рухани даму басталмай тұрып, кей адамдар, кейбір халықтар секілді, үйреншікті: руханилықтың мәнін түсінбей тұрып, күмәнданады. Ол неліктен қажет? Ол мені шын мәнісінде бақытты ете ме? Ақиқат деген не? Күмәнді тек ұғыну арқылы қуып шығарады. Сондықтан да ақиқатты сынаудың ең күшті зертханасы сіздің жеке Өзіндік танымыңыз: рухани қабылдау мен рухани сана көмескі емес діни идеяларда емес, Өзіндік танымды игеруде жатыр. Жеке білім мен халық білімі сынақты осы критерий арқылы өтуі тиіс.

«Ақиқат» деген сөздің өзін теріс түсінгендіктен, ол сөз көп нәрсенің мағынасын білдіретін сөзге айналды, әсіресе, рухани түсініктерді көрсету мақсатында көбірек қолданылады. Күнделікті өмірде ақиқат деп бізді белгілі нәрселерді жасауға біреу бұйырғаннан емес, сол нәрселерді жасау дұрыс екендігін көрсететін рухани даналықпен бағытталатын сананы айтады.

Ақиқат бір адам немесе топ арқылы монополия орната алмайды. Әрбір адам өзінің жеке өмірінде өз ақиқатын айқындай алады. Ақиқатты айқындау әр түрлі болуы мүмкін, бірақ оның мәні өзгерместен, сол күйінде қалады. Оны қызыққұмар ететін де осы. Ақиқат шектелмейді. Ол мәңгі. Ол өзін қоғамның басым бөлігі қабылдап, не қабылдамайтынына қарамастан, ғарыш санасы арқылы, білімді адамдар арқылы көрсетеді. Әйтеуір, ғарыштық абсолюттік түсінік адамның пікірі немесе мақұлдауына байланысты болмағанының өзі қуантады.

РУХАНИ САНА ӨМІРДІ ТОЛЫҚҚАНДЫ ЕТІП ОТЫРҒАН БАРЛЫҚ ҚАҒИДАЛАРҒА БАҒЫНАДЫ

Рухани сана жоғары даналықты, ақиқатты бір нәрсені өзі немесе басқалар үшін жоғары деңгейде пайдалы етіп жасау үшін қолдануды тұспалдайды. Осы ой төңірегінде ойланып көріңіз. Ол өзіне басқа адамдарға риясыз көмек беруден, тиісті тәртіптен, гигиеналық және өмірдің басқа да міндеттерін орындаудан, барлық міндеттерді ұтымды орындаудан, материалдық және рухани міндеттерден, бір міндеттің екінші міндетке кереғар болуына мүмкіндік бермеуінен тұрады. Рухани сана өзін ойластырылған, үйлесімді өмір ретінде санап, бізге сіздердің, өз кезегінде басқамен бөлісетін шынайы ләззатты сыйлайтын ақиқаттың мүлтіксіз ішкі айқындалуы.

Еш қағидаға бағынбай, өмірді толыққанды ететін сана рухани сана болып табылмайды. Кей адамдар, мысалы, суретшілер, өнерге талпыныста басқа тәжірибелік және рухани міндеттерін ұмытып кетеді. Әрине, өнер сезімнің керемет көрінісі және рухани түсінік те бере алады; дегенмен, сол картинаны дүниеге әкелген адам рухани адам болмауы да мүмкін. Кереғар өмір сүру бір міндетті орындап, оны басқа міндеттерді орындамағанына ақталу үшін қолдану руханисыз өмір сүру деген сөз. Сіз аса дайындықпен өз міндеттеріңізді орындап, басқа бір міндетке өзіңіздің ішкі тыныштығыңыз бен бақытыңызды қапаландыруына жол бермей, өміріңізді тұрақсыз ететін міндеттеріңізге келіспеушілікке баруына мүмкіндік бермесеңіз, онда сіз шынайы рухани рахатқа батасыз. Сіздің ақылыңыз бен санаңыздың жалпы бағыты кейінге, қайнар бастауға, Құдайға бет алу. Рухани сана үйлесімді, тыныш тіршілікке жету үшін қол жеткізетін жоғары сананың өзі. Онсыз өмірде рухани тепе-теңдік, ләззатқа кенелу мүмкін емес. Кереғар өмір сүру, жан тепе-теңдігінен айырылу дегенді білдіреді, ал рухани тепе-теңдіктен айырылған өмір сүру бақытсыздыққа апарар жол.

ІШКІ ӘЛЕМ СЫРТҚЫ ӘЛЕМГЕ ҚАРСЫ

Сезім материалдық әлем санасының алғашқы себебі болып табылады. Қарапайым адам рухани әлемге қарағанда, материалдық әлем мен материалдық әлем заттарына неғұрлым бейім, өйткені оның сезімінің прожекторлары сыртқы әлемге бағытталған. Сыртқы бес сезімге сәйкес ішкі бес сезім бар. Бұлар сыртқы сезімдерден, яғни сезім мүшелерінен сезімді қабылдайды. Сезім дегеніміз табиғат көріністерін қабылдау қабылеті болып табылады. Бес сезім мүшелері арқылы соларға сәйкес көру, есту, иісті білу, дәмді білу, тері арқылы жылуды, қатты-жұмсақты сезініп қабылдайды. Ол бес прожекторды - көру, есту, иіс сезу, дәм сезу, сезінуді материялдық әлем заттары мен рахатына бағыттайды. Міне, сондықтан да, сыртқы әлемдегінің барлығы тамаша және жағымды болып көрінеді. Сіз прожекторлар қарама-қарсы жаққа бет алмай және жанда шоғырланбайынша ешқашан «ішкі әлемді» пайымдай алмайсыз. Тек сезімді басқаруды үйреніп, оларға өзіңізді еліктіруіне жол бермесеңіз, онда сіз рухани санамен рахаттана аласыз.

Сіз өз ақылыңызды ішкі дүниеге бағыттасаңыз, сіз ішкі әлемде сыртқы әлемге қарағанда кереметтің бәрі бар екенін түсіне бастайсыз. Егер сіз осы әлемнің музыкасын керемет деп санасаңыз, сіз астралдық музыканың одан да тартымды екенін білесіз. Салқын самалдың жанасқаны және жылы күннің көзінің түскені және басқа да берекелі түйсіктер сізге қалай рахат сыйласа, ішкі әлемде де, өз санаңызды бойлатқаныңызда, сіз тәннің ақыл-ой цереброспиналдық орталығында жоғары дәрежеде жағымды, нәзік түйсіктерді сезесіз. Осы дүниедегі бүкіл кереметтің бәрі астралдық әлемнің сәуле шашқан әсемдігінің дөрекі көшірмесі. Ешбір материалдық осы ішкі әлемнің тамаша көріністерімен тең келмейді. Рухани сана барлық материалдық әлем құбылыстарының негізінде жатқан даналық пен сұлулықтың астралдық қабылдауын береді.

Табиғат сұлулығы субұрқақ тәрізді. Сіз бұрқыраған суды көресіз де, су тамшыларының ішінен таңданарлықтай ештеңені көрмейсіз. Астралдық жарық пен әрбір атомның реңкі сөзбен айтып жеткізуге болмастай әдемі. Бұл сұлулық субұрқағында сіз таңдаулы ішкі сұлулықты емес, тек дөрекі сыртқы, табиғатқа осы сұлулықты сыйлап отырған Күшпен тең сұлулықты көресіз.

«О, Жалғызым,Құдайым, бәрі де сұлулықты Сенен алғандықтан да, сондай сұлу. Ай күліп, жұлдыздар жарқырайды, өйткені Сенің шеберлігің осы жерге сәулесін төгіп тұр. Сенің шеберлігің керемет болғандықтан да барлығы сондай сұлу. Сенсіз сұлулық та жоқ. О, Өлшеусіз Сұлулық, Сенің шеберлігің Сенен шығып жатқан сұлулықтан да керемет. Табиғат сұлулығы Саған жылжып келе жатқан Сенің сұлулығыңның теңізі ғана, О көзге көрінбейтін сұлулық Рухы!».

РУХАНИЛЫҚ БАҚЫЛАУҒА АЛЫНҒАН ТІРШІЛІК ҚАРЕКЕТІ АЛАҢЫН ҚАМТИДЫ

Рухани болу деген сөз қанатты періште болу деген сөз емес, бірақ Құдаймен байланыс орнатқан адам одан да күштірек болады. Сіз тек сезім санасымен байланыста болатын қарапайым адамға қарағанда, басқаша өмір сүруге тиіссіз. Рухани сана адам санасын толығымен жеңуден тұрады. Сонымен, руханилық тек медитацияны тұспалдамайды; ол бақылауға алынған тіршілік ету алаңын қамтиды. Дей тұрғанмен, медитация ең жақсы негіз бола алады. Бұл руханилыққа апарар ең ұлы, сананы рухани ететін ең қарапайым жол. Ол сіздің өміріңізге өзіңіз бір уақыттарда армандағанның бәрін де береді. Бірақ медитациямен айналысу, бір жағынан, ашулану да немесе мақсатсыз өмір сүру, екінші жағынан, қарама-қарсы жаққа бет алған екі қайыққа отыру секілді. Сізге медитациямен тек айналысып қана қоймай, өзіңізді ұстай білуге де үйрену керек. Рухани сананы игеру өзіңіз үшін ең жоғары қызығушылық болып табылатын нәрсені орындауға қабілетті болу деген мағынаны білдіреді. Мен адамдардың тоқсан тоғыз пайызы өздерінің игілігінің неден тұратынын білмейтініне бәс тіге аламын.

Тиісті тәртіпті жаманнан айыра білудің практикалық әдісі өзін-өзі бақылау және өзін-өзі сынаумен айналысудан тұрады. Әрбір адам ой күнделігін жүргізгені дұрыс. Ой күнделіктері басқа адамдардың әуестік нысаны болып табылатын физикалық күнделікке қарағанда әлдеқайда жақсырақ. Көп адамдар әдемі ойлар мен шешімдерін өз күнделіктеріне жазып алады да, тез арада ұмытып кетеді. Одан да өз ойларыңыз бен қылықтарыңызға үнемі бақылау жүргізетін ой күнделігін жүргізген дұрыс. Күні бойына белгілі бір уақытта өзіңіздің дене, ақыл-ой және рухани механизмдеріңізге қалай жұмыс жасайтынын көру үшін тексеру жүргізесіз. Бұл рухани сананы дамыту үшін пайдалы.

Тек жалғыз Құдай ғана сіздің ой күнделігіңізге қарай алатын болады. Егер сіз оны игілікті пайымдармен және тәртіппен толтырсаңыз, ол Көк Аспан Патшалығында сіздің төлқұжатыңыз болады. Сондықтан да өзіңіздің ой күнделігіңізге тек игіліктен тұратын нәрселерді енгізіңіз. Негативке құлақ түрмеңіз, негативтік нәрселер айтпаңыз, негативтік ниетте болмаңыз. Сіздің бірде-бір әрекетіңіз басқалардың негативін шақырмасын; басқаларға бумеранг секілді зиян келтіру, алдымен өзіңізге зиян келтіргеніңіз. Күнә ол өзіңе зиян келтірместен, алыста тұрып жарып жіберуге болатын динамит емес. Ол сіздің өз жаныңызда зарарсыздандырылуы тиіс.

Ешқашан арамдық жасамаңыз. Біреуге деген өкпе-назды ұмытыңыз. Мен шыдамсыз және қатігез мейірімді адамдарға қарағанда, жүрегі жұмсақ күнәқарды артық санаймын. Рухани болу шыдамды болу, түсініп, кешіре білу және кез-келген жанға дос бола білу.

Егер сіз кез-келген адамның досы болсаңыз, бұл шындық болуға тиіс. Егер сіз достықты ұсынатын болсаңыз, осы сөзіңізді тұспалдауыңыз керек. Сіз мейірімділікті немесе қызметтестікті сырттай көрсетіп, іштей кереғар сезімде болмауға тиіссіз. Рухани заң өте әрекетті заң. Ешқашан рухани принциптерге қарсы болмаңыз.

Дос бола отырып, басқаның ісіне араласпаңыз; өз орныңызды біліңіз; бірге қызмет етуге дайын екеніңізді қашан көрсету керек екенін, ал ерікті көрсетіп, бірге қызмет етуден қашан бас тарту керек екенін де біліңіз.

Егер сіз адамдарға өзіңіздің олардың досы екеніңізді сезінуге мәжбүрлесеңіз, егер олар сіздің көмек қолын созуға дайын тұрған дос екеніңізді білсе, онда бұл өмір үшін күшті стимул. Маған әрдайым сенім артатын гуруым, Шри Юктешвар: «Егер мен бір кездері жаман қылық жасасам, менің басымды өзіңнің тізеңе қой да, ұрсып ал» деген болатын. Оның құдайшыл достық тұспалдап отырған нәрсеге бойұсынуы мен мұратты түсінігі осындай болатын.

Мен Үндістанда өз мектебімде оқыған бір баланы есіме аламын; ол бір қиын бала болатын, сол баланы ата-анасы маған әкелді. Әдетте біз он екі жастан төмен қонақтарды ғана қабылдайтынбыз, ал ол сол жастан біршама үлкен болатын. Мен онымен аздап әңгімелестім. Оған мектеп есігінің ар жағында ешқандай тосқауыл жоқ екенін және қалаған уақытында кете алатынын айттым. Егер тек жақсы болуды қалайтын болса ғана мектепте қалатынын айттым. Мен оны: «Сен шылым шегуді қалайсың, ал ата-анаң оған қарсы. Сен ата-анаңды жеңе отырып, мақсатқа жеттің, бірақ сен өз бақытсыздығыңды жеңе алмадың. Сен өзіңнің жаман тәртібіңнің кесірінен ең бақытсыз адамға айналдың» деп сендірдім.

Менің жебем дөп тиген секілді. Ол жылап тұрып: «Олар маған әркез ұрса береді»,-деді.

Мен сөзімді жалғастырып: «Сен өзіңмен не істегеніңді ойла. Тыңда мені, мен сенің із кесушің емес, досың болған жағдайда ғана қабылдаймын. Қателіктеріңді дұрыстап болғанға дейін, мен сенің көмекшің боламын. Бірақ, егер маған жалған айтатын болсаң, мен сен үшін бармағымды да жыбырлатпаймын. Өтірік достықты бұзады» дедім. «Кез-келген уақытта, шылым шеккің келген кезде, мұны менің көзімнен тыс жасап жүрме, мен саған шылымды да беремін» дегенді және қостым.

Бір күні ол маған жақындап: «Мен сондай шылым шеккім келіп тұр» деді. Мен оған ақша бердім де, барып шылып сатып ал дедім. Ол менің сөздеріме сенер-сенбесін білмеді.

Ақшаңызды қайтып алыңыз»,- деді ол.

Мен оған бар десем де, ол барудан бас тартты. Ақыр соңында, осы «арқан тартыстан» соң ол «Сіз маған сенбейсіз ғой, бірақ мен енді темекі тартқым келмейді»,- деді. Ол бейкүнә адам болып шыға келді. Мен оның бойында рухани сананы оята білдім.

ЕСЕПКЕ АЛЫНАТЫН ШЫНАЙЫЛЫҚ ПЕН ЫНТА

Рухани сана нағыз мәңгі шаттық бағытында ағынмен жоғары қарай қозғалатын ішкі күш салу шынайылығынан тұрады. Көптеген адамдар мейірімділік ізімен келе жатқанын айтады, бірақ кейбіреулері ғана шын мәнісінде шынайы ынта қояды. Сізден тез арада періште болып шығуды ешкім де талап етпейді. Тек Абсолют қана мінсіз болғандықтан, біз Құдайдың алдында тіпті ең керемет деген періштенің өзі күнәкар болады деп айта аламыз. Бірақ тақуалар өз талпыныстарын тоқтатпаған күнәкарлар. Сіздің қиыншылықтарыңыз неден тұратыны маңызды емес, егер қазір берілмесеңіз, сіз өзіңіздің ағыныңызбен күресте табысқа жетесіз. Күресу дегеніміз, яғни Құдайдың тілектестігін жеңіп алу. Сіз осыған жоғары күш салуға тиіссіз. Өміріңізге ағынмен төмен қарай пассивті түрде жүзуіне жол бермеңіз.

Сіз Құдайды алдай алмайсыз, өйткені ол сіздің ойыңызды оқи алады. Ол рухани жетістікке жету үшін қаншалықты еңбектенгеніңізді өлшемейді; бұл жерде есепке алынатын сіздің ынтаңыз. Жаман карманың кейпі сіздің бойыңызда нешінші рет болғаны маңызды емес, егер сіздің құдайға сенушілігіңіз бен шынайылығыңыз өз санаңызға Құдай жарығын әкелетіндей жеткілікті түрде терең болса, жаман іске асулардың ауыртпалығының бүкіл қараңғылығы бірте-бірте жойылатын болады.

Сондықтан да, егер сіздің жарамсыз қылықтарыңыздың Атлантика мұхиты секілді терең болғаны маңызды емес, мейірімді адам болу үшін үнемі ақыл-ойға күш салыңыз. Бірнеше кейіптерге ену бойына сіз адам жаратылысы болдыңыз, бірақ мәңгілікке сіз Құдай баласысыз. Ешқашан өзіңіз туралы күнәкар ретінде ойламаңыз, сондықтан да, жарамсыз қылықтар мен мағлұматсыздық дегеніміз жердегі қорқынышты түстер ғана. Біз Құдайда оянған кезімізде,біз біздің жанымыз, таза сана ешқашан жаман іс жасамағанымызды білеміз. Жер өмір тәжірибесі арқылы бүлінбеген біздер мәңгілікке Құдай баласы болып қала береміз. Біз алтын мен ласқа ұқсаймыз: мағлұматсыздық кірі жуылған кезде Құдай образы бойынша жаратылған жанның жарқыраған алтыны көрінеді.

Рухани сана қатты ақыл-ой ниетінен болады. Бізді айнала қоршаған адамдардың өздерін қалай ұстайтыны, немесе сізге қатысты өзін қалай ұстайтыны маңызды емес, маңыздысы сіз өзіңіз мейірімді болуыңыз керек. Өзіңіздің ең қас дұшпаныңыз өзіңізсіз. Сіз мейірімді болу шешімін кейінге ысырып қоясыз. Кезінде, мен де кертартпа болғанмын, және медитациямен зейін қойып айналыса алмай, көп айларды текке өткізіп алдым. Сонда да мен ақыл-ой күш әрекетін жалғастырдым. Алға басу кенет өзімнің әдеттерімді басқарып, руханилығымды нығайтуда неғұрлым қайтпас болу керек екенімді түсінісімен басталды. Осы секілді, сіз де өз тәртібіңіз бен санаңызды бақылауға ала аласыз. Рухани санаңызға қарама-қайшы нәрсені емес, өзіңіз жасауға тиіс, дұрыс нәрсені жасаңыз.

МАТЕРИАЛДЫҚ ЖӘНЕ РУХАНИ САНАНЫҢ ҚАРАМА-ҚАЙШЫЛЫҒЫ

Рухани және материалдық сана өздерінің әрекеті бойынша бір-біріне қарама-қайшы болып келеді. Сіз өзіңізді қандай санаға толы екеніңізді сынап көруге болады, яғни, материалдық па, әлде рухани ма. Рухани сана бізге өз бақытымыз бен гүлденуімізді және басқалардың бақыты мен гүлденуін қосуды бұйырады. Материалдық сана бізге кез-келген әдіспен ақша жасау, және оларды өздері үшін сақтап қою керек екенін айтады. Бұл күйзеліс[1] өз бастауын материалдық санадан алады. Материалдық сана алма мен тәтті тоқашты өзіңізге жеуге бұйырады. Рухани сана болса, оны басқамен бөлісу керек екенін айтады.

Егер біреу-міреу сіздің ашуыңызды шақырса, сіз материалдық санада болатыныңызды біліңіз. Тіпті сізге жамандық жасағанның өзінде, сіз кешірімді болыңыз. Кешірген кезде сіз рухани жағдайда боласыз. Кешіру, сіздің дұшпаныңызға жақсы түсінікке жету мүмкіндігін беру дегенді тұспалдайды. Егер сіз кекшіл немесе ашушаң болсаңыз, сіз өзіңізді ренжіткен адамды одан да ашулы етіп аласыз. Сіз дұшпаныңызды одан сайын көбейтесіз, өйткені ашуға мінген адам басқалар үшін де нысана болады. Одан басқа, өзіңіз ренжулі күйде барлығын бұрыс түсінетін жағдайда боласыз. Сіз өзіңіздің жаман сезімдеріңізді өз ашуыңыз бен қате пікірлеріңіздің

---

[1] 1929 жылы басталған Ұлы күйзеліске сілтеме

жалынды жылуыңызбен қатайтасыз. Ашуға өзіңізді бақылауына мүмкіндік бермеңіз. Егер сізде сондай бейімділік бар болса, оны жойыңыз. Бұл руханилықты қиратататын жаман қасиеттердің бірі. Өз игілігіңіз үшін соншама ашуға мінудің қажеті жоқ екенін біліңіз. Сіздің тыныштығыңыз үшін ашу қиратқыш. Өзіңіздің ішкі термометріңіздің көтерілуіне жол бермеңіз. Ішіңізден сабыр сақтаған күйде қалыңыз. Ашуды іштен бақылаңыз. Өз жүрегіңізде оған деген орын болмасын.

Материалды ашу қисынсыз; рухани сана барлығымен де келісімде бола алады. Өзіңіз мейірімді болу үшін күш салып көріңіз, сонда басқалардың да мейірімді болуына автоматты түрде ықпал етіп отырғаныңызды көресіз. Бұл рухани сананың өзі болып табылады. Сөздеріңіз де, ойларыңыз да жүрекжарды болсын. Бала кезімнен бастап мен қасақана мейірімсіз болып көрген емеспін. Сонымен қатар сыншыл да болмаңыз. Адамдар басқаларға шағым айтқан кездерінде, олар, дұрысында, жақтырмаушылықты бастан кешіреді. Иса: «Құдай өздеріңе үкім шығармас үшін сендер басқаларға үкім айтпаңдар!»[2] деген екен. Егер біреуді сөз еткіңіз келсе, өзіңізді сөз етіңіз. Егер біреудің қателігі туралы айтқыңыз келсе, өзіңіздің жеке басыңыздың қателіктері туралы айтыңыз. Жүрегіңізде адамдарға деген тек махаббат қана болсын. Адамдар бойынан жақсылықты неғұрлым көп көретін болсаңыз, өзіңіздің бойыңызға жақсылықты соғұрлым көп жинайсыз. Өзіңіздің бойыңызда мейірімділік санасын қолданыз. Адамдарды жақсы ете білу үшін, олардың бойынан мейірімділікті көре білген дұрыс. Оларға тиіспеңіз. Сабырлылықты, салмақтылықты сақтап, әрдайым өзіңізді ұстай біліңіз. Сонда адамдармен қалай тіл табысуға болатынын өзіңіз де көретін боласыз.

Адамдарға қатысты жағдайда мен оптимистпін, өйткені мен оларды жақсы көремін. Сіз кез-келген адамды жақсы көргеніңізде, сіз сол адамдардың бойынан Құдайды көресіз. Егер сіз әрбір адам Құдайдың айқындалуы екенін білсеңіз, онда оларға ренжіп, жаман көзқараста болу Құдайға жаман көзқараста болу деген мағынаны білдіреді. Егер сіз ренжіп немесе басқаның қайғысына ортасқтаспайтын болсаңыз, сіз өз жаныңыз бен басқа адамдардың жандарының арасына қалқан қойған болып табыласыз.

Менсінбеушілік пен өркөкіректік рухани қасиетке жатпайды.

---

[2] Матай 7:1

Олар толыққанды емес жиынтықтан туындайды. Қараңызшы, мен осы ашрамда аспазшы болып қызмет етемін, және маған біреу болмашы кеңес берген кезде, мен мұның бәрін де өзім білетінімді айтсам, бұл адам жанын қорлаған өркөкіректік болмай ма? Өркөкірек адам өз білімінің тапшылығын, сонымен қатар өзінің әдеттен жұрдай екенін көрсетеді. Егер жағымды пікір қалыптастырғыңыз келсе, өркөкіректік пен менмендігіңізді көрсете, толыққанды емес сезіміңізді айқындаудың қажеті не? Бұл тәрбие мен зиялылығыңыздың, сонымен қатар бақылауға алынбаған мінезіңіздің жоқтығын көрсетеді. Өркөкіректік пен менсінбеушілік дегеніміз надандық формасын олардың өресіздік жағдайындағы рухани емес әдеттерді көрсетеді.

СІЗДІҢ ИГІЛІГІҢІЗ РУХАНИ САНАДАН ТҰРАДЫ

Өз игілігіңіздің неден тұратынын біліңіз. Қай жерде болсаңыз да, міндеттеріңіз қандай болғанның өзінде де, сіздің бақытыңыз Өзіндік таным сабақтары арқылы алған түсініктермен үйлесімдікте өмір сүруден тұруға тиіс. Мейірімділік пен зұлымдық адамның жаратылысы болып табылмайды, бірақ рақымшылық пен көргенсіздік адам арқылы жасалады. Олар сіздің мейірімділік пен зұлымдықты қабылдаудың нәтижесі болып табылады. Рухани санада сіздің санаңыз тұтастай алғанда, сіздің кемшіліктеріңізге тәуелді емес, олар мейірімділікке Құдайға бет алған. Осы қарапайым қағидалар есіңізде болсын:

Өз сезіміңізді бақылауға алыңыз. Медитация кезінде осы бес прожекторды ақыл-ой әлеміне бұрыңыз. Осы ішкі дүниенің тыныштығында сіз Сұлулық пен Ләззатты материалдық қиялдау шегінен тыс Құдай екенін түсінесіз. Сезімдер шаттық туралы өзінің берген уәдесін орындамайды. Егер бұл дүниеде сізде қажеттінің барлығы да бар болса, сіз әлі де бір нәрсеге мұқтаж адам секілді болып көрінесіз, сонда сіздің шаттығыңыз өзіңіздің сезім кернеген меншігіңіздің құлы болады. Шаттық пен бостандықтың үстінде болу үшін, дүниенің қызығынан баз кешу, яғни сезімінің қожайыны бола білетін және меншікке аса тым көңіл бөлмейтін адам болуға тиіссіз. Шынайы түрде дүниенің қызығынан баз кешу заттық санадан рухани сана үшін безіну дегенді тұспалдайды. Рухани сана заттық сананы шығарып тастамайды, керісінше, оны қосады, өйткені рухани сананы игеру өзіңізге шынайы және тұрақты шаттық әкелетін нәрсенің барлығына ие болу дегенді білдіреді.

Өз әдіттеріңіз ен тәртібіңізді бақылауға алыңыз. Рухани үйлесімдімтегі өмір, біздің индивидуумдағы, ашрамдағы, отбасындағы өмір, халық пен қоғам өмірі туралы айтқанымызға қарамастан, үлгілі тәртіп және басқа адамдармен жүрекжарды түсіністік пен әріптестік қағидаларының саналы орындалуын талап етеді. Рухани үйлесімдіктің нормалары мен қағидалары материалдық әлемнің нормалары мен қағидаларына қарағанда әлдеқайда жоғары. Оларды қатаң түрде сақтаңыз. Өзіңіздің жеке төрешіңіз болып, өзіңізді трибуналға бере көрмеңіз. Және егер жаман әрекет жасап, өкім шығарсаңыз, дұрысталуға тырысыңыз. Олай болмаған жағдайда, сіздің зиянды әдеттеріңіз бен бұрыс тәртібіңіз бумеранг секілді өзіңізге қарсы бағытталатын болады. Немесе, бәрінен де болашақта жаман қылықтар жасамау үшін рухани санаңыздың ішкі дауысы арқылы өз қылықтарыңызға басшылық еткеніңіз жақсы.

Үйлесімді өмір сүріңіз. Яғни, материалдық және рухани міндеттерді басқарушы құдайшыл заңдармен үйлесімдікте өмір сүріңіз (бір міндетіңіздің екінші маңызды міндетке қарама-қайшы болуына мүмкіндік бермеңіз). Денсаулықпен (миллиондаған адамдар жақсы денсаулыққа мұқтаж, өйткені ауру Құдай арқылы берілмейді, оларды Құдай заңдарын бұза отырып, адамдар өздері қалыптастарады); өсіп-өркендеумен (басқа адамдарды өзіңіздің жеке игілігіңізге қосыңыз) және адами өзара қарым-қатынаспен үйлесімдікте болу қажет. Махаббатыңызды барлығына сыйлаңыз. Бүкіл адамдарды өз жүрегіңізге жіберіңіз, және олар да сізді жүректеріне сыйдырсын. Сіз бүкіл адамдар жүрегінің тағында олардың махаббатымен билік етіп және оларға мейірімділікке күшпен емес, махаббат арқылы қозғау салып, патшалық құратын боласыз.

Ақыл-парасат: шексіз мүмкіндіктердің кең орны

Өзіндік таным қоғамының халықаралық штаб-пәтері, Лос-Анджелес, Калифорния, 12-ші қазан 1939 жыл

Батыс шіркеулерінің көзқарасынша, Құдайды тану кітап білімі арқылы мүмкін екенін білдіреді екен. Бірақ бұл көзқарастың кемшін тұсы кез-келген ілімнің практикалық та, теориялық аспектісі болу керектігінен тұрады. Сіз қандай да бір ақыл-ой идеясын кітаптан оқыған тарих арқылы ала аласыз, бірақ оның күнделікті өмір үшін практикалық құндылығының неден тұратынын әлі де біле түсу қажет. Пайымның бір ғана Құдай туралы теориямен қанағаттанатыны жиі кездеседі. Тәңірдің пайда болуы туралы тарих таңғаларлық және керемет; бірақ Сөз жетпес шаттықты шынымен қабылдау одан асқан таңғаларлық және керемет. Мен тек өз басымнан өткенді ғана сөз етіп отырмын, өйткені жеке тәжірибе діннің практикалық аспектісін құрайды.

Егер сізден менің осы кешкі жиналыстарда айтқандарымның миллионнан бір бөлігін тәжірибе жүзінде іске асыра білсеңіз, сіз Құдайға толық берілу деңгейіне көтеріле аласыз. Табыс менің уағыздарымды тыңдаудан ғана емес, осы менің айтқандарымды тәжірибе жүзінде іске асырудан тұрады. Бүгін сіздер Құдай берген туа бітті парасат қабілетінің ұрығын қалай өсіру керек екенін білесіздер.

БІЗДІҢ ҰСАҚ АҚЫЛЫМЫЗ ҚҰДАЙДЫҢ ҚҰДІРЕТТІ ПАРАСАТЫНЫҢ БІР БӨЛШЕГІ БОЛЫП ТАБЫЛАДЫ

Құдай парасаты жұлдыздар мен бүкіл дүниені жаратты. Парасат бүкіл жаратылысты тесіп өтіп, оларды біздің тәніміздің клеткаларына біріктіріп бекітетін ұлы фактор. Материяның әрбір бөлшегіндегі керемет сана мұның барлығы да құдайшыл парасаттың - мақсатқа жету үшін ешқандай құралды қажет етпейтін парасаттың қызметі.

Біздің ұсақ ақылымыз Құдайдың Құдіретті парасатының бір

бөлшегі болып табылады. Біздің санамыздың толқынының астында Оның санасының шексіз мұхиты жатыр. Мұхиттың бір бөлшегі болып саналатынын толқын білмеген кезде, ол мұхит құдіретінен бөлектенеді. Нәтижесінде, біздің ақылымыз материалдық әлемнің сынақтарымен және шектеулерімен әлсіздеңді. Ақыл өз қызметін тоқтатты. Сіз ақылыңызды шырмап тастаған барлық шектеулерден арылған кезіңізде, көп істер тындыра алатыныңызды біліп, таңғалатын боласыз.

Баланың ашық, қиялға бай, тысқары пікір мен зиянды әдеттерден азат, тап-таза ойы Құдай парасатына неғұрлым қабілетті. Бірақ бала өсіп, материалдық әлімнің кедергілеріне ұшыраған кезде, оның ақылы осы өмір тәжірибесінің шектеулерін қабылдап, шектеулі болып шыға келеді. Сіз өзіңіздің ақыл-ой күшіңізді шектеген кезде, өзіңіздің қас дұшпаныңызға айналасыз. Ақыл-ой шектеулерін жеңу, міне, осыған сіздер тырмысуларың қажет. Мен басқалардан ерекше болу үшін әрдайым осылай жасайтынмын. Және өз гуруым Свами Шри Юктешварды кездестірген кезімде, мен басқа адамдарға мүлдем ұқсамайтынын түсіндім. Адамдардың басым бөлігі екіншісінің көшірмесі секілді басқалардың ісін қайталап, соларға еліктейді. Оларда тәуелсіз ойлау деген жоқ. Сіз өзіңіздің тамаша мәніңізде ең кереметті айқындаушы болуыңыз керек.

Сіз неліктен ақыл-ой күшін дамытып, оны қалаған нәрсеңізге қол жеткізуде пайдалануға тиісті емессіз? Жан-жақтан алауыздық дауылы көтеріліп, әрбір адам өзінікін алғысы келеді, сіз туралы ойлау ешкімнің ойына кіріп те шықпайды. Осы даралық қақтығысында сізді таптап, жойып жібереді деп те ойламайсыз. Бірақ, егер сіз осылайша-«Құдай мені Исаны, Кришнаны, Будданы жақсы көргендей жақсы көреді. Ол құштар бола алмайды. Ол маған сарқылмас құдіреттілік ұрығынан тұратын осы парасатты сыйға тартты, енді мен де осы құдіреттілікті дамытуға ниеттенемін» деп пайымдайтын болсаңыз, сіз жеңімпаз атанасыз.

СІЗДІҢ ЖАНЫҢЫЗДА ТАБЫС ҰРЫҒЫ БАР

Табыс сыртқы әлемнен келмейді; ол сіздің миыңызда. Қандай да бір ойды ойлап болсымен-ақ, оны іске асырасыз. Кей адамдардың жақсы идеялары болғанымен, оларды аяғына дейін ойластырып, жоспар құратындай жігерлілігі жоқ. Сіз ержүректік пен табандылыққа ие болып, «Мен өз идеямды ойластыруды көздеп отырмын. Осы өмірде табысқа кенелмеуім де мүмкін, бірақ талпыныс жасап көремін» деп ойлағаныңыз дұрыс. Ойлаңыз, әрекет етіңіз, ойлаңыз, іске кірісіңіз. Міне, ақыл күшін осылай дамыту керек. Әрбір идея кішкентай ғана дән, бірақ сіз сол дәнді өсіруге тиіссіз.

Айталық, сіз мың доллар табуды көздеп отырсыз. Сіз осы ойды үнемі мида ұстап, нақты әрекетке көшесіз. Шындығында, бұл ақыл арқылы жасалып отыр. Егер сіздің мың доллар табу керек деген ойыңыз миыңызда болмаған болса, сіз оны таба алмас едіңіз.

Дән сондай кішкентай болып көрінгенімен, одан үлкен бағалы және қалың бұтақты зәулім ағаш өсіріп шығаруға болады. Бірақ бір ғана потенциалдық мүмкіндік ағашты өсіруге шамасы келмейді. Сіз дәнді жерге отырғызып, суарып, қамқорлауыңыз керек. Ағаш өскеннен соң, сіз кішкентай ғана дәннен осы зәулім ағаштың өсіп шыққанын айта алатын боласыз. Табыс та сол секілді: осы кішкентай ой дәнді сіз дамытуыңыз қажет. Күтіп, баптамаса дәннің әрі қарай өсе алмағаны секілді, ол да сіздің көмегіңізсіз өсе алмайды.Түрлі күш дәндері сіздің ішкі әлеміңізде сіз оларды өсіріп шығарады деп үміттенеді.

ОЙ ЗАТТАНА АЛАДЫ

Ақиқат қарапайым ой мен ойша образға қарағанда неғұрлым шынайы, бірақ біз ойлап, қиялдаған нәрсеміз бір күндері заттануы мүмкін. Осыдан көп жылдар бұрын Жюль Верн сол кездері жәй ғана қиял деп саналған бірнеше ғылыми шытырман оқиғалы романдар жазған; бірақ сол кезден бері қарай оның идеяларының басым бөлігі шындыққа айналды.[1] Ойдан шығарылған нәрсе шығармашыл ойда ең маңызды фактор. Бірақ бұл қиял көз жеткендік болып рәсімделуі тиіс. Сіз мұны күшті еріксіз жасай алмайсыз. Бірақ егер сіз бір нәрсені күшті ерік күшімен қиялдайтын болсаңыз, сіздің ойдан шығарған нәрсеңіз расқа айналады. Осы көз жеткендікті бүкіл қиыншылық үстімен алып өте алсаңыз, жаңағы ойдан шығарылған нәрсенің өзі шынайылыққа айналады. Ұстаз [Свами Шри Юктешвар] әдетте сіздің еркіңіз күшті болған жағдайда, өзіңіз қиялдаған нәрсенің барлығы шындыққа айналатынын айтып отыратын. Бұл рас нәрсе.

Сіз осы қиялдау түрін дамыта аласыз. Сіз көкте қалқып бара жатқан үлкен жекежайды көз алдыңызға елестете аласыз, және егер

---

[1] Жюль Верн (1828–1905) су асты қайығы, теледидар және ғарышқа ұшу секілді көптеген технологиялық құралдарды таңғаларлықтай дәл айта білген.

сіздің қиялыңыз жеткілікті түрде күшті болса, сіз оны көре аласыз. Егер сіздің қиялыңыз көз жеткендікпен нығайса, осы ғимаратты заттандырып немесе оның табиғи әдіспен пайда болуына себепші бола аласыз. Бұл армандау емес; бұл мүмкін болатын нәрсе. Кашмирде, содан соң түрлі жағдайларда арагідік, Америкаға келмес бұрын, мен қазір біздің Маунт-Вашингтондағы штаб-пәтеріміз[2] орналасқан ғимаратты көретінмін. Мен ешкімнің көмегінсіз осы орынды тауып, таңдадым. Ол осы мақсат үшін тұрғызылған болатын, өйткені бұл ойша образ көк аспан шыңында болған болатын.

Ой жұмыс жасайды! Бұл керемет күш. Құдайдан келетін ой құдіретіне сеніңіз, және өз жүрегіңіздің, еркіңіздің бар күшін осы ойды заттандыру үшін қолданыңыз. Есіңізде болсын, Құдай әрдайым сізбен бірге. Сіз Одан сұрап алған күшті қолданасыз. Сіз осыны жасаған кезде, Ол сізге қол ұшын беру үшін сіздің жаныңыздан табылады.

Менің ойша көз алдыма елестеткендерімнің басым бөлігі орындалды. Көп жылдар бұрын Маунт-Вашингтоннан да Голливудқа жуық маңда ғибадатхана үшін орын қажет екенін ойладым. Мен ерік күшімді осы ойға салып көрдім, сонда біз екінші ғибадатханаға[3] ие болдық. Мен Үндістанның Ганга өзені жағалауында да ғибадатхана салуды армандадым. Тілегіме орай және Лахири Махасая мен Бабажидің ризашылық етуімен, мен Ганга жағалауында Дакшинешварда өзіміздің Йогода Матх[4] үшін тамаша орынға ие болдым. Ол Калькуттадан автокөлікпен жиырма минуттық жерде орналасқан және өзіміздің жұмысымыз үшін үлкен құндылық болып саналады. Мен бұған өте ризамын.

«Құдайға сеніммен сиынып (Оның еркіне сай) нені сұрасаңдар

---

[2] *Йог өмірбаяны* атты кітаптың 21 тарауын қараңыз.

[3] Self-Realization Fellowship (Өзіндік таным қоғамы) 17 көше, 711 үй мекен-жәйі бойынша орналасқан Лос-Анджелестегі ғибадатханада 1934 жылдың желтоқсанынан 1939 жылдың қыркүйек айына дейін қызмет көрсеткен болатын. Соңынан ғибадатхана меншік құқығы Лос-Анджелес қаласына ауысып, бұл жерде тегін автострада үшін жолақ өткен.

[4] 1939 жылы *Йогодаға* сыйға берілген сөзді Парамаханса Йогананда 1916 жылы енгізген, бұл сөз *йога* туындысы, бірлесу, одақ, үйлесімдік, тепе-теңдік; және *да*, осындай қасиет береді. *Матх* монастырь деген мағынаны білдіреді, бірақ бұл термин ашрам, оңаша тұрақ мағынасында жиі қолданылады.

Дакшинешвардағы Йогода Матх Үндістандағы Йогода Сатсанга Қоғамының штаб-пәтері, Парамаханса Йоганандаң ұйымдастыруымен болған бұл ұйым Үндістанда танымал. Батыста бұл қоғамның атауы Иогананджи деп түсіндіріледі, ол Өзіндік таным Қоғамына кіреді. Шри Мриналини Мата қазіргі таңдағы Үндістандағы Йогода Сатсанга Қоғамының да және Өзіндік таным Қоғамының да президенті болып келеді. (Глоссарийдан қараңыз).

да, Одан аласыңдар».[5] Сіз осыған сенуге тиіссіз. Құдайға сенушілер Үндістандағы тамаша сауықтырулар болған оқиғалар арқылы белгілі Таракешвар ғибадатханасына барған кезде, олар Құдай өздерін сауықтырып, және осының міндетті түрде орындалатынын ойша елестетеді. Нәтижесінде, шапшаң сауығулар болады. Сіздің тілектеріңіз бен дұғаларыңыз табыспен аяқталмаса, бұл сізде ерік күші мен Құдайға деген сенімнің жоқтығынан болады. Егер сіз Құдайдан сауығуды сұрап, бірақ іштей күмәнданатын болсаңыз, онда сауығамын деп ойламаңыз. Немесе, егер қоймастан: «Тәңірім, Ганга жағалауынан тұрақ алсам бола ма? Мен оның мүмкін емес екенін білемін, бірақ мен солай болғанын қалаймын» деп сұрасаңыз, Тәңір сізге: «Жоқ, сен оны ала алмайсың» деп жауап қатады. Бірақ, егер де «Осылай болады; Мен айналаны шынайы ықыласпен күзетіп отырған бульдог ит секілді тапжылмастай қайсар боламын» деп, содан кейін бүкіл ерік күшіңізді өз мақсатыңызға келу үшін қолдансаңыз, онда табысқа жетесіз.

БІР НӘРСЕГЕ ҚОЛ ЖЕТКІЗУ- ҚҰДАЙҒА ЖАҒЫНУ ДЕГЕН СӨЗ

Осы жерде отырған жандардың барлығының өз мұраттары бар, маған Америкада ұнайтын да осы. Америка халқының ой жүйесі жаңа да, күшті нәрселер жасауды пайымдайды. Вашингтонда (Колумбия аймағы) миллиондаған патенттер тіркелген. Сіздің шығармашылық қабілеттеріңізді көрудің өзі керемет. Ешкім де шығармашылыққа талпыныссыз өмір сүруге тиісті емес. Егер сіз өмірде бір күрделі нәрсені жүзеге асыру мақсатында өз ерік күшіңізді сынап көрмесеңіз, онда сіз Құдай баласы ретінде өмір сүрмейсіз. Сіз өз жаныңыздағы Құдай образын балағаттаған боласыз. Сіз жаратылыстың құдайшыл сыйлығын қолдануыңыз керек. Мұны жасау ешқашан да кеш емес. Кәрілік дегеннің не екенін білесіз бе? Бұл ақыл «шүбә келтіре қарап» - тән санасы берген бүкіл шектеулерді қолданып, шығармашылық ойлау алдында қақпаны жабады. Мен әр жастағы адамдарды танимын, олардың кейбіреуі дәлме-дәл айтқанда, бір аяғы көрде тұрған адамдар болатын, бірақ маған болашақта не істеуге дайындалып жүргенін және қанша ақша тапқысы келетінін айтатын!

Бір нәрсеге қол жеткізу немесе айтуға тұрарлықтай бірдеңе жасап шығару қай жаста да жақсы, өйткені ырду-дырду, ойын-сауықпен өмір

---

5 Матай 21:22

сұру өзіне жаман зиян келтіру мүмкіндігін білдіреді. Сіз өмірде бір орында тұра алмайсыз және соны түсіне алмайсыз. Сіз алға жүріп келе жатсыз ба, әлде артқа жүріп бара жатырсыз ба? Сіздердің көпшілігіңіз артқа қарай жүреді, өйткені сіздің ерік күшіңіз енжар және салғырт. Сондықтан да сіз денеңіз бен ақыл-ойыңыз жалқаулыққа салынбас үшін қырағылық танытып, басқаларға еліктемей, шығармашыл адам болуыңыз қажет.

Егер сіз өмірде бір нәрсеге қол жеткізе алмасаңыз, сіз өзіңізді өлі санауыңызға болады, өйткені зомби секілді өлім даласына жылжып келесіз. Бірақ өзіңіздің ерік күшіңізді қолданған кезіңізде, Құдай «Бұл адам дұрыс жасады; ол Құдай берген ерік күшін пайдаланды» дейді. Не жасасаңыз да, барлығы өзіңіздің ішкі дүниеңізде жазылады. Әрбір жағымды қылықтың нәтижесі өзіңіздің миыңызда жасырынып, және сіздің ақыл-ой конспектіңіздегі осы жағымды тенденция өзіңіз талпынған нәрсенің барлығын іске асыру үшін ауқымды әлеуетке айналады. Қандай нәрсеге болса да қол жеткізу үшін психикалық болсын немесе физикалық болсын Құдай тағаланың шапағаты сонымен бірге, әркімнің өзінің үлкен ынта-жігері де керек.

Миды құрғатып, ақылды қатырып тастағанша, ми күн астында жылдап болып, өзгермейтіндіктен, ақыл күшін пайдаланған артық. Осындай мимен адам ауыр жағдайға ұшыраған. Ол өмірде табысқа қол жеткізе алмайды. Ақыл-ой қазбасы болмаңыз; үнемі жаңа бұтақша құрып тұратын тірі ағаш болыңыз. Болмысы күшті адам «Менің өмірімде күн сәулесі бар, және менде тамырымды жіберіп, мақсатқа жету жолында бұтақтарымды тарату үшін барлық мүмкіндік бар. Бір күні мен де табысқа кенелемін: Дүние Билеушісі маған ризашылығын білдіру және мен өсірген өнімді мақтау үшін келеді» деп айтады. Сондықтан да өз ақылыңызды дамытып, жасай беріңіз.

ӨЗІҢІЗДІ ҚҰДАЙМЕН БІРГЕ ДАМЫТЫҢЫЗ

Егер өмірде ештеңеге қол жеткізе алмасаңыз, енді кірісіңіз: «Денсаулығыңызды күтіңіз егер қажет болса, диетаны өзгертіңіз; тамақтанудағы жаман әдеттеріңізден арылыңыз. Өз ойлауыңызды өзгертіңіз негативтік түнеріңкі ойлардан арылып, өзіңіз қалаған кезде, сол қалаған нәрсеңізге қол жеткізу үшін неғұрлым позитивті болыңыз. Ең бастысы, өзіңізді дамытуда Құдаймен бірге жұмыс жасаңыз. Бұл тұтастай алғанда шығармашылық ойлау үшін айтарлықтай маңызды.

Егер рухани шешімділікке қарамастан, сіздің ерік күшіңіздің сағы сынса, онда бір нәрсе жасауыңызға тура келеді. Құдайды шақыра бастасымен-ақ сізді барлығы алдап-арбайтын болады. Сізді діни емес ойын-сауықта бақыт таба алатыныңызға иландыра бастайды, бірақ мұндай көңіл көтеру сізді рухани ізденістен алшақтатып, ерік күшіңізді жояды. Мен осы соқпаққа бастаған кезімде, кинотеатрға бармадым, ойын-сауық іздемедім. Мен Құдайды табу ниетінен айнымадым және қазір, Оны тапқан кезімде, не істесем де, мен үшін баланың ермегі секілді болып көрініп отыр. Ол менен ештеңе де аямады, және мен үшін де осы өзімнің ішкі дүниемдегі Сүйіктіммен тұрақты қатынастан артық қызық жоқ екенін түсіндім.

Құдайға шексіз берілгендік бұл мен білетіндей, өмірдегі жалғыз ғана мақсат. Тек Құдай арқылы, тек Құдайдан мен өзім іздеген мүлтіксіздікті көремін, және сондықтан да, тек жалғыз Оған мен өзімнің сөзсіз берілгендігімді арнаймын, өйткені қалған нәрселердің барлығы біздің үмітімізді алдайды. Сіз адамдарға даналық көзімен қарағаныңызда, сол адамдардың әрқайсысы өзіңіз ойлағандай болып шықпайды. Тек Құдай ғана сәйкес келеді. Құдай маған өмірден өзім күтпегеннің бәрін берді. Мен басқалар секілді ойлаудан, бір нәрсені басқалар секілді жасаудан қалдым, басқаларға ұқсас болудан бас тарттым. Мен өмірде іздеуге тұрарлықтай нәрсенің бар екенін түсіндім. Олар үшін материалдық, бәр нәрсеге ие болу маңызды; бірақ менің оған деген қажеттілігім де, ықыласым да жоқ. Мен үшін Жалғыз ғана Тәңір бар. Оның қуанышы өзгерместей.

Мен өзімнің жеке өмір тәжірибем туралы айтып отырғанда өзімді көкке көтеруді ойлап отырғаным жоқ, сіздер де талпыныс жасап көру үшін, сіздерді ынталандыру үшін, орындалған істің сүйініші туралы айтуды да жөн көріп отырмын. Сіз жасыдым деп ойлайсыз, өйткені сіз шынымен де жасып қалғансыз; бірақ жағдай келдегі сізге қанша рет соққы бергені маңызды емес, еңсеңізді қайта көтеріңіз! Ішіңізден: «Менің тәнім соққыға ұшырауы мүмкін, бірақ менің жаным жеңілмейді» деңіз. Бұл табысқа кенелу жолы. Ең қажеттісі ақыл күші, жасампаздық қуаты. Сонда сіз қуаныштың ақталғанын көресіз.

ПАЙДАНЫ ЖАҒДАЙДАН ШЫҒАРА БІЛІҢІЗ

Менің осында, Америкаға келгеніме он тоғыз жыл болыпты. Мен өзім қол жеткізген нәрселерімді көріп тұрып, өкінбеймін. Бірақ кез-келген ұсақ-түйектің өзі қажырлы еңбек арқылы келді. Әлсіз ерікті адамдар мұндай моральдық күшке ие емес. Ондай күш тек ержүрек адамдарда ғана болады. Сондықтан күшті болыңыз. Ауру-сырқау мен жоқшылық сізге төнбес бұрын, шамаңыз келгенінше қолда бар мүмкіндікті пайдаланудан аянбаңыз. Мен не жасай алатыным туралы әрдайым ойланамын қоғамның назарын аудару үшін емес, Құдайға жағыну үшін. Сіздердің әрқайсыңыз дәл осылай жасай аласыз. Сіз мейірімділікті жүз мыңдаған тәсілмен жасай аласыз. Құдай сізден аса бір көрнекті нәрсені күтпейді, бірақ ол сіздердің бос жүрмей, бірдеңемен айналысқаныңызды қалайды. Ол өз бойыңыздағы күшті пайдалансын дейді. Олай болмаған жағдайда, Оның жақыны бола отырып, сіз Оның атына кір келтіресіз. Қандай жағдай болса да, сол күшті жақсылап пайдаланыңыз. Неше рет сүрінгеніңіз маңызды емес, жеңіске қалай да жетемін деген оймен түрегеліңіз. Нені орындағым келсе де, мен бұл қалай да орындалады деген шешім қабылдаймын, солай болды да! Талпыныс жасап көріңіз! Сонда өзіңіздің қаншалықты күшті екеніңізді білесіз. Ол сізге қуаныш сыйлайды.

Біз өмірде өзімізге тиістіні аламыз. Сондықтан, егер сіз табысқа кенелгіңіз келсе, онда қазірден бастаңыз. Сіздің ақылыңыз шексіз. Кез-келген қызметте, ол дін ба, әлде коммерция ма, өмірде белгілі жағдайға жету үшін бүкіл мүмкіндікті пайдаланатын адамдар бар. Мұндай адам сол жолдан өтіп, бизнес немесе рухани мекеме басшысы болғанда, өз қарауындағы, өзіне осы мекеменің мақсатына жетуде қол ұшын бере алатын адамдарды қатты сыйлайды. Бірақ табысқа жету жолында жолы бола қоймаған адамдар, неліктен бұл адам мұндай жоғары лауазымға ие, оның орнына неліктен олар осы лауазымға ие емес деп ойлайды. Бұл адамдар ол адамның шығармашыл тұлға болғанын, және оның көп тер төккенін ұмытып кетеді. Кей адамдар бұл адам жұмысты «тартыс» арқылы келді деп ойлайды, бірақ шындық бүгінгі жасап жүрген іс-әрекеті мен Өткендегі жасаған іс-әрекеті арқылы жеткен табысы. Олай болмаған жағдайда, ол қазіргі жетіп отырған жағдайына жете алмас еді.

Ақша бар жерде арам ойлылар мен ашкөздер жиналады. Сондықтан, сіз қаншалықты риясыз болсаңыз да, сіздің жетістігіңізді көре алмайтын адамдар қашанда табылады. Кей адамдар басқа адамдардың есебінен, салтанатты ғұмыр кешкенді қалайды. Жеткілікті түрде адал болыңыз, біреуге артылып, пайда табуды көздемеңіз. Сіз Құдайдың баласысыз. Сіздің бойыңызда өзіңіз қалаған жаққа баратындай күш бар. Мен Өзіндік таным қызметін өз бастамаммен қолдау үшін түрлі әдістерді пайдаланып көрдім. Қайыр садақа сұрамаңыз. Мен ешқашан бұлай жасап көрген емеспін. Біреу сізді демеп жібереді деген ойдан арылыңыз. Рахаты сол, өмірде табысқа жету, бірақ еңбексіз табыс табамын деген ой болмасын.

СӘТСІЗДІКПЕН КЕЛІСПЕҢІЗ

Сіз бәсекелестік әлемінде өмір сүріп отырсыз. Егер сіздің шешімділігіңіз болса, бәсекелестік сізге бөгет болмайды. Ол сізді одан сайын күшті етеді. Күн сайын, кез-келген жағдайда сіз бар күшіңізді салуыңыз керек, сонда табысқа сөзсіз жетесіс. Бірақ адамдардың басым бөлігі күш салғысы келмейді. Немесе олар өздері үшін бәрі де ойдағыдай емес болып жатыр үнемі жолымыз болмайды деп ойлайды. Неліктен олардың ісі алға баспауы мүмкін? Олар өздерінің ақылындағы табыс ұрығының өсіп-өнуіне жол бермейді; олар пайдасыз нәрселермен тым көп әуестенеді. Сіздердің көпшілігіңіз сізде ешқандай да табыс ұрығы жоқ деп ойлайды, бірақ олар шын мәнісінде бар. Сіз табысқа жете аласыз. Бірақ егер сіз «Мен ештеңеге жарамаймын» дейтін болсаңыз, сіз қазірдің өзінде өз талпыныстарыңызға нүкте қоясыз; сіз өзіңізді сәтсіздікке ұшырадым деген шешім қабылдайсыз. Бірақ сіз егер «Бәрі де дұрыс, мен мақсатыма жетемін» деп ойлап, талпынысты жалғастыра берсеңіз, онда табысқа жетесіз.

Бұрынғы болған сәтсіздіктерге мән беріп, ол туралы ойлай бермеңіз. Осылай ойлайтын адамдар не істесек те сәтсіз аяқталады деп ойлайды. Олар неліктен сәтсіздікке ұшырайды? Өйткені олардың ақыл-парасаты табысқа жетпейтініне сенімді. Менің осы жұмысқа қолдау көрсету барысында соқыр тиынсыз қалған күндерім болды, бірақ әркез қайтадан қажетті құралдарға ие болатынмын. Бұл батылдықты талап етеді, өйткені ақыл-парасат «Осы жылдардан соң, сен тағы да сол бастаған жеріңдесің» дейді. Бірақ мен оған «Сабыр ет. Мен сені жұмыс жасауға мәжбүр етемін. Бұл жерде кімнің кім екенін көрерміз» деп жауап беремін. Сіз жұмыс жасауыңыз керек; сіз мақсатқа жету үшін күш салуыңыз керек. Әрбір сәтсіздік сізге не де болса, жаңа нәрсені білуге пұрсат береді: сіз бұрын дұрыс жасамаған нәрсеңізден қалай қашып құтылу керек екенін түсінесіз. Сіздің ақыл-ойыңыз шешімділігін жоғалтқан кезде ғана, ол ақыл-ой әлсіздене де, сіз жұмыстан бас тартасыз. Сонда сізбен бәрі де бітті деген сөз- сіз өлесіз. Сондықтан да ешқашан берілмеңіз.

Өмір дегеніміз ойын. Сол ойында жеңіп шығу үшін бар күшіңізді салыңыз. Бұл дүниеде мыңдаған адамдар қайғы-қасіретке ұшырауда біреулері қолынан айырылса, екіншісі аяқтан айырылған, жүре алмайтын жағдайда. Ал, сіз, жеті мүшеңіз сау бола отырып, ақыл-ой және дене қабілеттерін игере отырып, сәтсіздікке көндіккеніңіз қалай сонда? Сіз бұлай жасауға тиісті емессіз. Сіз артқа шегінгеніңізде, сіздің әлемді сезіну қабілетіңіз айқын емес болады, сізге бүкіл әлем артқа шегінгендей болып көрінеді. Бірақ сіз әрдайым алға жылжығанда ғана мақсатқа жете аласыз. Ақыл күшін дамытыңыз. Бүкіл әлем сізге қызмет етсін.

ҚҰДАЙ УАҒЫЗЫН СҰРАҢЫЗ

Өз өміріңізді жоспарлаңыз. Уақытты текке жоймаңыз. Егер сіз үнемі адамдар ортасында болсаңыз, сіз ештеңеге де қол жеткізе алмайсыз. Өзіңізбен өзіңіз болыңыз. Адамдардан оқшауланып, өз бойыңызға терең шомып көріңіз. «Мен қалай табысқа жете аламын?» деп сұраңыз. Не істесеңіз де, алдымен ойланып алыңыз. Ойланыңыз, ойланыңыз, ойланыңыз және жоспар құрыңыз. Содан соң аздаған уақыт күте тұрыңыз; дем алыңыз; сол бойда бір нәрсеге жармаспаңыз. Адым аттап, содан соң тағы да ойланыңыз. Ішкі дүниеңізден сізге енді не істеу керектігі жөнінде сыбырлайды. Оны жасап тастаңыз да, тағы да ойланыңыз. Келесі бұйрықты күтіңіз. Өз бойыңызға терең бойлауға үйреніп, сіз өз санаңызды жанның жоғары санасымен байланыстырасыз, демек, сарқылмас ерік күші, шыдамдылық және интуиция арқылы сіз табыс идея-дәндерін өсіре аласыз.

Өзіңіз қалаған нәрсені жасауға талпыныс жасап жүрсеңіз, әрдайым Құдайдан сұрап жүруді ұмытпаңыз. Егер сіздің эго көрсоқыр болса, дауысы күшті, ол интуицияны бітеп тастап, сізді бұрыс жолға түсіруі мүмкін. Бірақ, егер Құдайға өз талпыныстарыңыз арқылы жағынғаңыз келіп, тағы бірдеңе жасап шығарғыңыз келсе, Ол сізді адасудан мейіріміділікке бағыттайды. Табысқа барар дұрыс жол Құдайға жағынудан тұрады, бар күшіңізді салып, енді бұл туралы мазасызданудың қажеті жоқ.

Бұл дүниеде сіз Құдай драмасындағы өз роліңізді дұрыс орындап шығуыңыз қажет; бірақ егер сіз осы драмада жоғалып кетсеңіз, сіз уақытыңызды жоғалтып алғанмен бірдейсіз. Сіз өмір доңғалағына тапталып қалмас үшін, оны айналдырып неге жібермейсіз?

СІЗ ӨЗІҢІЗДІҢ ДӘРМЕНСІЗДІГІҢІЗДІ НЕМЕСЕ КҮШІҢІЗДІ ӨЗІҢІЗ ЖАСАЙСЫЗ

Сіз бар нәрсені жасауға оқталсаңыз, оны орындауға тиіссіз. Қаншама адамдар зиянды әдеттерінің кесірінен өздерін дәрменсіз етіп отыр. Зұлымдық жасауға итермелейтін адамдардан қашық жүріңіз. Өзіңіз сезініп отырған дәрменсіздіктің себебі өзіңізден басқа ешкім де емес. Сіздің еріксіз ақылыңыз сіз өзіңізді зиянды әдеттерге байлап тастаған сол шынжырды кері тартқылайды. Адамдардың басым бөлігі өздерін өз айналасымен және жаман әдеттермен, сонымен қатар өткен өмірлерден келе жатқан жаман бейімділік және қисынсыз тілектермен гипноздап тастаған. Бұл біздің бойымыздағы ақыл үшін және Құдай образы үшін балағат болып саналады, яғни осы жетіспеушіліктердің гипноздап тастауына жол берілмеуі тиіс. Сіз осы зиянды әдеттермен қош айтысып, өз өміріңізді басқаруға көмектесетін ақыл күшін дамыта білуіңіз қажет.

Әділ өмір сүруді бастаңыз. Жаттығыңыз, қоректеніңіз, не істесеңіз де ақылдан аспаңыз. Қазір қайғы-қасірет шекпей отырсаңыз да, бұрынғыдай ас ішіп, өмір салтын дұрыс қолданбастан өмір сүремін деп ойламаңыз. Көп ұзамай қысым көрсету салдары сіздің басыңызға төнейін деп тұр. Мен салмағы екі жүз фунт болатын бір студент қызды танитынмын, семіздіктің салдарынан ол көріксіз және кәрі болып көрінетін. Ол менен денсаулығын дұрыстау үшін не істеу керектігін сұрады. «Әрине, болады» деп жауап бердім мен, «Бірақ, егер ерік күшің бар болса ғана» дедім. Сен өзіңмен ештеңе де істей алмаймын деп ойлаймысың? Сен өз еркіңді осы оймен келісуге мәжбүрлеп, гипноздап тастадың». Мен оған жаяу жүруге, жеміс-жидекті көбірек пайдалануға, көкөніс пен жаңғақ жеуіне, сонымен қатар барлық көмірсулы тамақ өнімдері мен тәттіден аулақ болуға кеңес бердім. Мен оған оның ақылы тәтті нәрсені жеуін талап ететінін, және ол арбауға түсіп, беріліп кетуі мүмкін екенін ескерттім. «Бірақ сен салмағыңды азайтып, содан соң осы шешімге бүкіл ерік күшіңмен сүйенуге тиіссің», дедім мен оған. Бірнеше ай өткен соң мен осы әйелді қайта көріп «Бұл сенбісің?» деп сұрадым, «Иә» деп жауап берді әйел, «бұл сондай керемет еді». Ол артық салмағын жойып, бұрынғысынан әлдеқайда жас және бақытты көрінді.

Өзіңіздің ой есеп кітабыңызға көз жүгіртіңіз, сіздің жағымды өмір тәжірибеңізден түскен пайда жаман қылықтар шығынынан аса ма? Жоқ. Сіз қымбат тұратын жаман қылықтар бақыттың пайдасын жеп қойғанын көресіз. Мен өз өмірімді өзімнің қалағанындай ету үшін үнемі өзімді –өзім саралаумен айналысам.

Жеке өміріңізді саралап көріңіз. Таңертең ұйқыдан оя-на сала шапшаң қысқа дұғаны оқып шығасыз. Содан соң тамақтанып, жұмысқа кетесіз. Содан кейін ланч уақыты басталады, тағы да жұмыс, ал содан кейін кешкі ас пен қандай бір пайдасыз көңіл көтерулер басталады, және көп ұзамай ұйқыға жатасыз. Солай күн сайын қайталана береді! Күн сайын сіздің еркіңіз өзіңіздің жаман қылықтарыңыз бен айнала қоршаған ортаңыздың ықпалымен қирай береді. Бұлай болуға неге жол бересіз? Сіз «Бір күндері бір нәрсе жасау керек болсам, тырмысып көрермін» дейсіз. Бірақ бұл күн ешқашан келмеуі мүмкін. Өз талантыңызды «Жұтып қоятын нәрсеңді көп тістелеме» деген мәтелмен шектеудің қажеті не? Менің ойымша, сізге жұтып қоятыныңызды көбірек тістеңіз, содан соң жұтып жіберіңіз дер едім. Өз өміріңізді мәнсіз етпей, абыройлы етіңіз.

ҚҰДАЙСЫЗ МАТЕРИАЛДЫҚ ТАБЫС БОС

Америкада бәрі де тез өзгереді. Сіз үнемі бірдеңемен айналысу үстіндесіз. Күн сайын құр сенделгенше, өз еңбегіңіздің өнімін жинаған артық. Бірақ сіз өмірдегі ең бай түсім Құдайды жинап алу керек. Осы дүниеде бір нәрсеге қол жеткізіп, *және* рахатқа жетудің жалғыз жолы Тәңірмен бірге табысқа жету болып табылады. Сіздің ең тұрарлықтай ісіңіз бұл Құдаймен күнделікті қарым-қатынас орнату. Әлем талаптары үнемі сіздің ерік күшіңіз бен Оны табуға деген қабілетіңізге қысым жасайды. Айнала қоршаған ортаның талаптары сіз үшін маңызды емес, сіздің жүрегіңіз бұрынғыдай Құдайға талпыну керек. Сіз өлген соң, жер бетінде ешқандай күш сіз үшін ештеңе де істей алматынын түсінесіз бе? Сонда сізге көмекке кім келеді? Құдай. Міне, сондықтан да, сіз бұл дүние тек аралықтағы мініс болып саналатынын түсінулеріңіз керек. Сіздің үйіңіз Құдайда.

Сіз жасап болған соң, бұл жер өмірі босап қалады, өйткені сіз, ақыр соңында, оны тастауға мәжбүр боласыз. Өзіңіздің материалдық мүлкіңізбен қош айтысатын кез де келеді. Сіз Генри Фордтың құдіреттілігі мен байлығына қызыға қарайсыз, бірақ ол да өзі жеткен сол үлкен ерік күші мен табыс санасын қоспағанда, бәрін де артта қалдырады. Ол оларды құдайшыл бастама ізденісін бастаған кезде, Құдайға тезірек жету үшін келесі кейіпке енуде қолданады.

Сіз өмір сөніп бара жатыр деп айта аласыз, және бір күндері өлесіз, сонда табысқа жетуге тырмысудың қажеті не? Мен сіздерге Гита сөздерімен[6] жауап беремін, егер өлім сәтінде, тіпті сол өлімге бір секунд қалғанда, сіз өз тәніңізді өмірде жеңіске жеттім деген сеніммен тастайтын болсаңыз, ол солай болады. Егер сіз Тәңірмен бірге боламын деген сенімде кетсеңіз, солай болады да. Ал, егер сіз өзіңізді ештеңеге жарамсыз сезіне өмірден кетсеңіз, солай болады. Өмір салтыңыздың нәтижесінде қандай ойлар басым болса, мұндай ойлар сіздің өлімнен кейінгі жағдайыңызды және келесі өмір үлгісін анықтайды. Өзіңізді тым кәрі деп айтудың немесе өзіңіздің материалдық немесе рухани табысқа жету қабілетсіздігіңіз туралы ақталудың өзі кешіргісіз.

Иса бізге табыстың жоғары дәрежесін көрсетті. Ол миллиондаған іскер адамдардың қолынан келмегенді іске асыра алды. Неге? Өйткені Ол Құдаймен бірге болды. Демек, Құдайды іздеу сіздің алға қойған мақсатыңыз болсын. Құдаймен бірге болып, Онымен тілдесу, және Құдайдың атына бір нәрсені жасау үшін өз ерік күшін пайдалану қажет. Егер сіз Құдайға жақпағаныңызды түсінетін болсаңыз, өзіңізден Оған қалай жағынуды сұраңыз: барлық адамдар үшін қалай жақсы болуға болады, медитациямен қалай шоғырлана айналысуға болады, соны сұраңыз. Ойланыңыз да жасаңыз. Бұл дамуға бастар жол.

ҚҰДАЙДЫ ҮНДЕМЕУ АНТЫН БҰЗУЫНА МӘЖБҮР ЕТІҢІЗ

Не болатыны маңызды емес, бірақ, егер сіз Құдаймен неғұрлым ұзағырақ болсаңыз, Оның сізбен әрдайым бірге екенін түсінесіз. Сіз мұны түсінуге тырысып көрдіңіз бе? Күн сайын менің ақыл-парасатым «сен Құдайды тани алмайсың. Тек Кришна, Иса мен Будда секілді ұлы адамдар ғана Оны тани алған» дейіне қарамай мен оған қарсылық білдіріп «Егер Құдай оларға рақым етсе, яғни Ол ынтық; бірақ мен Оның ынтық емес екенін білемін. Ол барлық адамдарға рақым етеді. Тіпті сынақтардан өту қажеттігі туындаса да. Бірақ олар Құдай күшінің араласуымен табысты болды. Мен де Құдайды ұғына аламын»,- дедім қоймастан.

Құдайды табу үшін Оны қалайтыныңызды, Оны өзіңізбен тілдесуіне мәжбүрлеуге тырысатыныңызға көз жеткізу үшін күш салып көріңіз. Сіз Құдайды үндемес антын бұзуына мәжбүр етуге

---

[6] Бхагавад Гита II:72 және VIII:6

тиіссіз; сонда Ол сізбен сөйлеп кетеді. Құдайды ұғынудың қиындығы міне, осыдан тұрады. Тақуалық қажырлық қажет. Қаншама жылдар бойы мен құпия түрде Тәңірді шақырып едім! Бірақ, Оны ешқашан жоғалтпайтынымды білемін, өйткені Ол менен бөлек емес. Ол әрдайым менімен бірге. Толқын мұхитқа еніп, онымен бірге қосылғанда, толқын өзін жалғыз санамайды. Біз де сол секілді: Қасиетті Рухпен бірлескен кезде, біз қайтадан Құдайдан бөлек болып сезінбейміз.

Ең алдымен, Құдай үшін уақыт таба біліңіз. Күннің соңына қарай шаршағаныңыз маңызды емес, барлығы ұйқыға кете берген кезде, сіз түрегеліп, Оның аяғына жығылуыңыз қажет. Онымен тілдеспей ұйқыға жата көрмеңіз. Оған өз жүрігіңіздің тілінде: «Құдайым, Сен бірінші болып келесің. Мен түн ғибадатханасында Сені жақсы көретінім туралы шешім қабылдадым. Сен мен үшін-бәрісің: Сен-менің ұйқымсың. Сен- менің өмірімсің. Сен - егер қажет болса, менің өлімімсің. Мен тек Сені ғана қалаймын. Маған осы да жетеді. Мен өзімнің бүкіл күш-қайратымды, бүкіл құнды ойларымды, бүкіл өзімнің махаббатымды Сені сезіну үшін, Сенімен бірге болу үшін, Сені сүю үшін көкке көтерілемін»,- деп сыйыныңыз.

«ҚҰДАЙЫМ, МЕНІ РУХАНИ САЙҚЫМАЗАҚ ЕТЕ КӨРМЕ»

Қазір мен көп уақытымды оңашада өткіземін. Мен өзімнің уақытымды алатын адамдармен қарым-қатынаста болмауға тырысамын. Мен өзім үшін жалғыз ғана жол Құдаймен бірге болу екенін түсіндім. Сіз адамдармен тым көп уақытыңызды әлеуметтік мағында өткізсеңіз, сіз Құдаймен бірге емессіз. Бұрын мен кез-келген шақыруды қабыл алатынмын, бірақ соңынан мұны қысқарттым. Еуропада патшалар өздерінің көңілін көтеру үшін сарайында сайқымазақтарды ұстаған. «Құдайым» деп сыйындым мен, «менен Өзіндік таным ісінде сайқымазақ жасай көрме. Мен біреудің алдында Сенің ісің үшін ақша сұрап, оның орнына өз қалауларын орындауымды талап еткендердің алдында басымды игенше, реніштімді жұтып қойғаным артық. Мен бәрінен безініп, Құдаймен қалуды жөн санаған джунглидегі йогтармен бірге болғанды артық санаймын. Байға басын иген діни қызметкерге қарағанда, бұл тақуалар шынайы патшалар-ұлы рухани адамдар-өздерінің билеушілері болып табылады. Сіз олардың қуанышын көріп тұрсыз сондай қанағаттану, сабырлылық және шаттық. Бұл материалдық пайдадан емес, ерік күшін ғарыштық сананы дамыту үшін, Құдаймен біртұтас сананы қолдану арқылы болады. Іштей осы йогтар секілді азат болыңыз. Өмір сізді аяқтан шалған кезде, өмірге күліп қарау үшін Құдаймен бірге болыңыз.

Менің өмірім аяқталды. Мен ойымдағының барлығын орындадым. Бірақ таусылмайтын бір ғана нәрсе бар – менің Тәңірге деген махаббатым. Бұл менің жанымды қанағаттандырудың мәңгі дереккөзі болады. Мен өзім үшін қызмет еткенім жоқ, бірақ мен Құдай үшін қызмет етіп, басқа жандарға қол ұшын беруді қаладым. Құдай атынан табысқа кенелудің өзі керемет. Ойлап көріңізші, миыңыздағы осындай кішкентай ғана ой керемет нәрселер жасап, адамдарды бақытты етіп, «уақыттың құмында ізін қалдыра алады[7]». Медитациямен айналысыңыз және басқаларды Өзіндік таным соқпағына тартыңыз. Бұл жүзеге асыруға болатындай асқақ жетістік.

ҚҰДАЙҒА ЖАҒЫНУДЫҢ ҚУАНЫШЫ

Бұл менің ең бақытты күндерім. Мен екі себепті бақыттымын: мен Құдайға жағына алдым және өз гуруым Свами Шри Юктешварға Йогода Сатсанга Қоғамын / Крия -Йога ақиқатын тарату бойынша Өзіндік танымды ұйымдастыруға берген уәдемді орындай алдым. Зұлымдық күші маған қарсы тұрды, бірақ Құдай оларды қиратты. Бұл жұмыс тоқтаусыз жүргізілуде!

Күн сайын мен «Тәңірім, менің қиялдарым таусылды. Қазір менің білетін жалғыз ғана нәрсем менің Саған деген махаббатым»,- деймін. Құдай қуанышы нақ осында деп ойлаймын. Ол үшін тек өмір сүру қажет. Үндістанда жүздеген жас адамдар Құдайға ғашық болса, осындағы жүздеген адамдар ақша мен билікке ғашық болуда. Өлімге жетелейтін материализмнің адасқан оттарымен жасырынбақ ойнағанша, Құдаймен жасырынбақ ойнаған артық. «Өлім» елестің қирауын білдіреді. Бұл жеңіліске бойұсынып, берілген сәтіңіз. Сіз осы өзіңіздің рухани әлеуетіңіздің надандығынан азат етілуге тиіссіз. Тәңірім «Болар *енді*. Надандық мазарынан түрегел» дейді. Ақыр соңында, өзіңіздің шешімсіздігіңіздің тақтасының астына жатудан бас тартсаңыз, сіз азат етілесіз.

---

[7] «Ұлылар өмірі барлықты бізге ескертеді/ Біз өз өмірімізді үйлесімді ете аламыз, / Және, кету, бізді артына тастап кетеді/Уақыттың құмында ізі қалған». – «Өмір туралы псалм» Генри Уодсворт Лонгфелло.

Осы ақиқатты естігендер, әрекетке көшіп, Құдайға жүгініңіз. Күн сайын медитациямен айналысыңыз және өз өміріңіздің бағы керемет жайқалып өсуі үшін шешімсіздіктің бүкіл арам шөбін жұлып тастаңыз. Дүние сізді өзінің құлы еткісі келеді. Сіз дүниеден босап шығып, Құдаймен оңаша қалу үшін уақытты ретке келтіруіңіз керек. Өзіңіздің көзіңізді жұмып жатқан күйіңізді елестетіп көріңізші: біреу жақындап келеді де, алдыңызға гүл шоғын қояды, бірақ сіз ұйқылы-ояу жағдайда боласыз да, көзіңізді аша алмайсыз. Ал көзіңізді ашқан кезде гүлдердің солып қалғанын көресіз. Құдайды іздеуде жасқаншақ адамдармен де солай. Ол оларға жақындайды, бірақ көздері жабық, осы дүниенің түсін көруде; ал қайтадан көздерін ашқанда, Құдай ғайып болады. Оны шынайы түрде, күндіз-түні, медитация кезінде және кез-келген іс істеген кезде іздеңіз. Өз тілектеріңіздің түс көруі өлген кезде, сіз Оны айналаның барлығынан таба аласыз.

Менімен бірге: «Көк Аспан Әкесі, маған бойымдағы рухани күш пен табыс ұрығын өсіріп, оларды Сенің сыйыңнан гөрі, Өзіңді жақсы көргендіктен, Саған жағыну үшін пайдалануға көмектес. Сен мәңгі мендіксің»,- деп сыйыныңыз.

Неліктен зұлымдық Құдай жаратылысының бір бөлшегі болып табылады

Өзіндік таным Қоғамының Ғибадатханасы,Сан-Диего, Калифорния, 17-ші қараша 1946 жыл

Бәзбіреулер Құдай зұлымдық дегенді білмейді дейді, өйткені олар мейірімділік болып саналатын Құдай үнемі осы жер бетінде болып тұратын ұрлыққа, қылмысқа, ауру-сырқауға, жоқтық пен басқа да жаман бақытсыздықтарға жол беретінін түсіне алмайды. Бұл жаманшылықтар, сөз жоқ, біз үшін зұлымдық болып табылады; бірақ олар Құдай үшін зұлымдық болып санала ма? Егер солай болса, онда Құдай неліктен осы зұлымдыққа жол береді? Егер зұлымдық Одан келсе, осы жаманшылықтардың Жоғары Жаратушысы кім және олар қайдан келген? Ашкөздікті кім жаратты? Жек көрушілікті кім жаратты? Көре алмаушылық пен жауыздықты ше? Зиянды бактериялар қайдан пайда болды? Сексуалдық арбау мен ашкөздік арбауын жаратқан кім? Мұның барлығы адам жаратылысының ашқан жаңалығы. Олар алдымен жаратылмаған болса, адам бұларды бастан кешірмес еді.

Кей адамдар зұлымдықтың болмайтынын, немесе бұл жәй ғана психологиялық құбылыс екенін түсіндіргісі келеді. Бірақ бұл олай емес. Зұлымдықтың дәлелі осында, осы әлемде. Сіз оларды жоққа шығара алмайсыз. Егер зұлымдық болмаса, Иса «Азғырылуымызға жол бермей, Бізді жамандықтан сақтай гөр. (Патшалық, құдірет және ұлылық Мәңгі бақи Сенікі! Әумин.)»,[1] -деп жалбарынбас еді ғой. Ол зұлымдықтың бар екенін анық айтып отыр.

Біз осы әлемнен зұлымдықты көріп отырғанымыз ақиқат. Ол

---

[1] Матай 6:13

қайдан келеді? Құдайдан.[2] Зұлымдық бізге айырып танып, жақсы қасиеттерді біліп, көруге мүмкіндік беретін кереғарлық жасайды. Егер қандай да бір жаратылыстың болуы қажет болса, зұлымдық та болуы керек. Егер сіз сөзді ақ түсті сынып тақтасына ақ бормен жазсаңыз, оны ешкім көрмейді. Сондықтан да, зұлымдық тақтасысыз, әлемде қандай да бір жақсы нәрсе мүлдем айтылмас еді. Ауыртпалық адамды ойға қалдырып, оның ой-өрісін тазартып, дұрыс жолға салып, өмір мақсатына жетуге көмектеседі. Мысалы, Иуда Исаны жарнамалауда ең жақсы агент болған. Өзінің зұлымдығымен Иуда Христосты мәңгіге танымал етті. Иса өзінің ролін жақсы білген, мұның барлығы махаббат пен Құдайдың ұлылығын көрсету үшін болуға тиіс еді; және зұлым осы қойылым үшін қажет болды. Бірақ Иудаға сол жағымсыз қылықты, қарама-қайшылық бойынша Исаның зұлымдықты жеңуіне әкеп тірейтін рольді таңдағаны ұнамады.

Бұл әлемде мүлтіксіздік жоқ

Мейірімділік арасындағы шекараның қай жерде екенін түсіну қиын. Әрине, бактериялардың әрбір жүз жыл сайын адамдарды өлтіретіні жан түршігерлік. Бірақ, өзіңіз қараңызшы, егер өлім болмаса, тұрғындар қалыптан тыс көбейіп кетпей ме? Егер осы жер бетіндегінің барлығы тамаша, керемет болатын болса, бұл жерді ешкім де өз қалауы бойынша тастағысы келмес еді ғой; ешкім де Құдайға оралуды ойламас еді. Осы мағынада жоқшылық сіздің ең жақын досыңыз болып саналады, өйткені ол сізге Құдайды іздеу идеясын береді. Сіз дүниенің жетілмегендігін айқын көре бастағаныңызда, Құдай мүлтіксіздігін іздей бастайсыз. Бұл жердегі шындық, Құдай зұлымдықты бізді қырып-жою үшін емес, Оның ойыншықтарына, осы әлемнің ермегіне түңіле қарап, Оны табуға ден қоюымызды қалағандықтан пайдаланды.

Міне, сондықтан да Тәңірдің өзі осындай әділетсіздік пен зұлымдыққа жол беріп отыр. Бірақ мен Оған «Құдайым, Сен қайғырған жоқсың. Сен әрдайым кіршіксізсің. Қайғы дегенді Сен қайдан білесің? Сен бізді сынақтардан өткізесің; сен олай жасауға құқылы

---

[2] «Мен Жаратқан Иемін, жалғыз Құдаймын, Менен өзге құдай жоқ! Өзімді білмесең де, Мен сені күшті қыламын. Шығыстан батысқа дейінгі аралықтағы адамдардың бәрі Менен өзге бірде-бір құдай жоқ екеніне көз жеткізсін! Мен Жаратқан Иемін, жалғыз Құдаймын. Жарықты да, қараңғылықты да Мен жараттым, не амандық орнатам, не апат жіберемін. Мен, Жаратқан Ие, мұның бәрін істеймін.» (Ишая 45:6–7)

емессің. Біз пенде болып туылып, қайғыруды тілеген жоқпыз». (Ол менің дауласқаныма қарсы емес; Құдай өте шыдамды). Тәңір «Сен қайғыруды жалғастырмауың керек; мен әрқайсыңа зұлымдықтың орнына мейірімділікті таңдап, және, осылайша, Маған оралуға ерікті бостандық бердім»,- деп жауап қатады.

Сонымен, зұлымдық Құдай сынағы болып шықты, яғни, ол қарап тұрған кезде, біз Оны таңдаймыз ба, немесе Оның сыйын таңдаймыз ба. Ол бізді Өзіне ұқсата жаратты және өзімізді азат ете алатындай күш берді бізге. Бірақ біз бұл күшті пайдалана алмай отырмыз. Түнде, белсенділікті тоқтатқан кезімізде, біз бәріміз де құдай тәріздес боламыз. Бірақ күндізгі уақытта біз аждаһаға айналамыз барлығы болмаса да, басым бөлігіміз. Құдаймен күндіз де үйлесімдікте неге өмір сүрмеске, сонда біз үрейді де, зұлымдықты да білмес едік. Айтуға оңай, бірақ тәжірибе жүзінде жүзеге асыру қиынырақ.

Зұлымдық өзінен-өзі біздің қалауымыз болмаса да, сонда да ол улы бал секілді түрі өте жағымды. Үстел басында біз арбауға берілеміз, яғни тым көп және денсаулыққа зиянды тамақ ішеміз. Содан соң семіре бастаймыз. Біздің жаман қылықтарымызға жауап ретінде Табиғат бізді үнемі мазақ етіп тұрғандай кек ала бастайды! Міне сондықтан да мен Құдаймен сөзге келіп, Оған «Өзіңнің балаларың ұшырап жатқан бүкіл арбауды неге жараттың? Сен неге оларды осындай жағымды еттің?» деп ұрысып аламын. Сонымен, бұл Құдай тіміскілігі егер нақұрыс адамдай қылық көрсетсең, сен қайғы-қасіретті басыңа тілеп алғаның.

Жаратушы «Мен сендерді Өзіме ұқсата жараттым, және сіз де Мен секілді қылық көрсетулерің қажет»,- дейді.

Мен «Бірақ, Тәңірім, олар Саған ұқсай жаралғанын білмейді ғой»,- деп жауап беремін.

Оның жауабы мынадай: «Жақсы, менің тақуаларым оларды үйретуге тырысуда. Мен оларды мейірімді болуға күшпен мәжбүрлей алмаймын».

«Бірақ Сен неліктен бізді осындай былыққа тап болғыздың? Сен ешқашан мұндай жалған көрініс батпағына батырдың: неге бізді осында әкелдің?».

Бұл жерде Жаратушы күліп жауап береді: «Ол солайы солай; нақ осылай болуы керек».

Сонымен, бұл дүниеде мүлтіксіздік деген жоқ болып шықты. Оны бұл жерден іздеудің қажеті не? Сіз мүмкін, қысқа мерзімді ләззат таба аларсыз, бірақ, ең бастысы, сіз қасірет пен әділетсіздікке ұрынасыз. Ауыртпалық сізге өз тәніңіз бір нәрсеге ұшыраған кезде оны сізге түсінуге мәжбүр ету үшін берілді. Бірақ бұл ауыртпалық қатерлі ісік ауруларымен байланысты болғанда, ол үшін негіз жоқ. Қайғырушы аурудың жеңілдегенін сезбейді және неге азап шегетінін түсінбейді. Ақшаға мұқтаж, бірақ сол ақшаны таба алмайтын адамдар болады; ал ақшаны қажет етпейтіндер, сол ақшаға еңбексіз де көп мөлшерде ие бола береді. Ақшасы көптер одан сайын көп болсын деп тілейді, ал ештеңесі жоқтар аз сұрайды, бірақ сонда да оған ие бола алмайды. Бұл дұрыс па? Неткен әділетсіздік? Кей адамдардың қаншалықты мүмкін болғанша, дендері сау болып келеді, ал кей адамдар үнемі аурудан шықпайды. Бірақ мықты немесе нашар денсаулық сіздің бақытты, не бақытты емес екеніңізді көрсете бермейді. Сіздің ақылыңыздың жағдайы ғана сізді бақытты немесе бақытсыз етеді. Әулие Франциск өне бойы азап шеккен, сонда да ауруларды емдеп, Құдай қуанышына толы болған. Сіз Құдай еркіндігіне жеткен кезде, қайғы сіз үшін басқа мағынаны білдіреді. Бірақ сіз сол еркіндікке бірінші болып жетуді ойлауыңыз керек.

Сіз реттегіш тәртіптерді қатаң ұстануға және осы дүниеде еш нәрсеге бауыр баспай қанағат сезіміңізді жетілдіруге үйренуге тиіссіз. Реттегіш тәртіптер адамның сезімдерін ауыздықтап, нәпсіге жол бермеуіне, жарамсыз істерден қорғап, сабырлы болуға үйретеді. Әйтпесе, сізді ықылас пен ынтықтық баурап алсымен-ақ, сіз өзіңізді күтіп тұрған қырсыққа тап боласыз да, төменгі деңгейде тұсалып, төмен құлдырауыңыз да мүмкін. Міне, сондықтан да Гита «О Арджуна! Мен орындауға тиісті еңсерілмейтін міндет жоқ. Мен ие болмайтындай ештеңе жоқ; Мен үшін бұл үш әлемде қол жетпеген нәрсе жоқ! Сондықтан, менің барлық іс-әрекеттерім саналы түрде жүзеге асып отырады»,[3] - деген екен. Азат болғысы келетін адамдар, осылайша, пайдалы және қуанышты істер арқылы рахаттана және оларға ынтық болмай өмір сүруі керек. Адамдардың көпшілігі ақша үшін беріле жұмыс жасайды, бірақ өзінің құтқарылуы үшін еш күш жұмсамайды. Ол үшін зұлымдықпен әріптестіктен бас тартып, өздерінің барлық ой-өріс, сөйлеген сөз, жасаған амалдарын түгелдей Құдайдың разылығына арнап, Құдайдың ықпалымен өмір сүру керек.

---

[3] Бхагавад Гита III:22

Махаббат ұлы жеңімпаз күш

Өзіңіз қараңызшы, көпшілік залалдануда қару ретінде адамдардың баяу өлімінің себебі бола тұра, тұтас халыққа жұқтыру үшін микробқа толы бу жіберу ұсынылады. Мұндай өлімге итермелейтін қырып-жою құралы бүкіл жек көрушілікті, оңбағандықты және менмендікті адам жүректерінде жоюға қабілетті махаббат қаруын дамытудың орнына жасалып отыр. Соғыс кезінде әрбір жақ дау-дамай ретіндегі кінәні екінші жаққа артады. Бірақ, есіңізде болсын, бір қолмен шапалақ соғу мүмкін емес, ол үшін екі қол бірдей қажет. Кей халықтардың басқа халықтарға қарағанда оқтын-оқтын үлкен бәле әкеліп отыратыны рас; бірақ өнегелі адамдар күнәні зұлымдықпен емес, мейірімділікпен жеңу керек екенін біледі.

Сіз адамдарды жақсы көруге тиіссіз. Кейде мұның қиын екенін мен жақсы білемін. Мен өз дұшпандарымды да жақсы көрдім және ешкімге дұшпан болмайтынымды да білемін. Ойша мен оларды жойып жібере аламын, бірақ олай жасаған емеспін, жасамаймын да. Иса да осындай күштің иесі болған. Оның жаулары өзін мазақ еткен кезде, өзін крестен құтқару үшін ол сол күшті қолдана алар еді; ол «Мен қазір Әкемнен сұрасам, Ол Маған дереу он екі әскери бөлімнен астам періштелерін жібереді! Әлде солай болмайды деп ойлайсың ба? Бірақ олай істесем, Киелі жазбалардағы осы оқиғалар болуға тиіс деп алдын ала айтылғандар қалай жүзеге асар еді?!»,[4]- деген екен. Өзінің махаббатымен ол жеңіске жетті. Егер қарапайым адамды соғып қалса, сол адам қайта соққы беруді қалайды. Міне, сондықтан да Құдай рухани әлсіз адамдарға теріс пайдаланатыдықтан өзінің құдайшыл күшін бермеген. Тілек пен кешірім күші Құдай үшін ашылған кезіңде келеді.

Бір күні бір адам менен «Сен осыншама адамдарға [5] көмектесе отырып, олардың мәселелерін шешіп, неге мұнша күш саласың, сен азат емеспісің және мұны жасауға тиісті емессің ғой?»,- деп сұрады.

Мен «Мұны Құдай неге жасайды? Ол жер бетіндегі әрбір тіршілік иесіне Өзін осы мазасыз істен азат етілген кезде көмектеседі. Мен Оның еркі осындай екенін білгендіктен осылай жасаймын. Және менің көмегіме ықылас қойған адамдардың алға басқанын

---

[4] Матай 26:53-54

[5] Өзіндік таным қоғамының жанынан ашылған ашрамдарында тұратын монахтар /Америка мен Үндістандағы Йогода Сатсанга Қоғамы.

бақылаған кезде үлкен рахатқа бататындықтан да жасаймын және Оның ғибадатханасы олардың жүрегінде тұрғызуға мүмкіндікке ие болғандықтан жасаймын.

Бұл дүниеде сізден бір нәрсе алу үшін емес, өздері үшін сіздің досыңыз болуды қалайтын, жүрегі таза адамдар соншалықты аз. Бұл таза жүректі адамдар жоғары ләззат сыйлайды. Бүкіл байлықтан да, нағыз достық артық. Егер сіз адамдарға нағыз дос бола білсеңіз, сіз Құдайға кенелесіз. Егер сіз адамдарды шынайы жақсы көрсеңіз, сіз оларды таза стақанға қарап тұрып, оның ішіндегіні көріп тұрғаныңыз секілді тани аласыз. Бірақ сіздің қабылдауыңыз Құдайды жақсы көріп, басқа адамдарды Құдай махаббатымен жақсы көрмейінше, айқын болмайды.

«Тақуалы өмір үшін өмірімді қиюға дайынмын»

Мен тақуа жан үшін өмірімді берер едім, бірақ шынайы емес адамдарға жоламауға тырысамын. Мен біреумен ешқашан да шынайы емес бола алмаймын, біз тек осылай өмір сүруге тиіспіз. Біз ержүрек, шынайы болуға және біз өзіміз шабыттандыра алатындар алдында ғана емес, сонымен қатар бізді шабыттандыра алатындарға да шын берілген болуға тиіспіз. Өзімізді күшті сезінген кезімізде күнәқарларға көмектесе аламыз. Бірақ өзіңіз күшті болмай тұрып, оларға көмектесуге тырыспаңыз. Әйтпесе, оның орнына олардың қоғамы сізді әлсіз етіп жібере алады. Басқаларды өзгерткісі келіп, өздері солардың күнәларын жұқтыратын адамдар баршылық.

Егер сіздің ақылыңыз барлығын сорғыш секілді сіңіріп алатын болса, сіз оны зұлым ниетті әсерден қорғауыңыз керек. Төгілген майды сорып алған сорғыш қағаздың суды сіңірмейтіні секілді, сіздің ақылыңыз да зұлымдыққа берілгіш болмай тұрып, алдымен мейірімділікке толғаны жөн.

Өзіңіздің мейірімділігіңізге берік болыңыз және басқа адамдарға пайдаңызды тигізуге тырысыңыз. Тек өзі және өзінің отбасы туралы ойлайтын адам үлкен бақытқа кенеле алмайды. Егер ол қайғы-қасірет шеккендер туралы ойламаса, ол өзін басқа адамға көмектесу қуанышынан айырады, сондықтан да оның күнәдан арылу ыдысы шағын күйде қалады. Ақша мен үшін тек бір нәрсені білдіреді: мен оларды мейірімді істер үшін және адамдарға көмектесу үшін қолданамын.

Ғарыштық кинофильм

Мен екі жақты мәселеге қатысты немесе мейірімділік пен зұлымдық туралы мәселенің тағы бір жағы бар екенін түсіндіріп кеткім келіп отыр. Кино продюсері тек періштелер турады фильм түсіріп, оларды күн сайын, таңертең, күндіз және кешке көрсете беретін болса, оған көп ұзамай өз бизнесін жабуға тура келер еді. Ол адамдардың назарын аудару үшін алуан түрлі кинолар түсіруі керек. Жауыз кейіпкер образын неғұрлым тартымдырақ етеді. Маған әрекетке толы сюжеттер ұнайды. Біздің қауіп-қатерлер мен апаттар туралы әсерлі киноларға қарсылығымыз жоқ, өйткені мұның бар болғаны кинофильм екенін түсінеміз. Мен өзімнің бас кейіпкері өлетін бір кино әлі күнге дейін есімде, мен үшін оның өлімі құдды бір трагедия секілді еді. Сонда мен қалып, осы киноның келесі көрсетілімін қарап, кейіпкердің тірі кезін көрдім де, кинотеатрдан шығып кеттім.

Егер сіз осы өмір экранында не болып жатқанын көре алсаңыз ғой, сіздер тіптен қайғырмас едіңіздер. Бұл ғарыштық фильмнің көрсетілімі. Құдайдың біздің жеріміздің экранында көрсетіп отырған бұл фильмі мен үшін еш құнды емес. Мен өмір экранының сахнасында проекциялайтын Құдай сәулесінің нұрына қараймын. Осы нұр арқылы жасалған бүкіл дүние жүзі картинасын көремін.

Келесі бір ретте мен кинотеатрда отырып, экраннан әсерлі драманы қарап отырдым. Содан киномеханиктің күркесіне қарадым. Мен киномеханикті кино қызықтырмайтынын байқадым, өйткені ол оны қайта-қайта көреді. Оның орнына ол кітап оқып отырды. Кинопроектор өз жұмысын жасап жатты: дыбыс және оптикалық бір шоқ сәуле экранда шынайы картиналарды көрсетіп жатты. Драмаға қызыға қараған көрермендер де болды. Мен «Құдайым, Сен өзіңнің шаттық әрекетіңмен, махаббатың мен даналықты сіңірген, кино күркесінде отырған осы адамға ұқсайсың. Сенің ғарыштағы кинопроекторың дүние экранында көре алмаушылық, махаббат, жек көрушілік, даналық сахналарын көрсетіп жатыр, бірақ Сен өз пьесаларыңа қатыспайсың». Ғасырдан ғасырға, өркениеттен өркениетке, сол көне фильмдер қайта-қайта көрсетілуде, тек өз рольдерін түрлі кейіпкерлер ойнайды. Менің ойымша, Құдай осының барлығына қажыған секілді. Ол осының барлығынан шаршаған. Ашалық айырды жұлып алып, осы шоуды тоқтатпай отырғанына таңғаламын!

Мен жанарымды экранда сахна сюжетін көрсетіп тұрған оптикалық сәуледен алған кезімде, кинозалда отырған көрермендерге қарап едім, кинодағы бүкіл актерлердің эмоцияларына күйініп отырғанын көрдім. Олар кейіпкермен бірге қайғырып, қылмыскердің жауыздығына қарсылық білдіріп отырды. Көрермендер үшін бұл трагедиялық өмірлік күйініш еді. Кино күркесіндегі оператор үшін бұл бар болғаны кинофильм ғана. Құдай туралы да солай айтуға болады. Ол жарық пен қараңғы, кейіпкер мен жауыз, мейірімділік пен зұлымдық бар кинофильм шығарды, ал біз көрермендер және актерлар болып табыламыз. Және біз өзімізді осы фильммен тым теңдестіргендіктен қатты толқимыз.

Жарықсыз кино болмайтыны секілді, көлеңкесіз де болмайды. Зұлымдық сол картинадағы Құдайшыл жарық немесе форманы өзгертетін көлеңке. Демек, зұлымдық осы пьесаны мүмкін болатындай ететін Құдайдың көлеңкесі. Түнеріңкі зұлымдық көлеңкесі Құдайшыл мейірімділіктік аппақ қардай сәулесімен кезектесіп отырады. Ол бұл кинофильмдерді шындап қабылдамағаныңызды қалайды. Кинорежиссер адам өлтіру, қайғы-қасіретті, комедия мен драманы көрермендердің қызығушылығын тудыру құралы ретінде қабылдайды. Ол ойыннан шеткерек тұрып, сахнаны қойып, соны сырттай бақылап тұрады. Құдай Өзінің ғарыштық шоуындағы актерлер мен бақылаушылар ғана екенін түсіне отырып, біздің риясыз болғанымызды тілейді.

Құдайда бәрі болса да, дей тұрғанменен, Оның бір ғана тілегі бар екенін көреміз: Ол бұл фильмнің кімді үркіте алмайтынын, және кім өз ролін жақсы ойнап шығатынын қарағысы келеді. Сіз бұл дүниеден қашып кете алмайсыз, бірақ, егер бұл пьесада Құдай туралы айнымас оймен ойнайтын болсаңыз, сіз барлық нәрселерден бостандықтасыз және бәрінен азат етілесіз.

Мен Оған «Құдайым, Сен үшін тек кинофильм ғана, ал біз ол өте қорқынышты» дегенді жиі айтамын. Сонда Тәңірім маған: «Мен сіздерге күн сайын ұйқыға кеткен кездегі түс көру екені туралы түсінік беремін. Осыны күндіз неге есте сақтамайсыз?»,- деп жауап береді.

Бір күні бөлмеме кіріп, өзімнің кереуетте жатқан өлі денемді көрдім. Сонда Тәңірім маған: «Бұл саған қалай, ұнай ма?»,- деп сұрады. Мен бір мезетке абдырап қалдым да, «Құдайым, бәрі де дұрыс, өйткені мен Сені ұғындым; Сенімен сөйлесіп отырмын!,-деп жауап бердім. Сонда мен өзімнің бұған сабырлы қарайтынымды түсіндім.

Құдайды ұғынған жан үшін зұлымдық деген болмайды

Ғалымға немесе басқа бір ой жүйесі материалдық түрдегі адамға жоғары шаттыққа жол жоқ. Бұл жолды тек «Шексіздік кино күркесіне орал, сол жерден сен барлық осы ғарыштық кинофильмдердің бейнесін көре аласың. Сонда сені Тәңір жаратылысы, Тәңір қойған драма толғандырмайтын болады» дейтін ұстаздар соңынан ерген жандар ғана табады.

Менің адамдарға деген жалғыз ғана қызығушылығым, оларға көмек беру. Менің өкпем тыныс алып тұрған уақытқа дейін, адамдарға көмектесіп, жалған көріністі кинофильмдер қарамауын сұраймын Сіз өзіңізді осы жойғыш елестердің бөлшегі ретінде сезінесіз, сондықтан да қайғырасыз. Көрермен бола отырып, сіз олармен рахаттана білсеңіз, онда қайғырмайтын боласыз. Сіз шеткері тұрып, оларды бақылауыңыз қажет, сонда қайғыру деген атымен болмайды. Құдай үшін бұл фильм ғана, және сіз Құдайға оралғаныңызда, сіз үшін бұл да кино картина секілді болып көрінері хақ.

Мен сіздерге ел аузындағы әңгімені айтып берейін. Бір патша ұйықтап кетіп, түсінде өзінің кедей екенін көреді. Түсінде ол ең болмағанда, тамақ сатып алатындай пенни сұрап жүр екен. Ақыр аяғында патшайым оны оятып: «Не болды?» деп сұрайды. Сенің қазынаң алтынға толы болса да пенни сұрап жүргенің қалай?».

Сонда патша: «О, Ақымақ басым. Мен өзімді қайыршы екен деп, қатты қарным ашып, пенни сұрап жүргенім»,- деп жауап беріпті.

Әр адамның мұндай адасуы кезінде, өзінің пенде екені, ауру, қайғы, толқу, қатты мұңаю түріндегі бақытсыздықтар көрінеді. Бұл қорқынышты түстерден қашып құтылудың жалғыз ғана әдісі Құдайға одан сайын беріле түсу, және бұл дүниенің елесіне неғұрлым азырақ мән беру. Сіз адасуға қатысты нәрселерге көңіл бөлесіз, өйткені сіз қайғырып жүрсіз. Егер сіз жүрегіңізді адамға, ішімдікке, сараңдыққа немесе есірткіге берер болсаңыз, онда сіз қайғырасыз. Жүрегіңіз жараланады. Сіздің жүрегіңіз Құдаймен бірге болуы тиіс. Одан неғұрлым көп тыныштық іздейтін болсаңыз, соғұрлым осы тыныштық сіздің үрейіңіз бен қайғыңызды сіңіріп алады.

Сіз қайғырасыз, өйткені өзіңізді осы әлемнің қырсықтарына

ұшырағыш болуға мүмкіндік бересіз. Сіз рухани төзімді, рухани күшті болуға үйренуіңіз керек. Не істеу керек болса, соны жасаңыз және өзіңіздің жасағаныңыздан рахат табыңыз, бірақ іштей өзіңізге «Тәңірім, мен Сенің образыңа ұқсап жаралған балаңмын. Мен Сенен басқа ешкімді де қаламаймын» деңіз. Осы принципке сүйеніп, осы түсінікке жете алатын адам Құдайға шынайы сенетін адам ғана бұл әлемде зұлымдықтың жоқ екеніне көз жеткізеді.

Махатма Гандидің жұмбақтары

Бұл уағыз 1932 жылы жасалған болатын.1935 жылы Парамахансажи Үндістанга ,Вардхадағы Махатма Ганди тұратын лашыққа бас сұғады. Сол кездері Махатма одан Крия -Йогаға арналуды өтінеді. Он жылдай бұрын, Гандижи Ранчидегі Парамахансажи басқаратын ұл балаларға арналган Йогода Сатсанга Қоғамына барады. Йогоданың үйлесімді оқу жоспарының бағдарламасына қызығушылық таныта, ол сыпайылық білдіре, пікір жазылатын кітапта өз қолтаңбасын қалдырды.

Орта ғасырлық дәуірдің аяғына қарай, шіркеу саясатты билей бастаған кездері, мемлекет діннен бөлінді. Содан бері үкімет діннің басқарушы принциптерін қажет етпейтінін айтып, үлкен қателіктер жіберді.

Бір күні, адам қызметінің бүкіл кезеңін басқарып келе жатқан рухани принциптерден бөлініп, саясат ақиқаттан жалтара бастады. «Саясат» деген сөз сол кезден бастап сатып алу немесе басқа да мақсатқа жету жолында саясатты да, қалған адамдарды да пайдаланатын нашар әдістерді тұспалдайтын болды. Мақсат құралды әркез ақтай бермейді, өйткені игілікті мақсатқа ықыласты әдістер арқылы жетуді көздейді. Зұлымдық игілікті мақсатқа жету негізінде қолданылса, зұлымдық мақсатқа жеткеннің өзінде де, мейірімділікпен ажырағысыз байланысты болады.

Діннің барлық адам қызметінен бөлек болуға тиіс деген пайым адасу болып табылады. Тек қиялды оятып, жалпы қабылданған пікірді айқындауға арналған уағыздар қоғам өмірінің әлеуметтік және саяси жақтарына, адамгершілікке жатпайтын істердің өзгеруіне айтарлықтай пайда әкелмейді. Мұндай оқшаулық руханилық адамзатқа аз ғана пайда әкеледі. Екінші жағынан қарағанда, кейбір діни көшбасшылар достары мен ізбасарларына жалған көрініс пен шынайы руханилықтан ада сөздер сөйлейді.

Діни принциптер өмір сүрудің негізін құрайды

Шынайы дін адамның әлеуметтік, саяси және рухани дамуының бүкіл кезеңдерін басқаратын негізгі принциптерден тұрады. Діни принциптер өмір сүре білу мен кез-келген нәсіл мен ұлттың оңтайлы тәртібінің әрбір шынайы нормасын құрайды.

Иса: «патшаға тиістісін патшаға, ал Құдайға тиістісін Құдайға беріңдер!»[1] деген екен. Үндістанның ұлы пайғамбары, ұлы Кришна осы принциптің аса зор үлгісі бола білген; ол патша да, адамзаттың құтқарушысы да болған. Біз көз алдымызға ну орманда тұратын тақуаны елестете аламыз, бірақ рухани жетістіктері тұрақты сынаққа өркениет джунглиін лық толтырған адамгершіліктен жұрдай адам «мақұлықтарына» көмек көрсету үшін ұшыраған жандардың тақуалығы жақсырақ тексеріледі.

Кришна тек пайғамбар болған, сонымен қатар өзінің қасиеттілігі сыналған, патшалық жауапкершілігі бар тақуа да болған. Ол, ынтықтықтан арылған адам ретінде ұлы құрметке ие болды, ештеңеге қарамастан, ол патша да болды. Жасырын материалдық тілектерін мойындамайтын адам рухани сәтсіз адам. Кришна патша байлығына ие болғанымен де, ол, ішінен бас тарта білетін адам болған.

Исаның рухани ұғынуының сабырлылығымен саяси күштерге төтеп береліктей батылдығы жетпеген болса, ол өзіне осыншама назар аударта алмас еді. Өзінің үнсіздігінің арқасында прелат алдында Иса адамзаттың күнәсі мен саясаттың өнегесіз принциптері туралы дауысын көтере айтты. Өзінің махаббатының қылышымен және барлығын жеңе білетін дұғасымен ол: «Құдайым, оларды кешіре көр, өйткені не істегендерін өздері де білмейді» деп сұраған. Иса тек сол уақыттың саяси қарсыластарын ғана жеңіп қойған жоқ, сонымен қатар руханилықтың ең күшті бақталастарын жеңуге болатынын көрсете отырып, барлық кезеңдегі адамдарға озық үлгі бола білді. Қарусыз, жазықсыз Исаны крестке таңған сансыз қарулы күшке ие саяси билік оның шерік қатушылық философиясына тойтарыс беремін деп, өздерінің надандық ісінде түпкілікті жеңіліске ұшырады. Иса рухани талпыныс пен құдайшыл қозғалыс ғибадатханасы мәңгілік екенін біле тұра, өз тәнін өзінің ісінің ісі үшін құрбан етті. Иса «Менің

---

[1] Марқа12:17

Патшалығым осы дүниелік емес» деген екен. Рухани ілімнің шынайы принциптері билік құрып отырған Құдай Патшалығы осы жер бетінде өнегесіз саяси ахуалды өзгерту үшін басталады.

Саясатты шынайы діни принциптерді қолдана отырып өзгерту қажет. Қасиетті Бхагавад Гита кітабында Шри Кришна көргенсіздік мейірімділіктен асып түссе, адам бұзылған діни принциптерді құтқарып, мейірімділік принциптерін азат етуге тиіс деп айтқан. Тәңір жер бетіне пайғамбар ақылын адам жанынан қараңғылықты қуу құралы ретінде пайдаланып келеді.

Махатма Ганди: саясат билігіндегі бүкіл халықты саяси құтқарушы

Исаның алдында Кришна, Будда және басқалары болған. Исадан кейін Свами Шанкара, Бабажи, Лахири Махасая, Свами Шри Юктешвар, Гириджи және басқалар болған. Қазір Махатма Гандидің [2] кезеңі өтіп жатыр. Ол кейбір діни ізбасарлардың тек құтқарушысы ғана емес, сонымен қатар ол саясаттың қол астындағы бүкіл халықтың құтқарушысы ретінде де танылды.

Барлық діни көшбасшылар мен тақуалар өздерінің бөлек діни секталарында сансыз ізбасарларға ие болған.Ганди тек миллиондаған діни ізбасарларына ғана ықпал етіп қоймай, сонымен қатар, осы жер бетінде қоныстанған барлық мемлекеттер мен ұлттардың мыңдаған саясаткерлеріне де өз ықпалын тигізді. Өзінің ізашарларына қарағанда, Ганди діни көшбасшылық қалдырып, саясат өрісіне өте білді.

Ганди әлемде болғанымен, сол әлемге жатпайды. Бхагавад Гита сіздің кім болғаныңыз: өмір сүру үшін қаражат тауып отырған отбасылы адамсыз ба, әлде саясаткер немесе бизнесменсіз бе, ол жағы маңызды емес деп үйретеді. Сіз бұл дүниеде өзіңіздің жеке басыңыздың қам-қарекеті мен материалдық мақсаттар үшін қызмет етпей, Құдайға жағу үшін қызмет етулерің керек. Гандидің отбасы, балалары болған, заңгер қызметін атқарып, өте ауқатты адам болған. Ол өзінің байлығынан бас тартқан, өйткені өзіңнің жақыныңнан артыққа ие болу күні екенін білген. Ол тамақты өте аз ішеді, өйткені Үндістанның миллиондаған адамдары аш-жалаңаш, күніне бір тойып

---

[2] Оның шын аты-Мохандас Карамчанд Ганди. Ол өзін ешқашан миллиондаған өзінің ізбасарлары ұсынған титул- «Махатма» (ұлы жан) деп атамаған.

тамақ ішпей жүрген кезде, өзі тойып алуды ар санайды.

Ганди бөксе байлағышты атақ немесе айта қалсыншы деген мақсатта тақпайды, Үндістанның миллиондаған халқы киер-киімге зар болып отырғандықтан, олардан артық болмау үшін тағады. Георгий V патша мен патшайымына сарай маңы костюмі дәстүрлі этикасын бұзып, оның бөксе байлағыш киімін қабылдауға тура келді. Патша «Тауы» «Магомед» Гандиге өзі келген.

Інжіл ақиқатының тірі кейпі

Біз інжіл уағыздарын тыңдап, кей адамдардың сол уағыздарға сәйкес өмір сүріп жатқандарын көреміз. Махатма Ганди осы інжіл ақиқаттарын егжей-тегжейіне дейін іске асыруда.

Ешбір пайғамбар немесе құтқарушы өз сөзін Ганди сөзінің Англия мемлекетіне әсер еткеніндей, аса зор державаға сөзін өткізіп көрген емес. Басқа ешбір пайғамбар дөңгелек үстелге, конференцияға шақырылып көрген емес. Дәстүр бойынша, Үндістанның вице-патшасы, Лорд Ирвин сөйлеп болғанша махараджи үнсіз тұрулары керек; бірақ Махатма Ганди Лорд Ирвинмен кездескен кезде, Махатма отырып сөйлессе, ол түрегеліп тұрған.

Ганди өткен жолы түрмеден сөзсіз босап шыққанда, ол: «Мен қайтып ораламын» депті. Бұл пайғамбарлық Гандидің қазіргі ұсталуымен дәлелденді. Гандидің алғашқы ойы өзінің сүйіктісі және балаларымен бірге болу емес, ол түрмеге қайта оралып, сол жерде қалған алпыс мың саяси тұтқынға көмектесуді ойлаған еді. Ол басқалары әлі де тұтқында болғанда, өзін босатуды қаламады. Осыны ойлап көріңізші.

Ганди алғашқы рет өзін түрмеге жабуға бұйырған Лорд Ирвинмен кездескен кезде, Гандидің жүрегінде оған деген еш өшпенділік болмаған. Лорд Ирвин оған: «Халыңыз қалай, қымбатты достым?» дейді де ешкі сүті мен құрма ұсынады. Газет қызметкерлері Махатманың Лорд Ирвинмен кезде еш ашу, өшпенділік белгісінің болмағанына таңданып, жазумен болған.

Оңтүстік Африкада Ганди пышақтан жараланады. Оған өзінің қарсыласына қарсы сот процесін ұсынғанда, Ганди «Мен оған сәлем айтамын» деп соттан бас тартыпты. Кейін, осы потенциалдық қылмыскер Гандидің ұстанымы туралы естігенде, ол оның ізбасарына айналады. Адамдардың басым бөлігі бұған «Иә, біз інжілден оң жақ бетіңе соқса, сол жақ бетіңді тос дегенді оқып едік, бірақ бұл сандырақ» деп қарады. «Егер сен мені соғатын болсаң, мен оны он екі шапалақпен, соққымен, мүмкін тіпті, өкпен қайтарамын; бірақ мен, өзімді бұрынғыша мейірімді христиан есебінде санаймын». Ганди қатты жараланып, ажал аузында жатса да, сол адамға батасын беріп, тек кешірім емес, терең махаббатын сыйлау арқылы қарсыласын жеңе білді.

Саясаткерлер үшін керемет үлгі

Гандидің алуан түрлі саяси қызметі Құдай берген интеллектін пайдакүнемдік материалдық мақсатта қолданып, Құдай үшін уақыт таба алмайтын барлық бірбеткей және әділетсіз саясаткерлерге керемет үлгі болды. Ол Құдай алдындағы борышты өтеу қажет екендігін көрсетеді, біріншіден, тынығудың немесе Құдаймен қарым-қатынас орнатуға арналған тыныш қасиетті күнді сақтау керек екенін айтады. Аптаның бір күнін үнсіздік күні етеді. Оны ешкім де сөйлете алмайды ол күні. Үнсіздік сақтау күні басталар кезде, Ганди орнына Лорд Ирвинді келесі күнгі келісім сөзді жалғастыру үшін қалдырып, Үндістанның неғұрлым маңызды мәселесіне арналған конференцияны үзіп тастаған. Гандиді өткенде түн ортасында тұтқындаған кезде, оның әйелі мен балалары жылап-сықтаған, бірақ өзі байсалды күйде қалған. Ол отбасына ризашылығын білдірген, бірақ бұл күн өзінің үнсіздік сақтау күні болғандықтан, кетер алдында аузын ашпастан, отбасына хат жазып кеткен. Махатма ешқашан тыныштық күнін бұзбаған. Ол алдымен Құдайдан күш алмай тұрып, міндеттерді нәтижелі, дұрыс орындаудың мүмкін емес екенін жақсы білген. Оның барлық міндеттерінің ішіндегі ең бірінші міндеті күн сайын белгілі бір уақыт ішінде Құдай туралы ойлау және аптасына бір күн бойына үнсіз Құдаймен тілдесу болған.

Ганди қатаң ақылгөй, өзін ұстай білуші адам, өз сезімінің қожайыны болған.

Мен Ганди үшін барлық саяси және рухани жеңістердің ішінде, өз принциптерін өз әйеліне үйреткені болар деп ойлаймын. Заманауи күйеу менің сөзімнің тереңдігін түсініп, бағалай алмайды. Оңтүстік Африкада Ганди ханым апталап қасірет шегіп, Махатмамен бірге азаттық жолында күресе отырып, түрме тұтқынында тамақтан тартынған.

Қайыршы Үндістанда рухани және мейірбандық іс үшін Махатма жасағандай, ешкім де ақша жинап бере алмас еді. Ол жеке сөз сөйлеу арқылы миллиондаған рупий жинады. Ол оны жасай алды, өйткені адамдар оған мүлтіксіз сенді. Ханшайым оған жеке пайдалануына сәнді күміс отырғыш сыйлады. Ол оны сол мезетте-ақ аукционға шығарып, ақшасын қоғамдық іске арнады. Оның жан-жақтылығы соншалық, хаттарға хатшы арқылы жауап беріп, саясаткерлерге көңіл бөлуге және барлық жұмсалған қоғамдық ақша есебін қатаң жүргізе алады.

«Біреуі барлығы үшін және барлығы біреуі үшін»

Махатма Ганди жалғыз Құдайға және адамдардың әлемдік бауырластығына сенеді. Ол христиан, индус немесе шеттетілгендер арасында айырмашылық тудырмайды. Ол кімде-кім ақиқатқа сүйеніп, Үндістанды шексіз сүйсе, ол нағыз Үнділік дейді. Ол өзінің христандық, индуистік және мұсылман ізбасарларын Үнділіктер деп атайды. Ол: « Басқа халықтар махаббатын және басқа ұлттардың бостандығын қабыл алмайтын патриотизм жойылсын!» дейді.

Патриотизм деген ұғым халықаралық ауқаттылықты білдіру қажет. Ганди «Біреуі барлығы үшін, барлығы біреуі үшін» доктринасына сенеді. Оның доктринасы саяси әдістері күшке негізделген коммунистік принциптерден әлдеқайда өзгеше, сонда Ганди жоғары рухани күш төменгі қуатты дөрекі күшті жеңетінін айтады. Ол жек көрушілік жек көрушілікті күшейтетінін ол оны ешқашан жеңе алмайтынын айтады. Күшті адам әлсіз құрбандарға әлім жеттік жасай алса да, өзінің жасырын жек көрушілігін жеңе алмайды. Егер әлсіз құрбан кенет көмекке ие болса, ол күшті адамнан өшін екі есе алады, бірақ егер жек көрушілік рухы әлсіз қарсыласта махаббат алауымен жойылған болса, онда жеңіс неғұрлым ұзақ мерзімді, айбынды және барлық боларлықтай жек көрушілік пен тәртіпсіздік микробтарынан азат болады.

Ганди егер сізде револьвер болып, ал күшті дұшпаныңызда басқа револьвер болса, сонда сіз қорқып, «Мен сені кешіремін» деп қаша жөнелсеңіз, сіз қорқақсыз дейді. Ол қорқақ болғанша, қару қолданған артық дейді, бірақ жаман қылық көрсетуші қарулы дұшпаныңызға қарсы тұрған кезде қашу мен атысу күшінен артық қаруды қолданған дұрыс екенін айтады. Бұл күшті қару «Махабатқа қарсы әрекет ету мен дұшпанның жаман әдістерін қолданудан бас тарту» болып саналады. Іс жүзінде осы қаруды пайдаға асыру сізді жеңімпаз рухани адам етеді.

Егер он ағайындының ең кенжесі ашуға мініп, қалғандарын тас-талқан ету үшін қылышқа жармасса, үлкен ағасы басқа қылышқа жармасады да, інісінің басын шауып тастайды, ал содан соң анасына барып: «Анашым, мен басқаларын құтқарып қалу үшін кіші інімді өлтірдім» десе, анасы: «О, ұлым менің, сен қалайша менің кенже ұлымды, өзіңнің ардақты ініңді өлтірдің» деп жылай бастайды.

Бұлай жасағанша, үлкен ұл келіп анасына: «Анашым, менің кішіінім есінен адасып, қалған бауырларымды өлтіру үшін қолына қылыш алды. Сонда мен оның алдына қарусыз тұрдым да «Мен өзімнің махаббатыммен алдыңа қарсы тұрамын, сенен өлтірмеуіне жалбарынамын; бірақ егер өлтіруге тиіс болсаң, алдымен мені өлтір. Анашым, менің кенже інім қылышымен менің қолымды жаралса да, менің одан кек алмай, ашуға берілмеген зиянсыз махаббатыма көзін жеткізбейінше, не істегенін өзі де түсінбейді. Бірінші соққыдан соң, менің махаббатымнан жеңілген ол қылышын қойып, менің жарамды байлады да, кешірім сұрады» дегендей болса, анағұрлым жақсы болар еді.

Егер Құдай Өзінің бар күшімен адам қайда болса да, жазалай ма? Құдай бізге ықпалын тигізу үшін материалдық күшті қолданбайды; ол ақиқат жолына мойнын бұрғызу үшін махаббат күшін және өзін-өзі дұрыстауға көмектесетін күшті пайдаланады. Өзінің махаббатымен Құдай Өзін біздің барлық талпыныстарымыздың қымбатты нысаны, біздің Әкеміз етіп отыр.

Үндістан үшін Ганди мұраттары не істеді

Гандидің арқасында Үндістанда спирт сусындарын және апиын сату шамамен сексен пайызға қысқарды. Есірткі мен ішімдікті пайдалануды мадақтайтын бірде-бір мемлекет тұрғындар құлдырауы кесірінен пайда түсіруге тиісті емес.

Үндістан халқы ыстық климат болғандықтан жеңіл және жұқа киімге зәру. Үкімет үнділіктердің жіңішке жіп шығаруына тыйым салатын заң шығарды. Сондықтан да Үндістанда өсірілетін мақтаның барлығы мата өндіру үшін Ланкастерге жіберіледі. Бұл жағдайда үнділіктер өз саудасынан айырылып, Англиядан келетін мата импортына тәуелді болды. Ганди Үндістан тұрғындарына өз киімдерін өздерінің арзан ұршықтарымен иірілген қатты жіптен дайындауға кеңес берді. Осының арқасында Англияда шығарылатын мақта-мата тауары импорты шамамен сексен пайызға төмендеді. Бұл жергілікті (Үндістанның) өнеркәсіптің пайда болуына жол ашты. Қалалар мен зауыттардағы табысқа тәуелді болудың орнына , адамдар өздерінің күшіне сене бастады, енді міне олар өздерінің өнеркәсіп дақылдарын өсіріп, өз жерлерінде өсірілген мақтадан өз киімдерін дайындау мүмкіндігіне ие болды.

Ганди поезд бен автокөліктерді бір орыннан екінші орынға көшу үшін пайдаланды. Ол заманауи машина жабдығының пайдалылығын мойындамайтын адам емес. Бірақ та материалдық әлемде бәріне ие бола берсем деген мазасыз ойдан сақтандыруды ойлайды.

Христиандық ілімінің оралуы

Өзінің уағыздарымен Ганди Үндістан императоры да, Британ үкіметі заңнама тәртібінде жүзеге асыра алмағанды асыра алды. Индустар мұсылман мешіттерінде , ал мұсылман діндарларының басшылары индустар ғибадатханаларында уақыз айтты. Көп жағдайларда индустар мен мұсылмандар бір ыдыстан ас ішті.

Америкада ықылым заманнан негрлер мәселелері болғаны секілді, индустарда да қара нәсілді аборигендер, парийлер және шеттетілгендер мәселесі болды. Қоғамдық топ пен қауымдар жүйесі Америкада қалай күшті болса, Үндістанда да солай күшті болды. Негрлер мен америкалық үндістер қара нәсілді Сонталдар, Колдар, Виилдар және Үндістанның төменгі топтары секілді мұнда да шеттетілген. Үндістанда олар оқшау өмір сүріп, «жанаспайтындар» қауымы деп аталады. Американың оңтүстігінде негрлер үшін темір жол вокзалдарында күту залдары бөлек, олар трамвайлар мен поездардың бөлек вагондарына отырғызылады. Негрлер төмен жалақылы жұмыстар жасап, әлеуметтік мағынада жанаспайтындар болып табылса, Үндістанда да шеттетілгендер малай болып, әлеуметтік жанаспайтындар болып есептеледі. Вашингтонда, Колумбия аймағында, мен өзімнің негр және ақ нәсілді бауырластарымның алдында бөлек сабақ өткізуге мәжбүр болдым. Бұл мені таңғалдырды.

Махатма Ганди Христиандық ілімді қайтарды. Бүкіл адамдар ақ нәсілді, қоңыр тәнділер, сары тәнділер және қара тәнділер Адам мен Хиуаның ұрпақтары, біздің ортақ ата-аналарымыздың ұрпақтары, және олардың бойында да, демек, біздің де қанымыз бар. Осылайша, Ганди қазір өз құқықтары үшін күресе бастаған шеттетілгендерге қол ұшын берді.

Ганди өмірде жалғыз өтіп, тәуелді болуына ықтиярсыз көндіріп отырған жас жесірлердің де бостандығына сенеді.

Ганди әйелдердің тең құқылығына сенеді; ол жыныстар теңдігін уағыздайды. Әйелдерді жазғырып, шарап, әйел және байлық жаман нәрсе деп неге айтады? Шарап, еркектер және байлық арбаушы және ол бүліншілікке алып келеді деп әйелдер де айта алады.

Ганди әйелдерге бостандық алып беруге үгіттейді. Міне сондықтан да, әулие Ганди ізбасарларының арасында ағылшын адмиралының қызы Мадлен Слейд пен Сароджини Найду[3] секілді әйелдер бар. Ол үнді әйелдерін отбасындағы оңашалықтан құтқарды, енді міне олар саяси зұлымдыққа қарсы күресте оның рухани армиясының басқа әскерлерінің алдында келеді. Мадлен Слейд «Қандай жағдай болмасын, мен өткенге оралмаймын және Махатма Гандидің үйреткен нәрселерін жадымнан шығармаймын» деген екен.

Ганди барлық жан-жануарларға аяушылығы мен махаббатын білдірген. Ол бұл наным-сенімнің әсіре жанкүйері болмаса да, біреуге ауыртпалық жасау дегенге сенбеген; ол ауру сиырды азаптан құтқару үшін сойып тастаған дұрыс деген.

Ганди Иса Христос, Бхагавад Гита және Толстой өз өмірінің қалыптасуында үлкен ықпал келтіргенін айтады. Исаға тірі кезінде өз еңбегінің жемісі мен қасіретінің нәтижесін көруге жазбаған. Бұл жерде Гандидің жолы болды. Өзінің кіршіксіз тәртібімен Ганди танымалдыққа ие болып, тарихқа Үндістанның тек бөлек адамдарының емес, басқа да халықтардың тағдырын өзгерткен ұлы құтқарушы ретінде кіреді. Оны сынап-мінеудің орнына, тіпті оның қас дұшпандары да оның шыншыл адам екенін мойындаған, оны ақшамен де, жағынып та, мадақтап та, саяси даңқпен де сатып алуға болмайтын еді. Ол ешқашан өз принциптерімен ымыраға келмейді.

Зұлымдыққа махаббатпен қарсы әрекет ету

Гандидің зұлымдыққа махаббат күшімен қарсы әрекет ету туралы ілімі іс жүзінде өзінің дұрыстығын көрсетті. Адамның қираткыш күші оның жасампаз күшінен асып түскен машина ғасырында, Ганди біздің әлеуметтік жүйемізде қиыншылыққа қарсы әмбебап дауа берді. Бүкіл әлеуметтік және саяси кемшіліктерді жеңу үшін, біз нағыз айбатты рухани қару қолдануымыз керек, ал, нақтырақ айтар болсақ, «махаббатпен

---

[3] Кеңінен танымал үнді ақыны және жазушысы, және Үндістандағы Үнді Ұлттық Конгресінің президенті және Үндістандағы штат губернаторы болған бірінші әйел.

қарсы тұру». Соғыс соғысты тудырады және оны әріптестіктен бас тарту және ғажап махаббат құдіреті арқылы тойтаруға болады.

Ганди Оңтүстік Африкаға заңгер ретінде барған кезде, ол сол жерде түзету шаралары іске асқан уақытқа дейін аштық жариялап, әріптестіктен бас тартанынын айтты. Өзі, әйелі және үш жүз шамасында жақтастары жиырма бір күндік аштықтан кейін босатылды. Генералдар Смутс пен Ботас жеңілісті мойындап, үндістер жеңіп алды. Бұл Гандидің алғашқы жеңісі болатын.

Африкада африканың ежелгі халықтары бурлар мен зулустар жүргізген соғыстар кезінде, Ганди үкімет атынан сөйлеп, санитарлық корпусты шабыттандырып, жаралыларды оқ астынан құтқарғаны үшін екі алтын медальмен марапатталды.

Кейіннен, Үндістанда генерал Дайер солдаттарына қарусыз екі мыңдай жазықсыз адамдар тобырын снарядтар таусылғанша атуға бұйрық берді. Бұл адамдардың жалғыз ғана қылмысы олар полиция бұйрығына қарсы наразылық білдіру үшін жиналған еді. Бұл жағдай Гандиді Ұлыбритания өкіметіне қарсы қойды, және сол кезден бастап Ганди «Мен ағылшын халқын жақсы көремін, бірақ осы уақыттан бастап, ағылшындар Үндістанға жабыстырған басқарудың кез- келген әділетсіз формасының қас дұшпанына айналамын» депті. Көптеген батыл журналистер Ұлыбританияда генерал Дайерді айыптап, ол Англияға шақыртылған еді.

Ганди әріптестіктен бас тарту қозғалысын ол зорлық-зомбылыққа айналып бара жатқандықтан доғарды. Бірақ соңғы рет түрмеге жабылған кезде, «Қозғалыс жалғасын таба беруі тиіс» деген екен, және сол кезден бастап, Үндістанның мыңдаған неғұрлым белгілі адамдары азаттық ісі үшін (әріптестіктен бас тарту формасындағы зорлық-зомбылықсыз акциясы үшін) түрмеге тұтқынға алынды. Ганди түрмеге тұтқын ретінде емес, түрмені азаттық ғибадатханасына айналдырып, шіркеу өкілі ретінде көп барды. Бұл адамдардың жадында мәңгіге сақталады. Түрмеде Ганди қауіпті. Өлі Ганди түрмеде өзінің азаттық пен теңдікке шақыруын уағыздай отырып, мәңгі өмір сүретін болады.

Нағыз теңдікке махаббат арқылы жетеді

Ганди теңдікті байлардан күшпен тартып алып орнатуға болатынына сенбейді. Ол шынайы безіну мен риясыздық жүректен келетініне сенеді. Ол сол адамдардың жүрегінде бауырластықты дамыта біріктіргісі келеді. Ол адамдар бірін-бірі жақсы көріп, табысқа жеткен бауырлары табысқа жетпеген бауырларына көмектессін деген мақсатта махаббатты уағыздады.

Ганди үшін ең зор жеңіс оның қарусыз әскерлері, оның рухани батальоны үкімен бұйрығына қарсы шыққаны еді. Көргендер қолдарында жуан таяқтары бар, пулеметпен қаруланған полициялар адамдарға шапқандарын және батыл адамдардың бас сүйектері қирап, денелері жараланса да, қайтадан «Бізді өлтірсеңдер де, біз орнымыздан қозғалмаймыз» деген сөздермен бастарын көтергендерін сипаттайды; Көп жағдайларда полициялар қаруларын тастай қашып кеткендері туралы айтылады. Ганди Англияның өзін-өзі басқаруды беруі туралы уақытша бітім мен уәдеге қол жеткізді. Өзінің қарсы әрекет ететін рухани махаббат күшімен Ирландия жеті жүз жылда жете алмағанда, Ганди Үндістан үшін үш жылда жетті.

Мен ағылшындармен соғыса отырып, оларды өлтірмей мақсатқа жеткенде соғысты болдырмау әдісін Үндістан елінің көрсететініне сенемін. Сонда саяси мағынада шаршап-шалдыққан Үндістан жеңіске жетіп, халықтар құтқарушысы болады. Епископ Фишер: «Махатма Ганди- бүкіл христиан әлеміндегі ең көрнекті тұлға, ол бейбіт халықты соғысты жеңудің жаңа тәсіліне үйретеді»,- депті.

Егер бүкіл әлемде кімде-кім бейбіт өмір үшін үлесін қосқан болса, онда бұл үлес Вудро Вильсон мен Махатма Гандиге тиесілі. Ұлт Лигасының құрылуының жоспарын ұсынушы президент Вильсон әлемге азаттық мұратын алып берді. Мистер Вильсонның арманының орындалғанын көре алмай, өмірден өткені маңызды емес. Оның ісі жалғаса беретін болады. [4]

Жек көрушілікті жойыңыз, сонда бейбітшілік те келеді

Махатма Ганди әлемге тек соғысты талқандаудың тәжірибелік әдісін жоғары дәрежеде беріп қана қойған жоқ, оны мүмкін болмайтындай етудің де әдісін берді. Адамдар неліктен әлі ештеңе шешпеген әдістер алауыздығын реттеуге тырмысып, миға күш түсіруге тиісті?

Гандиді қоспағанда, бірде-бір саясаткер өз елінің игілігін ойлап,

---

[4] Мемлекеттер арасындағы әлемдегі жәрдем ету және жақсарту мақсатындағы өзара ынтымақтастық тұжырымдамасы кейін Біріккен Ұлттар Ұйымын құрылуына әкеліп тірейді.

бүкіл әлемнің қызығушылығын есепке алмаған. Ганди Үндістан және бүкіл бастарында еркі жоқ халық үшін, бүкіл әлем халқы тыныш және қауіпсіз өмір сүруі үшін бейбітшілікті қалайды. Жек көрушіліктің құпия динамиті соғыстың себебі болып отыр. Жек көрушілік дегенді жойыңыз, сонда жер бетінде бейбітшілік орнайды. Ганди жер бетіне әлемді жеңімпаз махаббат және түсіністік қаруымен жеңіп, президенті Ақиқат болатын Әлемнің Құрама Штаттарын құру үшін келген дәуір өкілі, бейбітшілік реформаторы және ұлы саяси құтқарушы. Өзінің қайғы-қасіретімен, бас тартуымен және әмбебап махаббатымен ол халықты бір-біріне бауыр екенін түсінуге және бауырлардың өз алауыздықтарын өздері ретке келтіруіне мәжбүр етеді.

Ганди жігер берген саясат, және медитация арқылы Құдай сәулесіне бөленген адамдар жүректерінің қасиетті мехрабы ішті сабырлылық жұмағын орнатып, сырттай адамның отбасында, әлеуметтік, саяси және рухани өмірінде тыныштыққа кенелтеді.

Ганди сабырлылық жұмағы мен бауырластықты барлық елдегі адамдар жүректеріне және барлық елдерде Йогода Сатсанга (Өзіндік таным Қоғамы) Тәңірдің өшпес шаттығын адамдар жанына жеткізеді.

Батыстық бауырластар Шығысты материалдық әлем өрісіндегі өнімділігімен жеңуді жалғастыра берсін. Және шығыс бауырластары батыстық бауырластар жандарын өздерінің махаббатымен жеңуді жалғастыра берсін. Бұл Шығыс пен Батыс халықтарына материалдық және рухани тұрғыда біркелкі дамуына мүмкіндік береді.

Махатма Ганди- заманауи рухани құпия. Оның әйелі Шығыс пен Батыстың күрделі мәселелерінің шешілуіне жол көрсететін болады.

(Махатма Ганди 1948 жылдың 30 қаңтарында қаза тапты. I ақпан күні Парамаханса Йогананда тақуаның құрметіне еске алу қызметін өткізді. Ганди мен Шри Йогананда арасындағы рухани дәнекер туралы білетін дәрігер, публицист және Үндістынның Пуна қаласының журналисі , Парамаханса Йогананданың ескі досы В.М. Нойле соңынан оған Махатманың аздаған күлін салып жібереді. Осы күлді ала отырып, Парамахансажи 1949жылдың 27 ақпанында[5] екінші

---

5 Парамахансажи Пасифик Палисейдс, Калифорнияда орналасқан SRF жанынан ашылған Көл ғибадатханасында Махатма Гандиге арналған Әлемдік Бейбітшілік Мемориалынын ашылу салтанатын 20-ші тамызда, 1950 жылы өткізді. 24-ші қазанда 1951 жылы В.М. Нойленің Парамахансажиға жіберілген хатында:

еске алу қызметін өткізді. Содан дұғамен қорытындылады:)

«Гандидің жанына ризашылық ет және оның рухани бастауын ұмытпау үшін, қажетсіз әдістерді қолданбай, бейбітшілікті бұзбай, жасампаз мейірімділік пен махаббатты Христос үйреткендей, сондай-ақ Ганди үйреткендей етіп қолдануда зұлымдықпен күресуді ұмытпау үшін бәрімізге ризашылығыңды бер. Ганди біздің жүректерімізде, Құдайда, Үндістанда және бүкіл халықтардың жүректерінде мәңгі сақталады».

«Ганди сүйегінің күліне қатысты айтқым келгені сол мен сізге беріп жіберген күлінен басқасын, Үнді елінен ешқайда жіберілмей (олар) барлық маңызды көлдер мен теңіздерде шашыраңқы етіп шашып тастады ... Сіз, бірінші болып Ганди Мемориалын тұрғызғандай , Үнді елін барлық әлемге ұяң етіп көрсете білдіңіз. Үндістаннан бөлек, барлық әлем бойынша Гандидің сүйегінің күлі тек жалғыз сізге ғана жіберілді.»,-деп жазылған.

Магнетизм:
Жанның ажырамас күші

Өзіндік таным Қоғамының Ғибадатханасы, Энсинитас, Калифорния, 29-ші шілде 1939жыл

Неліктен кей адамдар сөйлеген кезде оны қызыға тыңдайды да, енді біреулері сөйлеген кезде ешкімді қызықтыра алмайды? Тіпті ап-айқын қателіктеріне де қарамастан, диктаторлар үлкен ықпалын тигізуге қабілетті. Бұл құдіреттің құпиясы қайсы? Бұл магнетизм деп аталады.

Бүкіл адамдар құдайшыл магнетизм сыйына ие. Онда неге бір адамдарда ол бар да, енді біреулерінде жоқ? Өйткені аздаған адамдар ғана бұл магнетизмді дамыту жолдарын біледі; адамдардың басым бөлігінде ол мүлгіп жатыр. Құдай бізге сыйлаған көптеген қабілеттер оларды қолдана алмағанымыздан, ұйқыда жатыр. Сіздердің көпшілігіңіз өмірден өз денсаулығының әлеуетін жаттығулардың көмегімен дамытпастан өтуде. Сонда нәтижесі қандай? Жасынан бұрын қартаю және ауру. Сіз дене дамуы туралы ойлаған кезіңізде, сіз тәннің басқа бөлігін ескерместен, бір қолдың күшін дамытуды ойлаған жоқсыз. Басы жер жаңғағымен бірдей, ал денесі ірі адамдар пропорционалды емес болып көрінеді. Сіздің дамуыңыз да егер басқаларын дамытпай, тек Құдай берген ақыл-ой қызметін ғана дамытатын болсаңыз, осындай пропорционалды емес болады.

Магнетизм деген не? Гипноздауды жануарлар магнетизмі деп атайды; бұл гипнозшының иландыруымен басқарылатын ақыл-ой хлороформының түр өзгешелігі. Бірақ рухани магнетизм деген бір басқа. Бұл жан құдіреті жалпыға бірдей қажетті бақыт пен игілік үшін не қажет екенін біледі. Көп адамдардың магнетизмі өте жоғары дамымаған; ол көбінесе сезім жазықтығында айқындалады, физикалық магнетизм- ғарыштық *майя* гипнозы немесе жалпыға бірдей адасу пәні болып табылады, яғни материализм деңгейінде қызмет етеді.

АЗЫҚ-ТҮЛІК ӘДЕТІНІҢ МАГНЕТИЗМГЕ ЫҚПАЛЫ

Магнетизмнің дамуына әсер ететін сансыз факторлар бар. Біріншіден, өзіңіздің қандай тамақ түрлерін және қандай мөлшерде пайдаланатыныңызға назар аударып көріңіз. Тамақты мөлшерден тыс ішу және дұрыс тамақтанбау магнетизмнің дамуына кері әсерін тигізеді, соның салдарынан ағзаның өмір күшіне зиян келеді. Өздерінің ағза жүйесін шамадан тыс жүктейтіндер, көбінесе магнетизмін етпен төмендетеді. Бұл ағзаға сәйкес келмейтін басқа да азық-түлік өнімдеріне қатысты. Екінші жағынан қарағанда, балғын жеміс-жидектер секілді таза азық түрлері магнетизмді күшейтеді. Ал желінген тамаққа қатысты айтарым, үстел басынан тұрғанда әлі де аздап аштық сезімі болғандағы тамақ мөлшері жеткілікті. Өзіңізді ықылық атқанға дейін тойдырмаңыз. Асқазанға шамадан тыс салмақ түсіру ішкі өмір күшін әлсіретіп, магнетизмнің жоғалуына әкеліп тірейді. Үнемі тамақты мөлшерінен артық ішетіндер, магниттік болмайды, ал енді кімде-кім күнделікті тамақты тартына жейтін болса, олар өз магнетизмін күшейтеді.

Сіз өз денеңізді үнемі бақылауда ұстауға тиіссіз. Тамақтан тартынбайтындар, дұрысында, бір күн тамақсыз қалса, міндетті түрде өліп қаламын деп қорқады. Ал ұзақ уақыт бойы ашыққан кезде, сіз белгілі бір уақыт өткен соң аштық сезімі жоғалып, тамақ ішуге заұқыңыз жоқ екенін байқайсыз. Егер сіз дұрыс ашығуды білмесеңіз, онда тамақтан ұзақ уақыт тартыну қауіпті; бірақ өзіңіздің не істегеніңізді біліп отырсаңыз, бәрі де дұрыс болады.[1] Тамақты мөлшерінен көп қабылдау ағзаның өмір күшін кіріптар етеді, бірақ күнделікті, арагідік, бір-үш күн бойына ашығу, өмір күшін қалыпқа келтіріп, ағза магнетизмін күшейтеді.

Сіз, жан ретінде, орнықсыз тәннен анағұрлым артықсыз. Ашығу кезінде сіз денеде өзіңізге күш беріп тұрған ғарыштық энергияның немесе *прананың* бар екенін байқайсыз. Бұл тамаққа тәуелді болған ақыл-ой энергиясы өзіне көбірек сенуге үйренеді. Ашығудың көмегімен сіз өз денеңізді көбірек ғарыштық энергияға сенуіне жаттықтырасыз. Иса «Адам тек нанмен ғана емес, Құдайдың аузынан шыққан әрбір сөзімен өмір сүреді»[2] дегенде осыны айтқысы

---

[1] Мұндай тәжірибеге ие емес адамдар ұзақ уақыттық ашығуды бастамас бұрын медициналық кеңеске жүгінуі тиіс.

[2] Матай 4:4

келген болатын. «Құдайдың аузы» дегеніміз сопақша мидағы өмір энергиясын беріп тұратын жіңішке орталық, «сөз» ағзаға оның ғарыштық қайнар бұлағынан келеді.

Ашығу кезінде санада өзіңізді ашықтырып отырған жоқсыз, сізді ғарыштық энергия қоректендіріп отырғаны туралы ойды ұстап тұруға тырысыңыз. Энергияның тікелей тәнге тамақтың араласуынсыз енгенін көрген кезде таңғалатын боласыз. Сіз өмірдегі нағыз медеу болып саналатын осы күш туралы білген жоқсыз, міне сондықтан да сіз тамақтың құлы болып кеттіңіз.

Айталық, сіз өлі адамның асқазанына тамақты тыққылап жатырсыз делік. Ол тамақты қорытып, қайтадан энергияға толы бола ала ма? Жоқ. Дене сол өлі күйінде қалады. Бірақ тірі адамның асқазанын тамаққа толтырсаңыз, онда не болады? Ас қорытылады. Осы мысалға қарап, тамақтың өмір бере алмайтынын көруге болады. Бұл тамақты энергияға айналдыратын *прана* немесе ағзадағы интеллектуалдық өмір күші. Бұл өмір күші ол ағзаны тамақсыз қолдай алмайтындай көріп, оны денемен теңдестіргендіктен, соншалықты тәуелді болған. Бірақ Иса бізді басқаша үйретті. *Прана* денеге ұрықтану кезінде жанмен бірге кіреді де, адамның өмірі бойына үнемі «Құдайдың аузымен» толығып отырады. Ашығу осы ішкі энергияның өзін-өзі қолдаушы күшін дамытуға көмектесетін әдістердің бірі болып табылады.

Ашығу қанды тазартып, басқа органдардың тынығуына мүмкіндік береді; қалпына келген энергия көз, аяқ және қол арқылы өте бастайды. Осылайша, сіз ашыққан кезде, дұға оқыған және Өзіндік танымның сауықтыру тәсілдерін [3] қолданған кезде, басқа адамдарға сауықтыру энергиясын көбірек бере аласыз. Өзіңізді дөрекі субстанция есебінен емес, ғарыштық энергия есебінен өмір сүріп жатқаныңызды түсіне бастасымен, сіздің денеңіз магниттік бола бастайды. Сіздің бойыңызда магнетизмнің жаңа сапасы пайда бола бастайды. Бұл сіздер ие болған ұлы білім.

---

[3] Дене аурулары, ақыл-ой үйлесімсіздігі және рухани надандықты сауықтыру туралы дұғалар күн сайын пенде өмірінен және Өзіндік таным Қоғамының Дұға Кеңесі арқылы ұсынылады. Өзі және өзінің туыстары үшін дұғаларды хатпен немесе Лос-Анджелестегі Өзіндік таным Қоғамының телефоны арқылы тапсырыс беруге болады. Бұл арнайы дұғалар қоғам мүшелері мен бүкіл әлемдегі бейбітшілік және бүкіл адамзат үшін үнемі дұғалар ұсынатын Өзіндік таным Қоғамының Дүниежүзілік дұға үйірмесі арқылы қолданады. Дүниежүзілік дұға үйірмесінің жұмысы сипатталатын бүктеме сұраныс бойынша беріледі.

БҮКІЛ ӘЛЕМ ВИБРАЦИЯСЫ СІЗДІҢ ТӘНІҢІЗ АРҚЫЛЫ ӨТЕДІ

Сіздің және сіз байланысқа түсетін, қоршаған адамдар арасында тұрақты магнетизммен алмасу болып тұрады. Мысалы, біреумен кездескеннен кейін, сіз өзіңізбен бір нәрсе болғанын түсінесіз; сіз шын мәнісінде, сол адамнан ток алғансыз. Басқа адамнан магнетизмді алу үшін үнемі сол адаммен бірге болу қажет.

Біреудің қолын қысқан кезде, магнит пайда болады, сонда сіз магнетизммен алмасасыз. Егер сіз неғұрлым күшті және позитивті адам болсаңыз, сіз өз вибрацияңызды басқа адамға бересіз. Бірақ, егер сіз әлсіздеу болсаңыз, онда сіз оның вибрациясын аласыз. Бұл адамдардың өздері де ұғынбастан белгілі тұлғалардың қолын қысқанды неліктен жақсы көретінін түсіндіреді.

Жағымды да, жағымсыз да ықпал ету эфирде вибрациялар құрайды. Бұл вибрациялар айналаның бәрінде бар. Осы вибрациялар ортасында болғаныңызда, олар сіздің денеңіз арқылы радиотолқындар секілді өтеді. Егер сіз жаман қылықтар жасайтын бір адамдармен бірге өмір сүріп, не қарым-қатынас орнатсаңыз, сіз қалай қашып құтыламын десеңіз де, олардың қылықтарының магниттік вибрациясын сезесіз. Мінезсіз тұлғалар қалай болғанда да, жаман қылықты адамдардан сақ болғаны дұрыс. Тек өз-өзіне сенімді, байсалды мінезді адамдар ғана оларға өзгеруіне көмектесе отырып, бірақ олардың зиянды ықпалына бой алдырмай олардың аясында бола алады. Бұл заң. Егер біреу ішімдік ішіп, оның магнетизмі сіздің ішімдіктен тартыну еркіңізден күштірек болса, онымен қарым-қатынасты доғарыңыз. Сіз жаман әдеттері бар адамдармен қарым-қатынаста болғанда, сіз өзіңіздің магнетизміңіздің жағымсыз магнетизмге қарағанда мейірімді магнетизмге күштірек екеніне сенімді болуыңыз керек. Өз-өздерін қорғамай, ең алдымен өз бойларында берік рухани магнетизмді дамытпайтын жалған атақты ұстаздар мен реформаторлар, өздері көмектескісі келген адамдар үшін жағымсыз вибрациялардың құрбаны болуға тәуекел етеді.

Мен біреудің қолын алып немесе басқа адамдар ортасында болғанымда, мен магнетизмімді беремін; ал кейде, олардың вибрациясын алғым келсе, ала аламын. Бірақ, егер алғым келмесе, мен олармен бір толқында болуға ниетті болмаймын. Бұл тіршілік құпиясын мен үнемі көремін. Ал адамдар өздерін бар болғаны тән фунтымын деп ойлайды!

САБЫРЛЫЛЫҚ СІЗДІ ЖАҒЫМСЫЗ ВИБРАЦИЯЛАРДАН ҚОРҒАЙДЫ

Шулы вибрация, қатты шудың аясында өмір сүрген адамның өмірі алты жылға кемитіні дәлелденген. Күйгелектенген кезде сіздің жүйке жүйеңізге әсер ететін кез-келген мазасыздандырғыш вибрация түрлеріне неғұрлым ұшырағыш болып келесіз. Ал сабырлы болғаныңызда, мұндай вибрациялар сізді мазаламайды. Олар сізге күйіп-пісіп, ашу шақырған кездері жетеді, ал сабырлылық танытып, тынышталып, рухтың жақсы жағдайына оралғанда, олар сізге әсер ете алмайды.

Өз вибрацияңызды «Мен сабырлымын» немесе «Мен бақыттымын» деп ойлай, күшейтіңіз және өзгертіңіз. Күн сайын осы ойды нықтап бекітсеңіз, сіз сабырлы немесе бақытты магнетизм дамыта аласыз. Егер сіз өз ортаңыз мақсаттарыңызға сай келмейтінін түсінсеңіз, өзіңізге қол ұшын бере алатын басқа адамдарды табыңыз. Басқа ортаға ауыса отырып, сіз өз магнетизміңізді дамытып, өзіңізді жақсы жағына өзгертесіз. Өзіңізге үлгі боларлықтай адамдармен қарым-қатынас орнатыңыз. Егер сізге бизнес магнетизмі қажет болса, бизнесмен ортасында болыңыз. Тәніңіз бен киімдеріңізді таза етіп, қайда барсаңыз да, өзіңізді билей алатындай сананы ұғына ұстаңыз. Егер сіз жазушы болғыңыз келсе, әдеби вибрациясы бар адамдарды іздеңіз. Егер тақуа болғыңыз келсе, қасиетті адамдар ортасын іздеңіз.

ТАҚУАЛАРДАН МАГНЕТИЗМДІ ҚАЛАЙ «ҰРЛАУҒА» БОЛАДЫ

Ұлы тақуалар өз уақыттарын текке жоймайды. Сіз оларды өз жүректеріңіздің табандылығына сендіруге тиіссіз. Сонда сіз оларды тартып, олардан магнетизмді «ұрлай» аласыз. Егер олармен жақын болсаңыз, автоматты түрде сіз олардың вибрациясын аласыз. Сонымен қатар, сіз олардың магнетизмін мыңдаған километр қашықтықта болғанның өзінде де ала аласыз, өйткені олардың рухани вибрациялары шексіз.

Мен вибрацияны өзімнің гуруым Шри Юктешвардан оның қазір басқа деңгейде болғанның өзінде үнемі ала беремін. Ол Үндістанда тұрған кезде, мен әдетте вибрациясын алып тұратынмын. Осылай мен өзінің тәнінен босап шығуға дайындалып жүргенін интуиция арқылы білдім; содан кейін ол маған менің Үндістанға оралуымды қалайтыны туралы хат алдым. Мен Линн[4] мырзаға өз Гурудевама жетуім керек екенін айттым: ол мені он бес жыл бойы күтуде, және мен келмей, оның кетпейтінін білдім. Үндістанға келгеніме үш ай өткен соң, Ұстаз тәнінен босап шықты.

Сонымен, тақуалардан үлкен қашықтықта болғанның өзінде магнетизм алуға болатыны шындық, өйткені ол пәрменді. Егер сіз суретші болуды армандасаңыз, сізге суретшілер арасында көбірек болып, солардың арасында өмір сүру керек. Бірақ рухани адамдардан магнетизмді қашықтан ала аласыз. Әрине, олар өз магнетизмін беру үшін өздері рухани дамыған болуы керек, ал сіз оны сезіне білу үшін сезімтал болуыңыз керек.

Рухани адамдар магнетизмін алу үшін, сіз медитация жасап немесе дұға оқып жатқан кезде олардың өзіңізбен бірге екенін сезінуіңіз керек. Бұл ойлар олардың магнетизмін сізге тез арада жеткізеді. Менің басқа адамдар үшін оқылған дұғаларым сағат жеті мен күндізгі он бірлер шамасында[5] өте күшті. Бұл вибрациялар үнемі шығып тұрады, бірақ, әсіресе, оларды тәуліктің осы мезгілінде менің толқыныммен үндес болған кезде сезінуге болады. Сіз дұға оқыған кезде, ойша менің сізбен бірге дұға оқып жатқанымды көз алдыңызға елестетіңіз, сонда сіз күшіңіздің белгілі мөлшерде қатайғанын сезесіз.

Сол секілді, сіз ұлы адамдар өмір сүрген жаққа барғыңыз келсе, сол жердегі вибрациялар сіздің жоспарларыңыздың іске асуын шапшаңдатады. Қасиетті орындарға тәуіп етудің құндылығы да осында жатыр. Мен Қасиетті жерде болған кезімде, үлкен шабыт пен түсіністікті сезіндім. Иса қатты қиыншылықтар төнген кезде өз магнетизмі кез-келген зұлымдыққа қарсы тұра алатынын көрсету үшін осы мазасыз жерге жаңа кейіпке еніп келді. Оның қасиетті вибрациясы әлі де сол орында өзінің тіршілік еткен кезіндегідей пәрменді күйде сақталды. Қажетті толғын күйіне келтірілгендер, сол орында болғанда, осы вибрацияны сезеді. Бірақ, ең алдымен медитациямен айналысып, өзіңді әзірлеген дұрыс.

---

[4] Соңынан Парамаханса Йогананданың алғашқы рухани ізбасары Раджарси Джанакананда ретінде танылды (Глоссарийдан қараңыз).

[5] Бұл уақытта гуру, әдетте оның құдайшыл жақтаушылығын іздегендер үшін ерекше дұғаларды оқиды.

ӨЗ УАҚЫТЫҢЫЗДЫ ҚАДІРЛЕҢІЗ

Адамдардың басым бөлігі өз уақыттарын пайдасыз нәрсеге жояды. Күн сайын тұрарлықтай нәрсемен айналысыңыз. Сіз өз үлесіңізді пайдалы нәрсеге қостым деп ойлағанда, сіздің өміріңіз мәнді де, сәнді бола түседі. Берік магнетизмді күн сайын өзіңіз мүмкін болмастай деп санаған нәрсеңізді іске асыра отырып, дамытасыз.

Өз ойларыңыз үнемі бақылауда болсын. Сіздің өмір тәжірибеңіз өз ойларыңыз арқылы өтеді. Сізді биікке көтеріп немесе төмендететін де өз ойларыңыз. Бұл сіздің тәніңіз сезіміңіздің бес атын жеккен күйме тәрізді. Сіз, жан ретінде, осы күйменің қожайыны және делбешісі болып саналасыз. Егер осы аттарды басқару үшін ақыл-ой ауыздығын қолданбасаңыз, онда бұл асау күйме ауру, қайғы және надандық жырасына кіріп кетеді. Егер күйме сізді өмір бойымен табысты түрде Құдай патшалығына апарсын десеңіз сіз өзіңіздің бес сезім аттарыңызды басқара білулеріңіз керек. Осы бақылау арқылы өзіңізді билеуге, демек, нағыз бақытқа жетуге үйренесіз.

Уақытты босқа жоймаңыз. Өз уақытыңызды медитациямен айналысуға, өзіңізді дұрыс ойлармен шабыттандыратын *Ішкі мәдениет* секілді журналдарды [6] оқуға арнаңыз. Сіз уақытыңызды оңай жойып, өміріңізді тұтастай мақсатсыз өткізе аласыз. Сіз өміріңіздің әрбір мезетінің қожайыны болып табыласыз. Уақытыңызды бағалай біліңіз, өйткені олар сіздің амандығыңызды сақтайды. Уақытты карта ойынына және басқа да пайдасыз істерге жойғанда ұтарыңыз не? Мен темекі түтіні аңқыған бөлмеде сағаттап карта ойнаған адамдарды көзім көрді. Өмірді бұлай мақсатсыз жою өз жаныңызбен жасайтын ең жаман нәрсе. Соншама уақыт кетсе де, орнына ештеңеге де ие болған жоқсыз. Босаңсу үшін сыртқа шығып, жаяу жүріп, қандай да бір денсаулықты нығайтатындай жаттығу жасаған жөн.

МЫЛЖЫҢ БОЛМАҢЫЗ

Егер сіз магнетизмге ие болсаңыз, көп сөйлемеңіз. Сөйлей беретін, сөйлей беретін мылжың болмаңыз. Пайдасыз сөздер сіздің магнетизміңізді әлсіретеді. Бұл көп сөйлейтін адамдардың өз сөзін жаман сөздермен аяқтайтыны үшін де қауіпті. Ауыз зеңбірегінен

---

[6] 1948 жылы Парамахансаджи журналдың атауын «Өзіндік Таным» деп өзгертті.

атып шығып жатқан сөздер империяны құлататындай пәрменді күшке ие; бірақ, егер олар данагөйдің аузынан шықса, онда ол бейбітшілік орната алады. Шамадан тыс көп сөйлейтін адамның ойлары үстірт келеді және магнетизмі өте аз болады. Бірақ көп сөйлемейтін данагөй сөйлеген кезде, адамдар құлақ аса тыңдайды. Менің гуруым осындай адам болатын. Ол сөйлеген кезде, сөздері маңызға және күшке толы болатын; басқа жағдайларда ол үнсіздікті сақтайтын.

Екі немесе одан да көп адамдар жиналған кезде, әрқайсысы өзін тыңдағанды тәуір көреді де, ешкім тыңдағысы келмейді. Көбірек тыңдап, тыныш отырып, адамдар ортасында рахатқа кенелуге үйреніңіз. Эдисон мен оның достарының бірі бірге жиі бас қосатын, және сол кезде көп сөйлемейтін, ал кетер кезде «Сау болыңыз, уақытты жақсы өткіздік» деген сөздермен қоштасатын.

Сіз өз сұхбаттасыңызбен әңгімелесіп, немесе оған көңіл бөлгеніңізде, парасатты түрде сөйлеңіз. Сіз бүкіл жан-тәніңізбен сөйлегенде, әркім де тыңдағысы келіп тұрады. Бүкіл әлем күші мен Құдай ақиқаты сіздің сөздеріңізден көрініп тұрады. Өз сөздеріңізбен сіз басқа адамдарды өзгерте аласыз. Магнетизм дегеніміз осы.

Егер сіз магнетизмді дамытуды ойласаңыз, онда өзіңізді-өзіңіз бақылап және күн сайын ой күнделігіне нені орындағаныңызды жазып отыруыңыз керек. Сіз ештеңе істемей, зая кеткен уақытыңызды көріп, таңғалатын боласыз. Кімде-кім ұлы болғысы келсе, осылай өзін талдай білуі керек. Күн сайын кеште отырыңыз да, өзіңізден «Мен бүгін не істедім?» деп сұраңыз. Бұл өзіңізді қожайынша пайдаланудың қалай екенін көрсетеді. Егер сіз ең болмағанда осы кілттің біреуін есте сақтасаңыз, сіз басқа адам болып шыға келесіз. Өз өміріңізді басқара бастасымен-ақ, сіздің күшіңіз дамиды, және соған сәйкес магнетизміңіз де дамиды.

Біздің жалғыз құтқарушымыз бұл біздің ерік күшіміз. Ерік дегеніміз барлығын және дүниені де бақылауда ұстап отыратын ажыратқыш. Егер сіз өзіңіздің ерік күшіңізді жаттықтырмасаңыз, сіз қоршаған ортаның әсеріне тез берілгіш әлсіз адам боласыз. Еріктің дамуында магнетизм құпиясы бар. Ерік күші мықты адамдар ғана табыскер бола алады. Өз ерік күшіңізді дамытқаныңызда, сізге өмір қандай соққы берсе де, сіз түрегеліп «Мен табыскермін. Мен жеңе аламын» дейтін боласыз.

Айталық, сіз өзіңізге «Жақсы, бүгін медитациямен айналысу үшін уақыт табамын» дейсіз. Осыны *орындаңыз;* ең болмағанда бірнеше минут отырыңыз. Келесі күні медитация жағдайында айтарлықтай ұзағырақ қалуға шешім қабылдаңыз. Және келесі күні кедергілерге қарамастан, бұдан да көбірек күш жұмсаңыз. Нені болса да ерік күшін пайдалана отырып, соңына дейін жеткізіңіз. Магнетизм осылай дамиды.

РИЯСЫЗ МАХАББАТ МАГНЕТИЗМІ

Иса Христос пен Кришнаныкіндей рухани магнетизмді дамытыңыз. Бұған жету үшін, сіз риясыз, адал ниетті болуыңыз шарт; сіз барлығына бірдей риясыз махаббатыңызды арнауыңыз керек. Әрдайым пайда әкелуге тырысыңыз. Өзіңіздің отбасыңызға, қоғамыңызға және достарыңызға пайдаңыз тисін. Өзіңіз тұрған жерде кімге болса да көмек көрсетуден тартынбаңыз. Бұл сізді магниттік тұлға етеді.

Егер сіз достарға ие болғыңыз келсе, сіз барлық жандарды риясыз сүюді үйренуге тиіссіз. Біреуді өз пайдаңыз үшін пайдалану әділдікке жатпайды. Өте аз адамдар сізді өзіңізді жақсы көреді; егер басқа адамдарды еш себепсіз жақсы көретін болсаңыз, онда сіз құдайшыл магнетизмге ие боласыз. Осы ақиқат қаперіңізде жүрсін. Күйеуі әйелін дене сұлулығы үшін емес, сол тұрған күйінде жақсы көруге тиіс. Сіз өз достарыңыз туралы олардың байлығы, тартымдылығы немесе пәрменділігі үшін ойламайсыз, оларды жақсы көргендіктен ойлайсыз. Барлығына бірдей риясыз махаббат магнетизмі сіздің достықты қоспағанның өзінде, ешбір себепсіз қол ұшын бере білгеніңізді пайымдайды.

ҚҰДАЙДЫ ӨЗІҢІЗДІҢ БОЙЫҢЫЗДАН ӨТКІЗІҢІЗ

Маған келген адамдар арасында, мен бірден «Сіздің уәжіңіз дұрыс емес. Өзгертіңіз» деп айтатындай адамдар да болды. Көбісіне бұл сөздерім ұнамады, бірақ кей адамдар сөзіме сенді. Екіжүзділіктен ешқандай пайда алуға болмайды. Тіпті ең келбетті адамды да көзінен тануға болады. Өмірінің бүкіл тарихы көзінде жазылған. Егер сіз басқа адамның болмысын көзіне қарап айырып тани алмасаңыз, әрдайым «Тәңірім, мен осы адам туралы ақиқатты білгім келеді, мен алданғым келмейді» деген дұғаны айта беріңіз, сонда сіз оның болмысын өз жүрегіңізде бірден сезінесіз. Сонда сіз ешқашан қателікке ұрынбайсыз.

Сіз адамдар ортасында тұрған кезде, өзіңіз әңгімелесіп тұрған адамнан одан көз алмаңыз, және сөздеріңіздің ар жағындағы бүкіл Құдай шындығымен және ақиқатымен сөйлеңіз. Сіз қолын алған кезде де, саналы түрде алыңыз, өйткені сіз өзіңіздің шынайы достығыңыздың магнетизмін бересіз. Осы адамға көмектесуге тырысыңыз. Жағымды күйге келтіріліп, өзіңіздің жеке рухани магнетизміңізді дамытыңыз, сонда сізде басқа адамдарды да өзгерте алатындай күш болады. Сіз бұл магнетизмді көзбен бере аласыз. Көмектескіңіз келген адамға тек қарап, «Менің бойымда құдай ризашылығы бар» деп ойласаңыз болды. Өзіңізді ешқашан орындаушыдай сезіне көрмеңіз.

Құдай үнемі сіздің бойыңызда болсын. Сонда, қайда барсаңыз да, сіз магнит боласыз. Тіпті қашықта тұрып та өзіңіздің дұшпаныңызды өзгерте аласыз. Оған өз махаббатыңызды жіберсеңіз болды. Менің дәрісімді тыңдаған шәкірттерімнің бірі осыны тәжірибеде қалай іске асырғанын айтып берді. Оның серіктесі менің шәкіртіме жала жауып, бизнесін қиратты: сонда да менің шәкіртім ол адам туралы ойлап, өзінің махаббатын жіберуді тоқтатпаған. Бір күні сол адамды кездестіріп, араларында ештеңе де болмағандай сөйлескен. Олар лифттен бірге түсіп, лифттен шыққан кезде шәкірт оны машинамен апарып тастайтынын айтқан. Осы уақыт ішінде ол сол адамға ойша махаббатын арнаудан тынбаған.

Бірнеше апта өткен соң, сол адам келіп: «Мен сенімен сөйлесуім керек. Мен сен туралы ойдан арыла алмайтын болдым. Менің саған кесірім тиді. Енді саған көрсеткен сол иттігімді түзету үшін, осыны барлығына айтуым керек»,-деп айтқан және солай істеді де.

Сондықтан да, егер біреу сіздің дұшпаныңыз болса да, оған жақсы қарауды жалғастыра беріңіз. Оған бар жүрегіңізбен дос болып, сол достықты түсіне алатындай бір нәрсе жасаңыз. Егер ол көмектеспесе, жәй ғана, әншейін өз махаббатыңызды жіберіңіз. Махаббат пәрменді күш. Ол мүлтіксіз жеңіске жетеді. Бірақ сіздің себебіңіз осы адамды басқару тілегі болса, онда ол дұрыс болмайды. Махаббат күшін теріс пайдаланбаңыз, оны адамдарға көмектесу үшін қайта күшейтіңіз.

СІЗДІҢ КҮМӘНІҢІЗ ҚҰДАЙДЫ ЖАҚЫНДАТПАЙДЫ

Бала күнімнен бастап адамдардың маған жақын болғысы келетінін байқайтынмын. Осыған байланысты, мен гуру берген бір сабақты есіме түсіргелі отырмын. Оның ашрамында мені көре алмайтын Құмар атты бір бала тұрған болатын, өйткені адамдар маған жақын болатын, өйткені мені Ұстаз ашрам міндеттерінің орындалуына басқарушы етіп қойды. Бір күні Ұстаз маған ештеңе түсіндірместен «Бүгіннен бастап сен бөлменің тазалығына жауап бересің. Ал Құмарды басшыларың етемін» деді. Мен «Жақсы, Ұстаз» дедім. Ренжіген емеспін. Мен бұған Ұстаздың ұлы даналығына сенгейдей келістім.

Бұл бала болса маған қоқан-лоқы көрсете бастады, тіпті бәтіңкесін тазартуыма да мәжбүр ете бастады! Мен барлығын да орындадым. Бірақ, ол біздің басшымыз болса да, басқа балалар, бұрынғысынша, маған жүгінетін болды. Бір күні Құмардың Ұстазға оның беделін түсіретінімді, өйткені ашрамдағылар өзіне емес, маған жүгінетінін айтып, шағымданып жатқанын құлағым шалып қалды. Ұстаз болса қатаң түрде «Мен сенің осыны түсінгеніңді қаладым. Ол өзінің жұмысын ешкімге шағынданбастан, дұрыс орындады. Тіпті, оны төменгі орынға қойғанның өзінде де, оның орындаушылығы мен тиісті тәртібі оны нағыз көшбасшы етіп көрсетті; ал сен болсаң өзіңді қалай ұстау керек екенін түсінбедің, сондықтан да сені басшы етіп қойсам да, басқа балаларды басқара алмайсың»,-деп, ұстаз оны осы міндеттен босатып, мені қайта сол міндетіме тағайындады.

Өзін дәріптеушілікке жол бермеңіз. Өзіңіздің дұрыс еместігіңізді мойындай біліңіз. Бұл қасиет сізді магниттік адам етеді. Сіздің жаныңызды өзін-өзі дәріптеушілік билеп тұрған уақытта, Құдай да сізге жоламайды. Ол сізге келмейді. Мұндай өзін жоғары көрсететін адамға Құдай «Сен бар болғаны кішкентай ғана ұшқынсың, дей тұрғанменен, осылай мақтанасың» Мен бүкіл дүниені билесем де, өзімді тысқары ұстап, үндемеймін» дейді.

Сіз Құдаймен бірге болсаңыз, сіздің иелігіңізде бәрі де болады. Миллионер де, миллиардер де сізді өзіне бас игізе алмайды. Ағам Ананта әдетте, мені ешқашан түзелмейді деп айтатын, өйткені сабақтан қашып, оның орнына медитациямен айналысып уақытымды өткізетінмін. Ол маған өмірімнің жерге түскен кепкен жапырақтай мағынасыз, пайдасыз болатынын айтатын. Бірақ мен оған «Кепкен жапырақтар керемет тыңайтқыш бола алады, аға!»,-деп жауап қайтаратынмын. Ананта жақсы лауазым мен ақшаға ие болды, бірақ ауырып, өмірден ерте кетті.

ҚҰДАЙДЫҢ БАРЛЫҒЫН СІҢІРІП АЛАТЫН МАХАББАТЫ

Мен осы жолға түскен кезімде, барлығы мені есалаң деп санады. Құдайға берілгендігім туралы әндерді жиі айтатынмын, сонда отбасымыздың кей мүшелері мені бұрыс жолға түсті деп үріккен болатын. Мен ән айтқан кезімде олар мені аяғансып, менен қашып кететін. Бірақ біраз уақыт өте келе олардың қателіктерін мойындаттым. Сонда олар да менімен бірге Құдайға деген махаббаты туралы әндетіп, медитациямен айналыса бастады. Олар өзіміздің үйдің ішінде менің шәкірттеріме айналды. Өз отанында пайғамбар болмайды дегендей, бұл ерекше құбылыс еді.

Құдай махаббаты,Киелі Рух махаббаты барлығын сіңіре алатын махаббат. Оны бірнеше рет бастан кешіре отырып, ол сізді алға, қасиетті патшалыққа жетелейді. Бұл махаббатты сіздің жүрегіңізден ешкім де жұлып ала алмайды. Ол сол жүректе алаулап жанып жатады және сол алаудан сіз өзіңізге адамдарды жетелеп әкеліп, өзіңіз мұқтаж нәрсеге қызықтыратын Киелі Рухтың ұлы магнетизмін табасыз.

Мен сіздерге өзімнің барлық сұрақтарыма жауап алатынымды айта аламын, бірақ адамнан емес, Құдайдан. Ол бар. Оның рухы сізбен мен арқылы сөйлесіп тұр. Бұл мен айтып отырған Оның махаббаты. Мен діріл қағамын! Нәзік жел секілді, Оның махаббаты менің жаныма еніп бара жатыр. Күні- түні, апта сайын, жыл сайын, ол неғұрлым күшейе береді және оның аяғының қай жерде екенін өзіңіз білмейсіз. Бұл махаббат әрқайсыңыздың іздеп жүрген нәрсеңіз. Сізге адам махаббаты мен өсіп-өркендеу қажет секілді болып көрінеді, бірақ мұның артында сізді шақырып тұрған сіздің Әкеңіз тұр. Егер сіз Оның Өз сыйлықтарынан да күшті екенін түсіне білсеңіз, сіз оны табасыз және сіз Өзіңіздің рухани болмысыңызды таныған сайын ешуақытта өлмейсіз.

Медитация туралы ғылымда Үндістан йогтары Құдайды табудың жауабын берген. Мен осы жерде саяхат жасадым. Мен шынайы ұстаздың аяғының астында отырдым. Мен Құдайдың бар екеніне тек сенімді ғана емеспін, сонымен қатар мен Оның бар екенін салтанатты түрде жариялаймын. Егер сіздер менің сөздеріме көңіл қояр болсаңыз, егер сіз мұны ұғына алсаңыз, бір күні, Құдай бар деп ауыз толтыра айтатын боласыз. Сонда менің сіздерге шындықты айтқанымды түсінесіз.

Әрбір жерде өскен шөп, әрбір ұшқын, сіз ойлаған әрбір ой Оның бар екенінің, Оның ақылының дәлелі. Ол барлығы пайда болған Қайнар бұлақтың өзі, бірақ сіздер Оны ұғына алмайсыз. Үндістан осы Қайнар көзге келуге көмектесетін ғылымға мамандандырылуда.

Ол әділ. Кімде-кім Оны іздеп, Оны сұрайтын болса, міндетті түрде Оған қол жеткізеді. Осы немесе алдағы өмірлердегі жүрегіңіздің барлық қалауы Ол арқылы жүзеге асады. Осы айбынды Қайнар көзге шоғырланыңыз. Үндістан сізге қалай шоғырланудың әдісін көрсетті: бұл медитация. Сіз тән мен ақыл-ойға қатысты керемет ғылыми кітап немесе зерттеуді оқыған кезіңізде, сіз бұрын өзіңіз және өмір сүріп отырған әлем туралы көп нәрсені түсінбей келгеніңізді ұғынасыз. Бірақ та осы уақытты өзіңізді және барлық тіршілік атаулыны жаратқан Құдайға күйіңізді келтіру үшін медитацияға арнайтын болсаңыз сіз көп нәрсеге ие боласыз.

Ғалымдар бір дұғаның ғана көмегімен жаңалық аша алмайды, олар табиғат заңын қолданады. Сол секілді Құдай да заңға сүйеніп, медитация ғылымын қолданғандарға келеді. Адамдар теология орманында серуендеп жүріп, адасып кетеді. Құдайды іздеп ғибадатханадан ғибадатханаға босқа жүріппін; бірақ Құдайға берілген ұлы жандардан жан ғибадатханасын тапқанымда, мен Оның сонда екенін түсіндім. Оны үлкен ғимараттармен сатып ала алмайсың. Ол Өзін үнемі шақыратын, көз жасына жуылған жүрек мехрабына келеді. Құдай шынында да бар. Өздерін көп жылдар бойы медитацияға арнаған Ұстаздар Оны тапқан.

ҚҰДАЙ РУХЫНА ҚҰЛАҚ ТҮРІҢІЗ

Менің айтайын деп отырғаным, Ақиқатымның жеке сезімі. Сіз рухани патефон тыңдағыңыз келмейді; сіздер Құдай Рухының айтқанын естігіңіз келеді. Менің айтқанымның барлығы Одан келіп жатыр және сіздердің игіліктерің үшін келіп жатыр. Мен сатылмаймын; мені сатып алу мүмкін емес. Мен бұл жерге қызмет ету үшін келдім. Тәңірім мені шақырған кезде, кете беремін. Мен бұл жерде сіздерге ақиқатты айту үшін. Кім қабылдаса, соларға ризашылығымды білдіремін. Мен мыңдаған адамдардың алдында сөз алдым, бірақ Құдайды табуға және өзіңді де, қоршаған ортаңды да жоғары мақсатқа бағыттауға шынайы ықылас қойған сіздер үшін және осы ғибадатхана үшін қаламын. Мен Құдайға баратындардың кімдер екенін білемін. Және олардың марапаты да ауқымды болады.

Менің міндетім және артықшылығым осында, осы жан бағында сіздермен бірге Құдай туралы айту үшін. Осы баққа кіргеніңізде, жаман сөз айтпаңыз, жаман сөз естімеңіз, еш жамандықты көрмеңіз, сонда кез-келген уақытта болатын қасиетті вибрацияны сезесіз. Бұл жерде мен жағымсыз сөздер айтудан аулақпын. Сондықтан да вибрациялар да сондай таза. Мен сіздердің де осыған назар аударғаныңызды қалаймын, барлығына жағымды түрде, таза қарауыңыз керек, өйткені мұндай жан ғибадатханаларына Құдай келіп, қалып қоюды қалайды.

Білімге ие болып, медитациямен айналыса, сіздердің әрқайсыңыз жанын Құдай дауысымен сөйлеу үшін Оның күшімен қуаттандыра алады. Сіз магнетизмнің осындай түріне ие болғыңыз келе ме? Күн сайын терең ойға шомыңыз, сонда қуатты магнетизмге ие боласыз.

Мен ашрамға келетін, өздерін өзгертудің орнына, бастамасынан бізді үйретуге тырысқан адамдарды көрдім. Мұндай адамдар ашрамның бір бөлшегі бола алмайды. Біз Өзіндік таным Ұстаздарының курстарына жүз пайыз сәйкес келетін үйлесімді, байсалды адамдарды іздейміз.

Менің бар тілегім тек адамдарды рухани тазалыққа үндеп, Құдайға жақындастыру болып табылады. Осы мақсатпен мен сауықтырумен айналыса бастадым; бірақ мен олардың денелері яғни тәндері сауыға бастаған сайын олар рухани жолдан алшақтай бастайтынын байқадым. Мен өмірдің негізгі мақсатына жетіп, бақытты боламын деушілер мен қасірет пен надандықтан сауыққысы келгендерге қызығушылық танытамын. Құдайды қалайтын адамдар маған ақ жүректерімен келеді де, бұрынғысынан олардың санасы, мінез-құлық, ой-өріс, ақыл-естері өзгереді. Олардың жетілу дәрежесі белгілі бір деңгейге жеткенде олар: «Бұл «мен» өлген кезде, мен өзімнің кім екенімді білемін» деген ұлы ақиқатты түсінетін болады. Бұл тәнде енді Иогананда емес, бірақ Ол.

Ал қазір менімен бірге сыйыныңыз: «Көк аспан Әкесі, менің тәнім мен ақылыма өз магнетизміңді бер. Сен менің рухани магнитті болуым үшін жанымда Патшалық ет. Өзімнің Саған деген махаббатыммен Саған өзімді арнаймын; және Сенің бойыңнан менің өзім мұқтажыма керек нәрсенің барлығына да ие боламын *Ом. Әумин*».

Психологиялық жиһаз

Өзіндік таным Қоғамының Халықаралық штаб-пәтері,
Лос-Анджелес, Калифорния, 30-ші мамыр 1940 жыл

Бүгін менің әңгімемнің негізі адамның тәртібін жан-жақты бақылау туралы болады. Менің көргендерімнен, сіздер адами қасиетті неліктен «психологиялық жиһаз» деп атайтынын ұғынасыз. Бұл түсінік маған көп жылдар бұрын Үндістанда болған кезімде, ғылыми ассоциацияны басқарған өте білімдар ғалыммен бірге істеген жұмысымның нәтижесі ретінде келген болатын. Ғалымның ерекше қасиеті – тамақты қанша ішкісі келсе, сонша ішетіндігінде және басқалардың өз пікірлеріне қарамастан, онымен әркез келісуінде болды. Бізден ең бірінші күтетіні-біздің оның алдында басымызды июіміз еді. Мен, дей тұрғамен, басымды оның алдында идім, өйткені оның білімдарлығы туралы жоғары ойда болатынмын. Ғалымда оның ұсынысының көмегімен Жапония Университетінде білім алуға шәкіртақы алуды көздеген екі шәкірт оқып жатты. Олардың бірі жоғары квалификацияға ие еді, бірақ ол ғалымның алдында басын имейтін. Нәтижесінде, ғалым оған шәкіртақы беруден бас тартты, бірақ өзіне жағынып жүрген төмендеу екіншісін квалификацияға ие болуын бекітті. Осылайша, шәкіртақы оның сіңірген еңбегі үшін емес, бұл студенттің ғалымның нақты қасиетін білгені үшін және психологиялық жиһаздың нақты пәнін қалай қолдану керектігін білетіні үшін берілді.

Біріншіден, біз «психологиялық жиһаз» деген сөздің мағынасын түсінуіміз керек. Біз көз алдымызға үйдегі жиһазды – кресло-тербеткіш, үстелдер, сөрелер және сол секілділерді елестеткенімізде, оларды нақты формаға, қатты денелер, әрбір зат өзінің міндеті мен типтік сипатына ие екенін көреміз. Олардың әрқайсысы осы нақты затты жасау үшін ағаш таңдалып, кесіліп, сүргіленіп, жылтыратылды. Жиһазы әр түрлі үлгіде шығарылады испандық, отарлық, француздық және сол секілді. Антикалық жиһаз болады. Сонымен қатар қазіргі ультразаманауи үлгі (кей үйлерде ол жақсы көрінеді) де болады. Әр заттың дизайны нақты даралықты анықтайды. Сіз бір үйге кірген кезде, затты қоя білу нақышына қарап, сол үйдің қожайыны туралы көп нәрсені түсінесіз. Осыдан талғамы жоғары адамдарды тануға болады. Бұл міндетті түрде сол жабдықтарға кеткен ақша емес, үйдің ішін сәнді ету үшін жиһазды таңдап, орналастырудағы талғам. Үйде жиһазды дұрыс орналастыра білудің өзі үйді әдемі, жайлы, ыңғайлы етіп көрсетеді. Сондықтан да жиһаз салғырт, селсоқ нысанға қарағанда, әлдеқайда үлкен болып көрінеді. Әрбір зат өзінің міндеті мен даралығына ие болғандықтан, ол «тірі» болып көрінеді.

Біз, барлығымыз, адам жаратылысы, жиһазға қатты ұқсаймыз, және неліктен екенін түсіндіремін. Жиһаздың кең ассортименті бір материалдан, ағаштан дайындалғанындай, адамдар да бір заттектен құралған. Біз ананың құрсағында ұрықтанған кезімізде, бар болғаны кішкене ғана клетка ғана болатынбыз. Бірақ төрт күн өткен соң, біздің кім болатынымыз туралы толық жоба эмбрион арқылы көрінеді. Қайсібір интеллектуалдық күш біз өзіміз арналғанның барлығынан ерекшеленетін нақты дара үлгіні дайындады.

Жаңадан туылғандардардың көбісі бірдей болып көрінеді. Әрине, қытай немесе үнді нәрестені америкалықтан айыруға болады, бірақ, негізінде, туылған кезде олардың келбетінде айырмашылық аз. Алайда, нәресте өскен сайын, оның кім болатынының керемет үлгісі бірте-бірте пайда бола бастайды.

Жиһаз жасаушы өз ісіне кіріскен кезде, оның басында белгілі бір үлгі болады, мысалы, үстел делік, ағашты кесе бастағанда ол бірте-бірте сол үстел қалпына түсе бастайды. Осылайша, нәресте ұрығының алғашқы кішкентай клеткасынан алдын ала анықталған үлгі пайда бола бастайды. Бұл форма туғаннан соң да, әрбір тұлға, әрбір жан дене және ақыл-ой сипатына ерекшелігіне ие бола бастайды, яғни, кескінсіз томардың үстел формасына ие болғанындай дамуды жалғастыра беретін болады.

ҚАНДАЙ АСПАПТАР БІЗДІ ПСИХОЛОГИЯЛЫҚ ЖИҺАЗ ЕТЕДІ?

Осы адами психологиялық жиһаздың көп түрлілігі қандай аспаптар арқылы жасалады? Бұл тұқым қуалаушылықтың және отбасының ықпалы, және, ең маңыздысы, біздің карманың, өткен өмірлердегі жасаған қылықтарымыздың ықпалы. Құдай бізді Өзіне ұқсата жаратты, бірақ біз өзімізді осы психологиялық жиһаздың дара заттарына айналдыруды жөн көрдік. Біз өзіміздің бүгінгі тәндеріміз бен ақылымызды өз ойларымыз, қылықтарымыз және өткен өмірлердегі тілектеріміз арқылы қалыптастырдық. Біз кармаға және қайта кейіпке енетінге сенеміз бе, ол жағы маңызды емес. Себеп пен салдар заңы біздің қолдауымызсыз да жұмыс жасай береді. Мүмкін, бір ата-анадан ала да, құла да туатынына, яғни, бір жоғары интеллектті бала туса, екіншісі ақыл-ойы төмен болып туылуы мүмкін. Егер екі бала да Құдай образы бойынша жаратылса, Құдай әділ болса, онда бұл қалай болғаны? Мұндай жұмбақтар әрбір адамның өміріне әсер етуші карманың себеп пен салдар заңы арқылы түсіндіріледі. Адам тұлғасын психологиялық жиһазға айналдыратын тек тұқым қуалаушылықтың қашауы ғана емес, сонымен қатар оның өткен өмірлердегі қылықтары осы өмірге жақсы, не жаман әсерін тигізеді. Бұл карма үлгісін жасайды да, соған сәйкес нағыз өмір әрекетінен тұратын аспаптар біздің өңдеп, бізді бүгінгі күйіміздей етіп жаратады. Демек, тұқым қуалаушылық пен отбасы, бізді қоршаған ортаның ықпалы мен зардабы, климаттық жағдай, өткен өмірден келген біздің карма жағдайларына әсеріміз, сонымен қатар, біз туылған өркениет немесе дәуір – осының барлығы тәніміз бен қазіргі менталитетіміздің қалыптасуына әрекет етеді. Мысалы, Үндістан мен Африкаға тән күн көзінің қатты ыстығы Американың біркелкі климатына немесе Ресейдің қатты суық климатына үйренген адамдарға қарағанда, қара нәсілді адамдар нәсіл эволюциясының себебі болды.

Нәрестелер, «шикізаттар» секілді. Егер олар Қытайдағы қытай отбасында дайындалған болса, олар қысық көз, қысқа мұрынды болып келеді; олар қытай әдеті мен мәдениетін қабылдайды. Американдық психологиялық жиһаз заты басқаша болады. Сіз оны оңай ажырата аласыз: ол «О'кей» және « Алға бас» деген сөздерінен және оның американдық екенін киіміне және тәртібіне қарап ажыратамыз.

Жиһаздың әрбір бөлігі сынып, жарамай қалған уақытқа дейін өзінің міндетіне ие. Тіпті сынып қалғанның өзінде де, егер сол жиһаз туралы жақсы естелік болса, осы затқа қатысты бір нәрсе болса, айталық, Линкольн отырған креслоның құндылығы болады. Түрлі халықтар жасап шығарған психологиялық жиһаздың түрлері өз құндылығы мен пайдаға жарамдылығына ие.

АДАМ ӨЗГЕШЕЛІГІ

Бұл жиһаздың алуан түрлілігі секілді, адамдар туралы түсінік өте қызықты, солай емес пе? Неліктен әйелдер юбка киеді де, ер адамдар шалбар киеді? Қараңызшы, біз де психологиялық жиһаз секілді дайындалыппыз әрбір зат бір-біріне ұқсамайды және қызықты! Үнді жиһазы «Америка жиһазына қараңызшы. Ол күлкілі шалбар киеді және тамақты шаншқы мен пышақты пайдалана жейді» дейді. Ал америкалық жиһаз «Үнді жиһазына қараңызшы, Ол кіп-кішкентай матаны бөксеге байлап алып жүреді және тамақты бармақпен жейді» дейді.

Үнді жиһазы, англия жиһазы, америка жиһазы, қытай, француз, орыс, неміс жиһазы- біз олардың әрқайсысының ерекше қасиеттерін біліп, бағалауға тиіспіз. Олардың ерекше белгілеріне назар аударыңыз. Әрбір халық өзінің басым белгілеріне ие. Әрбір ұлттан бір нәрсені үйреніп, солардың барлық нәрсесіне мақтануға болады. Тамақ ішудегі өзгешелігін мысалға алып көрейік; олар халықты сипаттайды. Мен осында келген кезде, алма бәліші туралы жиі естігендіктен, оны сондай жеп көргім келетін. Ең бірінші рет дәмін татып көрген кезде қатты ұнады. Америкалықтардың басым бөлігі осы алма қосылған бәлішті сүйіп жейді. Үнділердің сүйген асы карри мен манго. Итальяндықтар спагеттиді тәуір көреді. Қытайлықтар кептірілген ет пен күрішті ұнатады. Эскимостарға шикі балық ұнайды. Сонымен, әрбір ұлттың басқа ұлттарға оғаш көрінетінімен, өздеріне қалыпты болып көрінетін ерекше қасиеттері барын көріп тұрсыздар; олар жиһаз секілді, осы ерекше қасиеттер айқындалуы үшін қалыптасқан.

Біз осы түрлі ұлттар мен ұлыстардан өзімізге қабылдап алуға болатындай қасиеттерді іздей білуіміз керек. Мысалы, маған американдықтардың «алға бас» деген құлшынған қуатты болмыстары ұнайды. Қиындықтарға қарамастан, оның бойында қозғалысты алға жылжыта беру үшін құлшыныс пен жан ынтасы бар. Маған ағылшындардың беріктігі және француздардың бойында нәсілдік сананың жоқтығы ұнайды. Неміс менталитетінің мұқияттылығы ұнайды; ғалымдар көбінесе Германиядан келеді. Мен қытайлықтардың моральдық принципі мен үнді халқының руханилығын ұнатамын. Үнді интеллектісі жанды соншалықты керемет етіп қалыптастыра алады, сондықтан да ол жақта осы жерді өмір үшін ең жақсы орын ете білген тақуалар туылады. Біз барлық ұлттың жақсы тұстарын таңдап, өзіміздің бойымызға сіңіре білуіміз керек. Біз өзіміздің болмысымызда бар осы мұраттарды нағыз жақсы қасиеттермен байланыстырған кезімізде, керемет сапалы және құнды психологиялық жиһазға айналамыз. Тек ойланып көріңізші! Егер адамдар бірін-бірі жек көруді доғарып, әр халықтың жақсы қасиеттерін бойларына сіңіре білсе, онда жер бетінде Мыңжылдық басталар еді.

Бірде-бір адамды, бірде-бір ұлтты мазаққа айналдырмаңыз. Ол адам сіз туралы солай ойлауы мүмкін. Сіздің кейбір ерекшелігіңіз басқа мәдениетті ұстанатын адамдар үшін олардың кей қылықтарының сіздерге күлкілі болып көрінгеніндей, күлкілі болуы мүмкін. Тіпті біреулер өзінің өткен өмірі туралы да күлетін болады. Мысалы, сіз өзіңіз бұрын киген ұзын кең шалбарға, ұзын мұртқа және 90-шы жылдарда киген тор көз шалбарға күлесіз. Бірақ, сол дәуірдің адамдары сіздің бүгінгі киіміңізге күлер еді. Сіздің заманауи сән үлгіңіз оларға оғаш көрінері белгілі. Біз өзімізді алдыңғы қатарлы өркениет деп санағанымызбен, біздің де оғаш жақтарымыз көп.

Айтпақшы, оғаштық жайында айтар болсақ, кей ханымдардың киіп жүрген қалпағына[1] мән беріп көрдіңіздер ме? Әрбір сән үлгісі менталитеттің белгілі бір түрін көрсетеді. Тартымды, консервативті қалпақтар киетін әйелдер де бар, ал қайсібірі тым мәнерлі үлгіде киінетін әйелдер де болады. Осындай қалпақ сатып алатын адамдарда, өзіне назар аудартуға деген саналы және санадан тыс тілектер болады. Олардың армандаған тілектері орындалады!

Сонымен қатар, маған қияли модернистік картиналарды да көруге тура келді. Олар мақтан тұтып, барлық адамдар бұл картиналарды керемет деп санайтынына күмән келтірмейді. Ұсқынсыз жиһаздар да кездеседі. Адамдардың көпшілігіне ұнамайтын заттар болса, сол секілді көп адамдарды қызықтыратындай нақты заттар болады. Біз менталитетімізді өз талғамымыз бойынша қызықтыратын нәрседен табамыз. Менталитеттің кей қасиеттері кез-келген ұлт өкілдеріне қисынсыз және жексұрын болып көрінеді. Егер көпшілік сізді сүйкімсіз деп тапса, онда бұл тұста ойланып көрген дұрыс. Мүмкін, сіздің макияжыңыздың кей ерекшелігі адамдарға жиіркенішті болып көрінер. Мүмкін, сіз шамадан тыс мылжың боларсыз немесе басқа

---

[1] Осы дәрістер оқылып жатқанда, ханымдар бастарына қалпақ кимесе, жақсы киінетін адамдар ретінде саналмайтын. Үндістан әйелдері қалпақ кимегендіктен, бұл америка әйелдерінің басындағы «өнернамалары» Парамахансаджи үшін нағыз таңғажайып нәрсе болып көрінетін. Ол тыңдармандар тәнті болу үшін, өткір тілмен жиі түсінік беретін.

адамдардың ісіне араласқанды тәуір көретін шығарсыз, немесе басқаларға олардың дұрыс жасамағаны туралы айтқанды, әлде қалай өмір сүру керек екендігі туралы айтқанды, иә болмаса, дұрысталу үшін ешкімнің кеңесіне құлақ аспайтын боларсыз. Бұл бізді басқа адамдарға жағымсыз етіп көрсететін психологиялық ерекшеліктер үлгісі.

ҚАУІПТІ ПСИХОЛОГИЯЛЫҚ ЖИҺАЗ

Тағы да, психологиялық жиһаздың сүйкімсіз болғанымен қатар, ол қауіпті де болады. Адамды қоғам немесе өзі үшін қауіпті етіп көрсететін кей тәртіп ерекшеліктері болады. Сіз үйіңізде қолданыста қауіпті нәрсенің болғанын қаламас едіңіз. Қауіпті жиһаздан барлығы сақтанып, оған жақындамайды. Мұндай жиһаздың біреуге кесірі тимей тұрған кезде жөндеп тастау керек.

Барлығы бірдей сақтанатындай ең қауіпті белгі бұл опасыздық. Кім опасыз психологиялық жиһаз болса, сол досын, отбасын, әрбір адамды сатып жібереді. Ол «адал» деген сөздің мағынасынан бейхабар. Тәңір соты алдында сатқындық ең жаман жазаланатын қылмыс түрі. Иса өзін азаптаушылар үшін «Әке, кешіре көр оларды, өйткені олар не істеп жатқандарын өздері де білмейді» деп сыйынған екен. Басқаша айтқанда, ол Құдайдан психологиялық қате ойы Исаны, оның мақсатын түсінбеген сол адамдарды кешіруін өтініп, жалбарынды. Ол зина жасады деп айыптаған әйелді кешірді. Бірақ та, Иуда мен оған ұқсас адамдарға не деді? «Көктен келген Мен Киелі жазбаларда Өзім туралы алдын ала айтылған жолмен жүремін. Алайда Мені ұстап беретін адам қасіретке қалады! Сол кісі үшін ешқашан дүниеге келмегені жақсы болар еді,[2] — деді.» Сатқындық ұлы күнәнің бірі, өйткені өзіне сенген адамдарға зиян келтіруге бағытталған саналы акт. Бұл жанға қасақана соққы беру.

Айталық, біреу сіздің алдыңызда өзін шын досыңыздай етіп көрсетеді, және сіз оған өзіңіздің ішкі сырыңызды, қиыншылықтарыңызды ақтарып саласыз. Егер ол адам мұны жеке мақсатына пайдаланып, немесе сіздің мәселелеріңіз бен қателіктеріңіз туралы басқаға жария етсе, бұл адам бойындағы Құдайға жасаған сатқындық күнәсы. Гуруды қабылдап, содан кейін өз антын оның алдында бұзса, терең сатқындық жасаған болып саналады. Құдайдың алдында Тәңірдің Өзіне қарсы бағытталған

---

[2] Марқа 14:21

күнәдан артық күнә жоқ. Сондықтан, егер сезім болмаса, ешқашан сенімділік пен достықты бейнелемеңіз. Одан да сол адамға шынымен, не сезетініңізді айтқаныңыз дұрыс. Досыңыз туралы сыртынан сөз айтпаңыз. Егер досыңыз туралы айтар сөзіңіз бар болса, мұны өзіне тіке мейіріммен қарап тұрып тілектестік мағында айтыңыз; басқа жағдайда айтудан аулақ болыңыз.

Сатқындық пышағы жанды жаралайды, және, сол пышақты қолданған адамды Құдай да, адам да қабыл алмайды. Өзіңізге сатқын психологиялық жиһаз болуға мүмкіндік бермеңіз. Барлық уақытта да сатқындыққа қажеттілік те, сылтау да болған жоқ. Сатқындардан сақ болыңыз. Сіз оларға әдістерінің қателігін көрсетіп, айта аласыз, бірақ, егер бұл істі қиындатып жіберсе, онда олардың ортасынан бойыңызды аулақ ұстасаңыз болғаны. Сатқын бізге зиянын тигізгенімен, өзіне неғұрлым көбірек зиян келтіреді. Ол термиттерден жеңілген антикварлық жиһаздың құнды затына ұқсайды. Мейірімділікке зұлымдықпен жауап беретін және махаббаттың орнына жек көрушілікті қайтаратын бүлінген психологиялық жиһазды қалпына келтіру қиын. Егер сіз бір опасыз жанды кездестірер болсаңыз, онда осы анықтама, есіңізге түседі.

Достық сөзсіз болуы керек. Егер сіз адамдарға осындай махаббат сыйласаңыз және сөзіңізбен, істеген ісіңізбен сатқындыққа жол бермесеңіз, онда Құдайдың сізге шынайы достар арқылы келетінін түсінесіз.

ЖИҺАЗДЫҢ СӨЗҚҰМАР БӨЛШЕГІ

Біз сөзқұмар бөлшек деп атайтын заттар болады. Олар көп пайда әкелмейді, тек күлкі болғаны болмаса. Осы тұрғыда, ешкім байыппен қарамайтын психологиялық жиһаз түрі болады. Бұл адам не айтып тұрса да, ешкім оны тыңдағысы жоқ, өйткені ол сайқымазақ немесе байыпсыз адам атағына ие. Шын мәнісінде, ешкім де өзін күлкілі деп үнемі ойлағанды қаламайды. Ол өзіне достары байыппен, сыйластықпен қарағанын жақсы көреді. Бұдан басқа, үнемі әзілқой көңіл-күй және жандану оны ішкі сабырлылықтан айырады.

ҚҰНЫҢЫЗДЫ КӨТЕРУ ҮШІН ТҰРАҚТЫ ТҮРДЕ КҮШ САЛЫҢЫЗ

Жағдайдың өзгермес заты бола көрмеңіз. Мен он жыл өткен соң немесе жиырма жыл өткен соң және жақсы жағына өзгермей, жыл сайын сол қалпында қала беретін адамдарды көрдім. Әрдайым жақсы жағына қарай ұмтылыңыз. Жақсы күтіммен тұрған сапалы жиһаз ескірсе де құнын жоймайды. Психологиялық жиһаз жасы ұлғайған сайын жақсара түсуі керек. Әдетпен байланысты адамдар өзгермес психологиялық жиһаз болып саналады. Өзін-өзі жақсы көретін адамдар өздерінің қалтырауықтығын өмірінің соңғы күніне дейін сақтайды. Кей адамдар қомағай болып келеді, сенің айтқан кеңесіңе құлақ түрместен, өле-өлгенше алдына келгеннің бәрін жапыра береді. Ал, бір адамдар секске тым көп мән береді, олар қарама-қарсы жыныс адамымен төсек қатынасына барсам деген сезіммен өмір сүреді. Ондай адамдар өмірінің соңына дейін сексуалдық қатынастан қол үзбейді. Мұндай өмір сүрудің қажеті қанша?

Біз өзімізді жетілдіруге талпыныс жасауымыз керек. Бизнесмендер және басқа да шығармашыл адамдар прогрессивтік психологиялық жиһаз болып табылады. Олар өздерін өздерінің менмендігін таратуға мүмкіндік беретін мұраттарға сәйкес қалыптастырады. Бұл жақсы. Бірақ жыл сайын өзгермей, сол қалпында тұра беретін адамдарға аяушылық білдіремін. Мұндай адамдар құны жоқ антиквариатқа ұқсайды; олар тек қартаяр, бірақ жақсармайды. Әдеттерге ынтық-құмар болып қалу – құлдықта қалғанмен тең. Әрине, рухани, эмоционалдық, дене және ақыл-ой әдеттерін игеріп, оларды өмір бойы сақтау жақсы нәрсе. Бірақ өзіңізге қандай да бір зиянды әдеттің құлы болуға жол бермеңіз. Өткен өмірде сіздің кім болып, немен айналысқаныңыз маңызды емес, бұл туралы мазасызданып, бас қатырудың қажеті жоқ. Тек, бар болғаны, кез-келген әдіспен жақсы болуға тырыссаңыз болды.

Ешқашан өзгермейтін, бірақ, сол өзгермес әдеттерін сақтай отырып, есейетін адамдарды, мен «психологиялық антиквариат» деп атаймын. Олардың ішінде әже, ата секілді идеалистік, тыныш өмір сүріп, түсініктері өспеген, және сондықтан да қатқан күйде қалған рухани антиквариаттар бар. Олар жас ұрпақтың құлшынысын, сұранысын, қызығушылығын түсінбейді. Белгілі дәрежеде бұл дұрыс та. Бірақ жас ұрпақты олар ойланбастан жазғырса, бұл олардың ақыл-ой антиквариаты болғанының дәлелі. Екінші жағынан алғанда, жастардың басым бөлігі еш қажеттіліксіз қателіктер жасайды, өйткені олар бұл рухани антиквариатты құрметтемейді. Олардың ойынша, аталар мен әжелер мұраттары ескірген деп ойлайды сондықтан да олардың айтқандарын тыңдамайды. Заманауи болуға деген құлшыныста, олар мүмкін боларлықтай кез-келген «көне» қағиданы бұзады. Бірақ олар шын мәнісінде, антиквариаттың құндылыққа ие екені туралы естен шығармауы тиіс. Олар ұзақ уақыт тіршілік етіп, көп көріп, көбірек естіген. Жастар мен үлкен адамдар бір-бірінен үйренуге күш салулары қажет, өйткені көне антиквариат та, заманауи жиһаз да өздерінің бағыттарына ие.

БАСҚА АДАМДАРДЫҢ ІШКІ ЕРЕКШЕЛІКТЕРІНЕ БОЙ ҰСЫНУҒА ТЫРЫСЫҢЫЗДАР

Басқа адамдармен қарым-қатынаста олардың өздері жаттықтырған ерекшеліктерді мойындап, түсіну өте маңызды. Егер сіз адамдарды дұрыс түсінсеңіз, онда олармен тіл табыса аласыз. Сіз өзіңіз қарым-қатынас орнатқан адамның қандай екенін бірден түсініп, онымен өзіңді қалай ұстау керек екенін білетін боласыз. Философпен ат шабысы туралы немесе ғалыммен үй шаруасы туралы сөйлеспеңіз. Бұл адамды не қызықтыратынын алдымен анықтап алыңыз, содан соң онымен сол тақырыпта сөйлесіңіз, бұл сізді қызықтыратын тақырып болуы міндетті емес.

Адамдарды түсінгіңіз келіп немесе олармен іс жүргізген кезде, оларға теріс сыңай танытып немесе жазғырмаңыз. Бірақ өзіңізге сыни тұрғыда қараңыз. Күн сайын өзін-өзі саралау айнасына қарап тұрыңыз. Бұл күн сайын таңертеңгі уақытта өзіңізді қалыпқа келтіру үшін қарайтын айнадан әлдеқайда айқынырақ. Өзімнің ішкі айнама үңілмеген күнім жоқ. Және өзімді есіркемеймін. Егер сол айнада өз стандартыма қарсы бір нәрсе істегенім көрініп тұрса, мен өзіме қатты үкім шығарамын. Бұл өзіңіздің рухани жан айнаңызда мінсіз болып көрінуге көмектесетін ең керемет тәсіл.

ДАНАЛЫҚ ДЕГЕНІМІЗ ҚАШАУ, МАХАББАТ ДЕГЕНІМІЗ ЗІМПАРАЛЫ ҚАҒАЗ

Өз өміріңізді психологиялық жағдайдың көрікті сапалы затына айналдыру үшін, сіз қолдана алатындай ең күшті деген аспаптар даналық қашауы мен махаббат зімпаралы қағазы. Адамға ақыл-ой күші қажет, бірақ интеллектті махаббатпен шынықтырған дұрыс. Махаббат дегеніміз жиһаз бөлшегін кескен кезде, оны пайым өткірлігін жойып, ақыл-ой күшін тегістейтін зімпара қағаз. Даналық пен махаббат күші арқылы сіз барлығына ұнайтын және мақтан ететін, және Құдайға ұнайтын пайдалы, қажетті жиһаз бөлшегіне айналасыз. Міне, сондықтан да осыған талпыну қажет.

Сіз өзіңізді еш құны жоқ психологиялық антиквариатқа айналдырмауыңыз керек. Оның орнына, әркез, айнаға қараған сайын, әсіресе өзін-өзі саралау айнасына қараған сайын, өзіңізден «Менің әдеттерім жақсара ма? Мен күн сайын жақсара түсемін бе? Жағымдырақ бола аламын ба? Шын жүрегіммен күле аламын ба?» деп сұрап отырыңыз. Сізге Құдай патшалығын әшекейлеу үшін қолданылатын рухани психологиялық жиһаз болуға талпыну керек. Сізге бұл ұнамай ма? Жиһаздың кей бөлшектерінің кереметтігі сондай, ешқандай қосымша жұмысты қажет етпейді. Сіз де әрі қарай өзгерісті қажет етпейтін осындай психологиялық жиһаздың мүлтіксіз бөлшегі бола аласыз. Құдаймен бірге болатындай уақыт та келіп жетер. Осы жер бетіне келген бүкіл ұлы тақуалар өздерінің өмірін даналық, махаббат қашауын пайдалана және медитациямен айналыса отырып, кесіп тастаған, содан кейін оны адамзатқа мәңгі қызмет ететін және Құдай патшалығына мәңгілік сән беріп тұратын рухани психологиялық жиһазға айналдырған.

Естің беймәлім әлеуеті

Өзіндік таным Қоғамы Ғибадатханасы, Голливуд, Калифорния,
12-ші қыркүйек, 1943 жыл

Ес адамның маңызды қабілеті. Егер біз ештеңені есте сақтай алмасақ, не боларын ойлап көріңізші! Біз өзіміздің жақсы, не жаман әрекеттеріміздің нәтижесін біле алмас едік. Біз есімдерді есте сақтай алмас едік, немесе қалай жүру, иә болмаса қарапайым есепті қалай орындау керек екенін білмес едік. Өмір бойына әрбір әрекетті, әрбір ақпарат бірлігін біз өзімізге қажет болған кезде әркез жаңадан оқуға тиісті болар едік. Ессіз бала секілді болып қалар едік.

«Remember» сөзі (еске түсіру) *re* «қайтадан» және *memorari* «есте сақтаушы» деген сөзден шыққан. Ес дегеніміз әрбір ойдан, іс-әрекеттен және өмір тәжірибесінен орындалған керемет ақыл-ой жазбасы. Әрбір естелік мида бөлек ой үлгісі ретінде жазылған. Еске түсіру дегеннің өзі саналы түсінікте осы жазбалардың кез-келген түрін белсендіру дегенді білдіреді.

Біздің өткен өмірлердегі барлық біліміміз, сонымен қатар, осы өмірге келген кезден бері алған білім біздің соқыр сезімімізде болады. Адамдардың басым бөлігі бұрынғы өмірлерінде өздерінің кім болып, немен айналысқанын немесе осы өмірінің алғашқы жылдарында не істегенін білмейді. Бірақ сіз жақында болған нәрселерді ұмытқан жоқсыз, мысалы, кеше не жедіңіз, және қай жерде жедіңіз. Осы секілді, бұл өмірдегі және алдағы өмірдегі сансыз оқиғалар естеліктері сіздің соқыр сезіміңізді толтырып, сізді тыныштықтан айырар еді. Әйтеуір, естің таңдау мүмкіндігіне ие екені қуантады. Ол бізге әркез бір оқиғаны еске түсірген кезде, оларды нақты жандандырмастан еске түсіруге мүмкіндік береді. Алдыңғы өмірлерді еске алу тек жадыңыз берік дамыған болғанда ғана еске түседі.

Рухани дамыған тұлғаның есі орташа адамның есіне қарағанда, әлдеқайда басқаша қызмет етеді. Мысал келтірейін: сіз өз тәніңіздің әрбір бөлшегін еске түсіріп жатпай-ақ жақсы білесіз. Сізге өзіңіздің

168

тәніңіз бар екенін де еске түсүрудің қажеті жоқ; сіз мұны санаңыз бүкіл денеде сергектік танытатындықтан жақсы білесіз. Сол секілді, Құдай барлық жерде, және барлығы да Оның бойында. Онда жады жоқ. Оған жадының қажеті жоқ, өйткені Ол өткен, қазіргі және болашақтағы оқиғаларда бола береді. Оның саналы түсінігінде есте сақтау үшін «өткен» деген мағына білдіретіндей ештеңе жоқ. Өзімнің ауыспалы жеке өмір тәжірибемде мен жер жадысын бірте-бірте жоғалып бара жатқандай көремін; менің ауыспалы жан-табиғатымның құдайшыл санасы басым болып барады. Осы санада барлық білім және осы білімді ұғыну маған ақыл-ой үрдісі немесе ес арқылы келмейді, интуициялық өмір тәжірибесі арқылы келеді.

Ес санада өтіп кеткен және ұмыт болған оқиғаларды қайта еске түсіреді. Ес бізге қазіргі болып жатқанды білу үшін қажет емес. Осы ғибадатханада, біз айналаға саналы түрде көз салсақ, бөлмедегі терезелер, перделер және басқа да интерьер бөлшектерін ұғынамыз. Бірақ ғибадатхананың кез-келген бөлігін «көру» үшін, біз ғибадатханада бұрын көргенімізді еске түсіру үшін еске жүгінеміз.

АДАМНЫҢ ЖЕР ЕСІНІҢ АҚЫРҒЫ ӘРЕКЕТІ

Адам бойындағы жер табиғаты басым болғандықтан, ол әмбебап санадан өз ақыл-парасатының[1] толық әлеуетіне дейін кесілген. Ол өзінің құдайшыл интуициялық санасын ұғынбайды және өзінің бұрынғы өмірі туралы айтпағанның өзінде, ерте балалық шағындағы және қазіргі жылдардағы барлық оқиғаларын есте сақтай алмайтын тым нашар дамыған жадына сенім артуы тиіс. Ол өзінің балалық шағындағы үйін және сол кездегі бірнеше оқиғаларды еске түсіре алуы керек, бірақ ол сол кезде болғанның басым бөлігін ұмытып қалған. Әрине, кей адамдар басқаларына қарағанда есте жақсы сақтай алады, өйткені олардың өмір тәжірибесінен фактілерді есте ұстау қабілеті жақсы дамыған.

Бостонда тұрып, бір қызметкер көп жылдар бойына есінен айырылған. Өзінің атын да, мамандағын да ұмытып қалған ол, бір жерге келіп, сол жерде жаңа ортада, азық-түлік дүкенінде үш жыл бойы

---

[1] Дәстүрлі түрде, адам миы ақпарат көлемінің 100 триллион түрлі сөздерін сақтай алады деп саналады. Бұл секундына бір сөзді миллион жыл бойына есте сақтау дегенді білдіреді. Әрине, бірде-бір адам өзінің осы қойманың бір бөлшегінен артығын пайдаланып көрмеген. 70 жылға тең тұтас өмірде, адам бар болғаны, триллион сөзден тұратын ақпаратты ғана сақтай алады. (Гордон Графф, Химиялық есте сақтау қондырғысы», *Сайенс Дайджест*, қыркүйек 1973 ж.

қызмет етеді. Енді міне, бір күні, ол басынан соққы алады; Есеңгіреу оның санасын мидың өткенмен байланысты аймағын тірілтіп, соның нәтижесінде адам өзінің кім екенін есіне түсіреді.

АЛДЫҢҒЫ ӨМІР ЕСТЕЛІКТЕРІ

Сіздің бұрынғы өміріңіз туралы естелік ақыл-пайымыңыздан ғайып болған. Егер мидың барлық клеткаларын оятса, сіз бәрін де еске түсірер едіңіз. Мен өзімнің өткен өмірлердегі оқиғаларымның басым бөлігін білемін. Бұл тек пайым ғана емес; өткен өмірден осындай естеліктерді сынап көруге болады. Менің алдыңғы өмірлерде Англияда көп жылдар бойы өмір сүргенім туралы көп адам білмейді. Өзім жақсы есте сақтаған Лондон Мұнарасы болатын. 1935 жылы сонда барған кезімде, Мұнара бөлмесі өзім ойша көргендегімдей екенін өз көзіммен көрдім. Бала күнімнен бір кейіпімде мұхит жағалауында тұрғаным есімде. Әлі сәби күнімде Мен бала күнімде сол инкарнацияның орны мен оқиғаларын ойша жиі көретінмін. Осыны айтқан кезімде мені күлкі қылғандар қазір күлмейтін болды. Мен оларға бала кезімде жанымнан көрген алдыңғы өмір оқиғалары шын мәнісінде болғанын дәлелдей алдым. Егер сіз тыныштталып, ғарыштық сана жағдайына жету үшін, біршама терең шоғырлансаңыз, сіз бүкіл өткен оқиғалардың әлсіз деген тұстарының өзін еске түсіре аласыз, өйткені олардың әрқайсысы сіздің миыңызда жазылған.

Өткен өмірде қалыптастырған әдеттеріңіз, шын мәнісінде сіздің осы өмірдегі дене, ақыл-ой және эмоционалдық құрылымыңызды жасады. Сіз бұл әдеттерді ұмытсаңыз да, олар сізді ұмытқан жоқ. Өзіңіздің өмір тәжірибеңіздің жүзжылдығынан бері қарай кармаңыз соңыңыздан қалмай еріп келеді. Сіз қайта кейіпке енген кезіңізде, біздің бұрынғы ойларымызды, әрекеттерімізді және әдеттерімізді қоса, бұл карма өзіңіз ие болатын физикалық келбет құрайды, яғни, тек сыртқы келбет қана емес, сонымен қатар сіздің жеке ерекшеліктеріңізді де. Бұл бір тұлғаны екіншісіне ұқсамайтындай етіп жасайтын, және адамдардың бет-жүзінің әр түрлілігі мен ерекше қасиеттерін жарататын өткен өмірде жекелей жасалған үлгілер. Тіпті, әйел немесе еркек болып жаратылудың өзі, өткен өмірде өзіңіз таңдаған бейімділіктер арқылы алдын ала анықталған.

Адамдардың басым бөлігі өзін-өзі саралаумен айналыспайды және өздерінің өткен өмірдегі әрекеттерімен қалай байланысқандарын түсінбейді. Күндер жылжып өтіп жатыр, ал олар сол дене және ақыл-ой қалыбында қала берген. Сіз «Бұл маған ұнайды» немесе «Бұл маған ұнамайды» дегеніңіздің өзі өткен өмірдегі белгілі оқиғалар бір нәрсеге ұмтылып, бір нәрседен аулақ болуға көмектеседі. Үндістанда менің гуруымның [2] ашрамында Ұстаз бізге ұнайтын немесе ұнамайтын нәрсеге емес, даналыққа басшылық етуімізге үйретті. Өзіңізді көбірек саралаңыз, өзіңіздің неліктен қазіргі күйіңіздей екенін ұғынуға тырысыңыз. Сіз балалардың белгілі мінезбен немесе белгілі әдеттерімен туылатынын байқаған боларсыз. Бұл бейімділіктерді олар өткен өмірден алып келеді; өйткені олардың бұл өмірде ондай тәртіп түрлерін қалыптастыратындай уақыты да болған жоқ.

Мен бала күнімнен ғимарат құрылысына қызығушылық танытамын. Осы өмірдегі құрылысты жүзеге асыруымның алғашқы әрекеті Калькуттада жасөспірім шағымда шағын саман үйді қалпына келтіру болатын. Бұл қызығушылық көзге бірден түсетін, өйткені мен Англияда бұрынғы кейіпте көп ғимарат салған болатынмын. Сол уақыттың көп оқиғасын еске түсірдім! Осы өмірде ешқашан музыкамен айналыспасам да, көптеген үнді музыка аспаптарында ойнай білдім, және маған керемет музыкант болатыным туралы айтатын. Бұл бейімділік өткен өмірден келген білімнің нәтижесі. Егер сіз өзіңізді саралай білсеңіз, сіз де өткен өмір белгілері болған өзіңіздің балалық шағыңыздағы оқиғаларды еске түсіресіз.

ӨТКЕН ӨМІРДЕН ТЕК ЖАҚСЫ ӘДЕТТЕРДІ ҒАНА ТАҢДАҢЫЗ

Осы өмірде бұрынғы өмірден алынған әдеттерді айыруға болады. Осы өмірде қалыптасқан әдеттердің көпшілігі өткен өмір әсерінің нәтижесі болып табылады. Осы инкарнациямда мен тек жақсы деген әдеттерді қалыптастырдым. Өзімді бала кезімнен бастап үнемі бақылап және дұрыстай отырып, өткен өмірдің жаман қылықтарынын арылып, азат етілдім.

Есті дұрыс қолданудың арқасында, біз осы өмірде білімімізді көбейтуге бағытталған өткен өмірдегі оқиғаларды еске түсіре аламыз. Жақсы және жаман оқиғалар әрекетін еске түсіре отырып, біз осы

---

[2] Свами Шри Юктешвар

өмірде өзімізге ауыртпалық тудырып, қайғыға ұшырататын жаман әдеттерді айырып, олардан арыла аламыз. Мұны жасауға барлығымыз да қабілеттіміз.

Адам есінде өзі өндірген жақсы, не жаман әдеттер бір уақытта бола береді. Олардың барлығы оның басында болады, олар оның есінде ме, жоқ па, ол жағы белгісіз. Әркез біреуге қайырымдылық көрсеткен кезде, ол туралы есті сіздің миыңыз сақтап қалады. Және біреуге зияныңызды тигізгенде де, ол сіздің ақыл-ой жинақ сандықшаңызға қосылады. Адамдарға саналы түрде жақсы, не жаман жасаған әрекетіңіздің барлығы «ұмытылмайды». Қазіргі кездегі сіздің әрекетіңіз өткен өмірдегі жете түсінбеген әрекет ықпалында болады. Өткен өмірдегі жақсы әдеттерімен қайырымды адам жақсы қылық танытса, оның өткен рақымшылдығының әсері бірден жақсы әдет негізін құрайды. Өнегесіз адам жаман қылық танытса, оның өткен өмірдегі жаман әдеттерінің күшейткіш әсері жаман әдеттер негізін құрайды. Өткен өмірден келе жатқан, сонымен қатар осы өмірде қалыптастырған жаман бейімділіктерден құтылуға шешім қабылдаңыз. Тек жақсы қылықтарды еске сақтауға тырысыңыз. Тіпті болмашы қайырымды әрекеттің өзі, қай кейіпте жасалса да, сіз үшін ешқашан жоғалмайтын болады. Қазіргі өмірдегі әрекетіңізге ықпалын тигізу үшін, тек жақсы естеліктерді қолданыңыз. Басқа адамдардың есіне олардың әлеуетті қайырымы туралы салып жүріңіз.

ӨТКЕН ҚАТЕЛІКТЕРДІ ҰМЫТЫҢЫЗ

Өзіңіз жасаған барлық бұрыс қылықтар туралы ойлардан аулақ болыңыз. Енді олар сізге тиесілі емес. Оларды ұмытыңыз. Бұларды ойлау әдет пен есті тудырады. Күйтабақ ойнатқыш инесін күйтабаққа қоя салсаңыз болды, музыка ойнап кетеді. Ойлау дегеніміз- өткен қылықтар туралы жазбаны ойнататын ине. Сондықтан, өз зейініңді бұрыс қылықтарға тігудің қажеті жоқ. Өткен өмірдегі зердесіз қылықтар үшін қайғыра берудің қажеті қанша? Олар туралы есті ұмытып, одан да енді мұндай қылықтарды қайталамаудың қамын ойлаңыз.

Жағымсыз жағдайлар туралы ойлану Құдай берген адам есінің мақсаты емес. Кей адамдар өздері өткен қайғыны ұмытпай, жиырма жыл бұрын өткен отаның қаншалықты ауыр болғанын ұдайы еске түсіріп отырады. Олар өз саналарында осы ауруды қайта-қайта жандандырып отырады. Бұл күйінішке қайта оралудың қажеті қанша? Жанға бататын немесе құртатын естеліктерді қасақана шақыру- еске дұрыс қарамау және өз жанына қарсы күнә жасау дегенді білдіреді. Жағымсыз естеліктерді әлпештей отырып, сіз біреуге деген қатты ренішіңізді сезініп, ойша оларды болашаққа алып барасыз, және сіз үшін бұл игілікті болмайды. Егер сіз біреуге қатты ренжісеңіз, күн сайын бұл сезімді есте жандандырып, ойша ренжіткен адамға соққы бересіз, және осы жек көрушілік туралы естелік сіздің жаңа инкарнацияңызда жазылып қалады. Кескінсіз ойлар толтырылған естің құрбаны болу қауіпті. Өз бойыңызда өткен реніштерді , кек алу сезімдерін ұмыту біліктілігін дамытыңыз және тек жақсылық туралы ойларыңызбен мақтаныңыз.

Осы әлемде аз ғана адамдар саналы түрде тән, ақыл-ой және жан мүмкіндіктерін дамытуды ойлайды. Қалғандары өткен өмір жағдайларының құрбандары. Олар өмірде өткен өмірдің жаман әдеттерінің ықпалымен еріп жүреді, олардың ықпалына көнгіш болып, тек: «Мен өз-өзіме сенімді емеспін», немесе «Мен –әлсізбін», әлде «Мен-күнәкармын» дегенді есте сақтай ғұмыр кешеді.

Бұл әрқайсысымызға даналық қылышымен өзіміздің тәуелділігіміздің бұғауын шауып тастау немесе тұтқында қалу деген түсінік.

Құдай әрбір жанға қалауынша әрекет ету еркін берді. Ешқашан өз еркіңізді біреуге артпаңыз, бірақ сол адамға лайықты болатындай етіп жасауына көзін жеткізуді қаласаңыз, оған махаббат арқылы ықпал етіңіз. Махатма Ганди Оңтүстік Африкада болған кезінде оған пышақ жарақаты жасалып, өлім аузында жатқан. Билік басшылары, әрине, пышақтаған адамға қарсы іс қозғағысы келді, бірақ Ганди «Жоқ», «Егер мен оны түрмеге отырғызсам, ол одан сайын жамандықты үйренеді. Мен оны өз жағыма махаббат арқылы қаратамын»,- деп жауап берді. Қаскүнем Гандидің кең пейілін түсінген кезде, ол оның Гандидің ізбасары болды.

АҚИҚАТ ПЕН МЕЙІРІМДІЛІККЕ ҰМТЫЛЫҢЫЗ

Меніңше, әркімге «Зұлымдықты білмеймін, зұлымдық туралы естімеймін, зұлымдық туралы айтпаймын» идеясын бейнелейтін маймылдың үш түрі таныс болар. Мен: «Мейірімділікті көру, мейірімділік туралы есту, мейірімділік туралы айту» деген позитивтік қадамға ерекше көңіл аударамын. Сол мейірімділік атаулының барлығын сезіну, түйсіну, ойлау және сүю қажет. Мейірімділік қамалында патшалық құрыңыз, сонда сіздің естеліктеріңіз мейірбан ниеттер бағындағы гүлдерге ұқсайтын болады. Егер өзіңіздің жақсы естеліктеріңізді үнемі толықтырып отырсаңыз, сіз, уақытында, сіз ұмыт болған маңызды игілікті еске түсіресіз; және бұл Құдайдың өзі. Сіздің оянған Ол туралы естелігіңізде бостандық кілті жатыр.

Өз есіңізді өзіңіздің өшпес жан екеніңізді есте сақтау үшін пайдаланыңыз және өмірдің опасыздығы туралы құртушы естеліктен арылыңыз. Міне сондықтан да, Өзіндік таным идеясы сіздің Рух мәні екеніңізді ұмытпауға шақырып отырады. Әр таң сайын өзіңізге: «Мен тәннен жаралған тән еместпін; мен өзімнің көзге көрінбейтін және жанды түйсінетін формаға ие емес нағыз рухани мәнімді есте сақтағым келеді» деп қайталаудан жалықпаңыз. Күндізгі мезгілде сіздің жүйкеңізде өткінші жер тіршілігі туралы жалған ес мәңгі есте сақталады; сонда түндегідей көк аспан ұйқы періштесі сізге өзіңіздің өшпестігіңізді есіңізге салады. Тәңір сіздің Рух екеніңізді, сіздің табиғатыңыздың Шаттық жағдайы екенін есіңізге түсіру үшін тән мен форманы ұғынуды толығымен шадыман түрде жоғалтатындай ұйқы сыйлады.

ЕСТІ ҚАЛАЙ ЖЕТІЛДІРУГЕ БОЛАДЫ

Адамның ақыл-ой қабілеті өткен кармасына сәйкес тұқым қуалаушылық арқылы берілетіні шындық. Бірақ есті дамытуға болады. Осы сыйды жақсартуға көмектесетін түрлі әдістер болады.

Диетаның ролі ерекше. Жаңа сауылған сүт пен ірімшік (йогурт) есті күшейту қабілетіне ие. Тамақты мөлшерден тыс ішу еске жағымсыз әсерін тигізеді. Рационда майдың шамадан тыс болуы астың қорытылуын нашарлатады және, ақыр соңында, еске зиянын тигізеді. Қуырылған және майлы тағамды анда-санда жеуге болады, бірақ тек орташа мөлшерде ғана. Шошқа етін немесе шошқа етінен жасалған тағамдарды рационнан шығарып тастаңыз. Оларды шамадан тыс қолдану арқылы есті жойып алуыңыз мүмкін. Мүмкін, сіз «Мен шошқа етін жеймін, бірақ менің есте сақтау қабілетім жақсы» деп ойлайтын боларсыз. Мен сізге осы жақсы есті өткен өмірден алып келдіңіз деп жауап берейін. Ұзақ уақыт күнделікті шошқа етін жеу есті жояды.

Салқын душ ес пен жүйкеге жақсы ықпалын тигізеді. Жүйкені салқындату жан тыныштығын қатайтуға көмектеседі. Сабырлы ақыл есте өмір тәжірибесін қайта жаңғыртуға көмектесуші құралға айналады.

Шамадан тыс сексуалдық белсенділік ес үшін зиянды, ол ақыл-ой қабілетін басқа кез-келген факторға қарағанда күштірек әлсіретеді.

Ұстамды адамдар шексіз рух күшін, аса зор есті дамыта алады. Мұның үлгісі ретінде пәктікті ұстанушы сэр Исаак Ньютонның таңғаларлық жадын атап өткен жөн.

Өзіміз үйреніп, танып-білгендерді еске түсіріп, саналы күш салу арқылы есті дамытуға болады. Өткен жағдайлардан нақты бір нәрселерді еске түсіріп көріңіз. Сонымен қатар, сандарды ойша қосып, алу да пайдалы. Өкінішке орай, көптеген адамдар өздерінің естерін осылай жаттықтырмайды.

Ес күшін жақсартудың тағы бір әдісі- өзіңнің басыңа жәймен бармақ сүйегімен соғып қалу.

Барлығын да мұқият назармен және шын жүректен жасауға үйреніңіз, бірақ, соншама шын жүректі боламын деп, шамадан тыс қазымыр, үнемі болмашыға бола абыржып жүретін адамдарға ұқсап кетпеңіз. Адамдардың басым бөлігі өз міндеттерін енжар түрде орындайды, олар көбінесе не істеп жатқандарын да ұғынбайды!

Есті өлең шығару және проза жазу арқылы дамытуға да болады. Дұрысында, сіз өзіңіздің жазғаныңызды шапшаң еске түсіруге қабілеттісіз, өйткені көп сезіміңізді енгізіп, назар қойдыңыз.

Кей күйінішпен қабаттас болатын сезімді мадақтау сізге мұны есте сақтауға көмектеседі. Терең толқи отырып жасаған дүниеңізді есте жақсы сақтайсыз. Тіпті есі нашар дамыған адамның өзі де өзінің қайғы-қасіретін ұмытпайды.

Және соңғысы, өткен өмірден тек жақсыны ғана есте сақтауды әдет қылыңыз; өз санаңыздың ғибадатханасына жаман ойларды енгізу үшін есіңізді ешқашан теріс пайдаланбаңыз. Бұл ғибадатхана Құдай туралы қасиетті естелік болып қала берсін. Зұлым естеліктер алып келетін тонаушыларға осы ішкі шамшыраққа енуіне мүмкіндік бермеңіз. Оны тек мейірімділік періштелеріне ғана ашыңыз. Ішкі дүниеміздегі құдайшыл ғибадатханада бақыт бар. Онда мейірім бар; және шын берілу, сенім, батылдық, бейбітшілік пен қуаныш бар. Осы қасиеттердің барлығын сіз өзіңіздің ішкі ғибадатханаңызда тек жақсыны ғана есте сақтай отырып, сақтай аласыз.

РУХПЕН ӨЗІҢІЗДІҢ БІРЛІГІҢІЗДІ ҰМЫТПАҢЫЗ

Егер сіз өз миыңызды, ақыл-парасатыңызды, тәніңізді бақытқа толы естеліктермен ұстасаңыз, ең үлкен мейірімділік,Құдай, келіп, сізбен қалатын болады. Өткен кезеңнің ең жақсы оқиғаларын ғана есте сақтай отырып, сіз ақыр соңында, өзіңіздің Рухпен бірлігіңізді ұмытпауыңыз керек. Сіз Рухтен осы тәнге, ауру түрмесі немесе келелі мәселелер деп аталатын осы шағын ғана сүйек клеткасына түскеніңіз есте қалатын болады. Өлім санасынан аулақ болыңыз. Медитацияда өзіңіздің кең Рухпен бірге екеніңізді есте сақтаңыз. Өз естелігіңізді есте сақтап, кеңейтуді жалғастыра беріңіз. Сіздің санаңыздың шегі жоқ; бүкіл заттар жаратылысыңыздың аспан күмбезінде жұлдызша жарқырайды. Кенет сіз жадыңыз интуицияға, жан мәніне айна қатесіз ену қабілетіне айналғанын көресіз. Сіз ендігәрі есте сақтау үшін күш салуға тиісті емессіз, өйткені жадыңыз бәрін білгіш, кезбе интуицияға айналды. Сол бәрін білгіш құдайшыл естелік аясында сіз тек есте сақтап ғана қоймай, өзіңіздің шексіз Рух екеніңізді түсінгеніңіз жөн.

Дене, ақыл-ой және рухани сауықтыру әдістерінің келісімі

Өзіндік таным қоғамдастығының халықаралық штаб-пәтері,
Лос-Анджелес, Калифорния, 4-ші қаңтар, 1940жыл

Енді шабыт мен арқылы енетін болғандықтан, осы кеште мен сіздермен сауықтыру туралы сөйлескім келіп отыр. Кейбір дене мәселелерімен жапа шегіп жүрген адамдар, сау адамдардың өздерін жақсы сезінетіні және ешқашан ауырмайтынын сезетініндей, олар аурудың ешқашан жазылмайтынын да сезеді. Егер сіздің денсаулығыңыз мықты болса, соған ризашылық етіңіз; және әркез, біреуді жапа шеккенін көрген кезде, өзіңізге ойша «Бірақ Құдай рахаты үшін, мен сүйенетін боламын» деңіз. Адам машинасы жетілмеген сондықтан да сенімсіз. Сонда да мұның қаншама жылдар бойына созылғанын қараңыз. Сіз адам денесін қанша пайдалансаңыз, сонша пайдаланылған автокөлікті көрдіңіздер ме? Алайда, бұл Құдай жасаған тамаша машина, сонда да керемет.

Біз адам машинасының ерекшеліктерін білгеніміз жөн. Автокөліктің суды, газды және электр қуатын қажет ететініндей, тән де соны қажет етеді. Сіздің газыңыз бен сумен жабдықталуыңыз өзіңіз тәнге бағыттап отырған қатты бөліктерден, сұйықтан және оттектен келеді. Оларды пайдалану үшін, өмір энергиясы *Прана* болуы қажет. Бұл электр қуаты. Бұл өмір электр қуатынсыз сіз өз асыңызды қорытып немесе оттекті сіңіре алмас едіңіз. Сіз тәніңізді автокөлік батареясына ұқсата аласыз; олар екеуі де ішкі электр қуатының «электр қуатын» немесе энергияны шығарғанын талап етеді. Батарея жақсырақ, өйткені ол өлген кезде, оны өзіңіздің қайнар көзіңізден қайта қуаттай аласыз. Бірақ сіздің тәніңіз өлген кезде, сіз оны тірілте алмайсыз.

Адамның асқазаның мәшинаның моторымен салыстыруға болады. Ол адамның ең үлкен және неғұрлым көбірек пайдаланылатын бөлігі. Ас қорыту қомағайлықтың немесе дұрыс тамақтанбаудың салдарынан іркіле жұмыс жасағанда, тәнде бүкіл проблеманы туғызады. Әдетте, өзіңізді таңертең айнадан көргеніңізде, сіз өзіңізбен бәрі де дұрыс деп есептейсіз. Өз жүйеңізде соншама қож бар екенін білмейсіз. Тәнде олар толып тұр. Егер сіз осы қождан қалай құтылу керектігін білмесеңіз, жүйе оларға әлі келмейтін болса, нәтижесінде ауру пайда болады. Америка диетасында ақуызбен улану, ақуыздағы игерілмеген токсиндерден улану көбінесе білместіктің салдарынан болып жатады. Шығыстық диетада көбінесе ақуыз жетіспейді, бірақ Батыста ол мөлшерден асып кетеді, өйткені сіздер етті шамадан тыс жейсіз. Игерілмеген ақуыздың салдары жүрек, қатерлі ісік секілді ауруларға ұшыратып, сіздің мұрын мембранаңыздың жұмысына зақым келтіріп, сізді суық тию ауруларын қабылдағыш етеді.

Қатты тұмау тию тәнге зиянын тигізеді, тіпті айқын ойлауыңызға кесірін тигізеді. Суық тию *пранайама* [1] әдістін дұрыс қолдануды болдырмай, йога медитациясына да жаман әсерін тигізеді. Сондықтан да, ібіліс (шайтан) мұрын мен тамақ маңына енгеніне мақтанатын секілді. Әншілер, дәріс оқитын адамдар өздерінің дауыстарына зәру болғандықтан, олар тамаққа қатысты ауруларға неғұрлым бейім болып келеді және осы ақыл-ой үрейі ібіліске сол жерлерге енуіне жолын жеңілдетеді. Осылайша, суық тию мұрыннан бастаса, сіз тез арада соны тоқтатуға тиіссіз. Егер сіз мұны жасамайтын болсаңыз, онда ол үнемі тамақ пен өкпеде орналасып алады. Неліктен екенін білесіз бе? Себебі тәннің жоғары температурасы теңгерімсіз. [2]

Суық тию аурулар туралы сіздерге кейбір практикалық ұсыныс беруіме рұқсат етіңіз: Тамақты күн сайын бір стакан тұзды жылы сумен шаю, дұрыс диета мен жаттығулар және он-отыз минуттық күн сайынғы күн ванналарын қабылдау секілді (күннің интенсивтілігіне және терінің сезімталдығына байланысты [3]) аурудың алдын алғыш өте жақсы құрал

---

[1] Глоссарийдан қараңыз.

[2] *Прана* немесе нәзік өмір күші (глоссарийдан қараңыз), тәндегі шынайы өмір мен денсаулық қолдаушысы болып табылады. Оның мамандандырылған қызметі Йога трактаттарында «өмір ауасы» барлық дене қызметінің артында тұрған нәзік алғашқы энергиясы ретінде айтылған.Бұл праналық ағындары бұзылып немесе қалыпсыз өмір сүру тепе-теңдігінен шығарылғанда, тиісті физиологиялық үрдістер жолдан таяды және нәтижесінде, біз түрлі қажулар мен ауруларға тап боламыз.

[3] Күннің ерте және соңғы сағаттарында күнге қыздырынған дұрыс. Алдын ала сақтану сезімтал теріні күн сәулесінен сақтау үшін қолданылады. Егер сізде күннің әсеріне қатысты мәселелер бар болса, дәрігердің немесе дерматологтың кеңесіне сүйенген дұрыс. - (*Басп. ескертпесі*)

болып табылады. Егер сіз шын мәнісінде суық тиюге шалдықсаңыз, оны тамақ пен кеудеге өтпей тұрып, мұрыннан басталған кезде басып тастаған дұрыс. Суық тиюді шапшаң тоқтатудың ең жақсы әдісі ораза ұстау. [4] Бұл суық тиюді тез өлтіреді. Егер жиырма төрт сағат бойы ораза ұстасаңыз, әдетте суық тию басылады. Бірақ , егер ауру созылмалы түрге айналса, сіз жеміс-жидек немесе көкөністі көбірек жеп, таза ауада, жарықта көбірек болып, жаттығулар жасау керек. Көптеген адамдар суық тию кезінде көп мөлшерде су ішкен пайдалы дейді. Бұл безгек ауруы немесе қою шырыш жиналған кезде жақсы. Әйтпесе, судың артықтығы шырышты қабықты өте белсенді етіп жібереді. Сіздің суық тиіп ауырған кезде ыстық сусын ішкеніңіз дұрыс емес. Суық тию дамып, температура көтеріледі. Ыстық температура сізге аздаған уақытта жақсы әсер етуі мүмкін, бірақ ол клеткаларды кеңейтіп, қалыпты қызметті бұзады. Салқын сусынды да ішуге болмайды.

Егер сіз қолқа ауруына шалдықсаңыз, түрік сүлгісін өте ыстық суға батырып, бұрап, содан соң кеудеңізді сүртіңіз. Содан кейін көкірек қуысы маңын құрғақ сүлгімен сүртіңіз. Мұны күніне бес рет, екі немесе үш рет қайталаңыз. Көкірегіңізді әрбір емдеуден соң жылы ұстаңыз.

Бұл суық тиюді болдырмау немесе одан басым болудың әдістері.

Сақтанып, құралдарды пайдаланғанның өзінде, кейде тұмау басқа аурулар секілді ұзақ болады да, ал кейде тез жазыла қояды. Мұның себебі кармалық болуы мүмкін. Осылайша, дене жағдайы тағдыр, себеп және салдар заңымен анықталады. Аурудан жазылу көбінесе кармаға байланысты оның өткен әрекеттерінің жиынтық нәтижесіне оған қоса, сол аурудан алған у қайтарғышқа немесе іс-әрекетің, мақсат-ниетің қандай болса, соған байланысты. Кейбір адамдар өздерінің ауруларына налып, ақылды адамдардың ақылына көнбей маңдайымызға жазылған осы шығар деп, ауруына бағынып жүре береді. Әрине, фаталист болу дұрыс емес. Алдымен өзіңізге көмектесуге тырысып, содан кейін тиісті нәтижені алмаған жағдайда ғана берілген дұрыс, өйткені әрбір күш салу сізге сол кармалық құрылымды бұзуға көмектеседі. Адамның

---

[4] Табиғи босаңсытуды қабылдап ,тәтті емес жеміс-жидектер шырынын жүйелі пайдалану денені тазартуда нақты нәтиже береді.Суық тию кезінде апельсин шырыны секілді цитрус шырынын ішпеген дұрыс, өйткені ол ауру симптомын нашарлататын шамадан тыс шырыш бөледі. Оразаны бір ұстағанда үш күннен артық ұстау ораза туралы жақсы білетін адамның бақылауында болған дұрыс.Созылмалы аурулардан немесе органикалық ақаудан жапа шегуші адамдар оразаны ораза процедурасында тәжірибелі дәрігердің көмегімен сақтағаны дұрыс.

сауығыуы ең алдымен өз қалауына байланысты. Адам қалауы болып, өзі талпынып ұмтылмаса, қандай істе де оған көмектесу өте қиын. Ондай адамдарға айтылған сөздің, берілген ақылдың пайдасы да шамалы болады. Дегенмен, бұлардың бәрінің себебі Алла тағала болғандықтан, оны Алла тағаланың өзі орындайды деуге де болады, сондықтан « Сақтанып жүргенді Аллада сақтайды» деген мақалды еске алып жүргендеріңіз жөн болар.

САУЫҒУДЫҢ ҮШ НЕГІЗГІ ӘДІСІ

Дене, ақыл-ой және рухани сауығу заңдары бұлардың барлығы Құдай заңдары. Олар бөлек емес, бірақ сол құдайшыл сауықтыру принципінің түрлі аспектілері. Әрбір әдісті жақтаушылар жасаған бөліну надандықтың салдарынан болған. Бұл заңның әрқайсысы әділ түрде жүзеге асқанда нәтиже береді. Дәрігерлер емдей алады дегенді неге жоққа шығарады? Немесе сол ақылды емдеу қажет пе? Немесе сол сенім денсаулықты қайта қалпына келтіре ме? Лахири Махасая осындай адам, өйткені ол бір жақты адам болған. Ол өте байсалды болған. Дәрігерлерді ол ешқашан келеке етпеген, керісінше, оның көптеген дәрігер шәкірттері болған. Лахири Махасая көбіне ауру адамдарды шөппен емдейді, кейбіреулеріне жәй ғана «Сіздерде бәрі дұрыс»[5] болады деп, ал кейбіреулеріне дәрігерге көрінуге кеңес береді. Әрине бұл сол ауру адамдардың әрқайсысының өздерінің табиғи мінездеріне байланысты.

Мен кей кездері адамдарға дәрігерге баруына кеңес беремін. Құдай солар арқылы жұмыс жасауы мүмкін. Тек қалыпты ой қажет. Ақыр соңында, медицинаның пайда болуына қатысты зауыттар мен химикаттарды кім жасаған? Тек Құдай ғана барлығының жалғыз ғана жаратушысы, барлығының Әміршісі, барлығын Басқарушы. Бүкіл біртұтас әлем оның заңдылықтарына бағынады, бұл заң әр адамның өзінің дене, ақыл-ой және рухани заңдары арқылы жұмыс жасайды.

Сондай-ақ, мен тәнді сауықтыруда өте нәтижелі қарапайым шөптерді қолдану әдістерін білемін. Осылайша, бұл әлемде сауықтырудың түрлі әдістері бар, ақыл-ой және дене сауықтырулары арасындағы жанжал қисынсыз. Орасан сауықтырулар медицина ғылымы саласында болады. Ғалымдар бүкіл сауықтыру заңдарын

---

[5] Лахири Махасаяның *Йог өмірбаяны* атты кітапта сипатталғанындай, адамдарды осылай емдегені туралы мысалдар көп.

таптық деп нақты айтпағанымен, көп ауруларды емдеп, жазатын, және жойып жіберетін антибиотиктер мен вакциналар құрастырған. Олар кейбір қатерлі ісік түрлерін қирататын сәулені табу шегінде тұр. Біз медицина ғылымына сенуге тиіспіз. Дәрігерлер адам денесінің механизмін қарапайым маман емес адамға қарағанда, жақсы біледі ғой.

Екінші жағынан алғанда, тек дәрі-дәрмекке тәуелді болмаңыз, бірақ көбірек ақыл билігіне бағынуға үйреніңіз. Денеде материалдық заттар нәтижесін жоққа шығару дегеніміз надандық; және осы ақыл күшін дамытып, мойындамау үшін жалған пайым. Егер сіз материалдық әдістерге көбірек тәуелді болсаңыз, онда ақыл жұмыс жасамайды. Одан да ақыл күшін пайдалану жолдарын үйренген дұрыс. Бірақ егер сол ақылды қалай басқару керек екенін білмесеңіз, қалыпты түсініктің дұрыс мағына материалдары әдісін өз ақылыңыздың әдісін бірте-бірте дамыта отырып, қолдану қажет,

Өзіндік таным ізбасарлары сауықтырудың үш дене, ақыл-ой және рухани әдістерін жоққа шығармайды. Біз медицина және ақыл-ой ғылымы бойынша ақиқатты қабылдаймыз. Біз кей жағдайда медицина ғылымы жақсы жұмыс жасайды десек, кей жағдайда ақыл-ой ғылымы жақсы жұмыс істейді, толығымен адамға тәуелді дейміз.

Сауықтырудың Құдай билігіндегі рухани әдісі ең зор әдіс болып саналады, және бұл сауығу тез арада болуы да мүмкін. Бірақ сіздің карманыз жақсы болмаса, және сеніміңіз әлсіз болса, онда сіздің денеңіз бен ақылыңызға қызмет етуде, бұл Құдайдың рухани әдістерін дамыту біршама уақыт алады. Тіпті өзіңізді төзімдімін деп ойласаңыз, ол міндетті түрде басқаша жасайды. Фермер өзінің жерін өнім бергіш, құнарлы деп ойлайды. Ол дәнді жерге егеді, бірақ өскін пайда бола қоймайды, өйткені алдымен жерді тексеріп, жыртқан жоқ. Өзіңізде қабілет бар деген жәй ғана ойдың өзі жеткіліксіз. Ақыл соқыр сезімінде орналасқан кейбір ақыл-ой құрығы бар секілді. Тек соқыр сезім, ішкі жоғарғы сана және сыртқы сана сізде өмірдің күш беруші жас өркеннің дамуы болып жатқанына сенімді болғанда ғана.

БАРЛЫҒЫ ДА –ОЙ КҮШІ

Соңғы сараптамадан біз осының барлығы-ой күші екенін анықтадық. Сіздің тәніңіз, тұрып жатқан үйіңіз, күндізгі жарық, өзіңіз тамашалап отырғанның барлығы, жақсы көруге көмектесіп отырған көзіңізге киген көзілдірік барлығы да тек ықшам ой. Айталық, сіз осы қазір ұйықтап кетіп, бақпен келе жатқаныңызды армандайсыз. Кенет жылан шыға келіп, сіздің аяғыңызды шағып алады. Сіз үрейленіп, қатты ауруды бастан кешіресіз. Сізді дәрігерге апарады да, дәрігер у қайтарғыш береді, содан бірте-бірте өзіңізді қалыпты жағдайда сезінесіз. Ауру басылды. Енді, сол ертегі елінде не болды екен? Сіз әдемі бақпен рахаттандыңыз, үрей мен ауруды бастан кешірдіңіз, медицина қарастыратын амандық сезімін бағаладыңыз, сонда да осы бүкіл оқиға түсіңіздегі сіздің қиялыңыздың өнімі болып табылады. Ұйқыдан оянғаныңызда, «О, менің мүлтіксіздігім, аяғымды жылан шақпапты. Ешқандай емдеу де болған жоқ. Менімен не болды? Бұл, бар болғаны түс қана!» дейсіз.

Ертегі еліндегі жылан, жыланның шағуы, ауру, бақ, медицина, бәрі де соншалықты шынайы болып көрінді. Сол түсте жыланның шаққанын емдеу үшін, сіз түстің кей дәрісін қабылдауға тиіс болдыңыз. Бірақ ертегі елінде жыланның шағуы, ауру, емдеу және бақтың арасында қандай айырмашылық болды? Ешқандай. Олар тек түрлі ойлар ғана болатын. Бірақ сіздің қиялыңыз оларға осындай күш берді, сіз түстегі жыланға шағылған кезде, сіз түсіңізде ауруды сездіңіз. Және түсіңізде дәріні қабылдағанда, сол түсте жеңілдегенді сезіндіңіз.

Осылай, Сіз бұл әлем және физикалық тән ақырғы деп ойлайсыз, және болып жатқан нәрселердің барлығының салыстырмалы шынайылығын жіберуге тиіссіз. Сіз мұның барлығы адасу және осы ғарыштық түсті көріп жатқан кезде сізге осы адасу әсер етпейді деп айта алмайсыз. Тән шынымен де осы жаратылыс түсі, және сіз әлі де тәнде болып тұрғаныңызда, оның тіршілік етуіне жол беруіңіз керек. Сіз материя шынайы емес деп айта алмайсыз. Бұл салыстырмалы мағынада шынайы. Егер бұл солай болатын болса, онда у ішіп, уланбауға болар еді. Бірақ у ішетін қарапайым адам үшін нәтижесі өлім болып табылады. Бұл ақылсыздық ол үшін материяда шынайылық жоқ деп пайымдау үшін қажет. Ол адасып жүр деп айтуға болады.

Шығыс жағалауындағы адам маған материяның шынайы емес екендігі туралы пікірін мақтана айтқан әйел туралы айтты. «Бұл алау-адасу» деді әйел. «Ол менің жанымды ауырта алмайды». Ол ештеңе де деген жоқ. Бірақ бір күні ол адам өз мүмкіндігін көрді. Әйел әрі қарап тұрған кезде ол көсеуді қыздырып, арқасына баса қойды. Әйел болса бар дауысымен шыңғырып жіберді: «Ойбай-ай! Бұл неткеніңіз? Ер адам сабырлы дауыспен «Енді, алау-адасу ғой. Сіздің тәніңіз адасу. Ауру-адасу. Осылайша, ыстық көсеу сізге қалайша әсер етті? Ол ренжулі еді. Бірақ ол өз көзқарасынан таймай, сіз адасып тұрған кезіңізде, материя шынайы емес деп айта алмайсыз.

Сіз денеңіздегі ауруға қайғырған уақытта, тән- адасу екенін түсіну өте қиын. Осылайша, біз фанатик бола алмаймыз. Біз баяу жылжып, бірте-бірте ерік күшіміз бен ақыл-ой күшімізді бұл дүниедегінің барлығы Құдай туралы ой арманы екенін дәлелді түрде сезінетіндей жағдайға жеткенше дамытуымыз керек.

ЕГЕР БАСҚАРА БІЛСЕҢІЗ, АҚЫЛ-ПАРАСАТ ЖҰМЫС ЖАСАЙДЫ

Ақыл-парасат дегеніміз өте оғаш зат. Бұл дұрыс болған кезде, әлем басқаша ойласа да дұрыс. Және бұл дұрыс емес болған кезде, бүкіл әлемдік пікір билігі оны дұрыс ете бермейді. Егер сіз ақыл-парасаттың қалай жұмыс жасайтынын білсеңіз, сіз оны өз бақылауыңызға алуға тиіссіз. Басқарусыз ақыл-парасатсыз сіз менің айтқандарымнан ештеңе де ұқпайсыз. Бұл бірте-бірте дамуды талап етеді. Ойлау билігі қарапайым мәселе емес. Бұл өте нәзік түрде жұмыс жасайды. Бұл биязылықты түсіну оның билігін білу дегенді білдіреді. Ақыл-парасат барлық жерде жұмыс жасайды. Егер ақыл-парасат жұмысының құпиясын білетін болсаңыз, онда сіз мұның дұрыс екенін түсінесіз.

Бір күні Миннеаполистегі сабақтарымның бірінде шәкірт менен көмек сұрады. Ол автомобиль апатын басынан кешірген. Қолдары түгелдей сыдырылып, бұлтықтанып, үлкен бармағы тікейіп кеткен. Тұтас аудиторияның алдында мен оның қолын алдым да, үлкен саусағынан тарттым. Ол иіле бастады; шәкірт саусағы қозғала алатын жағдайға келді. Қолдары сауыққандай болды. Келесі күні ол ризашылығын білдіру мақсатында келіп, кешегі бастаған жұмысын жалғастырып оны әрі қарай дамытқысы келді. Осылайша, сіздер ақыл-парасат билігі шынымен де жұмыс жасайтынын көріп отырсыздар; бірақ сенім де болуы шарт сол шәкірттің сенімі болған.

Ғалым ақыл-парасат бойынша және материя бойынша күресетіні Құдайдың тілегі емес. Олардың екеуі де Құдай заңымен істес. Тән тек әрекеттегі ақыл ғана. Тән мен ақылдың арасында олардың айқындалуынан басқа ешқандай да айырмашылық жоқ. Тән неғұрлым дөрекі көрініс, ал ақыл неғұрлым керемет көрініс. Өзінің элементтік формасында H_2O көзге көрінбейді. Жиырыла, бұл газдар су, сұйыққа айналады. Су қатқан кезде, ол мұзға айналады. Алайда, көзге көрінбейтін H2O, су және қатты мұз шын мәнісінде, бір-бірінен айырмашылығы жоқ. Және H2O су мен мұзға айнала алатындықтан, ақыл өмір мен тән ретінде – электрлік немесе «сұйық» өмір немесе «қатты» физикалық дененің ақыл-парасаты[6] көзге көрінбейтін адам немесе жан; өмір немесе *прана* «сұйық» ақыл; және тән дөрекі немесе «қатты» ақыл. Қарапайым философия, бірақ осыған жету үшін іске асыру өте қиын.

Сіздің ақыл-парасатыңыздың билігімен сіз тәннің өзіне секілді, өмірде тәніңізде өзгерістер жасай аласыз. Тәнге ақыл-парасаттан басқа кім күш бере алады? Денсаулығы мықты тән арқылы сіз ақылды өзін жақсы сезінуіне мәжбүр ете аласыз. Өмір стимуляциясымен сіз ақыл мен тәнге өздерін жақсы сезінуіне әрекет ете аласыз. Олардың барлығы да өзара байланысты. Физикалық ақыл-ойға әсер етеді, ал ақыл-ой физикалыққа әсер етеді, өйткені олар өзара байланысты. Сіз тәнге ақыл-парасат арқылы немесе ақыл-парасатқа тән арқылы әсер ете аласыз. Алайда, көптеген адамдардың өздерін бақытты сезіну үшін ішімдік ішу керек деген ойлары тән мен ақыл арасына тағыда өзара бір-бірімен байланыс туғызады. Бірақ шараптың мыңдаған бөтелкесі де ешкімге, менің өзімнің ақылымды пайдалану арқылы ешқандай қиратқыш жанама нәтижелерсіз ләззатқа ие бола алатын күйімдей, масаңсытатын қуаныш сыйлай алмайды.

Ойлау сізге өзіңіз ықылас қойған бір нәрсеге мүмкіндік берер, бірақ сіз сол билікті толығымен дамытпай тұрып, алдымен шағын заттарға эксперимент жасап көргеніңіз дұрыс. Егер сіз ақыл-парасат күшін дамыту бойынша үнемі жұмыс жасамайтын болсаңыз, кенеттен толығымен оған тәуелді болуға тырыспаңыз. Ешқашан ақылдың тәнге ықпалының беделіне нұқсан келтірмеңіз, бірақ сіз бірте-бірте мидың билігі жұмыс жасап жатқанын *білгенге* дейін шынықтыра беріңіз. Үнемі дәрі-дәрмексіз жүре алмайтын адамдар медицина мен дәрігерлерге тәуелді болып қалады. Және кімде-кім фанат болып, медицина көмегіне зәру болған кездері бас тартса, олар өздеріне үлкен қиянат

---

[6] Осы әңгіменің мән мәтінінде «ақыл-парасат» деген сөз адам бойындағы сананы білдіре кең мағынада қолданылады: жан және оның ажырамас интеллекті, ерік және сезім күші. Дифференциалды болған кезде «ақыл-ой» терминінде (санскр. *Манас*) мағынаның шектеулі сана коннотациясы бар, айна тәрізді, ол сезім мен ерікке тәуелді интеллект болып түсіндірілетін сезімнен әсер алып, көрсетеді.

жасайды. Сіз Құдай заңдарын елемегеніңіз үшін кешірілмейсіз; сіз нәтижесі үшін жауап беретін боласыз. Сіз дұрыс ойды қолданғаныңыз жөн.

Домалақ дәрілерді біліп және оны қолдану жолдарын, бармақты кесіп алғанда йод жағу секілді нәрселерді білгеңіз жөн. Инфекцияны ақыл емдейді деген тәуекелдің мәні неде? Сіз бармағыңызды сындырасыз, ал ақыл оны жаза ала ма? Дұрыс мағына сізге бармақ қайта қалпына келу үшін қажетті нәрсені жасау керек дейді. Кез-келген жағдайда бұл ақыр аяғында емдеп шығаратын ақыл-парасат; дұрыс мағына құралдары тек олармен бірге қызметтес болып, ақыл билігі әлі де дұрыс дамымаған кезде сауықтыру үрдісіне себепші болатын заңдарды қолдайды.

АҚЫЛ-ПАРАСАТ ЖАҒЫМСЫЗ НӘТИЖЕГЕ ДЕ, ЖАҒЫМДЫ НӘТИЖЕГЕ ДЕ АЛЫП КЕЛУІ МҮМКІН

Ақыл-ой өте айлакер; ол жағымды да, жағымсыз да нәтижелерге әкеле алады. Менің әпкемнің баспа ауруымен ауырған кезі есімде. Мен ешқашан мұндай жаман инфекцияны көрген емеспін. Ол жұтына алмай қалды. Маған «Өтінемін, бірдеңе істеші, маған көмектесші»,- деп жалбарынды.

Мен оған: «Бұл сенің осы баспа ауруын жасап отырған ақыл-парасатың»,- дедім. Аздаған тамақ әкелдім де, оған ұсындым. Әпкем өз ойымның күшін тамағына жібергенімде қолымды сезбеді. Бірақ оның сезінген алғашқы нәрсе, ол тамақ ішіп, ауруды сезінбеді. Ол тамағы жазылғаны үшін сондай бақытты еді.

Мен кеткеннен соң, әпкем тұрып, айнадан тамағына қарайды. Сол тамағындағы жараның аузын көргенде, ауру қайта оралғандай болып, айғайлап жібереді. Мен үйге қайтып келгенде, оның жабырқап отырғанын көріп:

«Сен не істедің?» деп сұрадым.

«Мен айнадан тамағымның жарасын көрдім»,- деп жауап берді әпкем. Менде «Сенің тамағыңның жарасын көрдім, ол адам шошырлықтай емес қой, жаңа мен әкелген тамақты ішкенде сен өзіңді жақсы сезіндің. Ал, енді сен сол жараңды көрдің де, қайтадан ауруды сезініп тұрғандайсың. Мына суды іш»,- дедім. Оның ақыл-парасаты түсінгіш болғандықтан, суды жұтты, сонда өзін жақсырақ сезіне түсті. Ол қайтадан тамағына қараған жоқ.

Осылайша, сіздер ақыл-парасаттың көп нәрсеге қатысы барын көріп тұрсыз. Бұрыс ойлар арқылы күшейетін жүйке аурулары кезінде ақыл-парасатты дұрыс қолданса, аурудан тез айығып кетуге болады.

Екінші бір жағдайда, Лонг Бичтегі қымбатты достымның әйелі мені көру үшін келеді. Оның тамағы бақытсыз жағдайдың кесірінен сал болып қалған. «Мен ештеңе жей алмаймын», «Мен түтікше арқылы қоректенуге тиіспін»,- деді ол маған.

«Сүт іше аласыз ба?»,- деп сұрадым.

«Жоқ» , «Сұйықты ішсем болды, тамағым құрысып қалады да, жұтына алмай қаламын»,- деді әйел.

«Бірақ, мұның бәрі сіздің миыңызда», «Сіз бір стакан сүт ішпей, осы жерден кетпейсіз»,- дедім мен.

Ол күлімсіреді. Мен аздап сүт әкелуін сұрадым.

«Енді мынаны ішіп жіберіңіз!» дедім шешімді түрде.

Оның басындағы дәрігерлер салған және өзінің бұрынғы тәжірибесінен болған шектеулі ойлардың салдарынан, ол іше алмайтынына сенімді еді. Бірақ менің ойым одан да күштірек болатын. Ақыр соңында, жүйкені және клетканы басқаратын ақыл-парасат. Бірақ оның ақыл-парасаты күмәнмен уланып қалғандықтан,ол іше алмайтынын толық сенімді еді. Осылайша, алғашқы жұтым оның аузына бармады. Сол кезде, Ол менің оған сүтті ішкізе алмайтыныма көзі жетіп отырған еді.

«Сіз бәрібір осы сүтті ішпей, осы бөлмеден кете алмайсыз ғой деп едім ғой».

«Бұл мүмкін емес» деп дауласты ол; бірақ мен оның жағымсыз ойларына төтеп беру үшін өзімнің неғұрлым күшті ойларымды пайдаландым. Ол тағы да бір байқап көріп еді, бұл жолы сүтті ішті. Сөйтіп, Ол әлсіреген ақылынан тазарып ауруынан айығып кетті.

АДАМ ГИПНОЗДАЛҒАН АДАСУМЕН САҚТАЛҒАН

Бұл дүние *майя тілінің*, адасудың әлемі екенін көріп отырсыздар ғой, адам да сол гипноздалған адасумен сақталған. Біздің ақыл-парасатымыз соншама шектеулерге көзімізді жеткізді. Біреулер «Менің өз кофем болуы тиіс», екіншісі, «Менің өзімнің тіл үйіретін *дәмді бифштексім*» болуы керек деген сияқты, тағысын тағылар жалғаса береді. Сондықтан бұл әлемді жынды әлем демей көр. Бұл әлем маған анық осылай көрініп тұр. Барлығында да адам тек қана өзінің қамы үшін, сезімдерін қанағаттандыратын мақсаты үшін орындайды. Жер бетіндегі үйлесімділік адамның еркі мен ерекше ақыл-есіне байланысты. Бұл өмірдің рахатын көру үшін әркім ең әуелі өмірдегі өз мақсатын, яғни не үшін өмір сүруі керек, соны анықтап алуы керек, мақсаттың да мақсаты болады. Бұл материалдық әлем сол өзіне берілген заңдылықтармен өмір сүреді. Бірақ мен жер бетіндегі өмірдің негізгі қағидаларына барымша сүйенемін, содан соң «Қағидалар жойылсын! Бұл қағидалар тек адамның ақылына бағынып отыр» деймін. Мақсат адамның өзін-өзі тану деңгейіне, яғни әркімнің ақыл-есіне, санасына көп байланысты болады, және Осы ойым дұрыс болып шығады.

Өлім сондай шынайы болып көрінгенмен, бірақ олар мен үшін шынайы емес. Мен жер бетіндегі түс өміріне бірнеше рет туылсам да, ешқашан туылған емеспін. Осы ойдан шығарылған әлемде тән өлімін соншалықты қаласам да, мен ешқашан өлген емеспін. Осы инкарнацияларымның бірінде, мен Англияның ықпалды патшасы болуды армандаймын, содан мен өліп бара жатып та құдайға берілген адам болып туылуды армандаймын. Содан соң өлем де, қайтадан ісі оңға басқан адвокат болып қайта туыламын. Қайтадан өлем де, Йогананда болып жаңадан өмірге келемін. Бірақ, бұлар өз сүйкімділіктерін жоғалтады. Неге десең Олардың бәрі тек бар болғаны көп қиялдар ғана. Сіздерге осы туралы айтқым келеді. Осы келтіріп отырған Мен өзімнің бұрынғы инкарнацияларым әрбір адамның өзін дұрыс танып, дұрыс жетілуіне жеткілікті түсінікті болар деп ойлаймын. Бұл материалдық әлемдегі бүкіл затты жасап, осы қиялдарды тудыратын Құдайдың ойы, әлемдегінің барлығы Алла тағала екенін түсінгенімде, барлығы да мен үшін басқа маңызға ие болды. Құдай бұл қиялдарды кез-келген уақытта қиратып, қайтадан жақсы формада жасай алады. Бірақ Құдайдың ақыл-парасатынан ештеңе де сүртілмейді; әрбір арман сол жерде мәңгіге таңба болып қалған. Оны жою мүмкін емес.

Адасу сондай күшті, тіпті оларды өмірлік қажеттіліктерін қанағаттандыру үшін ақшаның өзі қанағаттандырмайды дегенге сендіру қиын тіпті мұның өзі адасу деп айтудың өзі қиын және оларды күшпен қадағалап дұрыс жолда ұстауда қиын. Өзіңіз ауырып немесе қайғыға берілген кездері бұл дүниенің *майя* екенін де пайымдау қиын. Бірақ адам өз ойларын Құдайға шоғырландырып, өзін болмыстың бір бөлігі екенін танып-білгенде ғана, бұл дүние Оның түсі екенін түсінеді.

Міне, сондықтан біздің Үндістанда адамның физикалық денесінің сауығуына қалай көңіл бөлсек, жан (рух) надандығына да солай көңіл бөлетініміз. Жанды надандықтан айықтыру, яғни, жанды бүркемелеп тұрған адасуды жойып жіберу бұл сауықтырудың ішіндегі ең зоры болып табылады, өйткені жан ұйқыдағы адам тәрізді ештеңені аңғара алмайды. Адамның жаны ұйқыдан оянғанша, адамның сезім мүшелері адамның ақылының ырқына көнбей адамды түрлі шырғалаңдарға ұрындырады. Сондықтан тән мен жанды бірдей сауықтыру керек. Және сіз жаныңызды сауықтырған кезде, өзіңіздің барлық материалдық тілектеріңізді тастап, тазарғанда ғана, сіздің тәніңіз тек жан құмарын дұрыс қанағаттандыру үшін ғана тұрып жатқан арманның қабыршағы яғни жанға негізгі мақсатқа жету үшін берілген құрал екенін түсінесіз.

ҚАЙҒЫРУ БАСҚАЛАРДЫҢ ЖАҚСЫ ТҰРМЫСЫ ҮШІН БОЛУЫ МҮМКІН

Әулие Фрэнсис көптеген адамдарды аурудан емдегенімен, ол өз тәнін емдемеген, өйткені ол әулие үшін маңызсыз болған. Бірақ бұл оның жаны қайғы-қасірет тартпады деген сөз емес. Ол тәннің кармалық ауруларын сүртіп тастағысы келмеді, өйткені басқалардан сол тағдырды өз қалауынша алып, оларды емдеп, Құдайға сенім артуды көздеді. Ол өзінің емшілігі немесе даңқын шығаруды да көздемеді. Өзіңіздің керемет екеніңізді адамдардың білгенін қаншалықты көбірек қаласаңыз, онда соғұрлым аз дәрежеде зор болып көрінесіз. Өзіңіздің ақыл күшіңізді мақтанып, елді дүрліктіру үшін неғұрлым көп көрсеткіңіз келсе, өзіңіздің бойыңыздағы ақыл күші де соғұрлым азая түседі. Өзіңіздің арыңыздың және орасан зор Құдайдың алдында сіз мінсіз, өзімшілдіктен ада болғаныңыз жөн, сонда Ол сізге керемет күш береді.

Қайғыдан ешкім де қашып құтыла алмайды. Тіпті Исаның өзі қасірет шеккен. Ол ауруға шыдауға тиісті болмаса да, крестте қатты қиналды, өйткені ол басқа адамдардың кармасы мен күнәсін өзіне алды.

Өзін басқа адамдарды аурудан жазуға арнаған дәрігер, өзінің тәнінің амандығына қорықпайды. Мысалы, менің тәнім дене мәселелеріне ұшырайды, мен оны күтпегендіктен емес, басқа адамдардың кармасын өз тәніме алғандықтан. Рождество қарсаңында мен аяғымды шығарып алып, осы тізе буынының дұрыс болмағанына көңіл қоймадым. Оған қоса, кеше, жартасты аралап жүріп аяғымды одан сайын ауыртып алдым, кеше бұл аяғымның ауырғаны соншалық, бір бөлмеден екінші бөлмеге баруым үшін мені отырғышқа отырғызып, көтеріп жүру қажет болды. Енді бүгін мені көріп тұрсыздар ғой, аяғым сап-сау. Қалай дейсіздер ғой? Ақыл күші арқылы, алайда менің жағдайым тағы да ерекшеленеді. Осы аяғымды емдеу үшін ақыл күшіме ерік бермедім. Мен өз тәнімді Құдайға бердім, ол тәніммен не істесе де, менің еш қарсылығым жоқ. Аяғым Рождество күнінен бері мені мазалап жүрсе де, уақыты келген кезде, осы қызмет түрлерін пайдалану үшін, Құдай менің аяғымның жазылуын менен сұрамастан, ол өзі берген бүкіл ауруды суырып алды. Менің шәкірттерім тізем ауырып тұрғандықтан, бүгін кеште дәріс оқуға келмей-ақ қойыңыз дейді. Бірақ мен оларды келме дегендері үшін жазғырдым. Құдайдың қалауы қалай болса, қасірет шегу, немесе шекпеу менінде қалауымда солай болады. Сіздер осы кеште менің осында екенімді көріп тұрсыздар. Құдайдың рақымымен, дұрыс жүре алмайтын аяғыммен осында болу үшін үш баспалдақ сатысын аттадым.

АДАСУДАН АЗАТ БОЛУ ҮШІН ҚҰДАЙДА ОЯНЫҢЫЗ

Сонымен, ең дұрыс жол - Құдайға байланысты. Құдайдың билігі жоғары. Оның сауықтыру билігінің ең үлкен кілті сіздің тәніңіз қиял және оған аса көңіл бөлудің қажеті жоқ екенін түсіне отырып, сол шексіз билікке яғни тек Құдайға сену. Шамадан тыс әспеттеудің қажеті не? Тәніңізге қалыпты қамқорлық жасаңыз да, содан кейін ұмытып кетіңіз. Христос «Тәнге тым қатты көңіл бөлмеңіз...» дегенде нақ осыны айтқан еді. Тәнді мойындамастан, тән қамына емес, рухани жағына көп көңіл бөліңіз, негізгі мақсатқа тек қана тән сезімдері жеткізе алмайды деген оймен өмір сүре отырып, жан мен тәннің қарым-қатынасының маңызын біліңіз. Жан тәнді дұрыс басқаруы үшін сіз ақыл-ес сезімдеріңізді дамыта білсеңіз сонда сізде өз сезімдеріңізді басқаруда қорқатындай ештеңе де қалмайды. Адам өзінің ойға алған іс-әрекетін, түрлі жоспарларды есі арқылы жүзеге асырады. Сондықтан материалды ес пен рухани естеріңізді дамытыңыз. Исаның «Бұл ғибадатхананы (тән) қиратыңыз, сонда үш күннен соң қайта тұрғызып аламын» дегені де сондықтан. Ол менің бүгін кеште айтқан барлығының негізі тек ақыл-ой деген сөздерімді түсінген, рухани құндылығы жоғары жетілген адам.

Адамдардың көпшілігінің кармасының күштілігі сондай, тіпті олар бұл құдайшыл принцип екенін де түсінбейді. Бірақ жер бетінде сіз неше рет физикалық тәнде туылып, жаман әдеттер қабылдадыңыз, және осы тәннің уақытша қуанышына кенеліп, қасірет шектіңіз, уақытша рахат сезімі мен ауруға ұшырадыңыз, жалықтыратын материалдық әлемнен қартайып, қажып, қайтыс болғаныңызды ойланып көріңіз. Осы өз-өзіңізді гипноздауды қаншама уақыт жалғастыра беретін боласыз? Шығыңыз ол жерден. Кришна: «Бұл қасірет мұхитынан қашыңыз, О Арджуна!» [7] деп үйреткен. Жоғары Құдаймен бір болыңыз. Құдайда ояныңыз. Құдайда оянсымен-ақ, қасірет деген болмайды.

Бұрын өзіме соншалықты шынайы болған тәнім, енді мен үшін еш мәнсіз секілді. Кейде өз денемнің қозғалмай, өмір белгілерісіз жатқанын көремін; мен бір арманды басқа бір арман шегінде сырттай көріп тұрамын осы өлі дене туралы арман осы әлем туралы қиялдан тыс. Бірақ ішке бойлап, Рухты көргенімде, ешқандай арман жоқ. Бұл шындыққа негізделген жағдай.

Сіз аздап болса да сауығу үшін ақыл-ой билігін іске асыруды жалғастыра аласыз. Сіз Құдайдың аяғының астында болып, тәннің –түс екенін, және сіз оның денсаулық, ауру, өмір мен өлім секілді жағдайларына ұшырамаған екеніңізді көру үшін жоғары рухани күш салуды қаламайсыз ба? Сіздің жаныңыз адасудан тән ұйқы түсінің табиғатын түсінетіндей болып айыққанда, Құдай сіздің тәніңізді емдегенін де түсінесіз. Сіз әулие Фрэнсис секілді қайтадан қасіретке ұшырамайсыз, басқаларға көмектесу үшін солай жасауға дайын боласыз.

Бұл менің айтқандарымды сізге толығымен сендіруге қазір тым дөрекі болып көрінетін шығар. Бірақ сіз осы аналогияны түсінуге тиіссіз: Екі адам өздерінің ауруханада жатқанын бір-бірінен бөлек армандайды. Біреуі жазылып кетеді де, екіншісі ауру күйінде қала береді. Біріншісі «О, мен қандай бақыттымын! Өзімді жақсы сезінетінім соншалық!» деп ойлайды. Екіншісі «Мен өзімді сондай ауру сезінемін; қандай бақытсыз едім»,-деп ойлайды. Бірақ олар осы жер өміріндегі түстен оянған кезде, екеуі де өздерінің ауырмағанын түсінеді. Шындығында ешқандай ауру да немесе әлсіз денсаулық та болмаған. Бұл материалдық әлемнің алданышы сана-сезімі әлі

---

[7] «Санасы Маған орныққандар үшін, мен жуық арада оларға теңізден туылуды әкелу үшін олардың Құтқарушысы боламын» (Бхагавад Гита XII:7).

толысып болмаған, өзін тәнмен теңдестірген адамдарды адастырып осы жағдайларды тудырады. Себебі тән материалды болғандықтан тән материалдық әлемнің ықпалымен өмір сүреді, ал рухани надандық адамдарды Құдайға қарсы қояды. Сіз қалай жылдам өз сезімдеріңіздің ықпалынан шығып осының барлығы Құдайдың түсі екенін *түсінгеніңізде*, Оның осы ойынына қарсы тұрмайтын боласыз. Өйткені, Сіз дуализм түсіндегі азаптың ауырлығынан ояндыңыз.

ТАМАША САУЫҚТЫРУ

Мен бұрын өзімнің алғашқы жылдарымда зор сауықтырулар жасадым, бірақ адамдардың тек дене сауығуын қалайтынын түсіндім. Олар жазылып шыққан соң, қайта көрген емеспін. Аздаған адамдар тұрақты болып табылатын жанды сауықтыруға қызығушылық танытады. Рухани тіршілік қуанышы ешқашан таусылмайды.

Мен сіздерге өз өмірімде болған бір тамаша оқиғаны айтып берейін: 1935 жылдары мен Үндістанда болған кезімде бала кездегі достарымның бірінің әйелі қатты сырқаттанып қалады. Ол менің сол үйге келіп, әйелін қарағанымды қалады, бірақ мен «Өтінемін, менен мұны сұрай көрмеңізші. Менің айтқанымды жасаңыз, сонда бәрі де жақсы болады»,- дедім. Ол болса менің үйіне келуімді өтіне берді. Бірақ менің ішкі интуициямда Құдай бармау керек екенімді айтты. Ақыр соңында мен оған «Не болып жатқанын білгендіктен, сізге не істеу керектігін айтып тұрмын»,- дедім.

Ол үйіне келіп, менің нұсқауымды орындаған соң, әйелі безгектен сауығып кетеді. Бірақ келесі күні күндізгі үштің шамасында безгек қайта пайда болды. Күн сайын бір мезгілде безгек қайталанып отырды. Танысым бір күні маған келіп: «Ұстаз, оның безгегі кететін емес. Өтінемін, бірдеңе жасаңызшы»,- деді.

Мен оған: «Оны Құдай емдейді»,- деп жауап бердім.

Ол жалынып, жалбарына: « Егер Сіз ең болмағанда бір рет келіп көрсеңіз ол тез сауығып кетер еді»,- деген сөзіне бола мені оның үйіне баруыма тура келді. Бірақ үйіне барған кезде безгегі ұстап жатқанын көрдім. Бірнеше күн өткен соң оның күйеуі келген кезде мен автокөлікке отырып, бір жерге шығайын деп жатқанмын. «Әйелім өлгелі жатыр!» деп айқайлап келмесі бар ма. «Мен автокөлікте сабыр сақтап отырып, терең сыйындым. Дұға оқып болып, оның қабыл болатынына сендім. Оның үйіне барсам, шамамен жиырма бес адам бар екен. Оның әйелі өлім халінде кереуетте жатыр екен. Күйеуі болса денесіне тыныс беремін деп әйелін сілкілеп жатты. Мен оның Құдайға деген сенімінің жоқтығына күйіндім.

Сіздердің барлығыңыздың ол жерде болмағандарың өкінішті, сол жерде болған болсаңыз, әрине, Құдай билігіне көз жеткізер едіңіз. Мен қолымды оның маңдайына қойдым да, содан соң кеудесін сипадым. Тәнінде ешбір өмір белгісі болмағандай көрінді. Бірақ, көп ұзамай, қолымды оның кеудесінде ұстап тұрғандықтан, аяқтары діріл қаға бастады да, содан кейін бүкіл денесі дірілдей бастады. Аузынан шығып тұрған тілі орнына барып, ол көзін ашты. Ол қозғалып, маған жүзінде күлкі үйіріле қарап жатты. Бұл менің өмірімде көрген ең керемет нәрсем еді. Ол Құдай билігімен жазылды; және безгегі ешқашан қайталанбады.

Мұны мен сіздерге Құдай даңқын көрсету үшін айтып отырмын. Құдайды білсеңіз, ешқашан өзіңізге атақ бермейсіз. Оның күйеуі менің адам емдейтін қасиетімнің бар екенін естіген, бірақ мен оны шексіз Құдайға сенуіне көзін жеткізгім келді. Сауығу үшін міндетті түрде Құдайға сену керек. Ақыл ынтымақтастығы, сенім болмай, сауығу да болмайды. Оның әйелі сауықпағанда, сенімі күйзеліске ұшырар еді. Мен қуандым, өйткені мен оның менің күшіме емес, Құдайдың күшіне сенгенін қаладым. Ол адам осы Құдайдың ризашылығымен болған таңғажайып сауығуды көрген кезде, Құдайдың оның сенімін тексерген билігіне көзі жетті.

КӨБІРЕК АҚЫЛ-ОЙ КҮШІНЕ ИЕ БОЛЫҢЫЗ

Сіздер менің осы кеште айтқандарыма, тіпті өмір мен өлімнің өзі түс екенін түсінген шығарсыз? Онда нәтижесі қандай? Көбірек ақыл-ой күшіне ие болатының соншалық, тіпті сіз өмірде не жағдай болғанның өзінде батыл түрде оған қарсы тұра алатындай қажырлы бола аласыз. Егер сіз Құдайды сүйсеңіз, Сіз сынақтар болған кездің өзінде оларға төзе алу үшін сенім мен дайындыққа ие болғаныңыз дұрыс. Қайғы шегемін деп қорықпаңыз. Өз ойларыңызды жағымды және күштіге шоғырландырыңыз. Сіздің ішкі тәжірибеңіздің нақ өзі ең маңыздысы болып табылады.

Өзіндік танымды ұсыну дегеніміз қарапайым заттар арасынан дұрыс мағына құралдарын тәнге қамқор жасау үшін қолдану деген мағынаны білдіреді. Өздігінен жазылу жақсы кармадан, тиісті диетадан, күн сәулесінен, жаттығулардан және Құдайдың кезбе билігіне деген үздіксіз сенімділіктен болады. Бірте-бірте ақылыңызды Оның билігіне көбірек тәуелді болуға күшейтіңіз, сонда сіз күн сайын жақсара түсетін боласыз. Тіпті қарама-қайшы жағдайлар болып қалғанның өзінде де тек жақсыны ойлаңыз. Қиыншылық болған кездері сабыр сақтай біліңіз. Тән талаптарына өзіңізді тән емес, жан екеніңізді түсіне отырып, азырақ көңіл бөліңіз. Бір-үш күн аралығында бірден ораза ұстауға үйреніңіз. Сіз бір нәрсені ойлап отырғаныңызда, аузыңызда бірдеңені жеп отырмаңыз, сәл шыдай тұрыңыз. Бұл да ақыл-ойды дамыту әдістерінің бірі. Ең алдымен, күн сайын терең медитация жасаңыз. Менің бүгін кеште айтқандарымның, яғни адасу сіздің жаныңыздан шығатынын түсіне білу үшін, Құдаймен физикалық байланыс орнатыңыз.

Егер сіз Құдаймен бірге болатын болсаңыз, онда өмірде адасудан, өлімнен, аурудан сауығатын боласыз. Құдайда болыңыз. Оның махаббатын сезіңіз. Ештеңеден қорықпаңыз. Тек Құдай қамалынан ғана біз қорғаныс таба аламыз. Онымен бірге болғаннан басқа қуаныш пана жоқ. Сіз Онымен бірге болған кезде, ештеңе де үркіте алмайды.

Ақыл-парасат билігі сізге салмақты азайтып немесе көбейтуге көмектеседі

Өзіндік таным қоғамдастығыңының бірінші ғибадатханасы, Энсинитас, Калифорния, 2-ші маусым, 1940 жыл

Мен осы нақты тақырыпты тандағанымның себебі бұл өзімнің көп салмақ жойғанымды төрт айдың ішінде шамамен қырық фунтқа арықтағанымды сезген соң бастап отырмын, сонда менен көпшілік ауырып қалған жоқсың ба деп сұрайтын.

Тән туралы тек биохимиялық заңдармен басқарылады деп ойламайтын көптеген дәрігерлерге, диетологтарға беймәлім біздің физикалық жағдайымыздың себептері бар. Табиғаттың ұзақ тарихы физиология, анатомия, азық-түлік және медицина салаларында артық қызықтырады. Менің сіздерге айтып отырғаным, өзімнің жеке басымнан өткен нәрсем; егер сіз осыларды есте сақтасаңыз, онда ақыр соңында олар сізге көмектеседі.

Біреудің арықтауға немесе семіруге негізгі ойы барлардың денсаулығы нашар деп немесе себебі міндетті немесе физикалық деп ойламаңыз. Мысалы, кейбір арық адамдар күніне бес рет тамақ ішсе де, семірмейді? Мен өзімнің жас кезімде салмақ қосқым келетін, өйткені Үндістанда ассыз-сусыз арық адамдар көп болғандықтан, толық болған жақсы көрінетін. Бұрын мен семіртеді-ау деген тамақтың барлығын әдейі жейтінмін, бірақ, дей тұрғанмен, мен салмақ қоса алмадым. Сонда гуруым Шри Юктешвардың рақымы менің ойымды өзгертіп, сол күннен бастап тәнім түрлі айналымды қабылдай бастады. Сол кезден бастап толықпын. Гуруджи ризашылығын берердің алдында тәнімнің арық болғаны сондай, биіктегі кокос жаңғағы бар бұршақ бағанасына ұқсайтынмын!

Егер сіздің толықтыққа деген негізгі ойыңыз болса, тек тамақты көп жеуді қалайтыныңызды ғана айыптамаңыз. Ақыл-парасаттың оған тікелей қатысы бар. Сіз миыңызда тым семіз, немесе тым арық болу туралы негізгі ойды болдырмайтындай етіп жаттықтыруыңыз керек. Қажет болғанда салмақ қосып, немесе оны қалауынша жоғалту үшін икемді болғаныңыз дұрыс.

Әрине, сіздің құдайшыл күшті ақылыңыз болмаса, диета ережелерін елемеуге тиісті емессіз. Арықтап немесе семіру үшін, есте сақтайтындай маңызды нәрселер бар. Әр адам: су, сүт немесе басқа да сұйықтарды тамаққа араластырып ішпеңіз. Сұйықты тамақтың алдында жарты сағат бұрын немесе тамақтан соң екі сағаттан соң ішіңіз. Сіздің дене массаңыз өсе бастағанда, клеткалар суды қажет ететін болады. Кейде біздің бойымыздағы ең күшті деген сенімдердің өзі, бізге ауыртпалық жасайтыны оғаш көрінеді. Судың көп мөлшерін немесе жеміс шырынын ішу тәнді ауруға ұшыратпай сақтайды; тек оларды тамақпен бірге ішпесеңіз болғаны.

Бір стақан сүтті тамақ арасында ішуге болады; бұл денені саламатты етіп сақтауға көмектеседі, өйткені сүт тәніңізді қажетті элементтердің барлығымен жабдықтап отырады. Бірақ, оның бетіндегі кілегейден сақтаныңыз сүтті кілегейсіз ішіңіз.

Тағы бір маңызды нәрсе балғын жемістер мен көкөністерді шикі түрінде жеу. Қант пен крахмалды және қуырылған тамақтарды шығарып тастаңыз. Бұларды арагідік пайдалансаңыз, ештеңе етпейді, тек күнделікті әдетке айналдырмасаңыз болғаны. Диетада крахмалдың шамадан тыс болғаны дұрыс емес екені қаперіңізде жүрсін. Кәмпит жегіңіз келсе, оның орнына жеміс жеңіз. Қосымша тамақтану үшін жеміс шырынымен немесе басқа бір негізбен араласқан ұсақ етіліп үгілген жаңғақ пайдалы.

Сіздің тәніңіз ақуызға зәру, бірақ ақуыздың шамадан тыс болуы сіздің физикалық жаратылысыңыз үшін қауіпті. Ет ақуызын жеуді әдетке айналдырмаңыз, өйткені сіздің жүйеңізде ол токсиндер құрайды. Тағы бір маңызды қағида малдың іш майларынан аулақ болудан тұрады; алайда, күн сайын аздаған зәйтүн майын қабылдау буынды жақсы сақтауға көмектеседі.

Жалпы алғанда, тән қажет ететін бүкіл элементтерден тұратын біркелкі диетаны сақтаңыз, және тән шын мәнісінде мұқтаж болғанда ғана жеңіз. Бұл тиісті тамақтану арқылы салмақты қалыпқа келтіру әдісі. Егер сіз тамақты шамадан тыс жесеңіз, ханымдар арт жағына семірсе, мырзалар алдыңғы жағына қарай семіреді. Сондықтан да тамақты аз мөлшерде ішіп, бұлшық етті жақсы қалыпта сақтау үшін көбірек жаттығулар жасаңыз. Ішек-қарын бұлшық еттерінің әлсіз болуына ешқашан жол бермеңіз. Бұл жаттығулар ішек-қарын бұлшық етін жақсы сақтау үшін әрдайым жақсы қолданыс болып табылады.

Арықтаймын деп үрейленбеңіз. Артық салмақтан тез құтылу үшін босаңсытатын дәрілер ішуден аулақ болыңыз.

Артық салмақ жүйеге тұтастай аяқтан жүрекке дейін жаман әсерін береді. Дененің әрбір фунты үшін жүрекпен суарылатын қан тамырлары милі бар. Тіпті бұл жағдайда да ақыл-парасат тәннің әрбір жағдайына қалай өтемақы беретінін біліп, таңданасыз. Трайланга Свами Үндістанда үш жүз фунт салмақ құраған, сонда да ол үш жүз жыл өмір[1] сүрді деседі. Ол ақыл билігімен өмір сүре білгендіктен ғана осыншама жыл ғұмыр кешті.

АРЫҚПЫН ДЕП ОЙЛА

Ақыл-ой сіз үшін бәрін де жасайды. Тиісті диетамен бірге сіз арық болу жолында *ойлауыңыз*[2] керек. Кезінде мен диетаға отырып, арықтауды көздегенмін бірақ салмағымның өзгермегенін көрдім. Сосын мен: «Сонымен Тән мырза, айтыңызшы Сіз мені ойыншық етіп тұрсыз ғой! Кей адамдарда арықтауға немесе салмақ қосуға деген бейімділіктері бар. Егер мен арықтағым келсе осы негізгі бейімділікті неге қолданбаймын? Неліктен маған өне бойы диета туралы ойлауға тура келеді?»,-дедім. Мен шынымеде өзіме ашуландым. Осылайша,

---

[1] Парамаханса Йогананда өзінің *Йог өмірбаяны* атты кітабында: «Трайланганың даңқының артқаны соншалық, тек аздаған индустар ғана оның тамаша оқиғаларының шындығын жоққа шығарған еді. Егер Христос өмірге келіп, Нью-Йорк көшесімен өзінің құдайшыл күштерін көрсете жүрсе, Трайланга да бірнеше онжылдықтар бұрын Варанаси адамдарының үрейін ұшырды...Трайланга ер адамдарды адам өмірі нақты жағдайлар мен алдын ала сақтандыруға қатысты емес екенін түсіндіргісі келді.Ол құдайшыл санамен өмір сүргенін дәлелдеді: өлім оған жақындай алмады»,-деп көрсеткен болатын.

[2] Соңғы жылдары ақыл-ой қабілеттілігін өзгертуге және физиологиялық процестерін бақылауға алу медицина саласында және басқа да ғылыми зерттеулерде өзекті мәселе болып отыр. доктор О. Карл Симонтонның қатерлі ісік ремиссиясының «спонтанды» зерделеуі, радиациялық онколог Форт Уортта, Техаста барлық осындай емделушілерге олардың ауруларынан айығу нәтижелеріне қарамастан жанға жағымды идеяларды қалай болсын, қай жерде болсын дәйекті түрде өткізіп тұрады. Мына *Өзіңді арық адаммын деп ойла* деген кітапқа Фрэнк Дж. Бруно бөлмені ұсынды, ол бөлмелерді қолдану әдістері арқылы жасалған өзінің жеке тәжірибесінде кез-келген ойланушы адамның өзінің адами табиғатынан ақыл-ой деңгейінің ойлау қабілеттілігіне байланысты өзінің мінез-құлқын бейнелей алатынын байқаған, дәлірек айтқанда өзіңізді арық адаммын деп ойлаған ой жүйеңіз жұмыс жасайтын болады.

«Же!» дедім де, күнделікті тамақтарды қабылдай бердім. Өз ақылымды босаңсыттым, бірақ өзіме: «Сен арықтап келе жатсың» деген ойды бекіттім. Мен сол ойдан арылмадым. Сонда ол шынымен де солай болды. Сонда мен өзімнің арықтап келе жатқанымды көре бастадым. Бірнеше рет майлы тағамды жеп қойғанның өзінде де арықтай бердім. Ойдың ақылымда бекігені соншалық, тән менің игілігіме қажетті салмақты түсіру үшін тұтастай жұмыс жасап жатты. Жүз сегіз фунтқа жеткен соң мен өзімді сол салмақты қалыпты ұстап тұру үшін тұрақтандырдым. Мен әдеттегідей тамақ іше берсем де, сол белгіден асып кетпедім.

Арықтау үшін ой күшін дамытып, қажетті жаттығулар жасап, дұрыс тамақтану керек. Білесіз бе мен осы ақыл-ойымды бақылауға алғаннан кейін, Энергия беретін жаттығуларымнан[3] басқа жаттығуларды орындауды доғардым, және не қаласам, соны жедім, тәнім ендігі толықтамайтын болды. Бұрынғы қалпында қалды. Мен дене салмағымды көп жойғаныммен, терім бұрынғыдай күйде сақталды. Әдетте, егер сіз шапшаң арада қырық фунт жойсаңыз, онда денеңіз салбырап қалғандай болады. Бірақ ақыл күшін пайдаланғанымда, ол тәнді тұрақтандырды. Осылайша, ақыл-ойды қадағалау арықтау мен семіруге де қатысты. Тек дұрыс ойлауды өз ақылыңызға дұрыс баули белсеңіз, сол маңызды.

Нені қаласа соны жеп, бірақ өзінің арық күйінде қалатын адамдар да болады. Неге солай? Өйткені олардың тәні өткен өмірінде тамақты дұрыс қабылдағандықтан, бұл өмірде тұрақтанған. Сондықтан да олар не жеп, не ішсе де толықтамайды да, арықтамайды да. Бірақ бұл олардың денсаулығы мен ұзақ өмір сүрулерін білдірмейді, немесе олардың жақсы денсаулық туралы қарапайым қағидаларды елемейді деген сөз де емес. Сіз, бәлкім, өткен өміріңізде дұрыс тамақтану және тиісті жаттығулар арқылы дене тұрақтылығын қалыптастырған боларсыз, сондықтан дұрыс тамақтану мен салауатты өмір салтын дұрыс қолдануды жалғастыра беруіңіз керек. Егер сіз тәніңізді ескермей, физиологиялық заңдарды қазірден елемейтін болсаңыз, онда сіз ол үшін болашақта есеп беретін боласыз.

---

3 Парамаханса Йогананда 1916 жылы тапқан өмір энергиясы тәннің қайта қуаттаудың таптырмас жүйесі, ол студенттерді осы жүйеде *Өзіндік таным қоғамдастығы Сабақтарында* оқытқан. (Глоссарийдан қараңыз)

Менің сіздерге хабарламам, ақыл күшінің мүлтіксіз жұмыс жасайтынын әрбір құрал арқылы дәлелдегенімнен тұрады.Диета заңдарына сүйенген кезімде, бұл іске аспаған еді. Бірақ ақыл билігін қолданғанымда, жүдей бастадым. Енді мен қалауымша арықтау немесе толықсу қабілетіне иемін. Бұл тек ақыл-парасат күшін ғана пайдаланғанда болады. Салмағыңызды да қалауыңызша реттей аласыз: Дұрыс диета заңына бағыныңыз; шикі жеміс пен көкөніс жеп, майлы тамақты, крахмал мен қантты аз пайдаланыңыз; су мен басқа да сұйықты көп ішіңіз (жеміс пен көкөніс шырыны, сүт, және т.с.с.), бірақ тамақпен бірге ішпеңіз, және, ең бастысы, өзіңіздің тәнді керемет бақылай алатыныңызды берік ойлаңыз. Әр таң сайын және әр түн сайын өзіңіз: «Мен осы істің шеберімін. Ол менің ақыл-парасатыма өзім жеген кез-келген тағам түріне қарамастан бағынады. Менен толықтаймын ба немесе арықтаймын ба дегенді туғызатын ой кетуі тиіс!»,- деп терең қайталай беріңіз.

ДИЕТАНЫҢ ФАНАТЫ БОЛМАҢЫЗ

Бұл жердегі негізгі мақсат бұл өз диетаңызды біркелкі етіп алып, содан кейін бұл туралы мүлдем ұмытып кету. Бір күндері, аздаған уақытқа диетаңызды бұзып тұрған да жақсы. Егер сізде өзіңізге онша жаға қоймайтын аздаған тағам мөлшеріне ғана ұмтылыс болса, талғампаз болмай, жей беріңіз. Бірақ мұны әдетке айналдырмаңыз, ол солай қалыпты жағдайға айналып кетуі ықтимал. Қаншама адам өздерінің тамақтануы бойынша мазасызданады. Онда өне бойы мазасызданып жүретін денеге ие болғанның пайдасы қандай? Сіздің денеңіз сіздің құлыңыз болуға тиіс; өзіңізді оның құлына айналуыңызға мүмкіндік бермеңіз. Өзіңіздің ақыл-парасатыңыздың күші туралы ойлаңыз; бұл сіздің жөндеушіңіз екеніне сеніп, соны біліңіз. Сол өзіңізге берілген ерекше ақыл-есіңіздің күшімен өмір сүріңіз!

Қалай ойлайсыздар, соншама шөп жегеннен сиыр күшті, мықты болып қала ала ма? Сол қарапайым тағам түрінен ол өзіне қажет бүкіл элементтерді алады. Әрине, шөпте бастамада жақсы компоненттер бар, бірақ сиырдың ақыл-пайымы сол өмір салтына келісілген, және оның денесі соған сәйкес жауап береді. Сіз сиырға қарағанда артықшылықтарға иесіз, өйткені таза ақыл адамда ғана болғандықтан сіз өз ақыл-парасатыңызға өзіңіздің тілегіңізге қатысты саналы түрде бұйрық бере аласыз. Сонда ақыл-парасатыңыз денеңізге не істеу керек екенін айтса, ол солай жұмыс жасайды.

Шын мәнісінде, сіздің денедегі не нәрсені болса да қолдау туралы ойлағаныңыздың барлығы да адасу болып табылады. Ауырмай-сырқамай, дұрыс өмір сүруі үшін әуелі адам өзін-өзі тану арқылы рухани өмірін бір қалыпқа келтіруі керек. Мен ақыл-парасаттың жоғары күшке ие екенін білемін; ол дене талап еткеннің барлығын да жасай алады. Бірақ сіздің рухани санаңыз толық жетілмеседе Сіз дұрыс мағына қолдануға тиіссіз. Бұл Алла тағала ең жоғарғы өзгермейтін мәңгілікті Сана екеніне күмәнсіз сеніп, Құдайдың болмыс заңдылығымен салауатты өмірдің негізгі қағидаларына бағыну даналығы. Сіз өзіңіздің физикалық жағдайыңызды жасаушысыз, яғни Жан өзіне тән жасайды. Сіздің таза ақылыңызда денеңізді жақсы қалыпта ұстау үшін жасампаздық қуат бар. Егер менің денеме темір элементі жетіспейтін болса, мен ойша денемді темірмен қоректендіремін, сонан кейін дұрысталады. Тәніңіз өз бақылауыңызда болғанда, жақсы мен жаманды айыра білу жолын танып, дұрыс іс-әрекет жасай аласыз.

Құдайдың еркі бүкіл дүниені жаратуға жеткілікті. Сіздің шағын денеңіз сол құдайшыл еріктің өнімі. Сіздің ақылыңыз сол тілектің айқындалуы, және әркез, өз тәніңіздің жақсылығы жайлы немесе кармаңыз туралы күшті ұсыныс жасаған сайын, ол солай болып шығады. Есіңізде болсын, ой осы жаратылыс машинасының шебері. Өз ойларыңызды күшейте отырып, сіз өзіңіз қалаған кез-келген мақсатқа жете аласыз.

Шаршамастан қалай жұмыс жасауға болады

1940 жылғы 28 наурызда жасалған баяндамадан

Шаршамастан жұмыс жасау адамзаттың әмбебап тілегі. Кей адамдар шаршамай , қажырлы еңбек етеді; басқалары тез шаршап қалады. Басқа кез-келген себеп болмаған жағдайда, бойында қуаты тасып тұрған адамдар, күшті болып туылған және тез шаршап қалатын адамдар әлсіз болып туылған деген болжам бар. Бұл теорияда біздің қалыпты энергетикалық деңгейіміз бізге туылсымен берілетін тұқым қуалаушылық және туа бітті себептің нәтижесі деген жарым-жарты шындық бар. Бірақ, біз адамның тұтастай мәнін түсінген кезімізде, бұл жәй қарапайым ғана емес физикалық ағза екеніне көз жеткіземіз. Оның бойында осы әлем жағдайларына көп, не аз дәрежеде лайықты етіп қолданатындай көп күш бар. Олардың әлеуеті орташа адамның ойлағанынан анағұрлым көбірек.

Адам, әдетте қайдан келетінін білмесе де, қандай энергиямен болса да, оның командасы бойынша жұмыс жасауға үйренеді. Ол тек өзінің шаршағанын, дем алғысы келіп немесе ішіп-жегісі келетінін біледі, өйткені бұл өлшемдер оған қайсібір жеңілдіктер береді. Шаршаған адамның тамақтан немесе дем алғаннан кейін өзін жақсы сезінетіні шындық; бірақ тән қартаятындықтан, уақыт жеткен кезде, ешқандай тамақ та, демалыс та күшті қалыпқа келтіре алмайды. Өмірдің материалдық қайнар көзі бізді жүдететіндей, тәнмен бір нәрсе болатыны анық. Демек, біз тән физиологиясын саралап, түсіне білгеніміз жөн, және оның қалай қалыпқа келетінін, қуат пен күшті қандай қайнар көзден алатынын білуіміз керек.

Әдетте физикалық энергияның қайнар көзі туралы ой- қатты бөлшектер мен сұйықтардан тұратын тамақ туралы болатын. Олар ішекке түскен кезде, физикалық машина оларды бұзып, неғұрлым қарапайым химиялық заттарға айналдырады. Қатты бөлшектер сұйыққа айналуы мүмкін, сұйық газға және газ энергияға айналады. Сондықтан да барлық тағам, немесе тән, әлде сұйық, шын мәнісінде энергия болып табылады. Шаршағандық шамадан тыс энергия жұмсалғанын; оны қайта қалпына келтіру керек екендігін білдіреді, ас адамның арқауы, демек, тамақтану энергетикалық ауыстырғыштың қайнар көзінің бірі болып саналады.

Құдай табиғатта жеуге болатын көкөністер мен жемістерді, дәндерді және басқа да адам ағзасына қажетті азықтарды мол етіп жаратты. Адам бидай дәнін, немесе жаңа өсімдік пен көкөністі өсіре алмайды. Тек Құдай ғана мұны жасауға қабілетті. Алдымен Ол топтас өсімдікті жарату керек. Адам тек Лютер Бербанк секілді барды ғана өзгерте алады.

АШТЫҚТЫҢ ТАБИҒИ ИНСТИНКТІНЕ ҚАРСЫ МӘДЕНИ ДӘМДЕР

Құдай адамға су берді; сиыр мен анадан шығатын сүт берді. Туылған сәттен бастап адам инстинктті түрде осы тіршілік құралдарының қайнар көздерін іздей бастайды. Аштық импульсы тағам импульсымен байланысты. Егер Құдай аштық импульсын бермеген болса, біз тіптен тамақ ішпеген болар едік.

Адам санасыз түрде өзінің шынайы ашығуы мен дәмін дұрыс тамақтанбау арқылы бұрмалайды. Ашығу тамаққа әдеттетініп кеткендіктің нәтижесі деген теория дұрыс, бірақ та, бұл сараң адамға қатысты айтылған. Сараңдық бұл ақыл-ой аштығы. Егер сіз табиғи түрде өмір сүрсеңіз, және қалыпты диетадан көбірек жеуді қаламасаңыз, онда дәмге деген ықыласыңыз да дұрыс. Сараңдықтың салдарынан болған тәбеттің дұрыс болмауы ерлер мен әйелдерді құртады. Рим империясы дәуірі кезінде байлар зияпат жасауды ұнатқан. Тамақ ішпей әрі қарай салтанатты қонағасын жалғастыра беру мақсатпен,тамақ ішкенде құсық шақыратын арнайы бөлме бөлінген. Бұл сараңдықтың белгісі!

Біз адам бойынан сезімді дұрыс пайдаланбау арқылы өзінің жеке басының игілігіне қарсы қылмыскер болған ерекшеліктің барлық түрін көреміз. Адам баласы түпкі мақсатты ұмытып, өзін-өзі тек қана тән деп танып, тән құмарлықтарын қажетсініп, солардың ықпалымен орынсыз іс-әрекеттерге ұмтылып, қалай болса солай өмір сүріп, үлкен қателікке ұрынады. Аштық пен дәм адамға денсаулығы мықты болуы үшін берілген. Сондықтан өздеріне тиісті тамақ түрін және тиісті мөлшерін ғана таңдай білу керек; адамның денсаулығына кері әсер беретін тамақты мөлшерінен артық ішіп-жеу әдеттер осы табиғи диеталық инстинкттің реттелуін бұрмалайды. Қарынды тойдыратын, дәмі тәтті нәрсе дене қажеттіліктерін қанағаттандыра бермейді. Тамақ энергияны денеге тасушы болғандықтан, тиісті тамақ арқылы жақсы энергия беруге кепіл болған дұрыс. Қайнатылған аста дәрумендердің басым бөлігі жойылған; мұндай диетадағы тамақтың қуаты жетпегендіктен, әлсіреп, сіз тез шаршап қаласыз. Балғын шикі тағам жақсырақ, өйткені дәрумендер сол күйінде сақталады. Көп дәрумендер консервілеу мен кулинария үрдісіндегі жоғары температураның кесірінен жойылады, осындай үрдістегі тағамдар тән қажеттілігін жеткілікті қоректендірмейді.

Ас қортыту мен ішек-қарын жолы біздің тағамымызды химикаттардан тазартады да, оларды жүйе бойынша тиісті клеткаларға таратады. Тән түрлі химиялық элементтерден құралған, және сіз диетаңыздың осы элементтерді күн сайын толықтырып отырғанын көруге тиіссіз. Диетаңызға ақуызды, дәрумендер мен минералдарды, аздап майлы тағамдармен, зәйтүн майын және аздап табиғи көміртегін (бірақ жетілдірілген крахмалдар мен қантты азырақ) пайдаланыңыз.

БАЛҒЫН ЖЕМІСТЕР МЕН КӨКӨНІСТЕР ДЕНСАУЛЫҚҚА ӨТЕ МАҢЫЗДЫ

Ет ақуызы энергияның жалғыз өмір энергиясы емес. Балғын шикі көкөністер мен жемістердегі кейбір минералдық тұздар да маңызды қайнар көз болып есептеледі. Еттің жіңішке етіп туралған бөлегі (бифштекс) көп энергия береді, бұл дұрыс, бірақ ұзақ уақыт бойы диетада еттің басым болуы күш беруді тоқтатады. Шамадан тыс ауыр ақуыз ақуызбен улануға, шаршауға және ауруға әкеп тірейді. Ақуыздың тым көп болғаны, тым аз болғаны секілді зиянды.

Егер сіз тез шаршаудан арылғыңыз келсе, ол үшін бір амал бар ол дұрыс тамақтану. Ет күшті тек уақытша ғана беретіні, және ол тәнді улайтыны есіңізде болсын. Неғұрлым шикі тағамдарды жесеңіз, соғұрлым көп шаршамайсыз, өйткені шикі тағамдар энергияға мол. Әркез тән өзін әлсіз сезінген уақытта ананас немесе апельсин шырынын ішіңіз; бұл сізге көп энергия береді. Шырынға қарағанда тұтастай көкөністер мен жемістер пайдалырақ, бірақ адамдардың көпшілігі оларды осылай пайдаланбайды. Тамаша энергия беруші ұсақталған бадам қосылған апельсин шырыны. Жаңғақта апельсин шырынымен үйлеседі.

Сұйықты көп ішу керек екенін ұмытпаңыздар. Таза су қолжетімсіз болған кезде, балғын жемістер шырыны, кокос суы мен қарбыз орнын баса алады. Болашақта адамдар көбінесе жеміс пен көкөніс шырынын пайдасына жарата ішетін болады.

Диетаңызға аздаған май мен сүт қосуды ұмытпаңыздар. Сүт тамақтан бөлек пайдаланылуы керек; оны басқа тағаммен бірге ішпеген дұрыс. Сүттің пайдалы босаңсыту қасиеттері бар, бірақ оның нашарлатқыш шырышы қойын, қолтық, қуыс проблемасы бар адамдар үшін пайдасыз. Апельсин шырыны, сонымен қатар, қолтық проблемасы бар және жиі суық тиіп ауыратын адамдар үшін зиянды. Кей жағдайларда шамадан тыс апельсин шырыны суық тиюді шақыруы мүмкін. Осы проблемаларға тап болған көп адамдар менің кеңесім бойынша диетасына апельсин шырынын күнделікті пайдаланып анағұрлым жақсарған. Дегенмен, лимонның тамаша залалсыздандыру қасиеті болса да, ол синус ауруларын қоздырады.

Жаңадан тартылған бидайдан жасалған нанды пайдалану адамды қанағатқа бөлейді. Қақырыққа бейім адамдар крахмалға жоламауға тиісті болса да, егер жақсы қуырылған болса, ақ нанды жеуге болады.

Іш қату (запор) ауруының болуының себебі бұл тәнде тамақтан энергияның пайда болатынындай, ағзаға улы заттардың жиналуына байланысты. Егер сізде запор болатын болса, табиғи нәрселерді пайдаланып, табиғи қалыпта өмір сүріңіз. Егер сіз тәнді қожадан сақтай білсеңіз, онда шаршау синдромынан аулақ боласыз. Бұл сізді шаршатып-шалдықтыратын тәндегі қождар болып табылады.

Дәрілердің кез-келген түрі, есірткі апиыны өз нашақорларының қызмет ету ынтасын жоятыны секілді, сізді қалжыратады. Оларды қолданған адамдар ұйықтап, түс көруден басқа ештеңе жасауға зауқы болмайды.

Шаршағандықты басатын ең маңызды сексуалдық жігерлілікті сақтау. Жалғыз басты адам өзін-өзі толығымен бақылай білгені дұрыс, ал ерлі-зайыптылар өздерінің сексуалдық қатынастарын біртоғалық еткені дұрыс. Өмірлік күштер, психикалық және физикалық екеуінінде өздеріне лайық аюдай күштері азғындаушылық пен шектен тыс әуесқойлылықтың кесірінен әлсірейді.

ЖАТТЫҒУЛАР ШАРШАҒАНДЫ БАСАДЫ

Күн сайын жаттығу жасаңыз. Күнделікті дене жаттығулар шаршағанды басады. Сіз жаттыққан кезде, кейбір энергияңызды жұмсайсыз, бірақ егер тым артық кетсеңіз, кері көбірек энергия аласыз. Тиісті жаттығу тәнді тірілтеді; ал жаттығуды шамадан тыс жасау шаршатады. Тән өзі қолдана алатындай энергия мөлшерімен ғана қуат алуы керек. Мысалы, әдеттегі электр шамына жіберілген 2,000 В оны күйдіріп жібере алады, бірақ сондай ток мөлшеріне арналып жасалғандықтан, шамға зиянын тигізбейді. Дәл солайша, тән тиісті жаттығудан пайдалы энергия мөлшерін сіңіреді, бірақ жаттығуды шамадан тыс жасау шаршатады, өйткені ол жүйемен өңделгеннен гөрі, токсиндерді тезірек құрайды.

Қырық жастан асқан соң, сіз жаттығу жасарда өте сақ болғаныңыз дұрыс, өйткені бұл жаста сіздің жүйеңіздің қажетті деңгейдегі күйі сақталмаған. Жаяу жүрген жақсы, және суға жүзу де тамаша; бірақ қызу жаттығудан аулақ болған дұрыс. Бұл қатты шаршатады, өйткені тәннің кенеттен энергия шығыстарымен қатынас орнату мүмкіндігін зорықтырады. Бірте-бірте тәніңізді қатайта отырып, сіз жаттығуды күшейтуден ләззат ала аласыз, бірақ қозғалыссыз бір орында қызмет істейтін адамдар алпыс жасында акробат болуға тырыспағаны дұрыс, өйткені өзінің жүйесін бұзып алады.

Жеткілікті ұйқы энергия алуға себепші болады. Менің ойымша, алты немесе жеті сағат ұйқы жеткілікті секілді. Бұдан кейін сіз ұйықтамайсыз; Сіз тәніңізді мұқалтасыз. Ол энергияны жинаудың орнына, жоғалтады. Он сағат ұйықтасаңыз, өзіңіздің энергияңыз таусылғандай сезінесіз. Күні бойына жұмыс істеуге зауқыңыз болмайды; тек әншейін ештеңе жасамай-ақ шаршап, сенделіп жүре беретін боласыз.

Шаршағандықты қанық оттек арқылы басуға болады. Сіз шаршаған кезде, ас үйге қарай бет алудың орнына, он –он бес минутқа таза ауаға шығыңыз да, бірнеше рет терең дем алып, дем шығарыңыз. Асыға немесе күштеп деп алмаңыз, аптықпай баяу және терең дем алыңыз. Осы таза ауада болған уақыттан кейін, шаршағаныңыз басылады.

Егер күні бойы ораза ұстаған болып және сағат сайын шамамен бес минуттай таза ауада болып сол уақыт ішінде уды шығарып, оттекті жұтып, терең тыныс алатын болсаңыз, сіз тіптен тамақ ішпес едіңіз.

Бас кезінде әдет бойынша өзіңді тамақсыз қанағаттанғандай етіп сезіну қиын болады, бірақ оған бойыңыз үйреніп кетеді, сіз оттектен өзіңіз мұқтаж болған бүкіл энергияны алғаныңызды түсінесіз.

Лахири Махасая мен басқа да ұлы әулиелер ағаға тамақты мүлдем қажет етпейтін заңды қалай басқару керек екенін білген. Бірақ ол бұрын Құдай тамақты мол және әр түрлі етіп жаратқандықтан, тамақ жақсы мақсатта қызмет ететінін айтты, ашығу да өз алдына қозғалыста ғарыштық шоуды ұстап тұрған жоспардың бірі.

ЭНЕРГИЯНЫ БОСҚА ЖОЙМАҢЫЗ

Энергия көбінесе пайдасыз әрекеттерге, ұстамсыз эмоцияларға және үйлесімсіз өмір әдеттеріне бола жойылады. Сіз сабырлы күйде болғаныңызда, аз энергия жұмсайсыз, ал енді ренжіп, ашуға мінген кезде көп энергия жұмсайсыз. Тиісті қамқорлық нәзік машинаны басқаруда қажет; дәл осы түсінік тән машинасын пайдаланған кезде де өте қажет.

Сіз жұмыс істеп жатқан кезде, бұлшық етті, нерв жүйесін, ақыл-ой, сезім және рухани қабылдауды пайдаланасыз. Энергия ағыны бұл қызметтің кез-келген салаларында қажет етіледі. Сіз жүгірген кезде, шамамен төрт немесе бес ат күші энергиясын пайдаланасыз. Егер де ауырлық күшті жою арқылы сіз тән салмағын сезбейтін болсаңыз, онда жүгірген кезде өте аз энергия жұмсаған болар едіңіз. Тән массасы неғұрлым жоғары болса, соғұрлым көбірек энергия қажет етіледі. Ең қарапайым тәсіл- артық салмақтан арылу!

Электрлі мүгедек креслосының батареясы отырғыш салмағы мен оның қожайынын энергиясы таусылмас бұрын, шамамен он бес мильге бұрын батареясы отырып қалады. Сіз қашан болмасын, өзіңіздің тән-батареяңыз өне бойына сіздің физикалық денеңіздің көлік құралын басқаратыны туралы ойланып көрдіңіз бе? Оның энергиясы тек аяқ-қол, бұлшық ет қозғалысын қозғалтып қоймайды, сонымен қатар барлық басқа әрекеттерді де жұмыс жасайды. Сіз, мысалыға, ой күшін бұлшық ет күшімен бірдей жұмсадыңыз, және ой энергияны қажет етеді. Онысыз сіз ойлай да, ойды сөзбен жеткізе де алмайсыз. Сіз терең ойлаған кезде, мидағы қорды тауыса отырып, энергияның орасан мөлшерін жоясыз. Айталық, сізде минутына алпыс ой болды делік. Бір айдан соң, күн сайын он сегіз сағат сергектік таныту арқылы, сізде шамамен екі миллион ой болар еді. Тұтас өмірде, алпыс жыл ішінде сіз миллиард ойдан артық ой ойлар едіңіз. Осындай ой мөлшерінен кейін, адамдардың басым бөлігі өлер еді; мида тамақтан және ғарыштық дереккөздерден сақталған энергия жұмсалып кетер еді. Біз ойланып-толғанған кезімізде, біз үнемі қаншама энергия ағынын жұмсаймыз екен десеңші, бұл жердегі таңғаларлығы біздің қаншама уақыт өмір сүреміз оның сонша жұмыс жасай беретіндігі! Алайда, жұмсалған энергия қуаты сәйкесінше ауыстырылып тұратын болса, біз ұзағырақ және неғұрлым нәтижелі өмір сүре беретін боламыз.

Адам тәні үшін энергия алып отыратын екі дереккөз бар: тамақтан (оттекті құрайтын), және сопақша мидан «Құдай аузы».[1] Осылай игерілген энергия, тән клеткаларына таратылады; энергияның артығы қажеттілігі бойынша пайдаланылу үшін мида сақталады.

Тамақ- энергиямен жабдықталудың екінші дереккөзі ғана. Тәнге ең көп энергия ағыны тәннің айналасында болатын және әлемдегі кезбе интеллектуалдық ғарыштық энергиядан келеді. Ол ми қоймасына сопақша ми арқылы тартылады. Бұл интеллектуалдық энергия немесе вибрация- бүкіл материяның негізгі «мәні». Дәрігер Крайл[2] жүргізген ғылыми зерттеулер көрсеткендей, өлі бұзаулардың миы белгілі ток бөлуді жалғастыра береді. Өлім кезінде ғарыштық энергия тек жүйке жүйесінің физиологиялық арнасын ғана жоғалтады.

ЖІГЕРЛІЛІКТІҢ ҚҰПИЯСЫ

Тән тамақты энергияға айналдыруы үшін немесе сіздің еркіңізді бірден энергия шығаруға ынталандыратын бір нәрсеге айналдыру үшін уақыт қажет. Ерік жігерлілікті дене клеткаларының электропротондық орталығынан және тамақтан тазартылған энергия сақталған ми сұйыққоймасынан алады.

Ерік жаңа энергияны ғарыштық бұлақтан сіздің жүйеңізге сопақша ми арқылы да алады. Жігерлілік құпиясы ол өзіңізде бар энергияны сақтаудан және тәнге жаңа энергияны ерік күші арқылы таратудан тұрады. Қалай? Біріншіден, сіз шын көңілмен әрекет етуіңіз керек. Егер бір нәрсені жасау керек болса, оны шын көңілмен жасау

---

[1] Глоссарийдан сопақша миға берілген түсініктемені қараңыз

[2] Дәрігер Джордж Вашингтон Крайл (1864–1943) өз мансабын өмір құбылыстары туралы жақсы түсінікті табуға арнаған армия хирургы болатын. Қарапайым түсініктемелерге қанағаттанбай, физиологиямен және биохимиямен айналысу үшін, ол Клиниканың Кливленд қорының негізін қалады, сол жерде ол жиырма екі жыл бойы өзінің 1936 жылы өмір процестерінің «радио-электр» теориясын қалыптастыруға мәжбүр еткен биофизикалық зерттеу жұмыстарын жүргізді.

қажет. Сіз қуана жұмыс жасаған кезіңізде, сізде энергия да көбірек болады, өйткені сіз мидағы қорды жұмсамайсыз, сонымен қатар тәнге сопақша ми арқылы ғарыш әлемінен энергияның үлкен ағынын тартасыз. Сүйіктісіне мұқият ойластырылған түскі асты дайындаушы әйел, бақытты және энергияға толы; бірақ егер ол тамақты көңіл қоймай, амалсыздан дайындайтын болса, ол өзін басынан бастап шаршағандай сезінеді. *Ерік энергия әкелетіні* есіңізде болсын.

Өзіндік таным қоғамдастығы үйретіп отырған Активтендіру Жаттығуларының[3] жүйесі ғарыштық бұлақтан энергия түрлерін тартып, физикалық денеге беру және оны ерік күші арқылы тәндегі триллион клеткаға энергия тарату принципіне негізделген. Біз өз әрекетіміз үшін ағынның үлкен бөлігін тән- батареясын физикалық жабдықтауға энергия көзін тамақтан, оттектен және күн энергиясынан аламыз. Біз ерік күшімізді саналы түрде пайдалану арқылы көзге көрінбейтін ғарыштық бұлақтан жеткілікті энергия көзін ала алмаймыз.

ЕРІК ПЕН ЭНЕРГИЯ ҚОЛ ҰСТАСА ЖҮРЕДІ

Адам өзінің ой-өрісін пайдаланып қолданған ерік күші мен қиялдың арасында айырмашылық бар. Қиял әрбір адам айқындағысы келетін бір нәрсенің тұжырымы. Күні-түні қиялдай отырып, сіз көп жігерлілікті сезінесіз, кей күштерге ие боласыз, өйткені қиял еріктің кіші деңгейін талап етеді. Сондай-ақ, егер біреу *ерікті* жігерлілікпен қаласа, энергия сол жерде бірден пайда болады. Айталық, сізді ашу кернеп, біреуге тап бересіз; сол мезетте энергияңыз сіз өз бойыңыздағы лезде жинап алған ерік күшіңіз арқылы тек сол әрекет үшін қана жұмсалатын болады; бірақ жаңағы болған іске қолданып кеткен энергияңыз ұзақ уақыт болмай өз күшін тез жояды, сонда сіздің жігерлілігіңіз де басып қалады. Егер энергияның тәнге құю дұрыс әдісін қолдана біліп, жігерлілік күштің қолдану әдісін де саналы бақылауға алып, Өзіндік таным Активтендіру Жаттығуларының принципін қолдансаңыз, сіз ерік күшінің көмегімен ғарыштық бұлақтан шексіз энергия ала аласыз. Тән тек клетка тобы ғана болғандықтан, егер ол энергияның жетіспеушілігіне тап болып, және сіз, осылайша тәннің толық қуаттануына зейін қоя білсеңіз, сол клеткалар шапшаң және толассыз түрде қайта қуат алады. Ерік дегеніміз Құдай бұлағынан

---

3 Глоссарийды қараңыз.

алынатын қуаттың блок питаниясы (нәрдің шығыры) бұл тәнге толық қуат алуына мүмкіндік береді.

Ерік осылайша, жастық пен жігерлілікті қолдаушы күшті фактор болып табылады. Егер өзіңізді кәрімін деп сендірсеңіз, ерік сал болып қалады да, сіз қартая бастайсыз. Ешқашан шаршадым деп айтпаңыз; бұл ерікті сал етеді де, содан кейін сіз шаршайтын *боласыз*. «Менің тәнім демалысты қажет етеді» деңіз. Тәннің шектеулеріне өз жаныңызды еріксіз көндіруге мүмкіндік бермеу керек. Жан тәнді басқару керек, өйткені жан тәнге тәуелді емес. Ерік жанында барлық күш болады. Құдай қалады, аспанда, біздің тәнімізде және басқа да барлық формаларда тығыздалған жарық ғарыштық шығармашыл энергия пайда болды. Ерік жарық, өйткені Құдайдың қалауымен жарық бірінші айқындалды. Және Ол бұл жарықтың немесе электр қуатының өмір формалары пайда болған қанағаттанарлық бірлік болғанын көрді. Әуел баста Құдай аспан мен жерді жаратты. Жер ретсіз, тіршіліксіз бос жатты; суға толы тұңғиықтың үстін қара түнек жауып тұрды. Ал Құдайдың Рухы су бетінде қалықтап ұшып жүрді. Сонда Құдай: «Жарық пайда болсын!» — деп бұйырды. Осылай жарық пайда болды. Құдай жарыққа қарап, оның жақсы екенін көрді. Ол жарықты қара түнектен бөліп, жарықты күн, ал қара түнекті түн деп атады. Кеш түсіп, таң атты; бұл бірінші күн еді.[4] Ғалымдар өзара дауласқанымен, шын мәнісінде материя жарық болып табылады, немесе жарық материя болып табылады. Жарық алдымен пайда болды және материяның маңызды құрылымын құрайды.

Сондықтан да, біз энергия мен ерік қол ұстаса бірге жүретінін түсінуіміз керек. Бұл өте қарапайым формула. Біз энергияның материалдық дереккөзден келеді деген идеяға сондай үйреніп кеткеніміз соншалық, ерікке бірден жауап беретін ғарыштық дереккөзге сенбей, оны жоямыз.

Егер сіз денеңізді ғарыштық дереккөзден алынған энергиямен ерік күшіңізді қолдану арқылы толық қуаттандыра алсаңыз ендігәрі шаршау синдромына кездеспейтін боласыз. Мені білетіндер, менің күніне екі немесе үш сағат ұйықтайтынымды, және ұйықтамасам, ұйқымның келмейтіні туралы жақсы біледі. Мен көп күндер бойына

---

[4] «Құдай: «Жарық пайда болсын!» — деп бұйырды. Осылай жарық пайда болды. Құдай жарыққа қарап, оның жақсы екенін көрді.» (Жаратылыстың баст.1:3-4)

шаршамастан ұйықтамай жүре беремін. *Мәңгілік сыбдыры*[5] атты кітабымды жазып жатқан кезімде, мен қатарынан бес түн ұйықтамадым және менің денем шаршағанын сезінген емес.

Сіз өз еркіңізді оятуға тиіссіз. Энергияны Құдайдан ала бастайтын болғасын, сізге тамақтың да, ұйқының да аз мөлшері қажет болады. Сіз өмір тіршілігі құралдарының материалдық әдістерінде қажеттіліктен толығымен жоғары көтеріле бастайсыз. Сіз материалдық заңдармен шектеулі болуға тиісті емессіз. Шаршамаудың сиқырлы әдісі өзіңіздің ерік күшіңізді пайдалана білуде болады. Сіз энергияны ғарыштық дереккөзден ала алғаныңызда, таңғы ассыз да күнелте аласыз, және бұл еш маңызға ие болмайды; Сіз аштық сезімін сезінбейтін боласыз. Өйткені Сіз сол санадан биік боласыз.

МАХАББАТ ЕҢ ҮЛКЕН ЕРІКТІ ЫНТАЛАНДЫРУШЫЛАРДЫҢ БІРІ

Мен не жасасам да бойымда қалыптасқан өзімнің маха ббатыммен,сүйіспеншілігіммен жасаймын. Сіз де осылай байқап көріңіз, сонда ешқашан шаршамайсыз. Махаббат- ең үлкен ерікті ынталандырушылардың бірі. Махаббаттың әсерімен ерік нені болса да жасап тастайды. Егер сіз көбірек ерік күшіне тәуелді болсаңыз, тәніңізге сегіз сағаттық демалыс қажет болмаса, оны өз өміріңізде көрсете аласыз; Сіз алты сағаттық ұйқы, күніне бір рет тамақтану, және арагідік жеміс шырынын ғана пайдаланудың өзі жеткілікті екенін ұғынасыз. Сіз әрдайым жақсы көңіл-күйде боласыз. Құдай рахаты арқылы мен де осылай ойлап, осылай көремін бұл осы елде болған он тоғыз жыл ішінде қол жеткізгенім деп білемін. Мен шама-шарқымша табиғат заңына бағынамын; мен ортодоксалдық немесе бірбеткей емеспін. Бірақ шын мәнінде ерік күшіне сенемін. Мен мұны дәлелдедім.

Мен адамдар арасында болған кезімде, оларға толық қуаныш құшағыммен, жан-тәніммен берілемін; және жалғыз болған кезімде, сол қуанышпен біргемін. Жұмыс жасасам, қоршаған ортаға аса ықылас қоя қарап, айналамдағы адамдарға назар аудара жұмыс жасаймын. Сіздің міндетіңіз неден тұрғаны маңызды емес, маңыздысы көңіл

---

[5] Өзіндік таным қоғамдастығының баспаханасы басып шығарған рухани шабыт пен жауабымен бірге берілген дұғалар кітабы.

мен ден қоя қуана орындау және шындап қуана білуіңіз тиіс, өмірге мән бермейтін болсаңыз, өмір де сізге солай жауап береді. Егер сіз Өмірдің әрбір сәтіне қуанышпен қарай алмайтын болсаңыз, өзіңізді өмір қабілетінен айырасыз. Және әркез адал болуды ұмытпаңыз. Әрбір сөзіңіз бен ісіңізге мұқият болуды естен шығармаңыз. Адалдық арқылы сіз басқалармен үйлесімділікте жұмыс жасай аласыз. Адалдығыңызды ерік күшімен бірге дамытыңыз.

Күн сайын шығармашылық жұмыспен айналысыңыз. Жазу шығармашылық қабілет пен ерік күшін дамыту үшін қолайлы. Мен ешқашан жәй ғана механикалық жұмыс жасауды қалаған емеспін. Әрдайым жаңа бір нәрсеге қол жеткізуді қаладым. Шығармашыл болу механикалық тіршілік етуге сүйенгенге қарағанда, қиынырақ, бірақ сіздің еркіңіз жаңа идеялармен күресіп жатқан уақытта, ол көп күшке ие болады. Ол сіздің еркіңіз құдайшыл ерік болу үшін, тәніңізде ғана емес, бүкіл әлемде өзгеріс жасай алатындай неғұрлым көп күшке ие болады. Құдайшыл еріктің сол күші Иса пайғамбар: «Сендерге шындығын айтамын: егер еш күмәнсіз Құдайға сенсеңдер, Менің осы ағашқа істегенімнен де зор нәрсені істейтін боласыңдар. Мына тауға: «Орныңнан көтеріліп, теңізге лақтырыл!» — десеңдер, сол орындалады. Құдайға сеніммен сиынып (Оның еркіне сай) нені сұрасаңдар да, Одан аласыңдар,»[6] — деді. Неге олай болмасқа? Құдай адам айтқысыз әлем дыбысын өзінің ерік күші - құдайшыл күш арқылы ғарышты бақылайды. Өзіңізді әлсіз пенде ретінде санамаңыз. Сіздің мииңызда адам айтса нанғысыз энергия жасырынған; екі күн ішінде Чикаго қаласына жарық түсіруге тәннің грамы да жеткілікті. Ал сіз қалай, шаршадым дейсіз?

Автоматты түрде қайта жаңартылып отыратын доңғалақ электр қуатын шығарады. Сіздің ерік күшіңіз идея айналасында айналып жүрсе, ол да сауықтыруға, алдыңызда тұрған нысандарды заттандыруға немесе әлем атомы құрылымында басқа да кез-келген өзгеріс түрлерін жасауға бағытталған энергия тоғын құрайды.

Сіздің еркіңіз құдайшыл ерікпен бірігіп, күшті болған кезде, сіз шынымен де, Иса айтқандай тауды көтеріп, теңіз түбіне лақтыра аласыз. Біздің еркіміз құдайшыл еріктің бір бөлшегі; және біз өз бойымыздағы ерікті дамытқан кезімізде әлем құра алатын боламыз,

---

[6] Матай 21:21

және ешқандай өлімнің, ешқандай ыдыраудың жоқ екенін және бүкіл материя мәңгілік энергия екенін көрсете аламыз. Сонда шаршау деген болмайтын болады.

Өмірдің мақсаты Құдайды табудан тұрады. Өзіңізге ешқашан пенделік әдеттердің қираған орындарында жерленуге, сыртқы және ішкі жан дүниелеріңізді кірлетіп, жүйкелеріңізді қоздыратын нәрселерге қор болуға мүмкіндік бермеңіз. Өзіңіздің еркіңізді бұрыс пайдаланбай, дұрыс пайдалана білу керек. Өз ерік күшіңізді азат ету ниетін пайдаланып, жан мен тәннің бір-бірінен бөлек екенін, жанның мәңгілікті, ал тәннің уақытша екенін түсініп, өзіңіз физикалық тәніңіз бен ғарыш әлеміне қожайын бола біліңіз. Сіздің өз еркіңіздің бойыңызда Құдайдың жасырын образын таба білу қабілеті бар.

Мазасыздық санасынан арылу

Өзіндік таным қоғамдастығының бірінші ғибадатханасы,
Энсинитас, Калифорния, 12 - ші мамыр, 1940 жыл

Мазасыздық өзіңіз қалай арылуға білмейтін, дәрменсіз және кей мәселені алдын ала сезу сезімінде болатын сананың психофизикалық жағдайы. Мүмкін, сіз өзіңіздің балаңызға алаңдайтын боларсыз, немесе денсаулығыңызға, әлде ипотека төлеміне ме? Тікелей шешім қабылдай алмай, сіз жағдайды ойлап абыржи бастайсыз. Сонда не ұтасыз? Бас ауруы, күйгелектік, жүрек ауруы. Сіз өзіңізді және өз проблемаңызды айқын түрде саралағандықтан, сіз өзіңізді қалай ұстау керек екенін немесе қарсы тұрған жағдайға қалай төтеп бере алу керек екенін білмейсіз. Проблемаға бола абыржып, уақытты текке кетіргенше, оның орнына проблема себебі жойылатындай позитивті ой ойлаңыз. Егер сіз проблемадан арылғыңыз келсе, өзіңіздің қиындығыңызды сабырлы түрде саралаңыз, сонда мақсатқа жетуде қай адым жақсырақ екенін анықтайсыз.

Егер сіздің ақшаңыз болмаса, өзіңізді қалыс қалғандай көресіз; бүкіл әлем артқа шегінгендей болады. Бірақ мазасыздық шешім ұсынбайды. «Мен өз үлесімді алу үшін бүкіл әлемді қопарамын. Мен сабыр сақтауым үшін әлем менің қажеттілігімді қанағаттандыруы тиіс» дегенді қайталай, әрекетке көшіңіз. Белгілі бір жұмыс түрін тындырған, тіпті арам шөп жұлған адамның өзі жер бетінде айтуға тұрарлықтай іс жасады. Неліктен әр адам өзінің әділ үлесін жомарт жерден алмасқа? Ешкім де аш қалып, қажетсіз болмауы керек.

Іс жүзіндегі ақша стандарты болатын болады; менің айтқандарымды ұмытпаңыздар. Ақша даңқ тілегін құрайды, және игерушіні басқаның қайғысына тым жиі тас бауыр етеді. Байлық жинайтын адам басқаларға көмектесуге ықылас қоятын болса, онда ол қалыпты жағдай. Ақша ол риясыз адамдар қолындағы игілік, өзімшіл адам қолындағы қарғыс. Мен бұрын байлығы он миллион долларды құрайтын Филадельфияда тұратын, бірақ ешқашан бақытты болып көрмеген бір адамды білуші едім; байлық оған тек қайғы-қасірет ғана әкелді. Ол басқаға он центтің өзіне бір кесе шай да алып бермес еді. Алтын біздің пайдалануымыз үшін берілген, бірақ ол Құдайшыл Рухты сақтай отыра, ешкімге де тиесілі емес. Құдайдың әрбір баласы Құдай алтынын пайдалануға құқылы. Сіз сәтсіздікке жол бермей, өз құқығыңыздан бас тартпаңыз.

ТАБЫС НЕМЕСЕ СӘТСІЗДІК СІЗДІҢ МИЫҢЫЗДА АНЫҚТАЛҒАН

Құдай сізді Өз баласы етті. Сіз өзіңізді қайыршы еттіңіз. Егер өзіңізді дәрменсіз пенде екеніңізге көндіріп, және басқаларға өзіңіздің жұмыс таба алмай жүргеніңізге сенуіне мүмкіндік берсеңіз, онда сіз өз ақылыңызда өзіңіздің ештеңеге пайдасыз және мүсәпір екеніңізге үкім шығардыңыз. Құдайдан немесе тағдыр пайымы емес, өзіңіз туралы өзіңіздің хабарлауыңыз сізді кедей және абыржулы етіп сақтайды. Табыс немесе сәтсіздік сіздің өз ақыл-ойыңызда анықталған. Тіпті жағымсыз пікірге қарсы Құдай берген ерікпен пайымыңызға қиындықта қалдырмауын айтып отырған дұрыс. Сіз өзіңізге келетін құпия құдайшыл билікті сезесіз, Сонда сіз сол нанымның магнетизмін көресіз де, биліктер сізге жаңа жолдар ашатын болады. Егер сіз абыржудан бас тартсаңыз, егер сіз дұрыс күш сала білсеңіз, онда сіз сабырлы күйде қаласыз да, әрине, сол кезде өз мақсатыңызға жету әдісін табасыз.

Әркез абыржыған кезде ақыл-ой тежеуішін басатыныңызды ұмытпаңыз; және сол қарсыласу күресінде, сіз қуатты жүрек пен ақылға сыйғызасыз. Сіз өз автокөлігіңізбен тежеуішті іске қоса жүріп кете алмас едіңіз, өйткені бұл механизмге қатты зиянын тигізетінін білесіз. Мазасыздық сіздің күш салуыңыздың доңғалақты тежеуіші; ол сізді толықтай тоқтатады. Егер мүмкін емес десеңіз, ештеңе де мүмкін болмайды. Мазасыздық өзіңіз қалаған затты жасау мүмкін емес деп сендіреді.

Абыржу уақыт пен энергияны босқа жояды. Оның орнына өз ақыл-ойыңызды жағымды әрекет ету үшін пайдаланыңыз. Іскер материалистік адам болу және жалқау болғанша, бір нәрсеге қол жеткізу одан да жақсы; жалқау адамды Құдай да қош көрмейді. Бастамашыл адамдар арқылы біраз байлық жиналды, бірақ ақшаны өзіңіздің табыс өлшеміңіз ете көрмеңіз. Көбінесе бұл ақша емес, оларды тапқан кезде қанағаттандыратын шығармашылық қабілет.

Өз мәселеңнен қашып құтылу деген ойдың өзі ақымақтық, өйткені қайда бағыт алсаңыз да, сіздің қамыңыз өзіңізден екі елі қалмайды. Сіз өз проблемаларыңызбен мен секілді бетпе-бет тұра білуіңіз керек. Енді менде өз жаным немесе өз тәнім туралы дұға жоқ, өйткені мен Құдай берген мәңгі кепілдікке жеттім. Бұл жеткілікті. Мен үшін сыйыну, күмәндану дегенді білдірер еді. Менің арым таза, өйткені ешқашан біреу үшін жауап берген емеспін. Мұның шындық екенін білемін. Өз-өзіме «Мен ешкімді ренжіткен емеспін» деп айта алудың өзі, жер бетіндегі ең бақытты адаммын деген мағынаны білдіреді.

Маған деген сенімі бар эмоционалдық көрсоқырлықтан емес, мәлімет пен себеп арқылы сенген көптеген тамаша жандар туралы ойлаған кезімде, мен өзімнің жолы болған адам екенімді білемін. Барлығына бірдей дос бола біліңіз. Тіпті сіздің махаббатыңыз бен сеніміңізге қайсыбіреулер сатқындық жасағанның өзінде, абыржымаңыз. Әрдайым сабыр сақтаңыз; Сіз- сізсіз. Бұл өмір сүрудің жалғыз ғана адал жолы. Барлығы сіздің досыңыз болғысы келмесе де, сіз барлығына бірдей орнына ештеңе талап етпестен, қолдау көрсетіңіз. Мен бәрін де түсінемін, жақсы көремін, бірақ олардан менің досым болуын немесе мені түсінуін талап етпеймін. Осы принциптің негізінде мен бейбіт жағдайдамын, және мазасыздануға еш себеп көріп тұрғаным жоқ.

БІЗ ЖЕР БЕТІНЕ САБАҚ АЛУ ҮШІН КЕЛДІК

Достық қазынасы сіздің ең бай иелігіңіз, өйткені бұл сізбен бұл өмірден тыс бірге жүреді. Барлық шынайы достар сізді қайтадан Әкенің үйінде кездесуге мәжбүр етті, өйткені нағыз махабат ешқашан жоғалмайды. Екінші жағынан, жек көрушілік те ешқашан жоғалмайды. Сіз жек көргеніңізге қарамастан, сол интенсивтік жақтырмаушылықты жеңбей тұрып, оны қайта-қайта өзіңізге тарта беретін боласыз.

Махаббат құдайшыл болмаса, ұзаққа созылмайды. Бір-біріне күміс ай жарығының астында мәңгі берілуге уәде беретін жандар ғасыр бойына бірге бола ма? Олардың көбінің бас сүйегі жер бетінде шашылып қалады, сонда ай күліп: «Махаббаттары мәңгі емес болғандықтан жалған айтқан» дейді. Бірақ жүрегіңізде сезетін махаббат осы, пенде жеріне ие емес болса, егер сіз махаббатқа әдемілік үшін емес, құдайшыл достық негізінде жеткен болсаңыз, егер басқаларды өзімшілдік үшін емес, өзіңіз үшін сүйсеңіз, сіз Құдайдың құдайшыл махаббатына жетіп, айқындадыңыз. Ері мен әйелі, бала мен ата-анасының арасындағы, достар арасындағы сөзсіз, таза махаббатты дамыту жер бетіне келгендегі үйренетін сабағымыз.

Сіз өз дұшпандарыңызды жек көрмеуіңіз керек. Ешкім де жаман емес. Егер ақау кілті бар күйсандықта ойнап жатқан біреуді естісеңіз, сіз бәрін де күйсандық бойынша жаман деп пайымдауға бейімсіз. Бірақ, бұл жердегі қателік бір кілтте тұр. Қалпына келтіріңіз, сонда күйсандықтың сапалы екенін көресіз. Құдай Өзінің барлық балаларының бойында болады. Кез-келген адамды жақтырмау дегеніміз Құдайды қабыл алмау дегенді білдіреді. Бұл жер-Құдайдың зертханасы. Біз өзімізді пенде тәжірибесі отында өзіміздің санамыздан төмен жерленген құдайшыл өшпестігіміз тағы да қайта туылуы үшін күйдіреміз. Бәрін де жақсы көре біліңіз, жеке кеңесшіні ұстап, абыржымаңыз.

Өз мәселеңізбен Құдаймен бөлісіңіз. Сіздің абыржып, толқығаныңыз өзіңіз орнатқан өзіңіздің жерленуіңіз. Сіз тірілей өз жайсыздықтарыңызбен бірге жерленгіңіз келмейді! Күн сайын мазасыздықтан қайғырып, өлудің қажеті қанша? Басыңыздан нені кешірсеңіз де жоқшылық, уайым, қайғы, әлсіз денсаулық есіңізде болсын, бұл жер бетінде сізден жүз есе қиыншылықты басынан кешіріп жатқан жандар бар. Өзіңізді соншалықты сәтсізбін деп санамаңыз, әйтпесе жеңіліске ұшырап, сізге бір кездері көмек беруге тырмысатын Құдайдың күшті жарығын жауып тастайсыз.

Тек бүгінде Еуропадағы адам өмірлерімен не болып жатқанын ойлап, өзіңіздің анағұрлым жолы болғыш адам екеніңізді түсініңіз. Бұл соғысты ақтауға еш негіз жоқ. Бұл-өрлеу ме? Бұл-өркениет пе? Аналар күні барлық аналарға бүкіл адамзаттың ана жүрегімен сезінетін құдайшыл ролін есіне түсіруі керек. Менің шайқас алаңындағы сол балаларға жаным ашиды. Егер біреу шайқаста қаза тапса, оның осы бақытсыз әлемнен құтылу мүмкіндігі бар; бірақ бүкіл қалған өмірін осы жарымжан денеде өткізетіні сұмдық. Әскерлердің аяқ-қолдарын кесіп алып тастағанды көре отырып, ақыл-ойда сол түрде өмір сүруді жалғастыру тілегі болмайды. Өз медитацияларымда мен жандардың күрсінгенін, шайқас алаңдарында денелері жыртылып, ауруханаларда өмірде аз-ақ күні қалған қатерлі істен зардап шеккендер дауысын естимін. Бұл дүние не деген қатігез еді! Бұл сенімсіздік орны. Сізбен не жағдай болса да, Әкенің аяғына жығылып, Оның мейірімін іздесеңіз, Ол сізді көтеріп алып, өмірдің, бар болғаны қиял екенін көрсетеді.

Мен осы шындықты көрдім. Өз назарымды Христос орталығына[1] аударған кезімде, тәнімді тіптен де сезінбеймін. Егер ақыл-парасат әлемде және Құдай қуанышында бекітілген болса, ешқандай түйсік немесе ақыл-ой азабы сізге әсер ете алмайды.

АҚЫЛ-ОЙ БЕЙТАРАПТЫҒЫН ҚОЛДАНЫҢЫЗ

Санскритте сабырлы шыдамдылықты *титикша* деп атайды. Мен осы ақыл-ой бейтараптығын қолдандым. Түні бойы тынымсыз түрде суық суда, суық күні медитация жасадым. Дәл солайша, Үндістанның күйіп тұрған құмында отырып таңнан кешке дейін медитация жасадым. Осылай тәжірибелер арқылы, көп ақыл-ой күшіне ие болдым. Сіз осындай өзін-өзі ұстай білушілікті қолданғаныңызда, ақыл-парасатыңыз барлық үрейлендіргіш жағдайларды өткізбейтін болады. Егер сіз бәр нәрсені істей алмаймын деп ойлайтын болсаңыз, онда сіздің ақыл-парасатыңыздың құл болғаны. Өз бетіңізбен азат етіліп көріңіз.

Мен сізді ағат болсын деп тұспалдап отырғаннан аулақпын. Тәртіпсіздіктен бірте-бірте жоғары көтерілуге тырысып көріңіз. Шыдамдылық сізге қажет нәрсенің өзі. Сіздің проблемаңыз не болғанда да, оны мазасыздықтан дұрыстау үшін жоғары күш салыңыз; және бұл әзірге шешілген жоқ, *титикшаны* қолданып көріңіз. Мұны тәжірибелік даналық демей көріңізші? Егер сіз жас әрі салмақты болсаңыз, онда, өз ақылыңыз бен еркіңізді бірте-бірте күшейтіп отырғандықтан, мен жасағандай, өзі-өзі ұстай білудің неғұрлым мықты әдістерін де қолдана аласыз.

Егер қыс айы жақындап қалды деп ойлайтын болсаңыз, сіз міндетті түрде тоңасыз, сіз сол ақыл-ой күшін дамытпаңыз. Белгілі әлсіздікке жол беріп қойдыңыз. Өзіңіздің суық тиюге бейім екеніңізді сезгенде, ойша: «Кет! Мен дұрыс ойға сүйенемін, бірақ мазасыздыққа ақыл-парасатымды әлсіретіп, ауру шақыруына мүмкіндік бермеймін» деп қарсыласыңыз. Бұл дұрыс ақыл-ой қатынасы. Сіз жүрегіңізде әрдайым шынайы күш салыңыз, бірақ мазасыздық болмасын. Мазасыздық күш салуыңызды сал етіп тастайды. Егер сіз бар ынта жігеріңізбен сенімділікке күшіңізді салатын болсаңыз, онда Құдай Өз қолдарын сізге көмектесу үшін төмен түсіреді.

---

[1] Глоссарийдан қараңыз

Ұйқы ризашылық, өйткені сіздің проблемаңыздың қандай болғанына қарамастан, сіз олардан ұйықтап жатқан кезде азатсыз. Саналы түрде өзіңіздің сергектік танытатын уақытыңызда азат болуға үйреніңіз. Егер қант жеп көрмесеңіз, оның дәмін білмейсіз; егер ақылыңыздың толық әлеуетін қолданып көрмесеңіз, сіз оның таңғаларлық күшін де түсінбейтін боласыз.

Вашингтонда, Д С., атты жас әйел маған келіп, «Менің жүрегімнің созылмалы ауруы бар. Маманмен кеңесіп көрсем де, денсаулығым қалыпқа түспей тұр. Сіз маған көмектесе аласыз ба?»,- деді. Мен оның ақыл-парасатын байқап, проблемасын сезгендей болдым (Сіз сабырлы болып, терең медитация жасасаңыз, осы интуициялық күшті дамыта аласыз. Өзіңіздің бойыңыздағы Құдай берген туа бітті ерік пен күшіңіз ештеме істей алмайды деуге негіз жоқ).

Мен әйелге, «Сіздің жүрегіңіз ауырмайды. Шынын айтар болсам, осыдан ертең жүрегіңіз ауыратын болса, онда сіз мені өтірікші деп айтып, мен туралы бәрін ұмытыңыз. Бірақ, сіздің ауруыңыз кетеді деп айта аламын».

«Қалай» деп сұрады ол.

Мен сұраққа сұрақпен жауап бердім: «Сізде жуыр арада қайғылы махаббат пәлесі болып па еді?

Ол таңданып: «Иә, оны қайдан білдіңіз?»,- деп сұрады.

«Бұл дұрыс емес пе?» деп сөзімді жалғастырдым, «күні-түні сол қайғылы жағдай туралы ойлайсыз ба?». Ол басын изеп, мойындады, өйткені бұл шындық болатын. «Сіз сол түнеріңкі жағдайды ұмытқаныңыз дұрыс»,- дедім мен оған. «Сүт төгілді, енді азапқа салынудың қажеті не? Өзіңіздің махаббатыңызды бағалайтын бір адамды табыңыз. Өзіңізді сүймейтін адамға бола соншалықты мұңаюдың қажеті қанша. Сіздің бұрынғы сүйіктіңіз біреумен уақытын өткізіп, рахаттануда, ал, сіз болсаңыз оған бола сары уайымға салынып отырғаныңыз мынау». Ол оны ұмытуға тырысатынын айтты. «Тырысып көрме» дедім мен қоймастан. «Сіз оны дәл қазір ұмытуыңыз керек!. Өз мииңызды осы адамнан босатыңыз».

Әйел ақылды болатын; арада көп уақыт өтпей ол келіп, «Сіздікі дұрыс болды. Ол адам және өзімнің бақытсыздығым туралы ойлауды доғарған сәттен бастап, менің жүрек соғысым қалыпқа түсті», - деді.

Егер сіз өзіңіздің алдыңызға мен ұсынып отырғандай мақсат қоя білсеңіз, егер әлсіздігіңізді мәселенің алдында мойындай білсеңіз, және өз мәселелеріңізді ойлап, абыржудан бас тартсаңыз, өзіңіздің неғұрлым табысты, сабырлы, бақыттырақ екеніңізді білесіз. Сіз де солай жасаңыз. Күн сайын: «Мен жалқау болмаймын, белсенді де болмаймын. Өмірдің әрбір мәселесіне болашаққа бола уайымдамастан, бүкіл күшімді салатын боламын»,-деп жиі сиынып жүріңіз.

ҚҰДАЙ СІЗДЕН ЕШҚАШАН БАС ТАРТПАЙДЫ

Егер ауру ұсынысын қабылдамаса, ақыл қандай да бір аурудан жапа шекпейтіні есіңізде болсын. Ақыл кедейліктен немесе жағдайдың қолайсыздығын қабылдамаса, жапа шекпейді. Исаға дөрекілік жасаған оның өмірі келелі мәселелерге, кедергілерге және екіұштылыққа толы болған, сонда да ол ешқашан толқу дегенді білмеген. Сіз Құдайдың ұлысыз. Сізді басқалардың барлығы қабылдамаса да, Құдай бас тарта алмайды, өйткені ол Сізді сүйеді. Сіз ешқашан толқуға тиісті емессіз, өйткені Құдай Сізді Өзіне ұқсас етіп жаратты, осыны ұмытпаңыз.

Қолда барға қанағат етіңіз. Неғұрлым табысты деген адамның өзінің ең үлкен қам-қарекеті мен бақытсыздығы бір басынан асып жатады. Мен шағын ғана лашықтар мен Үндістан тұрғындарының үңгірлерінде керісінше жағдайды көрдім. Бір әулиенің, бар болғаны бір шөкім шөптен кептірілген жер «тағы» болды. Егер оны мен Сіздің алдыңызға, осы жерге әкеліп қояр болсам, Сіз нағыз патшаны көргендей болар едіңіз. Ол бөксесіне шағын шүберек байлағыш байлап жүреді, бірақ ешкімнен көмек сұрап та көрген емес. Жер бетінің нағыз патшалары осындай болса керек. Олардың кейбіреуін Гималай тауында ассыз-сусыз жағдайда көрдім және олар да қайыр сұраған жандар емес. Олар әлемдегі миллионерлерден асқан бай болатын. Олардың барлығымен достық қатынаста болғандықтан, адамдар да оларды жақсы көріп, оларға азық-түлік беріп отырады. Қатты салқын күні мен Гималайда бір әулиенің киімшең жүргенін көрдім. «Сіз тоңып қалмайсыз ба?»,- деп сұрадым. Ол жылы шыраймен: «Егер мені Құдайға деген махаббат жылытатын болса, қалайша тоңуым мүмкін?»,-деп жауап берді. Әулиелер өздерін тәж киген патшалардан артық сезінеді. Егер ас-сусыз, ешқандай қауіпсіздік құралдарысыз өмір сүретін адамдар бар боса, сізге неге солар сияқты болмасқа?

Көк Аспан Әкесінің шексіздігі үнемі сізбен берге екені есіңізде болсын. Оған: «Өлім мен өмірде, саулық пен ауру-сырқауда, мен толқымаймын, О Құдайым, өйткені мен мәңгіге Сенің балаңмын»,- деп күнде дұға оқыңыз.

Егер Құдай кармадан арыла алса, біз неліктен арыла алмаймыз

Өзіндік таным қоғамдастығы Ғибадатханасы,
Сан-Диего, Калифорния, 18- ші қараша 1945 жыл

Карма жақсы, не жаман нәтижелер мен әрекеттердің жемісі. Егер сіз уды жұтсаңыз, сіздің әрекетіңіз өлімнің зұлым өнімін шығарады. Егер пайдалы тамақ ішсеңіз, онда сіздің әрекетіңіз жақсы нәтижеге денсаулықтың жақсаруына әкеледі. Бүгін мен алдымен зұлым карма туралы айтамын: бұл карма ауыртпалық пен қайғы-қасірет алып келеді. Егер біз Құдайға ұқсап жаратылған болсақ, қасиетті жазбалар айтқандай, Құдай карма қасіретінен арылған, ал біз неліктен азат емеспіз?

Зұлым карма сіздің Құдай берген ерік бостандығы билігін дұрыс қолданбаудың нәтижесі. Жануарлар жеке кармадан ада. Олар ешқандай да зұлымдық жасай алмайды, өйткені оларда кемсітушілік билігі деген болмайды. Олардың өмірін өз ортасының нәтижесі, инстинктік және көпшілік карма басқарады. Сексуалдық мағынада талғамайтын болса да, олар осы қылығы үшін жазаланбайды, өйткені олардың тәртібі тәуелді емес, бірақ инстинкпен бағытталады. Осылайша, жануарлар өздерінің әрекеттерінің кесірінен адамдар секілді жапа шекпейді. Адам әрекетті таңдау және ол үшін жауапкершілік сыйына ие.

Сонда мынадай: «Неліктен Құдай әрекеттер нәтижесінен арылған да, ал біз олай емеспіз?»,- деген сұрақ туындайды. Ендеше тақырыпқа тереңірек ене түселік, сонда сіз жақсылап түсінетін боласыз.

Құдай туралы өшпес тіршілік иесі ретінде айтылады. Егер солай болса, Ол ешқашан қайғы-қасірет шекпеген. Онда неліктен біз үшін қайғы-қасірет ойлап тапқан? Бұл оғаш көрінбей ме? Мен жауабын білемін, бірақ дей тұрғанмен, Онымен дауласамын: «Құдайым, егер шағын ғана ойын әлемін жаратқың келсе, неліктен Сен қайғы-қасіретті оның бір бөлшегі еттің? Сен үшін ойын болып саналатын нәрсе, біз үшін өлім болып табылады. Неліктен осы жер бетін арам шөпсіз гүлдерге толтырып, өмірді өлімсіз, ауру-сырқаусыз және басқа да тағдыр тәлкегісіз, көпшілік кармасыз етіп жаратпадың, бізді соғыс террорына батыру үшін бе? Құдайым, Сен әлемді адасусыз жаратпап па едің?». Ол бізге өзіміздің азат *екенімізден* басқа не айта алар еді, біз тек оны білмейміз.

Құдай адасуды жаратқаннан кейін, бізді пессимист етіп жасамауы тиіс. Мен нағыз ұлы оптимистпін. Оптимистік, әзірге бәрі жақсы болып тұрған кезде бақытты дегенді білдірмейді, ал ауру жабысқан кезде, түнере отырып: «Құдай, Сен сондай қорқыныштысың» деп айту керек. Құдай біздің ағымдағы болып жатқан қасіретімізге еш қатысы жоқ. Ол бізді жаратқан кезде, Ол бізге екі жақты қасірет шегу мен одан асқақ болу бостандығын берді. Оптимистік рахаттанған кезде де, ауыртпалық болған кезде де дуалдықтың зиянды ықпалынан ойша қашу үшін күле білу қабілетін берді.

АУРУДЫҢ ҮШ СЕБЕБІ БАР

Ауру жанның ең үлкен қарғысы. Қасірет шегу өте жаман. Қазір жағдайыңыз дұрыс болып тұрғанның өзінде, алдағы уақытта өзіңізбен қандай жағдайын боларын білмейсіз ғой. Кез-келген қасірет шегу мүмкіндігі бар кезде, сіз оның себептерін толығымен жойып жіберуіңіз керек.

Адам қасіретінің соңында үш фактор тұр: біріншіден адасу; екіншіден адамның өзі жасаған бұрыс әрекеттерінің нәтижесі; және үшіншіден кісі өлтіру, Хиросиманы бомбылаған жауыздар секілді көпшілік карма нәтижесі.

Адасу тәнмен сәйкестендіруді шақырады. Өмірдің бас кезінде бала өз тәні және өзі бір нәрсе деп ойлайды. Бұл оны шымшыған кезде, шыңғырып, ал қолын сипаған кезде неліктен оған ұнайтыны болып табылады. Тәнмен сәйкестеніп адасу адам санасымен бірге пайда болып, тәнді еркелете сол сәйкестену күшейе береді.

Үндістандағы біздің оқуымыз Батыстағы оқудан өзгеше. Бізге тәнді жеңіп, ойша тән санасынан биікке көтерілу жолдарын үйретеді. Егер тәніңізді тым қатты жақсы көрсеңіз, сіз заңсыз сезімтал боласыз; Сіз тәніңізге ыңғайсыздық туындаған сайын қайғырасыз. Сізді қасірет шегуге үйретті, өйткені сізді бақытқа арналған жайлылыққа тым тәуелді етіп үйретті. Жайлылықтың барлық түрлерін қалау аурудың негізгі қайнар көзі. Бұл әулиелердің ештеңеге де ынтық болмау керек дегені еді. Егер қарапайым ас түрі берілсе, өзіңіздің хош иісі аңқыған сүйікті асыңызды аңсамаңыз. Ешқашан ештеңеге бауыр басып, құштар болмаңыз, әйтпесе әрдайым қанағаттанбаушылық пен көңіл толмаған сезімде болатын боласыз.

Адамдар эгомен байланысты болғандықтан қасірет шегеді: өзіндік сана дегеніміз физикалық болмыс. Жануарлар адамдарға қарағанда әлдеқайда аз қайғырады, өйткені тәнінің қамын көздеумен байланыспаған. Олар адам секілді эгомен байланысты бола алмайды. Біз, сондай-ақ, басқалармен де олардың бізбен сәйкестену дәрежесіне сәйкес байланысамыз. Аяғы сынған бейтаныс адамды көріп, сіз: «Қандай жолы болмаған адам!» дейсіз. Сіз ол адамға аяушылық сезімін сезінесіз, бірақ оның жарақатының ауруымен сіз байланысты емессіз. Ал егер сіз өзіңіздің аяғыңызды сындырып алсаңыз, онда ауруды сезінер едіңіз. Осылайша, көршісінің өлген баласын көріп тұрып, ана өз -өзін сондай мұңды сезінбейді, ал өз баласын сол жағдайда көретін болса, әрине, қайғы-мұңды ана басқаша сезінер еді. Кез-келген жағдайда теңдестіру қайғы-қасірет себебі. Сіз басқаның тәніне қарағанда өзіңізді өз тәніңізбен неғұрлым тығыз теңдестіресіз және өзіңізге қатысы жоқ адамдарға қарағанда, өзіңіздің жақын адамдарыңызбен немесе сүйікті заттарыңызбен үлкен дайындықпен қатты байланысқансыз.

СІЗ БЕН ДЕНЕ АУРУЫ АРАСЫНДАҒЫ БАЙЛАНЫС ТЕК АҚЫЛ-ОЙ БАЙЛАНЫСЫ

Сіз өз тәніңізде сол тәннің өзіңізге қатысты екенін ойламастан өмір сүруге үйренген болсаңыз, онда бұлай қайғы-қасірет шекпеген болар едіңіз. Сіз бен дене ауруы арасындағы байланыс тек ақыл-ой байланысы болып табылады. Сіз ұйықтап жатып, тәніңізді сезбесеңіз, онда ауруды да сезбейсіз. Дәрігер немесе дантист, яғнитісті емдейтін дәрігер сізге анестезиялау дәрісін беріп, тәніңізде ота жасаған кезде, сіз ауруды сезбейсіз. Ақыл-ой түйсіктен ажыратылды. Екінші жағынан алып қарар болсақ, басқа адамның қайғысын өз ақыл-ойыңызда қатты қабылдай отырып, сіз оның ауруын өз бойыңызда сезінетін боласыз.

Ауруға қарсы ең күшті анестезия ол сіздің ақыл-ой билігіңіз. Егер сіздің ақыл-ойыңыз оны қабылдаудан бас тартса, онда ауру да азая түседі. Мен арагідік тәннің жарақаттан қасірет шегіп, қатты ауырсынғанын көрдім, және мен назарымды Христос орталығына аударған болсам, яғни, егер Құдаймен көбірек, тәнмен азырақ теңестірілсем, онда ауру атымен болмас еді. Осылайша, ауру басталған кезде, Христос орталығына шоғырланыңыз. Ойша аурудан қашықта болыңыз, ақыл-ой күшін көбірек дамытыңыз. Өзіңіз іштей қатал болыңыз. Іштей ауруды сезінгеніңізде, өзіңіз «Ауру маған қатты әсер етпейді» деңіз. Ауру пайда болған кезде, оны қасірет шегу ретінде емес, тек оның қамын ойлайтындай нәрсе ретінде мойындаңыз. Ақыл-ой билігіне неғұрлым көбірек шоғырлансаңыз, тән санасы соғұрлым азаяды. Және неғұрлым тәнді көбірек жақсы көріп, шамадан тыс қамын ойласаңыз, ақыл-ой билігін өтеу соғұрлым шектеулі болады.

Сіз өз қасіретіңізді қиял арқылы күшейтесіз. Толқу немесе өзіңізге деген аяушылық сезімі сіздің ауруыңызды бәсеңсітпейді, қайта күшейте түседі. Мысалы, сізді біреу ренжітті делік; ол жағдай сіздің есіңізден кетпейді және сіздің достарыңыз сізге аяушылық білдіреді. Олар туралы сіз неғұрлым көбірек ойласаңыз, соғұрлым зиянды және өз қайғыңызды күшейтіп аласыз. Сізді біреу-міреу ренжіткен кезде, сол адамды рухани түрде жақсы көріп, оған жақсылық тілеп, содан соң болған жағдайды ұмытып кеткен анағұрлым жақсы.

Құдай біздің қайғырғанымызды сезеді. Әрине, Ол біздің ауруымыздың барлығын сезіп отырады. Иса: «Екі торғайды бір теңгеге сатпай ма? Дегенмен көктегі Әкелеріңнің еркінсіз бірде-бір торғай жерге құлап түспейді»,[1] - деп айтпап па еді? Торғайды қаршыға өлтірген кезде, Құдай кішкене ғана құстың сезімін біледі. Ол сіздің де ауруыңызды біледі. Сіздің қайғырғаныңызды көру Құдайды бақытты етеді деп ойлайсыз ба? Жоқ. Сіз бақытсыздыққа ұшырағанда ол тыныш отыра алмайды. Осылайша, Ол сіз ойлағандай бақытты бола алмайды. Құдай Өзінің абсолюттік жағдайында барлық жаратылыстан тыс өмір сүргенде, Ол Өзінің ең бақытты жаратылыс екенін біледі. Ал егер Өз балаларының тілектері мен келелі мәселелерін сезінсімен, Ол бақытты бола алмайды. Сіз біреудің қайғысына ортақтаса аласыз, бірақ сол адамның қайғырғанындай қайғырмайсыз; бірақ егер сіз сол адаммен толығымен теңдестірілсеңіз, онда оның ауруын өз ауруыңыздай сезетін боласыз. Оның мәні мынада, Құдай өз жаратылысымен не болып жатқанын біледі, бірақ, дегенменен, Ол онымен теңдестірілу адасуынан арылған. Осылайша, Құдай сіздің қайғыңызды сезіп отырғанның өзінде, және сіз үшін ойша қайғырса, Оның қайғыруы сіздің адасуыңыз секілді,

---

[1] Матай 10:29

өйткені Ол да сіз секілді, осы дуалдық дүниемен теңдестірілмеген. Ол сіздің Өзі секілді болғаныңызды қалайды. Осылайша, сіз осы тәнде өмір сүріп, оған тәуелді болмауға тиіссіз. Сонда өзіңіздің кармадан аулақ болғаныңызды көретін боласыз. Азат болған тек Құдай емес; сіз, Оған ұқсап жаратылған жан ретінде, сіз де азат болуға ықтималсыз. Бүкіл жарату жұмысын оның өзгермелі мәнімен теңдестірместен жалғастырып отырған Құдайға ұқсап бағыңыз.

ҰЙҚЫ КЕЗІНДЕ СІЗ КАРМАДАН АРЫЛҒАН КҮЙДЕСІЗ

Өзіңіздің келелі мәселелеріңізбен теңдестірілмеген жағдайды қалай білуге болады? Мен сіздерге айтып берейін. Өзіңіз шеше алмайтындай мәселе болғанның өзінде, немесе тәніңіз бақытсыздыққа тап болған кезде, ұйықтап жатқан кезіңізде, сіз іштей кармадан азатсыз. Көріп тұрсыз ба? Тіпті көзді жұмып, әлем мен тәнді шолуды тоқтатып тұрып та, өзіңізді кейбір тәнмен теңдестіру дәрежесінен ажырата аласыз. Сіз өзіңіздің сана екеніңізді түсіне бастайсыз. Егер рұхсат бермейтін болсаңыз, ойға тән түйсігі ене алмайды. Көзіңізді жұмып көріңіз, сонда сіз осы шындықты жаныңызбен сезетін боласыз. Байқап көріңіз. Бұл жұмыс жасайтын болады. Көзді жұмып отырып, ішіңізден өз-өзіңізге сенімді болсаңыз және ақыл-ойыңызға тән түйсігіне абыржуға мүмкіндік бермесеңіз, онда кармадан босайсыз. Бұл тамаша ой емес пе?

Құдайдың қайғыға ортақтасуына қараңыз, әр түн сайын сегіз сағат бойы ұйықтап жатқан кезіңізде сіз ауруды, ешқандай қасіретті, ешқандай ұғынуды, банкте қаражатыңыздың жоқ екенін, былайша айтқанда, ешқандай қиындықты сезбейсіз. Осылайша, Ол сізге өз ақыл-ойыңызды босатқан кезде, сіз кармадан да құтылатыныңызды көрсетеді. Көп адамдар өздерінің басына түскен қайғыны ұмыту үшін ішімдік ішіп, есірткі қолданады, бұл дұрыс жол емес. Ликер мен есірткі сізге тек қайғы болып жабысатын болады. Осылайша, сізде келелі мәселелер туындаған кезде, өз-өзіңізге көмектесетін бір ғана тәсіл бар, яғни, ұйқыдан тұрыңыз да, одан құтылыңыз.

ӨЛІМ- МАРАПАТ

Ұйқы күндізгі қам-қарекетті ұмытқанымыз үшін де жағымды. Осылайша, келген кезде өлімнің терең ұйқысы да жағымды. Бірақ осы өмір мектебіндегі ауыр сабақтардан құтылу үшін өлім тілей көрмеңіз.

Бұл дұрыс болмас еді. Осы өмірдегі өз қиындықтарыңызға қарамастан, сіз олардан батыл түрде өтуге тиіссіз. Оларды осы жерде жеңген кезде, өлім сізге марапат ретінде келеді. Бұл- қайғырудың соңы. Біреу азап шеккен кезде, адамдар «Қандай жаман» деп ойлайды. Ал егер сол адам қайтыс болса, олар өздерін оның өмірден өтуіне кінәлі деп санайды. Оның достары мен сүйіктілері ол туралы ойлап: «Қап, әттеген-ай» деп өкініш білдіреді. Бірақ олардың түсінігі қате. Өлім оған барлық қайғы-қасіреттен арылу сыйын берді. Оған осы жерден гөрі, сол жақта неғұрлым жақсырақ. Оған енді ауруға шыдаудың қажеті жоқ, солай қолайсыздықтан құтылды. Ол бақытты; ол азат. Осылайша, сіздің де уақытыңыз келген сәтте сізге өлетініңіз туралы айтса, күлімсіреп, «Осы ма еді айтайын дегеніңіз? Тамаша. Мен бүкіл ауыр жұмыс пен міндеттерден құтылатын болдым»,- деп жауап беріңіз.

Мен бір кезде Құдайдың маған өлімге деген дұрыс қатынасын көрсеткен жағдай туралы, яғни, өлгелі жатқан жас жігітті көрген елес туралы жазған болатынмын. Жас жігіт кереуетте жатқан кезінде оған дәрігерлер бар болғаны бір күн өмірі қалғанын айтады. Ол болса «Өз Сүйіктіммен қосылатын болдым! Өлім өшпестік қақпасын ашқан кезде, мен аурудың түрме торынан құтылатын боламын. Жылап-сықтамаңыз, осы шөл дала жағалауында қалып бара жатқандарға, керісінше, мен аяушылық білдіремін»,[2]- деп жауап берген.

Өлімнен қорқудың еш себебі жоқ; біздің қорқатынымыз ауру. Өлім ауруы маңызсыз. Бірақ, біз өзіміздің ескі киімдерімізді жаңаға ауыстыратынымыздай, Құдай бізге неліктен тәнімізді жаңарту билігін бермеді? Қазіргі тәніңіз ескіріп, қартайып немесе әлсіреген уақытта, қайта туу мен өлу қажеттілігіне ие болмай тұрып, жас денеде кімнің болғысы келмес дейсің? Бұл кей йогтардың қолдарынан келетін іс. Бір күні Үндістанда қарт йог жерлеу алаңына келеді. Жерлеу алауында өртеуге дайындалған жас жігіттің тәні жатады. Қарт болса «Тоқтаңыз. Маған осы тән керек!» деп айғайлап жібереді. Дәл сол мезетте, йог рухымен жан кірген жас жігіттің сұлбасы жерлеу алауынан секіріп шығады да, әулиенің ескі денесі өледі. Жігіттің жаңа тән мекеніне ие болып, йог жүгіріп кетеді де, көп ұзамай көзден ғайып болады. Таңғалған адамдар ескі денені жерлеген екен.

Бенгаль шығанағындағы шағын аралда бір әулие өмір сүрді. Бір күні қолдаушылары оның ағаш сүресінің үйіндісінің үстінде

---

[2] «О дүниеге аттанып бара жатқан жас жігіттің құдайшыл жауабы». - *Жан әнінен*

отырғанын көреді. Ол оларға керемет ақиқаттар айтып отырды. Өз әңгімесін аяқтаған соң, қолдаушылары әулиеден: «Сіз неге томардың үстінде отырсыз?» деп сұрады.

«Сіздерді бұл тәнді кремациялау қажеттілігінен құтқару үшін», «Мен бұл жерде жеткілікті өмір сүрдім, енді осы тәннен босауға бел будым»,- деп жауап береді ол.

Ол қолына сіріңке алып, алауды жағып жібергенде, ол «Сіздер осы тәнді тірілей өртеп жатыр деп ойламаңыз, өтінемін, жақындап келіп, қараңызшы, бұл тән өлі»,-дейді де саналы түрде тәнінен босайды.

Қолдаушылары жақындап келіп қараса, шынымен де оның денесінде өмір белгілері жоқ еді.

Лахири Махасая да өз денесінен осылай босап шыққан: айналысына жиналып қалған қолдаушылар тобына өзінің кетіп бара жатқанын хабарлап, көзін ашады да жүре береді. Бұл әулиелердің тәнге уақытша тұрақ ретінде қарау тиіс дегенді айтқаны. Оған тым бауыр басып немесе онымен байланысып қалмаңыз. Осы өлік түйсігінің артында тұрған жарықтың, жанның өшпес санасының шексіз билігін түсініңіз.

Өлімнен соңғы өмір қандай керемет! Енді сізді осы ескі сүйек жүгін барлық келелі мәселелерімен бірге тасуға мәжбүр етпейді. Сіз аспан жұлдыздарында дене шектеулеріне бейім болмастан азат етілесіз. Жұлдыздар әлемі бұлттарда орналасқан; бұл шексіз сұлулық пен әр түрліліктің осы дөрекі физикалық дүниенің басқа өлшемі. Менің санамның ішкі жағында үнемі сол жұлдыздар әлемінде боламын, осылайша, мен осының бәрін білемін. Салыстырар болсақ, бұл жер астаң-кестең; жұлдыздар әлемінде сіз өз тілегіңізге сәйкес заттарға тапсырыс бере аласыз. Біздің жұлдызды «автокөлікте» сіз кез-келген арақашықтыққа бірден саяхат жасай аласыз. Егер сіз гүлдерді қаласаңыз, ол жақта гүлдер бірден пайда болады, тек қаласаң болды. Ал, егер сол гүлдер қажет болмаса, ойыңызды жоясыз, сол кезде олар ғайып болады. Сіз бұл нәрселерді санадан тыс, қиялыңызда жүзеге асырасыз. Сіз оларды осы физикалық ұшақта да жасай аласыз, бірақ Құдай секілді жарата білу үшін. Сіз ақыл-ой билігіңізді жақсы дамыта білуіңіз керек. Керемет терді Иса көрсете білді, және Иса: «Сендерге өте маңызды шындықты айтайын: Мен жасаған кереметтер сияқтыларды Маған сенуші де істейді, тіпті одан да зорларын істейді, себебі Мен Әкеме барамын».[3],- деп айтқан болатын.

---

[3] Жохан 14:12

Сондықтан да, есіңізде болсын, өлімнен қорқудың қажеті жоқ. Сіз Құдайдың кинотеатрындасыз, және көңіл көтеру аяқталған кезде, оған өкінбеңіз. Мен басты кейіпкері өлетін бір кино көрдім, соған қатты жабырқадым. Сонда мен: «Ол келесі көрсетілімде экранға шығады ғой. Мен оның өмірге келгенін күтемін» деп ойладымда, ол тағы да өлмес бұрын, мен кинотеатрдан шығып кеттім! Өліп, астралдық әлемде оянған жандармен де осылай. Олар дене киноэкранын тастап, қайтадан астралдық киноэкранда пайда болады; олар шын мәнісінде ешқашан өлмейді. Қайтыс болған көптеген қолдаушыларымды мен қайта көрдім. Сондықтан да мен мұңаймаймын. Құдайды білсеңіз, Ол сізге бәрін де көрсетеді; және сіз ендігі ешкімді де сағынбайтын боласыз. Кейде адамның астралдық формасы сізбен қатар отыруы да мүмкін. Сіз оны көре алмайсыз, өйткені сіз екі көзбен астралдық тіршілік иесін көре алмайсыз; бірақ мен көремін. Сіз астралдық формадағы жандарды көре білу үшін «рентген елесіне», үшінші көзге зәрусіз. Сіз сол рухани көзді дамытуыңыз керек.

Сіз осы жер бетінде қиялмен өмір сүресіз. Бұл Құдай әлемі; және сіз Онымен біртұтас болғанда ғана, ол сіздікі болады. Өз жұмыс берушісінің үйіндегі балаларды қарайтын үй қызметшісіне ұқсаңыз. Ол: «Бұл менің үйім, бұл менің отбасым» дегенімен, іштей оның олай емес екенін біледі, өйткені оның шынайы отбасы басқа қалада тұрады. Сіздің осы әлемде орындауға тиісті өз міндеттеріңіз бар, бірақ бұл сіздің тұрақты үйіңіз емес. Сіз қайтыс болғаннан кейін, тіпті америкалық та, индус та немесе ағылшын да болмайсыз. «Құдай бұл сіздің үйіңіз; мен ештеңеге де ынтық емеспін, мен бұл тәнге де бауыр басуға дайын тұрған жоқпын. Мен алдымен Сені танығым келеді, менің осы жерге жіберілуімнің себебі де осы. Мен кармадан *дәл қазір* арылғым келеді! Сенің образың бойынша жарала отырып, мен бұл әлем мен осы тәнге тәуелді емеспін. Мен өзімнің барлық міндеттерімді олармен Сенің өнерің, Сенің зор қызметіңмен теңдестірілмегені секілді, теңдестірілместен орындаймын. Мен азатпын»,- деген санамен өмір сүріңіз.

ЖАМАН КАРМАНЫ ДҰРЫС ӘРЕКЕТПЕН ҚИРАТЫҢЫЗ

Өзіңіздің мәңгілік кармамен байланысты деп ойлауыңызға тыйым салыңыз. Мойындамаңыз оны. Кармаңыз жақсы, не жаман болғанның өзінде, карма шектеуін қабылдамаңыз. Жаман карманы қирату үшін сіздің кармаңыз жақсы болуы керек. Содан соң екеуінен де жоғары көтеріліңіз.

Кармаңызды Құдайға тапсырыңыз. Егер Одан көмек сұрайтын болсаңыз, ол сізге көмектеседі. Біз арнайы биік дәрежелік іздейтін кездеріміз болады, бірақ, егер біз Құдайға сенсек, бәрі де орындалады. Нақ Оның әсемдігі есепке алынады, және осы әсемдік біз өзімізді Құдай баласы ретінде ұстай білу үшін өз үлесімізді қосқан кезде келеді. Әркез, сіз өз ауруларыңыз бен қайғы-қасіретіңізді басқара алатындай жағдайда болмағанда, тырмысуды тоқтатпаңыз. Егер сіз тырыспайтын болсаңыз, онда ешқашан ештеңеге қол жеткізе алмайсыз. Ауру мен проблемаға орын бермеңіз. Әркез, сізге жаманшылық төнген кезде, тұрыңыз да: «Менде бәрі жақсы» деңіз. Өзіңізге осыны жасай алмайтындығыңызды мойындаған сәтте, есеңгіреу болады. Сіз өзіңізге кармамен байланысты екеніңізді мойындап, үкім шығардыңыз. Сіз-төрешісіз. Сіздің мәселелеріңіздің қандай екені маңызды емес. Егер сіз: «Менде бәрі жақсы» десеңіз, сіз оларды жеңесіз. Бірақ егер «Менің бұл қолымнан келмейді» дейтін болсаңыз, сіз өз кармаңыздың түрме торында тұтқын ретінде қаласыз. Егер қатеңізді мойындап, шешімді түрде оны қайта жасамауға шешім жасасаңыз, онда сіз төмен құлағанның өзінде, қатты әсер алмайтын боласыз. Сіз дер уақытында өзіңіздің тағдырыңыздың қожайыны, кармадан Құдай секілді азат екеніңізді көретін боласыз.

Сіз неліктен қайталанған өлім мен қайта туу жағдайлары үшін өзгеруге мәжбүрсіз? Қазір өзгерсе не болады? Оның жақсы емес екенін біле тұра, еркелікті неге доғармайсыз. Ашудан неге құтылмайсыз? Ренжитін себебіңіз, біреу сіздің жаралы эгоңызға тұз сеуіп қойды. Егер байсалды бола түссеңіз, сіз әлдеқайда жақсы және бақытты адам боласыз. Басқаларға өзіңізді ренжітуге жол берсеңіз де, өзіңіз ешқашан басқаны ренжітпеңіз. Сіз сонда іштей өзіңізге ешкім тиісе алмайтынын көресіз. Әркез, бәзбіреулер сіздің қателігіңізді көрсеткен кезде, сабырлы күйде сол қателерді дұрыстауға тырысыңыз. Бұл өзін-өзі ұстай білуге апаратын жол. Менің гуруым Шри Юктешвар нақ осындай, жас бала секілді адам болатын. Ешкімді жек көрмеңіз. Жақсы көрмеңіз немесе жек көрмеңіз. Ештеңеге тым берілмеңіз; бала ойыншығымен ойнап отырып, сол ойыншықты сындырып тастаса, көп ұзамай ұмытып кетеді. Егер сіз бір нәрсеге сондай ынтық болсаңыз, онда сіз қайғырып, жаныңызды ауыртатын боласыз.

Зұлымдық түрткісі өзіңіздің жеке ықыласыңыз арқылы келеді, бірақ кейде Құдай сынақтары да болады. Оған:

«Құдай, мен Сенің мейірімді екеніңді білемін, бірақ, менің ойымша, оны қолдана алмайтын секілдімін. Мен мұның жарамсыз қылық екенін де білемін, бірақ, өкінішке орай одан құтылу мен үшін сондай қиын. О, менің барлық сезімдерімді Жаратушы, жетелеңіз мені! Сен мейірімділікті де, зұлымдықты да, азаттықты да жараттың. Мен Өзіңе ұқсап жаратылдым. Мен мейірімділік пен зұлымдықпен қоршалдым, бірақ Сенің балаң бола тұра, мен азатпын!» деп сыйыныңыз.

Құдай әділдігі Оның бізге өзімізді осы адасу әлемінен азат етілу үшін қолдануға себеп қылышын бергені. Бірақ сіз сол Құдай берген дискриминация билігін қолданып, дұрыс емес әрекетке ықылас қойғанда дұрыс әрекетті таңдап, ойша өз мәселеңізде жоғары болуға тиіссіз. Сіздің қайғы-қасіретіңіз өзіңіздің кармаңыз екенін айтуына басқаға жол беруші болмаңыз. Сізде карма жоқ. Шанкара: «Мен Рухпен бірмін; мен Ол» деген болатын. Егер осы шындықты *түсінсеңіз*, сіз құдайсыз. Бірақ егер ойша «Мен Құдаймын» дегенді мақұлдауды жалғастырып және өз ақылыңыздың артқы жағынан сіз: «бірақ, мен пенде секілдімін» деп ойласаңыз, сіз пенде болып қаласыз. Егер сіз және құдай бір екенін *білсеңіз*, сіз азат боласыз.

Гуру көмегі

Гуру сізге көмектеседі. Құдай өзін күні-түні жақсы көретін адаммен гуру арқылы сөйлесіп, жетелейді. Оның міндетінің бірі Құдайға деген махаббатты сіздің санаңызға сіңіру болып табылады. Ол сізден рухани ынтаңыздан басқа ештеңе де қаламайды. Оны қарғап-сілейсіз бе, әлде мадақтайсыз ба, оған ештеңе де әсер етпейді. Бірақ онымен бірлессеңіз, онда ол сіздің санаңыздан надандық бүркенішін алып тастауға көмектеседі.

Гуру кеңестеріне құлақ түрсеңіз, сіз өзіңіздің азат екеніңізді көресіз. Тіпті Ұстаз (Свами Шри Юктешвар) маған бір нәрсе айтып, содан соң оның солай болатынына сенімді болсам, шынымен де солай болып шығады. Ол басқаларға бірнеше рет өздері белгіленген әрекеттің салдары туралы ескертті. Құлақ аспаған адамдардың өмірлері түңілуге толы болды. Шынайы гуру сізді өз жолыңыздағы қақпаннан қашып құтылу жолдарын көрсетіп, көмек қолын созғысы келеді. Кейбір неғұрлым әлсіз ұстаздар шәкірттері тыңдамағанда ашуға мініп жатады. Бірақ рухани ұстаз: «Сіз осы дұрыс екендігін ойламадыңыз ба?» дер еді. Мен не нәрсе болсада екі қайтара айтамын; бірақ менің рухани ұстазым бұрын бір айтатын. Оның кеңесіне құлақ аспағандар ерте ме, кеш пе, өздерінің не нәрсеге ие болатынын ұғатын болады.

КАРМАДАН ЖОҒАРЫ БОЛУДЫҢ ҮШ ТӘСІЛІ

Егер сіз кармадан жоғары болғыңыз келсе, мына үш ақиқатты түсінуге тырысып көріңіз: (1) *Ақыл күшті, жүрек таза болса, сіз азатсыз.* Бұл тәнде сізді аурумен байланыстыратын ақыл. Сіздің ойыңыз таза болып, ойша күшті болсаңыз, сіз зұлым карманың салған ауыртпалығынан қасірет шекпейтін боласыз. Бұл мен тапқан сергітетін нәрсе. (2) *Соқыр сезімде сіз азатсыз.* (3) *Құдаймен сәйкестендірілген экстазда болғаныңызда, сізде карма болмайды.* Міне сондықтан да, әулиелер «Қоймастан сыйыныңыз» дейді. Сіз тоқтаусыз сыйынып және медитация жасап отырған кезіңізде, ешқандай мәселелер тиісе алмайтын супер сана жеріне кіресіз.

Сіз кармадан дәл қазір осы әдістер арқылы арыла аласыз. Әркез, карма мәселелері сізді титықтатқан кезде ұйқыға кетіңіз. Немесе таза ойлар туралы ойлап, ақылыңызды болаттай етіп, өзіңізге: «Мен бұдан жоғарымын» деңіз. Немесе бәрінен де жақсысы, терең медитацияға еніп, құдайшыл супер сана жағдайына шомыңыз. Осы сананың бақыты сіздің жаныңыздың табиғи қалпы, бірақ сіз тәнмен теңдестіріле отырып, өзіңіздің шынайы мәніңізді ұмыттыңыз. Жанның сол сабырлы, шадыман жағдайы қайтадан келуі мүмкін.

Әдетте, сіз күндіз тән санасынан тек сегіз сағатқа ғана босайсыз. Басқа он алты сағатта сіз өзіңіздің тәнге ынтықтығыңыздың кесірінен өзіңізді бақытсыз етесіз. Өз ақылыңызды бақытты ете отырып, өз мәселелеріңізге көңіл аудармастан, сіз анағұрлым аз қайғыратын боласыз. Бірақ егер сіз экстазда қала алсаңыз, онда өзіңіздің кармадан бір күннің барлық жиырма төрт сағаты бойына азат болғаныңызды көресіз.

КРИЯ-ЙОГА КАРМАНЫҢ ТҮРМЕ ТОРЛАРЫН БӨЛЕДІ

Сонымен, қымбаттыларым, Гималайдағы үңгірге ұшпай, тән мен осы әлемнен азат болатын өз ақылыңыздың үңгіріне ұшып, осы әлемнен шығуға бел буыңыз; Крия-Йоганы қолданыңыз, және сіз, әрине, сонда рухани жолда ілгері басасыз. Бұл менің жеке тәжірибем. Крия-Йоганың азат ету билігі карманың түрме торларын бөледі. Мен шығыста да, Батыста да мұндай күшті техниканы көрген емеспін. Крия мен осы Өзіндік таным қоғамдастығы жолының барлық ізбасарлары біршама алға озады. Медитация жасаңыз да, өзіңізге қатысты бірнеше жылдар нәтижесіне көз жүгіртіңіз. Өзіңізге біршама уақыт бөліңіз. Нәтижесін дәл қазір күтпеңіз. Сіз ақша мен денсаулықты соншалықты тез арада жасай алмайсыз. Оған уақыт беру керек. Әдетті қалыптастыру үшін сегіз жыл қажет. Егер сіз сегіз жыл бойы Крия-Йоганы қолданып, терең медитация жасасаңыз, онда өзін-өзі ұстай білу жолында екеніңізді көресіз.

Сіздің медитацияңыздың бір бөлшегі ретінде, әр түн сайын: «Кармадан арылған Әке. Мен Сенің балаңмын. Мен кармадан қазір және мәңгіге азатпын» деп қайта-қайта қайталаудан жалықпаңыз. Мен нақ осыны сіздердің түсінгеніңізді қалаймын.

Бүгінгі айтылғанның барлығы менің сіздерге барлық қайғы-қасіретті жеңу үшін берген ең үлкен хабарламам. Мен сіздердің Оны бір уақыттарда ұмыт қалдырғаныңызды қаламаймын. Материалдық құрал дәрі-дәрмек, дене жайлылықтары, адам жұбанышы барлығы да ауруды басу көмегінде өз орындарына ие, бірақ ең үлкен құрал бұл Крия - Йога мен оның Құдаймен бірге екеніңіз туралы пайымдарын қолдану дер едім. Бұл әр мәселенің, аурудың және ауыр қайғының панацеясы бүкіл бөлек және көпшілік кармадан азаттыққа жол.

Бұл әлем біздің үйіміз емес, біздің үйіміз басқа жақта, Құдайдың ғарыш санасында. Онда, атомдардың ар жағында, Әкеміздің патшалығында біз тіріміз және аман- есенбіз. Мен сіздердің барлығыңызға қатысты сыйынамын:

«Құдай дегеніміз мен пайымдап отырған сіздің жарығыңыз. Осы Өзіндік таным жолында мен барлығына қатысты терең сыйынамын, және көп ұзамай сіз оларды сұмдық адасу кармаларынан және олардың бойындағы сіңіп қалған көптеген кармаларын босатасыз. Өзіміздің бүкіл тәртібіміздің қателіктері үшін, бүкіл салғырттықтарымыз және надандығымыз үшін, және осының барлығына қарамастан біз Сенің балаларыңбыз. Бізге осыны әрдайым есімізге салып отырыңыз. Карманың түрме торларының ар жағында да, біз құдаймен бірліктеміз. Көзімізді жұмып, экстазға түссек болды, біз Өзіңізге ұқсап жаратылғанымызды білеміз. Біз азатпыз. О Құдайым, Сенің махаббатың үстем! Біз Сенің алдыңда басымызды иеміз».

Өлім санасы мен өлімді жеңудегі йога өнері

1923 жылы жазылған

Йога жанның тән мен ақыл құралдары бойынша шеберлікті игеріп, қайта оянған сананың Рухпен бірліктегі мәңгілік сипатына Өзіндік танымға жетуде пайдаланатын ғылым. Автономдық түрде дараланған жан Рух әмбебаптығынан төмен түсіп, тән мен оның мән санасының шектеулерімен теңестіріледі. Бхагавад-Гита: «Тәнде басым болып, тіршілік ететін Жоғары Рух тәнде болып, әрдайым мінсіз болса да, бөлек Бақылаушы, Шешуші, Қолдаушы, Эксперимент жасаушы, Ұлы Құдай және ол ең жоғарғы болып табылады» [1] деп жазған болатын. Жан тәнде тұтқында қала отырып, қозғалмаған, өзгермеген күйде қалады. Бірақ, *майя* тілі мен адасу арқылы, ол сананың дамып және Өзіндік таным арқылы қайтадан оның мәңгі өшпес формасына ауысқанға дейін, өзгермелілігімен және ажалды болуымен субъективті теңестірілген болып қалады.

Йога адам мінезінің: тән, ақыл және жан секілді әрбір үш аспектісінің руханилығын қамтитын толыққанды аяқталған ғылым.

Йог адам ағзасын жан бақылауындағы нәзік рухани күштің дөрекі тығыздалуы.

Ол тән мен өмір немесе сана одан тыс жерде өзгеше мән екенін түсінеді; және адам ажалды тән емес, транцеденттік өшпес сана болып табылады.

Ол шығарылатын және орталыққа тебетін жүйке жанның материямен коммуникация құралы екенін біледі; және осы коммуникацияны рухтандыра отырып, жан өзінің құдайшыл әлеуетін тән арқылы айқындайды.

Йог қиял немесе көру, ерік немесе *пранайама* арқылы (өмір энергиясын бақылау) , ол көру, сезу, тыңдау, жанасу, иіс және дәм

---

[1] БхагавадГита XIII:22, 32.

сезетін сезім оттарын әркез олардың хабарламалары мазалаған кезде қараңғылата алады.

Ол толық бақылауға ие және өз қалауы бойынша, ояу қалыпқа, армандау жағдайына, терең ұйқы жағдайына (яғни, психологиялық және супер соқыр сезімдік) және супер саналы жағдайға ене алады.

Йог сананы басқару өнерін басқара алады. Ол ақыл-ой тынымсыздығын және қиялды өшіріп, енжарлықтан төмендегі келтірілген тәжірибені қолдана отырып құтыла алады:

(a) пассивтік, немесе қай жағдайда да сабырлылық таныту;

(b) дұрыс шоғырлану (бір ерекше ойға бірден назарды шоғырландыру);

(c) жағымсыз шоғырлану (дискриминацияны қолдану және қажетсіз ойларды жою тілегі);

(d) сананы сезімнен ерікке немесе идеяға аудару;

(e) сананы махаббат немесе жек көрушілік секілді эмоциядан өзін-өзі ұстай білуге, немесе шығармашылық ойлауға немесе таза сезімге аудару;

(f) ойды бір сезімде бірден ұстай білу (көру, дыбыс, иіс, дәм немесе жанасу);

(g) ақыл-ой бейнесін көру, және қалауы бойынша қиялдауды құрып, қирату;

(h) ақыл-ой анестезиясы (ауру сезімін қайғы тәжірибесі ретінде емес, ақпараттылық есеп ретінде алу).

ӨЗІН-ӨЗІ ҰСТАЙ БІЛУГЕ ҮЙРЕНУДІҢ ФИЗИОЛОГИЯЛЫҚ ӘДІСТЕРІ

Йогтың өзін-өзі ұстай білу үшін қолданатын физиологиялық әдістеріне:

(a) сыртқа қарай бағытталған босаңсу және скелет, жүйке және бұлшық ет саласының дене сабырсыздығын жою;

(b) жүрек және өкпе секілді ағзалардың босаңсуы;

(c) Тәнді тазартып, оны, өмір мен тәнде өмір мен энергияны шынайы қолдайтын *прана* мен өмір күшіне неғұрлым тәуелді үшін ораза ұстау.

(d) өз қалауы бойынша ұйықтап, оянуға үйрету.

Йог өмір үрдістерін орындағанда, ол да өлімнен биік шебер болады.

ӨЛІМ ШЫН МӘНІНДЕ СӘТСІЗДІК НЕМЕСЕ ЖАСЫРЫН РИЗАШЫЛЫҚ ПА?

Өлім тәндегі өмірге қайта оралуға қабілетті емес бүкіл өмір қызметінің тоқтайтынын көрсететін ерекше құбылыс. Бұл жанның сол денеде өмір сүру тұрағын өзгертуі.

«Өлім» деген сөздің өзі адамдардың жүрегінде келесі байланыстың кесірінен үрей туғызады:

(a) өлімге әкеліп соқтыратын азапты материалдық ауру туралы қорқынышты ойдың басым болуы;

(b) отбасы мен достарынан, және өмір қуанышы мен дүние-мүлкінен бөлінумен қақтығысудың психологиялық ауруы;

(c) тіршілікті жоғалтып алу қорқынышы.

Бірақ табиғи өлімнің қорқатындай түгі жоқ. Жанның өмір сүруі мәңгілік. Табиғи өлім бұл ризашылық, өйткені ол жанға көнерген, өзгермелі тұрағын жаңа және тұрақты түріне ауыстыруға мүмкіндік береді. Жан толығымен айқындалу үшін жаңа және жақсы ағзаның бірізділік көмегін талап етеді. Егер адасуда жасырын және Құдайға жіберілген дараланған жанның өзін дамытып, түрлі өзгермелі тәндер арқылы оның табиғатын мақұлдау үшін айқындалуға мүмкіндігі болмаса, онда ол пайда болатын немесе жасырын азат қалыпта қалар еді. Егер мәңгілік жан ескі бүкірейген, солғын тартып, кеуіп қалған денеде мәңгіге өмір сүретін болса, не болар еді! Осы үлкен жанға сол көнерген ағзада мәңгіге айқындалғаннан басқа жаза түрі болмас еді. Оның орнына орналасқан ағза жан онымен эксперимент жасағандықтан, жан тәртібіне ұшырайды; және жан жұмысы сол ерекше формада аяқталған кезде, ол басқаның бойында жұмыс жасайды.

Материя өзгеріспен өндірілген; ал рух оның ішінде, бірақ маңыздысы өзгеріссіз, сыртқы жағынан сол құбылыстың өз субъективтік тәжірибесі өзгеріске ұшырайды. Субъективтік ұқсастық сана сәйкестігі ерте балалық шақтан кәрілік кезеңге дейін сақталғандықтан (мүмкін, нәресте шақтың ерте сатылары мен өте кәріліктің соңғы сатыларынан басқа), олай да еш себеп жоқ, бірақ неліктен екені белгісіз, субъективтік сана туылып, өлгеннен кейінгі уақытқа дейін сақталмайды. Сананың сол үздіксіздігімен, өлім жанның ең жақсы досы ретінде, оған материямен күресу үшін шексіз мүмкіндіктер бере отырып және ақыр соңында, оны, тіпті миллион жеңілістен соң да жеңіп шығуға көмектеседі. Бұл шынайы дос жанды өзгеріс санасынан асыра, өзінің өзгермейтін мінезін көрсетуге үйретеді.

Адамның ақыл-ойы төңіректің, дәмнің, әдеттің, меншіктің өзгергенін қалауы бір затты қолдана алмағандықтан емес, өз зейіні орынсыз және бұрыс бағытталғанын үнемі білгендіктен. Оның бір белгісіз нәрсеге деген ұмтылысы өзгермелі заттар әлемінің мүлкін иемдену арқылы қанағаттанбайды. Өлім және өзгермелі жағдай ұсынған жаңа мүмкіндіктер арқылы, жан өзінің туа бітті өзгермелігін іздейді, және сондықтан да өзінің Рухпен бірыңғай жағдайына қайта келмей, ол өзін ешқашан қанағаттанған күйде сезінбейді. Демек, өлім немесе жан уақытша өмір сүріп отырған жағдайдың өзгеруі жанның дамуы мен өсуіне әрекет етеді.

Өмірдің өсуі мен пайда болуы материяда сананың айқындалуы дамып, ақыр соңында өзінің толық әлеуетін көрсетететінін білдіреді. Одан соң материядан құйылу үшін, өзін материя қызметінсіз қалатын тәуелсіз мән ретінде біліп, азат ету үшін дамиды.Оқу үрдісі кезінде, алдымен өзі қозғалатын ынталы жан өзінің артықшылығы мен ерекше табиғатын түсінбес бұрын, бұл оның тәндегі тұрағын ауыстыру кезінде болған сенсорлық және өзін-өзі ұнатушылық байланыстар арқылы дене құралына жалғастырылады. Демек, жан өзінің әрбір жаңа іске ауысулары кезінде өзінің жаңа тәнін адамның су жаңа автокөлікке қамқорлық жасағанындай қамқорлықпен бақылап отырады. Осы тұрғыдан алғанда, жаман тағдырдың немесе мезгілінен бұрын ауруға ұшыраудың, иә болмаса, бақытсыз жағдайлардың, басқа да сәтсіздіктердің салдарынан болған өлім, ақыл-ой және дене ауруын төндіреді, өйткені оның шынайы мәні табиғи мерзімінен кеміп бара жатқан өзінің транспорт көлігін көріп, жанның айқындалуы өте абыржулы болады.

АУРУДЫҢ РУХАНИ ПСИХОЛОГИЯСЫ

Адам ағзасында түйреуіш түйреу арқылы болған ауру пайдалы; бұл жанға шаншу немесе тері ауруын тез емдеу туралы хабар береді. Бұл жаңалық жанға опық жегізбей, академиялық ақпарат ретінде қызмет етуі тиіс. Олардың біреуінде де ауыстырылмай немесе тынышсызданбай тұрып, біз және басқалар туралы дене немесе ақыл-ой тәжірибесін білу мүмкін. Қайғы-қасірет қатты қиялдан және жанның жаман әдетінің сенсацияны ауруға ауыстыруы кезінде туындайды. Егер осы жаман әдет пен қиял және келесі мазасыз немесе сезімнің абыржулы жағдайы адам санасынан орын алса, онда адамның дене қасіреті жүз пайызға кемитін болады. Ол ота кезінде анестезияны да қажет етпес еді. (Бірақ анестезиялық дәрілерден егер ол жеткілікті түрде қуатты болмаса тартынудың қажеті жоқ. Ауруды кенет қиялдау өлім секілді реакцияны шақыруы мүмкін).

Өткен уақыттарда Үндістан ашрамдарында балаларға ерте жастан дене өзгерісін академиялық қызығушылықпен қалай бақылауға болатынын үйрететін. Бұл жарақатқа немесе ауруды емдеуге немқұрайлылық немесе салдыр-салақ қарау деген ұғымды білдірмейді; бұл, ауруды теріске шығару және адамға қасірет өз табиғатынан немесе құдайшыл бұйрықпен төнбейді дегенді мойындай отырып, қасіреттен бас тарту болып табылады.

Дене ауруы бұл бар болғаны, көңіл бөлуді қажет ететін, миға нақты дене жағдайын білдіруге бағытталған түйсік түріндегі эмоция ғана. Бұл қайғы-қасірет шақырмауға тиіс. Дене ауруына көңіл бөліңіз, бірақ абыржып, ол үшін жылап сықтамаңыз.

ӨЛІМ ҚАСІРЕТІ ӨЗ-ӨЗІНЕ КЕЛТІРІЛГЕН

Әдетте, адам жануарға (оның жан мінезімен үйлесімдікте болмай бірге тұру табиғилыққа жатпайды) мезгілінен бұрын болған өлім жаман нәрсе; бұл шынымен де үлкен азап тудырады. Бірақ, осы айтылып отырған қасірет жанның интеллектуалдық қабылдауын сезімге ұлғайып және өзгеруінің жаман әдеті арқылы жабысқан. Мысалы, қорқынышты жағдайларда немесе интенсивті үрейлердегідей жарақат алуға және дененің қалтырауына әкеп соқтырып, гоблиндер мен елестерге сенуден пайда болған қасірет күшті аурудың дене ағзасында тек ақыл-ой әрекеті болатынын көрсетеді.

Табиғи өлім нақтырақ айтар болсақ, кәрілікте, немесе жан өзінің пенделік формасын жемістің ағаштан еш қарсылық көрсетпестен, піскен кезде жерге құлап түскені , ал піспеген жемістің дауыл немесе басқа да үлкен күштің ықпалымен түскені секілді өзгертуге дайын болған кезде болады. Бірақ мізгілінен бұрын болған өлім ауру, бақытсыз жағдай немесе басқа себептерден болған өлімде жан қатты қарсыласады; демек, тәнде өткір азап сезіледі. [2] Сананың осы шуы мен күресінде, үлкен қайғы, дәрменсіздік мәні бар; жанның адасқан сипаты, ақыр соңында өлім терең ұйқының басы секілді келгендіктен, [3] жан ұғынбай қалады. Өлім кезіндегі бұл дәрменсіздік, кейбіреулері қате пайымдағандай, Құдайдың жазасы болып табылады. Дұрысында, бұл жанның тұрақты, өзі құрған жаман әдетінен өзін айқындау құралы ретінде дене өзгерісін бағалаудың орнына өзгеріспен теңдестірілу жұмысы ғана.

Осылайша, өлім алдындағы үрей (әлеуметтік немесе тұқым қуалаушылық істер арқылы пайда болған) мен мезгілінен бұрын келген өлім азабы (оларды куәгер ретінде қараудың орнына өзін дене өзгерісімен теңдестірудің нәтижесі) өз-өзіне әкелінген, және шын мәнісінде, ол сондай жаман. Әдеттегі ауру өлімінен Өзіндік танымға жете отырып, арылуға болады. Сол санада йогқа

(a) табиғи өлімде еш ауырсынбау;

(b) өлімнен соң сана мен сәйкестікті сақтап қалады;

(c) оның жан табиғатындағы өмірге және табиғаттың күшті және мәңгілік екенін білуге көмектеседі.

НЕЛІКТЕН ҚАРАПАЙЫМ АДАМ ӨЛІМНЕН СОҢ ӨЗІНІҢ БҰРЫНҒЫ ӨМІРІН ҰМЫТАДЫ

Табиғи емес өлім мен физикалық араласу жағдайында болған өлім тек ауыр болып қана қоймай, сонымен қатар есті бұлдыратады. Әрине, егер әр адам рухани алға жылжыған болмаса, өзінің бұрынғы өмірін білу әрдайым қажет етпейді. Осыдан бұрынғы сәйкестікті өлімнен кейін ұмыту оған өзінің сәтсіздікке, ауруға қатысты бұрынғы санасын ұмытуына, және өмірді қайта бастауына мүмкіндік береді. Жалғыз ғана жайсыздық егер ол өткен өмірінде бұрыс жасаған әрекеттерін дұрыстамаған болса, онда ол сол қылықтарды олардың зардабының

---

[2] Бүгінде сыртқы белгілер осы жазбалар 1923 жылы жазылған кезде қол жетпейтіндей заманауи есірткілер арқылы минимизацияланған.

[3] Адам қайтыс болған кезде оның жаны астралдық қабықшада жоғары немесе төменгі астралдық (сіңірген еңбегіне сәйкес) өріске үлкен азаттық жағдайында өзінің рухани дамуын жалғастыру үшін шығады. Жан астралдық әлемде кармалық алдын ала белгіленген уақытқа дейін қалады; содан соң жаңа дене жаңаша түрленіп, жерге оралады. Өмір өлімінің бұл циклдері жан бүкіл пенделік байланыстарды үзіп, азат болып, Құдайға қайта оралған уақытқа дейін жалғаса береді. (Глоссарийден *астралдық әлем* және *реинкарнация* деген түсініктемелерді қараңыз).

ескертулерін елеместен ішімдікке салынған адамның ішімдікті бауыр ауруынан өлетінін саналы түрде біле отырып, тоқтатпайтыны секілді, ол өзінің жаңа өмірінде де сол қылықтарын жалғастыратын болады.

Жанның таза санасы бір өмірден екінші өмірге дейінгі естеліктердің үздіксіздігін қолдап отырғанымен, тәнмен теңдестірілген сана болмайды. Өлімнен кейін ес келесі жағдайларда бекітілмейтіні туралы шындық:

a) егер тәнге араласу болса;

(b) егер өткен меншік, отбасы немесе достарына араласу бар болса;

(c) егер жаман тағдырға қатты шырмалып, нәтижеден, жақсы, жаман әрекеттерден жоғары көтерілмесеңіз. [4]

Егер (а) мен (b) секілді, жаңадан туылған жан өзінің бұрынғы тәніне, меншігіне, отбасына немесе достарына ынтық болып, соларды ұмытпаса, онда жан жаңа іске асуында азап пен жабырқаушылықты елестетеді. Ол басқа өмірді жаңа қоршаған орта, жаңа отбасы және жаңа достар арасында бастауды қаламас еді. Жан бүкіл адамзатқа туыс. Көз алдыңызға елестетіп көріңіз, ол тек бір ғана шағын ортаны ғана жақсы көретін болса, онда оның аясы тар болар еді. Бұл ұлғаймай, басқа жандарға қанатын қатайтып, бірліктің түпкі мақсатына жетуіне мүмкіндік бермес еді. Біз осы өз жанымыздың барлық жандармен бірге өзгешелігін бір Рухпен бірлікте бола отырып түсінуге тиіспіз, және жан өз отбасы мен достары өрісін кеңейтіп, барлығын енгізбейтіндей етіп жасау мүмкін емес.

Жоғары (с) жағдайында жан өзінің жаман тағдырын, күресін және қасіретін есте сақтай отырып, қатты қапаланады да, даму үшін ешқандай жаңа күш салғысы келмейді. Әрбір өмірдің соңында өлім бүкіл қараңғы пікірлерді, сәтсіздіктер туралы естеліктерді және күнәлар мен тұжырымдарды жуып-шаяды да, жоғарыға көтеріліп, материядан босау үшін жан неғұрлым жаңа әдістермен айқындалып, неғұрлым жаңа әрекет бастайды.

---

[4] «Әрекеттер Менің бойымда ынтықтық сезімді тудырмайды, олардың жемісіне деген сағынышқа ие емеспін. Менімен кім теңдестірілсе, менің мәнімді кім білсе, сол кармадан құтылады». (БхагавадГита IV:14).

ЖАН ЫНТЫҚТЫҒЫНЫҢ БҰҒАУЫН ҚАЛАЙ ҚЫСҚАРТУҒА БОЛАДЫ

Әрі қарай жанды босату үшін оның ынтықтығының бұғауын қалай қысқартуға болатыны туралы әдістер берілген:

1. *Титикша* тәжірибесі өзгерістерді тұтастай көріп, талдай отырып, сабырлы күйде қалу өнері

   (a) өте жоғары температура кезінде;

   (b) қатты суық кезінде;

   (c) безгек ауруы кезінде

   (d) тұмау тию кезінде (мұрын шеміршегі мен шырышты қабықта шоғырланады);

   (e) жарақат алған және басқа да дене бақытсыздығына ұшыраған кезде; (Мұны елемей жүрмеңіз; түйсіктің азаю сезімі ретінде бақылап, ақпарат ретінде қабылдаңыз. Сонда оның ерекше табиғаты туралы біліміңіз неғұрлым көп болса, онымен байланысты ауруды сезіну соғұрлым аз болады. Осылайша ауруға деген әдет идеясымен өз-өзіңізге төндірген ауру сезімі, үрей немесе азап туралы хабарлайтын дене жағдайы білімді айыра білуге үйреніңіз.)

   (f) көңілдің мұңды кезінде;

   (g) ұзақ күткен нысанды игеруге қуанышты болғандағы көңіл-күй кезінде.

Жоғарыда айтылғандар шыдамдылық пен объективтік ынтық еместікке үйретеді, және осылайша өзгермелі дене жағдайлары академиялық қызығушылық ретінде және түйсіктің мазасыз абыржуы бейтарап түрде қарастырылады.

2. Түс, формалар, дыбыстар, хош иістер, дәмдер және жанасулар сенсациясы жүйке арнасы арқылы мидағы көру, есту, иіс сезу, дәм сезу, және сезгіштік орталықтарына берілгенін сезіп, саралаңыз. Стимулдың жүйкедегі есту вибрациясы немесе ауызда дәмнің болу вибрациясы (дәмді карриді жегенде) немесе стимулдан дененің сыртқы бетінде болатын сезіну тербелісі секілді тимпаннан шыққанын бақылаңыз.

3. Диафрагманың қозғалысын, өкпенің кеңеюі мен дефляциясын, соғып тұрған жүректі сезініңіз. Тәндегі айналымды сезініңіз, Бұл аяқ немесе қолды сипаған кезде жақсы сезіледі. Сонымен қатар, ашу немесе басқа да эмоция кезіндегі миға шапшаң қозғалысты да сезуге болады. Қабылдауы және шоғырлануы күшті адам тіпті қалыпты айналысты да сезе алады.

4. Қозғалысты әрбір бұлшық етте жеке «ерік, бұлшық ет» жаттығу[5] арқылы қозғалысты шақыруды үйреніңіз.

5. Шөл сенсациясын саралаңыз; ыстық немесе салқын су ішіп, ауыздан тамаққа дейін, өңештен ішке қарай түйсікті бақылаңыз. 24 сағаттық айналым кезінде дененің жағдайын бақылаңыз; тамақтың жүйеге өткенін бақылаңыз. Тамақ көмекейден ас қорыту жолына баратындықтан, оның жабылғанын сезініңіз. Іштің қозғалысын сезініңіз; ішектің толқи жиырылу әрекетін сезініңіз.

6. Иіскегіш тұз немесе иіс су иіс сезгіш саланызға әсер еткенін бақылаңыз, бас миының клеткаларын әрекетке келтіріп, қабылдау мен шоғырлануды жетілдіре бастаңыз. Мұны түрлі қош иістер мен дәмді нәрселер арқылы байқап көріңіз. Түйсікке берілген тікелей ойларды сезініңіз. Түйсік, қабылдау және шоғырлануды қалай ажырататыныңызды бағалаңыз. Осы түйсік пен ол туралы есті идея ассоцияциясы арқылы ажыратуға талпынып көріңіз; яғни, нақты алманың хош иісі мен бұрын дәмін татып көрген алманың дәмін айырып көруіңіз. Екеуін араластырмаңыз.

7. Музыкадан оның өзгерісі мен толқындылығынан басқа, түрлі ескертпелер арқылы туындаған, төменнен жоғарыға қарай өзіңізді сезініп көріңіз; оның дабыл қуысындағы жалпы тербелісін, және тәннің тұтастай сыртқы бетін айырып

---

5 Парамаханса Йогананда арқылы пайда болған және *Өзіндік таным қоғамдастығы Сабақтарында* берілетін дене жаттығулары (Глоссарийдан қараңыз).

көріңіз; оның тыныс алудағы нәтижесін және тәннің ішкі қабырғасын; және оның дабыл қуысынан миға берілгенін сезініңіз.

8. Өкпеге енетін және ашық тыныс сенсациясын сезініңіз. Тыныстың сіздің ортамен, сіздің ойларыңызбен, сіздің әрекетіңізбен жанасқанын бақылаңыз. Екінші жағынан, сіздің бойыңызда болған өзгерістер және тыныс алу ырғағы арқылы болған ой мен өзіңізді сезінуді мұқият зерттеңіз.

9. Жақсы денсаулық кезіндегі тамаша жағдай мен жақсы сезімді біліңіз. Егер ауырған кезде ауру жекірудің алдында болатын болса, мұның қалай екенін саралап көріңіз. Физиологиялық іркілуді сенсацияны ауруға үрей мен қиялға деген әдет арқылы ауыстырып отырған ақыл-ой қызметінен бөлуге тырысыңыз.

10. Ең адымен, ең жақсы әдіс шоғырланған дұғаның ұзақ кезеңінен соң болатын, немесе терең позитивті ойлаудан болатын, әлде гимнді қайталау немесе мақұлдау немесе олардың барлығынан да жоғары тұрған медитациямен айналысудан кейінгі, яғни Өзіндік таным техникасымен тән мен ақыл сананы *Аумин* дыбысымен біріктіре отырып, және омыртқаны және миды Крия- Йога [6] тәжірибесімен магниттеп, неғұрлым сабырлы, тасаланған тынысқа, саналы, күшті жағдайға байланысуы қажет. Жүрек пен тыныс алу сабырлы жағдайда болып, дене массасының ауырлығы жоғалған кезде, және сіз өзіңізді жеңіл сезінген кезде, сенсация бейтараптанғанда, және ақыл тынышталғанда, жан өзін тәннен тыс тіршілік ететінін ұғына бастайды.

Бұрын болған барлық әдістер нысаны жанды материядан бөлуден тұрады. Түйсік ынтық емес сезімдерге интеллектуалдық қызығушылық танытуы тиіс. Сіз өзіңіздің жеке өміріңіз бен бақытыңызды өзіңіздің жағымды және жағымсыз және басқа да дене жағдайларынан

---

[6] Шоғырлану техникасы және Медитацияның *Аумин* техникасы *Өзіндік таным қоғамдастығы Сабақтарында* оқытылады. Крия-Йога медитацияның ең күшті техникасы, ол құзіретті студенттерге қолжетімді. (Глоссарийдан қараңыз).

толығымен ажыратып, айыра алатындай қалыпта болуыңыз керек. Сіз сана орталығын қабылдауды, түйсікті және сезімді тән мен ақыл-ойда емес, өзіңіздің шынайы, мәңгілік, ерекше мәніңізді жаныңызда шоғырландырғаныңызда сізде өмір бойы йог шеберлігі және өлім жеңісі болатын болады.

Сезім жанды қалай бүркемелейді

Сутра Йога Патанджали, Өзіндік таным қоғамдастығы Халықаралық штаб-пәтері жексенбі күн класы, Лос-Анджелес, Калифорния, 22-ші наурыз 1942 жыл

«Сонда бақылаушы (жан) оның жеке жағдайына орнатылған» (*Сутра йога I:3*)

Егер осы сәтте сіз өз тәніңізді, ойларыңыз бен эмоцияңызды тыныштылдыра алсаңыз, дереу өзіңізді, жаныңызды және өзіңіздің Құдаймен қатынас жасау арқылы қуаныштан жарылып кетерге шақ тұрған үлкен әлем тәніңізді білер едіңіз. Жан «оның жеке жағдайына анықталар еді». Ол жақта Құдай қуанышы, ал, сіз болсаңыз, оны сезе алмайсыз, бұл оғаш көрінбей ме? Сіздің Оны тануға деген құлшынысыңыздың жоқ екенінің себебі, сіз эго (*читта*) сезіміне массыз.

Егер мен алдыма экран орнатар болсам, мен әлі де осында болар едім, бірақ сіз мені көре алмас едіңіз. Экранды алып тастаңыз, сонда сіз мені көретін боласыз. Осылайша, эго нәтижесі болып табылатын сезім экраны (*ахамкара* немесе сана), Құдай қуанышын жасырады. Экранды медитация арқылы алып тастаңыз, сонда сіз сол қуанышты анық көретін боласыз.

Сіздің шынайы мәніңіз сабырлылық. Сіз тынымсыздық бетпердесін кидіңіз: сіздің қозу жағдайыңыз сезім ынтасынан болып отыр. Сіз ол бетперде емессіз; Сіз пәк, сабырлы Рухсыз. Бұл өзіңіздің бақытты жан екеңізді және Рух бейнесі екеніңізді ұмытпайтын уақыт. Сезім бетпердесін шешіп тастаңыз. Өз мәніңізбен кездесіңіз.

Әркез, ренжіген немесе өшпенділікке толы кезіңде жауыз келбетіне ие боласыз. Жеткілікті түрде ренжулі адам өлтіруді ойлайды. Ол олай қаламайды, яғни, шындығында, оның жаны қаламайды, жан өзін сезіммен теңдестірмегендіктен емес, оның ашуы оны солай ойлауына мәжбүрлейді. Сондықтан да, осындай күшті эмоцияларымен адам санасының әдеттегі қалпында қалу жақсы емес. Сіз өзіңізді түрлі қыңырлық түрмесіне жабасыз, және өзіңіздің бүкіл қайғыңыздың себебі де осы. Қашып құтылу үшін сіз тән санасымен байланысты сезім мен эмоцияны қиратуыңыз қажет. Ең дұрыс жол медитация.

СЕЗІМ МЕН ЭМОЦИЯ ЖАНДЫ КӨЛЕҢКЕЛЕЙДІ

Сіз сипатты сезімдері мен эмоциялары бар нақты қасиеттерге ие өзіңіз туралы ұзақ ойландыңыз ба? Патанджали сіздің осы ынтықтықтар және тілектермен бүркемеленіп отыратыныңызды айтады, өйткені сіз мұны көптеген кейіптер саны арқылы жасап, өзіңіздің шынайы мәніңізді мүлдем ұмыттыңыз дейді. Сіз күн сайын өзіңіздің өзгермелі сезімдеріңізге сәйкес түрлі ерекшеліктер бейнесі болғаныңызда, сіз сол адам болмайсыз; Сіз осы шынайы емес жағдайды алып тастай аласыз. Сіз ынтықтық пен ашу өзіңіздің шынайы мәніңіздің бір бөлшегі емес екенін түсінген кезде, бұл эмоциялар ендігі сіздің үстіңізден ешқандай бақылау жасамайды. Әрбір адам туа бітті керемет; ол тек өзін эго санасының бетпердесінен арылтуы тиіс. Осыны ұмытпаңыз.

Егер сіз алмазды қара мысықтың жанына қойсаңыз, алмаз да қара болып көрінеді. Сіз сонда алмаздың түсі қара деп айта аласыз ба? Жоқ. Қара мысықты сол жерден қуып жіберсімен, сіз алмаздың сәуле шашып тұрғанын көресіз, бұл сәуле өзінің шынайы жарқылын шашып тұр. Қара мысық санаңызды эмоциямен көлегейлеп, сәуле мен жан қуанышын көрсетпей тұрған сіздің тынымсыздығыңыз. Тынымсыздықтың табиғаты осындай, сіз бір заттан ләззат сезімін сезіп отырып, басқа бір нәрсені іздейсіз, сезіммен араласқан үнемі көңіл толмаушылықты іздейсіз. Бірақ бақыт сіздің жаныңызда жасырынған, әрдайым жаңа, әрдайым сіздің санаңызда тұрақты Құдай қуанышы. Бұл толық қанағаттандырарлық қуаныш, сіздің бойыңызда енді тынымсыздық деген болмайды. Мен бүгін айтқандарымның құндылығын сіздер түсінді деп үміттенемін. Бұл барлық уайым-қайғыдан, көңілсіздіктен азат болу жолы.

КІШІПЕЙІЛДІК ЖАНДЫ ТӘУЕЛДІ ЕТЕДІ

Сезімнің керемет бақылауы сізді өзіңізді патша етеді. Сонда әдеттерді қоса, ештеңемен де байланысты болмайсыз. Кофе ішу дегеніміз оның құлы болу деген сөз емес; бірақ егер өз кофеңізді ішсеңіз, онда сезім сізді кіріптар қылды деп түсінуге болады. Сіз «жоқ, мен оған мұқтаж емеспін» десеңіз, сіз өзіңіздің кіріптарлығыңызға нүкте қоясыз. Мен өзімді ештеңемен байланыстыруға мүмкіншілік бермеймін. Мен бір тәтті нәрсені жеп, ішіп, содан бұл тілегімді жойып, оның тез арада жойылуы туралы ойды шақыра аламын.

Құмарлық пен жек көрушілікті қанағаттандырмаңыз. Соны өз балаларыңызға үйретіңіз. Сіз балаларыңызға: «Сен не жегің келеді? Саумалдық жегің келе ме? Егер ұнамаса, жеме оны» деп отыратын болсаңыз, бүлдіріп аласыз. Мұндай мейірімділікпен сіз өз балаңызды сезім құлы етесіз.

Сіз «Егер біз сезімімізді, құмарлығымызды және жек көрушілігімізді жойып жіберетін болсақ, онда әлемге түк қажеті жоқ сақау материя секілді болып қалмаймыз ба?» дейіңіз мүмкін. Бұл бізге Патанджалидің үйрететіні. Ол сізде өз сезіміңіздің шеберлігі бар болса, өзіңіздің шынайы жағдайыңызда болатыныңызды айтады. Мәннің, жанның шынайы жағдайы дегеніміз бақыт, даналық, махаббат, бейбітшілік. Не істесеңіз де өзіңіздің рахаттана жасайтын ісіңіз сізге қуаныш әкелуі керек. Еш рахат таппастан, дүниеден құлап-сүріне өткен беймаза пері өмірінен әлдеқайда жақсы емес пе? Өзіңіздің тура жолыңызда шоғырланған кезіңізде, әр міндетіңізді аброймен орындап, Құдай деген қуаныштың арқасында бүкіл жақсылық атаулымен рахаттанатын боласыз. Оның масаңсытатын бақытына тола отырып, сіз өз әрекетіңізді қуана орындайсыз.

Көп адамдар үнділердің тілектерді қысқартудың нәтижесі ретінде ақыл-ойды жою жолдарын үйретеді деп ойлайды. Керісінше, үнді философиясының алдына қойған мақсаты бұл баянды бақыт. Ешқашан қарабайыр болмайтын қуаныш, өзіңіз қалайтын қуаныш және Патанджали үйретіп отырған осындай қуанышқа өзіңіздің жаныңыздың шынайы табиғатына арналған кезде қол жеткізетін боласыз.

БАЙСАЛДЫ ҚАТЫНАС ЖАН ТҮСІНІГІН МӘПЕЛЕЙДІ

Сонда, егер біз тілектеріміз бен сезімдерімізді бейтараптандыратын болсақ, шын мәнісінде, біз қалай бір нәрсеге қызығушылық тудыра аламыз? деген сұрақ туындайды. Сіз өздерінің ісіне еш қызығушылық тудырмастан жасап отырғанын көрдіңіз. Ол олардың қызметі мен оған деген қатынасынан көрініп тұрады. Олар нәтижесіне басын ауыртып жатпаса да, өз жұмысын жасап жатырғанын ауыз толтыра айта алады. Бірақ ғашық адам өзінің сүйіктісі үшін бар ынтасын сала, абыроймен жасайды; ол өзі үшін емес, өзінің сүйіктісі үшін көбірек жасайды. Бұл Құдайға қызмет етудің әдісі, және Құдайға деген сүйіспеншілік сезімін көрсететін де әдіс. Біз Ол үшін қуана қимылдаймыз.

Бір қарама-қайшылықта автомат секілді, өмірде алға қарай тоқтаусыз жылжу идеясы бар адамдар болады. Бірақ басқа қарама-қайшылық та соншалықты жаман емес: осы адамдар рухани мәселелерге қызығушылық танытсымен, олар басқаның барлығына қызығушылығын жоғалтады. Бұл дұрыс емес. Бұл Үндістанның оның бостандығын жоғалтудағы себептің бірі; ол ынтық болмау доктринасын дұрыс қолданбады. Ол, «Тақуаның лашығында лас жиналып қалса несі бар екен?» деп ойлайды. Бұл дұрыс. Мазасызданып не керек? Онымен бір нәрсе жасау маңызды мәселелерде тым үлкен шоғырлануды қажет етеді. Ынтық болмаңыз. Өзіңіздің барлық маңызды қызметіңізден бас тартыңыз». Мұндай қатынас жалған руханилық астындағы ақыл-ой жалқаулығын жасырады.

Мен ұлы әулиелердің әлемге еш ынтық болмастан қатты қызығушылық танытатынын байқадым. Рухани ұстазыма (Свами Шри Юктешвар) бір жақсы нәрсе тапсырылса, соған адал қарайды. Ал егер ол сынақ болса, онда ол тек бір күліп аса мән бермей «Мен қолымнан келген бар қамқорлығымды жасадым, оған тек менің көңіл бөлуім қажет болды»,- деп немқұрайлы қарайтын.

Мен де сол сезімдемін. Мен Құдайдың бергенін бағалаймын, бірақ олай болмаған жағдайда оны сағынып, аңсамаймын. Бір кездері біреу маған қымбат киім болып саналатын әдемі пальто мен қалпақ берген болатын. Сонда мен бір мазасыз күйде болдым. Мен оны жыртып аламын немесе ластап аламын деп мазасызданғаным жоқ, керісінше, бір түрлі ыңғайсыздықты сезіндім. Сонда мен «Құдайым, маған осы мазасыздықты не үшін бердің?» деген күндерімде болдым. Бір күні мен Лос-Анджелесте Тринити холлда дәріс оқуға тиіс болдым. Залға кіріп, пальтомды шеше бергенім сол-ақ еді, Құдай маған «Қалтаңдағы затыңды алып қой» деді. Мен айтқанындай жасадым. Дәрісім аяқталған соң, киім шешетін бөлмеге келсем, пальтом жоқ болып шықты. Мен аздап ренжіп едім, бір адам «Ештеңе етпейді, сізге басқасын алып береміз» деді. Мен оған «Мен пальтомды жоғалтқаным үшін ренжіп тұрғаным жоқ, осы пальтоға үйлесетін қалпақты алмай кеткеніне ренжүлімін!»,- деп жауап бердім.

Өз сезімдеріңіздің өзіңізді басқаруына жол бермеңіз. Киім-кешек немесе басқа да дүние-мүлік туралы үнемі ойлай беретін болсаңыз, қалайша бақытты боласыз? Үстіңіздегі киіміңіз таза да, қонымды болсын, басқасын ойлап бас қатырудың қажеті жоқ; үйіңізді таза ұстап, басқасын ұмытыңыз.

Бір күні өте жақсы ұйымдастырылған қонақасыға шақырылдым. Түскі ас маған қатты ұнады, бірақ қожайындарымыз істері оңға баспайтындай және бұл барлығын бүлдіруі мүмкін екенін айтып қапаланды. Кіде-кім сезімтал болса, сол сіздің күйгелектігіңізді сезіп тұрады. Мазаланудың не қажеті бар? Бар күшіңізді салып, содан соң өзіңізді бос ұстаңыз. Бұлай қобалжудың орнына ісіңіздің өз кезегімен жүруіне мүмкіндік беріңіз. Сонда айналаңызда барлығы да солай жұмсара түседі.

Қызмет өмір емес; бұл өмірді айқындау. Бірақ кей адамдар үнемі эмоцияға беріліп, өздерін бақытсыз жағдайға ұшыратады. Қарапайым адам маятник секілді, бірде алға, бірде артқа қарай шайқалып, бір қарама-қайшылықтан екіншісіне мазасыздана қозғалады. Бұл анималистік жағдайға қарағанда аздап тәуірлеу. Йог әрдайым сабырлы, сабырлы маятник секілді өзінің шынайы сипатына көңіл бөледі. Оның қандай да болмасын іске деген жауапкершілігі кезінде өте шапшаң әрі адал, ал шаруасы оқсамай қалса, ішкі және сыртқы сипатына баяу сабырлылық танытады.

ЖҰМЫСТЫ БЕРІЛЕ ЖАСАҢЫЗ, БІРАҚ ҚҰШТАРЛЫҚ БОЛМАСЫН

Осылайша, біз бұл әлемде қызыға жұмыс жасап, бірақ жұмсақтық пен жалғыздықты сақтауға үйренуіміз керек. Мен қуанышты құлшыныссыз қалай жұмыс жасауға болатынын білмеймін. Әрине, қызығушылық болғаны дұрыс. Онысыз ниетке түрткі болмайды. Барлығын Құдай үшін жасау үшін ақтық қызығушылыққа ие болыңыз. Оны сіз өзіңіздің ең үлкен құштарлығыңыздың өзі жұмыс жасап, Оны жоспарлаудан тұратындай етіп жақсы көріңіз. Құдай үшін іс істеу жеке тәжірибе, яғни қанағаттану болсын. Мен мұндай қуанышты Онымен түсіністік арқылы табамын. Бірақ бірдеңе ұқсамай жатса, аздап болса да қапаланбаймын. Мен неге қапалануым керек? Мен бар ынтамды салдым. Иә, мен үлкен табысқа жетуді көздеймін, бірақ, жаман жағдайға өз тыныштығымды бұзуына жол бермеймін. Бұл тамаша ой емес пе? Олай емес деп көріңіз. Сіз бұл дүниені жаратқан жоқсыз, оны сіз үшін Құдай жасады. Осы дүниеге ойыңызға келгенді істеу үшін келдім деп ойлайсыз ба? Өзің үшін өмір сүру бүкіл қайғы-қасіреттің бастауы болып табылады.

Менің гүлге қараған

Кезім болды,

Оның жұпар иісін, Рахаттана жұтып,

Мен үшін ағып жатқан.

Бұлақтың дауысын естідім, Бұл мен үшін болатын.

Енді мен сол арманмен оянып:

Бұл тек сізге және сіз үшін болатын

Деген дауысты естимін [1]

Йогтың ойы әрдайым «Сіз үшін және Сіздікі». Ол «Мен осы дүниеге аздаған уақытқа ғана келдім. Неліктен форма ынтықтықтан күштірек? Мен осында неге келгенімді білмеймін, бірақ Құдай біледі. Мен Ол үшін қызмет етемін. Мен өзімнің жеке қалауымды емес, Оның қалауы бойынша қызмет етуге тырысамын. Нақ осы жоғары даналық Исаға «О, Әкем, егер Сен қаласаң, (қаһарыңа толы) осы «тостағанды» Маған жолатпай алып кете гөр. Бірақ Менің емес, Сенің еркің болсын!» [2] деп айту үшін күш берген жоқ па? Осыдан көп адамдар оның тілегін орындамау керек деген ұғымға келіп отыр. Бірақ сіз өз тілегіңізді орындамасаңыз, онда сіз өліп қалар едіңіз; бүкіл дене және ақыл-ой үрдісі ерік күшіне қызмет етеді. Өз қалауыңызды қолдану дұрыс, бірақ Құдайдың даналығымен, жетекшілігімен қолданған дұрыс. Әйтпесе, егер өз тілегіңізді дұрыс қолданбайтын болсаңыз, онда қателікке ұрынып, соның салдарына жауап беретін боласыз. Кришна «Олардың ақыл-ойына әлі келген адамдар, шексіз махаббатты сіңіреді, оларда әрі қарай ешқандай әрекет өніміне деген қызығушылық қалмайды. Осылай қайта туу шынжырынан босағандар қайғы-қасіретсіз жағдайға жетеді» [3] деген екен.

СЕБЕП ДҰРЫС ЖӘНЕ БҰРЫС ӘРЕКЕТТЕР БЕЛГІСІ

Өздеріңіздің пиғылдарыңызды әр нәрседен бақылап жүріңіз. Сараң адам да, йог да ас ішеді. Сіз сонда тас күнә, өйткені ол ашкөздікпен, қомағайлықпен байланысқан дер ме едіңіз? Жоқ.

---

[1] «Жан әніндегі» «Сен үшін және Сізге» атты өлеңінен келтірілген.

[2] Лұқа 22:42

[3] Бхагавад Гита II:51

Күнә ойда, дәлелде болады. Пенде болғасын адам өз қомағайлығын қанағаттандыру үшін тамақ ішеді, йог та өзінің денесін дұрыс қалыпта ұстап тұру үшін тамақ ішеді. Олардың арасында үлкен айырмашылық бар. Бұл бір адамның қылмыс жасап, сол үшін дарға асылғаны және екінші адамның шайқас алаңында көп адамды қырып тастап, сол үшін марапатқа ие болғаны секілді. Қайтадан, бұл маңызға ие дәлел. Ақылгөй адамдар өздерінің даусыз қағидаларын жасайды, бірақ мен сіздердің автомат бола отырып, осы салыстырмалылық әлемінде өзін-өзі ұстай білу сезімімен қалай өмір сүретініңізді көрсету үшін мысалдар келтіремін.

Ұстаз бұл мысалды бізге бұрын келтірген болатын: «Айталық, бір адам менің жақсы жорық стақанымды сұрап алып, он бес күннен соң қайтаратынына сендіреді. Бірақ қайтаратын мезгіл жеткен кезде ол сол жорық стаканды қайтармады. Одан мен стақанымды сұрағанда, маған «Сіз ұстазсыз, бірақ сонда да сіз сол жорық стаканына бауыр басып қалғансыз ба!» деді. Мен оған қайтадан сұраса мен стаканды бермес едім. Басқа адам стақанды сұрап, сол күйінде әкеліп беретінін айтады. Ол мейірімді, айтқан сөзіне тұратын адам болып шықты. Ол айтқанындай, сол күйінде, стаканды айтқан уақытында әкеліп берді. Мен ондай адамға кез-келген уақытта сұрағанда бере берер едім. Бұл менің стақанға бола қам жеп жүргенім емес, бірақ егер менің затым болса, оны сол күйінде сақтауға мен тиіспін. Екінші адам менің сол жорық стаканын тек өзім үшін емес, басқа адамдар да қолдана алатындай етіп сақтап жүргенімді түсінді. Бірінші адам менің ойымды түсінбестен, тек мені ғана емес, сонымен қатар, оны пайдалануы мүмкін басқа адамдарды да жорық стаканын пайдалану мүмкіндігінен айырды. Мен стаканды өзім үшін емес, басқалар да пайдалансын деп ойладым».

Әр нәрсеге ынтық болмау бұл адамға ішкі бостандық пен бақыт сыйлайды. Өзімнің күтіп-баптаған нәрселерімнің барлығын мен адамдарға үлестіріп бердім. Сол берген заттарым басқаларға қуаныш әкелсе, мен солар арқылы ләззат аламын. Өзімнің жасағанымнан шығаратын қуанышты өзім үшін жасамаймын. Бұл Құдай қуанышында және басқа адамдарды бақытты ете білу ісінде болғанды қалаймын.

Бұрын, Үндістанда тұрған кезімде мотоциклым болған болатын. Мен онымен барлық жерді аралайтынмын, әсіресе өзімнің рухани ұстазыма Серампурдағы тақуалар лашығына көп баратынмын. Мен сол мотоциклдың бар болғанына қатты қуанатынмын. Осылайша, бір күні ұстазымнан «мен осы мотоциклге құштарлығым басым ба?»,- (Ол менің бүкіл ойым мен санамды біліп отыратын) деп сұрап едім, «Жоқ, әрине» деп жауап берді ол. Көп ұзамай сол мотоциклге есі кетіп жүрген біреуге бере салдым, оған ешқашан өкінгенім де жоқ. Бұл Патанджалидің өз санаңыздың патшалығының даусыз билеушісі әрқашан құдай бола білу үшін үйреткен бостандық түрі. Ешқандай қара күштің, сіздің өзіңіздің ішіңіздегі шағын жұмаққа енуіне мүмкіндік бермеңіз. Басыңыздың сиын кетірмеңіз. Өзіңізге сенімді, адал болыңыз. Ешкімнің, ешнәрсенің темекі, арақ тағысын басқалардың құлы болмаңыз. Өз еркіңіз өзіңізде. «Менің ақыл-ойымның темір торына ешқандай зұлымдық әуестік әрекеттер өте алмайды».

САБЫРЛЫЛЫҚ ДҰРЫС ӘРЕКЕТТІҢ АТАСЫ

Сіз құлдықтан сезімге дейінгі азаттыққа жеткеніңізде, рухани сезімтал бола түсесіз; бірақ сіз әлемге қатысты нәрселерге бола кәнімшіл болмайсыз. Сіз ауыртпалықты сезесіз де, оған берілмейсіз. Сіз осы әлемді көріп тұрсыз, бірақ мұның түпкілікті шынайы емес екенін біліңіз. Сіз өзіңіздің сабырлы жаныңызда шоғырланған әрбір тән мен ақыл-ой шектеуінен асқақсыз.

Бірақ сіз бұл әлемнің бізге дұрыс нәрсеге үйретпейтінін де жақсы түсінуіңіз қажет. Әлде әке ойсыз болып, сол тәрбиені балаларына береді немесе анасы еш себепсіз жекіре береді. Бұл жастар үшін қандай үлгі бола алар еді! Олардың алдында көрсетуге болатындай көрініс емес. Егер осындай тәрбие беретін болсаңыз, бала туудың да қажеті жоқ деп есептеймін. Дұрыс тәртіпке шақырудан бас тартып, сіз балаларыңызды бүкіл өмір бойына бақыттан айырасыз. Олар өздеріне кедергі келтіретіндей әдеттерді бойына сіңіріп өседі. Әрине, жақсы әдеттер дегеніміз – өзімізге көмектесетін достар, бірақ бұрыс әдеттер бізге сайтанға айналатындай жаман ықпалын тигізеді. Бір үйдің ішінен сіз барлығына сабырлылық білдіріп, шыдап отырған бір адамды кездестірсеңіз, әркез ашулы, қызғаныш сезімі билеп, басқаларға тыныштық бермейтін тағы да бір адамды кездестіруіңіз мүмкін. Егер сіз сабырлы күйде қала алсаңыз, сол жақсы емес пе? Егер Құдай ашуланшақ болса, бұл әлеммен не болғанын білесіз бе! Біздің бақытымызға орай, Ол сабырлы күйінде қалады. Ол сезім үстінен керемет бақылауға ие. Оның, абсолюттік сипатының бір бөлшегі Жаратушы ретінде осында не болып жатқанын біліп отырғанда да ешқашан мазасыз емес, өйткені ол барлық адамдардың бойында болады. Біз де осылай айналамыздағы ешқандай әбігерге қарамастан жанымызды тыныштандыра білуіміз керек.

Біреу маған ашу кернеп келсе, оның қайғырып отырғанын көремін. Мен не айтсам да, өзінің көңіл-күйінің нашарлығынан ештеңе де ұқпайды. Егер мен өз-өзімді ұстай білсем, оның көңілін көтеріп, тыныштталуын күтіп, өзінің себебін түсінгендей етемін. Мен өз жанымның тыныштығын жоғалтқан емеспін. Егер мен оны өзімнің ақылыма сәйкес жоғалтып алған болсам, онда, мүмкін, мен Құдайды жоғалтқан болар едім. Құдаймен бірге болғанда тек барлық нәрсені жеңуге тиіссіз. Ішіңізден, тек тамаша баяу сабырлылықты сақтауға тиіссіз. Сізге біреу ашуға мініп келсе де, өз-өзіңізбен қалыңыз. «Мен өзімді ұстай білемін. Мен оның сезімі өзгерген уақытқа дейін *сабырлылық* танытып отырамын»,-деңіз. Сонда сіз өз бойыңыздан керемет *читта* бақылауын көрсете аласыз.

Сабырлы сезімде болу дегеніміз, әрқашан күліп, басқалардың айтқанының барлығымен келісе беру деген сөз емес, яғни әрнәрсенің ақиқатына тіреліп, әркімнің ашуын шақырып өршелендіруде емес. Бұл тереңнен ұғынып, әр нәрсенің құндылығын, анық мәні мен маңызын таба білу. Сондай-ақ, өздерінің мінездерін мадақ үшін жәй уақытша тәртіпке салып, барлығына ұнаймын деп тырысып бақылауда сабырлы сезім болып саналмайды. Егер пейіліңіз шынайы болса, мейірімді, тартымды болған жақсы. Бірақ үнемі басқаларды құптап, оның көңілінен шығу үшін шындықты айтуға батылыңыз бармаса, онда оны сезім бақылауы деп атауға болмас. Сезімін бақылай алатын адам шындыққа сүйеніп, осы шындықты айналамен бөліседі және кез-келген тым ашулы адамнан аулақ болуды көздейді. Ол қалай сөйлеуді, қай жерде сабыр сақтауды жақсы біледі, бірақ өзінің жеке мұраттары мен жан сабырлылығын қауіп-қатерге тікпейді. Мұндай адам осы әлемдегі үлкен мейірімге арналған күш болып табылады.

ӨЗІҢДІ ФИЗИКАЛЫҚ ДЕНЕ РЕТІНДЕ ЕМЕС, ЖАН РЕТІНДЕ ҚАРАСТЫРУ

Біз барлығымыз да әңгіменің адасқан ұлы секілді болатынымыз шындық. Біз жаман қылықтардың қараңғы бұрылыстарында адасып, өз жүрегімізде шоғырланған Құдай қуанышын сақтауды естен шығардық. Жан өзінің табиғи қалпында болмаған жағдайда, ол адам сезімінен туындаған қыңырлық киімін киеді. Бірақ, егер біз ішімізде Құдайшылдықпен бірге қалуды үйренген болсақ, онда өзіміздің шынайы сипатымыздың шадыман қалпында өмір сүріп, жұмыс жасайтын боламыз. Әдеттегі жағдайда біз өзімізді пенде ретінде санаймыз, бірақ өзімізді эгодан бөлген кезде, біз өзіміздің –Рух екенімізді көреміз. Адасқан жандар бізді ауру-сырқауды, қайғы-қасіретті және басқа да тән мен жанды шектеуші ауруларды қиялдауымызға мәжбүр етеді. Сіз өзіңізді еркек немесе әйелмін деп айта аласыз ба? Мұның барлығы да шындық. Жанның құдайшыл қуанышында жыныс санасы толығымен жоғалған. Тіпті бала кезімнің өзінде мен өз тәнімнен бөлек екенімді көретінмін. Мен өзімнің бала кезімдегі экстазда болып, жуынатын бөлмеден киімшең шыққан күнім есімде. Апайым көріп, мен шапалақпен тартып жіберді. Мен неліктен оның шапалақ жегізгенін есіме түсіргенге дейін түсіне алмадым, ойлап қарасам, мен *(дхоти)* бөксе байлағышымды тағуды ұмытып кеткен екенмін. Құдай жаратқан барлық жаратылыс күнәһар емес. Адам күнәні өздерінің жаман көзқарастарымен, Құдай берген әлеуетті бұрыс қолдануы арқылы жасады.

Қарапайым адам «Мен және менің тәнім бірыңғай» деп ойлайды. Менің түйсіктерім мен сезімдерінің өзі бірнеше футты?» деп ойлайды. Бірақ құдайшыл адам «Мен және менің әкем біртұтас» деп ойлайды. Ол тәнді кинофильм бейнесі ретінде қарастырады. Экрандағы картина фильм арқылы өтетін шөкімдей жарықтың жемісі. Осылайша, құдайшыл адам тәнін *майя* тілі фильмі немесе адасу арқылы өтіп жатқан Құдайдың шығармашыл сәулесінің жемісі ретінде қарастырады. Ол өзін тән емес екенін, Құдай сәулесімен біртұтас екенін біліп, өзін Жаратушының ықпалымен өмір сүреді.

Актер ішінара өмір сүріп, әрекет ететінін ұмытып кетеді. Біз соған ұқсаймыз. Біз өзіміздің кім екенімізді және жер бетінде тек ролімізді ойнап жүргенімізді ұмыттық. Адам өзінің кезбе шадыман мәнін ұмытқан кезде, ол сезім киіміне бүркеніп, өзін тәнмен шектелген және қайғы-қасірет пен өлімге ұшырағыш адам ретінде қарастырады. Қорқынышты түбегейлі өзгеріске қараңыз! Өзінің тұтастай өмірі бойына ол осы, енді олай болып саналмайтын шадыман «менді» іздеумен болады.

Пенденің тынымсыздығы осындай, яғни ол ешқашан медитация жасауға да, өзін-өзі саралауға да, өзін танып білуге де тырыспайды.

Өзінің рухани тазалығын сақтамай, бөтен ниеттермен былғанышқа түседі. Жануарлар секілді тек әншейін ұйықтап, ас ішіп, жұмыс жасағаннан гөрі, қабілетін жетілуге дамытқан әлдеқайда жақсырақ емес пе?. Бірақ интеллектуалдық ұшақта біржола қалу да сіздің шынайы мәніңізге қарсы күнә; интеллектіңіз арқылы жүзеге асу қақпасына дейін жете алсаңыз да, сіз келесі адымды жасамай, қақпаны ашпайсыз. Рухани даму интеллекттен тыс. Өзіңіздің денеңізді дұрыс басқара білуіңіздің маңызы өте зор, сондықтан Сіз өзін-өзі тану психологиясының жүзеге асыру қақпасын терең күнделікті медитация арқылы ғана аша аласыз.

ӨЗІҢІЗДІҢ ТЕРЕҢ МЕДИТАЦИЯҢЫЗДЫ ҚОЛДАНЫП, ОНЫҢ ЫҚПАЛЫН САҚТАҢЫЗ

Медитациядан алған әсеріңізді әрдайым сақтауға тиіссіз. Адамдар көбінесе медитацияны құлшыныссыз, қалыптасқан әдет ретінде жасайды; медитация механикасын аяқтасымен-ақ олар өздерінің үйреншікті қалпына қайта түседі. Сіз әлем тұңғиығына бойлап, ойлау қуанышына жетіп, содан соң сабырлы салдарына тұрақтауыңыз керек. Сонда ғана өзіңізді өзгерте аласыз.

Тән күннің төрт ауыспалы кезеңіне: таңертең (күннің шығысы айналасындағы кезең) тал түс, кеш (күннің батуы айналасында) және түн (тоғыздар шамасы мен түн ортасы кезеңіне орай әрекет етеді). Бұл уақыт медитация жасау үшін өте қолайлы.

Терең медитация мен медитацияның сабырлы нәтижесіне бойлай отырып, сезімді тамаша бақылау *самадхиге*, Өзіндік таным экстазы мен Құдаймен мүдделес болуға алып келеді. Бірақ өзіңіз іштей рахаттанып отырған *сабикальпа самадхи* экстазы кезінде сіз сыртқы тән мен әлемді түсінуді жоғалтасыз, ол жеткіліксіз. Сіздің қалауыңыз –*нирбикальпа самадхи* немесе саналы экстаз. Бұл сіздің толықтай саналы және белсенді түрде, сонымен қатар іштей Құдаймен одақтас болу көрегендігіңізбен бірге болатын ең жоғарғы жағдай болып табылады. Сол сананың жоғары деңгейіне жету үшін маған ұзақ уақыт қажет болды. Лахири Махасая мен менің ұстазым бұрын сол жағдайда әрдайым бола білген. *Нирбикальпа самадхи* кезінде сіз өзіңіздің бүкіл міндеттеріңізді орындап, бұрын үрейлі болған өмір сынақтарымен еш қиындықсыз бетпе-бет кездесе аласыз.

Осылайша, медитациядағы табыс бір кездері шадыман жағдайда

болған, эгодан пайда болған сезім бейберекетінен арылып, барлық іс-әрекетін, ақыл-санасын, ғұмырын Жаратушыны ләззаттандыруға арнаған адамның жалғыз жауабы болып табылады.

Йог мақсаты барлығынан бас тарту

Өзіндік таным қоғамдастығының алғашқы ғибадатханасы,
Энсинитас, Калифорния, 18-ші қаңтар, 1942 жыл

Адам үшін Құдай еркі деген не? Ол джунглиде жер мәселелерінен ада болған, адасқан тақуа ретінде өмір сүруге тиісті ме? Немесе ол қалаларда қамқор әке ретінде өмір сүріп, осы әлемнің түрлі мәселелерінің ортасында отыруға тиіс пе?

Ұлы әулиелер Құдайды тануға болатындай түрлі жолдарды көрсетті. Ештемеге тәуелді болмау сол жолдардың бірі. Мұны Иса Мәсіх,[1] Шри Чайтанья, Будда да айтып кеткен. Бір күні Шри Чайтаньяның шәкірті өзінің көмек сұрауы арқылы аздаған жеміс-жидекке ие болады, бірнешеуін жеп, қалғанын келесі күннің еншісіне қалдырады. Бірақ оның «келесі күнге қалдыру» деген ойы болғандықтан, Христостың[2] күні бұрын сақтандырғаны секілді Чайтаньяда өзінің шәкіртін енді қайта көргісі келмейді. Менің өз ұстазымның, Свами Шри Юктешвардың оқытуы, айтарлықтай осыған ұқсас болатын. Ол «Әркімнің несібесі Құдайдан сондықтан Құдайдың барлығын, бірлігін танып,бүгінгі күнмен өмір сүріңдер», деп айтатын. Иса Мәсіхта: «Саған тағы бір нәрсе жетіспейді: қолыңдағы бар мал-мүлкіңді сатып, түскен ақшаны мұқтаждарға үлестіріп бер. Сонда сенің қазынаң көкте болады. Өзің қайтып келіп, шәкіртім болып соңымнан ер!»,[3]- деген екен.

Мен де осы қағиданы ұстана өмір сүрдім. Үндістанда бір кездері мен Құдайыма деген махаббатты сіңіре, еркін қыдырып, құдайшыл сыған(цыган) өмірімен өмір сүрдім. Мен бұрындары неғұрлым

---

[1] Үй-жайын, бауырларын, әке-шешесін, бала-шағасын не жер-суын Маған бола қалдырған әркімге қарымтасы жүз есе артығымен қайтарылады.(Матай 19:29)

[2] Сонымен, ертеңгі күн туралы уайымға салынбаңдар! Ертеңгі күннің өз уайымдары болады. Әр күннің қиыншылығы өзіне жетерлік. (Матай 6:34)

[3] Саған тағы бір нәрсе жетіспейді: қолыңдағы бар мал-мүлкіңді сатып, түскен ақшаны мұқтаждарға үлестіріп бер. Сонда сенің қазынаң көкте болады. Өзің қайтып келіп, шәкіртім болып соңымнан ер! (Лұқа 18:22)

бақыттырақ және қам-қарекетсіз болдым деп айта алмаймын. Іштей мен әрдайым бақыттымын; бірақ, Құдай сығаны ретінде, сырттай қарағанда, мен келесі тамақ қайдан келетінін білместен, қуанышты ғұмыр кештім. Мұндай оқу Құдайға толығымен тәуелді болу шын мәнісінде таңғаларлықтай. Бір күні бірнеше серіктестер болып Гималайға он бес күнге бардық. Біз ас дайындаған жоқпыз. Мен өзімнің табиғи қуанышты қалпымда болдым. [4] Бір күні осы тәуіп ету кезінде мен бір әулиені кездестірдім, онымен Құдайы әңгімелер жүргізгенде беріліп кеткенім соншалық, тіпті уақыттың қалай өткенін білмей қалыппын. Менің серіктестерім болса «Кетейікші, қарнымыз ашты, тамақтанайық бір жерге барып» деумен болды. Бірақ мен өзімді аздап болса да аш адамдай сезінбедім. Менің жаным рахаттанғаннан ләззат алып тұрдым. Гималайда мен денсаулықтары мықты, шағын ғана баспанасы бар, қарапайым ғана ас ішетін, жұпыны киінген діни әулиелерді кездестірдім. Олардың өмір сүріп жатқан ортасы, шынымен де, рухани әдемі болатын.

ҚҰДАЙҒА КӨБІРЕК ТӘУЕЛДІ БОЛЫҢЫЗ

Мен Құдайдың Өзіне тәуелді болып отырған шынайы берілген адамды қолдайтын заң бар екенін білемін. Егер сіз құрметпен, ештеңеге тәуелді болмай өмір сүрсеңіз, Ол осы заңның қалай жұмыс жасайтынын көресіз. Шынайы тақуа барлығы да Құдайдан келетінін, бұл заңдылықтың себебі де Құдай тағала екенін, және оны Құдай тағаланың өзі орындайтынын және оның өмірінің жалғыз қолдаушысы Құдай тағала екенін жақсы біледі. Адамның ішетін асы көп болуы мүмкін, бірақ егер оның жүрегі сәтсіздікке ұшыраса, ол үшін астың да құны жоқ болады. Сіздің жүрек соғысыңыз қолдап отырған билік, әрине, сіздің кіші қажеттеліктеріңізді біледі. Егер сіз тікелей Құдай үшін өмір сүріп, Оған сенім артсаңыз, онда Ол сізге өзінің тікелей көмегін аямайды.

Кей тақуалар осылайша, Құдайға барлық махаббатын арнап, материалдық өмірдегі барлығынан бас тартып, өз өмірлерін Құдайды іздеу жолына арнап, Оған қызмет етуге арнайды. Батыс әлемінің гуруы Иса Мәсіх осындай өмірдің үлгісі бола білген. Иса: «Түлкінің іні бар, құстың ұясы бар, ал көктен келген Билеушінің бас тірейтін

---

[4] Үндістанның қасиетті жазбалары Құдай –барлық уақытта да тіршілік етуші, барлық уақытта да саналы, барлық уақытта да жаңа қуаныш және адамның жаны-Құдай ұшқыны екенін айтады. Адамның табиғи жағдайы шексіз қуаныш болып табылады.

тұрағы да жоқ »,[5]- деген екен. Оның үй-күйі немесе тұрақты орны; тамақ алып ішерліктей ақшасы мен киімі болмаған, сонда да ол Құдай ретінде сақталып қалды. Ол Құдайға барлығын бергендіктен, көп нәрсеге ие болған. Иса бес күлше мен екі балықпен жалпы саны бес мыңдай адамдарды тамақтандырды [6] ешбір ауқатты адам ол секілді іс жасай алмағандықтан, ол өркендеуді көрсеткен деп айта аламыз. Оның көптеген таңғажайып істері Құдаймен бірге екенін және Оның билігі бүкіл өмірді басқаратынын көрсетеді.

Адамдар жым-жырт жерде оқшаулану әдеті мен барлық сыртқы сезімдерден безінуді жалған, теріске шығару деп түсінеді. Бірақ, айтар болсақ, бұл олай емес. Мен дүниедегі үлкен Қазынаның кішкентай тілектерінен бас тарттым. Бар байлығын, қалыптасып қалған жағдайын Құдайды іздеу жолында тастаған Әулие Наджендра Бхадуриді [7] жақсы білемін, ол өзінің бір шәкіртіне осылай жасауға кеңес береді. Ол: «Мен бірнеше доллар мен жерде уақытша болатын рахаттан Құдай үшін бас тарттым, Тек шексіз бақыт империясы мен барлығынан да ең жоғарғы үлкен сыйлық Құдай»,- депті.

ҚҰДАЙ БІР ЖАҚТЫ ҚҰЛАЙ БЕРІЛГЕНДІКТІ БАҒАЛАЙДЫ

Бәзбіреулер: «Егер бәрі бірдей тақуа болатын болса, онда әлемде не болмақ?» деп дауласатын болады. Әлем мұнымен бітпейді, өйткені *сіз* Құдайды іздейсіз. Бұл жалған пайым, жалған рационализация. Әрдайым әлемді мәңгілікке сақтауда қажырлылық танытатындар табылады, ол үшін қам жемеңіз! Сонда бұл дүние бақытсыздыққа, жек көрушілікке және қызғанышқа толы, осының барлығы аяқталып, қайтадан басталатын болса жаман болмас еді! Әлем жолы мен әлем заттарындағы өміріңізді тұтастай Банкке салу, шын мәнісінде де тапшы инвестиция болар еді.

Толығымен бас тарту әдісі әлі де Құдайды көргісі келетін адамдар арқылы қуанышты түрде қамтылған. Ол Өзін тақуа ұстанымымен өмір сүретін тақуаға көрсетеді: «Құдай- менің өмірім. Құдай- менің махаббатым. Құдай- менің жүрегімді үздіксіз дін ұстануға шақыратын ғибадатхана. Құдай-менің Мақсатым. Ешбір міндет Құдайдан сұрап алған

[5] Матай 8:20

[6] Матай 14:17-21

[7] «Йог өмірбаяны» атты кітаптың 7 тарауын қараңыз.

биліксіз орындалуы мүмкін емес,осылайша, менің ең жоғарғы міндетім Оны табудан тұрады. «Бұл құлай берілу қатынасысыз және анықталусыз Құдайды табу мүмкін емес. Бхагавад Гитада Құдай: «Барлық *дхармамды* (міндеттерді) қалдыру жалғыз Мені марапаттайды; мен сіздерді барлық күнәлардан арылтамын (сол міндеттеріңмен, барлық қолдарың жете алмай жүрген армандарыңды қоса)»[8] деп айтады.

Оңашалықты талап ететін сыртқы (ішкімен тең) безіну барлығы үшін мүмкін емес; бірақ балалық шағымда мен өз ынтықтығымды Құдайдан басқа ешкімге бермеймін деп шештім; және мен сол айтқанымда тұрып, ешкімге бермедім. Мен өз жүрегімде тек Ол үшін өмір сүремін. Мен Құдаймен арамызда ештеңенің тұрғанын қаламаймын. Дүниенің қызығынан баз кешу өте жақсы. Және Құдай бір жақты құлай берілгендікті қалағандықтан, осылайша Құдай үшін дүниеден баз кешу өте даналық болар еді.

Дүниенің қызығынан баз кешу некеден, көбінесе көмекшіден бас тарту дегенді білдіреді. Иса Христос пен Свами Шанкара осындай тақуалар болған. Үйлі-баранды бола тұра, әйелінен және баласынан бас тартып, орманға Құдайды іздеу үшін кеткен Гаутама Будда да осылар секілді тақуа болған жан. Оның сынақтары неғұрлым қиынырақ болды. Үндістанның ұлы әулиесі өзіне келгендерден үйленген-үйленбегенін сұрайтын. Егер олар «Жоқ» десе, «Сіз әлі де қауіпсіз жақта екенсіз!» дейтін. Мен көптеген үйленген адамдардың да солай айтатынын білемін! Ал үйленбегендер, кей кездері өкінетін; бірақ үйленгендер осыған шын мәнісінде өкінетін. Егер сіз үйленбеген болсаңыз және некені қатты қаламайтын болсаңыз, онда Сіз алдымен Құдайды, содан соң барып, қалғанын іздеуге тиіссіз.

Құдайды іздеудің маңыздылығын ұғынсымен-ақ, сол жаққа немесе оң жаққа мойын бұрмай, өз ойларыңызды өз Мақсатыңызға шоғырландырыңыз. Құдайдың тілегі оянсымен, оны қолдаңыз. Оны шынайы түрде іздеңіз; алдымен оны іздеңіз. Сонда, егер Ол сізді некеге жетелесе , сол жолға түсіңіз. «Ең бастысы, Құдайдың Патшалығының қамын ойлап, Құдайдың әділ еркін орындауға ұмтылыңдар! Сонда көктегі Әкелерің сендерге бұлардың бәрін қосып береді ... »[9]деп осылайша, Христос көп адамдарды ескертті. Сізде Құдаймен қатынас

---

[8] Бхагавад Гита XVIII:66

[9] Матай 6:33

орнаған кезде, сіз Оның өзіңізден не қалайтынын білетін боласыз. Бұл өз өміріңізді жүргізудің ең қауіпсіз әдісі.

ЙОГА: ӘМБЕБАП ОРТАША ЖОЛ

Сонда мынадай сұрақ туындайды: «Әлемде өздерінің жағымды міндеттері бар адамдар не істемек? Құдайды іздеп, Оны табуға оларда мүмкіншілік бар ма?». Әрине, бар! Йога толық әуре-сарсаңның бас тарту жолды ұсынады.

Йога «одақ» деген мағынаны білдіреді; Йога жолы жанның Құдаймен бірігуі туралы ғылым. Йога тәжірибесі ешқандай өмір түріне шектелмеген. Оның мақсаты монастырьдағы монах пен дүниедегі үй қожайынына қолжетімді. Бас тарту үрдісінде кернеу физикалық бас тартудан Құдайды іздеу жолындағы барлық нәрседен басталады. Йог осындай бөгеттерден *ішкі* азаттыққа жол көрсетеді. Иса: «Егер сені өз қолың не аяғың (секілді өте қажетті нәрсең) күнәға азғырса, ол сен үшін «шауып тасталған» сияқты жоқ болсын. «Екі қол-аяқпен» мәңгі сөнбес тозақ отына лақтырылғаннан гөрі «сыңар аяқ-қолмен» мәңгілік өмірді иемденгенің артық болар еді. Егер де сені көзің (секілді өте құнды нәрсең) күнәға азғырса, ол сен үшін ойып тасталған сияқты жоқ болсын. Екі көзіңмен» тозаққа лақтырылғаннан гөрі «сыңар көзбен» Құдайдың Патшалығына кіргенің артық болар еді. Тозақта «тәндерін кеміретін құрттар өлмейді, жалындаған от та сөнбейді»,[10]- деген кезде осыны ескертіп еді. Иса орындалмаған тілектер «тозағында» өмір сүріп, қайғырып өткенше, барлық тілектерден жарымжан болып, осылайша мәңгі өмірге еркін өткен жақсы екенін астарлап айтқан болатын. Жер бетінде Құдай үшін бас тартпайтындай ешнәрсе болмауы керек. Егер сіз, былайша, айтқанда, өзіңіздің жаман қылықтарыңыздан, еркелігіңізден, материалдығыңыздан бас тарта алмайтын болсаңыз, сіз –әлсізсіз; Құдай әлсіздерге қолжетімді емес. Құдайды табу үшін ақыл-ой күші сөзсіз қажет.

Әрине, бүкіл адамдар үшін үй-күйін тастай салып, орманға Құдайды іздеу үшін кету мүмкін болмас. Онда олар сансыз қоғамдастық құрып, олар үшін баспана, су және санитария қажеттілігін жасақтау үшін қала салу қажет болар еді. Бірақ біз байлықтың басым бөлігінен және өмірдегі

---

[10] Марқа 9:43

қажетсіз нәрселерден бас тартып, неғұрлым қарапайым тіршілік кешер едік. Егер біз қаласақ, бұдан да бақыттырақ, бұдан да бейбіт бола алар едік. Шындығында, ақша бақыттың жалғыз ғана стандарты болған кезде, ол тек бақытсыздық әкеледі. Қызғаныш пен сараңдық отбасы шегінде де бөлімшелер құра отырып, пайда бола алады. Өмір қарапайым болғанда ғана барлығына бірдей жақсы. Міне сондықтан да йогтар мүмкін болған жағдайда үлкен қаладан қашықта тұрған дұрыс екенін айтады. Қала тұрғынының жеке бостандығы жоқ. Ол қыспаққа түсіп, қала өмірінің басқа автоматы болып шыға келеді. Нью-Йоркта мен өздерін машинаның тісті доңғалағы секілді ұстаған адамдарды көрдім. Әрқайсысы өзін кіші қоғамдастық ортасында еркін және неғұрлым тірі сезінеді. Бұл жердегі кемшілік егер қала тұрғындары рухани азаттық пен рухани қызығушылық және түсіністік құруға талпыныс жасамаса, олар, дұрысында, өсекшіл, ой-өрісі тар адамға айналады. Егер әрқайсысы Құдайда динамикалық тепе-теңдік орната отырып, өз өміріне Құдайды араластырмаса, кімнің қайда және қалай тұратынына қарамастан өмірлерінде қиыншылық пайда бола береді.

ҚҰДАЙҒА ЖАҒЫНУ ҮШІН БҮКІЛ МІНДЕТТЕРДІ ОРЫНДАҢЫЗ

Бхагавад Гитаның көркемдігі –оның бүкіл адам өмірінде пайдалануға болатындығында. Гита кімде-кім саналы әрекетті өзі үшін емес, Құдай үшін жасайтын болса, құтқарылады дегенді қарапайым түрде және қайта-қайта айтады. Бірақ әрбір адам қай әрекет саналы және қай әрекет санасыз екенін қалай анықтайды? Өзінің рухани ізденіс жолында өз бойында барлық даналық қасиеттер жетіспейтіндіктен, данагөй кеңесшінің ақылын тыңдаған дұрыс. Егер сіз адвокат болуды қаласаңыз, ең дұрыс жол жақсы адвокат тауып, құқықтық мәселелерде іске ие болу үшін, оның өз миын жаттықтырған әдістерін, жолдарын үйренген дұрыс. Осылайша, Құдайды іздеуде де осылай жасаған дұрыс. Құдайшыл сарапшыға еріңіз. Үндістанда сол жолдан таймаған, өзін жетілдіріп, соның нәтижесінде басқаларды жеңуге қабілетті жандарды гуру дейміз. Шынайы гуру құдайшылдықпен басқарылады, және егер сіз оның соңынан ерсеңіз, онда өз міндетіңіздің қандай болатынын білесіз. Сіздің жасайтын нәрсеңіз міндетті түрде жасауға тиіс нәрсе емес. Өзіңіз жасағыңыз келгенді жасау оңай, бірақ ол құлдық болып саналады. Даналық қағидасына сәйкес әрекет ету бұл шынайы азаттық. Бірақ мұның өзі де шынайы йог болу үшін бірінші адым ғана. Сіз сонда сол дене, ақыл-ой, және рухани саналы әрекеттерді Құдайға жағыну мақсатында жасауға тиіссіз. Сонда сіз-йогсыз.

Йоганың кереметі мен мақсаты сол даналық жолды көрсете білуінде. Ол Құдаймен байланыс орнату үшін сіз тақуа болуыңыз керек екенін және бір нәрсеңіз ұқсамай жатса кешірім сұраудың қажеті жоқ екенін айтады, өйткені йога сіздің қайда тұратыныңызға қарамастан, әлемде ме, монастырьда ма, өз ақыл-ой шегіңізде не жасасаңыз да Құдайға жағынып отырғаныңызды сезіне отырып, барлығынан бас тарта аласыз, йога осыны үйретеді.Осылайша, йогада тақуаның екі түрі бар: барлығынан ойша және физикалық түрде бас тартатындар; және әлемде өз міндеттерін орындау үшін қалып, бірақ ойша барлық тілектерден бас тартса да, бір ғана нәрсені –Құдаймен медитацияда және белсенді өмірде бірігуді қалайтындар.

Егер сіз іштей өз ойларыңыз бен өз тәртібіңізге назар қойып отырсаңыз, онда Құдай үшін ойша барлығынан, бас тарту анағұрлым жеңілге түседі. Сіз Құдайды іздеу үшін джунглиге қашып, сырттай бас тарта аласыз, бірақ өзіңіздің тәртіпсіз тілектеріңіз сізбен бірге кетеді. Сонда да, егер сіз өз ақыл-ойыңызда бір нәрседен бас тартар болсаңыз, ол сырттай тартынатындай ештеңе де емес. Мен ішіп отырған асымнан рахат табамын, бірақ ішімнен Құдайдың өзі мен арқылы ішіп отырғынын білемін. Егер мен ас ішсем, жақсы, ал егер мен ас ішпесем, ол үшін де мазасызданбаймын. Бұл жерде идея бүкіл жағдайды Құдаймен байланыстыруға үйрену болып отыр. Бас тартудың бұл түрін барлығы да қолдана алады. Әр адам әлемде өмір сүре ме, әлде өзін монастырьда оқшаулай ма, кімде-кім Құдайды таба білсе, сол іштей тақуа болуға тиіс. Кімде-кім өз міндетін өзі үшін емес, Құдайға ұнау үшін орындаса, шынайы тақуа мен шынайы йог болады.

ӨМІР ДРАМАСЫНДА ӨЗ РОЛІҢІЗДІ ЖАҚСЫ ОРЫНДАҢЫЗ

Құдайдың еркін бүкіл жерде орындау даналық болып табылады, өйткені бұл рухани тыныштық пен бақытқа апарар жол. Егер сіз оны терең ойланып көрсеңіз, онда сіз мұның аса зор ой екенін көретін боласыз. Табиғаттың түрлі күштерінің кең ғарышы Құдайдың бағыттағыш билігімен бірге байланысқан. Барлығы да Құдайшыл жоспармен өзара үйлесімдікте қызмет етеді. Біз сол әмбебап кестенің бір бөлшегіміз күн, ай және жұлдыз қандай маңызды болса, біз де сондай маңыздымыз. Біз өз үлесімізді енгізуге тиіспіз; біз өзімізге Құдайдың берген ролін орындауымыз керек. Сіз өзіңіздің жеке бас бірбеткейлігіңізді Құдай тілектеріне қарсы пайдаланатын болсаңыз, сіз бұл драманы бүлдіресіз. Сіз осы дүниенің керемет жоспарын орындау үшін өз үлесіңізді қоспайсыз. «Маған Құдайдың қалауынша жасауыма мұрсат беріңізші» деп айтса несі бар екен? Онда сіз анағұрлым бақыттырақ, анағұрлым бейбіт болып, жақсара түсесіз.

Сіз өзіңізге емес, құдайға ұнау үшін талпыныс жасасаңыз, өміріңізде үлкен қуаныш болар еді. Сіз таңертең оянып, өзіңіз мақұлдайтын: «Құдайым, мен осы күнді және өзімді Саған ұсынамын. Аздаған эго енді бұл тәнде үстемдік етпейді, Сен жалғыз Өзің осы жерде тұрасың» деген ойыңызды қайталай беріңіз. Ішкі дүниеңізден Құдайды таба бастасымен-ақ сіз Оны басқалардың бойынан да көретін боласыз. Сонда сізде ешкімге жек көрушілік сезімі қалмайды, өйткені Оны басқа барлық тән ғибадатханаларынан көріп тұрасыз. Бұл өмір сүрудің әдемі тәсілі. Біз не істесек те, Құдай туралы ойлауға тиіспіз. Өз елімізге, отбасымызға және басқа да сүйікті жандарымызға махаббатымызды ұсыну мен оларға қызмет етуде біз ең алдымен Оны жақсы көруге тиіспіз. «Сенің Менен басқа ешқандай тәңірлерің болмасын!» [11] деген сөзі оның он парызының бірі болатын.

ӘЛЕМДЕ ӨМІР СҮРІҢІЗ, БІРАҚ ӘЛЕМ ҮШІН ЕМЕС

Құдай бұл әлемді бізді азапқа салу үшін жаратқан жоқ, бізді сынау үшін жаратты. Бұл сынақтың мақсаты біздің жан мен тәннің бір-бірінен бөлек екенін, жанның мәңгілікті, ал тәннің уақытша екенін, өмірдің әрбір сәті құнды және оны кері қайтаруға болмайтынын, сондықтан дұрыс өткізу керек екенін түсіндіреді. Барлығын жаратқан Алла тағала екенін біле тұра Алла тағала үшін әрекет жасамай, тек қана Одан өз өміріміздің жақсы болуын тілеп, материалдық міндеттерімізді ойлап, әлемде оның бір бөлшегі болмастан өмір сүріп мына материалдық әлемге еріп, адасып кетпейміз бе, міне осыны байқағысы келді. Бұл Кришна құдай, Лахири Махасая және Джанака патша [12] берген үлгі болып табылады.

---

[11] Мысырдан шығу 20:3

[12] Ұлы әулие және ежелгі Үндістанның патшасы. Ол өзінің патшалықты басқарудағы сыртқы міндеттерін өз санасын Құдайға шоғырланған күйінде ұстап отыра, ақылмен орындағаны арқылы танылды.

Бхагавад Гита өзінің дүние қызығынан баз кешуі сыртқа қарай бағытталса да, өзін йог емеспін дейді, бірақ өзінің ниетінен[13] бас тартушы адам да емес. Кейбір рухани кандидаттар секстен, ақшадан және материалдық тілектерден монастырьға немесе ашрамға кету үшін бас тартады, содан кейін конструктивтік әрекеттерден де бас тартқысы келеді. Алайда, менің гуруым Свами Шри Юктешвардың ашрамдарында бізге өз отбасымыз үшін жасай алмайтындай көп жұмыс береді. Отбасылық өмірде, дұрысында, кез-келген адам жұмысты алдымен өзі үшін және бірнеше сүйікті адамдары үшін жасаса, тақуаның лашығында әрқайсысы тек Құдай үшін жасайды. Бірақ әлемде де, егер өзінің санасының орталығын өзгертсе, Құдай үшін жұмыс жасауға болады.

ҚҰДАЙ САНАСЫНДАҒЫ ӨМІР

Йога барлығын да Құдай санасымен орындау өнері. Сіз медитацияда ғана емес, сонымен қатар жұмыс жасап жатқан кездің өзінде де ойларыңыз үнемі Оған шоғырлануы тиіс. Егер сіз Құдайға ұнау үшін санамен жұмыс жасасаңыз, сол қызмет түрі сізді Онымен біріктіреді. Сондықтан да Құдайды тек медитациядан табамын деп пайымдамаңыз. Бхагавад Гита үйреткендей, медитация да, дұрыс қызмет те маңызды. Егер сіз Құдай туралы ойлап, осы әлемдегі өзіңіздің міндеттеріңізді орындайтын болсаңыз, онда сіз ойша Онымен біргесіз.

Өзіңізге жұмыс жасаймын деген ойды қысқартыңыз. Өзіңіздің күнделікті әрекетіңізді «менімен» және «менікімен» дегенді аз теңдестіріп, Құдаймен көбірек теңдестіре отырып орындауға тырысыңыз. Ал Құдай тағалаға толық сенімі жоқтар барлық іс-әрекеттің себебі өзім деп ойлайды. Әрқайсыңыз барлық әрекетіңізді Құдай санасында орындаудамын деп ойлаңыз; мысалы, тамақты өзің үшін ішпей, Құдай тіршілік ететін тән ғибадатханасын қамқорлаймын деп, істеген іс-әрекетіңізді жеке пайда үшін емес, Құдайға қызмет етемін деп дұрыс іс-әрекет жасай білуіңіз керек. Құдайға деген ой, ниет-мақсатың таза болсын. Әлемдегінің барлығы ондағы болып жатқан түрлі іс-әрекеттер, тіпті

---

[13] Саналы әрекеттен бас тарту жарамсыз. Тәндегі ауыр мәселелер үрейінен қорқып, әрекетін тастаған жан дүниенің қызығынан баз кешу мадағына жете алмайды. Саналы әрекет ерекше орындалған кезде, өйткені ол оған және оның өнімдеріне ынтықтығын қалдыра орындалуға тиісті, сол бас тартуды саттвик (таза) (XVIII:7–9) деп аталады. «Әрекетсіздік тек әрекеттен қаша, жәй ғана орындалған жоқ.» (III:4).

әрбір қозғалыс Құдай тағаланың рухынан тарап, Сіздің міндетіңіздегі сол жандар қамқорлығы сізге Құдай еркімен берілгенін сезініңіз.

Тек Құдай үшін өмір сүретініңіз туралы сынақ өзіңіздің бұзылған жеке тілегіңізді жоқтаудан ғана тұрмайды. Мен өзімнің жеке нәрселерім емес, басқалардың заттарына ерекше қамқорлық жасаймын. Мен бүкіл әрекетті Құдай үшін жасайтындықтан, оларды өзімдікіне қарағанда үлкен талпыныспен, қамқорлай жасаймын. Сонда сол әрекеттердің нәтижесі ойлағандай болып шықпаса, мен қайғырмаймын, өйткені тек Оның қызығушылығын ұсындым. Мен бар күшімді салдым; және тағы да қуана байқап көре аламын. Егер мен өзіме жұмыс жасасам, онда өне бойы толқып жүретін едім. Бірақ, менің мақсатым тек Құдайға қызмет ету болғандықтан, нәтиже менікі емес Онықі. Бұл карма заңын арттыру тәсілі.

Мен мына материалдық өмірдің міндеттерінің барлық түрін орындауға арналсам да, өзімді ештеңеге де құмарлық танытпаймын, осылайша, өзімді ештеңемен байланыстырмаймын. Әрбір адам бұл дүние өзінің үйі емес екенін білу үшін осылай өмір сүруге тиіс; біз бұл жерде тек уақытша ғұмыр кешудеміз. Сондықтан да бұл өмірге сенбеңіз, өйткені ол сізді алдауы мүмкін. Өзіңіздің уақытша жердегі тіршілігіңіздің артындағы Шексіздікке сеніңіз. Сіздің ойыңызша, міне, үйіңіз, міне, еліңіз, міне сіздің сүйікті жандарыңыз; бірақ осы дүниемен қош айтысатын кезде сіздің денеңіз де өзіңіздікі болмай шығады.

Сіз жер бетіне қыңырлық пен әдеттерде әлсіреп, өзіңізді қоршаған ортаға тәуелді болу үшін жіберілген жоқсыз. Егер өз өміріңізді өзіңіз жасай білсеңіз, дұрыс іс-әрекет жасап, өзіңді де, қоршаған ортаңды да жоғары мақсатқа бағыттап,толық бақылауға алсаңыз, онда мен «Өзіңіздің қалауыңызша өкінбейтіндей болып өмір сүруіңізді жалғастыра беріңіз» деп айтар едім. Бірақ сізде сол шектеусіз бақылау жоқ. Өзінің Құдаймен байланысын сезінбейінше[14], оған ешкім ие бола алмайды. Сізді осында Құдайды табу үшін жіберді. Бірақ Құдаймен тікелей байланыссыз, Оны тану оңай емес. Осылайша, өмір сүрудің шынайы өнері йог болу: іштей барлығынан бас тартып, өз жанын медитацияда Рухпен байланыстырғандар, Құдай кезбелігін қолданғандар және рухани қуаттың ықпалында жүргендер, саналы әрекетті Құдайды ойлай орындағандар. Мен ешкімге оның міндеттерін ескермеу керек демейтінімді көріп

---

[14] Белгілі бір рухани дәрежеге жетіп, Жаратушының ықпалымен жүретін адамдар. (Глоссарийдан қараңыз.)

тұрсыз. Өзіңізге тапсырылғанның бәріне қамқор болыңыз, өйткені Құдай сізге сол міндеттерді берді, бірақ ешкімге тәуелді болмаңыз. Исаның: «Менің Патшалығым осы дүниелік емес. Егер де Патшалығым осы дүниелік болса, онда Менің қасымда сақшыларым жүріп, олар Мені яһуди басшыларының қолына түсірмеу үшін күрескен болар еді. Бірақ Менің Патшалығым осы дүниелік емес,»[15] деп айтқан сөзіне құлақ асыңыз. Бұл үш өлшемді жаратылыстан тыс жатқан сіздің шынайы үйіңіз. Жоғарыға рухани көзге қараған сайын, мен басқа жақтағы әлемде боламын. Сіз бұлай болуы мүмкін емес деп ойлайсыз ғой? Бірақ, солай. Тап осы жерде және қазірдің өзінде сіз сол басқа әлемде өмір сүре аласыз. Құдай кезбе. Ол сізге ілтипат білдіріп, сізбен сөйлесе алады. Бірақ, Сіз оның дауысын есту үшін рухани күш салып, ақыл-есіңізді бір бағытта тек Құдай тағалаға шоғырландырып, одан ауытқымай өміріңізге не керегін біліп,тәніңізді басқара білуіңіз қажет.

БҮЛІНГІШ ӘЛЕМДЕР АПАТТАРЫНЫҢ ҚАЖЫМАС ОРТАСЫНА ШЫДАҢЫЗ

Әлем жаратылған уақыттан бері үнемі бәлеге ұшырып отырды. Соғыс кездерінде ол миллиондаған адамдарды жазалау күркесіне айналады. Шынайы махаббат, ұзақ мерзімдік махаббат тек Құдайда, «Оған қол жеткізе отырып, басқа ештеңені де қажет етпейсіз».[16] Оның бойында жалғыз қауіпсіздік, жалғыз баспана, бүкіл үрейімізден жалғыз құтылу жолы бар. Сіздің әлемде одан басқа ешқандай да қауіпсіздігіңіз, азаттағыңыз жоқ. Жалғыз шынайы азаттық тек Құдайда. Сондықтан да Онымен таңертең және түнде медитация арқылы және сонымен қатар күндізгі жұмыс және өзіңіз орындайтын міндеттеріңіздің кезінде терең байланысуға тырысыңыз. Йога Құдай бар жерде үрей де, қайғы да болмауына үйретеді. Ісі ілгері басқан йог бүлінгіш әлемдер апаттарының қажымас ортасына шыдай алады; ол іске асуда қауіпсіз: «Құдайым, мен қайда барсам, Сіз де сол жерге келуге тиіссіз»,-деп айтады.

Бұл әлемнің бүкіл ауыртпалығы, тіпті тозақ қайғысы да сізге әсер ете алмайды, сіз-патшасыз. Сіз нақ солай болуға тиіссіз. Осы адам денесінің әлсіз шектеулерін қирата отырып, сіз өшпестікті

---

[15] Жохан 18:36

[16] Бхагавад Гитаны өзгертіп айту VI:22

айқындауыңыз керек. Өзінің «жүріп келе жатқан Сәуле» [17] атты өлеңінде, ұлы қасиетті Свами Рам Тирта «Мен өзімнің күйме арбама тағдыр мен құдайларды тіркеймін, қатты гүрсіл дауысымен, оны шекара ретінде жариялаймын!.../ Азаттық! Азаттық! Әумин!.../ Құптаңыз, О мұхит.../құрға да, кет!» деп жырлаған. Яғни жүріп келе жатқан жаныңыздың сәулесі алдында мұхит құрғайды, таулар шеткері қалады: «Сақ болыңыз, О таулар! Менің жолыма тұрмаңыздар./ Сіздің бағанаңыз бүгін қиратылатын және жойылатын болады!» Осыны ойлаңыз. Тек жан азаттығы бәрін жеңгіш; және ол бәрін қанағаттандырушы және кейде ләззаттану шағы.

ҚҰДАЙ ФИЛЬМІНЕН ҚОРЫҚПАҢЫЗ

Осы әлемнің қорқынышты түстерінен қорықпаңыз. Құдайдың мәңгі өшпес сәулесінде ояныңыз! Өмірдің қорқынышты кино көруге ұқсаған кездері болды, мен де сонда белгіленген трагедияларға көп мән бердім. Содан соң бір күні медитация жасап отырғанымда, бөлмемде сәуле пайда болып, сонда Құдайдың дауысы маған: «Сіз түсіңізде не көресіз? Менің әлем қорқыныштары келіп-кетіп жатқан мәңгі сәулемді пайымдаңыз. Ол шынайы емес»,- деді. Бұл қандай орасан жұбаныш болып еді! Шатасқан түстер, әдетте жаман, олар тек қорқынышты түстер болып табылады. Жағымды немесе үрейлендіретін фильмдер, жәй ғана фильмдер болып табылады. Біз мұңға батқан өз ойларымызды сақтап, осы өмір драмасынан қорықпауымыз керек. Неғұрлым мызғымас және өзгермес сол билікке көңіл бөлгеніміз ақылға сыйымдырақ емес пе? Осы әлем киносының сюжетіндегі күтпеген жағымсыз оқиғаларды ойлап мазасыздануың қажеті не? Біз бұл жерде тек аздаған уақытқа ғанамыз. Өмір драмасы сабағынан тәжірибе алып, өз азаттығыңызды табыңыз.

ҚҰДАЙДЫ ӨМІРІҢІЗДІҢ ТЕМІРҚАЗЫҒЫ ЕТІҢІЗ

Құдайды жаныңыздың бақташысы етіңіз. Оны өмірдің қиын соқпағынан өткен кезде өз прожекторыңыз етіңіз. Ол- надандық түнінде сіздің Айыңыз болмақ. Ол- сергектік кезінде сіздің Күніңіз

---

[17] Өлеңнің музыкалық аранжировкасы Парамаханса Йогананданың *Ғарыштық әндерінде* «Свами Рама Тирта» ретінде айтылады.

болмақ. Және Ол- пенделік өмірдің қараңғы теңіздеріндегі сіздің Темірқазығыңыз. Оның жетекшілігін іздеңіз. Әлем қазіргі секілді, бір көтеріліп, бір құлатып дегендей, жалғаса береді. Біз бағдарлау білігін қайдан іздейміз? Ішкі дүниемізде өзіміздің әдеттер мен өз отбасыларымыздың, еліміздің және әлемнің ықпалы оятқан теріс ұғымға емес, басшылық ететін ішкі Шындық ақиқатын бағдар етеміз.

Әрбір сәтте мен Құдай туралы ойлаймын. Мен өз жүрегімді Құдай баспанасына бердім. Мен өз рухымды Оның қамқорлығына бердім. Өз махаббатымды, өз ынтықтығымды Оның Мәңгілік аяғының астына қоямын. Құдайдан басқа ештеңеге сенбеңіз. Содан соң, Құдайдың ішкі басшылығы арқылы, Оның сәулесін уағыздаушыларға сеніңіз. Сол сәуле менің жолнұсқам. Сол сәуле менің махаббатым. Сол сәуле менің даналығым. Және ол маған, Өзінің абыройының қалай жеңетінін айтады.

ҚҰДАЙДЫҢ ПАЙЫМЫ ӘДІЛ

Мен бұрын осы соғысқа[18] бола абыржитынмын. Бірақ: «Мен мінеу үшін емеспін. Сен-адамзат пен елдің төрешісісің. Сен барлық карма туралы білесің. Сенің ұйғарымың менің тілегім болады»,- деп сыйынғанымда, үлкен жайлылыққа ие болдым. Бұл ой менің Үндістан туралы мазасыздығымды да алып тастады, өйткені Құдай өзімді қорғайтынын жақсы білемін. Біз көбірек Құдайға тәуелді болуға үйренуіміз керек. Және бұл дүниежүзілік драмадағы акт аяқталғанда ғана белгілі болады. Соғыс кезінде Оның пайымы түсінікті болуы мүмкін емес; бірақ осы дау-дамайда Оның қолы болғанын көреміз. Тікелей нәтиже және одан кейін не болатыны әрбір ел мен сол елдің әрбір адамының кармасына, Оның пайымына сәйкес болады. Осы соғыс оттарынан үлкен дүние келеді. Дөрекі күш ешқашан түпкілікті жеңімпаз болмайтыны естеріңізде болсын. Сіз мұны осы соғыс кезінде көретін боласыз. Құдайдың абыройы салтанатты түрде айқындалады.

Басқа елдердің ішінде Америка елі бата алған ел; және қазіргі болып жатқан бүкіл мәселелерге қарамастан ол бата ала береді, өйткені оның жүрегінде ешқандай агрессия рухы жоқ.

Үндістанның рухани мұраттары мен Американың идеалистік материалдық қызметі арқылы келетін ертең күннің үлкен жарығы тұр. Үндістанның медитация жасау және Құдаймен қарым-қатынас

---

[18] Екінші дүниежүзілік соғыс

орнату пайымы мен Американың дұрыс әрекет ету пайымы, әлемге көмектесіп, дамыту дегенді білдіреді - бұл шынайы йогтардың абыройы. Осы Америка мен Үндістан мұраттары әлем қорғаушылары болады. Олар адам мен әлемді қорғау жолының шынайы мәнін ұсынады. Осы абыройларды мемлекеттіктен жеке деңгейге дейін азайту жолында, бізде Йога түйіні бар: медитация оған қоса дұрыс қызмет, оған қоса ақыл-ой тәуелсіздігі. Осылай өмір сүретін адам сыртқы киімі монахтікі немесе үй қожайыныкі ме, ағартуға тура жолмен келе жатқан шынайы тақуа мен шынайы йог болып табылады.

«Қолыңдағы барыңмен парасатқа ие болғын»[1]

Өзіндік таным халықаралық қоғамдастығының штаб-пәтері,
Лос-Анджелес, Калифорния, 23-ші ақпан, 1939 жыл

Түсінік әрбір жанның ең құнды иелігі. Бұл сіздің ішкі қиялыңыз, өз жолыңызда пайда болатын өзіңіз және басқалар туралы жағдайларда шындықты анық сезінетін және сіздің қатынасыңыз бен әрекетіңіз сәйкесінше дұрыс реттей ме, соны сезінетін интуициялық қабілетіңіз. Бұл үлкен анықтама.

Бұл әлемде біздің түсінігіміз көбінесе болжамсыз. Біздің ақыл-ой елесіміз осылай әлсізденгенде, болашақта не болатынын білу мүмкін емес. Өз әрекетіміздің әлеуетті нәтижелеріне соқыр болған біз осылай жиі жасайтын болармыз. Осы әлемде жақсы қарым-қатынаста болу үшін, сіз тікелей жағдайларыңыз бен ортаңызды нақ сезе білуге үйренуіңіз қажет. Сізде екі жылдан соң немесе он жылдан соң өміріңіз қандай болатынын айта алатындай мәнге енудің өткір де сұңғыла қабілеті болуы шарт.

Егер сіздің көзіңіз алыстан көрмесе, онда тек өзіңізге жақын тұрған заттарды ғана анық көре алатын боласыз. Егер алысты болжай алсаңыз нысанды қашықтан анық көріп, ажырата аласыз, жақын тұрғанды көрмеуіңіз мүмкін. Жақыннан көресіз бе, әлде алысты болжай аласыз ба, емделуі түзетуші көзілдірік; әйтпесе, сіздің көруіңіз айқын болмайды, сонда сіз заттарды сол күйінде көре алмайсыз, және егер сіздің түсінігіңіз жақыннан көретін, немесе алысты болжайтын қырағы болса, бұл сіздің ақыл-ой зейін көзілдірігін қоюға уақытыңыздың жеткені, яғни ақыл-ойды оны қабылдау айқын және дәл болатындай етіп шоғырландыру қабілеті. Осылайша, түсінік билігі зейін арқылы ұлғайтылған.

Екінші жағынан қарағанда, тынымсыздық- жаманшылықты көріп, себепті түсінбеу кезінде ақылды ушықтырып, қобалжытады.

---

[1] Нақыл сөздер 4:7;«Ең бастысы — даналық, даналыққа кенелгін, Қолыңдағы барыңмен парасатқа ие болғын».

Эмоциялар сіздің елесіңізді көлеңкелейді. Қыңырлық сіздің елесіңізді көлеңкелейді. Адамдардың басым бөлігі түсінбестіктің салдарынан өз қыңырлығына сәйкес әрекет етеді. Қате түсінік те сіздің елесіңізді көлеңкелейді; бұл ұшқары ой түсінігі сіздің түсінігіңізді бұрмалап, сіздің айқын көруіңізге кедергі келтіреді. Менің тәжірибемде Үндістанның әулие адамдарымен өзім анықтап білген бірінші нәрсе тынымсыздық пен ақыл-ой теріс ұғымдарының барлық формасындағы елесімді өз түсінігімді бұрмалаудан тазарту.

Қоршаған ортаға немесе жағдайға байланысты бала кезде түсінікке нұқсан келтіретін жағдайлар жиі кездеседі. Мұндай формасы өзгерген түсінік жағдайды анық көре алмайды. Сіз өзіңіздің түсінігіңіз ұшырағыш көптеген тысқары пікірлерді саралауыңыз қажет. Кез-келген уақытта сіз шешім қабылдап немесе шара қолданасыз, өзіңізден мұны түсінікпен, эмоциямен немесе ақылыңызға әсер етеіндей басқа да теріс ұғымдар арқылы жасап отырсыз ба, соны сұрайсыз. Сіз сараңдыққа немесе ашушаңдыққа ұшырағыш кезіңізде, басқалар туралы дұрыс ойламаудың ықпалында болған кезіңізде, басқалардың жаңсақ пікіріне құлақ түрген кезіңізде, сіздің жеке түсінігіңіз айқын болмайды.

ҚҰДАЙДЫ БІЛЕТІН РУХАНИ ҰСТАЗ КӨМЕГІН ІЗДЕҢІЗ

Жалған пікірлер, қыңырлық және эмоцияның кесірінен сіз өзіңіздің таза ақылыңызды сол күйінде көре алмайсыз.Сондықтан да сіздің ойларыңызды тазартып, қалай саралау керек екенін үйрететін рухани ұстаз немесе рухани оқуды іздеу орынды. Құдаймен серіктес жанның түсінігі де шынайы болады. Құдайшылдыққа ие барлық жандар, өз түсініктерін Оның даналығымен үйлестіре білді. Олардың ассоциациясы сізге сәуле береді. Мен өз гуруым Свами Шри Юктешваржиді рухани ұстазым болғаны үшін ғана емес, сонымен қатар маған түсінік бергені үшін құрмет тұтатынмын. Өзімнің көре білу қабілетімнің кез-келген айқындығы үшін мен өз отбасыма немесе басқаға емес, оған қарыздармын. Өз ата-анасын ешкімде мен сияқты жақсы көрмеген болар; бірақ гуруым үйреткен көру айқындығы мені азаттық жолында жігерлі етті.

Менің өз үйімнен кетіп, әлемнен бас тарту үшін Варанасиге барған кезім есімде; содан соң ақшадан да маңызды нәрселерге қол жеткіздім. Мен дәулетке жеткен ақшалары көп адамдардың өмірлерін саралап көріп едім, бірақ олардың өміріндей өмірді қаламайтынымды түсіндім.

Егер байқап көрмесем, өкінетінімді білдім. Мен басқа адамдардың өзім қалағандай өмірлік қажеттіліктерге қолы жеткен материалдық заттарының көп болғанын білдім, бірақ сол жолға түскенімді саралап көріп едім, онда да бақытты бола алмайтынымды айқын көрдім.

Менің Варанасиде болған кезімде, Құдай мені өз гуруыма табыстырды. Соңынан, оның ашрамында, оған бір күні: «Мені үйіме шақырып жатыр. Мен әкемді көруім керек. Ол мені қатты жақсы көреді»,-дедім.

Менің отбасым мені ұстап қалғысы келетінін ұстазым жақсы білетін. «Бармағаның дұрыс, Сіз оралмауыңыз мүмкін», - деп кеңес берді ол.

Бірақ мен, «Гуруджи, мен келетінімен уәде беремін»,- дедім. Мен өзім үшін басқа өмірдің жоқ екенін жақсы білдім, сондықтан да келетініме сенімді едім. Ата-анамызға деген махаббат, және ата-анамызға деген бауыр басу екі түрлі нәрсе. Бауыр басу сезімін түсіну; құдайшыл махаббат ешқашан көрсоқыр бола алмайды. Мен өз отбасымызда басқаларға қарағанда ата-анамды қаттырақ жақсы көретінімді білемін, және өз өмірімді Құдайға тапсыра отырып, олар үшін көп еңбек сіңірдім деп ойлаймын.

Үйге барған кезде, әкем байсалды[2] бола тұра, мені көргеніне қуанғандықтан көзіне жас та үйірілді. «Сен қайтып келдің» деді ол. «Мен қуаныштымын»,-деген сол аздаған сөздерде көп мән жатыр еді. Оның іңкәрлік сезімі сондай терең болатын, бірақ ол ешқашан сыртына шығарып көрсетпейтін. Ұлы әулие былай деген екен: «Өзіңіз махаббатыңызды көрсетіп отырған сәтте, оның бір бөлігі ауыз «ласымен» араласқан; ерін микробтары мен инфекция ластап тастаған». Құдай сізді басқалардан артық көреді. Сондықтан да Ол сізге айтпайды. Ол өз махаббатын тым-тырыс көрсетеді. Осы рухани жолға түскен кезде, мен нені болса да адамнан емес, Құдайдан алдым.

Бірақ өз оқиғама оралайын: Мен әкемнің алдында тұрған кезімде, ол қайтыс болған ағамның[3] орнын басу үшін менің қалуымды сұрады. «Айталық, мен де өліп қалармын?». «Сонда сенің іні-қарындастарыңа кім қамқор болады?»,- деді әкем

---

[2] Парамахансажидің әкесі осы дәріс алып жүрген кезінде әлі тірі болатын. Ол үш жыл өткен соң қайтыс болды.

[3] Ананта Лал Гош 1916 жылы қайтыс болды, көп кешікпей Парамахансаджи Свами Орденіне өтті.

«Әке» деп жауап бердім мен. «Сіздерді осы әлемде менен артық көретін ешкім жоқ. Бірақ осындай әке берген Құдайды бәрінен де қатты жақсы көремін».

Осындай ата-ана берген Құдайды мен қалайша тастап кете аламын? Егер Көк Аспан Әкесі оның жүрегінде сол махаббатты сыйғызбағанда, менің жердегі әкем мені қалай жақсы көре алар еді? Құдайға деген міндет баршаға деген міндет, өйткені Құдайсыз бізде сүйікті жандар да болмас еді. Бұл-шынайы түсінік.

Әкем әрі қарай ештеңе де айта алмады. Ол түсінді. Қайтадан «Мен әлсіз болмас үшін адасу өзенінен өтемін»,- деп кете бергенде, үйдегілердің барлығы жылап жіберді. Пенделік стандарттар бойынша, оларды қалдырып кету, өте қатігездік болар еді, бірақ, сол бас тарту арқылы маған да, оларға да үлкен ризашылық келді. Алдымен Құдайға қызмет ете отырып, мен олар үшін өзім ұсына аларлықтай кез-келген материалдықтан гөрі рухани көмекті көбірек бере алдым.

Бірнеше жыл өткен соң мен үлкен айқындықпен оралдым, сонда Ранчидағы мектебімді көрсету үшін әкемді ертіп апарып едім, ол «Мен саған лайықты емеспін»,- деді.

«Жоқ, жоқ»,- дедім мен, «Мен саған лайық емеспін».

Сонда әкем маған « менің ұсынған теміржол компаниянысындағы жұмысымды не үшін қабылдамағаныңды көріп, қазір қуанып тұрмын»,- деді.

ТҮСІНІКСІЗ ӨМІР РУХАНИ ӘЛЕМ ҮШІН ДЕ МАТЕРИАЛДЫҚ ӘЛЕМ ҮШІН СӘТСІЗДІК

Кімнің түсінігі болса, сол адамдар Құдай ризашылығын алған. Бұл рухани жолдағы және өмір жолындағы ең үлкен қажеттілік. Түсінік сіздің жолыңызға сәуле түсіріп, табысқа жетелейтін прожектор. Осы ұлы мақсатқа жетпес бұрын, сізде сол маңызды қабілет болуы қажет. Сондықтан да көрсоқыр бола көрмеңіз; әрдайым дұрыс түсінікте болыңыз. Дұрыс түсінбеушілк бұл материалдық дәулетке жету үшін де рухани жетілуі үшін де сәтсіздік. Имансыздық пен имандылық бір-бірімен қалай үйлеспейтін болса, дұрыс түсінбеушіліктің кесірінен рухани әлем де материалдық әлем де солай үйлеспейді.

Түсінік қай жағдайда да сіздің жетекші күшіңізге айналуы тиіс. Сынақтарыңыздың қандай болғанына қарамастан, түсінуге тырысып көріңіз. Құдай ешқашан ешкімге жамандық жасап, зиянын тигізбейді. Біз өзіміз, дұрыс немесе бұрыс түсіне отырып, өзімізге көмектесіп немесе кедергі келтіреміз. Құдайдан болатын жағдайларға қарамастан, түсініктің болуын сұраңыз. Бұл сізді құтқаратын жалғыз ғана нәрсе. Менің сынақтарым үлкейген кезде, мен түсінікті алдымен өзімнен іздеймін. Жағдайды кінәлап немесе басқа бірдеңені түзетуге талпынбаймын. Мен алдымен өз бойыма үңілемін. Жанның айқындалуын қиындататын нәрсені жою үшін алдымен өз жанымның қамалын бұзамын. Бұл- өмір сүрудің табысты әдісі.

Мәселелерді шешу ең жеңіл шешім болып көрінуі мүмкін. Бірақ сіз күшке мықты қарсыласпен күрескенде ғана ие боласыз. Қиындық көрмей байлық келмейді. Қиындықсыз өмірде биікке жету мүмкін емес. Біліп істеген мақсатына тез жетеді. Сіздің түсінігіңіз бар кезде, үрейіңіз жоқ. Түсінікте қауіпсіздік болады.

Мен өз өмірімде көптеген сынақтарды басымнан кешірдім. Олардың ең қиындары адамдармен болды, өйткені олар мен түсінгісі келмейтін. Мен өзім жақсы көретін, жүрегімді берген адамдардың түсінбестігін көрдім. Бірақ бұл менің көкірегімде ешқашан шер қалдырған емес. Егер басқаларды түсінбегендіктен жүрегіңізде күйініш пайда болса, онда сіз өзіңіздің жеке түсінігіңізден айырылып қалуыңыз ықтимал. Басқа біреулер сізді түсінбей жатса, өзіңізге жан ауруын сезінуге жол бермеңіз. Одан да сол адамға көбірек көмек көрсетіңіз. Егер сіз өзіңізді түсінбегендерге қатысты сезіміңізді бейтараптандыра алсаңыз, онда сіз әрдайым кез-келген адамға, кез-келген жерде көмек қолын ұсына алатын боласыз. Өзіндік таным жолына түскендердің барлығы бүкіл адамдарға деген мейірімділік сезімін көрсете білулері керек.

ТҮСІНІКТІҢ ЖҮРЕГІ МЕН АҚЫЛ-ПАРАСАТЫ БОЛУЫ ШАРТ

Түсінік сіздің ішкі мәніңіздің көрінісі, жаныңыздың образы, жүрегіңіздің телескопы болып табылады. Түсінік сабырлы ақыл мен жүрек тазалығының балансы. Эмоция махаббат емес; эмоция сізді бұрыс қылықтарға жетелейтін бұрмаланған сезім. Интеллектпен басқарылатын түсінік, байсалды; бұл да сізді бұрыс әрекет етуге итермелейді. Эмоциясына әсер етпей тұрып, сөйлесуге мүмкін емес адамдар болады, және орнынан себепсіз қозғалту мүмкін емес адамдар да болады. Ер адамдар кейде интеллектуалды тоңмойын болып келеді де, әйелдер кейде эмоционалды ақылсыз болып келеді. Және сізге түсінікте баланс қажет. Егер сіздің түсінігіңіз терең болып жүрек пен таза ақылыңызды бірдей басқарса, онда өзіңізді және басқаларды көретіндей айқын көрініс бар сізде. Сондай-ақ, Сіз басқалардың өзіңіз туралы не ойлап, не айтып жатқанын білетін боласыз.

ӨЗІҢІЗДІҢ ДҰРЫС, НЕ БҰРЫС ЕКЕНІҢІЗДІ ШЫНАЙЫ ТҮСІНІК АЙТАДЫ

Сіз дұрыс болсаңыз да, біреулер сізді дұрыс емес деп айтады; және сіз дұрыс емес болып, біреулердің сізді дұрыс дейтін де кездер болады. Енді, сізде түсінік бар болса, өз жүрегіңізде өзіңіздің дұрыс, не бұрыс екеніңізді түсінесіз. Сіз өзіңізді бақылап, дұрыстауыңыз керек. Айталық, сізге біреу бұрыс жолға түсіп кеткеніңізді айтады делік. Сонда сіз жүректің ішкі шамшырағына еніп, қателескеніңізді тексеріп көруіңіз керек. Өз ниетіңізді саралап көріңіз. Егер дұрыс жасамаған болсаңыз, түзетіңіз өзіңізді.

Ұлы түсінігі бар адамдар, пікірі де, өмір жолы да дұрыс адамдар. Сондықтан да мен ұстазыма тұтастай сенетінмін. Мен онымен өзіммен қалай сөйлессем, солай ашық сөйлесе беруші едім. Мұндай түсінікті дамыту үшін, адамдармен сөйлескен кезде барлық тысқары ойлардан азат өз ойларыңызды шоғырландыруға үйреніңіз. Егер түсінігіңіз анық әрі мол болса, сіз ешкімге ауыртпалық жасамай, өзіңіз де ондай нәрселерден азат бола отырып, көңілі қаю, жүрегі жаралы адамдарды қолдап, оларға қол ұшын бере аласыз.

Ең кереметі сіз олардың абыройы мен жағымсыз жақтарын жеке ойыңыздың теріс ұғымысыз көргеннің өзінде сіздің барлық тіршілік атаулыны шын көңілмен таза беріліп ынталы жүрегіңіз арқылы жақсы көре білетініңіз болып отыр. Сіз әр адамды шындап жақсы көруге үйренесіз, және махаббатыңыз жеке тілектеріңізбен ендігі шарттас болмайтын болады. Сізде осындай түсінік бар болса, онда сізге ешкім жамандық жасай алмайды.

Тілек қанағаттанбаса, қайғы келеді; ал тілек орындалғанда, рахат сезімі келеді. Осылайша, біздің бақытымыз бір келіп, бір кете береді. Міне, сондықтан да Кришна құдай Бхагавад Гитада «Қайғыда да, рахатта да сабыр сақтау» [4] деген екен. Ол сізге тастай қатты бол

---

[4] Бақыт пен қайғыны (сабырлылық), пайда мен шығысты, көтерілу мен сәтсіздікті теңестіру - сізбен шайқас (өмірдің) осылай болады! Осылайша, сіз күнәқар болмайсыз. (Бхагавад Гита II:38).

демейді. Ол сізге түсінікті үйрен дейді. Сіз сол түсініктің берік қамалында өмір сүрсеңіз, сізге ешқандай қайғы жолай алмайды; ешқандай ауру мен тән азабы сізге жете алмайды.

Салауатты үйлесімді дұрыс өмір, болашақта жаныңыз табысқа кенелсін десеңіз, түсінікті қолданыңыз. Бұл, ештеңемен бүлінбеген сізге дұрыс курс табуға көмектеседі. Жүрек көзімен негізделген түсінігіңіз болсын, барлығын жақсы көріп, құрметтеңіз, бірақ ешқашан басқаның, не өзіңіздің тысқары пікірлеріңізге жол бермеңіз, өйткені ол залалды. Дүние сізді қайғысымен абыржытса болды, сіз жоғалдыңыз. Бірақ сіздің түсінігіңіз айқын болса, санаңыз бен рухани тазалығыңыз жоғары болса онда басқалардың қандай қиыншылық жасағысы келетіні маңызды емес, өйткені сіз шындықтың не екенін білесіз.

ГУРУЫМНЫҢ БАСШЫЛЫҒЫ МЕНІ КӨРЕГЕН ЕТТІ

Түсінік бұл сіздің құтқарушыңыз. Мен ұстазға келіп, соңынан түсінбестіктің салдарынан кетіп қалған көп адамдарды білемін. Бірақ мен өзіме «Көп адамдар келер, көп адамдар кетер, бірақ мен мәңгіге қаламын»,- дедім. Ұстаз өте қатаң, салмақты данышпан кісі болатын. Кей адамдар оның зәрлі даналығы үшін де қашып кетті. Бірақ мен бір күні оған келіп: «сіз қашып құтыла алмайтын бір адамыңыз бар, ол менмін»,- дедім. Мен сол уәдемде тұрғаныма мақтанамын, өйткені оның ілімдері мені көреген етті.

Аздаған адамдар өздерінің мейірімділігінің қайда екенін біледі. Түсінбестіктің кесірінен олар өздеріне зиян келтіретіндей қылықтар жасайды. Мен бірдеңені сенімді түрде айтсам, ол басқалардың әрекетінің кесірінен сезінетін қандай да бір ауыртпалықтан емес, бұл әрекеттер өздеріне зиян келтіретінін біліп, соған күйінгеннен. Егер сізге басқалардың бұрыс тәртібі зиянын тигізіп, өз жүрегіңіздің оны көрмеуіне мүмкіндік берсеңіз, онда сіз шынайы түрде адамдарды жақсы көре аласыз. Бірақ түсінігіңізді айқын түрде ұстай алсаңыз, онда сіз өзіңіз жақсы көретін жанға көмектесе аласыз. Сіз олардың әрекетінің трамплинін, әрекеттерінің курсын, және бұл әрекеттердің неге әкеліп тірейтінін көресіз.

Кей адамдар менің айтқандарыма тез жауап бере алады; бірақ кейбіреуі жауап бере алмайды, өйткені олар өздерінің мейірімділігінің қайда екенін білмейді. Мен адамдарды әркез жетілу жолына негізделген бағытым, тек олар үшін ненің жақсы екенін көрсету тілегі ғана болатын. Мен өзімнің жеке басымның қажеттілігі үшін басқаларды пайдаланып көрген емеспін. Ешкімді!

Көп адамдар түсінігіміз бар деп *есептейді*. Бірақ өмірдің түрлі қиыншылықтарында түсініктері жеткіліксіз болып жатады. Өзіңізді жағымсыз жағдайлардың барлық түрлеріне қойып көріңіз, қарсы сөйлеуге өзіңізді мәжбүрлеңіз, күлкі мен жек көрушілік нысаны етіп көріңіз, сырттай бақылап көріңіз. Егер іштей сіздің қытығыңызға тимесе, егер зиян мен әділетсіздіктің бүкіл сезімін жойып, жүрегіңізде тек махаббатты ұстай алсаңыз, онда бұл шынайы түсінік болып табылады. Ашрамда менің гуруым бұрын менің жауапкершілігімді өзгертіп, маған қиянат жасайтын. Ол менің кез-келген жағдайда оған деген сенімділігім мен жан тыныштығымның өзі қойған орынмен байланысты болмайтындай толық түсінігімді алғысы келді. Мен сол түсінік дәлдігіне жеткен кезде, шексіз бақытқа кенелдім. Бұлай өмір сүрудің өзі керемет.

Адамдар уақытының басым бөлігінде сөйлеп, өздерінің көзқарасы бойынша әрекет етеді. Олар басқа адамның жағына сирек қарайды немесе тіпті қарауға да тырыспайды. Егер түсінікте кемшілік көрсе, сіз біреумен күреске шығасыз, есіңізде болсын, дауды бастағанына қарамастан, әрқайсыңыз да бұл жерде кінәлісіз. «Ақымақтар дауласады; данагөйлер пікір алысады». Бұл - ашуды тудыратын сарказм. Егер мейірімділікпен айтылған шындық біреу-міреуді абыржытса, оған көмек берудің қажеті жоқ. Олар түсінігі бар сіздің шынайы достарыңыз, және кеңесін сұрағанда сізге шындықты айта алатындар. Сіздің сағатыңыз дұрыс жүрмеген кезде, сіз оны хронометрмен тексересіз. Онда данагөйлермен және қателігіңізді қорықпай бетке айта алатын адамдармен қарым-қатынас орнатыңыз. Бұл сіздің нағыз достарыңыздың құндылығы. Олар біздің хронометріміз.

Әрдайым шынайы болыңыз. Өзіңіз бірдеңемен келіспесеңіз, олармен келісіп тұрғандай сыңай танытпаңыз. Сіз сырттай адамдармен келісіп, өзіңіздің шынайы ойыңызды білуіне мүмкіндік бермесеңіз, онда екіжүзді адамсыз. Шынайылықтың бұзылуы үлкен күнә. Сіз біреуді қастықпен алдасаңыз, сізге де сондай түсінігіңіз түнеріңкі жолмен болады. Нәтижесінде, сіз екіжүзді достар табасыз.

Егер сіз түсінікке ие болғыңыз келсе, түсінік бере білуіңіз керек. Сіз барлығын да өзіңіздің ата-анаңызға, балаларыңызға және басқа да жақындарыңызға беретіндей сүйіспеншілікпен сүйе білуіңіз керек.

Сол, барлығын қамтитын махаббат ең керемет сана. Қаттырақ айтар болсақ, сіз маған ешкім де емессіз, өйткені біз қандас емеспіз. Бірақ мен қаншама жандар бақытқа кенелер еді, егер өз үлесімді қосып, оларды жақсы жолға түсіре білсем деп ойладым, күні-түні, өз отбасыма жасаған жақсылықты сізге артық жұмыс жасадым. Мен көп адамдарға табысқа жетуіне көмектескенімді білемін, көбісі аман қалды. Бірақ бұл өте қиын жұмыс, оны сіздерге айтып отырмын. Сіз өз билігіңізді өмірге өткізуге талпынасыз, оған ешкім бағынғысы келмейді. Бірақ, егер өз билігіңізді махаббатпен және даналықпен іске асырсаңыз, бұл басқаларға көмектесуде ең ұлы жолнұсқа болады. Менің сіздерге көрсетіп жүрген сол тұрақты көмегім сіздің жолыңыздың прожекторы болады. Бұл ешқандай теріс ұғыммен тұманданбауы тиіс.

ОЙЛАНБАСТАН ЖАҚСЫ ШЕШІМ ҚАБЫЛДАҢЫЗ

Барлық жақсы шешімдер сақталуы тиіс. Өзіңіздің жақсы шешімдеріңізді неғұрлым көбірек іске асырғыңыз келсе, соғұрлым күштірек боласыз. «Мен әр таң сайын серуендеуді ұйғардым, бірақ бұған кейде кедергілер болды. Тіпті бұл кеш түсіп кеткеннің өзінде, мен ақылымның әлсіз болғанына қарамастан серуенге шығамын» дейтін әулиеге ұқсаңыз.

Бірдеңе істеуге шешім қабылдар алдында, мұның жақсы шешім екеніне сенімді болыңыз. Шешім қабылдағаннан кейін көп ойланып жатудың қажеті жоқ, өйткені ол сіздің еркіңізді әлсіретеді. Егер дәлелдер тұтастай ақтайтын болса, онда шешім өзгермеуі тиіс. Әйтпесе, өзіңіз жүрген жердің бәрінде, сіздің ақыл-ой әлсіздігіңіз өзіңізден екі елі қалмайды. Орманға барарда өз әлсіздігіңізді тастап кете аласыз ба? Жоқ. Сіз қайда болсаңыз да, өз жеңісіңізге жете білуіңіз керек. Сіз кетіп қалып немесе бас тартып ештеңеніде жеңе алмайсыз.

Егер түсінік болмаса, өзін бақытсыз ету оңай. Мен әділ түрде «Әлем мені түсінбейді, Гималайда Бабажимен рухани бостандық рахатымен рахаттанудың орнына, бұл материалистік жерде неге болуым керек?,- деп пайымдай аламын. Бірақ егер сіздің түсінігіңіз бар болса, «Мен қайда жүрсем де күресуге тиіспін» дейсіз. Егер сіз іштей өзіңізбен, ақылыңыздың бүкіл әлсіз тұстарымен, өзіңізді тура жолдан тайдыратын бүкіл әдеттеріңізбен күресе білсеңіз, сіз нағыз жаулап алушысыз. Сіз ешқашан жеңіліске жол бермеуіңіз керек. Жеңілісті мойындағанда ғана жеңімпаз боласыз.

ДҰРЫС НӘРСЕНІ ҚОЛДАҢЫЗ

Жерде аздаған уақыт боламыз да, сосын кетеміз. Бірдеңеге тәуелді болып немесе бірдеңеге байланып қалмаңыз, ешнәрсеге де байланысты болмаңыз. Менен осы елдің азаматы болуымды сұраған кезде, мен қарсылық білдірдім, өйткені мен басқа елдің азаматы болуды қаламадым. Менің елім бүкіл елдер; мен әлем азаматымын. Менің Әкем-Құдай; менің отбасым бүкіл адамзат. Маған кім бұл тұста қарсылық білдіруі мүмкін? Егер мен күресетін болсам, онда әділет үшін күресемін. Дұрыс болған кезде, Американы қорғаймын, ал егер дұрыс болмаса, мен қорғаймын деп айта алмаймын. Мен егер дұрыс болса, Үндістан үшін күресемін, дұрыс болмаса күресе алмаймын. Әркез, еліңіз дұрыс болған кезде қолдаңыз. Әркез, отбасыңыз дұрыс болғанда, қолдаңыз. Достарыңыз дұрыс болған кезде, олармен қарым-қатынас орнатыңыз, қолдаңыз. Қаншалықты оңай екенін көріп отырсыздар ма? Сіз бұл принциптің дұрыстығын жоққа шығара алмайсыз. Бұл-Кришна мен Христос және басқа да барлық әулиелер үйреткен құдайшыл рух. Берік әлем осы әлемге нақ осылай енгізілуі тиіс.

Мен сіздерге бір шағын оқиғаны айтып берейін. Бір шәлкес пікірлі мұсылман биі өмір сүріпті. Үнділік ауыл тұрғыны келсе, би неге келгенін сұрайды. Ол «Аса құрметті би, менің бұқаммен күрескен сіздің бұқаңыз менің бұқамның мүйізін сындырды, содан бұқам өліп қалды»,-депті.

Би оған: «Енді, жануарлардың бір-бірімен шайқасатынын білесіз ғой. Іс бітті»,-депті.

Мұны естіп, көреген ауыл тұрғыны «Құрметтім, мен қате айтыппын, менің айтайын дегенім, менің бұқам сіздің бұқаңыздың мүйізін сындырып, содан сіздің бұқаңыз өлді»,-дейді.

Би бұл сөздерді естігенде ашуға мініп, ауыл тұрғынына 50.00 $ төлетеді. Бұқа бидікі болып шыққанда оның «пайымы» өзгерді. Бұл жердегі мораль, адал би туған жоқ дегендей би әділ, дана, ішкі және халықаралық күрделі мәселелерді шешуде төреші түсінігі мол болу керек. Алдымен өзіңіздің ниетіңізді талдаңыз. Әркез, жүрегіңізде күмән болғанда, өзіңіздің ішкі трибуналыңызға үңіліңіз.

ТҮСІНІКТІ ҚҰДАЙҒА СЕНУ АРҚЫЛЫ ТАБЫҢЫЗ

Күн сайын өзіңізді саралаңыз; өзіңіздің қалай ілгерілегеніңізді қараңыз. Өзіңізді риясыз түрде саралай алғандықтан, сіз өзіңізді де, басқаны да түсіне алатын халдесіз. Бұл шынайы өмір салты. Егер түсінікпен өмір сүріп, түсінікпен өлетін болсаңыз, онда мәңгілікті табасыз.

Менің мақсатым ірі мекеме құрудан тұрмайды. Мен адамдардың өмірін Өзіндік таным қоғамдастығына оқыту арқылы құрғым келеді. Міне сондықтан да, мен ғибадатханаларда сансыз жиналыстар жасауға талпынбаймын. Біз, бар болғаны, Құдаймен қарым-қатынас орнатқысы келгендерді қалаймыз. Ол ішкі толқуды қоздыратын эмоционалдық уағыздар есту арқылы танылмайды.

Өзімнің ішкі дүниемде неге ие болсам, ол мен үшін соншалықты қымбат. Мен жорамалдап сөйлей алмаймын; мен өзімнің өмірім және өз іске асыруым бойынша тексергенімді ғана айта аламын. Сондықтан да бұл ақиқаттар мен үшін шынайы. Мен мұнда сіздерге уағыз айту үшін емес, өз тәжірибемнің бағында өсірген ақиқатты айту үшін келдім. Мен көк аспан Әкеден шындықтың хош иісін әкелуші аспан желі болдым. Мен сіздерден өзім үшін ештеңе де қаламаймын. Менің жалғыз ғана тілегім сіздерге сол діни хош иісті беріп, содан соң қайтадан Оның көкірегіне оралу ғана. Менің сіздерге айтқым келетіні, сіздер өзіңіз үшін, өзіңіздің жеке сеніміңіз бен таза ниетіңіз арқылы ғана Құдайға сенгеніңізді қалайтыным. Сол түсінікке ештеңе де сәйкес келе алмайды.

Критицизм

Шамамен 1928–1930 сипатталған

Егер сынға қалсаң, өзіңді сарапта. Өткен жағдайларды мұқият бағдарлап шық. Ішкі дүниеңе үңіліп, өзіңді сарала. Егер сен өз бойыңнан өзің іздеген кемшіліктерді тапсаң, сабырмен оларды дұрыста да, әрі қарай жүре бер. Егер өз бойыңнан өзің іздеген кемшіліктерді таппасаң, күлімсіре де, әрі қарай жолыңды нық абыроймен жалғастыра бер. Егер із кесушің сені жәбірлеуді жалғастырып, жауапты талап ететін болса, оған дұшпандықпен емес, сүйіспеншілікпен жауап бер.

Егер сен өзіңе басқалардың жарқын көзқарасын күтетін болсаң, өзгелерге өзіңнің даңқың үшін немесе жаман даңқ үрейі үшін емес, өз жүрегіңіздегі пәк махаббатпен жауап бер. Не істеп, не айтсаң да, жеңіс үшін емес, басқалардың пікірі үшін емес, өз даңғойлығың үшін емес, тек ақиқат үшін болсын. Алайда, ақиқатқа Махаббат басқалардың бақытсыздығын әкелмеуі тиіс. Ақиқатты тарату үшін айтылған ғайбат сөз немесе жеке басыңның пайдасы үшін айтылған ғайбат сөз эго белгісі немесе ішкі әлсіздіктің, басқалардың басын шауып, атаққа ие болуы тілегінің белгісі болып табылады.

Егер жүрегіңде махаббат болмаса, ешқашан күреспе, тіпті ақиқат үшін де күреспе. Жек көрушілік жек көрушілікті жеңе алмайды. Оңбағандықты арамзалық арқылы жеңу мүмкін емес. Егер қорғаныс ретінде жек көрушілік, кекшілдік немесе ұлғайған эго «ақиқат» түрінде болса, онда бұл сіздің жүрегіңіздегі өз қастандық ойлаушыларыңмен күресу тілегін қайтарады, шайқасты қоя қой. Бірінші мәдениет махаббат. Махаббат сенің және сенің жақын достарыңның күші болып табылады. Оның сүртпе майымен сен өз дұшпандарың жасаған жарақатты емдейсің; махаббатты жеңу мүмкін емес. Жек көрушілікті жеңуге талпынған өлімнің өзі өшпес жан үшін махаббат жеңісі болып табылады.

Сені жек көріп, балағаттайтындар ақиқатты білмейтіндер. Олардың надандығын кешір, өйткені олар не істеп жүргендерін

279

өздері білмейді. Өзіңе не істесең де кешірімшіл болғаныңдай, басқаларды да осылай оңай кешіре сал. Саналы түрде, қасақана сені сынап-мінейтіндер және орынсыз жазғыратындарға махаббатыңды сыйлауды жалғастыра бер. Өздерінің берген уын махаббат сыйымен қайтарғаныңда, олар ұялатын болсын. Оларды өзіңнің шүбәсіз махаббатың арқылы өзгертуге талпынып көр.

Құдай махаббатын таныған жандардың барлығы да жек көре алмайды және оның кез-келген баласына опасыздық жасай алмайды. Қалайша сен өзіңнің бауырларыңды жек көріп немесе зиян келтіре аласың? Жақсы болсын, жаман болсын, олар бұрынғыдай сенің бауырларың. Жек көрушілік пен зұлымдықтың салдарынан әрекет етуші бауырларың бұл заңнан хабарсыз. Сен оларды жек көріп, жек көрушілік ағынына батырғың келе ме? Одан да, жағалауға жүзіп шығуға көмектесетін махаббат шамшырағын көрсет.

Рақымшыл істері үшін сынға ұшырайтын адамдар шадыман. Дұрыс өмір сүріп, дұрыс өле білетін жандар үшін мәңгі шаттық жұмағы тиесілі. Бірақ игілікті іс атқарып жүрген жандарды көре алмау, олармен жауласу немесе жеке жауыздық қызығушылығын танытушы жандар бәлеге тап болады. Сарказм, ғайбат сөз, кекшілдік, алдын ала болжау, жалған сөз жан кармасына орасан жарақат төндіретін тозақтың уы болып табылады.

Мейірімсіз және әділетсіз сын үйлесімсіздікті, итіс-тартысты, алдын ала болжау мен бүлікті туғызады. Өсекшілердің қолдауымен, ол бейкүнә жанның керілуіне айналады, бұл тәнді кергеннен де ауыр. Өсек-аянды жақсы көру дегеніміз бөгде жандарды керуді жақсы көру дегенді білдіреді. Өсек, жалған айту және ғайбат сөз ауыр тисе де, олар ақыр соңында, сынға одан сайын зиянын тигізеді. Қателесе сынап-мінейтіндер айыпкерлердің себеп пен салдар кармасы заңымен айыпталғанынан да жиі кездеседі. Бұдан басқа, олар ар-ұятпен әшкерелеу және өзі жасаған ішкі дүниенің дімкәс түнегінде өмір сүруге ұшыраған. Қателікті еккендер, адасу мен қайғы-қасірет өнімін оратын болады.

Құдайшыл жол дегеніміз басқаны емес, өзіңді айыптау. Егер сен үйіңде тазалық орната алмасаң, басқалардың үйі лас деп айтуға хақың жоқ. Егер басқалар сенен шынайы түрде пікіріңді сұраса, оларды теріс түсінікпен айыптама және жеке мақсатта емес, риясыз махаббатпен және сүйіспеншілік кеңеспен. Бұрыс қылықтармен ешқандай компромисс болмауы тиіс. Күнәқарды аяма. Күнәқарды жаман оймен сынама. Бірақ адасқан адамға өзіңнің махаббатыңды ұсын. Бауырыңа «Менің жүрегім саған жасалған қайғы- қасіреттен, сенің бұрыс әрекеттеріңнен қарс айырылуда. Өз жолыңды дұрыста. Мен сені амандықта көргім келеді» деп айта бер. «Дос жылатып айтады» дегендей, шын жүректен айтылған сөздер көңілге тигіш, ащы болуы мүмкін, сондықтан да ол сөздерді жұтуға оңай болуы үшін, зұлымдық безгегі емес, махаббат қанты мен мейірімділік себілген болғаны дұрыс.

Бірақ егер сенің көзқарасың үйлеспегендей болса, онда үнсіздік таныт. Бұзылған конструктивтік ойларға махаббат пен дұғаларды ойша жібер бұл да оны оятуға көмектесуі мүмкін.

Ол терең қажеттілікте қорланбайды. Оған сенің сүйіспеншілікпен созған қолдарың қажет. Басқалардың қайғысын өз қайғыңдай ойла, сонда сен барлығын да сезетін боласың. Басқалардың сүрінгенінен рахат табатын дұшпанды ащы сын азапқа салады. Махаббат басқалардың бақыты мен игілігіне қуанушы достарды сақтайды.

Сынды білдіру, тіпті конструктивтік сынның өзін білдіру қауіпті; бірақ осы сынға шыдай білудің өзінің үлкен пайдасы бар. сені сүйіспеншілікпен мінеу ететіндер, сенің нағыз достарың. Сенің кемшіліктеріңе жағымпазданатындар олар сенің қас дұшпандарың. Прогресс заңымен үйлесімдікте болу үшін риясыз сынды қабылда. Бірақ жағымпаздыққа берілу материалдық және рухани алға басуға қарсы у болып табылады.

Басқалардың күнәсін да, өз күнәңді да мойындау өткен қателіктерді кешіріп, ұмыту дегенді білдіреді. Өзіңнің де, басқаның да күнәсін жандандырып, заттандырма. Басқалардың кемшіліктерін айта берме. Олар туралы жазып, жария етпе. Өсек-аяң таратпа. Жалған сөйлеме, ол сенің жеке өміріңе алауыздықты туғызып кедергі жасайды. Барлығын түсініп болмай, жеке түйін шығарма.

Өзіңді жақсы жағынан көрсет. Сенің іс-әрекетіңмен көрсете білген үлгің айтқан сөздеріңнен гөрі миллион есе дауысты болады. Ақиқат принциптерімен өмір сүру арқылы сынға қарсы тұра аласың. Өзіңді өзгерт, және өзіңнің өнегеңді бақыла, өзіңді өзгерту үшін басқаның шабыттануына мүмкіндік бер. Бұл осы әлемнің қалауы және осыған мұқтаж болды. Көргенсіздікті- рақымшыл өнегемен, қателікті- шындықпен, жек көрушілікті- махаббатпен, надандықты- даналықпен, үрейді- батылдықпен, шектеулікті- түсінікпен, фанатизмді-аққөңілділікпен жеңу керек. Рақымшылдықты әуелі өзіңнен баста. Өзіңнің жеке басыңның менталдық тазалығына мұқият қараңыз, сонда мүмкін, сіздің тазалығыңыз басқаларға да өздері үшін солай қажет болар.

Иса қазір қайда және немен айналысуда?

Өзіндік таным қоғамдастығының Ғибадатханасы, Голливуд, Калифорния, 19-ші желтоқсан, 1943жыл

Барлығыңызды жаңа жылмен құттықтаймын. Мен сіздерге өміріңіздегі ең жақсы Жаңа жылды қарсы алуыңызға тілектеспін; және сіздердіңде өз жүректеріңізден маған махаббат тілейтіндеріңізді білемін. Қане, бүгін бәріміз Иса Мәсіхқа және оның махаббатына арнайы көңіл тоқтатайық.

Иса адам және адамның бойындағы киелі рух деп екі аспектісімен қарастырылады. Христос рухына табыну оның материалдық және әлеуметтік туылуын білгеннен гөрі маңыздырақ. Христос біздің бойымызда рух болып туылуға тиіс. Ол біздің санамызда қайтадан туылуы керек. Бұл Христостың «екінші пайда болуы». Христостың туылуын тек ұлан-асыр тоймен және ойын-сауықпен тойлау әділеттілікке жатпайды. Бұл жерде қорқатындай ештеңе жоқ; бірақ Рождествода Христос рухымен терең қатынастың болмауы христиандық тәжірибедегі елеулі қате болып табылады. Міне, сондықтан да мен Рождество мерекесін 24-ші желтоқсанда[1] күніне бірнеше сағаттан медитация жасай отырып қарсылаудың қажет екенін тағы да естеріңізге саламын. Және тек 25 –і күні әдеттегі Рождествоны қарсылау керек. Мен осы Христостың туылуын ұзақ, терең медитациямен атап өту керек екені туралы бүкіл дүние жүзіндегі шындықты іздеушілер еститініне өте қуаныштымын. Мен бұл дүниеден кеткен кезде де, миллиондаған адамдар естіді.

Иса «Оратын егін көп, бірақ жұмысшылар аз» деген екен. Құдай

---

[1] 1950 жылы 23 желтоқсанда Христостың 25 рет туылуын тойлауға арналған костюмді фестиваль дайындығы басталмас бұрын, ізбасарларына осы күнмен ұзағырақ рахаттанып, осы әлемде болу мүмкіндігін беру үшін Парамаханса ұзақ медитация жасады.

мен Христос терең медитация кезінде олармен байланысу үшін күш салғандарға өздерінің батасын берген. Егер сіздер Өзіндік таным қоғамдастығы оқытатын медитациясының техникасын ұстанатын болсаңыз, діни өсиеттер мен салт-жоралар кезінде табынғанмен де, терең медитацияға уақыт бөлмейтін миллиондаған келушілерге қарағанда, Христос туралы көбірек білетін боласыз. Өзіндік танымның бұл қозғалысы ішкі дүниемізде Христостың ішкі рухын ояту үшін әлемге бағытталған.

Қайда болсаңыз да, алдымен рухани Рождествоны, содан соң мерекені атап өтуге уәде беріңіз. Мұны сақтау қажет, өйткені сонда сіз үлкен құлшынысты сезінесіз. Рождество кезінде Құдаймен, Христоспен және ұлы әулиелермен қатынас орнатуға талпыну арқылы өзіңізді таяп қалған жаңа жылды өткізуге дайындайсыз. Бұл жаңа жылды бастаудың тамаша әдісі. Күн сайынғы рухани күш салулар арқылы, сіз өзіңізді азат етесіз. Мұны сіз үшін ешкім де жасай алмайды.

АЗАТ БОЛҒАН ӘУЛИЕЛЕР ӘЛЕМДІ ҚАЛАЙ БАҚЫЛАЙДЫ

Кейде, егер, Иса секілді ұлы жандар әлем үшін жоғалған болса, сенен осы туралы сұрап қалуы мүмкін. Толығымен емес. Тәңірдің немен айналысатынын қарашы: Ол әрдайым оның жеке экстазында, әзірге біздің әлеміміздің қозғалысымен айналысуда. Және осы жерден кеткен барлық әулиелер мен рухани ұстаздар да біздің осында өз шаруамызбен айналысып жатқанымыздай, бірдеңемен айналысуда. Лахири Махасая Бабажиді кейбір күмәнданушы достарын қанағаттандыру үшін бірінші рет заттануға шақырған кезде, Бабажиге оның бұл қылығы ұнамады, «Сен неге мені су тегінге бола шақырасың. Менің қолым бос емес» [2] деген екен. Азат болған әулие өзінің қолы тимейтінін айтса, онда ол құдай еркін орындап жүргені. Ұлылар әркез жаратады; кейбіреулер үшін бұл міндет әлемде мейірімділікті нығайту болып табылады. Олар зерек ақыл арқылы осылай жасауға қабілетті болғандықтан, ібілістің күші әлсіреп, Құдайдың күші өсе түседі.

Әулие рух түрінде пайда болып, соңынан шынайы және шын берілген ізбасарларына жауап бере бастаса, онда оның осы әлемде нақты рольге ие екенінің белгісі. Мен Христостың Үндістандағы Бабажимен жан-тәнімен қарым-қатынаста болғанын білемін. Олар әлем тағдырын

---

[2] *Йог өмірбаяны*, 34 тарауды қараңыз.

бірге шешуде.[3] Олар сол Дүниежүзілік соғысты тоқтатуға тырысты.[4] Олар және басқа да тіріліп келген әулиелер осы әлемде өз міндеттеріне ие. Кей жандардың ақыл-ойына әлем туралы ой салатын кім? Христос пен ұлылар осы соғысқа қатты қапаланады. Олар бұл әлем жағдайына түңіле қарауда. Олар жер бетінде бейбітшілік пен үйлесімдікті орнатып, неғұрлым жоғары рухани деңгейге көтеруге тырмысуда. Адамдар қол ұшын бермесе, оларға мұны істеу мүмкін емес.

Құдай құдіретті. Ол ертең-ақ соғысты тоқтата алады, бірақ егер солай жасайтын болса, ол жендет болған болар еді. Тәңір мен ұлы әулиелер неге соғысты тоқтатпады екен деп жиі ойлаймын. Мұның жауабы: олар осылай жасау үшін кереметті пайдалануға тиіс еді; Құдай сондай ұлы болғандықтан да, Өзінің еркін бізге міндеттемейді. Ол бізді жазаламайды, бізден кек алмайды да. Ол біздің күшімізбен емес, ниетімізбен, махаббатымызбен өзгергенімізді қалайды. Соғысты ойлап тапқан Құдай емес, адам және ол бізге –біздің туа бітті құдайшылдығымызға сабақ болуға арналған. Бірақ ақиқатқа апарар жол сондай күрделі! Құдай біздің ешқашан өлмейтінімізді біледі, өйткені біз-өшпес жандармыз. Сонда Құдай біз үшін азап шекпейді деп ойлайсың ба? Ол біздің бақытты болғанымызды қаламайды дейсің бе? Ол бізге қайғыруға мүмкіндік беретіні біз тек мейірімділік жолымен жүруге тиіс болғандықтан.

ХРИСТОС КЕТКЕН ЖОҚ, ОЛ СЕНІ БАҚЫЛАП ОТЫР

Егер Христос осы жер бетінде болып, әулие күйінде қалса, ал сен не болатынын білгің келсе, оның өмірін сүруге тиіссің. Әркез, қажет болған кезде, ол сенің ізбасарың болып табылады. Және сен онымен үндестікте болсаң және ең болмағанда менің айтқандарымның бір бөлшегін жасайтын болсаң, өзіңнің күнделікті өміріңде оны танитын боласың. Иса кеткен жоқ. Ол өз философиясын қалдырып, оны қолданған жандардың сыртынан бақылап отыр. Сен Христос мұраттарымен өмір сүріп, оның саған үнемі қарап тұрғанын білуің қажет.

---

[3] «Бабажи Христоспен үнемі қарым-қатынаста болған; Олар бірге кінәнің өтелу вибрациясын жіберіп, сонымен қатар сол дәуірге құтқарудың рухани техникасын жоспарлаған. Осы біреуі тәнде де, екіншісі тәнсіз екі алға басқан шеберлердің жұмыстары соғысты болдырмауға, нәсілдік жек көрушілік, діни секттанттық және материализм зұлымдығы бумерангына ұлтты шабыттандыру» - *Йог өмірбаяны*, 33 тарау.

[4] IIДүниежүзілік соғыс

Сен неге Христосты көріп, оның дауысын естімейсің бе? Өйткені сенің көзің мен құлақтарың дайын емес. Сен тіпті теледидардағы бейнені көріп, осы материалдық әлем әндерін теледидар экранысыз немесе радионың көмегінсіз тыңдай алмайсың. Рухани шыдамсыздық статикасы сені өте сезімтал күш болып табылатын шусыз тыныш қабылдаудан ұстайды. Міне сондықтан да сен бұған қалай дайындалу керек екенін білмей тұрып, Христосты көре алмайсың.

Иса осында; оны екі қастың ортасындағы, рухани көз, Христосты түсіну орталығы орналасқан нүктеге қарап, көруге болады. Оны көргің келсе, осы рухани көру нүктесіне шоғырланыңыз; рухани көз арқылы қара. Оның әлемдік ақыл-ойына ие болғың келсе, сен оның санасын рухани көз арқылы сезінуге тиіссің.

Қайтыс болған соң, Иса өз тәнін қайта тірілтіп, жүздеген адамдарға осыны көруіне мүмкіндік берді. Барлық сенбеушілерге ол: «Бұл Менмін, мені ұстап көріңдер» деген. Неге ол тәнін заттандырды? Басқалары оны тірілгеннен кейін көрсін деді және үндестікте бола отырып, өзін танысын деді. Әулие Франциск: «Мен әр түн сайын Христосты кездестіремін» деген екен. Егер сен онымен үйлесімді үндестікте болсаң, сен солай оны көре алатын боласың.

Христосты шақырудың әдісі бар. Ол мақтауды күтпейді. Оны байлықпен, уағызбен немесе берілгенге ұқсап сатып ала алмайсың. Ол тек махаббат мехрабына келеді. Жүректе зор махаббат пен шын берілгендік болған кезде ғана ол саған келеді. Оның тіпті адам бойында да заттана алатыны таңғалдырады.

ХРИСТОС СЕКІЛДІ ӨМІР СҮРУ ҚИЫН, БІРАҚ ПАЙДАЛЫ

Христос үнемі сен үшін жұмыс жасайтынын ұмытпа. Және оның тағы сенің рухани көзіңде орналасқан. Егер сен онымен Христос орталығында үндестікте болсаң, сен оның жаныңнан табылатынын және жұлдыздар кереуетінде ұйықтап жатқанын, сезімдеріңнің толқынында билеп жүргенін, сенің берілгендігіңнің мехрабында дем алып жатқанын сезе аласың. Кез-келген жақсы ой Христостың құпия баспанасы болады. Христос қайда болса, сол жер баспана болады. Бірақ ібіліс сізбен бірге болып тұрғанда, өзіңізді жек көретін адамдарды сүюге үйренбей және Христос принциптерімен өмір сүруге үйренбей тұрғанда, ол өз баспанасынан шықпайды.

Христос жер бетіне келгенде, ол Шығыста туылды. Он бес жасқа толған кезде оның отбасы, сол кездің дәстүріне сәйкес үйлендірмекші болды. Бірақ ол үйінен кетіп, Үндістан мен Тибетке аттанады да, сол жерде он бес жыл бойы рухани ұстаздармен бірге өмір сүреді. Мен мұны бұрын да айтқанмын. Естеріңде ме, Иса туылған кезде оған үш данагөй келді дегенім. Оның сол жылдары данагөйлерге барғаны туралы Тәуратта ештеңе де жазылмаған. Содан соң ол Иерусалимге өзінің міндетін жалғастыру үшін келеді. Мұны түсінген жандар өте аз болды! Тек ол кеткен кезде ғана көпшілігі оны қабылдады; және сонда келесі буын оның құрметіне шіркеу сала бастады. Тіпті, қазірдің өзінде, Христос принципімен өмір сүріп жатқан адамдар ішінара кездеседі. Сондықтан да, өздерін христианмын деп санайтын миллиондаған адамдар, бақытсыз және рухани қанағаттанбаған.

Христос пен оның ілімдері туралы барлығын білудің өзі жеткілікті оңай, бірақ оларды іс жүзінде қолдану тап оңай емес. Мен мұны өзім барлық қолжетімді қатынастарда Христос өмірімен өмір сүріп жатқаныма мақтанғаннан айтып отырған жоқпын. Мен ол үйреткен өмір- шынайы бақытқа жетелейтін жалғыз жол екенін сенімді түрде айта аламын. Көпшілігі мұндай өмір салтын қиын санайды. Бұл шынымен де солай. Бұдан басқа танымал және бай болу да оңай емес; және сонымен қатар, қанша күш салсаңыз да, өзіңіздің тілектеріңізді орындай алмайтыныңызды түсінудің өзі қиын. Бірақ Христос принциптерімен өмір сүре отырып, қиындықтарды кездестіргенде, ақыр аяңында, сіз марапатқа ие боласыз.

ХРИСТОСТЫҢ МЫЗҒЫМАС МАХАББАТЫНЫҢ ЕСКЕРТКІШІ

Иса пайғамбар адам баласы қаншалықты мүлтіксіз болатын болса, ол да соншалықты мүлтіксіз болатын. Сонда оған адамзат не берді? Оны мойындаудың орнына, адамдар оны шегелеп, керіп тастады. Сен басқалардың болмашы балағат сөзінің өзіне шыдай алмайсың, ойлап қарашы, Христос өзінің махаббаты үшін неменеге ие болды! Иса барлық жасаған кереметтерінің ішіндегі ең зоры оның кресттен:(көктегі Әкесіне сиынып) «Әке, оларды кешіре гөр! Олар не істеп жатқандарын түсінбейді», - деген сөздерінен артық тақуаның ұлы үлгісі бар ма екен. Исаның сөзіне сеніңіз, ол шындықпен өмір сүрді Сондықтан да біз бүгін жүрегімізде мәңгі махаббат ескерткішін тұрғызған Христос алдында қарыздармыз.

287

Бізде әскери уақытта осы :«Әке, кешір оларды, өйткені олар не істеп жатқандарын өздері білмейді деген сөзді қолдануымыз керек. Надандықтан көрсоқыр болған олар, бірін-бірі өлтірді. Олардың өздері дұшпан санайтындарға жек көрушілігі болған жоқ. Саясаткерлер оларды бір-бірімен шайқасып, өлтіруіне айдап салды.» Сонда нәтижесінде не болды? Нәтижесі адамның соғыстан түк шықпайтынын түсінуі. Міне, солай. Соғыс мәселені шеше алмайды. Бомбалар дауды шешпейді. Тек махаббат қана қарсыласты қарусыздандыра алады. Жер билігі менің қолыма автомат алып, біреуге қарай оқ жаудыруыма мәжбүрлей ала ма? Жоқ, мен адамға қарай ешқашан қару кезінбеймін. [5] Біз өз бойымыздағы Христостың мәңгі ескерткіші туралы ұмытпауымыз керек:«Бір-біріңді жақсы көріңдер». Біз барлығымыз да Құдай ұлдарымыз. Біз мұны түсінуіміз керек. Христостың жалпыға бірдей махаббаты ұлттар өздерінің ақылдылығын көрген кезде бұрынғысынан да күштірек болады.

Адамдар Христосқа табынғанындай, ешқашан саясаткерлер немесе монархтарға табынбайтын болады, өйткені олардың принциптері аясы тар қызығушылықтарға, сараңдыққа және жек көрушілікке негізделген. Бұл Иса мен басқа да ұлылар саясаттың аясы тар принциптерін ауыстыра өмір сүрген әмбебап мәңгі қағидалары. Адамзат есінен адасты, өйткені Христосты тірі кезінде жақтырмай, ұмытып кетті. Ол өзін міндеттемейді. Біз оны рухани түрде қабылдауға тиіспіз;содан соң ғана ол бізге батасын береді.

МЕН ХРИСТОС ІЛІМДЕРІНІҢ МАҢЫЗЫН ҮНДІ ГУРУЛАРЫ АРҚЫЛЫ ТАНЫДЫМ

Христос мұраттарымен өмір сүріңіз. Мен Христос ілімінің маңызын өзімнің гуруым Свами Шри Юктешвардан оның Үндістандағы ашрамында естідім. Мен мұны ешқашан да жадымнан шығармаймын. Мен осы принциптерді басшылыққа ала өмір сүргендіктен, жақсы өмір сүрдім деп айта аламын.

---

[5] Иса: «Семсеріңді қынабына сал! Семсеріне сенген семсерден өлер»(Матай 26:52)

Соғыс кезінде болған бір оқиғада, Парамаханса «мен зұлымдыққа қарсы тұрып, әділеттілік пен бостандық мұраттарын қорғаған сол жандарға батамды беремін. Кісі өлтіру-дұрыс емес, күш қолдану дұрыс емес, бірақ күнә сол соғыстың және дауды шешу құралы ретінде күш қолданғандардың өзінде жатыр. Біз адамдардың жүректерін ауыстыру үшін жұмыс жасауымыз керек, солай соғысты жоя аламыз».

Ашрамда өзімнен кейін келіп, шәкірт атанған Құмар атты бір бала болатын. Мен оны ұстазымның сүйікті шәкірті деп ойлайтынмын, өйткені ол шапшаң және ақылды болатын, мен болсам жәй жолмен аяңдап келе жаттым. Оның менің ұстанымымды басып қалғысы келгені айдан анық болатын, сондағы ойы ашрам үшін жауап беру міндетіне ие болу еді. Гуруджи оны сол міндетке тағайындап, мені төменгі қызметке ауыстырды. Барлығы ұстаз дұрыс жасамады деп маған аяушылық білдірді. Бірақ мұның орнына, мен оның жағын қабылдадым. Мен оларға: «Менің Гуруджимен арадағы қарым-қатынасым титулмен немесе қызметпен өлшенбеген. Мен оны таңдауға уәде бердім. Мен, мұнда мақтау немесе ұстаным үшін емес өз пандығымды көндіру үшін келдім»,- дедім.

Көндігу алқабында құдай рақымының суы жиналады. Әдетте, адамдар өзімшілдік мақсатта жағымпазданады. Басқаның өзіңізге жағымпаздануына жол бермеңіз. Сізбен болып жатқанның барлығы да, біз өзімізді қалай ұстайтындығымызды Құдайдың тексеруі. Және бұл менің ашрамымдағы алғашқы (тест)сынауы еді. Бұл сынақтарды рухани ұстазыммен өткізбегенде, мен қазір Йогананда болмас едім. Мен ізбасарларыма: «Ұстаз дұрыс айтады. Мен бұл шешімді неге қабылдағанын білмеймін, бірақ ренжитін болсам, қателесетінімді білемін»,-дедім.

Сонда шын мәнісінде не болды? Бір күні, жұмыспен айналысып, қолым тимей жатқан кезде, Құмар ұстазға келіп: «Сіз мені ашрамға басшы етіп тағайындағанмен, барлығыда Йогананда келіп жүгінеді!»,- деп шағымданды.

Сонда ұстаз: «Бұл менің қалауым еді. Сен осы ұстанымды қаладың, ал ол болса, ешқашан қалаған емес. Барлығы да оған жүгінеді, өйткені сол міндетке ол лайықтырақ. Сен неге Йогонандаға аяқ-кииміңді тазартуға бұйырдың? Ол өзі көшбасшы болған кезде, саған осылай жасап па еді?»,-деді.

Мен бұл тәжірибеден үлкен сабақ алдым. Мен сыналып, сол жерде жеңіп шықтым. Құмар секілді ұсақ болмадым. Мен: «Әке, кешір оны» деп қана қоймай, оны жақсы көруге үйрендім. Соңынан ол менің соңымнан ілесті. Бұл Христос жолы болатын.

ӨЗІҢДІ РЕНЖІТКЕНДЕРДІ СҮЙЕ БІЛ

Иса «Біреу шапалақ берсе, екінші бетіңді тос» деген болатын; оған махаббатыңды сыйла. Бұл философия өте күрделі, бірақ мен осылай өмір сүрдім, және оның күшті екенін білемін.

Христос философиясын өзіңнің отбасыңнан баста. Сіздің үйіңізде, ол сізді өз мұраттары мен зұлымдық принциптеріне сүйенетін-сүйенбейтіндеріңді бақылап отырады. Отбасылық өмірде рухани тіршілікті бастан кешіре отырып, әрдайым сабырлы және түсінгіш болу қажет. Егер біреу сенімен шайқасқысы келсе де сабырлы күйде қал. Егер сіз дауласпасаңыз, аргументтерді ұстануға бола ма? Егер сіз некеде тұрсаңыз және күйеуіңіз өзін дұрыс ұстамаса, оны одан сайын жақсы көре түсіңіз. Ренжітушіге мейірімділік пен махаббатыңызды төгіңіз. Егер махаббатыңыз түсініксіз күйде қалса, онда сүйікті адамыңыз сізді тастап кетуі ықтимал. Бірақ сізді ренжіткенін ешқашан ұмытпайды. Өзіңді сүймеген адамдардың жүрегінде өмір сүргенше, сүйікті жандардың жүрегінде өмір сүрген әлдеқайда жақсы.

Өзіңді сүйгенді сүй, өзіңе шынайы түрде мейіріммен қараған адамды сүй. Бірақ Иса өзіңді ренжіткендерді де сүй деген болатын. Маған осы философия ұнайды. Мен тәртіптеріне көңіл аудармастан, адамдарды сүюді үйрендім. Бұл сынақтан өтуге халі жетпегендер қазаға ұшырауы мүмкін. Айып тек өзіңнен. Мұны қалай жасауға талпынғаның маңызды емес, әрдайым біреу сізге бөгет болады. Бұл әлем заңы. Менің үндестігімді қаншама адамдар бұзғысы келді, бірақ бұл іс олардың қолынан келмеді. Неге? Өйткені мен Христос заңымен өмір сүремін. Егер мен ауыртпалықты сезінгім келмесе, ешкім де маған жамандық жасай алмайды.

Иса өз дұшпандарын жоятындай күшке ие болды. Менің де бұл қолымнан келеді, бір ойдың өзімен залал келтіре аламын, бірақ ешқашан олай жасамаймын. Мен ешқашан ешкімнен кек алған емеспін. Сіз рухани жолмен келе жатсаңыз, сіздің еркіңіз тежеусіз болып кетеді. Құдайдың ізбасарлары көбейген сайын, оларға ұлы күш береді. Құдай оны басқа адамдарға бермейді, өйткені сондай күшке ие болған жандар бірін-бірі қырып-жоя бастайды. Егер олар руханилыққа жетсе, олардың күші де өсе бастайды. Бірақ онда басқа адамға зиян келтіру деген ой пайда болатын болса, ол алдымен өзін құртады. Күшін теріс пайдалану оның соңы болып табылады.

Иса: «Мен әкемнің он екі легион періштесін шақыра аламын» депті. Бірақ бұлай жасаудың орнына ол не істеді? Ол үнсіз қалды. Бұл дұшпандарын жеңудің құдайшыл жолы болып табылады. Егер рухани ұйымда сенімен дұрыс қатынаста болса, оларға махаббатыңды сыйла. Мен осыны жақсы көремін. Сабырлы күйде қалу керек, өйткені өзіңді ренжіткен адаммен дауласа бастасаң болды, сен өзіңнің ойларыңды лайлайсың; өзіңнің мұраттарыңды қиратасың. Төбелеске екі адам қажет. Төбелеспесе, күрес те болмайды.

Христосты түсінудің жалғыз ғана әдісі- Христос махаббатынан үлгі алу. Құдай бізді бір секунд ішінде жойып жібере алады; бірақ ол біз қандай себеп туғызсақ та, олай жасамайды. Ол жек көрудің орнына жақсы көрді. Бізді де солай жасауға шақырады. Біздің әрқайсымыз осылай жасауымыз керек. Менімен ешкім ұрсыса алмайды. Бұл өзім таңдаған жол. Егер сіз Христосты танығыңыз келсе, онда барлық сынақтан өтіп, эгоны жеңу керек.

ҚАЗЫМЫР АДАМДЫ ҚАЛАЙ ӨЗГЕРТКЕН

Нью-Йоркте ешкім жақсы көрмейтін бір жазушы индус өмір сүрді. Ол үнемі барлығымен ұрсысып жүретін. Бір күні маған тиісе бастады. Ол менің достарыммен дауласып, содан соң менің бөлмеме баса көктеп кіріп, мені балағаттай бастады. «Бизнесің қалай?» деп сұрады ол мені осы дәрістер мен сабақтардан көп ақша табадыға санап.

Саған мейірімділік пен зұлымдықты әкелетін ақша емес, оны қалай пайдалансаң, соған байланысты. Сен оны әр түрлі етіп пайдалана аласың. Маған келіп түскен ақшаның барлығын, мен Құдай ісіне арнаймын.

Ол мені балағаттауды жалғастыра берген кезде, достарым «бізге айтсаң болды, біз оны көшеге айдап шығамыз» деп ымдаған болды. Мен олар шынымен де осылай жасай ма деп қобалжи бастадым. Сондықтан да ол мені айыптауды жалғастыра бергенде, «Сенікі мүмкін дұрыс болар» деп жауап бердім. Мен ол дұрыс дегенім жоқ, мүмкін дұрыс *болар* дедім;

Содан соң достарымның бөлмеден шығуын өтіндім. Жазушы «Мен алғаш рет талқандалдым»,- деп отырғышқа отыра кетті.

«Мен мұны өтірік істегім келді деп ойлама»,.айтшы маған, неліктен осындай абыройлы адам бола тұра, өзіңді осылай ұстайсың?,«Сен өзіңнің жаман жағыңды және өзіңнің кім екеніңді көрсетіп отырсың. Мен саған достарым зиян келтіре ме деп қобалжыдым»,- дедім мен.

«Сен дұрыс айтасың. Маған көбірек айтшы»,-деді ол.

Сонда мен «Сен көктегі күшігеннің қалай жоғары ұшатынын және ойларының қаншалықты төмен екенін білесің. Олар тек төменде өлі еттің кездескенін қалайды. Сен де сол секілдісің. Адамдар ұрсысып, төбелескен кезде, олардың сүйектерін жинап алуға сен келесің. Сен дүние жүзіне осындай ісіңнің арқасында әйгілі болдың»,-дедім.

«Енді мен өз-өзіммен не істей аламын?,- деп сұрады ол.

Мен: «Адамдар өсек айтып, ұрсыса бастаса, жәй ғана сол жерден кетіп қалу керек; олардың жанжалына араласпа. Егер сені біреу сайтан деп атаса, сен одан сайтан болмайсың. Сені осылай атайтын адам, сол сайтанның сөзін сөйлейді. Ең дұрысы сабыр сақтау. Егер ұрыс-керістен бас тартсаң, сенімен кім ұрысар дейсің? Ал егер ол адам саған шабуыл жасауын қоймаса, оның шапалағы өз қолында өмір бойы күйіп жүретіні есіңде болсын. Бірақ та, оған қарсы шығатын болсаң, онда асқындырып аласың, ол жиырма есе артық соққы бергісі келіп кетеді»,-деп жауап бердім.

ЕГЕР СЕН ТАРБАҒАНМЕН БАЙЛАНЫССАҢ, ОНДА РАУШАН ГҮЛДІҢ ЖҰПАР ИІСІН СЕЗІНЕ АЛМАЙСЫҢ

Жауыз адамдар өзгеруді қаламайды. Ең дұрысы, олардан бойыңды аулақ ұстаған жақсы. Әлемде зұлымдықтан гөрі мейірімділік молырақ және жауыз адамдарға қарағанда, жақсы адамдар көбірек. Бірақ егер сен тарбағанмен байланыссаң, онда раушан гүлдің жұпар иісін сезіне алмайсың. Зұлымдықты ұмыту қиын болғандықтан, зұлымдық көбірек секілді болып көрінеді. Егер сені біреу қатты ренжітсе, сен оны бірден ұмыта алмайсың. Одан да, оның орнына өзіңнің өміріңдегі бар жақсы мен адамның сен үшін қандай жақсылық жасағанын ойла. Ғайбат сөзге мән берме. Және ешкімге өзіңді ұрысқа жетелеп, өзіңмен күресуіне жол берме. Егер осыларға мүмкіндік берсең, оның бір бөлшегі боласың.

Менің бойымды мейірімді істерден қалған тыртық көп. Егер олардың мағынасы маған аса мән бермеген болмаса, бұл жерде емес; Мен онда Гималайдан бір шығар едім. Бұл тыртықтар рухани өсуіме көмектеседі. Тек Оның өмірімен өмір сүріп, оның сынақтарынан өткендер ғана Христосты табады. Оларға Христос келеді. Егер мен өркөкіректікке немесе ашуға берілсем, немесе басқалары менімен әділ болмаған жағдайда, мен де оларға солай жауап қайтарар болсам, ол маған келмес еді. Адамдар саған әділ болмайды бұл біздің әлеміміздің жолы. Бұл планета сондай идеалды емес. Масалар секілді. Сен оларды, бар болғаны, қаныңды ішеді деп ойлайсың, бірақ сонымен бірге сенің тәніңе у, ал кейде, ауру, тіпті өлім шақыратын микробтар. Кей адамдар осы масалар іспеттес.

ЖАН ЖАРАСЫ ТӘН ЖАРАСЫНА ҚАРАҒАНДА ҚАТТЫРАҚ АУЫРАДЫ

Бала күнімде менің мінезім нашар болатын. Бірақ бір күні өзіме «Егер жер бетінде мейірім сепкің келсе, сен мінезіңді өзгертуің керек» дедім. Мен өз жанымның дұшпанын баса алатыныма уәде бердім; және сол күннен бастап ашудың немесе жек көрушіліктің салдарынан зиянымды тигізіп көрген емеспін. Жан жарасы тән жарасына қарағанда қаттырақ ауырады. Жаныңды ашу мен жек көрушіліктің жаралауына мүмкіндік берме. Адамдарды өлтірудің және соғыста жаралағанын көрудің өзі өте қиын болғанымен, олардың тәндері жараланғанымен, жандары мәңгілік екенін білетіндері жұбатады. Тән тыртығы денемен бірге өледі, ал рухани шайқас алаңындағы жан тыртығы анағұрлым жаман. Олар қатты азаптайды. Жек көрушілікке және оңбағандыққа беріліп, өмір шайқасынан жеңілгендер, өздерін жоғалтып алады. Бұл тыртықтар олармен о дүниеге және алдағы кейіптерге бірге барады. Егер сен зұлым адам болсаң, кім білсін, келесі реинкарнацияларда сен қайтадан жер бетіне оралып, адамдарға зияныңды тигізерсің, ал адамдар саған.

Ашу мен жек көрушілік еш абырой әпермейді. Махаббат- марапат. Мүмкін сен қазір біреуден қорқатын боларсың, бірақ кенеттен ол қайта оралып, саған қайтадан қауіп төндірсе ше? Сен онда қалай жеңімпаз боласың? Мұның саған керегі қанша? Жалғыз ғана жеңіс-махаббат. Ал, жеңе алмайтын жерде, үндемей бұрыл да, жүре бер. Нақ осылай сен сүйе білуің керек. Егер мұны өз өміріңде қолдана алсаң, сенде түсініктен тыс әлем болады. Сонда сен Христосты түсінесің. Осылай неге жеңбеске? Жаның қасірет шегіп жүрген жаман қасиеттеріңді жең. Құтыл олардан; Өрте оларды. Мен бұл дұшпандарды жеңе алдым, енді, міне, азатпын. Сен де өз дұшпандарыңды жеңуің керек.

ЗҰЛЫМДЫҚ ЖАСАҒАНДАРМЕН ӨЗ ЖАНЫҢДЫ ЛАСТАМА

Есіңде болсын: Зұлымдық жасағандармен өз жаныңды ластай көрме. Оларға батаңды бер. Махаббатыңды сыйла, және өзіңді олар секілді жасауына жол берме. Өзіңді балағаттауына жол берме. Тек сабыр сақтасаң болды. Құдай дүниені сілкіндіре алады, бірақ ол олай жасамайды, өйткені ол бізді басқаша жасауға күштеген болып саналады. Ол бізге ерік бостандығын берді, және өзімізді дұрыс ұстауды қашан бастайтынымызды үнсіз күтіп отыр. Бұл Тәңірді жақсы көрушілердің жолы. Бұл сынаушы тыныштық. Егер біреу оларға қасірет тудырса, олар: «Жақсы, өзіңе ұнаса, жасай бер» дейді. Бұл керемет идея. Мен осы философияның арқасында кенелгендей бақытты көрген емеспін.

Қанша ренжеулі болсаңда, шыдамдылық таныта біл. Ішіңнен жек көрушілік пен ашу болмасын. Егер біреу саған дөрекі сөйлесе, үнсіздік таныт; немесе «Егер ренжіткен болсам, кешір» деп айт та, үнсіз отыра бер. Бұған адам қандай жауап бере алады? Бұл философияны мен бүкіл өмірімде қолдандым. Тіпті соғып қалғанның өзінде, мені ешкім төбелеске шығара алмайды. Мен аяғына жығылып, кешірім сұрай алар едім. Егер сен төбелескің келіп тұрмаса, ол адам сенімен қалай төбелеспек? Кім болсада «өзінің ешкісі санасада» Христосқа сенгендер ешқандай ешкімнен кек алмауы керек. Біздің осы жерде бір-бірімізді жақсы көру үшін екеніміздің өзі Христостың үлгісі. Біз ешқашан кекшіл болмауымыз керек. Ал, Сен өзін-өзі ұстай білу мен махаббаттан қандай күш шығатынын көз алдыңа елестете де алмайсың. Сен адамзатты нәресте секілді көресің, олар өздерінің не істеп жатқандарын өздері білмейді.

ЕГЕР СЕН МАҒАН ХРИСТОС ӨМІРІМЕН ӨМІР СҮРУГЕ ҚОСЫЛСАҢ

Маған келгендердің барлығы тек үндестік және махаббатпен шабыттануы тиіс. Кей жандар секілді басынан бастап үндестікте болғандар менімен ешқашан ұрсыспайды. Миссис Р солардың бірі. Көп адамдар оны өте жақтыра қоймайды, бірақ өз басым оның ашуға мініп, немесе салқындық танытқанын көрген емеспін. Және ол әркез күлімсіреп жүреді. Сол қылығының жемісі ретінде, оны жұмақта орын күтіп тұр. Оның өмірінің өзі үлгі. Маған келгендердің барлығы да Христос өмірін сүруі тиіс.

Егер көп жанның ішінен біреуін құтқарар болсам, бұл мың адамға әсер еткеннен де «артық» болар еді. Мен сіздердің жандарыңа жүгінемін. Менің осында айтылған сөздерімнің арқасында көп адамдар құтқарылатынын да білемін. Бірақ сен бұл мұраттарды өз өміріңе қабыл алуға тиіссің. Бұл мұраттар тек айтылып қана қоймай, Сенің өміріңнің мәні болуы керек. Егер сен олар арқылы өмір сүрсең, Христосты көре аласың. Ол айналада аңқыған жұпар иісіне ұқсайды. Бірақ тек зерек жандар арқылы. Егер Христосты бар жүрегіңмен шақырсаң және бейбіт өмір сүру бойынша сабақты игерген болсаң және Құдайға терең медитация жасайтын болсаң, Христос саған келеді. Сен оны Бабажи, Әулие Франциск және басқалары көргендей, оның ет пен сүйектен жаралған күйінде көресің.

Қымбаттыларым менің, бұл менің сіздерге бүгін Христостың қайда екенін, немен айналысатынын және көрген кезде оны қалай тануға болатынын білуіңіз үшін Рождестволық жолдауым. Ешкімге өзіңіздің жан тыныштығыңыз бен махаббатыңызды ұрлауына жол бермеңіз.

Және жыл сайын болатын рождестволық мереке күнді Христостың рухани туылуын тойлау үшін белгілеп қоюға ұмытып кетпеңіздер. Миллиондаған адамдар мен бұл өмірден кеткеннен кейін ізбасарлар болатынында білемін, өйткені бұл Христостың шынайы ілімі болып саналады.

Жандар қайта кейіпке ене ме?

Өзіндік таным қоғамдастығының Халықаралық штаб-пәтері,
Лос-Анджелес, Калифорния, 5-ші қыркүйек 1940 жыл

Бүгінгі кештегі тақырыбымыз жандардың қайтадан дене алуы туралы болмақ. Біз неліктен қайта дене алуға қызығушылық танытуымыз керек? Толғану үшін бір өмірдің өзі жеткіліксіз бе? Бір жағынан, бір рет өмір сүретініміз туралы ойлау жақсы. Ол солай болатын болса, біз уақытымызды текке жоймай, әрбір минутты әдемі, сәнді, рухани түрде өткізгеніміз жақсы емес пе? Адам жер бетінде екі рет туылмайтыны рас. Бұл Құдайдың ықыласына байланысты, және бағзы заманнан бері Ол өз саясатын өзгерткен емес. Шекспир «Зерттелмеген ел шекарасынан/ еш саяхатшы оралмайды» [1] деп жазған болатын. Тағдыр сіздің өлетініңіз туралы білдірсе болды, шешілген мәселе, сонда сіз ана өмірге аттанасыз да, сіздің тіршілік ету формаңыздың ақыры болады. Осылай, бұл мағынада қайта оралу деген жоқ, өйткені алдыңғы өзінің өткен өмірінің инкарнацияда сіздің тұлғаңызға байланысты, сіз осы өмірді бұрынғы өмірде кім болғаныңызды есте сақтамастан, қайта бастайсыз. Санамызда біз бұл өмірді басы мен аяғы ретінде қарастырамыз.

Сіздерге мен философияны сол Үнді халқына қарсы беріп отырғандай болып көрінуі мүмкін. Бірақ Құдай жаратылысы негізіндегі шындыққа сүйенемін. Мен Құдай кітабынан оқып, сол кітапхана атынан сөйлеп отырмын. Бұл менің өз гуруымнан (Свами Шри Юктешвар) және ұстазымның ұстазынан (Лахири Махасая) үйренген әдісім. Тікелей қабылдаусыз сіз ненің шынымен де дұрыс екенін біле алмайсыз.

Қайтадан, дұрысын айтар болсақ, егер бір рет қана инкарнацияға енетін болсақ, онда табиғаттан жоқтан өзгеге бағытталған қиратушы әдісті көреміз. Кей нәрестелер өлі туылады, немесе өмірді

---

[1] Гамлет, III, i, 56.

танып-білместен, туылсымен өліп кетіп жатады. Барлық жастағы адамдар өмірінен таң қалдырарлық жағдайлар қыңқыл-сыңқыл, ажал сияқты көріністер кездесіп жатады. Өмірде ешқандай да сенімділік жоқ. Жыл сайын автокөліктің жаңа үлгілері шыққанда, «лимон» деп аталатын механикалық ақауы барлар әрдайым кездесіп отырады. Өмір де сол секілді ме? Табиғи үрдісте кей жандар орнықты, шымыр денелі және ақылды болып туылады да, қайсібіреулер әлсіз денелі және ақаулы миымен дүниеге келе ме? Біз бақылаусыз жасалып жатқан фабрика өндірісі секілдіміз бе? Егер бұл өмір-өмірдің басы мен аяғы болса бұл әділетсіздік. Бұл рақымсыз. Біз осындай өмір беріп отырған Құдай туралы ойлағымыз келмейді бұл өмір жәй ғана Құдайдың зообағы болмақ, бізбен, эксперименттік жануарлармен, оның адами теңіз шошқасы бірге. Егер Құдай нұсқаларды саналы түрде, басқаларын тапшы менталитетпен, біеулерін сұлу, кейбіреуін көріксіз етіп үлкен дарынмен жасаған болса, онда ешқандай әділеттілік те, діннен ешқандай пайда да болмас еді. Және егер бұл тіршіліксіз жалғыз өмір болса, онда өзіміздің өзімшілдік назымызды қанағаттандырудан тыс күш салудың еш мәні болмас еді.

ҚҰДАЙ ЖАРАТЫЛЫСЫНАН БІЗ БЕЙБЕРЕКЕТТІК ЖАСАДЫҚ

Құдай бізге ешқашан қанағаттандыра алмайтындай тек сұрақтардың себептерін беріп қойған жоқ. Жан мына өмірдің өткінші бақытына ешуақытта толық қанағаттана алмайды. Бұл шындық. Табиғаттың эволюция заңдылығы болып табылатын сұрақтарымызды біз неғұрлым көбірек білім алуға мүмкіндік беретін күмәнді шоуға айналдыра аламыз. Біз тұтастай түсіне алмаймыз, бірақ инстинктті түрде: бұл заңда адамдар арасында шексіз өзгешелікті тудыратын кей әділеттілік бар екенін білеміз. Табиғаттың қайта дене алу заңдылығы жан иелерінің санасының эволюциялық жетілуін, сөйтіп, біртіндеп жүректі тазарту жолын көрсетеді. Әділеттілікке негізделген себеп-салдар заңдылығы. Бұл заңдылық өмір мақсатына жеткізетін негізгі тәртіптердің бірі. Біз бұны карма немесе әділеттіктің көрінісі болып табылатын табиғаттың себеп-салдар заңдылығы деп атаймыз, әрбір қозғалыстың немесе іс-әрекеттің себебі және соған сәйкес оның салдары болатыны белгілі. Құдай, аздаған уақытта бүкіл жандарды бір жақты әдіспен жарата бастады. Ал, әділет заңдылығы адамдардың ой-өрісі, айтылған сөзі, мінез-құлықтары мен іс-әрекеттері арқылы көрінеді. Біздің барлығымызда тең мейірімділік пен бойымызда әлеует болды; интеллектіміз бен ерікті еркімізді дұрыс пайдаланбағанымыздың салдарынан, біз тағдырдың шырғалаңынан шыға алмайтын, өмірдің тұңғиығына құлдырап бата беретін бейберекеттік пен теңдіктің жетіспеушілігін жасадық.

Сіз адамдар туралы түйін шығара алмайсыз, өйткені Құдай әркімге де еркін таңдау бостандығын берді. Біздің кім, немесе не екенімізге қарамастан, тіпті өз кармамызбен, өткен өмірдегі әрекеттеріміздің әсерімен біршама байланысты болсақ та, өзіміз ниет еткен бір нәрселерді жасай аламыз. Ақыл-парасат қоймасында азаттық кілті секілді, еркіндіктің де бүкіл шынжырлары жатыр. Іс-әрекет болмыстың бір негізі. Барлық жаралыс іс-әрекетпен болады. Адам баласы жер бетіндегі ең саналы да, жетілген жан иесі болғандықтан, жер бетіндегі барлық іс-әрекет адамның еркі мен ерекше ақыл-ес үйлесімділігіне байланысты. Сондықтанда, адамдарда соншалықты ақыл-естерінде есалаң ойлар, дұрыс емес ойлар болғандықтан бұрыс әрекеттерге әкеп тірейді де, проблемалар пайда болады. Бұл елде барлығы да өздерінде басқалардан өзгеше бір нәрсенің болғанын қалайды. Адамдар ойына не келсе, соны жасайды. Олар үйленіп, екінші күні өз қалауларынша ажырасып жатады; олар не істесе де, тіпті өздерінің жеке бас игілігіне де қарамай, ойланбастан жасайды. Біз әлем қозғалып жатқан жабайы әдіспен өмір сүрудеміз, бір-бірімен қарсыласа, келіспеушілікпен өмір сүруші миллиондаған адамдар осындай түрлі мұраттарды қолдап отыр. Бір адам немесе бірнеше адамнан құралған топ бір затқа құмар, ал екінші адам немесе топ қарама-қарсы нәрсеге құмар. Біздерді біріктірудің дәстүрлері баршылық, сол секілді, бізді шатастыратын да дәстүрлер көп. Мен біздің аздап есалаң екенімізді жиі айтып отырамын, және біз оны білмейміз, өйткені сол есалаң адамдар өздерінің жеке түрлерімен араласып жатады. Адамдар бойларынан тек жаман қасиеттерді сезінген кезде, өздерінің есалаң екендерін білісіп жатады.

Құдай осы жерден көрікті бір нәрсе жасап шығарғысы келеді, бірақ оның бақылауынан шамадан тыс шыққан көп нәрселер бар, өйткені біз Ол берген азаттықты дұрыс қолдана алмадық. Осы әлемде тәртіпсіздік жасаған да өзіміз; тек нақ өзіміз осы өмірде берілетін мүмкіндіктер арқылы жаңадан туылатын өміріміздегі (инкарнациямыздағы) себеп-салдар заңдылығы бойынша құралатын жеке тағдырымызға ие болуға тиіспіз. Өйткені өзіміздің ниетіміз бойынша алған сол өмір жағдайынан біз тіршіліктің қуанышы мен қайғысын толық көреміз.

Біз өзімізді пенде ретінде санаймыз, өйткені сана үздіксіздігінде кемшілікке иеміз

Осы өмірмен және оның ауыр жұмысымен біз сәйкестендірілгеніміз соншалық, кей кездері біз өзімізге ажалды болып көрінеміз; тек тән ғана ажалды. Біздің шынайы мәніміз, жанымыз мәңгілік. Біз сол өлім деп аталатын өзгерісте аздаған уақыт ұйықтағанымызбен, жойылып кетпейміз. Біз тіршілік етудеміз, және сол тіршілік мәңгілік. Толқын жағалауға келеді, содан соң теңізге қайта оралады; ол жоғалмайды. Ол мұхитпен бір бүтін болып немесе басқа толқын түрінде қайта оралады. Бұл тән келді, және ол жоғалады; бірақ жанның ішіндегі мәні ешқашан өз тіршілігін тоқтатпайды. Ештеңе де сол мәңгі сананы жоя алмайды.

Қайта дене алу туралы білу үшін, сізде өлім, өлімнен кейінгі және ана құрсағында туылу алдындағы, бір кейіптен екінші кейіпке енудің ауыспалы кезеңі кезінде сана толассыздығы болуы керек. Бұл мүмкін жағдай. Мұны мен басымнан кешірдім. Енді жарыққа шығайын деп отырған өмірбаяным[2] атты кітабымда сіз туылған кезде нені сезінгенімді, ана құрсағында тұтқында болатыным туралы сол дәрменсіздік туралы оқитын боласыз; өйткені менің жаным дамыған және ана құрсағында болғанның өзінде ұйықтамаған. Менің жаным шектеулерге қарсы тұра білді.

Жан әлі де ананың құрсағында дәрменсіз оңашаланған кезде өткен өмір туралы ес келіп, жан өзінің өте қатты қиналғанын сезеді. Сол естеліктер баланы өмірмен орын ауыстыруына мәжбүр етеді; ол шыққысы келеді. Жан өзін сол тұтқында әлі де дем алуға қабілетсіз, әлсіз санайды. Бар күшімен ана денесі түрмесінен босағысы келеді. Бала туылғалы жатқанда, сол жаннан интенсивтік тақуалық ой келеді. Міне, сондықтан да нәресте дүниеге келгенде қолдары дұға оқып отырғандай күйде болады. Бала өмірге келісімен, өткенін ұмытады. Тек санасы тым күшті дамыған болғанда ғана өткен өмірі туралы естелік есінде сақталады.

Мысалы, егер сіз адамды бір үйден екінші үйге апаратын болсаңыз, ол оны ұмытпайды, өйткені оның ақыл есі дұрыс. Ол тек өзі бағыт алған түрлі ғимараттарды ғана емес, сонымен қатар маршрутты да ұмытпайды. Бірақ, ойлап көріңіз, Аляскада Эскимос басынан жарақат

---

[2] 1946 жылы басылып шыққан *йог өмірбаяны* атты кітабы.

алып, есінен айырылып, ұмытшақ жағдайға ұшырағанда, оны поезға отырғызып, Лос-Анджелеске емдетуге алып келеді. Ұйқыдан оянған кезде, одан қайдан келдің деп сұрағанда, ол «қайдан келгенім есімде жоқ» деп жауап береді. Бұдан басқа, гипноздың әсерімен сізді өзіңіздің шын атыңызды ұмыттыратын басқа да түрлері бар. Өлім кезінде сіз барлығын бірдей ұмытып кететіндей кома жағдайында боласыз. Бірақ сіз барлығын ұмытасыз ба? Бұл-сұрақ. Сіздің ақылыңыз ұмытса да, жаныңыз есте сақтайтын болады. Сіз рухани жоғары деңгейге жеткен болсаңыз, сіздің көкірек көзіңіз ашылады да, жаныңыз оянып бір өмірден екінші өмірге саналы түрде өте алады.

БІЗ ӨТКЕН ӨМІРІМІЗДЕГІ ПРОБЛЕМАЛАРДЫ ЕСКЕ АЛҒЫМЫЗ КЕЛМЕЙДІ

Мен сіздің есіңізге ең маңызды ой салайын: Құдайдың орындауысыз сіз өзіңіздің өткен өміріңіз, алдыңғы кейіптердегі жаман оқиғалар туралы білгіңіз келмес еді. Осы өмірде басыңыздан өткен қайғылар мен проблемалар туралы, және содан соң өзіңіздің көптеген өткен өмірлеріңіз туралы ойлаңыз. Бір сәт бойына сізде бұрынғы өмірлерде бірдей жанға батын немесе жаман оқиғалар болмайды деп пайымдамаңыз. Өзіңіздің жаратылған берги уақыттан бері басыңыздан не өткізгеніңіздің барлығын есте сақтағыңыз келе ме? Жоқ. Бұл сізді жаншып, сізге кедергісін келтіретіндіктен, және әуел бастан оны жалғастыру үшін сізде ерік күші де болмайды.

Мысалы, айталық, сіз соңғы өміріңізде қатерлі ісіктен қайтыс болдыңыз делік. Енді сол қасіретті қазір есте сақтағыңыз келер ме еді? Сіздің сол жағдай алдындағы үрейіңіз сол жағдайды қайта еске түсірер еді. Егер сіз еске алу үздіксіздігіне ие болып, өзіңіздің соңғы өміріңізде Джон секілді кедей болып, жаман аурудан қайтыс болғаныңызды еске түсіре алсаңыз, енді кедей болып осы өмірге қайта оралып, қайтадан сол кедейлікпен, сол аурумен бетпе-бет келсеңіз, сіз есіңізден танып қаласыз. Бұл сіздің табысқа жету тілегіңізді сал етер еді.

Біз жағымсыз және зұлым нәрселерді есте сақтағымыз келмейді. Сондықтан да, табиғат бір өмірден өтіп, екінші өмірге келген кездегі естеліктерімізді көлеңкелейді. Бір тәннен екіншісіне ауысқан кезде бізді өзіміздің өткен тіршілігімізді ұмытуға мәжбүрлейтіндей жағдай жасайды. Құдай бізге бұл жағдайда мейіріммен қарайды. Өткен өмірдің адамның есінде сақталмауы тағдырдың бейірімділігінің бір көрінісі. Егер адам өткен өмірінде жауласқанын білсе, ол бұл өмірде онымен бірге тіршілік құра алмас еді.

Әрине, біз өзіміздің соңғы өмірімізде керемет адам болсақ, онда, мүмкін, сол өмірді, әсіресе осы өмірде кей мәселелерге ұрынған кезде еске түсірер едік. Балгерлерге немесе басқа да өмірін болжаушыларға өздерінің өткен кейіптері туралы білгісі келіп баратын адамдар, шын мәнісінде масайрағысы келеді. Олар орташа адам немесе зұлым адам болғанын естігісі де келмейді. Олар өздеріне патша, көрнекті тұлға немесе әулиелер болғаны туралы естігенді қалайды. Жалған пайғамбарлар адамдарға олардың естігісі келетін нәрселерді айтып, олардың өзіне жиі келуі арқылы, өз қазынасындағы ақшаны көбейтіп алуды көздейді. Менің сабақтырымның бірінде үш бикеш болған болатын, олардың әрқайсысы бір балгердің оларға бұрын Шотландия патшайымы Мэри болғандығы туралы айтқанын айтты. Мен үш «Мэриді» де шақырып алып, олардың қайсысы шын мәнісінде патшайым болғанын айтуларын өтіндім!

БҰДАН СОҢ НЕ БОЛАРЫНА МӘН БЕРМЕСТЕН, ҚАЗІР ӘДІЛ БОЛЫҢЫЗ

Егер ақиреттік өмір бар болса, және сіз жақсы өмір сүрсеңіз, онда сол дүниені өзіңіздің келесі өміріңізге әкелесіз. Бүгінгі жасап жүрген іс-әрекетіміз сол өткен өміріміздегі әрекетіміздің салдары. Барлық іс-әрекет адамның өзінің қалау-ниетіне байланысты. Адамның әрбір іс-әрекетіне сәйкес оның нәтижесі, яғни оның салдары бар. Іс-әрекетің, мақсат-ниетің қандай болса, соған байланысты соның нәтижесін көресің. Жақсылықтың да, жамандықтың да өзіне сәйкес қайтарылатын есесі бар. Егер де о дүниелік өмір болмаған болса, өмірдің соңына дейін бақытсыз болып, бұрыс әрекеттер мен барабар емес тәртіптер нәтижесінің салдарынан бақытсыз болғаннан гөрі, бұл өмірде әділ өмір сүру анағұрлым жақсырақ емес пе.

Бірде әңгімелескісі келіп, маған бір атеист келді. Ол маған о дүниелік өмірге сенбейтінін; біз өлген кезде өмірдің соңы болатынына сенетінін айтты. Мен оған: "Айталық, өлімнен соң өмір бар *екеніне*, Сіз толық сенімді емессіз? Қалай өмір сүріп, нені қаласаңызда сіздің қандай істе де сіздің қалауыңызға байланысты емес пе? Онда қазіргі өмірімізге неге әділ болмасқа? Бәрібір келесі өмір бар болатын болса, онда сіз жақсы әрекеттеріңіз үшін марапатталасыз ғой. Тіпті келесі өмір болмағанның өзінде, осы өмірде жақсы өмір сүрсеңіз, онда жан сабырлылығы мен бақытты табасыз, адамның мақсаты келешекте өкінбейтіндей болып өмір сүру, әрбір адам өз өмірін өзі жасайды емес пе",- дедім.

БІЗ СОҚЫР МҮМКІНШІЛІКТІҢ ӨНІМІ ЕМЕСПІЗ

Біз соқыр мүмкіншіліктің өнімі емеспіз; біз таза ақыл жаратылысымыз. Сондықтан да, мінсіз таза ақылмен бізді жаратқан болар деген ойлаудың өзінің негізі мен таза рухани мәні бар. Әрине, бұған шүбә келтірудің өзі қисынсыз. Құдай бізді жер бетіне осыншама теңсіздікпен, зұлымдыққа қарсы тұратын мейірімділік пен жақсы істің нәтижесін айқындауға терең мүмкіндік берді. Ол бізге сол мейірімділікті қолданып, дұрыс әрекеттер ризашылығын жинау үшін уақыт берер еді. Егер бұл өмір соңы болса, қасиетті жазбаларды қолданғаннан немесе құдайшыл заңдарды сақтағаннан не пайда? Егер келесі өмір аздаған таңдаулыларға мәңгі жұмақ болып, және қателікке ұрынғандарға мәңгі тозақ азабы болатын болса, Құдай махаббаты мен әділдігі қайда? Құдайдың қайта дене алу заңы көрсеткендей, адам ренжулі кезде ешкім де Құдай Патшалығынан біржола қайтарылмайтындай толықтай зұлым бола алмайды оған сол зұлымдықты ұғынып, мейірімділікке қарай бұрылуына мүмкіншілік беріледі. Зұлымдық тканьді қайта ауыстырғанға ұқсайды; бұл адам бойындағы тұрақты қасиет емес, өйткені барлығы да Құдай балалары. Әр түн сайын Құдай түсіңізде сіздің тән емес екеніңізді еске салады. Сіз азатсыз, сіз бақыттысыз. Қайта дене алудың мақсаты адамға бүкіл тілектерін жүзеге асыруын жалғастыра беруіне мүмкіндік беру және Құдай баласы ретінде өзінің шынайы мінезін түсініп, Құдаймен бірігу оның бүкіл ізденісінің нысаны, бүкіл адамзаттың мақсаты екенін түсінген кезде өзі көрсеткісі келгеннің бәрін көрсетуге мүмкіндік беру болып табылады. Осылай адам баласы өмірдің тәттісі мен ащысын кезек татуы арқылы біртіндеп өмір заңдылықтарын сезіне отырып, түбінде осылардың бір себебі барын түсіне бастайды. Сөйтіп ол себептердің себебі Құдайға бас иеді. Бұл да Құдайдың бір мейірімділігі.

Біз дінді іздейміз, өйткені өз қасіретімізбен біржола қош айтқымыз келеді. Пенделік әдістер жауап бола алмайды. Құдай-жауап; құдайды тануға көмектесетін шынайы дін жауабы болып табылады. Осылайша, оянатын кез келіп жетті; даналық қылышын қолға алып, бүкіл жаман әдеттерді шауып тастаңыз. Сіздердің көпшілігіңіз қожайыны жоқ кезде, жұмысты тоқтатып қойған малайлар туралы айтылған Інжіл тарихын білетін боларсыздар. Олардың арасында біреуі ғана жұмысын жалғастыра береді. Қожайыны кенет келіп қалып, не болғанын көрген кезде, ол барлық жұмысшыларды жұмыстан босатып, өз міндетін шынайы орындап отырған жұмысшыны ғана марапаттайды. Сондықтан да, Құдайдың белгілі бір уақытқа ғана кеткенін ұмытпаңыз, бірақ Ол, «Мен қайтып оралғанда, сендердің жұмыстарыңды жасап, не жасамағандарыңды, ұйқыдағы көкірек көзіңізді, материалдық тілектеріңізді жүзеге асырып жатқаныңызды, немесе өмір үйіне қарай бойұсына ұмтылғандарыңызды көремін, сөйтіп сіздерге өмірдің әрбір көрінісін жасау үшін сізге қамқорлық жасауға мүмкіндік бердім» дейтін болады. Құдай адамның барлық қалау-ниетін, ой-өрісін біледі. Ол негізгі куәгер.

БАР МАҚСАТТАР ӨТКЕН ӨМІРЛЕР СИПАТЫН АЙҚЫНДАЙДЫ

Қайта дене алу туралы білудің ең маңызды нәрсесі, бұл өмір зұлымдықты қиратып, мейірімділік жасау үшін, өткен өмірден алып келген Құдай берген жаңа мүмкіндік. Сізде бар әрбір жақсы қасиет өткеннің мұрасы болып табылады. Және сол сіздің бақылауыңыздан тыс көрінетін сол жаман мақсаттар, сіздің оларды қиратуға талпынғаныңызға қарамастан сізбен бірге қалатын мақсаттар; әйтпесе олар сізді Өміріңіздің басынан бастап сізді басып алмас еді. Әрине, осы кейіпте кейбір жаңа қасиеттерге ие болдыңыз, бірақ сіздің өткен өміріңіздің елеулі сипаты оның алдына шығарылды. Міне сондықтан да, сіз өзіңізді белгілі жағдайлардың дәрменсіз құрбаны деп санайсыз. Сіз оларды жеңе аласыз. Сіз олардан қазірден бастап құтылуыңыз керек, әйтпесе олар сізді келесі өмірде де аңдып жүретін болады. Өлім сізді періште етпейді; өзің күш салуың керек.

Егер сіздің мінезіңіз ашуланшақ болса, одан қазірден бастап арылыңыз. Егер сіз жауыз немесе қыңыр болсаңыз да, осы бастан жойыңыз ол мінезді. Кей адамдар сіздің оған деген қатынасыңыздың қандай екеніне мән берместен, еш себепсіз ренжігіш болады. Басқа адамдар жаман қыңырлыққа және жағымсыз ойларға толы болады. Бізге Құдай берген неғұрлым қолдануға ыңғайлы себеп- өткен өмірден алып келген мінезіміздің сипатын саралап, содан соң өзімізді жаман әдеттерден арылту болып табылады.

Бұл даусыз жақсы, не жаман мақсаттар, осы өмірде ие болмаған мақсаттар, олар әр адамды дүниеге келген күнінен бастап аңдып жүреді. Олар өткен өмірден келмегенде, қайдан келеді? Егер балаларыңызды бақылап көрсеңіз, бойларында бұрынғы кейіптен келе жатқан нәрселерді байқайсыз. Неліктен кей адамдар сондай ақылды, ал кейбіреулер ақылды деп айтуға тұрмайды? Кей адамдар неліктен талантты болып туылып, музыкаға немесе математикаға жақын болып туылады? Олар өз дарынына осы өмірде ие болатындай мүмкіндікке ие болған емес. Ол өткен өмірде дамығаны белгілі. Кей балалардың бойынан сіз өзіңізбен қартайып кеткен жанның сөйлесіп отырғанын көресіз. Басқалары тым бейқам және әрбір кішкене нәрсеге бола жылап-сықтайды; олар өздерінің соңғы өмірінде эмоционалдық жетілу жетіспеушілігін бастарынан кешірген. Баланы ерте оқыту сондай маңызды, өйткені сіз шабыттандыруды немесе қолдауды қажет ететін сол жасырын мақсаттарды оңай тани аласыз. Одан кейін, бала шамамен бес жасқа келген кезде, оның өткен өмірден келген мақсаттарын осы өмірдегі ерікті еркіне әсер етушілерден айыру анағұрлым қиынға соғады.

Әркез, мен өзімді өткен өмірден еріп келе жатқан нәрселерді тапқан кездерімде, оларды елемеуге тырыстым. Бала секілді, менің мінезім шамданғыш болатын. Сонда осы ашуды өз бойымда ендігі алып жүруге келіспейтінімді шештім. Мен «Шық!» дедім де, сол күннен бастап сол ашуды қайтадан сезінген емеспін. Мен адамдарға ренжімейтінімді айтамын; адамдарға мен бұл мен екенімді ойлауына мүмкіндік беремін, өйткені кейде аздаған алау қажет болады. Бірақ ішімнен мен ренжи алмайтынмын, тіпті ренжігім келгеннің өзінде де. Мен ешкімнің жанын ауыртқан емеспін. Бір өмірден екінші өмірге жаман әдеттерді тасудың қажеті қанша? Оларды неге жеңбеске? Біздің осы әлемге келген мақсатымыз да осы емес пе?

СІЗДІҢ ӘДЕТКЕ АЙНАЛДЫРАТЫНЫҢЫЗ БІЗДІҢ ҚҰДАЙШЫЛ ТАБИҒАТЫМЫЗ

Сіз Құдайдың баласы екеніңізді ұмытпаңыз. Сіздің құдайшыл табиғатыңыз өзіңіз дамытуға тиісті нәрсеңіз. Өз бақытыңызға материалдық нәрсемен келісуге мүмкіндік бермеңіз. Бұл Үндістандағы тақуа лашығынан үйренетін алғашқы сабағыңыз. Мұнда, сіз өзіңізге ыңғайлы болғанын қалайсыз және солай болады да. Сіз өз бақытыңызға кедергі келтірместен, бір нәрседан алда болатындай жағдайдасыз. Күн сайын пайда бола беретін жағдайға қарамастан, сабырлы болуға үйреніңіз.

Өзіңізді еркек немесе әйелмін деп санаңыздың шектеулі болуына мүмкіндік бермеңіз: сіз Құдайға ұқсап жаралған жансыз. Осы кейіпте әйел болып туылған жандардың басым бөлігі, өздерінің бұрынғы кейіптерінде де әйел болған. Алайда, егер осы өмірде олар күшті батыл мақсаттарды айқындаса, бәлкім, олар осыған дейін ер адамның тәнінде туылған болар. Егер адам қазір еркек болып, күшті батыл мақсаттарға ие болса, онда ол қайтадан еркек болып туылады. Егер сіз өзіңіздің келесі кейіптеріңізде ер адам болғыңыз келсе, себепті неғұрлым көбірек дамытып, ер адамның қызығушылықтарын қалыптастырыңыз; және егер де әйел болғыңыз келсе, әйелге тән сезім мен қызығушылықты дамытуыңыз керек. Ең дұрыс курсы әрдайым «Мен әйел де, еркек те еместін; мен-Рухпын» дегенді есте сақтау. Сонда сіз өзіңізді екі мақсаттың да шектеуші санасынан арыласыз; сонда өзіңіздің әйел немесе еркек кейіпіне қайта енуге байланысты жоғары құдайшыл әлеуетіңізді іске асырасыз.

ӨЛІМ МЕН ӨМІР ҚҰПИЯСЫНА ЖАУАП ІЗДЕҢІЗ

Бізді қайта дене алуымыздың әсіресе үш түрі қызықтырады: достарымыз; Авраам Линкольн секілді ұлы адамдар мен рухани алыптар; және біз өзіміз. Әрбір жүз жыл сайын, шамамен бір миллиард бес жүз мың адам өледі. Олар келмеске кетіп, ұмытылады, тек өзіміз сүйетін жандар, тарихта іздерін қалдырып кеткен ұлы адамдар ұмытылмайды. Біз олармен өз ойларымыз арқылы «байланыс» орнатамыз, осылайша, олар әлі де бізбен бірге болады. Бірақ олар қайда? Құдайдың жіберген әулиелері мен өткен өмірдің әлемдегі ұлы азаматтары қайда? Кейбіреулер бүгінде де жер бетінде осындай белсенді рольдер ойнауда. Бірақ Құдайға олар туралы көп айтқан ұнамайды. Бұл Оның ойынының ғажайып құпиясын жояды және актерлерді өздерінің жаңа ролдерінде шынайы емес болуына мәжбүр етер еді.

Мүмкін, бізге өзіміз сүйетін адамдар туралы көбірек білген ұнайтын болар. Қайда олар? Неге олар бізден рухани алыс? Қысқа ғана қоштасу, содан соң олар өлім шымылдығының арғы жағына ғайып болады. Біз өзімізді соншалықты дәрменсіз және көңілсіз сезінеміз; және мұнымен ештеңе де істей алмаймыз. Барлық жандар бейтаныс отбасында дүниеге келсе де, олардың ата-аналары жақсы көреді; бірақ олар өздерін неге жақсы көретінін білмейді. Бұл жандар бізге жәй ғана сүю үшін жіберілді ме, әлде бізден ғайыпқа кеткен кезде жанымызды ауырту үшін жіберілді ме? Ынтық болу ақымақтық емес пе? Сіз өз сүйіктілеріңіздің сізді қашан тастап кететінін, немесе өлім оларды сізден қашан алатынын білмейсіз. Біреу өлген кезде, ол өзі айта алмаса да, тілегі санасында айқындалған. Ол «Мен өз сүйіктілерімді қалдырып барамын; оларды бір кездері көре аламын ба?» деп ойлайды. Және оның артында қалып бара жатқандар «Мен одан айырылдым». Ол мені ұмытпас па екен? Біз қайта кездесер ме екенбіз?» деп ойлайды. Бұл бөлік табиғи. Енді, бұл біз жауап таба алмайтындай осы ақиқатты білу неғұрлым қиын болғандықтан бұл ойлар біздің жанымызды қанағаттандыратындай жауап болмайтын болса, берілмес еді.

Мен осы өмірде анамнан айырылған кезде, өзіме енді ешқашан ешкімге бауыр баспаймын деп уәде бердім. Мен өз махаббатымды Құдайға арнадым. Сол өлімге байланысты бірінші жағдай мен үшін соншалықты ызғарлы болған болатын. Бірақ ол арқылы мен көп нәрсені ұғындым. Көп айлар бойына өлім мен өмір мәселесі, жанның екінші жанға ауысатындығы жөнінде жауап тапқанға дейін іздеумен болдым. Сіз үшін бұл тек ойлар, жәй ғана сенім болуы мүмкін, өйткені сізде дәлел жоқ. Бірақ мен сіздермен жәй сенім үшін айтып отырмын. Мен өлім мен қайта дене алудан өмірдің бар екенін таптым. Сондықтан да сіздермен шынайы түрде сөйлесе аламын. Қазір сіздерге айтып отырғанымды, басымнан кешіріп көрдім. Бұл өмірден бұрынғы өмірде таныған көп жандарды кездестірдім. Нақ осыны мен өзімнің «Американың[3] Жаңа да Ескі Жеріне Келген кезде» деген өлеңімде «Тағы да болу үшін, түстердің, достардың естелігі, шынымен де теңізде жүзіп бара жатқан менімен амандасты...» деп жазған кезде осыны тұспалдаған болатынмын. Мен бұрын басқа өмірлерде таныған жандарды мына өмір сүріп отырған ортамдада тани аламын. Сіздер қалай деп сұрауыңыз мүмкін. Құдай маған осы күшті берді, өйткені алдымен Оны іздеп, таптым.

---

3 *Жан әнінде* атты шығарма

БҰРЫН БІЛГЕН ЖАНДАРДЫ ҚАЛАЙ ТАНИМЫЗ

Бұрын таныған жандарды тdanудың әдісі бар. Мысалы, біз күн сайын адамдармен араласып-құраласып жатсақ та, оларды шын мәнісінде біле бермейміз және жанын сезінбейміз. Бірақ, кей адамдармен кездескен кезде алғашқыдан бастап терең үндестікте болатын кездеріміз болады. Бұл физикалық нәрсе емес. Бұл өткен өмірден естелік. Осы елде және Үндістанда немесе басқа елдерде кездестірген көп адамдарды мен бұрын кездестірдім. Достық сезім қазір бұрынғысынан да күштірек болады. Өйткені бұл өткен өмірлерде аяқталып қалған жоқ, осылайша, бұл осы өмірде де дами беруі тиіс. Достық- махаббаттың ең жоғары формасы. Сонымен қатар, бұл Құдайдың мәңгілік махаббатының дамуы үшін де арналған. Достық нағыз жоғары қатынастар, өйткені достықта ешқандай ықтиярсыз көндіру деген болмайды; ол жүрек қалауынан туындайды. Ол жанды кейін Өзімен бірлікте болуға шақырушы Құдай. Егер сіз барлығына дос бола алсаңыз, онда бұл сөзсіз, құдайшыл махаббат болып табылады.

Бұл әлемде аздаған адамдар ғана адал дос тапқан; жәй ғана таныстық нағыз достармен ауыстырылмайды. Нағыз достықта ешқандай ынтықтық болмайды, және өзімшілдік мінез адам махаббатына негізделмеген. Ол екі немесе одан да көп жандар арасында болатын сөзсіз қатынас: олар бір-бірімен байланысты емес, немесе отбасы мүшелері, иә болмаса, ерлі-зайыптылар. Ол Құдайды іздеп, немесе Құдайды тапқан жандар арасында қалыптасқан. Христос пен оның шәкірттері арасында осындай достық болған. Әйтпесе, қатынас ынтықтыққа ұласып, Пенде мен Құдай арасындағы жоғары дамыған достық, адам махаббатының ұшағында қалар еді.

Нағыз достық әйел мен әйелдің, еркек пен еркектің және еркек пен әйелдің арасында дами алады. Бұл жердегі маңызды түсінік, оның пенделік сапаға немесе тәннің көз тартарлығына емес, жан сапасына негізделгенінде. Ол сізге өзіңізді әйелмін немесе еркекпін деген санадан арылтқан кезде ғана келе алады.

Егер сіз осындай дос іздейтін болсаңыз, Құдайға: «Құдайым, маған өткен өмірде дос болған жандарды кезіктір, маған олармен достықты жалғастыруға, тек өлім ғана ажырата алатындай достарды бере көр. Маған осындай достар жібер, өйткені мен оларға Өзіңіз туралы ой арқылы көмектескім келеді»,- деп сиыныңыз. Бұл шынымен де тамаша емес пе? Достыққа тек бос әңгіме немесе пайдасыз уақыт өткізу үшін ие болғаннан гөрі, Құдаймен түпкілікті достықты дамытқан әлдеқайда пайдалы. Тек сол шынайы достық ұшағында ғана сіз кез-келген басқа жанмен ұзақ достықты таба аласыз.

Тым көп қоғамдық әрекеттерге қатыспаңыз. Тек арагідік қана қатысуға болады, тым жиі әлеуметтену құнсыз уақытты тым көп алады. Достарыңызбен бірге құдайшыл ойлардан ләззат алыңыз. Уақытыңызды Құдай үшін пайдаланыңыз. Егер сіз сол мақсатты бөлісетін жандарды таба алсаңыз, онда сіз Құдай үшін құдайшыл достық ыдысынан бірге ас іше аласыз. Құдайдың сізге берген ең жоғарғы міндеті Оның санасын өз бойыңда дамытып, шынайы достарға да солай жасауына көмектесу дегенді білдіреді. Әзірге өмір Құдаймен бірге ән салып тұрғанда, ол сізге де, басқаларға да бақыт әкеле алады. Сізге рухани үндестіктегі достар өте маңызды.

Сіз бен осындай достар арасындағы пікірдің айырмашылығы болса да, әрдайым өзара түсіністік пен байланыс болатын болады. Сол қатынастарда, басқа пікірлерге қарамастан, сіз өзара сыйластыққа ие болып, достығыңызды басқа нәрсенің бәрінен артық көріп, мәпелейтін боласыз. Құдайда орнатылған нағыз шынайы достық, мәңгіге қалыптасатын жалғыз қатынас болып табылады.

Мен саяхат жасап жүрген кездерімнің бірінде, поезда назарым карта ойнап, ішіп отырған бір адамға ауды. Сол жерде бір түрлі оғаш сезім пайда болып, оны бұрын білетін секілді күй кештім. Мен аздаған уақыт оған жақын жерде отырып, оның жүрегінің жаңғырығын сездім. Сол кезде түрегеліп, арадан өте беріп едім, ол маған артқа бұрылып жалт қарады да: «Мен сізбен сөйлесе аламын ба?» деді. Содан вагонның шағын бос бөлмесінде отырып, бір сағаттай сөйлестік. Сонда мен оған: «Сізге Құдай ризашылығы түсіп тұр»,- дедім. Ол: "Ешқашан зұлым жолдарға қайта түспеймін",- деп дауыстап жіберді. Бірнеше жыл өткен соң біз Канзас қаласында кездестік. Ол мені өз дәрісімнің алдында таныстырып, аудиторияның алдында көз жасын көлдете: «Өмірімдегі өзімді ең үлкен бақытты сезінген күндерімнің бірі ол поезда Свами Йоганандамен әңгімелескен бір сағат уақытым болатын»,- деді.

Мен өткен өмірдегі достықтың қаншалықты күшті екенін көрсету үшін өзім туралы айтпаймын. Солай, әркез адамдарды кездестірген кезде, сақ болыңыз. Оларға өзіңіздің алғашқы реакцияңызды байқаңыз. Бұл ол адамды бұрын таныған-танымағаныңызды білдіреді. Бұл эмоция емес. Жүрегіңізде басқа адаммен терең үндестікті сезген кезіңізде, бір-біріңізді бұрын таныған болып саналасыз.

ӨТКЕН ӨМІРДЕГІ ДҰШПАНДАРЫҢЫЗҒА МАХАББАТ ПЕН КЕШІРІМ АРҚЫЛЫ КӨМЕКТЕСІҢІЗ

Әрине, мен өткен өмірдегі дұшпандарымды кездестірдім, бірақ көбінесе достарды кездестірдім. Мен жүздеген жылдар бұрынғы өмірде өзім біреуді жақсы көріп, ол болса маған жылы шырайлылық танытудың орнына, жанымды ауыртты; бірақ мен оны жеңдім. Оны осы өмірде қайта кездестірдім, ол маған қайтадан сатқындық жасады. Бірақ мен оған тек көмектесуге тырыстым. Ол енді мені аңдуға тиісті емес.

Кешірім кек алуға қарағанда неғұрлым күшті. Мен саналы немесе санасыз түрде жүрегімді ауыртқан жандардың барлығын кешірдім. Өзім үшін маған ештеңенің қажеті жоқ. Мұндай қуанышты Құдайға барлығын бере отырып және Барлығын да Ол үшін жасай отырып таптым. Өз зұлымдықтарынан зұлым бұқтырылған ет жасаушыларға мүмкіндік бермесеңіз, сізге ауыртпалық түсіре алмайды. Тіпті дұшпандарымыз да өмір сынағының барлық бөлігі. Жауыз адам сіздің соңыңызға түскісі келсе, есіңізде болсын, ол сізге өткен өмірде де зиянын тигізгісі келгені ықтимал. Егер сіз сол зиян туралы және сол адамның жаман екені туралы ойласаңыз, бұл бір үлкен қателік болары сөзсіз. Жақтырмаушылық ойларыңызды бөлген уақытта, сол адам сол ойларды қабыл алады да, сізге екі есе зиянын тигізетін болады. Бұдан басқа, жек көрушілік те махаббат секілді өзіне тартады. Сіз өзіңіздің жек көрушілік магнитіңіздің айналаңызға дұшпандарды баулығанын қаламайсыз ғой. Ешқашан біреуді жек көруші болмаңыз. Махаббат пен кешірім өзіңіз бен дұшпандарыңызға жақсы нәтижеге ие. Және Құдай берген тамаша достарыңыз үшін риза болыңыз.

Ешқашан кез-келген жанның достығын күштеп шақыруға талпынбаңыз. Мен махаббатымды барлығына бере беремін; және менімен үндес болған жандарға, мен өзімнің достығымды сөзсіз беремін. Өзім де соған ие болған кезде, қуанамын, өйткені сол достықтан Құдай айқындалады.

ҚҰДАЙДЫ ІЗДЕҢІЗ: ОЛ СІЗГЕ ӨЗІҢІЗДІҢ ӨТКЕН ӨМІРІҢІЗДІҢ ЖАРҚЫЛЫН КӨРСЕТЕДІ

Мен өзімнің өткен кейіптерімді еш күмәнсіз еске түсіремін. Лондон Мұнарасында, мысалы, мен өткен өмірден бері есте сақтап келе жатқан көп және қазіргілер ештеңе білмейтін орындар, бөлмелерді білемін. Үндістанда мен бала күнімде ағылшын болғандықтан, тамақты шанышқы мен пышақты қолдана жегенді ұнататынмын. Отбасым менен үнді дәстүріне байланысты бармақпен жемей, неге шанышқы мен пышақты қолданатынымды сұрағанда, мен: «Мен мұны өткен өмірден білемін» деп жауап беретінмін. Олар түсінбесе де, мен бұрын тамақты осылай жегенімді білемін. Өткен өмірдің мұндай жарқылы сізге беріледі, өйткені сіз рухани алға жылжып келесіз. Құдай оларды сіздерге көрсетеді. Мұндай нәрселерді білуге көп құштар болмай, ақыл-парасатыңыз тек Құдайға толы болса, онда сіз одан да көбірек білетін боласыз.

Сізді жер бетіне өткен өмірден келе жатқан жаман мақсаттар мен әдеттерді қиратып, енді қазіргі кейіпте Құдайды табу үшін ондай нәрселерден аулақ болуыңыз үшін келгеніңіз есіңізде болсын. Келешек өміріңіз жақсы болу үшін жаман ойларға жол бермей, тек қана жақсылық ойлап, көңіл күйін жоғары ұстап, қазіргі өміріңізді өте қатаң бақылауға алыңыз. Өткен өмірдегі тәжірибе көрінісі келесі өмірлерде өзінің көрінісін береді. Христостың «Жеңімпазды Құдайымның ғибадатханасының тірегі етемін, ол сол жерден ешқашан шықпайды. Оған Құдайымның есімін, сондай-ақ Құдайымның көктен түсетін қаласының, яғни жаңа Иерусалимнің, атын және өзімнің жаңа есімімді жазамын» [4] дегені секілді

Сіз Құдайды қазірден бастап іздеуге тиіссіз; Оны табу үшін қайта дене алуды күтпеңіз. Ол бұл өмірде танылуға тиіс болса, онда *дәл қазір* тануға тырысыңыз. Неғұрлым Оны тезірек тапсаңыз, соғұрлым қамтамасыздандырыласыз. Егер Оны іздемей жүрсеңіз, онда сіздің ақымақ болғаныңыз, өйткені сіз жаныңыздың ләззатын тек Құдаймен байланыс кезінде аласыз. Құдайдан басқа қанағаттанарлықтай басқа әдісті мен көріп тұрғаным жоқ. Оған ие болсаңыз, бәріне де ие боласыз.

ЕГЕР КҮШ САЛСАҢЫЗ, ҚҰДАЙДЫ ТАБАСЫЗ

Сізге Құдайды басқа біреу әкеліп бере алмайды. Егер ешқандай күш салып, тырыспасаңыз, ол сізге келеді деп ойлайсыз ба? Құдайды жан жүрегіңізбен сүйіңіз, бүкіл ақыл-парасатыңызбен және жан-тәніңізбен жақсы көріңіз. Сіз оны жүз пайыз көргіңіз келетінін көрсетуіңіз керек, содан кейін Ол келеді. Осы өмірде сезінетін Құдайға деген тілекті,

---

[4] Аян 3:12

әрине, сіз өткен өміріңізде сезіндіңіз. Мұны мен сіздерге тура айта аламын. Бірақ бұл сіздің қазіргі кезде Құдайға деген құлшыныс сол деңгейде болады деген сөз емес. Сіз орындалатын тілекті орындағыңыз келсе, осы бастан қоректендіріңіз. Сіз бұл дүниеден қашан кететініңізді білмейсіз, содан соң дәрменсіз баладай барлығын қайта бастайсыз. Құдай тілегін қайта сезінгенше жылдар өте шығады.

Сіздердің қаншаңыз рухани күш салуда? Сіз менің келіссөздерімді тыңдайсыздар, бірақ шынымен де Құдайды тануға тырысасыз ба? Егер шын байқап көрсеңіз, онда Оны табар едіңіз. Бұл уақытты талап етеді және сіздің шын ниетіңізбен: «Құдіретті Құдай, Сен менің дұғамды тыңдап отырғаныңды *білемін*» деген сеніміңіз керек. Егер сіз өзіңізді тән ретінде сезініп , Оны шақыруды доғарсаңыз, онда сіздің санаңыз құлдырап ең төменгі дәрежеге жетуі мүмкін.

Сіз бұл дүниеде түс көріп жүргенмен бірдейсіз. Біздің әлем түс ішіндегі түс; сіз Құдайды табу осы жерде болуымыздың негізгі мақсаты екенін түсінуге тиіссіз. Ол үшін сіз жалғыз ғанасыз. Сіз Оны табуға тиіссіз. Оны үздіксіз іздеу арқылы Оны табасыз; тұрақты ақыл-парасатыңызда, өміріңіздің үйлесімділігінде, мінезіңіздің орнықтылығында, басқаның бойынан мін таппай, сол мінді өзіңізден тауып, даналық жолында өзіңізді-өзіңіз оқытып, салмақты болып, достар мен қайырымды іс жасаушыларға түзу ниетпен қарап, бүкіл жүректерді бағалап, тек жақсымен қызметтес болып, жауыздыққа қарсы тұрып, зәру жандарға қол ұшын беріп, күш беріп және осы жолда барлығын түгел түсініп өмір сүрсеңіз бұл патша көңілмен өмір сүру деген сөз және Құдайға жетелейтін шынайы жол. Әлемді мойындаудың маңызы шамалы: өзіңіздің жеке мақұлдауыңызды іздеңіз. Жақсару үшін масаттанып, максималды күш салу қажет. Бірақ, өзіңіздің Құдаймен бірге екеніңізге сенімді болғанша, әрі қарай ақыл-есіңіздіді өсіруге еңбек ете беріңіз, бұл өмір әдісі.

ҚҰДАЙ КЕЛГЕН КЕЗДЕ АДАСУ ШЫМЫЛДЫҒЫ КІШІРЕЙЕДІ

Бұл жер ең жетілмеген орын. Өркениет келген кезде, соғыс басталады да, адамзатты жүзжылдыққа кері лақтырып тастайды. Бірақ бұл өмірдің көтеріліп, қайта төмендеуіне аса мән бермеңіз. Не болып жатқанына қарамастан, ішіңізден: «Бұл дұрыс. Мен тек Құдай қиялында қиялдаймын- мені ешкім де қозғай алмайды. Мен бақыттымын. Мені ешкім ұстай алмайды. Мен Құдайдың осы қиялдан шығып, сіздің тілегіңізді орындауы үшін әрбір минутта дайын тұрамын» деңіз. Сонда сіз әр нәрседен азат боласыз. Бұл тамаша ой.

Құдай ойымен не істесеңіз де, Құдайсыз ойдан айырмашылығы көп. Осыдан бірер күн бұрын мені киноға, *самадхи* кезінде білген алғашқы нәрсемді көруге шақырған болатын. Сонда біреу, «Сіз картинаны көріп отырсыз ба?» деп сұрады. «Иә» деп жауап бердім мен «Бұл фильмдердің барлығы кино шеңберіндегі кино». Театр, әрбір қозғалыс, менің айналамда бос отырған адамдар бұлардың барлығын мен ғарыштық сананың үлкейтілген экранында картина ретінде көріп отырдым.

Сіздің не істеп жатқаныңызға қарамастан, Құдай келген кезде, толық масаңсу болады. Адасу шымылдығы кішірейіп, сонда сіз өзіңіз қалаған нәрсенің барлығының жауабын алатын боласыз. Сананың осы жағдайында мен өткен өмір мен болашақты көрдім. Олардан көз алмаймын, мені қызықтыратындай нәрселер болғанда, оларды көремін. Кімдердің келіп жатқанын да көремін. Мені ешкім алдай алмайды. Мен әрқайсысын жақсы білемін, бірақ ол туралы ешқашан тіс жарып айтпаймын; мен адамдардың жаман жағына емес, жақсы жағына қарай қызығушылық танытамын.

Бір нәрсені білуге құмар адамдар тобырын мақтамаймын, бірақ шынымен де, Құдай романында шынайы бірігуді жақтайын жандарды мақтауға тырысамын. Сондай қуаныш, сондай бақыт! Құдайшылдық махаббаты мен қорғанысына ие болу- табыстың ішіндегі ең үлкен табыс болып табылады, және сіз аздап болсада көкірек көздеріңізді ашып, ояуларыңызға күш салар болсаңыз, өмірдің түпкі мақсатына жетесіз.

«МЕН МҰНДА ТЕК СІЗГЕ ҚҰДАЙДЫҢ ӨЗІ СОЛ ҚУАНЫШ ЕКЕНІН АЙТУ ҮШІН КЕЛДІМ»

Сіздердің барлығыңызға қызмет ету үшін өз еркіммен келіп, уақытымды бөлемін. Менің марапатым сол, Құдайды шынымен де сүйетін және Өзіндік таным жұмысына сәйкес келетін жандар. Мен бір нәрсеге байланып немесе ынтық болып көрген емеспін; өзімнің құлқым үшін ештеңе тілемеймін, егер шыққым келсе, кез-келген уақытта шығамын да жүре беремін, әр нәрсенің ықпалынан толық шыға аламын өйткені менде алдымен атақ-даңққа асыра мақталып немесе қызғаныш, құмарлық сияқты қасиеттерді білдіретін бұлдыр әуестік белгілілік жоқ. Кім келсе де, мен өз еркіммен уақытымды бөліп ішкі дүниеммен берілемін, өйткені кім -кімгеде Құдайға жақындауға, Құдаймен байланыс болмаса сондай қиын екенін білемін. Сондай-ақ, Менің қайда болғаныма қарамастан, сіз менен сол достық пен көмекті ала аласыз.

Өлімнің жолбарысы сізді қуып келеді, ал сіз Үйге жетіп алуыңыз керек. Егер сіз өз жаныңыздың мәнін бағаласаңыз, *Өзіндік таным қоғамында оқытатын сабақтарды* терең түсініп, медитация әдістерді қолданып көріңіз; және жеті жыл бойына қарқынды шоғырлансаңыз, онда сіз өз бойыңыздан рухани әлемнің белгілерін сезіне бастайсыз, солай өзіңізді Құдайдың бір бөлшегі екенін ұғынды деп есептеуге болады сол себепті сіз бұл жолды ешқашан тастап немесе ұмытпайсыз.

Сондықтан күтпеңіз. Мен осында тек осы қуаныш туралы сіздерге айту үшін келдім. Сіздерден де осыдан басқа ештеңені талап етпеймін, сіз менің өзіңізге өз бойымдағы қуанышты беруімді қаласаңыз, сол Құдай қуанышы туралы айтып отырғанымды, тек менің рухани дүниемді түсінгендер ғана түсінеді. Бұл соншалықты жеке және қасиетті, тіпті ол туралы айтудың өзі күпіршілік; бірақ Ол менің мұны өзімді мадақтау үшін емес, сіздерге көмек беру үшін айтып отырғанымды біледі. Мен Оны барлығынан да артық көретінімді біледі, ал мен Оның мені жақсы көретінін білемін.

Осы жер өмірі кинофильмге ұқсас деген ойға тоқталыңыз. Бұл шынайы емес. Осының бәрін шынайы деп ойласаңыз сіз Құдайға күмәнданып және азапқа түсіп, өлімге душар боласыз. Бірақ фильмдерде ешқандай да өмір мен өлім деген жоқ, тек жәй ғана қозғалып жүрген электр көлеңкесі. Атылған оқ пен оқ тиген адам екеуі де электр бейнесі. Бұдан көп жыл бұрын Авраам Линкольн туралы киноға бардым. Мен ұлы батырға қарап тұрып, кенет қаза тапқан кезде оның игілікті істерін түсіндім. Мен қатты уайымдадым. Бірақ «Қайғыға берілудің қажеті не? Мен картинаны қайта қарап, оның тірі кезін көрсеткенше күтетін боламын» дедім. Осылайша, мен көрсетілімге қарсы қарап, оның өмір шабытын қайта сезінгенше отырдым. Сонда мен, «Енді ол өлмей тұрып, менің кетіп қалуыма мұрсат беріңіз»,- деп оның өлгенің жеріне келмей тұрып кинодан шығып кеттім.

Бұл өмір де сол өмірге ұқсайды. Өзім жақсы көргендердің көпшілігі мен өзім сағынып жүргендерді маған Құдай қайта көрсетті. Осылайша, мен ендігі сары уайымға салынбаймын. Құдай деген керемет; сіз Оны мен білгендей білуіңіз керек. Осы өмірді Құдайдың түсі немесе Ғарыш картинкасы деген түсінікпен қарастырсаңыз, сіз «Ешқандай туылу да, өлім мен трагедия да жоқ. Мен бұл жарық пен көлеңкеден жасалған шынайы емес өзгерістерден қорықпаймын, өйткені мен Құдайдың өшпес ұлымын. Мен жақсы ойналған өмір мен оның драмасын көрдім. Бұл бір қызық ойын, бірақ ондағы менің ролімнің қандай болғанына қарамастан, мен Сенің ұлыңмын, мәңгі Сенімен біргемін, О Құдайым»,- дейтін боласыз.

Сіздердің марқұм болған сүйіктілеріңіз қайда?

Өзіндік таным қоғамдастығының бірінші ғибадатханасы,Энсинитас, Калифорния, 28-ші тамыз, 1938 жыл

Ғылым қай нәрсені болса да жаратқан жоқ; ол Құдайдағы бар нәрсені ашып қана қойды. Егер біз назарымызды оған тігетін болсақ, біз бүгін мен айтқым келіп отырған құпияны аша аламыз.

Сіздерге осы нәрселер туралы айтып отырғанымда, оны оқып немесе үйреніп алғанымнан емес, өзімнің тікелей Шындық тәжірибем негізінде. Сізге бұл оғаш көрінуі мүмкін, бірақ сіздерге айтып отырған кезімде, сол сипаттап отырғанымды көремін. Неге олай болмасқа? Рентген аппараты арқылы сіз скелет құрылымын және дененің барлық органдарын көресіз. Әрине, кез-келген машинаға қарағанда, адам санасында қабылдаудың неғұрлым көбірек күші бар. Шағын ғана ақымақ радио эфирге еніп, бірнеше миль қашықтықтан хабарлама берілімін ала алады. Біздің санамыз оған қарағанда неғұрлым сезімтал. Дене мен барлық ойлар артында, осы әлеммен өмірлік байланыстағы олармен сәйкестендірілген нәзік ішкі әлем бар. Рухани ілгері жылжыған кезде сіз осы ішкі дүниені көре аласыз.

ОЙДЫҢ ТҮСІНІКСІЗ ӘЛЕМІ

Әдетте, сезімнің қатқыл айқындалуын қабылдап, жауап қайтарамыз. Көп жағдайда өзіміздің айналамыздағы нәзік күштерді ұғына бермейміз. Сонда да, біздің әрбір ойымыз ерекше нәзік вибрация құрайды. Сіздер өзіңіздің шын мәнісінде кім екеніңізді басқалардан осының салдарынан жасыра алмайтыныңызды білесіз бе? Егер сіз өзіңізді дұрыс ұстай алмасаңыз, оны білесіз. Тіпті мұны жасырғанның өзінде, дұрыс жасамағаныңызды ұғынудың өзі сіздің ойыңызда болады. Адамдар сіздерді таниды, өйткені сол ой тербелісі сіздің тәртібіңізден көрініп тұрады. Жақсы ойлармен де осындай жағдай. «Құдай» деген сөзді ойша айтып, осы ойды ішіңізден қайталауды жалғастыра берсеңіз, ол Құдайды шақыратын вибрация туғызады.

Ойдың нәзіктігі сондай, оны ешқандай аспап жазып ала алмайды.[1] Сондықтан бізде дауыс бар; сол дауыс арқылы ойымызды жеткіземіз. Бірақ рухани алға жылжып, ішіңізден рухани сабырлылықты дамытсаңыз, онда басқалардың жағдайын түсініп, ойларын оқи алатын жағдайда боласыз. Мазасызданып немесе жүйкеңіз қозып тұрғаныңызда, сіздің радиоңыз рухани хабарлама алуға ниетті болмайды. Егер сіздің санаңыз тек сыртқы көрінісіңізге сіздің тәніңізге, тілегіңізге, бөгде әрекеттерге шоғырланса, онда ол ішіндегі және айналасындағы нәзік ойлар туралы ешқашан білмейтін болады.

Бұл бес сезім тым шектеулі. Көз тек белгілі жарық тербелісін пайымдай алады. Құлақ тек белгілі дыбыс тербелісін ала алады, кез-келген вибрация тым жоғары немесе тым төмен қабылданбайды. Бүкіл дүние жүзі сізге адамдардың басым бөлігі естімеген музыканы жібереді: ұлы *Әумин* немесе *Аум* дыбысы, Қасиетті жағдайдың барлығы тек барлығын жаратқан Жаратушыдан келеді. «Мен бұларға астарлап айтамын, өйткені олар көріп тұрса да, шынымен көрмейді, естіп тұрса да, шынымен естімейді де, түсінбейді де.Осылайша Ишая пайғамбардың алдын ала айтқан мына тәрізді сөздері олардың өмірінде жүзеге асады: Естісіңдер, бәрібір түсінбейсіңдер, көресіңдер, бәрібір аңғармайсыңдар! Өйткені бұл халықтың жүректері қасарысқан сезімсіз, құлақтары керең, көздері жұмылған. Әйтпесе олар көздерімен көріп, құлақтарымен естіп, жүректерімен түсініп, теріс жолдарынан қайтар еді. Сонда Мен оларды рухани дертінен сауықтырар едім!»,[2] - деп осылайша Иса сезімнің шектеулі сипатын берген.

Адам өзінің күші жетпейтін керемет міндеттерді орындай алатын аспаптар ойлап шығарушы. Микроскоп көзге көрінбейтін көп заттарды анық көруге мүмкіндік береді. Радио басқа заманауи өнертабыстарға қарағанда, әлем туралы білімге қолжетімді етті.[3] Бірақ тек адамның әмбебеп принциптері ғана микроскоп пен радиоды жасап шығарғаны есіңізде болсын. Сіз рухани дамығанда, көру және есту қабілетіңіз, яғни сезіміңіздің әрқайсысының жетілетіндігі соншалық, менің айтып

---

[1] Ойлардың өзі емес, ойларыңыздың ми толқындары анықталады

[2] Матай13:13

[3] Бұл 1938 жылы беріліп отырған тақырып. Теледидардың дамуы әлемдік коммуникация саласын айтарлықтай алға жылжытты.

отырғандарымды егжей-тегжейіне дейін сезіне аласыз. Сіз шектеулі дене сезімдері күйге келтірілген қатқыл тербелістің шынайы мәні болып табылатын ойларды сезіне алатын боласыз.

Адамдардың өзімшілдік мінезін көріп, олардың ойын сезінуге қабілетті боласыз. Бірақ бұл сіздің оларға қатынасыңызға әсер етпейді. Сіз оларды айыптамайсыз, өйткені оларды түсінесіз. Құдай әр адамның барлық жақсы, жаман ойларын біліп отырады; сонда да, ештеңеге қарамастан, Ол өзінің барлық балаларын бірдей сүйеді. Егер әлемге көгілдір стақан арқылы қарайтын болсаңыз, онда бәрі де көгілдір болып көрінетіні анық. Осылайша, егер теріс ұғымның, жек көрушіліктің және эмоцияны көк стақан арқылы қарайтын болсаңыз, онда сіз адамдар немесе заттардың шын мәнісінде қандай екенін көре алмайсыз. Осындай сезімдерге бой алдырған кезде, сіздің дауысыңыз өткір болып, өзіңізді ашулы және бітісімге келмейтіндей сезінесіз. Бірақ сабырлы және өз-өзіңізбен үндестікте болғанда, сіз барлығына сүйіспеншілікпен қарайтын боласыз. Бұл Құдайдың сіздің бойыңызға енуіне арналған Құдай үндестігі. Сіз осы өзгермелі дүниеде тұрақтылықты, сабырлылықты дамытуға тиіссіз; сонда басқалар туралы қара ойлар сізді мазасыздандырып, сізді әлсіретпейтін болады. Сіз адамдар мен өзіңіз өмір сүріп отырған дүниенің шынайы табиғатын сезініп, төртінші өлшемді танитын боласыз.

КӨК АСПАН ҚАЙДА?

Жоғары қабаттар әлемдік ақыл-естен құралатын төртінші өлшем интуицияның алтыншы сезімі арқылы қабылданатын нәзік әлем[4] көрінісі. Бүкіл әлемді Алла тағала жаратқан. Ол материалдық әлемді рухани әлем арқылы басқарады. Материалдық әлем материалдық дене тәрізді тұрпайы және нәзік әлем болып екіге бөлінеді. Төменгі материалдық әлемді рухани әлем нәзік материалдық әлем арқылы басқарады. Сөйтіп, жан иелеріндегі өзгерістер де материалдық әлемге ортақ жалпы заңдылықтарға бағынады. Адамның нәзік болмысы қарапайым сезімдерден тыс жатқан нәзік қатар әлемдермен тығыз байланыста. Бірақ ол байланыстарды әркім сезе бермейді. Жетілу жолында сезімдерді не нәрсеге бағыттау керек екендігін білудің маңызы өте зор. Сіздің сезіміңіз рухани жетілген болғандықтан, олар

---

[4] Астралдық әлем (Глоссарийдан қараңыз.)

интуициялы бола түседі де, сіз сол басқа әлемді сезіне бастайсыз. Сонда ол қайда? Көп адамдар оны аспанда деп ойлайды, бірақ бұл олай емес. Төртінші өлшем, нәзік әлем, аспан физикалық саланың тек қатқыл вибрациясының артында болады. Нәзік әлем тыныс алуға, тамаққа немесе оттекке тәуелді емес. Бұл қажыған қиялдың фантазиясы емес; бұл менің жеке тәжірибемнің жаңалығы. Нәзік әлемдегі ақыл-естері жақсы деңгейде дамыған*дар* өздеріне қандай ләззат түрі керек болса сондай түрін нәзік элементтерден құрастырып жасап алады. Бірақ неғұрлым жоғары күштер мен өмір заңдарын түсініп, бастан кешіру үшін рухани даму қажет. Осындай жоғары дамыған жандардың бірі Свами Трайланга[5] болатын. Ол бұрын Гангада көп күндер бойына жүзіп жүрген, тіпті кейде су астында бірнеше күнге немесе бірнеше сағатқа қалатын болған. Онда тұрған не бар? Сіз өмірді түсінген кезде, мұның физикалық компоненттен де артық екенін ұғынасыз. Жетілген жандар неғұрлым жоғары сала заңдарын физикалық тәнде болғанның өзінде де басқара алады. Сіз бұған сенбейсіз, өйткені өз көзіңізбен мұндайды көрген емессіз. Сондықтан адам баласы өзін-өзі тануы үшін әуелі ол қоршаған ортаны танып, өзін сол ортаның бір бөлшегі екенін түсініп алуы керек. Сіз бүкіл әлемнің болмыс сырын қабылдап, өміріңізді сол болмыспен үйлестіруі керек екенін түсінуге тиіссіз.

БІЗ ӨЛІМ ДЕ ҚИРАТА АЛМАЙТЫН ҚҰДАЙ ОЙЛАРЫНАН ЖАРАТЫЛҒАНБЫЗ

Сіз тек өмірдің орта тұсын ғана көре аласыз; Сіз басы немесе аяғын көрмейсіз. Өлім-соңы деп пайымдаудың өзі ақылға сыйымсыз. Біздің соңымыз өлім ұйқысына кетсімен, кім сондай ақылды және өмірге толы болса, сонікі. Бүкіл адам өмірі- бұл физикалық өлім арқылы жойылмайтын шығармашылық ойлар мен Құдай санасының бөлігі. Егер өлім ақыр соңы болатын болса, онда Құдай да болмас еді, және рухани дамыған әулиелер де болмас еді, яғни, мұның бәрі жалған болар еді. Ұлы адамдар сізді жақсы болуға көндірмейтін еді, өйткені өмірдің соңында еш пайдаға жарамасақ, жақсы не жаман болғаннан пайда болмас еді. Қасиетті жазбалардың құны қанша болар еді? Онда жақсы адамдарға одан сайын жақсы болуға тырысудың қажеті қанша? Егер тек ағымдағы тіршілік

---

[5] Осы әулие өмірі туралы Парамаханса Йогананданың *Йог өмірбаянында* көбірек жазылған, 31 тарау.

ғана болса, ешқандай әділет те болмас еді. Бірнеше жыл ғана өмір сүріп, немесе зағип, әлде ақсақ болып өмір сүрген жандар не болар еді?

СҮЙІКТІЛЕРІҢІЗДІ ТАБУДЫҢ ДҰРЫС ӘДІСІН БІЛІҢІЗ

Шынайы спиритизм (мистикалық сенім) керемет ғылым. Ол бізге осы әлемнен тыс өмірді түсінуге, және біздің барлық сүйіктілеріміз, шын мәнісінде, физикалық тәндерінен айырылғанымен, өмір сүруді жалғастырып жатқанын білуге мүмкіндік береді. Бірақ спиритизмнің заманауи тәжірибесі әлем рухы білімін шынайы іздеудің мәнін жойды. Өздерін спиритуалист санаушылардың көпшілігі, шын мәнісінде, не айтып отырғанын өздері түсінбейді. Кей адамдардың түсініктері аз, бірақ олар жиі өздерінің жеке қиялдарының құрбаны болады; немесе одан да жаман, адами көлік құралдарын іздеуші санадан тыс сезім кернеген еркін қаңқыбас жандар[6] болады. Қаңғыбас жандар ортаны және кеңес сұраушыларды адастырып, теріс ақпарат береді.

Бір күні мен шәкірттермен бірге сыған қызы қатысып отырған жиналыста отырдым. Осы балгердің қасына барлығы жиналып қалған. Мен оны жәймен сыртынан бақылап отырдым. Көп ұзамай, оның шәкірттер қойған сұраққа жауап бермей, оларға өзі жауап бере алатындай кей сұрақтарға ғана жауап беріп отырғанын түсіндім. Шәкірттер менің де бал аштыруыма көндірді. Бөлме іші біршама қараңғы болатын, ол мені анық көре алмады. Шіңкілдеген дауыспен, «Мен күйеуіммен қашан ажырасамын?» деп сұрадым. Ол шапшаңдата, «Бірден ажырасасыз» деді. Сонда мен түрегеліп едім, оның көзі менің шалбарыма түсті. «Сіз мені алдадыңыз!» деп ренжи сөйледі. Мүмкін, ол біздің ойымызды оқыған болар, ал, мен болсам, оның ойын оқыдым. Менің шаштарым ұзын болғандықтан, ол мені әйел екен деп қалама деген сұрақпен тексеріп едім.

Осылайша, басқа салалар секілді, спиритизмде де алаяқтар бар; шынымен де психикалық дамыған адамдардың арасында ізгі ниетті адамдар бар бірақ көріпкелдік қабілет даналықпен де, өзіндік таныммен де басқарылмайды. Қалай болғанда да, бұл ақылғы сыйымсыз, және рух әлемімен спиритизмдік сеанстар мен медиумдар арқылы ойнаудың өзі қауіпті. Сіз әулиелермен мұндай жолдар арқылы байланысқа түсе алмайсыз; егер қандай да бір рухтар дыбыстайтын болса, олар

---

6 269 бетті қараңыз

неғұрлым төмен астралдық саладан екенін біле жүріңіздер. Бірақ, сіз шынымен де адал болсаңыз, онда мүмкін медитация арқылы және рухани даму арқылы о дүниелік сүйіктілеріңізбен, немесе ұлы әулиелермен байланыса аласыз.

АСТРАЛДЫҚ ӘЛЕМДЕ САЛА КӨП

Біз ұйықтардың алдында қандай болсақ, таңертең ұйқыдан оянғанда, дәл сондай екенімізді көреміз. Сол секілді, біз және біздің сүйіктілеріміз өлген соң астралдық әлемде оянған кезде, дәл сондай боламыз; тек сыртқы келбетіміз неғұрлым жасырақ және ауру-сырқаудан азат болады.

Жан тәнді тастағаннан кейін нәзік болмысымен о дүниеде нәзік материалдық әлемдерде өзінің жер бетінде жасаған жарамсыз істеріне байланысты сол әлемдердің тиісті қабатына кетеді. Біз періштеге өлімнің қарапайым аспабына айналмаймыз. Егер періште болсақ, онда болашақтағы өмірлерде де періште болатын боламыз. Егер біз жағымсыз тұлға болсақ, онда өлген соң да сондай боламыз. Бұл жақта қалың тоғайлар мен елдердің көрікті жерлері болса, ана жақтағы әлемде де сондай орындар бар. Адам баласы бұл дүниеден қайтқанда оның аруағы нәзік әлемдерге өтеді. Адамның қалай өмір сүруіне байланысты оның аруағы нәзік әлемнің түрлі қабаттарына барады. Сіз өмір жолыңызға сәйкес жақсы, таза өмір сүрдіңіз бе, әлде сараң, көріксіз өмір сүрдіңіз бе, соған байланысты астралдық әлемде де жақсы, не жаман салаға кетесіз. Иса осы түрлі салалар туралы: «Әкемнің үйінде орын көп. Егер солай болмаса, мұны айтпас едім. Мен сендерге орын дайындауға бара жатырмын»[7] деген болатын.

Нәзік әлем өзгеше атмосфераға, немесе тербеліске ие және осы жерден ауысқан әрбір жанды атмосфераның өзінің жеке ерекше вибрациясымен үндестікте болатыны қызықтырады. Балық суда, құрттар жерде, адамдар жерде, құстар әуеде өмір сүретіні секілді, нәзік әлемдегі жандар да, сфераның өз вибрациясына үйлесетін орнында өмір сүреді. Егер адам осы өмірде табиғат заңдылықтарын бұзбай, имандылық тәртіппен өткізсе, онда ол нәзік әлемнің жоғары қабаттарынан орын алады. Жоғары қабатта жұмақ планеталары орналасқан. Адам жер бетінде неғұрлым қайырымды болып, рухани

---

[7] Жохан 14:2

өмір сүрген болса, сферасы да соғұрлым жоғары және азаттығы мен қуанышы және сұлулық тәжірибесі де артық болмақ. Нәзік әлемдерде аруақ жоғары көтерілген сайын оның алатын ләззаты да өсе береді.

Нәзік әлемде тіршілік иелеріне ауаның немесе электр қуатының қажеті жоқ. Олар түрлі түсті жарық нұрында өмір сүреді. Нәзік әлемде материалдық әлеммен салыстырғанда еркіндік басым. Жұмақтағы уақыт жердегіден басқаша өтеді. Сынық сүйектер деген атымен болмайды, өйткені қатты денелер болмайды; барлығы да жарық нұрынан құралған. Жоғары қабаттар әлемдік ақыл-естен құралатын болғандықтан, онда көтерілген аруақ өзінің ақыл-есінің қалауынша ләззаттанатын өмір жасай алады, бәрі де ой күшіне тәуелді. Олардың ақыл-естері жақсы дамыған және нұрлы болады. Сондықтан, өздеріне қандай ләззат түрі керек болса да нәзік элементтерден құрастырып жасап алады. Нәзік әлемдегі жандар бақ отырғызғысы келсе, олар тек ықылас қойса болғаны, бақ пайда болады. Ол өзіңнің қалаған уақытыңа дейін тұра береді. Жан бақтың ғайып болғанын қаласа, бақ ғайып болады.

ЖҰМАҚ ӘЛЕМІМЕН КОММУНИКАЦИЯ ҚҰПИЯ САҚТАЛАТЫН ҒЫЛЫМ

Жұмақ әлемде жандармен байланысу тек жәй ғана жетістік емес. Бұл өз табиғатынан құпия түрде сақталатын ғылым. Құдай біздің тек өз отбасымыздың мүшелеріне ғана сүйіспеншілікпен шектелгенімізді қаламайды, ол біздің сол махаббатты бүкіл дүниеге арнағанымызды қалайды. Бұл отбасымыздың мүшелері бірінен соң бірі кеткен кезде, өз махаббатымызды басқаларға бұра білуге үйретеді. Егер біз жәй ғана және риясыз жақсы көріп, рухани дамитын болсақ, онда сүйіктілерімізбен өлген соң да байланысты қолдап отыратын құпия ғылымды біле аламыз.

Адамның жүрегі сондай күшті және көбінесе сондай ақылға қонбастай! Бала қызды кездестіреді; олар бір-біріне ғашық болады. Олар өсіп, үйленеді, балалары пайда болады, сол кезде «Бұл балалар менікі» деп ойлайды. Жеке меншіктік сезім адамдардың бұрын олардың таныс болмағанын, және өлім олардың қарым-қатынасын бұзатынын, және балалар оларға тек бір өмірге ғана берілгенін ұмытуға мәжбүр етеді. Сүйіктілері қайтыс болған кезде, олар жабырқап, өмір не үшін керек деген сұрақтар қоятын болады.

Адам махаббатының құштарлығы сондай, тіпті өз сүйіктілерімізді жоғалту жүректе сағыныш оятады, және көп жағдайда іште бүліншілік ойлар тудырады. Мен бала күнімнің өзінде, анам қайтыс болмас бұрын, оның кететіні туралы санамда терең ұғындым. Ол өмірден өткен кезде, жылай бердім, жылай бердім. Мен айналаны шарлай оны іздесем де, таппадым. «Қасиетті Ана» деп сыйындым мен, «егер Сен осында болсаң, маған жауап бер. Мені анамды соншалықты жақсы көруіме мәжбүр етіп, енді тартып алғаның қалай болды? Бұл сонда жаза ма?» Қасиетті Ана жауап берді: «Саған ананы, әкені берген кім? Мен емес пе едім саған сұлу ана берген». Құдайдың арқасында менде осындай керемет ана болғанын түсінген кезімде, «Тек жалғыз Құдай ғана өмір құпиясын бақылауда ұстаушы» екенін ұғынып, оны өзімнің ішкі дүниемнен іздеп, сыйына бастадым. Қасиетті Ана маған анамды неліктен алып кеткенін айтты. Мен сені әрбір өмір сайын, көптеген аналар нәзіктігінде бақыладым! Менің қадалған көзімнен- екі қара көзді, жоғалған сұлу көздерді қара, Сен іздеушісің!», деді.

Құдайшыл Ананы тапқан соң, мен өзімнің жер анамды қайтадан нәзік әлемнен тауып, онымен сөйлестім. Мұндай байланыстың болуы мүмкін. Сіз өзіңізді телерадиохабарлама аспабына айналдыра аласыз. Егер марқұм болған сүйіктіңізді іздеп, оның жанына үздіксіз түрде медитация жасасаңыз, жауабын аласыз. Ал егер сіздің тілегіңіз жеткілікті түрде күшті болмаса, онда сіздің мазасыз ойларыңыз ойға шомған концентрацияны бұзады. Жүректен шыққан хабарламаны жанға берген кезде, ойларыңыз жүгірінді болса, онда сіздің беріліміңіз де үзіледі. Сізде о дүниелік жанмен байланысу үшін шын ниет пен күшті концентрация болуы шарт. Және өз ойларыңызды осы жанға толассыз жіберіп отыруға тиіссіз. Сіздің талабыңызға жауап беру үшін хабарлама жіберіп отырған жаныңыз да жеткілікті түрде дамыған болуы керек. Өзіңмен бір деңгейдегі және терең жақындық пен тығыз байланыста болған жандармен байланысу ең оңай әдіс. Ақыл-естері жоғары деңгейдегі жандармен байланысу неғұрлым күшті шоғырлануды қажет етеді.

ӘУЛИЕЛЕР РУХАНИ ДАМЫМАҒАН ЖАНДАРҒА КЕЛМЕЙДІ

Сіз рухани зерек болмасаңыз, ұлы әулиелермен үндестікте бола алмайсыз. Егер рухани дайын болмай, әулиені шақырса, әулие онымен қарым-қатынаста болмайды. Айталық, сіз Иса Христос, Кришна немесе Будда жандарын шақырдыңыз делік. Олар секілді құдайшылдар, олармен байланыс орнату үшін сіздің санаңыз медитация арқылы жеткілікті түрде дамуы керек. Рухани адамдар мен қарапайым адамдардың қасиеттері бірдей емес, әртүрлі толқында. Рухани адамның деңгейі неғұрлым жоғары. Олардың көрінуінің вибрациялық күшінің қарқындылығы сондай, өзімен күйге келтірілгендердің денесі мен миын күйдіріп жібере алады. Мен осындай көптеген әулиелерді көрдім. Адамның сана-сезімі неғұрлым ояу болса оның рухани деңгейі солғұрлым жоғары болады. Сіз де рухани вибрацияңыз өте күшті жетілген кезде, осылай жасай аласыз. Барлық жан иелері эфирдің ішінде және олардың денесінде де эфир бар. Эфир жан иелерінің сыртқы және ішкі болмысымен әрекет жасайтын кеңістік. Адамның нәзік болмысы сезім, ақыл-есінен бастап тұрпайы болмысы физикалық тәні осы эфир кеңістігінде әрекет жасайды. Адамның сыртқы әлеммен энергия алмасуы осы эфирлік дене арқылы болады. Осы құдайшыл жандардың барлығы да эфирде бар. Олар сіздің дұғаларыңызға жауап қайтарып, сізге батасын береді. Олар жер бетіне немесе неғұрлым жоғары деңгейде жақсы дамыған планеталарда қайта кейіпке енбейінше, астралдық әлемде өмір сүреді. Әркімнің өз міндетін дұрыс орындау адамға жетілу сатысындағы бір деңгейден екінші деңгейге көтерілуге мүмкіндік береді. Адамның біртіндеп эволюциялық рухани жетілуі оны рухани сатыға көтереді.

Осылайша, сіз өзіңізді дамытуыңыз керек. Көбірек Христос, Кришна және Өзіндік таным қоғамындағы қызмет ететін жетекшілердің нұсқауымен ашық түрде түсіндірілетін осы қоғамның рухани тізбегінен тараған ұлы гурулары секілді құдайшыл жандарға сәйкес болуға тырысыңыз. Егер үйлесімін тауып терең үндестікте сіз осы ұлы жандардың бірін көретін болсаңыз, онда сіздің ішкі дүниеңізде олардың рақымымен мейірімді өзгерістер бола бастайды. Мұның бәрін талқылау оңай емес.

О дүниелік әлем хабарламасына «ашық» болу үшін, сіз ешқашан нәтижесіз болмауыңыз керек, яғни әрдайым қозғалыста болып, өз ақыл-парасатыңның үнемі қажетті нәрсемен айналысып отыруына мән беріңіз. Бұл тәжірибе адамды адами көлік құралдарын көріну үшін және материалдық әлемдегі тәжірибе үшін эфирде қаңғып жүрген қаңғыбас жандарды түсінгіш етеді. Бұл жандар нәзік әлемдерге жақсы өмірден қайта кейіпке енуге жібермей тұрған осы әлемге қатты ынтық болған мына өмірдің қызығымен нәпсінің құрсауында болып, тіршіліктің рахатын да көре алмай, ешқандай мәнін де түсіне алмай жүрген төменгі сатыдағылар. Нәзік әлемде қалудың орнына, олар нәзік әлем мен төменгі материалдық әлем ортасында қобалжып, кейде ойлауы әлсіз біреудің иелігінде табысты болып, сананың төменгі деңгейінде болады. Егер ол бұл әлемде өзінің нәпсісінің ықпалында болып, түрлі нашар қылықтарға үйренетін болса, ол нәзік әлемдердің төменгі сезім қабатынан шыға алмайды. Бұл қабат сезімнің түрлі сорақы түрлерінен құралады. Сондықтан, жан иесі бұл қабатта жер бетінде қалыптасқан түрлі жаман сезімдерін қанағаттандырады. Исаның «Әзәзілдер»[8] деп қуып жібергендері, қаңғыбас жандар болатын.

Бір нәпсіқұмарлы адам көп жылдар бұрын кішкентай қызды өлтіріп, сезімге берілген. Мен оны толық зерттей алдым. Ол жақсы бала болған болатын, бірақ өзінің жыныс қатынасын реттей алмай, рухани сауатсыздықтың нәтижесінде өзінің табиғи міндеттерін дұрыс орындамайды. Сөйтіп, өзінің еркін дұрыс пайдаланбай, жаман әдіспен кішкентай қызды өлтіруінің себебі. Санасы төмен болып ұят сезімдерін өздері басқара алмайтындар әдетте, ақыл-парасат даралығын бұзады, ішкі дүниесі, ұяты қадағаламағаннан кейін Олардың жандары кірленіп ауруға шалдығады. Міне, сондықтан адамның жаны тәнін басқара алмағандықтан көптеген медиумдар өмірдің зардаптарына ұшырап жатады. Марқұм болған рухани жандар мен әулиелер сізге ие болуды ойламайды; олар тиісті шақырусыз келмейді де.

Сіз рухани дамыған адамдармен, сондай-ақ әулие адамдар мен қарым-қатынаста болу үшін, сіз терең концентрацияға ие болып, санаңызды таза, рухани жазықтыққа көтеруіңіз керек. Өте жақсы саналы жағдайда сіз саналы түрде өз ойларыңыздың тенденциясын бағыттай аласыз. Осылайша, егер сіз медитация жасасаңыз, жоғары ой жазықтығында бола аласыз; неғұрлым төменгі астралдық жазықтықта өмір сүретін қаңғыбас-жандар (жын, перілер) немесе негативтік, иә болмаса зұлым жандар сізбен байланысқа түсе алмайды.

Осы өмірдегі жеткен рухани деңгейіне байланысты аруақ о дүниеде түрлі деңгейлерге көтеріледі. Жоғары деңгейге жеткен адамдардың рухы жоғары әлемдерге көтеріліп, нәзік әлемдердің төменгі және жоғары қабаттарын да көре алатын болады және олар жәрдем күткен ұрпақтарын жебеп, кармаларын өңдеп, қиын жағдайларда көмек беріп отырады. О дүние бұл дүние секілді шынайы.

---

[8] Кеш түскенде жұрт оған бойын жын билеген көп адамды алып келді. Ол жындарды бұйрық беріп қуып шығарды және барлық науқастарды сауықтырды. Осылайша Ишая пайғамбар арқылы айтылған мына сөздер орындалды: "Ол бізді қасіретіміз бен ауруларымыздан арылтты". (Матай 8:16)

Кей кездері, сол жағыммен ұйықтап жатқан кезімде, мен айналамда билеп жүрген күңгірт жандарды көремңн. Мен оларға батамды берсем де, олар кетпейді. Оң жағыммен ұйықтаған кезімде мұндай жандарды сирек көремін, өйткені тәннің оң жағы жағымды жақ. Ол жақтан жағымсыз күштерді бөгейтін экран ретінде қызмет ететін неғұрлым күшті құдайшыл күш ағыны келеді. Бұл *Аум* Техникасын [9] Өзіндік таным тәжірибесі арқылы берілетін медитацияда, *оң жақ құлақтағы* ғарыштық вибрацияға шоғырлану керек дегенді білдіреді.

Сіз Құдай туралы ойлап, немесе Құдайға медитация жасағанда, иə болмаса екі қастың ортасындағы нүктеге Христос Санасы орталығына шоғырланғаныңызда, ешқандай астралдық тіршілік иелері сіздің санаңызды бұза алмайды. Құдай адамдарды алалап бөлмейді. Жаратушы бір және барлық жаратылысқа ортақ. Ол үшін адамдар ғана емес, тіпті барлық жан иелері бірдей. Жаратушы шексіз, сонымен бірге мейірімді болғандықтан, барлығына бірдей қарап, барлық жан иелеріне жақсылық ойлағандықтан барлық дін ұстанушыларды да, әлемнің жоғары қабаттарына нәзік әлемдердің төменгі сезім қабатынан шыға алмай жүрген жандарды да Құдай қатты құрметтейді.

МАРҚҰМ ЖАНДАРҒА ОЙЛАРДЫ БЕРУ ТЕХНИКАСЫ

Бұл дүниеден өткен сүйіктілеріңізге өз ойларыңызды жіберу үшін, бөлмеңізде тыныш отырып, Құдайға медитация жасаңыз. Оның әлемі айналаңызда екенін сезген кезде, Христос орталығына, екі қастың ортасындағы ерік орталығына терең шоғырланып, өмірден өткен қымбаттыларыңызға махаббатыңызды жіберіңіз. Өзіңіз байланысқыңыз келген адамды Христос орталығынан көріңіз. Сол жанға өзіңіздің махаббат тербелісіңізді, күшіңіз бен батылдығыңызды жіберіңіз. Егер сіз мұны толассыз түрде жасайтын болсаңыз, егер сүйіктіңізге деген қызығушылықты жоғалтпасаңыз, онда сол жан сіздің жіберген хабарыңызды алады. Мұндай ойлар сүйіктілерге игілік сезімін сыйлайды. Сіздің оларды ұмытпағаныңыз секілді, олар да сізді ұмытқан жоқ. Олардың санасында әлі де өздері қалдырып кеткен сүйіктілері туралы көмескі ес сақталған.

Осындай жандардан жауап сезінгіңіз келсе, жүрек ортасына [10]

---

[9] *Өзіндік таным қоғамдастығы сабақтарында* беріледі (Глоссарийдан қараңыз)

[10] *Чакра анахата*, нәзік арқа орталығы және тәндегі сезім орны. 4-ші беттегі сілтемені қараңыз.

шоғырланыңыз. Неғұрлым терең шоғырланған кезде, олар алдымен түске енетін болады. Кейде бір түсті бірнеше рет көруіңіз мүмкін. Барлық түстер мағынасыз емес. Егер сіздің ақыл-парасатыңыз сабырлы тыныш күйге келтірілген болса, онда өзіңізбен кімнің байланысқа түскісі келетінін білетін боласыз. Сіз рухани жетілуіңізге байланысты, сүйіктілеріңіз медитация кезіндегі елестерде пайда болады. Және рухани жоғарғы деңгейге жетілген кезіңізде, өзіңіз қалаған жанды қарсы алдыңыздан көретін боласыз. Әулие Фрэнсис бұрын Иса Христосты әр түн сайын көрген. Бірақ сіз мұндай тәжірибе пайда болғанға дейін, шынымен де рухани ілгері жылжуыңыз керек. Егер сіз Құдайға терең медитация жасасаңыз, Ол сізге осының барлығын көрсетеді.

Өзіңізге қымбат жандар қайтыс болған соң, жылап-сықтағанның орнына, өз махаббатыңызды жіберіп тұрыңыз. Осылай жасай отырып, сіз олардың жандарының табысына көмектесе аласыз, ал олар сізге көмектесетін болады. Оларды ақылға сыйымсыз өзімшілдікпен және қайғымен әлсірете көрмеңіз. Оларға жәй ғана «Мен үшін аса қымбатсыз» деңіз.

Өзіңіздің махаббат пен сағынышыңызды ойша қолыңыздан келгенінше жие сүйіктілеріңізге жіберіп отырыңыз. Жылына бір рет, мүмкін болса, арнайы еске алуларда да болады. Оларға ойша «Біз қайтадан кездесіп, өз құдайшыл махаббатымыз бен бір-бірімізбен достығымызды қайта дамытуды жалғастырамыз» деңіз. Егер өзіңіздің сүйіспеншілік ойларыңызды толассыз түрде жібере беретін болсаңыз, онда бір кездері сіз, әрине, оларды қайта кездестіресіз. Сіз бұл өмірдің соңы емес екенін, жәй ғана сүйіктілеріңізбен қарым-қатынастың мәңгілік шынжырындағы бір байланыс екенін түсінесіз.

ҚАЙТАДАН ТУЫЛҒАН СҮЙІКТІЛЕРІМІЗДІ ТАБА АЛАМЫЗ

Рух нәзік әлемдегі өмірі аяқталған соң, өзінің өткен өмірінің нәтижесіне байланысты жерде қайтадан тән алады. Жоғары көтерілген аруақтар нәзік әлемде өздері қалаған уақытқа дейін қала алады. Сіздер өз сүйіктілеріңіздің жандарын іздеп жүргеніңізде, олар қайтадан жерде туылуы мүмкін бе? Махаббатыңызды оларға жіберуді жалғастырып отырған уақытта, олар сіздің ойларыңызды сезеді. Ұйқыда болғанда, яғни ақылы ұйқыда болып, соқыр сезімі сергек кезде олар сіздің махаббатыңызды қабыл алады. Сол жандар сіз жіберген хабарды біледі, ұмытпайды және түсінеді. Бұдан басқа,

327

сіз, әрине, бір-біріңізге қайтадан жақын боласыз да, бұрынғы қатынастарыңыздың жақындығын сезетін боласыз.

Егер сіз рухани жетілген болсаңыз, онда бұрын таныған жандарды саналы түрде танитын боласыз. Менің Свами Шри Юктешвармен осы өмірде кездескенімде оны мойындағаным секілді. Ол менімен байланысты. Міне, сондықтан да рухани ұстазым менің ойларымда болып, оны осы өмірде кездестіргеннен бұрын таныдым. Оны мен бірнеше рет түстерімде және медитацияда көрдім. Мен медитация жасап немесе ұйқыда болғанымда, оның маған жіберген хабарламасын алдым. Осылайша, оны кездестіргенде бірден таныдым. Дәл осылай, сіздің сүйіктілеріңіз қайтадан жер бетінде туылған кезде, оларға деген махаббатыңыз күшті болатын болса, олар сіздерге келеді. Олар сіздің өміріңізге осы кейіпте де, әрі қарай келесісінде де байланыстарын үзбейді.

Жалпы алғанда, әрбір жаңа инкарнация, Жаратушы жасаған табиғат бізді бұрынғы өмірлерімізде, бізбен бірге болған жандарды ұмытуға мәжбүр етеді. Бұл Құдайдың бергені сыйы ғой! Ойлап көріңізші, сіз және сүйіктілеріңіздің бұрынғы өмірлерде ойнаған бүкіл рөлдердің барлығын есте сақтаған болсақ, қандай түсінбестік болар еді. Сіз қай ананы, қай әкені, баланы жақсы көруді білмей, дал болар едіңіз. Құдай есімізді көлегейлеп, қазіргі инкарнациямызда өмірдің жоғары деңгейін біліп, рухани дәрежемізді жетілдіре білуіміз үшін бұл түпсіз тұңғиықтың алдын алған.

НАҒЫЗ МАХАББАТ ӘР ӨМІР САЙЫН ЖАНДАРДЫ БІРІКТІРЕДІ

Алдыңғы өмір туралы нақты ештеңе есімізде болмағанның өзінде, жандар арасындағы махаббат немесе жек көрушіліктің терең тартымдылығының әсерінің өзі әр өмірде жандарды байланыстырады. Сондықтан да, осы инкарнацияға қарағанда бұрынғы инкарнацияңыздағы белгілі бір жандарды танып, өзіңізге жақындастырып, құштарлық танытасыз. Өткен өмірлерде кездестіргендердің әрқайсысымен жақын достықтың болмауы мүмкін емес. Бұл- дәлел. Сіз біреу туралы досыңыз ретінде ойласаңыз, онда сіз бұл жанды бұрын білгенсіз, және сіздің алдағы қатынасыңыз осы адамға өзіңізді жақын сезінуге мәжбүр етеді. Басқаларды танып, түсіну үшін жетіле отырып, біз достар мен сүйіктілер санын бір инкарнациядан екінші инкарнацияда көбейтіп отыруымыз керек.

Осы өмірде біз өзіміз сүйген адамдарымызбен байланыста боламыз, бірақ арасында өз отбасы мүшелерімен келіспеушілікте болатындай, біреулермен келіспей жүрсеңіз, сіз татуласуға тырысыңыз, өйткені бұл бұрынғы өмірлерде ол адаммен қырғи-қабақ болғаныңыздың белгісі. Бұл ретте Исаға сатқындық жасаған Иуданы атап кетуге болады. Иуда Христосты басқа өмірлерде де таныған және сол керемет отбасы шәкірттері арасында болуға тиіс болды. Ол Христосты сатқанның өзінде, Иса оны, анасы жауыз ұлын жақсы көргеніндей жақсы көрген. Иса осы он екі шәкіртін білген, олар да оны таныған. Міне, сондықтан да олар бірін-бірі лезде қабылдаған. Кришна Құдай өзінің сүйікті шәкіртін дәл осылай мойындаған: «О, Арджуна, Екеуміздің де басымыздан көп тууылулар өтті. Мен олардың бәрімен танысып едім, қалайша сен оларды ұмытып қалғансың».[11]

Шәкірті мен гуру арасындағы қатынас ең сұлу қатынас болып саналады, өйткені бұл сөзсіз және тұрақты: барлық инкарнация арқылы олар бір-бірімен байланыста болады. Тіпті өлім кезінде де, гуру шәкіртін физикалық денеден нәзік денеге жұмақ әлеміне ауыстыру үшін келеді.

Мен бұл өмірде алдыңғы өмір сүрген өмірлерімнен таныған көп адамдарды кездестірдім; және олар да мені танып жатты. Алдыңғы өмірлерде олар менікі болды, мен де олардікі болдым. Маған осы өмірде келгендердің басым бөлігі, менің бұрын таныған жандарым еді.

Біз бұрын білген адамдарымызды ғана емес, сонымен қатар тұрған орындарымызды да есте сақтауға қабілеттіміз. Мен Лондонға Үндістаннан келе жатып, соққанда, өзім бұрынғы өмірлерде болған төңіректерге бардым. Осы орындар туралы естелік менің санамда сақталып қалған. Кейде жаңа орын таныс секілді болып көрінеді және сіз бұрын осы жерде болғандай сезімде боласыз, мүмкін, Сізде де осындай жағдайлар болған болар.

ЖАН МЕН ОНЫҢ БАҚЫТЫ МӘҢГІЛІК

Адам қабыл алып, сезінетіндей, өмірде небір маңызды нәрсе бар. Өлім мен өмір мен үшін енді құпия емес. Мен барлық жандардың бір Өмірдің, Құдайдың өшпес айқындалулары екенін білемін. Физикалық дене мен оның жайлылығы және рахат мәңгілік емес, бірақ жан мен

---

[11] Бхагавад Гита IV:5.

оның қуанышы мәңгіге созылады. Мен енді тәнге бола абыржымаймын. Түскі асты жеп болған кезде, тәрелке маңызсыз болып қалады. Мен, егер қаласа мың Йогананда жасай алатын Рухқа ғана қызығушылық таныта аламын. Қарапайым адамға соншалықты маңызды тәннің, Құдайды тапқан соң маңызы болмай қалады. Мен тәнге бола ешқашан сыйынбаймын. Оны Құдайға тапсырғанмын. Оның махаббаты осы физикалық формаға деген бүкіл ынтықтығымды ысырып қойды. Оның махаббатында менің бүкіл тілектерім сан рет қанағаттандырылды. Мен енді ештеңе де қаламаймын. Жүрегімде мен тек бір тілекті ғана табамын: «Сіздің махаббатыңыз әрдайым менің шын берілгендігімнің тірегімде жарқырап тұра ала ма, және сіздің жүректеріңізде махаббатымды оята аламын ба». Бұл- менің жалғыз ғана тілегім.

Қымбаттыларым, өз уақыттырыңызды текке жоймаңыз. Сіз оны босқа жойып жүрсіз, және оны білесіз де. Мен ашық та, еркін айтамын, өйткені сіздің жоғары рухани ризашылығыңыздан басқа ештеңе де іздемеймін. Сіз бақыт пен Құдайға басқа біреудің арқасында қол жеткізе алмайсыз. Ол үшін өзіңіз тер төгуіңіз керек.

Түсінгіш жандарды таба алған жерлердің бәрінде, мен олардың ақыл-парасатымен сөйлесуге тырысамын. Кімде-кімге қызық болмаса, мен аз сөйлесемін, өйткені олар артық тыңдағысы жоқ. Бірақ, Құдайды шынайы іздеушілерге, Оны олардың өз ойлары арқылы табуына көмектесемін. Құдайда, сіз және сіздің сүйіктілеріңіз бақытты да, мәңгі тіршілік ететін болады.

Махаббат туралы ойлар

Шамамен 1940 жылы жазылған

Махаббат дегеніміз тұтас жаратылыс отбасын құруға арналған Мәңгілік Патшасы паналайтын көп бөлмелі алтын үй. Және Құдайдың әмірімен, махаббат мәңгі махаббаттың көзге көрінбейтін субстанциясындағы бүкіл дүние жүзін ерітіп жіберетін сиқырлы от болып табылады.

Өзен секілді, махаббат байсалды, шынайы жандар арқылы толассыз ағып жатады, бірақ ол кедергі келтіретін құз секілді, дарашылдық, өзімшілдік, сезім қанағаты бұғаулар жағын айналып өтеді.

Махаббат сансыз қайнар көзі бар кезбе көктем. Біреуінің жүрегі бұрыс тәртіп сынықтары арқылы ластанған болса, біз басқа жүректен гүлденген махаббатты табамыз. Бірақ, менің ойымша махаббат кезбелігін білмейтін жүректе махаббат өмір сүрмейді. Өз жаныңда махаббат жолдарын бұрыс әрекеттермен жабудың қажеті жоқ. Онда ол құдайшыл субұрқақтан су ішіп, барлық ашық жүректер арқылы жүгіріп жүрген махаббаттың шексіз сезімін сезетін болады.

Махаббат құштарлық болған жерде болуы мүмкін, бірақ құштарлықты махаббат деп түсінер болсаңыз, махаббат жоғалады. Құштарлық пен махаббат бірге қайғыдан соң қуаныш болатындай тәтті де ащы ішімдік. Таза махаббат құрғаған кезде, ынтықтықтың дәмі өзін шынайы сезім дәмінде жоғалтады.

Махаббат тамшылары шынайы жанда ұшқын шығарады, бірақ тек бір рухта махаббат мол махаббатпен саналған. Өз бойыңда Құдай махаббатын сезіне отырып, жетілуге талпынбай, адамзат махаббатының жетілуін күту ақымақтық. Алдымен Құдай махаббатын тауып, одан кейін өзі қалаған адам махаббатын табу керек. Махаббатыңызды тек бір адамға ғана емес, басқаларына да арнай біліңіз. Махаббат арқылы сіз бүкіл тіршілік атаулыны, өзіңіз сүйетін адаммен қоса жақсы көретін боласыз. Сіз бір жанның бойында Кезбе махаббатты бекітуге талпынған кезіңізде, сіз оны әрбір жанның бойынан тауып болған уақытқа дейін, ол сізбен жасырынбақ ойнап, қашатын болады. Қарқындылық пен рухани сапаны күшейтіңіз, сонда сіз махаббаты бірнеше жаннан тауып, оны барлығына бірдей арнайсыз. Сонда сіз мұны Христос махаббаты екенін білетін боласыз.

Махаббат таңғаларлықтай көрсоқыр, өйткені ол сүйген жанының кемшіліктерін көрмейді, бірақ сөзсіз мәңгілікті жақсы көреді. Жақын адамдар дүниеден озған кезде, олар өздері берген уәдені еске түсіре алмауы мүмкін, бірақ нағыз махаббат ұмытпайды. Нақты түрде көрсету үшін ол, Мәңгілік махаббат сертін орындап, сүйіктісін аңдып жүріп, бір жүректен екінші жүрекке енеді.

Аяғы өліммен немесе тұрақсыздықпен аяқталатын махаббатты жоғалтып алсаңыз, қапа болмаңыз. Махаббат өзі ешқашан жоғалмайды, өз жаныңыз бен барлық жүректердің терең қапасында өз тұрағыңызды таба алуыңыз үшін сізбен тек жүректерде жасырынбақ ойнайды. Сонда сіз:

«О Құдайым, мен пенде болған кезімде, тек өзімнің ата-анам мен достарымды жақсы көремін деп ойладым; сол кезде мен құстарды, жануарлар мен мүлікті жақсы көретіндей болдым. Бірақ қазір, кезбе жекежайында өмір сүріп жатқан уақытта, махаббатымның ата-анама, достарға, бүкіл тіршілік атаулыға және заттарға көрінетінін білемін. Сіздің өзіңізді жақсы көре отырып, жүрегім барлығын жақсы көру үшін кеңейе түсті. Сізге шын махаббатымды арнай отырып, мен өзімді жақсы көргендердің барлығына шын беріле түсемін. Және мен барлық тіршілікті мәңгіге жақсы көремін».

Мен жер бетіндегі өмірді жақындарым өлімге жасырынатындай сахна фоны ретінде көремін. Оларды көз алдымда көргім келсе, олар орындарын ауыстырып, өлім экранының арт жағында болғанның өзінде, махаббатым соларды аңдуға мәжбүр етеді. Өзім жақсы көргендерді мен олардың істеген сыйықсыз ісіне қарамастан, ешқашан жек көрген емеспін. Менің естелік музейімде оларды жақсы көруіме мәжбүр еткен қасиеттерді көре аламын. Тәртібі ұнай қоймайтын адамдардың бетпердесінің астынан өзім жақсы көруге лайықты жандарды көрген кезімде, олардың өзінің ұлы Сүйіктісіне арнаған тамаша махаббатын көремін. Жек көріп кету махаббаттың тазару ағынын тоқтату дегенді білдіреді. Мен өзімнің махаббатым қамтыған бүкіл жанды және жансыз нысандарды таппай тұрып, әрбір тіршілік атаулыны, затты құлай беріле сүйетін боламын. Әрбір жан, әрбір жұлдыз, әрбір атом менің жүрегімде Құдайға деген шексіз махаббатта орын таппай, мәңгілік кең кеудеме барлығын сыйғыза беремін.

О Махаббат, мен Сіздің алаулаған жүзіңізді бағалы тастардан көремін. Сіздің ұялшақ бет шырайыңызды әр әшекейден көремін. Сіздің дауысыңызды құстың сайраған дауысынан естіп, таңғаламын. Жүрегім Сізді бүкіл жүректерде қамтыған кезде, экстазда армандаймын. О Махаббат, мен Сізді бүкіл заттардан- тек аздаған уақытқа ғана кездестірдім бірақ Кезбелікте мен Сізді толықтай және мәңгіге қысып аламын да, Сіздің қуанышыңызбен қуанамын.

Белгілі және белгісіз

1920 жылдардың басында жазылған

Біз одан біліміміз және ләззатымыз арқылы білгендерімізді аламыз; сонда біз белгісіздікті зерттеуге бет бұрамыз, өйткені белгілі нәрселер бізді үнемі қанағаттандыра бермейді. Егер ол солай болса, біз бұл планетада өмір сүре алмас едік. Болашақты көрместен, жақсару үшін күш салмастан, зерттеуге ынта қоймастан, белгілі нәрсемен үнемі қанағаттану адамзаты тоқырауға ұшыратып, жойып жіберер еді.

«Белгілі» және «белгісіз» жағдайлар салыстырмалы. Жабайы адамға белгісіз нәрсе бізге белгілі. Екеуі де өмір шынжыры түйіні болып табылады. Байланыс шайқалып тұрса, ол белгісіз. Шумақ шешіліп, байланыс шықса, ол белгілі. Бала кезде белгісіз болған нәрсе, өсе келе, ересек адам болған кезде белгілі болады. Қарапайым адамға жиырма жыл бұрын белгісіз болған нәрсе, бүгінгі таңдағы қарапайым адам үшін белгілі болады. Адам бұрынғысынан да көбірек біле түсетін болады, өйткені ол әр қадамын басқан сайын жаңалық ашуда. Егер белгісіз нәрсе көп болса, онда «ілгері білім» фразасы үйлеспес еді.

ТАЛАНТТЫ ҚАЛАЙ ДАМЫТУҒА БОЛАДЫ

Адамның жеке тұлғасының түсініксіз тереңдігін қарастырып көріңіз. Біздің тіршілік ету аспектіміз тереңдіктен келіп жатқан көпіршік секілді жоғарғы қабатқа көтеріледі. Бір жастағы бала саусақ қозғалыстарын үйлестіре алмайды. Ол көп жылдар бойына скрипка тартып, Ф. Крейслер[1] секілді болады (танымал скрипкашы және сазгер). Осындай мүмкіндікті есепке ала отырып, кез-келген адам Крейслер бола ала ма? Иә деуге де, жоқ деуге де болады. Иә, өйткені, шын мәнінде, әрбір адам, басқа да адамдар секілді тәжірибелі бола алады. Барлық адамдарда да шексіз мүмкіндіктер болады. Бұл мүмкіндік үшін шынайы

---

[1] Фриц Крейслер (1875–1962), белгілі скрипкашы және композитор.

болуда қажетті уақыт болғандықтан емес. Егер ойынды көп жылдық оқудан соң ебедейсіз ойнауды жалғастыра берер болса, онда оған, Крейслер болу үшін әлі де бірнеше жылдар қажет болуы мүмкін.

Дарын адамның даралығының белгісіз мөлшері болып табылады. Ол толыққанды бола алмайды. Оқыту іштегі дарынды сыртқа шығарады. Егер іште ұрық болмаса, өсе алмайды. Оқыту тек ұрықтың өсуіне себепші болып қана қоймайды, сонымен қатар, бір уақытта өсімдік сапасын мәдениет арқылы жақсартады. Өсіп шыққан дән әрі қарай жетіле түседі. Осылайша, дарын оқыту арқылы жақсарған уақытта, ол әрі қарайғы жетістіктерінің әкесі болады. Таланттың жақсаруын оның әлеуетін күткен уақыт дәлелдейтіні туралы дәлел, оны толықтай көрсету үшін оқытудың маңыздылығын дәлелдейді.

Сондықтан да, сол адамда дамудың даралығы бақыланатын таланттың айқындалуының түрлі сатылары бар. Әлемге енуші әрбір адам, өмір бойы толтыратын жалпы кестесі шеңберінде оның өмір бөлшегін алып келеді. Ол туылған кезде тас жол мен кей тұйық көшелер кестеде болады. Бұл қасиеттерді ол алдыңғы өмірлерінен (инкарнация) алып келеді. Ол сол қасиеттерді негізгі табиғат ретінде қабылдап; содан соң саяжолдармен біріктіріп, кейбір қосымша тұйық көшелерді жасайды. Кейде ол шынайы динамикалық қозғалыс күшіне ие болған жағдайда, алғашқы сыртқы шеңберінің шегінен тыс ете тас жолды кеңейтеді. Кейде ол шынайы динамикалық күшке ие болған жағдайда, өзіндік шектен тыс ете тас жолды кеңейтеді. Егер осы динамизм жетіспейтін болса, ол оның туылған кезінен бар кестесінің шиеленіскен жол торабы бойының үлкен бөлігімен қозғалады, және бірнеше жаңа жолдар күнделікті өмір жолына әкеп тірейді. Ол әрі қарай өзін жылжытпайды. Ол қарапайым адам.

Бірақ мәңгіге осынша шектеулі болып қала алмайды. Ол әрдайым әдеттегі қарапайым болып та қала алмайды. Ол кеңеюге тиісті болады. Ол жаңа перспективаларға қарай бет алуға тиісті болады. Ғарыштың эволюция заңы оған дем алуына мүмкіндік бермейтін болады. Ол осындай жағдайда аздаған уақытқа ғана қала алады, бірақ жанның аяқталмауы заңы мәңгі белсенді болады. Құдай әрдайым жұмыс үстінде; Оның әрекетсіздігі немесе түсі Әлемнің өлімін білдіреді. Ол, Оның заңының мәнді жұмысы арқылы, алдымен немқұрайлы адамды дұрыс бағытқа бұрылуына және алға қарай жағымды әрекетпен жылжуына көндіретін жағдай туғызады. Егер ол құлақ аспаса, онда Құдай оған осы мүшкіл жағдайдан шығып, шешімді түрде жаңаша өрлеу және шынайы бақыт жолымен жүру үшін өмірдің өзі алып келген өзінің ақылсыздығының ашық мәйітінде адасуына мүмкіндік беруге мәжбүр болады.

СІЗДІ КЕРЕМЕТ ЕТЕТІН НЕГІЗГІ ОЙДЫ МОЙЫНДАҢЫЗ

"Ең алдымен, өз-өзіңе адал болу". Бұл сөз Уильям Шекспирдің "Гамлет" пьесасындағы Полония берген белгілі кеңестің кульминациялық сәті болып табылады. Қысқаша айтқанда, Өз арыңыздың алдында адал болу үшін, іштей бұрыс сезінетіндей нәрсе жасаудан сақ болыңыз. Шын мәнісінде, тіпті тұтас әлем сізге күмән келтіріп отырғанның өзінде, таза ар-ұятқа ие болу керек, қуаныш пен күш дүниенің барлық қазынасына татиды.

Бірақ Полония сөздерінде бұған қарағанда көп мән жатыр. Ар-ұят сіз қамқор болатындай жалғыз жолдас емес. Басқалары да бар. Сүйсініп қарау жағы, ұйқылы-ояу тенденциясының тобы, өмір жетекшілері серіктігі тобыр құрайды. Өзімізге адал болу үшін, біз өмірді бастаған бұл жолсеріктерді ысырып қоя алмаймыз. Біз өмір ойынында оларды жоғалтып алғымыз келмесе, оларға да ілтипатпен қарауға тиістіміз. Бұл тобырда біздің өсуімізді толықтыруға немесе басқаларға қатер төндіруге бейім өзіміздің тәбет, көре алмаушылық және басқа да қасиеттерді ауыздықтауға тиісті жандар табылады. Өзімшілдік тілекке толы адамдарға, мүмкін, кеңестің үлкен мөлшері мен емделу қажет болатын шығар. Өзін-өзі сақтау және әлеуметтік инстинктер секілді қауіпсіз түрлері де бар. Саналы түрде аяушылық білдіруші тенденцияларды, қастерлеу рухын, сервиске, ақиқатқа деген махаббатты ояту қажет. Біз жолда кездескен неғұрлым үйлесімді бейімділіктің әрқайсысына назар аударуға тиіспіз. Бұл ішкі тіршіліктің талапқа сай пайда болуы болып табылады.

Басқаша айтар болсақ, біз өз-өзімізге адал болғанымыз жөн, әрбір осындай тенденцияға өзіміздегі гүлді сыйға тарту деген мағынада емес, өзіміздің өмірімздегі кестемізге, тексеру мен бағынуға, тобырдағылардың әрқайсысының үлесін жалпы жақсы тұрмыс пен бақыт жолына бағыттау үшін олардың әрқайсысын мойындау орнының мағынасында да.

Кейбір тенденциялар дәйексіз ретінде айтылып, талданғанымен, олар әрбір адам өзінің жеке бас тенденция негізін жинаған тұтас әлеуетті тобырдың тек шағын бөлшегі ғана. Балалық шақта оның үлгілері тұлғасының артқы жағында белгісіз мөлшер ретінде қалады. Оның тұлғасының прогрессивті айқындалуы белгілі, қосылған немесе өмірінен шығарылып тасталған тенденциялардың қалыптасуының нәтижесі.

Осылайша, әрбір адам түр өзгешелігі. Әрбір адам адам болып саналғынымен, бирмалықтар көйлегі, америкалық көйлегін еске түсіргеніндей, олардың әрбіреуі екіншісін еске түсірмейді. Мата, шын мәнісінде сондай болуы мүмкін, бірақ дизайны мен үлгісі айтарлықтай өзгеше.

БҰҚАРАЛЫҚ ПАЙДА БОЛУ БӨЛЕК ДАМУДЫ ЕСЕПКЕ АЛУЫ КЕРЕК

Ұқсастықты табу үшін өзгешелікті мойындау да аса маңызды. Келісім-шартты заңдастыру немесе келісім-шартқа отыру адам болмысының жалпы қасиеттерін қарастыра отырып, адами қатынастарды стандарттаудың айқын талпынысы. Егер әрбір адам өздеріне тән бір пунктке де ие болмастан, кез-келген адамнан түбегейлі ерекшеленсе, барлығына қатысты заңдар, немесе топтың басым бөлігі кез-келген заңды түрде міндетті келісімде адал берілмес еді. Жалпы қасиетті байқау дұрыс, өйткені адамның өзара әрекеті кейбір жалпы негізсіз мүмкін болмас еді. Ұқсастықтың адамның өзара әрекеті үшін жалпы қасиеттерін белгілеу, кейбір жалпы негізсіз мүмкін болмас еді. Бірақ өзгешелікті қарастыру да дұрыс.

Жаңа өнертабыстар, жаңалықтар және үлкен байланыстарымен; оның басқару формаларымен және мәдениетті кітап, газет, радио арқылы насихаттауымен; өзінің кең артериалдық тасымалдау жүйесімен және саудасымен заманауи өркениет адам миының стандарттығына иіледі. Бет-әлпетке қарағанда, теңдестік неғұрлым маңызды; орташа сан өзгешелікке қарағанда неғұрлым маңызды.

Орта ғасырларда және неғұрлым ежелгі уақыттарда бет –әлпеттер теңдестікті қапаландырған; өзгешелік орташа санды қараңғылаған. Толық интеллектуалдық деңгей бүгінгіге қарағанда төмен болған, бірақ әрбір уақытта Ньютон, Мильтон секілді жоғары тұлғалар болған. Тек бір Сүлеймен мен Шекспирден бейхабар, сауатсыз адамдар да болған. Енді қазір бұрынғыға қарағанда орташа адамды мәдениеттің қажетті деңгейіне дейін тәрбиелейтіндей жақсы талпыныстар бар; бірақ данышпанды жынды адамдарды көндіктіру үшін кигізетін арнаулы киіммен шектейтін қауіп та жоқ емес.

Теңдестік пен өзгешелікті көрсететін кез-келген көзқараста пайда элементі бар. Бірі әдеттегі көптікті рухани дәрежеге көтерсе; екіншісі ақылды еркектерді сыйлауға мәжбүрлейді. Алтынның қақ ортасы осылардың ең жақсысы болып табылады. Адамдардың барлығын жоғары деңгейде ұқсас етіп жасауға талпыну мен ұлы данышпанды елемеудің өзі бұл өзгешеліктің түрін орташа санмен өсіру үшін ерекше топырақ дайындау қажет ететіні сияқты ақымақтық болар еді.

Өзіміздің мәселемізге қайта оралайық, ұқсастықты сақтау мүмкін жақсы да болар; және егер стандарт ішінара ақталған болса, адам ақылының стандарттығын сақтаған да дұрыс болар. Бірақ оқушылардың тұлғалық ерекшеліктерін елемес тен, оқыту әдістері мен дайындықты стандарттау ауыр психологиялық қылмыс болар еді. Адамдар арасындағы ұқсастықтың салдарынан, кейбір стандарттар білім беру жүйесі бойынша белгілі бір сәтке дейін қолданыла алады. Бірақ егер білім беру осындай стандарттар жинауға сәйкес жүзеге асатын болса, біз стандартты сақтап қалу үшін, адамды жаншып тастауымыз мүмкін.

Орташадан төмен балаларды орташа деңгейге жеткізу үшін, мұғалім олардың бірінің өсімін тоқтата алады. Зайырлы білім үшін не дұрыс болса, ішкі психологиялық дайындыққа да сол дұрыс болып саналады. Рухани өсуге себепші болатындай ешқандай стереотиптік амал жоқ. Рухани емес адамдарды өзіндік танымын асырған жандарда үгіп тастайтындай ешқандай рухани диірмен болмайды. Әрқайсысы өзінің жеке құтқарылуын ішкі дүниеге сәйкес өндіруі қажет, ол қалай стереотиптік ұсыныстармен дұрыс жолда басталып, рухани кеңесті стандарттады: қадірлі болыңыз, шыдамды болыңыз, қанағат етіңіз, өзін-өзі басқара алып, ойлы болыңыз және т.б. Әрбір адам дүниеге қажеттіліктерімен туылатыны туралы негізгі ой тобыры басқа адамдарға қарағанда аздап өзгеше болады. Кейбір бейімділіктер тыйым салынуға тиіс, кейбіреуінің орындары ауыстырылады, кейбіреуі дамыған, кейбіреуі дұрыс тамақтанбаған, кейбіреуі ашыққан. Әрбір жағдайда қолданылатын тактика бөлек, сондықтан да өзі игерген қасиеттерге байланысты міндетті түрде өзгеріп тұрады.

ӨТКЕН ТІЛЕКТЕР ҚАЗІРГІ НЕГІЗГІ ОЙДЫ БЕРЕДІ

Адамда негізгі ой қалай шығады? Оның осы өмірде немесе алдыңғы өмірлеріндегі саналы тілегі. Егер сіз қайта кейіпке енуге (инкарнация) сенбейтін болсаңыз, былайша айтқанда, егер сіз олай жасамайтын болсаңыз, онда бұл, әрине, адамдардың таланты мен жағдайдағы сәйкессіздікті қанағаттанарлық етіп түсіндіру үшін сізге ыңғайсыз болар еді онда ата-бабаңыз сіздің бойыңызда тұқым қуалаушылық мақсаты ретінде қалдырған тілектерді кінәлауға тиіссіз. Бұл соңғы түсінік, әрине, толық қанағаттанарлық емес.

Туа бітті дарындарды немесе негізгі ойды оқыту олардың ықпалының саласын өсіреді. Дипломатиялық қабілетті адам өзінің қарапайым жұмысшы немесе таңдаулы ер адамдар кеңесінен заңнамалық орган мүшесі немесе бүкіл әлемде бейбітшілік жөнінде келіссөздер жүргізуші өкілетті өкіл болғанына қарамастан ол дипломат болады. Білім беру немесе саяси оқу мен мүмкіндік оның туа бітті дипломатиялық аспабын күшейтіп, оны пайдалану саласын кеңейтеді. Түрлі адамдардың таланты, тіпті оқу арқылы үлкейген кездің өзінде өзгеше болады, сондықтан тек оқу саласына емес, сонымен қатар сол қабілеттің даму сатысына дейін туа бітті игеруге себепші болады.

Егер кім болатынымыздың дәні егілген, іштей өзгеруге ешқандай мүмкіндік болмаған болса, біз өз мінезіміздің белгісіз бөлігін өзгертуге қабілетсіз болар едік. Бірақ бізде, шынымен де болашақта кім болатынымызға ықпал етерліктей мүмкіндігіміз бар. Ерте жастан оқыту осы өзіміздің белгісіз бөлігіміздің өсуін ынталандыруға немесе зақымдауға тікелей қатысы бар. Дән әрі қарай бүршік ататын болғандықтан, біз жердің құнарлануына, арамшөптен арылуына, суғарылуына және қоршалуына көңіл бөлуіміз керек. Біз қажетсіз өсімді қысқартып, жоюға да тиіспіз. Өз өміріміздің бағының өнімі біздің оларға назар аударуымызға сәйкес үлкен, кіші, немесе орташа болады, сау немесе ауру болады. Мұның барлығы адам бостандығының шеңберінде жатыр. Егер біз таңдау еркіндігін дұрыс қолдануға көңіл аудар болсақ, онда сыртқы нәтиже қалаулы болады; және өз кезегінде, өмірдің болашақ көрінісін анықтайтын мінезіміздің белгісіз бөлігінен жиналған жаңа, жақсы ұрықтар да болады.

ҚАНШАМА МЕЙІРІМДІ ЕРІККЕ БІЗ ИЕМІЗ?

Адам баласы Құдайға ұқсап жаратылғанымен, оның бет-жүзінде өзгертуге немесе рухани түрде өзгертетіндей көптеген жат нәрселер көп. Біздің негізгі ойымыз тағдырымызға қоршаған орта мен жағдайды қосады. Егер осы бейімділіктер болмағанда, әрбір адамның түрлі жағдайларды тартатындығының еш мәні болмас еді. Шын мәнісінде, қажымас заң арқылы, біздің негізгі ойларымыз өзіміздің жолдастарымызды және қоршаған ортаны тартады. Жақындасу заңы бұл потенциалды мен фактілі мәселелер арасындағы сәйкестік.

Біздің тәртібімізге реплика әрдайым белгілі және белгісіз шекте жеткізіледі. Біздің шын мәнінде кім болғымыз келетіндігіміздің жетпіс бес пайызын алдын ала өзіміз анықтаймыз. Өткен өмірдегі «жұлдыз жорамал» негізгі ойы қазіргі тұқым қуалаушылық жағдайды, сонымен қатар, өзімізбен бірге жүретін басқа жағдайларды тартады. Белгісізді анықтағысы келетін фаталистер мен кейбір орашолақ астрологтар өмірді жүз пайызға алдын ала болжауға болады деп қателеседі. Олар адам бостандығы үшін орын қалдырмайды: өзінің қалауы бойынша өзгерту бостандығы, іс-әрекеттің екі нұсқасы арасындағы шешімді таңдау бостандығы. Көп жағдайда, адамның еркін еркі азаттық бетпердесін кигенмен ол өткен негізгі ойларға шырмалған құл секілді.

Дей тұрғанмен, белгілі бір мәселе бойынша барлығын таразыға салып, сөзсіз шешім ретінде қабылдайтын бір нәрсенің бар екенін барлығы да біледі. Осындай шешімді қабылдай отырып, біз өз еркімізді көрсетеміз, біз өмірімізде пайда болған көптеген нәрселерді өзгерте аламыз. Бұл ерік пен тілек бостандығы. Ерік бостандығы бар. Егер ол болмаса, ешкім де өз тағдырының теріс шеңберінен шыға алмас еді. Өсу шектеулі болар еді. Неғұрлым жаңа әрекет арналарында сала аз болар еді. Адамдардың эволюциялық дамуы жабайылық деңгейде болар еді.

Саяси өкіметтегі жаңа қоғамдық құрылыс, прогрессивті идеялар тұжырымдамасы ғылыми зерттеу әдістерін, зерттеудің жаңа бөлімдерін, әдеби саланы шолуды алға жылжытты - мұның барлығы адамның әрбір жолақта ерік күшін таңдау бостандығын жүзеге асыру қабілетін дәлелдейді.

Бұрын айтылып кеткендей, сіз өзіңіздің өткен өміріңізден алдын ала анықталғанның шамамен жетпіс бес пайызын сосын қалған жиырма бес пайызды құрайсыз. Егер сіз өзіңіз, өзіңіздің жеке таңдау бостандығыңыз бен тілек күші арқылы осы жиырма бес пайызды қандай болатынын анықтамасаңыз, онда жетпіс бес пайыз жиырма бес пайызды сіз үшін жасайды да, сіз марионеткаға айналасыз. Осылайша, сізді өткен өміріңіздің ықпалы негізгі ойларыңызды басқарады. Міне, сондықтан да, рухани оқыту маңызды болып есептеледі. Ол біздің өміріміздің тек жетпіс бес пайызын емес, сонымен қатар өзіміздің бостандығымыз арқылы жасағалы жүрген жиырма бес пайыздың қалыптасуының жаңа әдістерін анықтайды.

ҒАРЫШ ЗАҢЫ БІЗДІҢ ШЕШІМІМІЗ АРҚЫЛЫ ӘРЕКЕТ ЕТЕДІ

Ғарыш заңы зат жасаушы емес, ол себеп пен салдар, эволюциялық жұмыс тәртібі. Бұл заң біздің өткен негізгі ойларымыз немесе қазіргі кездегі таңдау бостандығымыз арқылы анықталған біздің шешімдеріміз арқылы жұмыс жасайы. Ғарыш Заңымен байланысты мәңгі игілік себебі әрбір атомда, біздің бойымызда да болады. Бұл өз мәнінде, өткен қателіктерімізден сабақ алуға үйрететін, сонымен қатар өзімізге берілген ерікті еркін іс-әрекетімізде дұрыс қолданып, үнемі жақсы әсер ететін, көрсетілген жағымды себептерді жүзеге асыруға шақырады.

Біз автоматты түрде жасайтын нәрселеріміз, себеп пен салдар заңының алдын - ала анықталған саласында жатыр. Осылайша, психологиялық немесе физиологиялық әдет біздің тәртібімізді анықтайды, әдет себеп болып табылады, және біздің шартты рефлексіміз- нәтиже. Біз нені есепті сарында жасасақ, бұл «қорытынды себеп» саласы шегіндегі таңдау еркіндігі шешімі. Біз қашықтағы мақсатқа сақтықпен қараған кезімізде, мысалы, мақсатты түсініп немесе нысанға жетуде, біз өз әдеттеріміз бен қалауымызша бастаған әрекетімізді осы мақсатқа қызмет ету құралы ретінде пайдаланамыз, біз «қорытынды себепке» сәйкес әрекет етеміз. «Әрбір сарын «қорытынды себеп» және әрбір «қорытынды себеп» әдеттегі себеп пен салдар сериясын бастайды. Президент Уилсон бүкіл дүние жүзінде бейбітшілік болғанын қалады. Ол Францияға өтетін кемеге отырып, бейбітшілік туралы «соңғы себеп», немесе «он төрт пункт» сарыны туралы ойларды бүкіл әлемге берген, жолға жиналып, кемеге отыру, Атлантикаға өткен кезде өз сөзін айту және т.б. «қорытынды себеп» бастаған себеп пен салдар сериясы болып табылады.

Біздің барлық импульстік және жәй және себеппен болған әдеттеріміз (яғни «қорытынды себептер» бастаған әрекеттер), Тәңір еркін, Ғарыш Заңын, құдайшыл қорытынды себепті алып келетін күйме арба болып табылады. Басқаша айтқанда, барлығы да ғарыш заңында көрсетілгендей, Құдайдың қалауымен болады. Біз сол заңды орындау құралдарымыз. Біздің міндетіміз- жағымсыз нәрселер жасап, қайғы шақыру емес, үйренуші адамды бұрыс әрекеттерден аулақ болуына үйрететін құрал секілді жақсы нәтижені орындау үшін дұрыс таңдау жасау. Біздің күймеміз жыраға түйісетінің себебі олар бұрыс әрекеттерге жармасты, олар енді біздің бар күшімізді салуымыз арқылы және Ғарыш Заңында көрсетілгендей, Құдай еркімен шығарылуға тиісті.

Шынын айтқанда, ең жоғарғы метафизикалық көзқарас арқылы айтар болсақ, ақиқат ғарыш заңының барлық жерде күшке ие екенінен тұрады, ол біздің нені жасап, нені жасағалы жүргеніміздің барлығынан да хабардар. Біздің мұны түсінбегеніміз де жақсы. Дүние жүзінің аса зор құпиясы неден тұратынын түсінуге талпынатын болсақ, біз өзіміздің психологиямыз бойынша өзіміз шақырған фаталистік соққыдан сал болып қалар едік. Өзіңіздің өмір туралы арманыңызға Құдай жарығында оянуға уақыт әлі келе қоймаған уақытта фатализм арқылы сынуына мүмкіндік бермеңіз. Сіз Құдай жолы туралы өзіңіздің бұрыс пікіріңіз арқылы қиналасыз. Өз еркіңізді ғарыш заңы шеңберіндегі мәңгі игілікпен үндестікте болатын осы таңдауды жасау үшін пайдалану түсінікке бірінші қадам болып табылады.

ҚҰДАЙ ҮШІН ӨМІР СҮРІҢІЗ

Сіз Құдай үшін емес, өзіңіз үшін өмір сүретін болсаңыз, әрбір сәтіңіз оған борышты болады. Бұл борыштар күн санап жинала береді. Әдетте беймәлім Құдай банкінен, әмбебап Рухтан алып, оның алдындағы өзіңіздің борышыңыздан құтылыңыз. Сіз тек анықтау үшін несие ала аласыз. Және сіз пайыз төлеу үшін қуғындалмайсыз. Бұл несие беріп, несие алушылардың қызығушылығын талап етіп, мазаламайтын жалғыз ғана банк, өйткені Әмбебап Банк оның жеке мүлкін жақсартуға капитал салуға әрдайым дайын тұрады және оның жалға алушыларының пайдасын ойлайды. Бұл тек Құдай мүмкіндік беретін банк ісінің формасы. Егер сіз қарызыңызды өтемесеңіз, онда Құдайдан оқшау, өз өміріңізге келісім-шарт жасадыңыз, сіздің түрмеге қамалуыңыз қайғыңыз болады.

Сіз сұрайтын несие қандай? Рухани даналық несиесі: өмірдің барлық жағдайларын көріп отыру үшін , Құдайдың оны қалай көретінін білу үшін берілетін көз, өмірдің әрбір бөлшегін ол сезінгендіктен сезіну үшін, ол өмір сүріп отырғандықтан, өмірдің әрбір сәтінде өмір сүру үшін. Құдайдан осы даналықты сұраған кезіңізде, несие тарту таралғы ретінде келеді.

Әрбір оқиға, дәлел, әрекет, немесе Иса мен Кришна секілді Құдай-адамның ойлары екі жақтан - Құдайдан және Құдайда өмір сүретін Құдай-адамнан келетін сол даналықты кездестіру орны болып табылады. Бұл шеңбердегі нүкте секілді, оған кез-келген жағынан да жақындай аласыз. Құдай өз мақсатын Құдай- адам арқылы орындайды, және Құдай-адам Құдай еркін орындау үшін саналы түрде әрекет етеді.

Біз оның да біз арқылы осыны жасайтынын білмейміз, осылайша, біз өзіміздің бостандығымыздың банкроттығын бастан кешіреміз. Бұл тар детерминизм емес. Бұл шынайы идеализм. Абсолютке жеткен кезде біз сөзсіз азатпыз. Сол уақытқа дейін азатпыз; бұл өзіміздің мейірімді еркімізді ақылмен қолданбағанымыз үшін күнә және қасіреттің қайнар көзі. Салыстырмалы бостандық арқылы өзімізге жол сала отырып, біз Абсолюттік Бостандыққа жетеміз. Білгісіз белгілі болады; білуден артық ештеңе жоқ, және білім бүкіл жаңаны қанағаттандырады.

Өз тағдырымызды басқару

Энсинитас, Калифорния, 1-ші қаңтар, 1938 жыл

Жаңа жылдың басталуымен шоғырланған батылдық пен рухани анықтауға өз өміріміздің жаңа дәуіріне енуіне мүмкіндік берелік. Енді, менімен бірге сыйыныңыз: «Біз жақсы өмірге енеміз, Әке, Жаңа жыл қақпасы арқылы, бұл жылы бүкіл сыйды беруші- сізбен жақсы қатынаста болайық. Өзіміздің барлық тілегіміздің тағында отырып, өмірімізді ақылымыз арқылы бағыттап отыратын жалғыз патша болыңыз. Өткен жыл тілектері бізді жиі адастырды. Бізге батаңызды беріңіз, алдағы барлық талпыныстарымыз Сіздің тілектеріңізбен үндестікте болсын. Әрбір жаңа күнде Сіздің санаңызда ойша, рухани түрде оянуымыз үшін бізге батаңызды беріңіз. О Әке және бізге батасын беріп, Сенің Патшалығыңды сыйлаушы Ұлылар, біз Сізге ризамыз. *Әумин. Әумин. Әумин*».

Бұл менің сіздерге арналған жаңа жылдық тілегім: Сіз бейбітшілік және мәңгі қуаныш бар жерге қиялсыз қол жеткізесіз. Сіз эфирге өзіңіз шығаратын кез-келген күшті жақсы тілектің орындалуын түсіне аласыз.

Медитация жасайық (ойды Алла тағалаға шоғырландыру): Өткен жылдың көркем тұстары жөнінде ойлаңыз. Қараңғы тұстарды ұмытыңыз. Өткен өміріңізде Жаңа жыл топырағында жасаған жақсыларыңызды егіңіз, ол дәннің бұрынғыдан да жақсырақ өсуіне сеніңіз. Бұрынғы қайғының барлығы да кетті. Бұрынғы кемшіліктер ұмытылады. О дүниеге аттанған жақындарыңыз Құдайда мәңгілік өмір сүріп жатыр. Біз қазір Мәңгілік Өмірдеміз. Егер біз мұны түсінсек, онда ешқашан өлімнің не екенін білмейтін боламыз. Мұхит толқындары көтеріліп, төмен түседі, ал жоғалған кезде, олар бұрынғысынша мұхитпен бірге қалады. Тіпті осы жағдайдың өзінде бүкіл нәрселер мұхитта Құдаймен бірге болады. Қорқатындай түк те жоқ. Ақылдың әрбір қозғалысын Құдаймен байланыстырыңыз. Толқын өзін мұхиттан бөлген кезде ғана, өзіңді оқшауланған және жоғалған секілді сезінесің. Өзіңіздің Мәңгі Өмірмен байланысыңыз туралы үнемі ойлап жүріңіз, және сіз өз тұлғаңыздың Жоғары Мәңгілікпен бірге екенін білетін боласыз. Өмір мен өлім болмыстың түрлі фазалары. Сіз Мәңгілік Өмірдің бір бөлшегісіз. Түсінігіңіз өзін шағын тәнімен шектеуді қысқартуы үшін, Өз санаңызды Құдайда оятып, кеңейтіңіз. Орындаңыз. Сіздің санаңызда шеңбер жоқ. Алға қарай, миллион мильге қараңыз: ұшы-қиыры жоқ. Солға, жоғарыға және төменге қараңыз: шеті көрінбейді. Сіздің ақылыңыз кезбе, санаңыз шектеулі емес.

Менімен бірге сыйыныңыз: «Көк Аспан Әкесі, мен енді өткен жылдың санасымен байланысты емеспін. Мен тәннің тар санасынан арылдым. Мен мәңгімін. Жан мәңгі. Мен мәңгілік қапасында жоғарыдан төмен қарай, сол жақта, оң жақта, алда, артта, және айналаның бәрінде кезбемін. Сіз және мен екеуміз бірміз.

«Біз сізге табынамыз, О Құдай, Гуру, және барлық діндердің әулиелері. Біз әрбір ұлттың барлық жандарының алдында басымызды иеміз, өйткені олар Сенің образың бойынша өндірілуде. Жаңа жылда біз жер бетіндегі барлық елдерде бейбітшілік болсын деп тілейміз. Сіздің Әкелік қамқорлығыңыздың астында жалпы бауырластық құруына тілектеспіз. Осы жер бетінде жұмақ орнату үшін оларға күресті қойып, бір-бірімен бейбіт өмір сүруін тілеңіз. Біздің барлығымызды өмірімізді рухани етіп, үлгімізбен басқаларды шабыттандырып, Осы жерде аспан орнатуымыз үшін барлығымызға батаңызды беріңіз. Біз, Сізді, өз Әкемізді жақсы көреміз, және барлық нәсілдерді бауырымыздай жақсы көреміз. Біз барлық тіршілікті жақсы көреміз, өйткені олар Сіздің өміріңізді көрсетеді. Біз Сізге басымызды иеміз.

"Көк Аспан Әкесі, өзіңіз үнемі жанымызда болып, осы жаңа жылда ақыл-ойымызда және тәнімізде Сіздің өміріңізді, денсаулығыңызды, кемелдену мен бақытыңызды көрсете білуіміз үшін бізге күш бере көр. Сіздің балаларыңыз секілді, біз жетіліп, сіз секілді керемет бола аламыз. *Әумин, Тыныштық пен шаттық, Әумин*».

Күн сайын жақсы нәрсе жасаудан жалықпаңыз. Игілікті мақсат қойыңыз, мұқтаж адамдарға қол ұшын беріңіз. Сіздің басқаларға аяушылық білдіргеніңізді Құдай үсітіңізден бақылап отырады. Күн сайын біреуге пайдаңызды тигізуді ойлаңыз. Сіз басқаларға түсінік бере отырып, көмектесе аласыз. Бірбеткей бауырлардың кемшіліктерін көргенде ешқашан күлкі қылмаңыз, қайта олардың өзгеруіне себепші болыңыз. Құдайды мен көріп отырғандай, кез-келген жерден көруге тырысыңыз. Адасқан адамға демеу болыңыз. Құдай осы жаның бойында ұйықтап жатыр, ал сіз болсаңыз, оны махаббатыңызбен оятуға тиіссіз. Ойша өзіңізді басқалардың орнына қойып көріңіз, содан соң аса зор мейіріммен оларды түсіне алып, көмектесесіз. Басқа асқан қуаныш жоқ. Мен өзімді әркез жақсартуға талпынсам, басқалардың бойынан жақсаруға деген талпынысты көргендіктен.

Әлемде қайғы-қасіретті жоюға ақшадан, ғимараттан, немесе басқа да кез-келген материалдық көмектен артық тікелей көмек бере алатын бір зат, медитация жасап біз өзіміз сезініп отырған Құдай санасын басқаларға бере білу. Мыңдаған жендет менде барды қирата алмады. Күн сайын Оның санасын басқаларға төгіңіз. Бүкіл жандарды Өзіңізге тартып, Оның еркімен үндестікте жұмыс жасау үшін Құдайдың адамзатқа қатысты жоспарын түсінуге тырысыңыз. Барлығы Жаратушының разылығы үшін жасалуы керек.

Ең үлкен қарғыс Құдай шіркеуінде бөлімшелер құруы. Егер жүз Құдай бар болса, онда жүз түрлі дін болар еді, бірақ Құдай жалғыз, Шындық та біреу. Бұл біз сүйенетін "қасаң" қағида емес, бірақ бұл әрбір жанда болатын шындық пен рухани құндылықтарын жүзеге асыру.

АДАМЗАТ ТАҒДЫРЫ АДАМДАРДЫҢ ІС-ӘРЕКЕТІНЕН ТУЫНДАЙТЫН ӨТКЕН ЖӘНЕ ҚАЗІРГІ ӨМІРІҢЕ БАЙЛАНЫСТЫ

Жаңа жыл кешін өткізуді бақтың өсуіне өз мойыңызға жүктеп қойған сияқты бейнелеңіз. Осы топырақта жақсы әдеттер дәнін егіп, қам-қарекет пен өткен бұрыс әрекеттерден арылыңыз. Егер сіз жақсы бағбан болмасаңыз, сіз жерге қайта оралып, екінші рет қайталап көруге тиіссіз.

Сізді тағдыр басқарып отырған уақыттан сіз ешқашан да бақытты таба алмайсыз. «Тағдыр» деп отырғанда мен «тағдырды» меңзеп отырғаным жоқ. Тағдыр деген нәрсе жоқ. Тағдыр бұрын өзіміз қалай өмір сүріп, нені қаласақ соған байланысты жасаған қазіргі әрекеттің ұмыт болған себептерінен тұрады. Сондықтан, бүгінгі жасап жүрген іс-әрекетіміз сол өткен өміріміздегі әрекетіміздің салдары. Тағдыр себеп-салдар заңдылығы бойынша құралады. Сіз «Мен сараң болуға жаралғанмын» дейіңіз мүмкін. Бірақ ол дұрыс емес. Бірінші күннен бастап сіз тамақ іше бастадыңыз. Сіз бұл әдетті қалыптастырдыңыз. Маскүнем ішімдікті алғаш ішкен кезде маскүнем болған емес. Әрекетті пайымдамастан қайталаған кезіңізде, сіз олардың сіздің ойларыңызды басып ала бастап, және сіздің тәніңізді оған бағынуға мәжбүрлейтінін байқайсыз. Сонда сіз, әлсіз және жолы болмағыш адамша бұл менің тағдырым дейтін боласыз. Сол міндетті шынжыр өзіңіз арқылы соғылған. Сіз өзіңізді қалай жасап шығарсаңыз, солай боласыз. Сіз өзіңіз ғана өткен нақты пайдалы немесе зиянды әрекеттерде қайталанған кезіңізде, өзіңіздің жақсы, не жаман болатыныңызды анықтап қойғансыз.

Сана-сезіміне байланысты әрбір жан, өздері еркін таңдау әрекетімен жасаған тағдыр арқылы бақыланады. Тағдырыңызды қаншалықты тағдыр басқаратынын және сіздің оны қаншалықты басқаратыныңызды білген жақсы. Таңертең, ұйқыдан оянған кезіңізде, өзіңіз жоспарлаған нәрсеңізді орындамайсыз. Қазіргі өмір тіршілікпен теңдестірілмеген. Бұл өмірде әркімнің өзінің санасына байланысты іздеген нәрсесі бар. Әркім сол іздеген нәрсесін сана-сезімінің деңгейіне, қабілетіне байланысты қалауына қарай өздерін ләззаттандырсада оған үнемі бір нәрсе жетіспейді. Сіз қарсыласуға болмайтын тұрақты емес, өзгергіш және арты қорлыққа әкелетін мақсат-тілектерді жаратпас бұрын, түсініп-сезінуді мұқият айырып алыңыз. Егер вагоныңызбен бірге қашып бара жатқан атты қуатын болсаңыз, сіздің бірінші қажеттілігіңіз атты басқарудан тұрады.

Өз іс-әрекетіңізді саралап, сезіміңіздің жабайы аттарын жоюға талпынған өміріңіздің қаншалықты тоқтаусыз екенін біліп алыңыз. Егер қандай да бір зиянды әдет бар болса, енді соны басқаруды үйреніңіз. Ішімдік ішу, сексуалдық қажеттілік сізді құртатын болады. Оларды жеңе білуге үйреніңіз. Дұрыс емес жолға түсу тек лезде болатын әлсіздік. Өзіңізді жоғалттым деген ойдан арылыңыз. Сіз құлаған сол жердің өзі сізге қолдау көрсетіп, қайта түрегелуге көмектеседі. Бірақ құлаған күйде қалу бұл қайғылы әлсіздік. Сіздің жаныңыз ақыр соңында өтелуі қажет және жалғыз ғана шынайы күнә осы мақсатқа жетуге талпынысты доғару.

Үнді қасиетті қолжазбаларында әрбір жан бөлек және тәуелсіз деп жазылған. Ол тұқым қуалаушылықпен басқарылмайды, қайта ол өзі белгілі бір отбасын және тұқым қуалаушылықты табиғаттағы кейбір ұқсастық үшін тартады; немесе өткен өмірде белгілі әдеттер мен тілектер арқылы жасалған басқа да қасиеттер үшін де тартуы мүмкін. Сіздің ықыласыңыз тәтті немесе қышқыл болуы мүмкін, бірақ бұл

Парамаханса Йогананда әлемге танымал опера сопраносы мадам Амелита Галли-Курчимен бірге, Вашингтон, Колумбия аймағы, 1927 ж. Парамахансажи гуруы, Свами Шри Юктешвар, өзінің шәкіртін Америкаға шығарып саларда: «Сіз қайда барсаңыз да, достар табасыз»,- деп сендірді. Шынымен де, гурудың даналығы мен тәжірибелік оқытуы барлық қоғам топтарынан ғылым, бизнес және өнер саласынан тақуалар мен достарды қызықтырды. Мадам Галли - Курчи: «Йогананданың дәрістері өмірге мақсат, қуаныш, бақыт және шаттық береді, күнделікті мәселелерімізді шешуге, іс-әрекеттерімізде қолдануға ыңғайлы»,- деп жазды.

сізді осындай етпейді. Егер Ол сізді өз бетімен осындай етіп жаратса, онда сіз өзіңіз жасаған нәрсеге жауапты боласыз. Заңның үстемдік етуші жүйесі толыққанды емес, ол ішкі «Мен» арқылы жүрмейді. Жазалау қылмысқа сай болуы мүмкін, бірақ егер бұл ішкі «меннің» ерекше кармалық үлгісіне сәйкес келмесе, қылмыскер өзінің жасаған қылығына өкініп, дұрысталуды қаламайтын болады.

Өзінің қазіргі жағдайына қарамастан, адам жақсы болуға өзін ұстай білуі, тәртібі және тиісті тамақтануы мен денсаулығы арқылы өзгере алады. Сіз неге өзгере алмаймын деп ойлайсыз? Ақыл-ой жалқаулығы бүкіл әлсіздік себебінің құпиясы. Ақылға жалқау адам сенімсіз болып келеді. Тіпті ол ілгері жылжу үшін күш салуды да ойламайды.

Адам өзінің енжар әдетін өзгертіп, өзінің қазіргі жағдайы алдын ала пешенесіне жазылған деп ойлауды доғаруы тиіс. Тіпті өзінің әйел немесе еркек екенін ұйықтағанда білмейді. Ұйықтап жатқанда барлық ойдан Сіз азатсыз. Әр таң сайын Құдай сіздің азат екеніңізді еске түсіреді, бірақ сіздің күнделікті тіршілігіңіз сізді қайтадан бүкіл міндетті әдеттерді пенделік санаға әкеліп қосады.

Күн сайын сол мүсәпір жағдайда өмір сүрмеңіз. Егер сіз Құдайға сыйынып сенетін болсаңыз, сіз Құдай рақымшылығына ие боласыз. Егер сіз жаман әдетке ие болсаңыз, ұлы әдеттеріңіз бейтараптанбайынша ақыл-ойыңызды таза ұстап, жаман, жарамсыз істер жасаудан барынша аулақ және өз сезімдеріңізге ие, болып әрқашан да сабырлы, ұстамды болуға тырысыңыз. Өзіңізге шешімді түрде өзіңіздің басқа бола алатыныңызды, қазір әлсіз болғанмен, күшті болуға тырысатыныңызды шешімді түрде айтыңыз. Өзіңізге рухани қолдау танытып, өзіңізді дұрыс жаққа тәрбиелемін деген шешіміңізді *миыңыз арқылы жүзеге асыра алатын болсаңыз*, өзіңізге деген сеніміңіз күшейді де сіз өзгерісіз, ерекшеленесіз. Айталық, сіз сараң адамсыз делік. Егер ойша өзін-өзі ұстай білу туралы ойласаңыз, сізде сол қасиет болады. Өзіңізді тәрбиелеу барысында адамгершілік қасиеттеріңіз өзгеріп отырады. Өзіңізді күштімін деп ойлайтын болсаңыз, сіз арбауға қарсы тұра алатын боласыз. Егер өз ашуыңызды оңай тоқтата алсаңыз, онда бүгінде ашуланбайтын боласыз. Тіпті бастапқыда бірнеше минут ішінде өз ашуыңызды басқара алмағанның өзінде, қайтпастай болсаңыз, жеңесіз.

Свами Шри Юктешвар мен Парамаханса Йогананда діни шеруде,
Калькутта, 1935 жыл. Парамахансажи Үндістанда гуруын соңғы көруі,
Шри Йогананданың рухани оқуы өзінің халықаралық міндетіне дайындады.

ҰЛЫ АДАМДАРДЫҢ ҮЛГІСІ БІЗДІҢ ТАҒДЫРЫМЫЗДЫҢ ЖАЗЫЛМАҒАНЫН КӨРСЕТЕДІ

Ұлы адамдар үлгісі көрсеткендей, біздің тағдырымыз жазылып қойылмаған. Өміріңіздің барлық әдемі және жағымсыз қасиеттерін еске түсіріп, соларға шоғырланып көріңіз, кемшіліктер туралы ойыңызға алмаңыз. Өзіңіздің қас дұшпаны өзіңізсіз. Өзіңіз жасаған қалыптан шыға алмасаңыз, соған жауаптысыз. Сіз осылай жасауға нық шешім қабылдауыңыз керек. Барлығы өзіңізден басталады. Сізді өзіңізден басқа ешкім тағдырға байлап ұстамайды. Ұлы адамдар үлгісі арқылы сіз тағдырыңыз өз қолыңызда дегенге сене бастайсыз. Олар өз қатынастарын өзгертіп, ұлы болды. Сіз де дәл солай жасай аласыз. Өмірде үлкен табыстарға қол жеткізген адамдардың, әдетте үлкен сәтсіздіктерге ұшыраған кездері болды. Бірақ олар жеңілуден бас тартты. Табысқа жеткен адамдар көп шайқастарда жеңіп, басқаларын жоғалтты, бірақ жағымсыз «тағдырды» мойындаған емес.

Мен жас кезімде созылмалы асқазан ауруы шалдыққанмын сол себептен менде асқазан ауруына қарсы көп дәрі болды. Алғашқыда, осыны гуруым Свами Шри Юктешварға айтқанымда, ол: «Неге құдайдың емін байқап көрмеске? Сіз қайғыруға тиісті емессіз» деді. Алғашқысында бұдан ешқандай нәтиже шықпайтынына сенімді едім, бірақ ол осылай дегеннен соң, оның сөздері маған әсер етті. Сол күннен бастап мен сауыға бастадым.

Егер сіз өз әлсіздіктеріңізге сене өзіңізді аяйтын болсаңыз, онда қиыншылық та болары сөзсіз. Мұндай көзқарасты өзгертіңіз. Сіз өзіңіздің қайыршы пенде екеніңізді ұмытыңыз. Өзіңіздің Құдай баласы екеніңізді, мен не қаласам, соның бәрі болады және табиғат та маған бағынады деген ұстанымды әрдайым есте сақтап жүріңіз.

ОЙША ТӘН ШЕКТЕУІНЕН БӨЛІНІҢІЗ

Дене әдеттерін бақылауға алуды бастаңыз. Олар сіздің отбасыңыздың, ата-бабаңыздың, және бүкіл әлемнің әдеттерінің әсерінен болады. Өзіңізді физиологиялық әдеттен арылтуға тырыса отырып, оған тіпті ойша да беріле көрмеңіз. Өз ақылыңызға тәннің кез-келген шектеуші ұсынысын қабылдауына мүмкіндік бермеңіз. Тәніңізді күтіңіз, бірақ одан әрдайым жоғары болыңыз. Сіз өзіңіздің пенделік формаңыздан бөлек екеніңізді біліңіз. Өз ақылыңыз бен тәніңіздің арасында ақыл-ой бөгетін қойыңыз. Өзіңізге: «Мен тәннен бөліндім. Ешқандай жоғары температура, суық немесе ауру мені қозғай алмайды. Мен азатпын» деп айта беріңіз. Сіздің шектеулеріңіз азая береді. Бірақ егер тән ақылды ауруды ұғынуына сендіретін болса, онда қасірет екі есе артады. Тәнді дұрыс пайдалана біліңіз. Егер сіз тәнді елеместен, рух күшін қатайтпайтын болсаңыз, онда созылмалы ауруға ұшырауыңыз мүмкін. Өзіңізді жанның ықпалымен әрекет етіңіз. Денеңізді дұрыс басқара білуінің маңызы өте зор. Ешқашан өз тәніңіз ақылыңызды басқармасын; бұл өте маңызды. Ақыл-есіңіздің тазалығына байланысты Сіз сезім мүшелеріңізді жаттықтыруыңыз керек, сонда тәнге тәуелді болмайсыз, денеңізді дұрыс басқара білуінің маңызы өте зор. Бұл қолын сындырып алып, ешқандай қол болған емес дегенді білдірмейді. Оған дұрыс ем жасаңыз, бірақ дене жайсыздығына бола есі ауысқандай болмаңыз. Сіз тәнге байланбай, тәннен бөлек жанның ықпалымен өмір сүріңіз. Өзіңізбен не болып жатқанын бөлек қарастырыңыз. Сонда сізге ешқандай ауру қайта төне алмайтынын түсінесіз.

Ой – денсаулық пен молшылықтың сәулетшісі. Денсаулық пен ауру бұлар ой. Сіз рухсыз. Сіз бәрінен де биік тұрсыз. Егер сіз ағзада қапаста болсаңыз, денсаулық туралы ойлай, ойша сол жерден шыға аласыз. Аурудың алдында үнемі үрейлену кезінде сіз соған шоғырланып, өзіңізге тартасыз. Сондықтан ақылыңызды барлық тән түйсіктерін өткізбейтіндей етіп, ақыл-есті билеп алған аурудан құтылуға тырысыңыз. Мен тіпті өзімнің Рух екенімді еске түсіргенде, ұйқыны да қажет етпеймін, өйткені Рух ұйықтамайды.

ҚҰДІРЕТТІ КҮШ ОЙДА НЕГІЗДЕЛГЕН

Ақыл Құдай жаратқан барлық кереметтің кереметі. Бірде-бір адам нағыз надан болмайды, бірақ адасуға енгізсе, ол сондай болып көрінуі мүмкін. Біз ақылдың нәзік механизмдерін көрмейміз. Онда құдіретті күш негізделген. Біз мұны осы рухани күшке ие болған гурудың көмегі арқылы түсіне аламыз. Егер сіз акробат болғыңыз келсе, акробатқа жақын жүріңіз. Егер сіз қуатты болғыңыз келсе, күшті ақылға ие адамдарға жақын болыңыз. Пайдасыз ортадан, ықпалы сіздің тілегіңіз бен ақылыңызды сал ететін адамдардан аулақ жүріңіз. Тыныштық пен оңаша қалу табыс құпиясы. Осы заманауи өмірде өзін оның толассыз талаптарынан бөлетін бір ғана әдіс бар: дер кезінде кетіп қалу. Тек әлсіздер ғана қоршаған ортаны мойындайды. Өз тағдырыңызда тек өзіңіз ғана патшасыз.

Іштей періште болыңыз. Бұл ең қарапайым тәсіл. Ашуға мінген әрбір уақытта, өзіңізге: «Мен Құдайдың сабырлы баласымын. Мен өзімнің кім болатынымды білемін. Жұлдыздар, періштелер және барлық жаратылыс менің тілегімді орындауы тиіс» деңіз. Өзіңіздің ақыл-ой мүмкіндіктеріңізді ұсақ-түйекте байқап көріңіз, сонда сіз оны үлкен бастамалар үшін күшейтетін боласыз. Егер сіздің ақылыңыз күшті және нық шешім қабылдайтын қабілетіңіз болса, сіз өз тағдырыңызды өзгерте аласыз. Мен өзімнің бұдан бұрынырақ өлетінімді және қай аурудан өлетінімді білдім.

Табысқа жету күші ақылда орналасқан. Сіз тұтас әлемге қарсы сенбеушілікті ұстанатын болсаңыз, осы ақиқатты түсінесіз. Кей хобби немесе жобаны алып, бір нәрсе жасап шығарыңыз, басқалары сізді жасай алмайды деп ойлайды, ал сіз болсаңыз, өзіңіздің не нәрсеге қабілетті екеніңізді көрсетесіз. Қарапайым мақсаттан бастаңыз, және бірте-бірте сіздің ақыл билігіңіз неғұрлым дами түседі. Әлем және сіздің отбасыңыз сізді белгілі бір әдіспен маркерлейді, бірақ өзіңізді жақсарту үшін үнемі мимен жұмыс жасау қажет. Сіздің ақыл дәрежеңізде ешқандай шектеу жоқ. Осы ойға шоғырланыңыз. Позитивтік қадамға жету үшін өз ақылыңызды резолюцияға толтырыңыз. Ақылыңызды неғұрлым жоғары жетістіктерге жетелеуді жалғастыра беріңіз. Рухани көркеюге тырысыңыз, сонда көркеюдің кез-келген түрі сіздің құлыңыз болады. Менің өмірім осының куәсі болып табылады.

Әркез, өз назарыңызға ешқандай талап қоймастан, бір жерде отырған кезіңізде, сіз өз ақылыңыздан алыстасыз. Ұлы нәрселер алдымен ақылда өндіріледі. Мен әрдайым шығармашыл ойларды әрекетке ендіремін, сонда мүмкіндікті көремін. Нәтижелер де пайда болады. Күн сайын сіз бір шығармашыл нәрсе жасауға тиіссіз. Өз тағдырыңызды жақсартыңыз. Өз денсаулығыңызды алыңыз, немесе өнегелі өміріңізді, немесе рухани өіріңізді алып көріңіз бір ретке бір нәрсені алып, өз қалауыңызша өзгертіңіз. Осы өмірде не нәрсеге қол жеткізгім келсе, соған жете аламын. Материя ақыл жаратылысы болып табылады, ақыл физиологиялық шектеулерге ие емес. Сондықтан да, егер сіз өз ақылыңызды басқара алатын болсаңыз, бүкіл әлем сізге бет бұратын болады. Өмірде нені қаласам, соған ие болдым. Өзім қалаған кез-келген зат, бір кездері Құдайдың жаңа бақыты болды. Нәтижесінде, барлық тілектеріме қол жеткіздім.

Дәрменсіз сәтсіз адам болмаңыз. Өз тағдырыңызды бойыңызды

өзгерте отырып, басқарыңыз. Өзіңіз шешкен нәрсеңізді жасауға тырысыңыз. Өзіңіз қалаған нәрсе жолында ақылыңызды шоғырландыру сізге күш түсірмейді. Өзіңіздің ішкі әлеміңізді өзгертіңіз, сонда сіз өз тағдырыңызды өз тілегіңізге сәйкес өзгертетін боласыз.

Жақсы, не жаман қонақтар

Шамамен 1930 жыл

Бұл жалған дүние адамды нәпсінің торына түсіріп, надандық құрсауында ұстауға арналған. Адамзат қоғамында жаман әдеттерге байланысты түрлі күрестер өрістейді. Олар жақсы әдеттер ашығып жатқан кезде, үнемі тамақтанады. Жақсы тілектер ресми қабылдауға әрең ие болып, көңілі қалған кезде, жаман әдеттердің тілекке сәйкес емес достары сіздің ақылыңыздың көру залында орналасады.

Жақсы әдеттерді дамыту үшін, сіз оларды жақсы әрекеттермен қоректендіріп отырғаныңыз жөн; мұны жасау үшін жақсы серіктестер іздеген дұрыс. Қоршаған ортаның (өзіңді қоршаған адамдар) маңызы зор, өйткені ол сіздің ерік күшіңізден күштірек. Адамдардың басым бөлігі қамқорға зәру және сізді де осы өнегеге сүйенуге шақырады. Мұндай адамдардың ақыл прожекторының сәулесі іште шоғырланудың орнына, үнемі сыртқа бағытталып тұрады. Адамдар зыр жүгіріп жүргенімен, әлемде өзінен қашу үшін жасырына алатындай орын жоқ. Ақыр соңында, әрқайсысы өзімен-өзі қақтығысып қалады сондықтан да, сіз өзіндік танымға шоғырланған және жаман әдеттердің алдамшы әсерінен аулақ әулиелер мен достар ассоциациясын іздеуіңіз керек.

Егер сіз рухани немесе материалдық табысқа қатысты сыйынып, бірақ сәтсіздік туралы ойға ие болатын болсаңыз, мұны жолда қарақшылар тонап алсын деген оймен бір адамға тапсырманы орындауға аттандырғанмен тең. Сіздің табысқа жетуіңізге кедергі келтіріп жүрген ұрылар, сіздің жеке басыңыздың жаман әдеттері десекте болады. Сіз өзіңіздің сыйынушы балаларыңызды Құдайға қорғаныссыз жібересіз, және оларды әдеттегі тынышсыздық пен күмән тонаушылары Құдайға жеткізбестен бағып жүреді. Құдай барлық жерде және бәрін білетін болғандықтан әрине, Ол сіздің дұғаңызды естиді бірақ белгілі бір себептерге байланысты Ол сіздің қалауынша сұраған дұғаларға жауап бере бермейді.

Мен сізге бір оқиғаны айтып берейін. Бір патша өзінің құзырындағы бір адамға келіп: менің сұрағыма жауап бере алмаған жағдайда дарға асыласыз дейді. Әлгі адам «сұрағыңызды қоя беріңіз» дейді. Сонда патша одан: «Құдай қай жерде отыр, қай жаққа қарап отыр - солтүстікке ме, оңтүстікке ме, шығысқа ма, әлде батысқа ма?» деп сұраған екен. Патша құзырындағы әлгі адам ойлану үшін үйіне келеді, ол өзінің малайына патша сұрағына екі апта ішінде жауап бере алмаған жағдайда өлтірілетінін айтады.

Малай өзінің қожайынына: «Сіз үшін менің баруыма рұқсат етіңізші, Мен бұл сұраққа жауап бере аламын» депті. Содан малай патшаның қойған сұрағына жауап қайтару үшін патшаға келеді. «Біріншіден» депті ол, «маған өзіңіздің тағыңызға отыруға рұқсат етіңіз, өйткені мен сіздің сұрағыңызға жауап бергелі отырған Ұстазыңызбын» депті. Патша малайға өзінің тағын ұсыныпты, және содан соң одан: «Құдай қай жерде, қай жаққа қарап отыр. Батыс па, шығыс па, оңтүстік пе, әлде солтүстік пе?» деп сұрайды.

«Маған сиырды жетелеп әкеліңізші» деп өтінеді.

Сиыр да жеткізіледі. Сонда малай «Сүт қайда?» деп сұрайды.

«Желінінде» деп патша жауап береді.

«Жоқ, мырза» деді малай, «сүт тек желінде емес, сиырдың бүкіл денесінде» депті.

Сонда малай сүт қиылған ыдыс әкеліп беруін өтінеді, және өтініші орындалған кезде, ол патшадан: «Майы қайда?» деп сұрайды.

Патша: «Мен майды көріп тұрғаным жоқ» дейді.

Малай сонда «Май сүтте. Сүтті былғасаңыз, май одан бөлініп шығады. Сүт сиырдың бойында болғандықтан, май сүтте болады, сол секілді Құдай да барлық жерде» ол біздің ішімізде деген екен.

Осылайша, малай данышпандылығымен өз қожайынының өмірін сақтап қалған, өйткені патша өзінің сұрағына дұрыс жауап алған болатын.

Егер сіз өзіңізге де осы сұрақты қояр болсаңыз, және де осы секілді жауап алғыңыз келсе, сіз Құдайды ұшы-қиыры жоқ табиғаттың барлық жерінде екенін сезініп, барлық ой-өрісті жүрекке шоғырландырып, терең медитация жасап Құдаймен байланыс жасауыңыз керек.

ҚҰДАЙҒА ХАТ

Құдайды ұғыну йогалар мен свамилердің монополиясы болып табылмайды. Ол әрбір тіршіліктің жүрегі мен жанында орналасқан. Өз жүрегіңізде құпия ғибадатхананы ашқан кезіңізде, сіз бәрін білгіш интуицияңызбен бірге өмір кітабын оқып шығуыңыз қажет. Тек сонда

356

ғана сіз Құдаймен байланысты боласыз. Сонда сіз Оны тіршіліктің ең нағыз мәні ретінде түсінесіз. Бұл сезімсіз сіздің жүрегіңізде өз дұғаларыңызға ешқандай да жауап таба алмайсыз. Сіз өзіңіздің позитивтік қадамдарыңыз бен жақсы тағдырыңыз тартқан нәрселерге ие боласыз, бірақ Құдайдан саналы жауап алу үшін, сіз алдымен барлық ақыл-ойды бір Аллаға шоғырландырып, Онымен діни үндестікке жетіп алуыңыз керек.

Мен бала күнімде Құдайға хат жазғаным есімде. Мен сол хатты әзер жаздым, өйткені өте кішкентай болатынмын, бірақ Оған көп нәрсені жаздым деп ойлаймын. Мен өзім үшін ештеңе де сұраған емеспін. Өзім жайлы бірдеңе айтқым келді. Күн сайын поштащы маған хатыма жауап әкеледі деп еш күмән келтірместен күттім. Күндердің бір күнінде жауап та келді. Ол маған елесте көрінді. Мен алтын әріптермен жазылған Құдайдың жауабын көрдім. Әзер оқысам да, мағынасын түсіндім. Ол маған: «Мен Өмірмін! Мен Махаббатпын! Мен сіздерге өзіңіздің ата-анаңыз арқылы қамқорлық жасаймын!» деді. Оны мен түсіндім де, *Құдайды сезіндім*!

Тіпті күнәға белшесінен батып, күнәлары мұхиттан терең, Гималайдан биік болса да шын ниетпен Құдайға қалтқысыз сеніп, қапысыз иланған адамның дұғалары Құдайға жетеді сонда оның күнәларының маңызы болмайды. Ол тағдыр кедергісін жояды. Бір кездері, кім білсін, сіз қараңғылық қабатына батып кетуіңіз ықтимал, бірақ дей тұрғанмен, сіз Мәңгілік алау ұшқынысыз. Сіз ұшқынды жасыра аласыз, бірақ оны ешқашан өшіре алмайсыз.

Құдай барлық жерде, ол бүкіл болмыстың қайнар көзі. Ол сізде бар болса, сізде барлығы да бар деген сөз. Мен не қаласам да, қалаған нәрсем әп-сәтте орындалады. Сондықтан да мен өз тілектерімде өте сақ болғаным дұрыс. Барлық нәрсені мен Құдайдың қалауы бойынша тілеймін. Басқа адамдар үшін тілеген кезде, мен күресуім керек, өйткені мен олардың тағдырымен [1] күресуге тиістімін. Өмірдің үйлесімді болып, қызық пен бақытқа толы болуы үшін өмір мақсатын Алла тағаланың қалауымен сәйкес болу керек. Құдайды іздеу жолында сіз «Алдымен Құдайдың қалауы орындалса, содан соң, әрине, мен өзім қалаған автокөлікке қол жеткіземін» деген ойдан сақ болғаныңыз

---

[1] Адамның өзін-өзі танып-білуі оған дұрыс тіршілік құрып, өмірдің жоғары мақсатына жетуіне және әрбір адамның өмір сүруінің нәтижесіне байланысты өзіне тиісті қарымтасын алуға көмектесетін Парамаханса Йогананда сияқты рухани ұстаздардың болуының маңызы өте зор. (*кармаға* берілген түсінікті глоссарийден қараңыз).

дұрыс. Бұлай жасай отырып, сіз Құдайды алдай алмайсыз, Себебі, барлығы – Алла тағала, Алла тағала – барлығы.

Біз өз санамыздың одағын Құдай санасымен іздеуіміз керек. Ол барлығын жаратқан себебі өзінен басқа ешкім де, ештеңе де жоқ. Біздің санамыз Құдай санасына біріккенде ғана, дұғаларымызды ешкім де аңди алмайды. Біз қайыршы емеспіз. Біз- Құдайдың ұлдарымыз.

Алдымен Құдайды тану жолында сіз жан қасиеттеріне көңіл бөліп, рухани санаңызды жетілдіруіңіз керек. Құдайға жеткенше сыйына беріңіз; сонда сіздің дұғаларыңыз әдеттер бейімділіктерімен емес, даналықпен басқарылатын болады. Өз-өзіңізді алдай көрмеңіз. Ұйқыдан оянаңыз да, Оған: «Мен барлық кіші тілектерімді қойып, Сіз туралы көбірек білгім келеді» деңіз. Әрине, сіз қайғы жұтып жүрген жандар үшін сыйынғаныңыз жөн, бірақ Алла тағалаға деген сүйіспеншілікке жетпейінше, Алла тағаланың мейірімділік сипатын сезінбейінше «затқа» бола сыйынбау керек. Ол сіздің не нәрсеге мұқтаж екеніңізді біледі. Әрбір адамның бұл өмірде өз орны, өз міндеті бар. Аллаға құлшылық жолында әркім өзінің сол орнын тапқанға дейін, Құдайды іздеуді тоқтатпаған жөн.

Одан сіз үшін Өзін көрсетуін сұраңыз. Ол жауап қатқанға дейін тынышталмаңыз. Бүкіл жүрегіңізбен, қайта-қайта: «Сенің киелі есімін қастерлене берсін! Сенің патшалығың осында орнасын! Жұлдыздар қиратылуы мүмкін, жер айырылуы мүмкін, сонда да өзімнің жанымды Сізге арнаймын, Сіздің абыройыңыз артсын» деп үнемі Құдайға сыйынған дұғаңыздың соққысы оның тыныштығының инерциясын бұзатын болады.

Ақыр соңында, көзге көрінбес жер сілкінісі секілді, Ол кенет Өзін көрсетеді. Санаңыздың сұйыққоймасын ұстап тұрған тыныштық қабырғасы, қалтырап, қирайтын болады, сонда сіз өзеннің Зор Мұхитқа құйғанын сезініп: «Енді мен Сізбен біргемін; Сізде не болса, мен де соған иемін» дейтін боласыз.

Сонымен, ақыр аяғында сіз өз Меніңізбен бетпе-бет тұратын боласыз. Ақылыңыздың аудиториясы өзіңіздің жеке діни ойларыңыздың қасиетті қонақтарына лық толатын болады. Қайғы, алауыздық және ауру қайыршылары өздерінің өксіген және күрсінген дауыстары бақыт пен бейбітшілік хорына ешқашан қажымаған үндестікте батып кететін болады. Адам баласы Құдайдың бөлінбес бөлшегі болғанымен, ол өз орнын тауып Құдайдың ықпалымен әрекет еткенде ғана оның өмірі бейбіт те бақытты өмір болмақ.

Өзіңді жаман әдеттерден қадай арылтуға болады

Өзіндік таным қоғамының жанынан ашылған ғибадатхана, Сан-Диего, Калифорния, 1-ші маусым, 1947 жыл

Өзімнің ғибадатханада болмаған уақытымда барлығын сағынумен болдым, бірақ қол жазбам арқылы көп нәрсеге қол жеткіздім. Бұл менің қуанышым, өйткені өз қаламым арқылы мен Құдайдың маған бергенін, сіздерге бере аламын. Оңашалану Құдайды табудың құны болып табылады. Кейде мен осы жерде сіздермен болғаннан гөрі, Құдайда көбірек болғанымды қалаймын. Оңаша болудың бұл кезеңінде мен Құдайға толығымен беріліп кетемін. Менің бөлмемнің іші Оның Мәнінен алаулап тұратын. Сіздер өзіңіздің жалғыз қалған кезіңізде Оны көру арқылы қалай толқитыныңызды білмейсіз де. Ол таңғы тұман секілді кеңістікте араласып жүрген кезбе болып табылады. Оны өзіңіз көре алу үшін көп күш жұмсауға тура келеді.

Әулие Франциск қарапайым адамдарды шын берілуге үйретті; бірақ монахтармен неғұрлым ұйымшыл болуымен қатар, Құдаймен қатынас орнату үшін діни кітаптарды оқып, сол уақыттың өнері және ғылымымен танысу керек. Әулие Франциск баршамызға Құдайға махаббатын арнамаған адам,[1] Құдайды біле алмайтынын бірнеше рет ескертті.

Егер сіз Құдайға және Крия -йога тәжірибесіне деген махаббатыңызды арнап, медитацияға терең көңіл бөлетін болсаңыз, онда Құдайды табасыз. Ештеме күтпеңіз, күту қауіпті. Жақсы денсаулық сіздің санаңызда бақытты сабырлылық шақыра алады. Сабырлылық – ақылдылықтың белгісі. Бірақ, кім білсін, сіздің басыңыз өлім күтіп отырған блокта бола ма? Кришна: «Осы қайғы мұхиты

---

[1] "Менің бауырларым! Менің бауырларым! Құдай мені қарапайымдылыққа үйретті және осы жолды менің соңымнан еруге дайын тұрған адамдар өзі үшін және олар үшін көрсетті...Бірақ бұл даналық арқылы сіз өз мақсатыңызға жете алмайсыз және қалайсыз ба, жоқ па, өзіңіздің қабілеттілігіңізге оралаСыз" - *Әлемді қалдырған әулие* Филоп-Миллер Рене демон...

мен қайғыдан әрі тұр»² деген болатын. Адамның іс-әрекеті, тағдыры өзінің қалауына байланысты, яғни адамның әдеттері олардың жақын досы әрі хас дұшпаны, жақсыға да, жаманға да көмектеседі. Қандай нәрсенің болса да қолдану мөлшеріне байланысты дәрі, не болмаса у болатыны тәрізді, өмірдің сергелдеңі көбіне жақсы мен жаманды айырып білмеуден, Адам өзінің жан екенін толық сезінген кезде ғана рахат пен ләззатты сезіне алады.

АНЫҚТАЛҒАН ӘДЕТ

Әдет қабілет арқылы алынып немесе қайталау арқылы бойға сіңген ерекше әрекетке бейімділік болып табылады. Ол кішірейіп, немесе қарсыласып, иә болмаса әрекет күшін жеңілдетуі мүмкін. Әдеттің ақыл-ой механизмі өз әрекетіміздің үрдісін жеңілдету үшін берілген. Оның көмегінсіз біз сол нәрселерді күн сайын қайталап оқи берер едік. Мысалы, жазушы күн сайын өз ойларын анық және қызықты түрде айқындамай тұрып, жазумен айналыса береді. Егер сол әдет болмаса, ол композиция негіздерін қайталап оқи берер еді. Егер сізде мұндай әдет билігі болмаған болса, онда өміріңіздің әрбір күні сіз не істеп, не қойғаныңыздың барлығын, тіпті өзіңіздің есіміңізді де қайта-қайта үйренуге тиісті болар едіңіз. Басқаша айтқанда, сіз дәрменсіз баладай болар едіңіз.

Әдеттер қажет, бірақ біз олардың билігін дұрыс қолданбаймыз. Әдет тотықұс секілді: Егер сіз оған жақсы ән үйрететін болсаңыз, ол сол әнді сан рет қайталайды. Және сіз оны қарғауға үйретсеңіз, сіз қаламасаңыз да ол солай жасайтын болады. Осы тұрғыдан алғанда, сіздің жақсы әдеттеріңіз өзіңізді де, басқаны да қуантып жатқанда, жаман әдеттеріңіз тек өзіңізге емес, сонымен қатар айнала қоршаған адамдарыңызға жәйсыздық тудырады. Сондықтан да, жақсы әдеттерді қалыптастырып, жаман әдеттерді жою керектігі белгілі жағдай.

Әдеттер бірте-бірте әрекетті бірнеше рет қайталау арқылы қалыптасады. Қарапайым адамға әдетті нық орнату үшін шамамен сегіз жыл қажет деп айтады. Бірақ әдетті қалыптастыру шапшаңдатылуы мүмкін. Әсіресе бала кезде, ақыл иілгіш болып келеді, осы кез жақсы әдеттерді қалыптастыруға ең қолайлы кез. Әдетте, ежелгі Үндістанда,

---

² "Санасы Менде белгіленгендердің барлығына, мен азапты өмір теңізінен келген мұқтаждық пен ауыртпалықтан Құтқарушы боламын!» (Бхагавад Гита XII:8, Едвин Арнольд аудармасынан).

жастарды оқуға мамандандырған ұстаздарымыз тиісті білім беру мен қоршаған ортаның баланың мінезін қалыптастырудағы маңызын білген. Олар балалардың бұрынғы өмірдегі барлық жаман-жақсы қатынастарына байланысты қалыптасқан жақсы тағдырына және әдеттеріне қарап, балаларды таңдаған. Сіз, ерте балалық шақтан бастап жақсы болуға талпынбайтын балаларды кездестірген боларсыз. Бұл олардың өткен өмірлерде зиянды әдеттерді дамытқандықтан. Екінші жағынан, көп балалар, әрине, өткен өмірлерінде дамыған жақсы негізгі ойлары арқылы дұрыс тәртіпке бейім.

Егде жастағы адамдар ішкі әдеттер ықпалын балалар секілді өткен өмірінде көрсетеді. Егер де туған, тәрбие алған ортасы рухани жағынан жетілген болса, онда адам ең жоғары, рухани кемелдену сатысына тез көтеріледі. Өткен өмірлерінде рухани әдеттерге бейім адамдар, рухани жолды көтеріп, өмірінің соңына дейін құлшыныспен өмір сүруді жалғастыра береді. Рухани әдеттерді қалыптастырмаған адамдар осы өмірде оянып, Құдай бақыттың жалғыз ғана қайнар көзі екендігін түсінбейінше, рухани жолға түсе алмайды.

ӨТКЕН ӨМІРДЕН КЕЛГЕН ЗИЯНДЫ ӘДЕТТЕРДІ ҚАДАҒАЛАҢЫЗ

Жақсы, не жаман әдеттерге алдыңғы өмірлерде ие болғаныңызды білмегендіктен, сіз осы өмірде кішкентай ғана ынтаның өзі зиянды әдетті оятып жібермес үшін, не жасасаңыз да өте сақ болғаныңыз жөн. Бұл адамның бар болғаны бір жұтым жасап, өткен өмірлердегі ескі әдетін оятып жіберіп, маскүнем болып кетуіне апарып соқтыруы мүмкін дегенмен түсіндіріледі. Сондықтан, тек пайдасыз емес, сонымен қатар зиянды болып табылатын, ішімдікпен, есірткімен байланысты нәрселерден аулақ болған жөн. Ондай қауіпті әдеттермен ойнамаңыз.

«Тағдыр» деген сөздің өзі әрекетті, сонымен қатар ол әр іс-әрекеттің нәтижесін береді. Бұл әрекеттердің сипаты жақсы, не жаман тағдыр жасағаныңызды анықтайды. «Бұл менің осы жаман жағдайға ұшыратқан тағдырым» деген кезіңізде, сіз мейірім мен зұлымдық тағдырын айыра алмағаныңыз. Жақсы тағдыр жақсы нәтиже алып келеді және осы жақсы әрекеттердің қайталануына жағдай жасайды. Зұлым тағдыр зұлым нәтижелерге әкеліп, неғұрлым зұлым әрекеттердің құнарлы топырағы болып табылады. Егер сізде ерекше жаман әдет немесе кармалық бейімділік болса, жаман әдеттері бар жандармен араласпаңыз. Егер сіз сараң болсаңыз, сараң адамдар ортасынан аулақ болыңыз. Егер сізде ішімдікке құмарлық болса, ішкіш адамдарға жоламаңыз. Сіздің зиянды әдеттеріңізді қолдайтын адамдар сіздің жанашыр достарыңыз емес. Олар сізді жаныңыздың қуанышынан арлуыңызға мәжбүрлейді. Құқық бұзушылар ортасынан аулақ болып, бойында жақсы әдеттер қалыптасқан жандарға жақын жүріңіз.

БАЛАЛАРДЫ ДҰРЫС ӘДЕТТЕР ҚАЛЫПТАСТЫРУЫНА ҮЙРЕТІҢІЗ

Қазіргі заманауи ғасырымызда, барлығы да оқуға мұқтаж болып отыр, өйткені олардың алдында арбау көп. Барлық ата-аналар жақсы әдеттерге талғамды дамыту үшін балаларын тәрбиелеуі керек. Балаларымызға жетекшілік етуде неғұрлым жауапты болу жолдарын ойланғанымыз жөн. Мектеп ортасы оларға көп жаман әдеттерге үйретеді! Басқа балалардың ықпалымен, олар шылым шегу, ішімдік ішуге құмар ортаға қосылмаса, оларды әйел деп санайтындықтан, басқа таңдау жоқ секілді көрініп; сол ортаға қосылуға мәжбүр болады. Осылайша, жастар бұрыс әрекеттердің барлық түрлеріне орын береді. Мен ішімдік ішіп, шылым шеккен, тіпті одан да зорын жасаған көптеген ұл-қыздарды білемін. Өзім ашрамға оқыту үшін алған сол кішкене балаларды мен өз балаларым деп есептеймін, мемлекеттік мектеп ортасына кірген кезде де, менің жүрегім солармен бірге болды. Оларға «сужүрек болмаңыз. Басқалары сізді бұрыс жолға жетелеген кезде ерекше болып көрінуден, *жоқ* деп айтудан қорықпаңыз», -деймін.

Біріктіріп оқытуды толық сәтсіздік деп есептеймін. Мұны бір кездері білетін боласыз. Студенттерді біріктіріп оқытудыңда маңызы аз. Мен бір кездері осылар туралы жазуды ойлаған болатынмын, сонда «Маған не керек? Кім бұған мән берер дейсің?»,-деп ойладым.

Сіздің отбасылық өміріңіздің негізі өзі үйде, мектепте моральдық және рухани білім берудің жетпеушілігінен қирайды. Сіз балаларыңызды зұлымдыққа қарсы тұруға үйретуде өз үлесіңізді қосуыңыз керек. Ұлы халықтар арасындағы бостандық теріс пайдаланылып рухани тазалығын сақтамаса, ешқандай жауапкершілігі жоқ бейберекет өмір басталады. Менің бала күнімнен бастап, Үндістанда біз қатаң моральдық және рухани мәдениетті отбасы болатынбыз. Анам маған бұрын, «Ешқашан дәулет іздеме» дейтін. Мен неге екенін сұрап едім, ол «Бұл сені құл етеді» деді.

Бізге отбасында ешқашан «шарап» деген сөздің өзін айтқызбайтын, өйткені шарап ішу зұлым әдет болып танылған. Өз балаларыңызбен әңгіме-дүкен құрыңыз. Оларға жаман әдеттерді дамытқан жағдайда қателіктің батпақ шұңқырына түсетінін айтып отырыңыз. Егер олар осылай жалғастыра беретін болса, сол шұңқырдан шығудың өзі мүмкін болмай қалуы ықтимал. Олар үшін өмірдің бар қуанышы таусылады.

Мен бар болғаны төрт апта бұрын үйленген жас жұбайларды танитынмын. Төрт апта бірге тұрса да, сондай бақытсыз еді, олар маған кеңес сұрауға келетін. Адамдарды бақытсыз ететін тек академиялық білім беру ғана емес, сонымен қатар «қалай болса да өмір сүру» білімі – үйлесімді, моральдық өмірді дамыту, бақыт әкелетін рухани түсінікті дамыту болып отыр. Бұл елде әйелдердің көптеген рухани бейімділіктері бар, бірақ ана ретінде, тек аздаған әйелдер ғана қажетінше, сол мұраттарды балаларының бойына сіңіруге талпынады. Ой-өрісін тазартып, нәпсісінің құлы болмай, зиянды әрекеттер «емес», дұрыс іс-әрекет жасау күшін дамытқан балалардың тағдыры айқын, бақытты болмақ.

АРБАУҒА ОРЫН ЖОҚ ДЕГЕНДЕ, ОНЫҢ МӘНІН ЕСІҢІЗДЕ ҰСТАҢЫЗ

Арбау туралы айтқан кезіңізде, сіз *жоқ* дегенді есте ұстауыңыз керек. Үнемі *иә* дейтін жалтақ әлсіздерге берілмеңіз. Бірақ ұлы ақыл-ой күші, *біздің* барлығымызды еден жуатын шүберек етіп, таптап тастай алады; олар олардың әлсіздігін мойындайтын осы үндеуге лайық. Арбау бастапқы кезде өте тәтті болып көрініп, соңынан жәйсыздыққа әкелетінін ұмытпаңыз. Арбауға қарсы тұру өмірдің барлық рахатын теріске шығару деген сөз емес, ол өзіңіз жасағыңыз келетін нәрсе үстінен діни бақылауға ие. Мен сіздерге шын мәнісінде, әдеттеріңіз жасатып отырған нәрсені жасауға мәжбүр ететін бостандықтың жалған сезімін емес, шынайы бостандыққа апарар жолды көрсетемін.

ҰНАТУ МЕН ЖАРАТПАУШЫЛЫҚҚА ЖАҒЫНБАҢЫЗ

Өзіңіздің ұнатуыңыз бен жаратпаушылық сезіміңізге жағынуыңыздан да аулақ болуыңыз керек. Олар да өсірілген әдеттер болып саналады. Осы елге келген кезімде зәйтүн жемісінің дәмін алғаш татып көргенімде, бәрі оның дәмінің тәттілігі туралы айтып жатса да, маған ұнай қойған жоқ, мен болсам, оны ұнатқан уақытқа дейін жей бердім. Ұнату мен жек көрушілік сезіміне тәуелді болмай, өзіңіз *жасау керек* нәрсені жасайтын болсаңыз, міне, осы ғана берік махаббат әкеле алады.

Белгілі бір заттар өзіміз үшін жақсы көргендіктен, үнемі ұнағанын қалаймыз. Бұл әсіресе тамаққа қатысты. Егер сіз құм мен суды араластырып, қабырғаға жақсаңыз, белгілі бір уақытқа дейін сұйық сол жерде сақталады. Бірақ су кепкеннен соң, құм қабырғадан түсіп қалады. Сондықтан да, сіздің талғамызға жаққан нәрсе, тәніңіздің қажеттіліктерін әрдайым қанағаттандыра бермейді. Егер сіз оның күрелі жұмысын көріп отыра алсаңыз, оны қоректендіріп отырғаныңыз сізді қозғар еді, содан кейін таңғы астың орнына әр таң сайын кофе ішіп, тәтті тоқаш жеуді доғарар едіңіз.

Адамдардың басым бөлігі етті көп жеп, балғын жеміс-жидек пен көкөністі тамақтану рационына қоспайды. Нәтижесінде, бүйрегі мен ішек-қарны қасірет шегіп, түрлі келелі мәселелер туындайды. Ет денсаулықты сақтау негізі болып саналмайды, шын мәнісінде бұл ағзаға зиянды. Сиыр шөппен қоректенеді. Піл мен ат вегетариандық диета арқылы күшке ие. Неліктен ақылды адамдар тамаққа қатысты осындай жаман әдеттерді дамытады? Тіпті бәрін жақсы білгеннің өзінде де, дұрыс тамақтанбауға бейім? Айтылып жатқанына қарамастан, сіз дұрыс әдеттерден бастаған жоқсыз, өйткені сол азық түрлеріне деген көңіл ауушылық ендігі орнығып қалған. Бұл әдеттер билігін дұрыс қолданбау. Егер бастапқы кезден бастап дұрыс тамақ жеу әдетін қалыптастырсаңыз, онда сіз ақ нанды, қант пен крахмалды, қуырылған тамақты қаламайтын боласыз, сіз оларға үйренбейсіз.

ЖАМАН ӘДЕТТЕР СЕГІЗАЯҚҚА ҰҚСАЙДЫ

Жаман әдеттер сегізаяққа ұқсайды- олардың сізді өз билігінде ұстап тұрарлықтай қысқаштары көп. Сізді қалай баурап алса, сол сегізаяқ тектес әдеттер сізбен қоректеніп; сізді солай жойып жібере алады. Бірақ та жақсы әдеттер қалыптастырсаңыз, олар сізді жаман әдетпен қоректендіре алмайды.

Өз ақылыңызға қаншалықты жақсы болу және қаншалықты жаман болудың қиын екендігі туралы айтуына мүмкіндік бермеңіз. Бұрыс әрекеттер үшін жауап бергенше, жақсы болған анағұрлым жақсы. Кейде азғырындыға берілмеудің өзі қиынға соғады, өйткені сіздің сезіміңіз сізді еліктіргісі келеді. Бірақ әдетіңізді жақсы болуға қалыптырсаңыз, жаман болу сондай қиын, өйткені сіз дұрыс емес деп санайтын нәрсені жасамайтын боласыз. Зиянды әдеттер арасында ешқандай ермек жоқ; зұлымдық бүкіл ермекті жояды. Ол қомағайлықта, сексуалдық белсенділікте, еркелікте ешқандай қуаныш таппайтындай етіп ақылды тойдырады. Сіз шамадан тыс күш жұмсадыңыз, есіңізде болсын, егер сіздің асқазаныңыздың ойық жарасы болып, әдет бойынша ет жеп, асқазанға одан сайын зиянын тигізетін ыстық және қуырылған тағам түрімен қоректене берсеңіз, асқазаныңыз жазылудың орнына, жағдай күрделіленіп, қатерлі ісік немесе қан құйылу секілді ауру түрлері пайда болады. Одан да асқазанның шырышты қабығын тітіркендірмейтіндей үгілген немесе жұмсақ тағамдарды пайдаланыңыз. Өзіңізге зиянын тигізетін тағам түрлерін жеуді әдетке айналдырудың қажеті не, сонда?

Қылмыс еш абырой әкелмейтіні секілді, сіздің денсаулығыңыз, бақытыңыз бен жан тыныштығыңызды бұзып, өзіңіз сүйетін адамдарға да жаман үлгі болады. Жаман әдеттерді жеңуге қазірден бастап кірісіңіз. Әлсіз болмаңыз. Жаман әдеттерді ынталандырушы нәрселерден аулақ болыңыз. Және өзіңізге әркез жан тыныштығын, денсаулық, және шымыр дене әкелетін жақсы нәрсе таңдаңыз, адами құндылықтардың мән-мағынасын біліп, құрметтеңіз.

Арбау керемет және күшті, бірақ сіз одан да күштісіз, өйткені Құдай сіздің бойыңызда. Неше мәрте құлағаныңызға қарамастан, қайтадан түрегелуге қабілеттісіз. Бірақ жеңілгеніңізді мойындасаңыз, сіз жоғалдым дей беріңіз. Сіз өз әлеміңіз бен бақытыңыздан айырылдыңыз.

ТӘУЕЛДІ БОЛУҒА ДЕГЕН ТІЛЕГІҢІЗДІ ҮЙРЕТІҢІЗ

Әулие Игнатий Лойоланы ерік күші әулиесі деп атаған. Ол Құдайдың жерге түскенін күтіп отырғысы келмей, өзінің тілегін Құдаймен кез-келген уақытта қарым-қатынас орнатуға үйретіп қойған. Ол Өзінің ең жоғарғы дәрежесі Құдаймен байланысу "Мен Құдайды қалаған уақытымда таба аламын, және кез-келген адам өздерінің ерікті еркі арқылы оылай жасай алады. Тән жүру арқылы жүзеге асқандықтан, жаяу жүру, жүгіру және адамның еркі Құдай еркін табуда жаттығулар арқылы үйретіледі", деген. Бұған мен сенемін, ерікті жаттықтыру үшін өз еркіңізден жоғары толық билікке ие болу қажет, сондықтан да сіз зиянды әдеппен байланысты емес ерікпен не істесеңіз де өзіңіз білесіз.

Егер өзі қаласа, өз кеңірдегін кесіп жіберу үшін де бостандық қажет, бірақ, ол, әрине, мұндай нәрсеге бару үшін өзінің бостандығын, оның ерікті еркін пайдаланбауы тиіс! Мүмкін, әдетте, бостандық үшін өзімізге жақсы емес нәрселерді жасағысы келетін адам болмысы. Ерікті бейбастақ адамға өзі үшін жақсы нәрсе жасасын деп айтсаңыз, ол кері жасауға құмар болады. Өздерін осылай ұстайтын адамдар, бала секілді және пісіп-жетілмеген болып табылады. Әрбір адам дана болып жетілген кезде, ішкі дүниесі тазарып ол шынымен де пісіп жетілген адам. Оған адамның жас ерекшелігінің қатысы жоқ.

Құлдың аты құл. Қалай талпынса да, өзінің құл екендігі туралы ұғымынан шыға алмайды. Өзіңізге ешқашан бір нәрсемен тәуелді болуға жол бермеңіз. Кез-келген әдеттен құтылу үшін сізде күш жетерлік. Діни ерік күші әрдайым сізбен бірге, және ол ешқашан да жойылып кетпейді. Оған өзіңіздің жаман әдеттеріңіз бен бұрыс ықпалдарыңыздың ар жағында көрінбей қалуына жол бермеңіз.

Бір нәрсе жасауға шешім қабылдаған кезде шапшаң шешім қабылдамаңыз- егер өзіңіздің дұрыс емес екеніңізді көріп тұрсаңыз, онда шапшаң айнуыңызға болады. Кері жағдайда берілмеңіз, өйткені еріктің әлсіреуі сіздің бойыңыздағы ең құнды қазынаны тартып алады. Өзіңіз байланысатын адамдар сіздің өздеріне ұқсағаныңызды қалауы мүмкін, сол ортаны қабылдау немесе қабылдамау өз еркіңіз бірақ өз қалауыңыздың зардабына олар емес, сіз жауап бересіз.

Қақпанға түсіп, құйрығынан айырылған түлкі туралы оқиға бар. Ол барлық түлкілерді жинап алып, құйрықсыз болғанның сондай керемет екенін айтады. Бірақ араларындағы бір кәрі дана түлкі тұрып: «Құйрықсыз мистер Фокс, сіздің өз құйрығыңыз орнында болса, бізге құйрығымызды кесуге кеңес берер ме едіңіз?» деген екен. Сонда барлық түлкілер құйрықсыз түлкінің ойын түсініпті. Басқаның зиянды әдеттерін алуға басқалары қалап тұрғанның өзінде, жоқ деп айта алатын болыңыз. Мысалы, біреу сіздің ішімдік ішкеніңізді қалауы мүмкін, өйткені ішімдік ішкен оның өзіне ұнайды, сонда сіз: «Жоқ, рахмет. Олсыз да мен өзімді бақытты сезінемін» деп жауап беріңіз. Ішімдік ішіп мас болып, өзін есалаң секілді ұстаудың еш қызығы жоқ, тіпті мастық тарқаған соң өзіңіздің мас күйдегі жағдайыңызды еске түсірудің өзі қандай жиіркенішті десеңізші. Бұдан басқа, ішімдік сіздің жүйкеңізді, жан тыныштығыңызды және бақытыңызды біржола бұзуы мүмкін.

Сондықтан да, өз еркіңізді әлсіретуіне ешкімге жол бермеңіз. Басқалары сізді сынап, тексеріп көргісі келеді, ал сіз болсаңыз, өз сөзіңізде тұрыңыз. Егер сіз ақылға сыймайтын нәрсе жасадым деп ойлайтын болсаңыз, онда сіз бірден өзгеріп, дұрыс жасауыңыз қажет.

«БОЛМАЙДЫ» ТАРИХЫН ЕРІК КҮШІ ҚОЗҒАЙДЫ

Ерекше бір тағам түрін ұнатсам, одан бас тартуға шешім қабылдаған уақытқа дейін жеймін. Мен оны жек көріп кетпеймін, мен, әншейін ғана жеуді доғарамын. Мысалы, бала күнімде, Үндістанда, *патол* деп аталатын кішкентай ғана көкөніс түрін ұнататынмын. Күні-түні жей бергім келетін еді. Бір күні достарымның бірі: «Сіз бұл патолды жеуден шаршаған жоқсыз ба?» деп сұрап еді, «жоқ» деп жауап бердім. Сонда ол «Онда сіз оның құлы болғаныңыз» деді. «Онікі де дұрыс болар» деп ойладым мен. Осылайша, бір жыл бойы оны жемеймін деп өзіме сөз бердім де, сол сөзімде тұрдым. Сіз өз бойыңызда қалай сендіргеніне қарамастан, осы бірбеткей «болмайды» дегенді дамыта білуіңіз қажет. Осы шешімді қабылдағаннан кейін бірнеше ай өткен соң, досым мені және басқа да достарды түскі асқа шақырды. Ас мәзірінде *патол* да болды, бірақ мен бұл көкөніске тимей басқа көкіністерді ғана жедім.Сонда досым «Сіздің жемейтініңіз өкінішті» деді. Мен: «Ең алдымен сіз мені тексергіңіз келді. Мен үшін ерік күшімді әлсіретіп, берілу ақымақтық болар еді. Екіншіден, өзіме 365 күн бойына осы көкөністі аузыма да алмаймын деп сөз бердім, нәтижесінде, оның дәмін де ұмытып қалыппын. Мен *патолды* бұрын жақсы көргенмін, бірақ қазір оған қызығушылық танытпаймын».

Өзіңізді кіріптар етіп жүрген осы әдеттен құтылуыңыз керектігі есіңізде болсын. Достық бетпердесін киіп алып, сіздің тілегіңізді адастырғысы келіп, ібіліспен жұмыс жасап жүргендерден аулақ болыңыз. Өзіңізге шабыт беріп жүрген достар ғана сіздің періште-қорғаушыларыңыз. Құдайға сенетін адамдар, сіздің қорғаушыларыңыз. Егер сіз суретші болғыңыз келсе, суретшілер ортасында көбірек болыңыз, сол адамдармен қарым-қатынаста болыңыз. Егер Құдайды сүйсеңіз, Оны сүйетін адамдармен қатынас орнатыңыз.

ЕРІК КҮШІН ШОҒЫРЛАНДЫРУ АРҚЫЛЫ ӘДЕТТЕР ПАЙДА БОЛУЫ МҮМКІН

Ақыл-парасаты кем адамдар жаман әдеттерге оңай ұрынады, бойында күш-қуаты мол адамдар өздерінің қалауы бойынша жақсы әдеттер қалыптастырады. Қалай дейсіз ғой? Шоғырлану арқылы. Мен сіздерге мысал келтірейін.

Бірнеше жыл бұрын, Бостонда, мен бір үйде кешкі аста отырғанмын. Рокфорт ірімшігін бергенге дейін тамақты рахаттанып іштім. Ірімшіктегі қара дақтарға күмәндана қарадым. Бірақ басқалардың рахаттана жеп отырғанын көрдім. Ірімшікті ауызға салысымен, асқазаным және ішкі құрылысым түгелдей кенет: «Егер сіз мистер Рокфортты ішке кіргізсеңіз, бір барлығымыз сыртқа қарай қаша жөнелеміз!» деп қарсылық білдірді. Аузымды жаптым да, ойша «сабыр ет» дедім. Қонақтардың бірі маған қарады да: «Не болды?» деп сұрады. Аузымды ашуға қорықтым. Ірімшікті жеп рахаттанып отырған адамдардың барлығын сыртынан бақыладым да, өз-өзіме «Мен өз ақылыма Рокфорт ірімшігін тез арада жеуіне бұйырамын!» дедім. Содан соң, сол ірімшікті жеп, рахаттандым. Бүгінге дейін осы Рокфорт ірімшігін тәуір көремін. Соңынан, Лимбургер ірімшігіне деген әдетті қалыптастыруымды сұрады, бірақ мен «Ештеңе етпейді» дедім. Оның жаман иісін басқаларға да, өзіме де білдірудің еш себебін көре алмадым.

ӨЗІҢІЗДІҢ ШЫН МӘНІНДЕ КІМ ЕКЕНІҢІЗДІ БІЛУ ҮШІН ӨЗ-ӨЗІҢІЗДІ САРАЛАУМЕН АЙНАЛЫСЫҢЫЗ.

Өз өміріңізге неғұрлым байсалды түрде қараңыз. Әр түн сайын зиянды әдеттердің кесірінен төмендеп немесе өз-өзіңізге қожайын болу үшін «болмайды» ерік күшін дамытып жүргеніңізді көру үшін, өзін-өзі саралаумен айналысыңыз.

Әулие Игнатийдің тамаша әдісі болған болатын. Ол өз монахтарын өзінің барлық жақсы, не жаман әрекеттері үшін нүкте мен сызықша кестесін жасау арқылы күнделікті есеп беруге үйретті. Өздерінің зиянды әдеттерін жеңе алмай жүрген көп адамдарға осы әдіс көмектесті. Өз ақылыңыздың графаларын бақылау арқылы, сіз күн сайын өрге басып келе жатқаныңызды көресіз. Сіз өз-өзіңізден жасырынбауыңыз керек. Сіз өзіңізді өзін-өзі саралау күнделігіңізді қолға ала отырып, зиянды әдеттеріңізді бақылап, оларды жойып жібере алатындай деңгейде тануыңыз керек.

Бұрын күнә жасағаныңызға қарамастан, ешқашан өзіңізді күнәкармын деп санамаңыз, өйткені бұл өз бойыңыздағы Құдай образына қарсы жасалған үлкен күнә. Одан да, әрдайым өзіңізді Құдай баласы екеніңізді айтып отырыңыз, өйткені сіз шынымен де Құдайдың ұлысыз. Өзіңізді күнәкармын десеңіз-ақ болды, ақылыңыз мойындап, ерік беріледі. Құдай азат болғысы келетін жүректерді іздейді, егер қаласаңыз, бұрын жасалған қателеріңіз сізге Оған оралуыңызға кедергі келтірмейді.

ТҰРАҚТЫ БЕЙБІТШІЛІК ПЕН ҚУАНЫШ СЫРТЫҢЫЗДА ЕМЕС, ІШІҢІЗДЕ

Құдай баласы ретінде, сіздің шынайы табиғатыңыз ләззат тауып бақытты болу; және ешқашан одан басқа бақытқа қанағаттанбайсыз. Және бұл сыртқы әлемге тәуелді емес. Ішімдік пен есірткі сізге жалған түсінік береді, олар шын мәнісінде тәніңізді, ақылыңызды бұзып, жаныңызды өлтіріп жатқан кезде, сіз уақытты жақсы өткізесіз. Қасиетті жазбаларда жазылғандай, Пентекост күні Христостың шәкірттерінің барлығы мас болған. Олар шараптан емес, Құдайға құштар болудан масаңсыпты. Сіздің жаныңыз іздеп жүрген осы құштарлық діни бақыттың өзі болып табылады.

Сіз үйіңізде жайлылық тудыру үшін немесе су жаңа автокөлік сатып алуға уақытыңызды арнайсыз және бұл қалыпты жағдай. Бірақ сіз іштегі барлық нәрселерден бас тартуға дайын тұрасыз. Неліктен? Бұл тәуелді болудан мүлікке дейін азаттық сыйлайтындықтан. Жәй ғана осы туралы ойласаңыз болды. Сіз басқаларда барға қызықпаңыз. Сіз азат болудың не екенін білмейсіз. Сіздің жаныңыздан тыс бақыт контрасты сіздер өз сезіміңіз арқылы ала алатын барлық ләззаттан асып түседі. Сондықтан да, мүлікке қызығамын деп, бүкіл уақытыңызды босқа жоймаңыз. Иә, тап-тұйнақтай болған жақсы, бірақ шамадан тыс бапшыл болудың қажеті жоқ, егер сіз киімдеріңізді тазалап қойсаңыз, олар қайтадан кірлейді. Әр нәрсенің де өзінің шегі бар. Өз мәніңізді Құдай ғибадатханасы етіңіз. Оны дүниенің тылсым өмірінің ғибадатханасы етіңіз. Сонда сіз барлығының патшасысыз. Бұл іштей бас тарту ең жақсы тәсіл. Өз жүрегіңізді өзгертіңіз, өйткені сіз қасірет сайтаны немесе Көк Аспан Әкесі үшін мехраб жасай аласыз. Әлемнің көп жылдығы сыртқы әлем мен жағдайларда емес, ол іште жатыр.

Тек бір Құдай ғана жеткілікті, өйткені Оның бойында бүкіл махаббат, бүкіл өмір, бақыт, қуаныш, және бүкіл әлем бар өзіңіз көзіңізге елестете алмайтындай, тіпті ең батыл қиялдардың өзінде де бәрі бар. Онымен қарым-қатынас орнатыңыз. Күн сайын Құдайды еске алыңыз және өзіңіздің Крияның қуанышына бөленбестен түнде ұйқыға жатпаңыз. Сол мәңгілік әлемге іштей де, сырттай да ие бола беріңіз, сонда сіздің алдыңызға кім келсе де, асқақ дүниеңізді сезінетін боласыз. Жаныңыздағылардың барлығын зиянды әдеттеріңізбен, жағымсыз тәртібіңізбен қуатындай адам тарбағаны болғыңыз келмейді. Сіз адам раушан гүлі, бақыт гүлі, жұмақ құсы болғыңыз келеді. Құдай сізге тек жақындасымен-ақ, әрбір гүлдің жұпар иісі өзіңіздің ішіңізден аңқиды. Құдайдың бүкіл жетілуі мен пәктігі сізге жақын. Міне сондықтан да, Иса туралы: «Ешкім ол сияқты сөйлеген емес!»[3] деп айтылған. Сіз Құдайды білетін жандардың шынайы мәнін түсіне алмайсыз, өйткені олар түпсіз. Менің гурудэвам, Свами Шри Юктешвар осындай жан болатын. Йога ілімі бұл Құдаймен бірігуді үйрете отырып, және басқаларға тәуелді болмауды білдіреді.

ҚАЗІР РУХАНИ ӘДЕТТЕР ҚАЛЫПТАСТЫРУДЫҢ ЫҢҒАЙЛЫ СӘТІ

Әдетті қалыптастыру үшін сегіз жыл уақыт қажет болатыны секілді, рухани болып қалыптасу үшін, сіз дұрыс әдеттерді қазірден бастап өсіруіңіз керек. Біздің өміріміздегінің барлығы да бүкіл әлем үшін тынымсыз болар еді. Ойланып-толғану үшін отырыңыз, сонда сіз мазасызданасыз. Сонда сіз: «ойланудың еш мәні жоқ» дейсіз. Бірақ бұл ақымақ пайым. Сізге сол сегіз жыл ішінде өзіңіздің ойлану тәжірибеңізді жетілдіру үшін сол уақытты неге қолданбасқа? Оған неғұрлым көп шоғырлансаңыз, осы әдетті де соғұрлым шапшаң дамытасыз. Сіздің ақылыңыз тыныштыққа деген әдетті сіңіреді. Осы әдетті әлем үшін емес, бірақ Құдай үшін қалыптастырасың.

Сіз қызметіңіз бен міндеттеріңізге қарамастан, медитация кезіндегі Құдаймен өзара байланысыңызды маңызды міндет етіп ұстауыңыз қажет; өйткені сіз Оны сатып жіберетін болсаңыз, барлық нәрселер сізді сатып жібереді. Міне, сондықтан да, мен, әсіресе түндегі медитациямды жібермеймін. Құдай қуанышын іштей де, сырттай да сезінбей тұрып, ұйқыға жатпаңыз, сонда күні бойы Ол сізбен бірге болады. Бұл қуанышпен ештеңе де тең келе алмайды.

Осы ұйқы жағдайына кірмейтін үлкен қуанышпен қатынас жасау әдетін дамытыңыз. Түндегі тыныш ұйқы әлеміндегі барлық ой-өрісті жүрекке шоғырландыру арқылы терең медитация жасау Құдай

---

[3] Жохан 7:46

қуанышымен байланысу жолы болып табылады. Он миллион ұйқы рахаты Құдаймен қатынас арқылы болған бақытты сипаттай алмайды. Жаныңыздың ішкі тыныштығында осы шадыман күйде қалыңыз. Пендешілік заттар, бүкіл дүние мәселелері толығымен ғайып болып, Рух сәулесінде ыдыраған кезде сіз Оны көре аласыз.

Өз әдеттеріңізді өзгертуге тым кеш болғанша күтіп отырмаңыз. Жәйлану ерік тұтқынға айналған уақытқа дейін, жаман әдеттердің басым санына мүмкіндік туғызады, сіз болсаңыз, өзгере алмаймын дейсіз. Өзіңізге мұндай жағдайға жетуге жол бермеңіз. Жүрегіңіз қалап тұрған кезде, Құдай сізге қол ұшын береді.

ӘДЕТТЕРДІ ЖАСАУ ЖӘНЕ ҚИРАТУ ТЕХНИКАСЫ

Сіз жақсы әдет қалыптастырып, жаман әдетті қиратқыңыз келген уақытта, бас миының клеткаларына, әдеттер механизмінің жүйесіне шоғырланыңыз. Жақсы әдет қалыптастыру үшін, медитация жасаңыз, содан соң Христос орталығында орнатылған, екі қастың ортасындағы нүктеге ерік орталығына шоғырланып, өзіңіз қалыптастырғыңыз келген жақсы әдеттерді терең мақұлдаңыз. Ал зиянды әдеттерді жойғыңыз келген уақытта, сол Христос орталығында орнатылған, екі қастың ортасындағы нүктеге ерік орталығына шоғырланып, зиянды әдеттердің бүкіл саңылаулары сүртіліп кететініне көз жеткізіңіз.

Мен сіздерге осы техниканың нәтижелілігі туралы тарихты айтып берейін. Үндістанда жаман мінезінен арылған бір адам маған келді. Ол ашуланған кезде бүкіл бастықтарын ұрып-соққан, осылайша, бір жұмыстан соң бір жұмыстан айырылып отырған. Оның ашуының күштілігі сондай, өзінің мазасын алғанның барлығын жұдырықтың астына ала берген. Менен бұл адам көмек сұрай келді. Сонда мен оған: «Келесі жолы ашуға мінген уақытта, әрекет етпес бұрын жүзге дейін санаңыз деп кеңес бердім. Содан, Ол осылай жасап көреді де, маған қайта келеді: «Жүзге дейін санаған кезде, бұрынғыдан бетер ашуланамын. Санап жатқан кезде ұзақ күткендіктен жынданып кете жаздаймын» деді. Бұл әдісім оған сенімсіз болды.

Содан мен оған Крия йоганы осы нұсқау бойынша қолдануға кеңес бердім: «Крияны қолданған соң, діни сәуле сіздің миыңызға енетіні туралы ойлаңыз, оны тынышталдырып, жүйкеңізді тынышталдырып, эмоцияларыңызды тынышталдырып, бүкіл ашуды сүртіп тастаңыз. Сонда күндердің бір күнінде сіздің есірігіңіз аяқталады» дедім.

Осыдан кейін көп ұзамай ол маған қайта келіп, осы жолы: «Мен ашуға деген әдеттен арылдым. Мен сізге ризамын» деді.

Мен оны тексеріп көруге бел будым да, балаларды оған қарсы қойдым. Ол күн сайын өтетін жол бойындағы саябаққа тығылып қалып, бақылап отырдым. Балалар қайта-қайта онымен кикілжің тудыруға тырысты, бірақ ол жауап бермеді. Ол өзінің сабырлылығын сақтап қалды.

ҚИЯЛ РАХАТТАРЫ ҚҰДАЙ ШАТТЫҒЫН АЛМАСТЫРА АЛМАЙДЫ

Сіз мыңдаған миллион өлімді қалауыңыз мүмкін, бірақ өзіңізді арылта алмайтындай зиянды әдеттерге шырмамаңыз. Ақша, секс және шарап қиял рахаттары ретінде жаралған. Олар ешқашан Құдай бақытына жете алмайды. Сіз Оған шынайы түрде сыйынсаңыз, Оның үлкен қуанышы ақыр соңында сізге соқтығысады. Әрине, Құдай сізді арбау дәмімен және өзіңіздің зиянды әдеттеріңізді еліктіру арқылы тексеріп көргісі келеді. Тәннің еліктіргіш бүркеншік ләззатынан гөрі Оны көбірек қалайсыз ба, соны тексеріп көргісі келеді. Сіз көңіліңізді басқаға аудармау үшін барлық сезімдеріңді жауып, бүкіл ой-өрісті тек қана жүрекке шоғырландырғанда Алла тағаланы көруіңіз мүмкін. Алла сіздің түріңіз бен бейнеңізге, сіздің іс-әрекетіңізге қарамайды, Ол сіздің жүрегіңізге қарайды Егер құмыраға су құйсаңыз, құмыраның сарқылуын күте алмайсыз. Сіз суды күн көзіне жақсы ортамен, пайдалы іспен, өзін-өзі саралаумен, ерік күшімен және ең алдымен, Құдай қатынаспен, медитация арқылы зиянды әдеттерден құрғатуға тиіссіз. Сіз өзіңізге көмектесуге дайын болмасаңыз, ешкім де көмектесе алмайды. Мен айтқандай, егер сіз қаласаңыз, Құдайдың өзі көмектеседі.

Иса Көк Аспан Әкесіне «бізді арбауға ұшыратпа, зұлымдықтан құтқара көр» деп сыйынған кезде, ол «бізді Сіздің ақылыңызың сыйын дұрыс пайдаланбағанымыз үшін тасталған арбау шұңқырында қалдыра көрме» дегенді тұспалдаған болатын. Егер Құдайдың берген сыйын дұрыс қолданар болсақ, біз арбауға түспейміз. Құдайдың тәттілігін медитация арқылы бастан кешірсімен, сіз арбауға түспейсіз. Сіз зиянды әдеттеріңізден арылып, Оның соңынан ілесесіз. Егер шынымен де Құдайды іздейтін болсаңыз, онда Оны табасыз.

Гүлденген қасиеттер бағы

Өзіндік таным қоғамдастығының бірінші ғибадатханасынан Жексенбі күнгі шабытты хабарламадан,[1] Энсинитас, Калифорния, 3-ші мамыр, 1942 жыл

Мен өркениетті адамның бүкіл гүлденген қасиеттерін көретін бақ ретінде көремін. Ара секілді, ақылым жақсы сапалы гүлдерді іздейді. Құдайды көру үшін соған лайық рухани көз болу керек. Жандарын тәні билеп кеткен мардымсыз қаситеттерімен шыбын секілді «ызыңдап» жүрген көп адамдар бір Жаратушыны тани алмайды. Ара таза бал үшін гүлдерді іздейді. Сіз діни ара секілді болып, тек тәтті Құдай балының дәмін татып көріңіз. Басқалардың жақсы қасиеттерін өз бойыңызға жинаңыз. Адамдардың мейірімділігін, әділеттілігін, қамқорлығын көріп, біз Құдайды таба аламыз. Ол- бал, және Оның тәтті қасиеттерінен бүкіл әлемді көріп-біліп, біз Оны барлық жерден сезінеміз.

Не жақсы болса, ол Құдай. Бұл адамдардың табиғаты мен игілікті сапалары арқылы байқалады, бұл біз көріп отырған Құдай. Құдай өте көрікті және синхрондалған табиғат пейзажында көрінеді. Оның тынысы желмен көтеріліп, құдайшылдығы біздерге гүлдердің арасынан жымияды. Адам жүректерінің бағында өсетін махаббат, бейбітшілік және қуаныш қасиеттері оның мейірімділігін, Оның сұлулығын көрсетеді. Зұлымдықты іздеген адам, тек зұлымдықты көреді. Мейірімділікті іздеген адам, айналаның барлығынан тек мейірімді көреді. Көздерімізге тек қана Жаратушының нұрын көруге мүмкіндік берейік.

Жағымсыз бола отырып, және жағымсыз ойларды ойлай отырып, зұлымдықты іздеуде, сіз осы әлемді үрей орманы ретінде қарастырасыз. Жақсы бола отырып, тек жақсылық жасай отырып,

---

[1] Парамахансажи жексенбілік ашық медитацияда әрі терең, әрі айқын, Құдай Рухынан қуат алатын, осы құдай берген алымды рухани қуатының арқасында, күнделікті уағыздарын жүргізбей тұрып, шын шеберлілігімен өз ойымен бөлісіп, кейде адамдардың ізгі сезімдерінің рухани шабытын оятатын.

сіз бұл әлемді сұлулық бағы ретінде көресіз. Бхагавад Гита айтқандай, жағымсыз ойлар ойлап, бұл дүниеден тек жамандықты көруші адам өз-өзіне дұшпан болып саналады, әрекеті де өзіне дұшпандық әрекет жасағанмен бірдей. Ал тек қана мейірімділікті көретін адам, өзіне-өзі дос, әрекеті де достық қалыпта болады.[2] Егер сіз барлық жерден зұлымдықты көріп, өз-өзіңізге дұшпан болсаңыз, онда сіздің шынайы Меніңіз өзіңіздің дұшпаныңыз. Егер де сіз барлық жерден тек жақсы қасиеттерді сіңіріп, өзіңізге қолдау көрсетсеңіз, онда сіздің шынайы Меніңіз өзіңіздің досыңыз болады. Осылайша, бұл әлемде тек жақсыға талпыну керек. Жағымсыз ойлар мен әрекеттерге берілудің орнына, үнемі Құдайды іздеумен болыңыз, сонда сіз өз өміріңізде жан тыныштығы мен бақытты табатын боласыз. Сіз өзіңізді бір кезде зұлымдықтан арылтуға тиісті боласыз. Неге қазір бастамасқа?

Жағымсыз көзқарастар мен жағымсыз тәртіп шырмалаулар бұрыс әдеттер сізді мәңгіге тәуелді қылады. Біз өзімізді зиянды еліктіруден, қызғаныштан және ашудан арылта алмаймыз деп ойлаймыз, бірақ сіздің жаныңызды мәңгілік ұстап тұра алатын ешқандай эмоция жоқ. Сондықтан да, қымбаттыларым менің, өзіңізді басқалардың күнәкар деп айтуына жол бермеңіз. Сіздер Құдайдың ұлдарысыз, өйткені Ол сіздерді Өзіне ұқсата жаратты. Өзіңізді ең үлкен күнәға батқан бейне ретінде мойындамаңыз. Және өзіңізге қарсы күнәкар болатын болсаңыз, онда Құдай да сізге қарсы болуға тиіс. Одан да өзіңізге: «Менің күнәларым мұхиттай терең болғанның өзінде және жұлдыздар секілді биік болғанның өзінде де, мен бәрібір бағынбаймын, өйткені мен өзім Рухпын» деңіз. Қараңғылық үңгірде мыңдаған жылдар бойы бола алады, бірақ қараңғылық болмағандай жойылып, жарық түсіре де алады. Тап осылайша, егер оған мейірімділік сәулесін енгізе алсаңыз, ақаулардан құтыласыз. Осыншама жанның жарығын зұлымдық бұза алмайды. Бірақ өзі арқылы жасалған зұлымдықтың уақытша қараңғылығы жанды бақытсыз етеді, өйткені сіз осы қараңғылықта қайғы жұтасыз. Терең медитацияда барлық ой-өрісті ішкі дүниеге, Құдайдың нұрына шоғырландырып рухани көзіңізді ашып, санаңызды оның діни сәулесімен толтыра отырып, қараңғылықты қуып жібере аласыз.

---

[2] "Адамға өзін-өзі көтеруіне (эгосына) мүмкіндік беріңіз; өзіңіздің қиратылуыңызға жол бермеңіз. Шындығында, (жан) ол өзіне-өзі дос және қас; Өзіңді ештеңеге бағынбайтын дұшпан ретінде көрсетеде біліңіз және өзіне жылы шырайлық танытада біліңіз" (Бхагавад Гита VI:5–6)

Сізді енді басқа ешкім де құтқара алмайды. «Мен өзім сәулемін» Қараңғылық ешқашан маған арналмаған, ол менің жанымның сәулесін сөндіре алмайды», деп қайталай берсеңіз сіз өзіңізді жеке құтқарушысы екенін білесіз.

Шығыстық және батыстық христиандық

1926 жылы студенттерге арналған өзіндік таным сабағы

Рух даналықтың таусылмас даналық сұйыққоймасы болып табылады. Әрбір адам өмірі сол діни даналық ағатын арна болып табылады. Кей арналар кең, ал кейбіреулері тар. Арна неғұрлым көбірек болса, Құдай күшінің ағыны да соғұрлым көбірек.

Біздің өзіміздің ішкі күшіміз бізді кең немесе тар етіп көрсететін Біз бірегей арнамыз. Бізге тілек бостандығы мен айрықша билік берілген. Кей жандар өздерінің өмір арналарын ешқашан білім жер қазғышымен тазалауға мүмкіндік берместен, жиналған надандық ласымен бітеп тастайды. Шындық мұхиты осындай аясы тар жаңалықтар арқылы үлкен көлемде батырып тастауды көздейді.

Өмір арналарын өзіндік тәртіппен және мәдениетпен тереңдете, кеңейте қазуды жалғастырушы, осылайша, біреулерді Құдай даналығының үлкен көлемінен өтуге шақыратын адамдар да бар. Иса Христос аса зор даналық ағып жатқан үлкен арналардың бірі болатын. Біз әрбір арнаның соңы бар екенін және шектеулерге ие екенін есте сақтауымыз керек. Өзінің қысқа ғұмырында тұтастай ақиқат мұхитын бір қалыпта ұстап немесе сарқитындай пайғамбар ешқашан туылмайтынын айтудан жасқанбаймын. Басқа пайғамбарлар ақиқатты қайтадан айту үшін келеді. Шексіз ақиқат тіпті пайғамбарлар қолында да өлшемді бастан кешіруге тиісті болса да, бұл ұлы жандар кіші өмірлердің арналарын кеңейтіп, сол жағалауларды өздерінің шексіз даналығына толтыру үшін қызмет етеді.

ШЫНАЙЫ ХРИСТИАНДЫҚ

Шынайы христандық (Христос үйреткен діни принциптер), өзін жасырып тұрған кей формалармен ауыстырылмауы керек. Шынайы христиандық Шығыстық та, Батыстық та емес, және Иса ілімі де емес.

Оның мәңгілік принциптері әрбір ақиқат іздеуші жанға тиесілі. Адам баласы келген Иса Құдайдың ұлы болу үшін көтерілді. Осылайша, ол әдеттегі адами санадан биікке көтеріліп, бүкіл жаратылыста бар Христостың Ғарыштық Санасына, Құдайдың таза бейнесіне енді. Әулие Жохан «Өзін қабылдағандардың бәріне ол Құдайдың балалары болуға құқық берді өйткені олар оның есіміне сенді»[1] деген кезде, ол ақиқаттың шексіз мұхитында өз санасының мүмкіндігін үлкейте алатын Христос Санасының қабілетіне Құдай баласы Әкесімен бірге екенін көрсете білген Иса пайғамбар сияқты кез-келген жан ие бола алатынын астарлап айтқан болатын.

Бұл ақиқат іздеген жандардың әрқайсысының жүрегіне сенім орнатады, өйткені Исаға ұқсай алмасақ, оған еруге ешкім ынта білдірмес еді. Иса бізге қол жетпейтін мақсатты көрсету үшін жіберілген жоқ. Ол біздің Алла тағаланың Өзін іздеп ең жоғарғы ләззатқа табысты түрде қол жеткізе алатынымызды көрсетуші шабыт болды. Інжілде жазылғандай, егер Құдай бүкіл адамдарды Өзіне ұқсата жаратса, Ол барлығына ортақ емес пе, біреуін артық не біреуін кем көре алмас еді. Оның махаббатынан және Оның махаббатымен жаратылған Біз барлығымыз Оның шынайы «балаларымыз». Сондықтан Махаббат сезімі адамдардың барлығына тән қасиет.

Сол секілді, Ол Исаны рухани алып ету үшін ештеңе де жасаған емес. Егер Құдай пайғамбарларды рухани фабрикадағы дайын тамаша тіршілік ретінде жаратса, онда біз оның босқа күрескені туралы ойлар едік, және Ол бізді өзгерткенін, біздің рухани көзқарастарымызды біз үшін жасайды деп күтер едік. Ақыл мен таңдау сыйы, мейірімді ерікті жүзеге асыру құқығы адамға тән және біздің жеке рухани өсуімізге бөлек күш және жетістік арқылы қалай ие болатынымызды көрсету үшін жеткіліксіз. Иса күресті, ораза ұстады, дұға оқыды, өзін әр түрлі әдістермен тәртіпке салды. Адам болып туылып, құдайшыл болғаны үшін біз Исаны мақтаныш етеміз.

Рухани ақиқат біреу: христиандықтарға христиандық, үнділіктерге индуизм деп аталады. Шектеулік дінді форманы рух ретінде қабылдай отырып, шіркеумен немесе ғибадатхананың дін ұстануымен және секталық наныммен шектейді. Ақиқат барлық либералдық түсіндірмелерде тар болуынан зардап шегеді. Біз Өзіндік

---

[1] Жохан 1:12

танымның шынайы мақсатына жетуге тиіспіз, оған қоса жасанды түсіндірмелер ендігі бізді шектемейді.

Йогоданың[2] мақсаты (Өзіндік таным) ақиқат үздіксіз, шексіз, қасаң қағиданың кедергісісіз немесе айтылып болмаған нанымсыз аға алуы үшін тәжірибелік әдістер беруден, нақты әдістерден, адам санасының арнасын кеңейтуден тұрады. Йогода тек әулиелер мен пайғамбарлардың сөздері мен бет-жүздерін көрсетіп қана қоймайды, сонымен қатар тәжірибелік жүйедегі шоғырлану жолын да көрсетеді. Бұл біртіндеп сенімнен өзін-өзі тану жолына түсіп жеке құдайшылдыққа жету прогрессиясын да көрсетеді.

ШЫҒЫСТАҒЫ ӨМІР ЖАҒДАЙЫ ӘР ТҮРЛІ БОЛАТЫН

«Егер кемелді болғың келсе, бар да, мал-мүлкіңді сат. Түскен ақшаны кедей-кепшіктерге бер, сонда қазынаң көкте болады, ал өзің келіп, ізбасарым бол», Сондықтан сендерге былай деймін: не ішіп-жейміз деп жандарыңды, не киеміз деп тәндеріңді ойлап уайымдай беруді қойыңдар! Жан тамақтан, ал тән киімнен әлдеқайда артық емес пе?! Сонымен, ешқашан ертеңгі күнді ойлап уайымдамаңдар, өйткені ертеңгі күннің өз уайымы бар. Әр күннің қиыншылығы өзіне жетеді»[3] және Исаның басқа да рухани тыйымы бүгінде Батыста қатаң тәжірибелік қолданысты жібермес еді.

Исаның оқытқандарын тек ішкі сананы дамытып, ішкі Менді рухтандыру арқылы түсінуге болады. Христиандық бастапқы кезде діннің сыртқы нысаншылығында аз акцент жасаған болатын. Иса Шығыс адамдарын[4] Шығыс жағдайы мен атмосферасында зерттеген. Ол айтқан ақиқаттар, өзін қоршаған Шығыс менталитеті арқылы түсіндірілген. Егер Жаңа Өсиет шәкірттері емес, Иса арқылы жазылған болса, ол басқаша болған болар еді. Інжіл кейіпкерлерінің рухани оқиғалары Шығыс менталитеті мен терминологиясы арқылы айқындалып, Шығыс реңкіне ие болған. Жанның сипаттарын

---

[2] Парамахансажидің осы мақаласында қолданылатын *Йогода* сөзі, оның Үндістандағы Йогада Сатсанга қоғамының атауы болып табылады: Парамахансажи қоғамы бұл терминді Америкада алғашқы жылдары қолданған (Глоссарийдан қараңыз)

[3] Матай 19:21, 6:25, 34

[4] Бұл баяндама жасалған кезде, «Шығыс» және «Батыс» термині Шығыс пен Батысты анықтау үшін, әдетте қолданылған. Шығыс шығысқа Жерорта теңізінен бергі қарайғы елдерді қосқан; осылайша Парамахансажидің сілтемесі бойынша Иса мен оның ізбасарлары Шығыстан шыққан.

сөзбен беруге болмайды. Себебі, сөз жалған өмірге арналған дыбыс толқындары ғана. Сондықтан, материалдық әлемнің құралын рухани әлемге пайдалануға келмейді. Жан оқиғасы сөз арқылы толықтай айқындала алмайды, және тіл оларды сақаулана сөйлегенде, олар бөлек жеке баспаны қабылдайды.

Бүкіл материалдық игіліктен бас тарту, Иса үйреткендей әсіресе сол уақыт пен жағдайлардың ерекшелігіне байланысты қолданыста болды. Егер Иса бүгінде америкалықтарға үйрететін болса, онда оның мәнді хабарламасы сол қалпында қалар еді де, бірақ бүгінге қарағанда өмір жағдайлары, климаттық және әлеуметтік факторлары қарапайым өмір сүруге мүмкіндік берген 2,000-ші жылғы жер бетіндегі адамдарға айтқанынан басқаша болар еді. Сосын бірінші қажеттілік заттарын алу үшін аздаған еңбектің өзі жеткілікті еді. Жылы климат киім мен баспана мәселесін жеңілдетті. Өмірдің физикалық жақтарына аз көңіл бөлінді. Шығыс Христиандығында қарапайым, ашық ауадағы өмірге, табиғат-ана төсінде медитация жасауға үйреткен. Иса сол күннің жалпыға бірдей қабылданған өмір салтынан тыс ештеңе де айтпаған. Және ол бүгінгі таңда біздің өмір тәртібіміздегі түбегейлі өзгерісті қорғамас еді.

Бұл әр түрлі жастағы Жаратушы мақсаттары әлемдегі даму жаңа және түрлі жағдайлар арқылы дамуын талап етеді. Осылайша, Иса тәжірибелік формалардан ауытқуға және өміріміздің жағдайларынан шешімді түрде шоғырланбас еді ғой. Енді, сол кездегідей, ол өмір нысаншылдығы қайталама, жалғыз ғана өзгеріс, жалғыз ғана тұрақты прогресс адамның рухани жетілуге ішкі дамуы деп көрсетер еді. Өмірдің сыртқы жағдайлары ішкі жағдай түзелмей, керемет бола алмайды. Нәтиже себептің алдын ала алмайды. Батысты оқытып, түсіндіретін және Батысқа бейімделген Христосты біз Батыс Христиандығы деп атай аламыз.

Христос оқытуының жаңсақтығы арқылы оның бастапқы кездегі ізбасарлары жек көрушілік пен елемеу, материалдық өмір прогресін ойластырған. Олар ішкі өсімді сыртқы табысқа ауыстыруға талпынбаған. Бұл Шығыста өз орнына ие болды. Бірақ Құдай заңы жасанды түсіндірмені сыйламайды. Адам қайда, кіммен болса да, кез-келген нәсіл, христиан немесе индус ретінде рухани, ақыл-ой, әлеуметтік, индустриалдық және өмірдің прогрессивтік жағдайларын басқарушы Құдайдың дене, ақыл-ой, немесе рухани заңдарын бұзады, ол оба ауруына шалдығумен, аштықпен, кедейлікпен және рухани

Парамаханса Йогананда, 1951 жыл

надандықпен жазаланады. Тарих бізді үйреткендей, адам өмірінің барлық сыр-сипаты жанға байланысты жан сырларын толық түсіну мүмкін емес. Сондықтан, адам өз өмірін жан-жақты дамытуы қажет.

НЕЛІКТЕН БАТЫСТА ХРИСТИАНДЫҚ БАСҚАША

Алайда, біз Шығыстың, соның ішінде Үндістанның рухани екпіннің салдарынан, әлемдегі Иса, Будда, Кришна, Шанкара,Чайтанья, менің рухани ұстазым және парамгурулар және басқа да ең ұлы пайғамбарлар мен әулиелер уылдырығын шашатын орын болғанын мойындаймыз. Бір қызығы, біз Батыстан осындай танымал пайғамбарлар таба алмаймыз. Егер біз әлемдегі менталитет статистикасын ала алсақ, онда Шығыстан шыққандар руханилыққа неғұрлым бейім, ал Батыс тұрғындары руханилыққа емес материалдық және индустриялық сала жақтарына бейімді. Міне, сондықтан да Христос пен оның шәкірттері үйреткендей, Шығыс Христиандығы Батысқа келгенде формасы үлкен өзгеріске ұшырады. Исаның Шығыс халқына уағызы «Алдымен Құдай патшалығын іздеңіз» деген мазмұнда болатын, Батыста барлық тәжірибелік мақсаттар үшін «Алдымен нанды іздеңіз, ал Құдай Патшалығын соңынан іздейсіз», «Қолда бардың бәрін сатып, кедей-кепшікке үлестіріп беріңіз», «Өз бағасы бойынша сатып ала аласыз, онда максималдық бағамен сатып, артығын дұрыс инвестициялау» уағызы өзгертілді.

Бірақ бүгінде адамдар барлығын уақытында Иса берген нұсқау бойынша жасауға орындауды қаласа да, олар мұны таза ар-ұятпен жасай алмас еді. Отбасылық міндеттер адамның бүкіл тауарын сатып, ақшасын кедейлерге үлестіріп беруіне қарсылық білдірер еді. "не ішіп-жейміз деп жандарыңды, не киеміз деп тәндеріңді ойлап уайымдай беруді қойыңдар! Жан тамақтан, ал тән киімнен әлдеқайда артық емес пе?! Сонымен, ешқашан ертеңгі күнді ойлап уайымдамаңдар, өйткені ертеңгі күннің өз уайымы бар. Әр күннің қиыншылығы өзіне жетеді" онда ол оның қолдауы мен қорғауын күтуге құқылы, өзіне тәуелді жандарға қатысты дұрыс жасамаған болар еді. Бірақ күрделі заманауи әлемде адамдар Иса берген ұйғарымға дәлме-дәл түрде сүйене бермес еді, барлық қатынаста да ішкі оқыту мен Христиандықтың шынайы мәніне сүйене отырып, христиан болуына кедергі жасамайды. Олар өз талпыныстары мен байлығын басқалардың игілігі үшін қолдана отырып, рухтандыра алады. Олар молшылық сараңдығынан қашып, тек қана солардың шынайы қажеттіліктерін қанағаттандыра алады.

Парамаханса Йогананда 1925 жылы негізін қалаған Өзіндік таным қоғамдастығының халықаралық штаб-пәтерінің әкімшілік ғимараты. Осы үлкен аймақты алып жатқан (Mother Center) Орталықтан, Вашингтон шыңынан Лос-Анджелестің етегіне дейін Крия - Йога ғылымы бүкіл әлемге таратылған.

Тынық мұхит жағалауындағы Өзіндік таным қоғамының жанынан ашылған ашрам Орталығындағы Эрмитаж аймағының жоғарыдан қарағандағы түрі, (сурет широкоугольный обьективпен түсірілген) Энсинитас, Калифорния. Сондай-ақ Өзіндік таным қоғамдастығы жанынан жанды тыныштандыратын баспана ашылды. Осы баспана жетекшілігімен өткізілетін жылдық бағдарламар мен кездесулер Өзіндік таным қоғамының шәкірттері мен олардың жақын тұтқан туыстары мен достарына Эрмитаж маңының тыныш сұлулығын тамашалап, рухани атмосферасымен бөлісуге және олардың өзара бір-бірімен достық қатынастарын нығайтуына мүмкіндік береді.

Иса халыққа тау шыңында және басқа да ашық орындарда тұрып діни өсиет айта берген. Сол кездері газет дегендер атымен болмағандықтан, адамдар Исамен кездесулерін ауыздан ауызға таратып отырған. Бірақ бүгінде осындай тамаша азаттық залды жалға беру, жарнама шығындары арқылы болмай отыр. Ұстаз қар жамылған таудың шыңында тұрып немесе қол жетпес метро немесе автобуста тұрып діни өсиет айта алады, бірақ аудиторияның оны тыңдау үшін сол жерге келуге құлқы жоқ. Батыста олар жиналыс үшін бумен жылынған және орталықтағы орындарды қалайды. Осылайша, бар адамдардың жүректерінде руханилық дәнін сепкісі келетін ұстаз, өзі келіп тұрған елдің өмір жағдайы мен жас шамасын да қабылдауға дайын болғаны жөн. Брюс Бартон өзінің *Ешкім білмейтін Адам* атты тамаша кітабында Иса бүгінде Америкада діни өсиет таратып жүрген болса, табысты бизнесмен әдістерін қолданар еді, немесе газет бағаналарын хабарлама құралы ретінде пайдаланушы болар еді. Құрал өте үлкен мәнге ие емес, халықтың жолдауды алуы маңызды.

Қымбат тұратын ірі шіркеулер діни адамдарға қаржылық мәселелерге бірізді шоғырлануға баспана болуы үшін бүгін орнатылуы керек. Менің қаладағы бірінші дәрісімнен кейін бір адам маған келіп: «Свами,[5] мен мұнда түрлі дәрістерге қатысқан болатынмын, бірақ жарты сағаттық жәйсыздықтан соң кетуге мәжбүр болатынбыз. Бірақ сіздің өсиеттеріңіз бүгінгі кеште толығымен ыңғайсыз отырғышта отырғанымды екі сағат бойына ұмыттырып жібергенін сізге қуанышпен айта аламын. Сонда да, сізге америкалық аудитория үшін жайлылық жасап, ыңғайлы орындар дайындағаныңыз дұрыс деп ойлаймын!,-деді.

НАҒЫЗ ҚҰДАЙМЕН БАЙЛАНЫСУ ҚАЖЕТ

Батыста шіркеулерді адамдарға Құдай заңдары мен рухани міндеттерін еске түсіру үшін сөз жетпестей етіп күш сала салған. Бірақ шіркеулер терең медитация рухының жетіспеушілігін және өмірлерінде Иса мен шәкірттері айқын көрсеткен Құдайдың шынайы қатысуының бағыттаушы формалары болды. Бүгінде шіркеу конгрегациясы тәнде, бірақ есте ол көбінесе басқа жақта. Діни өсиет кезінде, немесе дұға оқу кезінде, көпшілігі қандай кешкі ас немесе қандай коммерциялық мәміле

---

5 1935 жылы Шри Юктешвар өзінің сүйікті шәкірті Йогонандаға «Парамахансажи» деген рухани атақ берді. Сол уақытқа дейін ол Свами Йогананда ретінде белгілі болды (*Свами* деген түсінікті глоссарийден қараңыз).

күтіп тұрғанын ойлап отырады! Мұндай ақыл-ой тілазарлығы діндар адамның қателігі емес, өйткені оған ешқашан Құдайға шоғырлану өнерін үйретпеген. Шынымен де, қарапайым адам Құдаймен жеке тілдесуге болатынын білмейді де. Құдаймен шоғырлану мен Ғарыштық вибрация [6] бойынша медитацияның нақты әдістерінің тәжірибесі байланыса алады. Ол жеке ойлары мен тәніндей жақын болып кетеді. Йогода осы қатынас өнерін, Құдаймен жеке байланыс орнатуды, бүкіл жарықтың, биліктің, барлық бақыттың Қайнар көзімен саналы байланысқа өтуді үйрету үшін жіберілді.

Құдайға сенушілер басқа «пұтқа табынушыны» бір шақырумен оны монополияландыруға сендіре отырып, ақиқатты шектейді. Көптеген христиандар индуистер мен буддистер «пұтқа табынушылар» деп ойлайды, ал индуистер мен буддистер діни сыпайылық жетіспесе, христиандар туралы да сондай пікірде. Оның мәні екі есе. Біріншіден, ең бастысы, ол өмірді прогрессивті, үнемі бақытты және барлық қатынастарда көркем ететін Құдаймен ішкі үндестіктің нақты принциптерінен тұрады. Екіншіден, ол адамның материалдық өмірінің айқындалуындағы сол ішкі принциптерді әкелу үшін материалдық және ақыл-ой кертартпа мен тәртіп формасына ие. Діни дәстүрлер мен формалар ақиқат дәнін қорғауға қажетті қауызға ұқсайды. Бірақ егер қауыз өмір дәнін жаппаса, онда бұл өнімсіз, бос әуре болады. Қабыршақтар, ғибадатхана қоңыраулары, крест, жарты ай белгілі рухани ақиқатты символдау үшін қажет. Бірақ уақыт өте келе, адамдардың ақылы қызмет көрсету мен жоралар формасына, тақуаның немесе дін қызметкерінің даралығына, оның қою әдісіне, сәулетіне, шіркеу немесе ғибадатхана өлшеміне, ізбасарлар санына және олардың әлеуметтік жағдайы мен мүлкіне шоғырланды. Екінші жағынан алғанда, осы діни ырым-жырымға қарсы бағытталғандар идеяларымен бүкіл форманы бұзуға дайын. Олардың қателігі шоғырланудың формасын немесе сыртқы ұйғарымды жою құлшынысынан тұрады. Осылайша, діннің рәміздері мен сыртқы формалары діни фанаттық бұқасын долдандыратын қызыл ту ретінде әрекет етеді.

---

[6] *Аум*, Киелі Рух, Көзге көрінбейтін діни күш Христос Санасының сыртқа бағытталған көрінісі. *Әумин*, медитацияда естілетін дұғамызды, тілегімізді қабыл. ал!» – деген мағынаны тақуаға түпкілікті шындықты көрсетеді, «Ал Әкем менің атымнан жіберетін көмекші, киелі рух, сендерге бәрін үйретеді және айтқандарымның бәрін естеріңе түсіреді» (Джон 14:26). (*Әумин* деген түсінікті глоссарийден қараңыз)

Йогода қорғаныс құралы мен шешімді ұсынады. Ол форма соңындағы жалғыз шынайылыққа, әрбір діннің өзегі болып табылатын ақиқатқа шоғырлана отырып, бірге үндестікте өмір сүру үшін түрлі діндер сұрайды. Йогода бүкіл шіркеулер мен діндерді бір формаға біріктіру үшін емес, ол шіркеулердің шынайылығы мен пайдасы дәлелденіп, көрінетін ғылыми әдістерді көрсету үшін келді. Діни дәстүрлерді ауыстыру мен барлығын бір стандартты формаға біріктіру діни қатынасты өзгерте алмас еді. Дәлелденген және діни ақиқаттан басқа ештеңе де адамның ақылын толығымен қанағаттандырып, діни фанаттық пен надандықты жоя алмайды.

ШЫҒЫС ПЕН БАТЫСҚА ТЕПЕ-ТЕҢДІК ҚАЖЕТ

Батыста ақиқатты тікелей сезіну үшін ғылыми әдістердің жетіспеуінің салдарынан рухани ізденіс пен зерттеуге деген қызығушылық болған емес. Екінші жағынан алғанда, Үндістанда, әулиелер мен барлық адамдар Құдайды белгілі адым сериясы, шоғырлану мен медитация әдістері арқылы біледі деген ақиқатты куәландырды, біз дін адамдардың басым бөлігінің күнделікті өмірінде маңызды рольге ие болғанын көреміз. Бірақ Шығыс пен Батыс өмірдің бір фазасының жоғары дамуынан және басқа фазалардың экономикалық артта қалуынан қасірет шегеді. Үндістан өзінің діни бір жақтылығында өмірдің материалдық жағын басқарып отырған Құдай заңдарын бұзды, және соның салдары ретінде аштық пен оба арқылы жапа шегуге тиісті болар еді. Батыста Құдайдың рухани заңдары елдерге дүниежүзілік соғысты көрсетті. Осылайша, Шығыс пен Батыс бір жағдайда сәтсіздікке ұшыраса, біреуінде табысқа кенелді. Шығыс данагөйлерінде ешқандай сыртқы қасіретті бұза алмайтын әлем мәніне енудің рухани қабілет байлығы бар. Батыс адамдары ғылыми және материалдық түрде оба мен аштықты жеңді. Әрқайсысы кемелдену үшін басқалардың көмегіне зәру.

Батыс тұрғындары өз фабрикаларын жарып, банк пен фирмалардан бас тартпауы керек, және рухани болу үшін джунглиге қашудың керегі жоқ. Бірақ олар Шығыстан ішкі жүзеге асудың ғылыми әдістерін қабылдай алады, және олардың ілгері басқан әрекеттеріне басқаларға пайда келтіру үшін сүйене алады. Шығысқа мұқтаж болмай, Батыстың индустриалдық материалистік әдістері көтерме саудасын қабылдайды. Қажеттінің барлығы Батыс рухы прогресі мен

385

дамуын материалдық өмірді жақсартуға байланысты қабылдау болып табылады. Осылайша, әрқайсысы басқаға үйрете отырып, пайда шығара алады. Шығыс өмірдің пайдалы прогрессивтік материалдық заттарынан тек жақсыны көруге тиісті, ал Батыс өзінің пенделік әрекеті бойынша құлшынысында рухани Мақсатты ұмытпауы керек. Міндетті түрде балансқа жету қажет.

Қай дінді ұстанатыныңызға қарамастан, сіз өзіңізден «Мен шынымен де бақыттымын ба? Басқаларды бақытты ете аламын ба? Жаратушының сұрағына жауап таба алдым ба? Менің ең жоғарғы міндетім қандай? Тыныштық пен бақытты қалай табамын?» деп сұрауыңыз керек. Йогода (Өзіндік таным қоғамының жанынан оқыту) Құдайға жетудің, тәннің дене дамуының нақты жүйесі арқылы рухтандырудың біздің материалдық және рухани өміріміздің барлық аспектісін басқаратын Жоғары Қайнар көзбен байланыс орнатудың практикалық техникасын қамтамасыз етеді. Бүкіл болмыстың қайнар көзі Құдай. Бұл хабарлама бос шіркеулерді қайтадан толтыратын Құдаймен өзекті қатынастың бірі болып табылады. Бүгінде адамдар кинотеатрларға жиі барады, бірақ шіркеулердің іштері үнемі бос болады. Неге? Ақылды қызықтыратындай басқа материалдық нәрселер бар. Йогода ғылымы осы қызығушылықты медитация арқылы соңғысына апаратын болады. Бұл әрбір іздеушіге әлемдегі ең қызықты нәрсе –іштегі бақыт Құдайда екенін көрсетеді. Бұл осы теңдессіз қуаныш өрісіне өтудің кілтін береді. Өмірдің бүкіл сабақтары тек ішінара бақытты ұсынады. Бірақ Құдайды іздеуде бізде тұрақты, шексіз, қанбас бақыттың сұйыққоймасы бар. Өйткені Ол бүкіл әлем бере алмайтн нәрсені береді. Ол Тұтас, ал әлем бар болғаны Оның бір бөлшегі ғана.

ҚҰДАЙДЫ ҒЫЛЫМИ ТҰРҒЫДАН ТАНУ

Адамдар ұлы бақыт Құдайымен нағыз қатынасты түсінсімен, олардың дінге және шіркеуге деген қатынасы түбегейлі өзгереді. Ешқандай уағыз жабырқамайды, ешқандай шіркеу бос болмайды. Іздеушілер Оның бар екені туралы ақиқатты дәлелдеу үшін бақылауда ұстайды. Олар адал болып, жанында өмір сүру үшін тәжірибелілердің сөздерін тыңдайтын болады. Олар теориялық түрде осындай тіршілік иесінің бар және оған табыну керек екені үшін емес, Оны кездестіргені үшін Құдай жақтаушылары болады.

Адам жүрегін тірі дәлелден басқа ештеңе де толықтай қанағаттандыра алмасы анық. Йогода осы дәлелді адамның есігінің алдына әкеліп береді. Астроном алыстағы жұлдыздарды көру үшін міндетті түрде телескопқа қарауы тиіс, сол секілді корреспондент үшін Құдайды ғылыми медитация құралы арқылы іздейді. Егер біреуі болса да алыстағы жұлдыздардың бар екенін жоққа шығарса, оның қаншалықты шындықты айтып тұрғанын көру үшін барлығы бірдей телескопқа үңілмес еді, оның пікірінің құны болмас еді. Ол білімнің қолжетімді құралдары арқылы дәлелдемесе, өз ұстанымын дәлелдей алмайды. Дәл солайша, Оған жақындау әдістерін қолданбаса, ешкім де заңды түрде жоққа шығарып, немесе Құдайдың бар екенін дәлелдей алмайды.

Йогода медитациясы- Құдайды көруге болатын телескоп. Ол болмаса сіз өзіңіздің Құдайға деген сеніміңізді тек дәлелденбеген сенімге негіздеуге тиісті болар едіңіз. Онымен сіз кез-келген жанға қарсы тұра аласыз.

Ақылды Құдайға бағыттау үшін психофизиологиялық әдістермен басқару, оның құлы емес, көшбасшысы болу- Йогоданың өзі болып табылады. ("йога ілімінің мәні"). Егер өз назарыңызды сәтсіздіктен табысқа, мазасыздықтан сабырлылыққа, ақыл-ой адасуынан шоғырлануға, әлем тынымсыздығынан саналы Құдайшыл Бақытқа дейін ауыстыруды білмейтін болсаңыз, өмірдің бүкіл еңбегінің өзі бос әурешілік. Егер сіз осы бақылауға жетсеңіз, онда бүкіл болмыс өмірінің жоғары мақсатына жеткен болып табыласыз.

(Парамахансажи өзінің ойын келесі өлең жолдары арқылы жеткізген:)

> Жалғыздық түрмесінде болсын,
>
> Немесе шадыман жалғыздық жұмағында;
>
> Еңбек шынжырына шырмалса да
>
> Немесе еңбегі сіңген демалыста болса да;
>
> Егер менімен бірге болсаң
>
> Мен алаңсызбын,
>
> Мешітте ме, әлде шіркеуде,
>
> жоқ ғибадатханада ма
>
> Оның еш мәні жоқ,
>
> мен Сіздің үйіңізге емес, сізге
>
> кәміл сенімім жоғары
>
> Зауыттардың айналмалы доңғалақтарында

Мен Сіздің өміріңіздің тамырын сезінгім келеді
Егер сен әлі де зауытта болсаң да,
Гималай үңгірлерінде болсаң да,
Немесе лық толы метродасың ба,
Үндістан джунглиіндесің бе,
Немесе заманауи өмірдесің бе -
Қайда, қай жерде болсаң да
Шығыстан ба, батыстан ба,
солтүстік пен оңтүстік секілді
барлық құпия жерлерден,
Бізді Өзіңді табуға үйрет.

Шексіз әлем

Екінші Ғибадатхананың[1] Өзіндік таным қоғамдастығының зияпатындағы алғы сөз, Лос-Анджелес, Калифорния, 26 – ші ақпан 1939 жыл

Әр түрлі ойлар достастық рухында кездескен жердің барлығынан біз үндестік, бейбітшілік, бақыт, түсінік пен өмір қызметіндегі әріптестікті көреміз. Еуропада жалғасып жатқан ішкі соғыстар секілді жер бетіндегі сансыз келелі мәселелер болып жатқан елдер бейбітшілікке зәру.

Менің ойымша, әрқайсысымыз осынша рухани болмай тұрып, біздің жеке табиғатымыздың эволюциясы соғысты қажет етпеген уақытқа дейін соғыс бола береді. Қандай болса да олардың өзгешілік болсын, егер де Иса, Кришна, Будда, Мұхаммед секілді ақылды жандар бірге отырып ғылым механизмін пайдаланып, олар ешқашан бірін-бірі құртуды ойламас еді. Түсінік бар жерде, бейбітшілік болады. Адамдар неліктен бейбітшілік үшін күреседі? Қару күші даналық шақырмайды, ол бәрібір берік бейбітшілікке ешқашан қол жеткізе алмас еді.

Соғыс жүйедегі у іспеттес. Біздің ағзамызда токсиндер болған кезде, бұл қоспа, қалай болғанда да, ағзадан шығуы тиіс. Одан басқа біз аурулардан зардап шегеміз. Халықаралық жүйеде шамадан тыс өзімшілдік бар кезде, бұл у әлемде соғыс ауруы ретінде тұтанады. Көп адамдар қырылып, содан соң аздаған уақыттан соң тыныштық басталады. Бірақ соғыс надандық орын алып, әрбір адам әлемнің кемел азаматы болған уақытқа дейін бола береді.

Құдай бізге ақыл-парасат берді, және Ол бізді осы ақыл-парасатты пайдалана алатындай ортаға орналастырды. Дүние қабықша секілді, ал біз кішкене құстар секілді оның шегінде орналасамыз. Осы материя қабықшасының шегінде не нәрсе бар? Оның үш өлшемінен тыс не орналасқан? Біз осы кеңістік арқылы өтіп, басқа әлемнің қызметімен танысуға тиіспіз. Біз өз ақыл-парасатымызды өмір құпиясын саралау және

табиғаттың артында жасырған құпияны зерттеу үшін пайдалануымыз қажет. Үлкен және неғұрлым қиратқыш соғыс құралдарын жасау үшін қаншалықты ақыл-парасат пайдаланылды. Біз өз ақыл-парасатымызды арамызда бейбітшілік орнауы үшін пайдалануымыз керек.

Түсінік теріс ұғымнан азат етілуі тиіс

Елдер арасында жек көрушілік сезімін оятқанша, білім беру үрдісіне сүйеніп, түсінікті махаббатпен құруға талпыныс жасап көрген жақсы емес пе? Түсінік өте қажет. Адамдардың бірі алыстан, бірі жақыннан көретіні секілді, біздің түсінігіміз де сондай. Оларды әр түрлі теріс ұғымдар сары уайымға салады. Біздің елесіміз дүниеге келген уақыттан бері отбасының, ұлттың, елдің тысқары пікірлерімен жасырынған. Теріс ұғым бауырлас халықтар арасындағы соғыстың негізгі себебі. Егер түсінігімізді теріс ұғым, тысқары пікірлерден азат ете алмасақ, онда өзімізді де, басқаны да ешқашан түсіне алмаймыз.

Біз өзіміздің жеке бамысыздың ойларын қатты жақсы көретініміз соншалық, басқа адамның ойын түсіне алмаймыз. Біз өзіміздің кішкене ғана түсінігіміздің қолында жақсы өмір сүрген кішкентай құрбақа секілді қамаудамыз: үлкен көлді мекен еткен құрбақа құдыққа құлаған кезде, өз көзіне өзі сенбестен күле беріпті. Ол өзінің жақсы шекарасынан басқа ештеңені көрмегендіктен, ол ең жақсы су айдын тек өзінікі деп ойлаған. Бұл халықтар мен адамдардың шектеулі қатынасынан болса керек. Әрбір ұлт өз көзқарасын ең жақсы көзқарас деп есептейді.

Біз барлығына, тіпті өзімізді дұрыс түсінбейтін жандарға да толассыз түсінік беріп отыруымыз қажет. Мен сіздерге бір мысал келтіріп кетейін: «С» «Д-ны» жақсы саралай алатыны соншалық, ол тіпті басқаларын да жақсы түсіне алады деп ойлайды. Бірақ ол «С» мен «Д-ның» артында отырған «Б» туралы ештеңе білмейді де, екеуін де түсінемін деп ойлайды. «Б-ның» артында «Б», «С» мен «Д» -ны отырған «А» барлығын да түсінемін деп ойлайды. Бұл басқадан мен артық білемін деген адам болмысы. Бірақ бір нәрсені жақсы білемін дейтін жалғыз ғана әдіс құдайшыл түсінікті өсіру.

Әлемді өз ұлтыңыз бен отбасыңызды сүйгендей сүйіңіз

Халықаралық түсінік жеке бақыттың отбасылық бақытқа, отбасылық бақыттың қоғамдастық бақытына, қоғамдастық бақытының ұлттық бақытқа, ұлттық бақыт халықаралық бақытқа ұласатынын білмейтіндігінің кесірінен қапаланады.

Отбасындағы махаббат өте күшті. Отбасылық өмір арқылы сіздерді даналық арқылы жақсы көру үшін Құдай әке болды, өйткені Ол сізге сөзсіз махаббат бергісі келді. Құдай жандарды кең махаббат аясына біріктіру үшін жақсы көруші және сүйікті бола білді. Ол ештеңені де қажет етпейтін пәк махаббатта жандарды біріктіру үшін дос болды. Достықта ешқандай мәжбүрлеу деген болмайды, ол жүрек қалауымен келеді. Мұндай достық ері мен әйелінің, бала мен ата-анасының арасында және барлық адами қатынастарда болады. Достық әлемдегі халықаралық отбасында бейбітшілікті орнатудағы үлкен фактор болып саналады.

Ешкім де өз елін алдымен өз отбасын сүюге үйренбестен сүйе алмайды. Баланың бастапқы шырылы сүт сұраған кезде болады, бірақ көп ұзамай ол өз махаббатын ата-анасына арнайды. Соңынан, өскен соң, ол өзінің елін сүюге үйренеді. Ал енді осы жан Христосқа ұқсаған кезде, ол әлемді сүйе бастайды.

Сіз халықаралық адам тұқымының мүшесісіз. Мұны есіңізден шығармаңыз. Өз елің мен өз отбасыңды қалай сүйсең, отбасыңды солай сүй. Мұны үйрену қиын, бірақ Өзіндік таным қоғамдастығы сізге оны қалай жасау керек екенін көрсету үшін құрылған. Біз Құдаймен достастықтың Онымен байланыс жасауда еврей болсын, христиан, мұсылман немесе индус болғанына қарамастан тек Құдайды біліп, көре білген кезде ғана орнатылатынын үйренуіміз керек. Маған мұны балаға үйреткендей үйретті, бірақ бұл белгілі бір мөлшерде еріксіз жеке түсінік. Бұл іштен шыққан түсінік емес. Мен бүкіл дүниені жақсы көруге тырыстым, бірақ бұл оңайға соққан жоқ. Өз отбасыма қарасам болды, менің махаббатым тек солардың үстінде болатын. Бірақ өзіме қымбатты жандар бірінен соң бірі қайтыс болды. Сол кезде табиғатты соншалықты қатігез деп ойладым. Сонда мен махаббатым тәртіпке берілгенін түсініп, өз махаббатымды тек отбасымның аясында шектеп қалмай, кеңейтуге тиіс екенімді түсіндім. Өз туыстарымды жақсы көрдім деп жүргенім тек Құдайды жақсы көрген екенмін, Оның жалғыз өзі екен менің туыстарым болып жүрген, бұны Құдайдың өзі маған көрсетті. Содан соң ішкі дүниемде барлығына деген махаббатымның кеңейе бастағанын сездім. Сол себептен болар Отбасыма деген ынтықтық сезімімде жалынданбады. 1935 жылы Үндістанға оралған кезімде, мен оның шын екенін көрдім. Әкем берген махаббаттан басқа өзімнің отбасыма барған кезімде өзімді бейтаныс адамдай сезіндім.

Сондықтан, отбасылық өмір, одан кейін ұлттық өмір арқылы, Құдай өзінің халықаралық махаббатын түсініп, Әлемнің Құрама Штаттарында Ақиқатқа ие болуымызды түсінуіміз үшін әрқайсысымызды үйретті.

ХАЛЫҚАРАЛЫҚ ӨЗАРА ТҮСІНІСТІК АЛАУЫЗДЫҚ ШЕКАРАСЫН ЕРІТЕДІ

Біз барлығымыз да бұл жерде шетелдікпіз. Ешбір территория белгілі бір елге тиесілі емес. Ақыр соңында уақыт қолы барлық елдерді де сүртіп тастайды. Олардың шекарасы созылмайды, өйткені олар күш арқылы айқындалған бөлімшелерден тұрады. Үлкен түсінушілік келгенде бұл шекаралар болмайтынына мен сенімдімін. Біз жерді өз еліміз деп атаймыз; және біз, әділеттілік үрдісі мен халықаралық жиналыс үрдісінің көмегімен, адамдардың қажеттілігіне сәйкес әлем тауарларын риясыз түрде таратамыз. Бірақ тепе-теңдік күшпен орнатылмайды; ол жүректен шығуы тиіс. Ең үлкен ризашылық осы ақиқатты ұғынуымызға көмектесетін халықаралық түсінікті дамытады.

Бұл мұраттар барлық мектептерде берілуі тиіс. Сонымен қатар, өз елінде не болып жатқанына қарамастан, "тек өз отбасын сүюге үйретудің өзі сіздің үлкен отбасыңызға кедергісін келтіретін отанға деген махаббатты үйреткендей" күнә болып саналар еді. Қайта әрбір мектепте отанға деген махаббатты бағаласа, ол түсінікті, тіпті басқа елдерге деген сыйластық ұрығын да себер еді. Жек көрушілік ұрығы бар балаларға отансүйгіштікті үйретуге біздің қандай қақымыз бар! Егер сіз өз отаныңызды сүймесеңіз, тұтас әлемді сүйе алмайсыз, балалар да басқа елдерді өзінің отанын сүйгеніндей сүюі қажет. Бұл- Құдай принципі.

БІЗ ҚҰДАЙДЫ БАРЛЫҚ ЖЕРДЕН КӨРЕ БІЛГЕН КЕЗДЕ БЕЙБІТШІЛІК ОРНАЙДЫ

Осылайша, сіз өз даналығыңызды барлық қоршаған орта ықпалынан бөлу керек екенін түсініп отырған боларсыз. Егер басқаларды түсінуге үйреніп, өз ойларымызды қоршаған орта тудырған барлық теріс ұғымдардан азат ете алсақ, біз Құдайдың кемел образын ішкі дүниемізден айқындап, оны барлық жерден таба алатын боламыз. « өзін қабылдағандардың бәріне ол Құдайдың балалары болуға құқық берді, өйткені олар оның есіміне сенді».[2] Күннің көзі алмаз бен ағаш көмірге бірдей түседі, бірақ алмаз өзінің мөлдірлігімен күнге көбірек шағылысады. Бхагавад Кришна үйреткендей, адам бойында даналық надандықпен жабулы, және сондықтан да адам өзінің тәуелсіздігін пайдалануда бұрыс шешім қабылдайды, яғни өз бойындағы Құдай образын көрсетпейтін надандықты дұрыс деп есептейді. Бірақ жақсы болу үшін ақыл күшін пайдаланатындардың барлығы рух күшін көрсетеді. Егер Рух күшіне *ие болгымыз* келсе, онда біз Құдайдың шыншыл ұлдары болар едік. Біз Құдайдың жақсы балаларына да, жаман балаларына да түсіп тұрған Құдайдың сәулесін көруге үйренуге тиіспіз. Құдайды тек өзімізді жақсы көрген және өзіміздің меншігіміз ретінде санайтын жандардан ғана емес, сонымен қатар, барлық жерден көре білу үшін жүректерді тәртіпке келтірген кезімізде, бейбітшілік орнайды.

Бейбітшілік деген сіз бен біз емес, немесе бірнеше ұлы жандар бірден бұйрық бойынша орнататын нәрсе емес. Тіпті миллион христандар мен кришнаиттар мұны жасай алмады. *Махабхаратада*[3] жазылғандай, Кришнаның өзі Пандавами мен Кауравами арасында үлкен соғысқа кедергі бола алмады. Бүкіл адамзат жерде бейбітшілік орнату үшін Христос секілді болуы тиіс. Әрбір адам оның өмірін даналыққа сәйкес және Христос, Кришна, Будда секілді қалыптастырар болса, онда жерде бейбітшілік орнайды. Біз тап қазірден бастап кетуіміз керек. Бізге жол көрсету үшін жер бетіне қайта-қайта келген сол құдайшыл жандарға ұқсауға тырысуға тиіспіз. Біздің бір-бірімізге деген махаббатымыз және түсінігіміз арқылы бейбітшілік орнауы мүмкін.

БЕЙБІТШІЛІК ОТБАСЫНДА ЖӘНЕ МЕКТЕПТЕ БАСТАЛАДЫ

Әрбір адам отбасында және қоғамда басқалармен бейбіт өмір сүруге тырысуы қажет. Адамның жеке басының алғашқы қалыптасуы отбасы мен мектептен басталады. Сыныптарда біз ұлы ұстаздар үйреткендей, халықаралық отансүйгіштікке- әлемді Иса, Кришна

---

[2] Жохан 1:12

[3] "Махабхарата" үнді халқының эпосы. 18 кітаптан және көлемі үлкен бірнеше кіріспе жырлардан, Бхагавадгита дастанынан құралған. - "Құдай жыры" (*БхагавадГита* деген түсінікті глоссарийден қараңыз)

секілді сүюге үйретуге тиіспіз, үйретпеген жағдайда, бұл халықаралық жайсыздыққа әкеліп тірер еді. Бұл мақтану үшін біздің ұлтымыз немесе түсіміз емес, бұл біздің түсінігіміз. Біз өз түсінігімізді дамытып, оны отбасылық бақыт, ұлттық және халықаралық бақыт үшін ненің жақсы екенін анықтай білу үшін пайдалануымыз керек. Халықаралық бақыт елдің, қоғамның және отбасының игілігінен тұрады. Заңнама стандарты терісінің көзінің түсі және әлеуметтік дамуының интеллектуалдық тілдерінің ерекшеліктеріне сәйкес немесе кез-келген басқа да әлеуметтік өзгешіліктер емес, сіңірген еңбек болуы керек. Бұл мұраттар балаларды үйрететін болады.

Құдай балалары «Біз-үнділерміз, сіздер- америкалықтарсыз, біз-немістерміз, ағылшындармыз» деп бөлінетін болса, олар ұзақ уақыт бойы адасумен байланысты болып, бөлінген әлем болып қалады. Егер біз өзгешеліктерді алға салуды доғарып, барлық жандарды тегістей жақсы көруге үйренетін болсақ, соғыс та, қайғы-қасірет те, қирату да тыйылар еді. Сіз белгілі бір ұлт болғаныңызға емес, Құдайға ұқсап жаратылғаныңызды мақтан тұтыңыз, өйткені күндердің күнінде «америкалық» және «үнділік» және басқа да ұлт өкілдері дер кезінде бас тартатын сыртқы қабат болып қана қалады. Бірақ сіз мәңгілікте Құдай баласы болып қала бересіз. Өз балаларыңызға ненің жақсы екенін үйреткен жаман ба? Бейбітшілікке апарар жалғыз ғана жол- әлем мұраттарын мектептерде орнатып, өзіңіздің жеке өміріңізде бейбіт өмір сүру. Әлем жасаудың жалғыз жолы – өзара сыйластық.

ӨЗІМШІЛДІК БОЛМАСА, СОҒЫС ТА БОЛМАС ЕДІ

Егер бөлек психологияны саралап көрсек, біз барлық адамдардың төрт жағдайдың бірінен өтетінін білеміз. Адамның өз қалауының орындалуына байланысты тілегіміз қабыл болған кезде, біз бақыттымыз. Тілегімізге бір нәрсе кедергісін келтірсе, біз наразылық білдіреміз. Осы екі немқұрайлылық жағдайының арасында біз бақытты да, бақытсыз да бола алмаймыз. Осы үш жағдайдан басқа сабырлылық бар. Егер біз өз түсінігімізді барлық өзімшіл теріс ұғымдардан тек қана өз қарабасының қамын ойламай, ретсіз бейберекет өмірде, - жекелік, отбасы, ұлт деген ұғымдарды тазарта алсақ, бірбеткей тыныш, бірқалыпты бейбіт жағдайға қол жеткіземіз. Адамзат тағдыры мен оның өмір сүру жағдайлары адамдардың іс-әрекетінен туындайды.

Гитлерде немесе басқа да жендеттерде, әлемдік агрессорларда жеке және ұлттық өзімшілдік болмаған болса, қаншама соғыс болдырылмас еді. Мен бір білікті тұлғаның болса да тек елі үшін ғана президент постына жеткенін қалар едім. Линкольн осындай адам болатын. Мен бүкіл адамзатқа деген талпынысты ойламай, ол туралы ойлай алмаймын. Бірақ саясаткерлердің басым бөлігі өз қызығушылықтарына байланысты лауазымға үміттенеді, және өзінің жеке басына үйлесімді деп есептейтін қоғам мен себептерге үміттенеді. Линкольн немесе Гандидің еліне деген махаббаты даналыққа негізделген. Менмендік саясаткерлердің талпыныстары кез-келген басқа елдердің тұрақтылығына зиян келтіреді.

Осылайша, отан сүйгіштік қасиеттері бар адамдар соғыс пен келелі мәселелерді жақындатпауы тиіс. Өмірді қиып, бейкүнә адамдар мен балаларды өлтіретін отансүйгіштіктің құны қанша? Соғыс, отанға деген ұлттық махаббатты көрсетеді деген пайым болды. Бірақ бұл сол махаббатты көрсетудің дұрыс жолы емес. Шынайы патриоттықты көрсетудің дұрыс жолы, өзіңді Құдай баласы ретінде ұстап, барлық адамдарға діни түсінік беруден тұрады. «Қолына семсер алғандардың бәрі семсерден өлер».[4] Махаббат қылыштың күшінен әлдеқайда күшті. Әлемдегі барлық қылыштан гөрі түсінік жоғары.

Бүгінгі таңда, Америка елі ең үздік ел болып саналады. Мен мұны сіздерге жағыну үшін айтып отырғаным жоқ, ол шынымен де солай болғандықтан айтып отырмын. Мұнда сіздерде бостандық бар, басқа елдерге беймәлім материалдық артықшылық пен мүмкіндік бар. Осы артықшылық пен рақымшылықты теріс пайдалана көрмеңіздер. Естеріңізде болсын біздің мақсатымыз осы әлемнің сырларын ашып, өмірдің түпкі мақсатына жету. Құдай сізді сыйлықтар емес, махаббатты көбірек сыйлауға үйренетініңізге сенеді.

ЙОГА МЕДИТАЦИЯСЫ БІЗДІҢ ДІНИ ТАБИҒАТЫМЫЗДЫ АШАДЫ

Ақиқаттың ғарыштық томдарынан Үндістан Йога жүйесін, бірлік туралы- жанның Құдаймен бірлігін, мәңгі әділеттілік принциптерімен; әлеммен және бүкіл адамзатпен бірлік туралы ғылымды құрастырды.

---

[4] Матай 26:52

Данагөй Патанжали Йога жүйесінде мақсатқа жетудің сегіз қадамын қалыптастырды:

1. Әділетсіздіктен аулақ болыңыз –*Яма*.

2. Белгілі моральдық және рухани ұйғарымға сүйеніңіз - *Нияма*

3. Тән мен ақылда болуға үйреніңіз, өйткені қозғалыс біткен жерде, Құдайдың қабылдауы басталады - *Асана*.

4. Әлем жағдайына шоғырлана отырып, тәнде өмір бақылауын қолданыңыз -*Пранаяма*.

5. Сіздің жеке ойларыңыз, яғни сіздің бақылау пранаяма арқылы, және содан соң оны Құдайға - *Пратьяхараға* бере аласыз.

6. Содан соң медитацияны бастаңыз: біріншіден, Құдайдың махаббат, даналық және қуаныш - *Дхарана* секілді ғарыштық көріністерінің біріне шоғырланыңыз.

7. Ойлану кезінде не болса, сол Құдайдың шексіз кезбе мінезін кеңінен тарату –*дхьяна* болып табылады.

8. Жан мәңгі өмір сүретін, мәңгі саналы, әркез жаңа ләззат, Құдаймен бірігуі - *Самадхи* мақсаты болып табылады.

Құдай қуанышы ешқашан сарқылмайды. Ол жеткілікті; Шынайы түсінік Құдайды үлкен медитация шаттығы ретінде сезінген уақытта ғана келеді. Және бейбітшілік пен сабырлылық - Оның бар екенінің алғашқы куәсі.

Бейбітшілікке ие болу үшін, біз көбірек сүйіспеншілік қасиетімізді жетілдіріуіміз керек, бірақ Құдайды білмей тұрып, адамдарды сөзсіз жақсы көру мүмкін емес. Жан өзіне берілген денені тиімді пайдаланып, өзінің қалау-ниет, құмарлықтарын тежей біліп, белгілі бір арнада ұстап отыруы керек. Жан сөзсіз жетілген, бірақ тәнмен эго секілді теңдестірілген кезде, оның көрінісі адам кемшіліктерімен бұрмаланады. Егер адамдар тек осы жетілмеген тәндермен және ақылмен болатын болса, материалдық мұқтаждыққа бой алдырып өмірдің төменгі деңгейінен шыға алмай қалады. Көңілде сенім жоқ адамдарда ішкі, сыртқы тазалық та, әдепті мінез де, шындық та болмайды. Бірақ біз- барлық жандар Құдайға ұқсап жаратылдық. Осылайша, Йога бізді өз бойымыздағы және басқалардың бойындағы құдайшыл табиғатты білуімізге үйретеді. Йога медитациясының көмегімен біз өзіміздің Құдай екенімізді біле аламыз.

ЕГЕР ӘРБІР АДАМ ҚҰДАЙМЕН ҚАТЫНАС ЖАСАУҒА ҮЙРЕНСЕ, ӘЛЕМДЕ САЛТАНАТ ОРНАЙДЫ

Менің ойымша, әлемдегі әрбір азаматты Құдаймен *байланыс* жасауға үйретсе (Оны тек интеллектуалды түрде біліп қоймай), әлемде салтанат орнар еді. Медитациядағы тұрақтылық арқылы сіз Құдайды Онымен тілдесу арқылы білген кезіңізде, жүрегіңіз бүкіл адамзатты қамтуға дайын тұрады.

Мен үнділік те, американдық та емеспін. Адамзат- менің күресім, және жер бетінде ешкім де мені басқаша сезінуге мәжбүр ете алмайды. Мұндай теріс ұғым мен ерекшелік баланың ойы. Біз бұл жерде тек уақытша ғанамыз, содан соң алысқа кетеміз. Біз тек өзіміз Құдай баласы екенімізді ұмытпауымыз керек. Мен әлемдегі бүкіл елді өзімнің Үндістанымдай жақсы көремін. Менің сіздерге деген өтінішім- барлық елдерді Американы сүйгендей сүйіңіз. Құдай өзіңіздің дене өзгешелігіңізді ұмытуға үйрету үшін әр түрлі әлем жаратты, сонымен қатар сіздерді және сіздің түсінігіңізді мағлұматсыздық пен теріс пиғылдардан құтқарып, күшіңізді Құдайды өзіміздің жалғыз Әкеміз ретінде білуге күш салу үшін қолдануға үйретеді.

Сондықтан да, достарым менің, әлемді өздеріңнің елдерің секілді сүюді, елдеріңді өз отбасыларыңды сүйгендей сүюді өздерің шешесіңдер. Осы түсініктің арқасында сіз отбасы бейбітшілігін бұлжымастай бүлінбес даналық негізінде орната аласыз.

Құдай жолына түсіңіз. Оған медитация жасау үшін күн сайын белгілі бір уақытты белгілеңіз. Сіз Құдаймен байланыс жасасаңыз, сіз барлығын өзіңізге тиесілі нәрседей сезінетін боласыз. Құдай менімен бірге емес деп сезінуге мені ешкім, ешқашан мәжбүрлей алмайды. Барлық адамдар Құдай балалары, және Ол-менің Әкем.

Құдайды білу барлығын сүю дегенді білдіреді

Екінші ғибадатхананың Өзіндік таным қоғамдастығы зияпатындағы қорытынды сөз, Лос-Анджелес, Калифорния, 26-ші ақпан 1939 жыл

Өзін-өзі тану дегеніміз «өзіңді Құдай образы бойынша жасалған жан ретінде білу» дегенді білдіреді. *Бірлестік* «біріншіден Құдаймен достастық ол адам мен Алла тағала бірігіп, бір болмыс болатынын» қолдайды. Медитацияда Құдайды сүюді үйренсімен, біз бүкіл адамзатты өзіміздің отбасымыздай жақсы көретін боламыз. Құдайды жеке Өзіндік танымы арқылы тапқандар, шын мәнісінде Құдайды біле алғандар, тек солар ғана адамзатты жақсы көре алады. Бұл менің тәжірибем. Бізде Құдаймен қатынас бар болған кезде, және Ол арқылы барлығымен шынайы қатынас орната алған кезде, біз күресте, класста немесе діни сенімде ешқандай өзгешелікті көрмейтін боламыз. Құдай біздің дініміз болған кезде, қасаң қағида қалдықтары түсінігімізден алшақтап, біз әрбір жан мен әрбір дінде [1] болатын Ақиқатты көре бастаймыз. Сіздердің осы қатынасты, осы діни достықты барлық ақиқатты іздеуші жандармен ұмытпайтыныңызға, және оны қолданатыныңызға сенемін. Біз сізге осы рухани шабытты бергіміз келеді.

Құдай ғибадатханасын бөлу еш ақталмайды. Шіркеулер Құдаймен байланыс жасау орындары болуға тиіс. Біз Әкемізді білген кезде, сектанттық бөлімшелер ғайып болады. Барлық діни пайғамбарлар мен әулиелер Құдайдың жалғыз екенін хабарлады, Алла тағаланы сезіну тек қана адамға тән болғандықтан, таза ақыл да адамда ғана болуы керек. Бұл бүкіл болмыс Жаратушының қалауын орындауға,

---

[1] Бақыт неден тұрады? Сәлемдесуде / Біздің ойларымыз құдайшылдықпен қатынас жасауға дайын,/ мәнмен қатынас орнатуға,/ Еркін кеңістікке толы. Тамашалаңыз, діннің ашық аспаны!» - Джон Китс Эндимион

яғни жан иелерін Құдайға қайтаруға жаратылған. Адам өмірінің мақсаты – осыны дұрыс түсініп, қолдана білу. Барлық діни жолдардың негізгі мақсаты да осы, сондықтан Дін бізге өнегеліліктен де жоғары, бұл Құдаймен қатынас жасау болып табылады. Құдайға үгіттеу және Құдайға берілген жандарды мадақтау, Онымен қатынас орнату- шіркеу немесе ғибадатхананың жалғыз ғана мақсаты. Егер дін Құдаймен қатынастан айырылса, ол онда өз міндетін орындамады деген сөз. Бірақ мен адамдардың басым бөлігі Құдайды түсінуге ықылас білдіріп, адамдардың бауырластығын сезінетін уақыттың келетініне сенемін.

Махаббат, даналық және сұлулық Құдайы

Қазір сізге Құдайды тану үшін күш салатын уақыт келді. Медитация жасай отырып, қайта-қайта өзіңіздің сары уайым бомбаларыңызды тыныштық қорғанысына қарсы қабырғалары сынғанша тастай беріңіз, сонда Құдайды танитын боласыз. Құдайға деген махаббатты *сезініңіз*, сонда әр адамның бойынан сіз Әкенің жүзін, әр жанның бойында болатын Махаббаттың сәулесін көретін боласыз. Сіз ағаштарды, аспанды, жұлдыздарды, барлық адамдар мен тірі тіршіліктің барлығын біріктіріп тұрған таңғажайыпты, тірі байланысты табасыз, және олармен бірлікте болғандай сезімде боласыз. Бұл діни махаббаттың қағидасы.

Көк Аспан Әкесі ғарыш махаббаты, ғарыш сәулесі, ғарыш шаттығы ретінде белгілі. Ол сұлулық шексіздігі де. Біз раушан гүлге қараған кезімізде, оны тым қатты сараламай, оның сұлулығына шоғырлануға тиіспіз. Егер біздің ойларымыз раушан гүлдің химиялық және ботаникалық ерекшеліктеріне сіңірілген болса, біз оның кереметтігін көре алмаймыз. Біз өзіміздің көңіл-күйімізді Құдайдың даңқына қарап тұрған кезімізде ішімізде жыбырлаған терең, таза сезімге жуындыруға тиіспіз. Бұл Құдайды сұлулық ретінде көрудің әдісі. Және Құдай- поэзия. Бұл оның сұлулығының тағы бір көрінісі. Ол шексіз поэма, және өзіміз шабыттандырғыш өлеңдерді естіген кезде сезінетін Ләззат. Поэзияның өзі – «сұлулық пен қуаныштың мәңгілік заты». Егер біз Құдайды сүйсек, біз поэзияны да сүйеміз.

Жер бетінде Құдай Патшалығын жарату үшін біз даналық, сұлулық және махаббат жолына түсуіміз керек. Біз даналықты дамытып, өз даналығымыз арқылы барлық жандардың бойындағы Құдай сұлулығын сүюді үйренуіміз керек.

Құдаймен байланыс барлық сұраққа жауап бере алады

Түрлі көзқарастағы адамдар өздерінің өзгешеліктеріне қарамастан бірігіп, бірлік нүктесін тапса, керемет емес пе? Осы кездесу нүктесінен бүгін кеште сіз тұрарлықтай бір нәрсені ала кетуіңіз керек. Бұл жерде әрбір спикер біздің соғыс туралы емес, бейбітшілік туралы ойлауға тиіс екенімізді, және сол бейбіт әлемде өмір сүру керек екенімізді баса айтқан болатын. Біз тек Құдайды таныған кезде ғана шынайы әлемді білетін боламыз. Көк Аспан Әкесін таныған кезде, бізде тек өзіміздің ғана емес, сонымен қатар қоршаған әлемдегі жандардың барлығының келелі мәселелеріне жауаптарымыз дайын болады. Біз неге өмір сүріп, неге өлеміз? Неліктен өткен және қазіргі оқиғалар болады? Мен жер бетінде бүкіл адамзаттың сұрағына жауап бере алатын, ең болмағанда бір діни қызметкердің табылатынына күмән келтірмеймін. Бірақ медитация ғибадатханасында жүрегімізді мазалап жүрген өмірдің кез-келген жұмбағы шешілуі тиіс. Біз Құдаймен жанасқан кезімізде өмірдің жұмбағының жауабын біліп, өзіміздің барлық қиындықтарымыздың шешімін табамыз.

Өмір маусымы қамшының сабындай қысқа, және осы уақыт аралығында біз іске асырудың ең бай түсімін жинап алуға тырысып бағуымыз керек. Күн сайын медитация жасап, Құдайға құлшылық ету үшін күш салуымыз керек. Егер біз өзіміздің жолдастарымыз секілді игілікті істермен өмір сүретін болсақ, біз жақсырақ болуға тырысамыз. Құдайдың бізден күтетіні біздің күш салуымыз ғана. Құдайды өзіміздің көптеген әрекеттеріміздің қысымымен есте сақтау ең қиын жетістік болып көрінері хақ. Бірақ Бхагавад Гита: «Мені барлық жерден сезініп, барлығын Менің бойымнан көре алса, Мені ешқашан жоғалтпайды, Мен де оны ешқашан жоғалтпаймын»[2] деген екен.

Құдайдың бізді сендіруін қараңыз! Ол: «Мені әрдайым бақылайтын, және Мені демалыс кезінде іздейтін, Мені гүлдердің жүректерінен іздейтін, және Мені Христос Орталығындағы рухани көздің кішкентай жұлдызы арқылы шексіз фильмдердің қайнар көзінен зерттейтіндер, Мені ұлдар достығы мен діни махаббаттан таба алатындар, Мені табуға тиісті. Мен әрдайым олармен біргемін.

---

[2] Бхагавад Гита VI:30

Ол Мені ешқашан көзден таса қылмауы тиіс, сонда Мен де оны көзден таса қылмаймын»,- депті.

Ол Құдай ізденісінде Жеңімпаз

Сіздің жеке мәселеңіз- өзіңіз шешетін ең маңызды мәселе, өйткені егер сіз өзіңіздің жеке өміріңізден артық болсаңыз, сіз осы жұмбақты басқалар үшін шешуге көмектесесіз- үлгі құр сөзге қарағанда артығырақ. Сіз Құдайды сүйіп, әлем сізді құлатыпп, әлсіз болғаныңыз үшін пайдасыз жан деп санағанның өзінде Оған деген соқыр сенімге ие болуыңыз керек, және әлі де: «Әке, менің аяқтарым сал болып қалғанның өзінде сіздің ғибадатханаңызға барғым келеді. Құлақтарым керең болғанның өзінде Сізді естігім келеді. Сақау болсам да, Сіз туралы айта бергім келеді. Мен берілген жоқпын, Жаратушым. Менің ақылым мен жүрегім іште Сізге қарай шауып келеді», -деп айта аласыз.

Сіздің ақылыңыздың Құдаймен бола алмайтынындай ешқандай да себеп жоқ. Өзіңіз жасаған материалистік және өзіңіздің ойларыңызды пенделік санамен байланыстырып тұрған қосымшаның шынайы емес тұсауын шешіңіз. Сіздің жүрегіңіз бір жағынан әлемде болғанымен, әлем жолымен байланысты емес. Әкеге: «Мен өмір құпиясын шешу үшін Сіз туралы көп білгім келеді. Менің тәнім әлсіз болса да, рухым сергек. Күні-түні менің жүрегім Өзіңізді ерекше қажет етеді. Өзімнің махаббатымның сәулесінде мен Сізді тамашалағым келеді»,- деп сыйыныңыз. Сонда Дүние Жаратушысы: «Әлем сізді жоғалттым десе де, сіз әлі де Менің нәрестемсіз»,- деп жауап береді. Сондықтан, есіңізде болсын, кімде - кім сана-сезіміне байланысты Құдайды өз жүрегінің ғибадатханасынан табатын болса ол жеңімпаз болады.

Сіз өзіңіздің сана-сезіміңіз бен ой-өрісіңізді кеңітіп отырсаңыз мұны жасай аласыз: Сонда ғана Сіздің жүрегіңіздің құпия шамшырағында Құдайды іздеп, Оны бүкіл жүрегіңізбен жақсы көретін боласыз. Сіздің алдағы тағдырыңыз осы өміріңіздің тіршілігіне байланысты. Сондықтан, өміріңізді барынша пайдалы өткізудің маңызы өте зор. Мұны түсіну адамға жан тыныштығын беріп, ішкі дүниесіне тұрақтылық әкеледі. Әркез, міндеттер арасында уақыт болған кезде, ішіңізден тыныштық үңгіріне кетіп қалыңыз. Сіз тобырдың арасынан тыныштықты таба алмайсыз. Жалғыз қалуға және ішкі тыныштық үңгірінде болуға уақыт табыңыз. Сонда сіз даналықтың қайнар көзін табасыз.

АҚИҚАТ БАҒЫ ҚҰДАЙМЕН ҚАТЫНАСТА ТАБЫЛҒАН

Мен бүкіл Үндістанды кезіп, барлық ілімдерден шындық шапағын таптым. Бірақ ақиқаттың тұтас бағы Құдаймен қатынас арқылы табылды. Оның езуінен ақиқатты естіген кезде ғана сіз толығымен қанағаттанатын боласыз. Онымен қатынас орнатқан кезде, сіз кез-келген мәселені шешіп, шын мәнісінде: «Мен өз Әкемнің еркін түсінемін» немесе «Мен өз Әкеме деген махаббатты барлық жерден көремін»,- деп айта аласыз. «Құдайға деген махаббатты сезініп, Оның махаббатына сүйене отырып, сіз барлығын жақсы көріп кетесіз. Құдайға деген махаббат –өмір, соғыс және күрес шешімі болғандықтан, сіз бүкіл шектеулерді жеңе аласыз.

Мен осы Құдайға деген махаббатты Үндістанда кезіктірген шынайы рухани ұстаздардан көрдім. Кішкентай бала кезімде алғаш рет ұлы әулиені,[3] ұстаз Махасаяны көргенім әлі күнге дейін есімде. Ол ғарышқа, басқа әлемге қарап отырып, медитация жасады. Ол тіпті менімен де сөйлесті, бірақ мен оған ене түскен кезде оның Құдаймен бірге екеніне таңғалдым. Мен онымен сөйлесе бастап едім, ол маған қарай бұрылып: «Өтінемін, отырыңыз. Мен өзімнің Құдай Анаммен сөйлесіп отырмын» деді. Осы сөздерді естіген кезімде, ішімде бір өзгерістің болғанын сезіндім. Мен шын мәнісінде Құдаймен тілдескен жанның қақ алдында тұрдым. Осы сәтте өзімнің әлемдегі ең жақын адамым, жер анама сезінген махаббаттан миллион есе артық махаббатты Құдай Анадан сезіндім. Бұл сезім басым болатын.

Мен әулиеден: «Өтінемін, өтінемін, сэр, құдайшыл Анадан мені жақсы көре ме екен, соны сұраңызшы. Ол сізге айтады, сізді тыңдайды»,- деп жалындым. Күні-түні дұғалар менің жүрегімді жаулады. Енді мен *жауабын білуім керек*. Ол менің атымнан сұрауға келісімін берді.

Келесі күні таңда мен ұстаз Махасаяға жүгіріп барып, мен туралы Құдайшыл Ана не айтқанын сұрадым. Ол маған қарап тұрды да, «Тентек кішкентай сэр», - деді.

Мен Құдайшыл Ананың мен туралы не айтқанын сұрап қоймадым.

Ол қайтадан, «Тентек кішкентай сэр» деді. Оған қоса: «Сіз мені

---

[3] Осы жерде сипатталған оқиға мен Парамахансажидің Махасая ұстазымен байланысы мен басқа да оқиғалары *Йог өмірбаяны* атты кітаптың 9 шы тарауында жазылған.

тексересіз бе? Сіз жауабын біліп отырсыз ғой. Кеше ол сіздің үйіңізге барып, сізді жақсы көретіні туралы айтпап па еді?»,- деді.

Осы сөздерді естігенде жүрегім қуаныштан алабұртып кетпесі бар ма, өйткені шынымен де солай болған болатын. Құдай Ана маған терең медитация кезінде келіп, мені жақсы көретіні туралы айтқан. Мен мұны ешқашан ұмытқан емеспін: үлкен жарық және Оның құдайшыл сұлбасы. Осы дүниенің ең жарық сәулесі- Рух жарығымен салыстырғанда тек қараңғылық секілді. « Жарық түнекте жарқырап тұр, бірақ түнек оны жеңе алмайды».[4]

Махасая ұстазбен болған алғашқы кездесуімнен кейін мен бірден үйге барып, ұзақ та, терең медитация жасадым. Бұл дүниенің қараңғылығы жоғалып, кеңістік ашылды. Ішкі діни сәуле жарқылында мен сұлу әйел сұлбасын көрдім. Оның көзінің сәулесінде бүкіл дүние алдымнан ашылғандай болды.

Мен: «Сіз шынымен де Қадірлі құдай анасыз ба?» деп сұрадым.

Оның жағымды дауысы «Мен»,- деді.

Сонда мен «Анашым, Сіз мені жақсы көресіз бе?»,- деп айғайлап жібердім.

«Әрдайым жақсы көрдім, әлі де жақсы көретін боламын»,- деді.

Сонда менің қандай қуанышты, қандай ләззатты сезінгенімді білсеңіз ғой!

Мен барлығына деген Махаббатты сезіндім. Келесі күні таңда Махасая ұстазға қайтып келіп, көрінісімнің растығын тексеру үшін оның не естігенін сұрадым. Ол уақытын, Қадірлі Құдай Анадан естіген сөздерді дәлме-дәл сипаттап берді. Ол сонда қалай білді? Мұндай билік телепатиядан да жоғары. Бұл Құдай кезбелігімен бірлікте болу дегенді білдіреді. Мұндай құпиялар тек Құдаймен тілдескенде ғана түсінікті болады. Өз күшіңіз арқылы Құдайға деген махаббатты сараң адамның ақшасын сезінгені, нақсүйердің өз сүйіктісіне деген махаббатты сезінуі секілді сезінген кезіңізде, Ол сізге келеді.

ӨЗІҢНІҢ РУХАНИ МОЛШЫЛЫҒЫҢА ЖҮГІН

Сіз құс та , жануар да емессіз, сіз адамсыз, Құдайдың ұлысыз, және сіз өзіңіздің шынайы «Меніңізді» мәңгілікті жан екеніңізді көрсетуіңіз керек. Өзінің рухани болмысын танитын адам ешуақытта өлмейді,

---

[4] Жохан 1:5

осыны ұмытпаңыз. Сіз мұнда адасу бұғауын, табиғат шымылдығын үзу үшін және өзіңіздің құдайшыл күшіңізді Құдай баласы ретінде нығайту үшін келдіңіз.

Адам өзіне берілген ерікті дұрыс пайдаланса болмыстың түпкі мақсатына жол ашылады. Бірақ осыны түсінбей дене қамымен жүріп кейбіреулер көп уақытын пайдасыз өткізіп алады.Уақыт келеді. Сіз неге өзіңізге Құдайды ұмытуға мүмкіндік бересіз? Бұл жерді өмір құпияларын- өзіңіздің осы жерге не үшін келгеніңізді және қайда бара жатқаныңызды білмей тұрып тастаудың не қажеті бар? Мен 1935 жылы Үндістанға оралған кезімде, Бодх-Гаяға барып, Будданың айқындыққа ие болмай тұрған кезінде медитация жасаған ағашының түбіне отырдым. Мен оның сезімін, ойларын және шаттығын дәл сол күйінде сезе білдім. Азаттықты ұғыну сезімін сезу деген қандай ләззат!

Бүкіл өмір бір бағытта: Құдайға қарай нұсқайтын тәжірибе мектебі. Құдайды тапқанға дейін іздей беріңіз, сіз тәндегі бөлек жансыз, Құдайды іздемесеңіз жан мен тәнді айыра білмейсіз де көптеген шырғалаң, шатасуларға ұрынып қайғы-қасіреттен ешқашан арыла алмайсыз. Түнде Құдаймен медитация арқылы тілдеспей тұрып, ұйқыға кетпеңіз. Сіз шолжаң баланың қатты айғайлып, ең алдымен анасының назарын аударатынын білесіз. Сол шолжаң балаға ұқсап, Құдайға айғайлаңыз. Құдайдан шығатын махаббаттың шапағаты арқылы қанағаттаныңыз. Жаратылыс сыйын сыйлаушыдан артық жақсы көру бұл ақылсыздық. Барлығынан бас тарта отырып, Құдайды іздеңіз, Ол адамның ең жақын досы. Оған өзіңізді толығымен арнаңыз.

Күндердің бір күнінде өзіңіздің қымбатты адамдарыңыз да өмірден кетеді- сізді жазалау үшін емес, өз махаббатыңызды барлық тіршілік атаулыға беру керек екенін есіңізге салу үшін кетеді. Және бәрінен бұрын, сізді өзіңіздің жақындарыңыз арқылы жақсы көрген Құдайды ғана тануға көмектесу үшін. Адамның бәрін бауырым деп сүйіп, қоршаған ортаның әрбір көрінісін Жаратушымен байланыстырып отыратын болсақ, сонда өмірдің өзі Құдайды тану сабағына айналады. Құдайды танысақ Оған деген сүйіспеншілік келеді.

Сонымен, қымбатты достарым, материалдық міндеттерден босаған түнгі уақытта, өзіңіздің рухани игілігіңізге жүгініңіз. Медитация жасаңыз, сыйыныңыз, қайта-қайта сыйыныңыз. Өзіндік таным медитациясын ақыл тынымсыздығын жеңу үшін қолданыңыз. Осы жолдағы ұлы Гуруларға еріңіз: осы ілімдер арқылы олар Құдайды тапқан. Өзіндік таным Құдайды тануды үйретеді. Алланы тану яғни мәңгілікті Аллаға сенім, Оны тану әрбір жанның және ол жанның түпкі мәңгілікті ниеті мен мақсаты болып табылады. Менің негізгі мақсатым өз бойымдағы рухани байлығым арқылы Құдайдан шығатын махаббат пен ләззаттың сезіну жолын сіздерге үйретіп, шама келгенше, Құдай дидарына жақындауына үйрету үшін келдім.

Құдайға қалай жақындауға болады

Арнайы шақырылым 1937 жылдың 26-27- ші желтоқсанында болды,
Екінші Ғибадатхана Өзіндік таным қоғамдастығы,
Лос-Анджелес, Калифорния

(Парамаханса Йогананда скиперлердің кіріспе сұхбаттасу
ескертпелеріне келесі сөздермен жауап берді:)

Табысқа жету жолында бірге қызмет еткендердің әрқайсысына
ризашылығымды білдіремін. Бүгінгі кеште Құдайды білетін адамның
жүрегі арқылы барлығыңызға ризашылығын білдіру үшін сыйынамын.

Махаббатқа жауап бермейтін кез-келген адам адам деген атқа
лайық емес. Ал шын мәнісінде Құдайды сүйетін жандарға Құдай
жолдауы басқалардың сөздері арқылы келеді. Мен мұны қатты
сеземін. Бүгін айтылған сөздерде, Құдай бізге рақымын сыйлады. Мен
өзіме айтылған мейірімге қатты қуандым. Кінәлау және мадақтау бар
екенін білемін бірақ мақтау мені жақсы етіп, ал айып мені кемсітпейді.
Тірліктің және барлығының бір көрінісі тек Құдай екенін жақсы
білемін. Рух қуанышынан сезінген бақытты мен өзіме келгендердің
барлығына бергім келеді, мен бұлай жасауды өмір сүріп отырған
кезімде тоқтатпайтын боламын. Бұл менің өмірдегі ең үлкен тілегім.

Құдаймен байланысу үшін қандай күш салу қажеттігін тек аздаған
адамдар ғана біледі. «Біз Ол туралы ойлаймыз ба, жоқ па, Ол бізді
қолдай ма, Ол бізге асты және осы дүниедегі бірінші қажеттіліктегі
нәрселерді бере ме. Ол туралы қазір бас қатырудың не қажеті бар, бұл
о дүниелік өмір үшін емес пе?» дейтіндер де баршылық. Бәзбіреулер
«Мен сыйынғанмен, Ол мені тыңдап тұр ма, жоқ па, мен өзім
сыйынған нәрселерге қол жеткізгенім жоқ, онда мазаланудың қажеті
қанша?» деп те ойлайды. Басқалары болса «Біз өлгеннен кейін
кезде періштеге айналамыз» деп ойлайды. Бірақ, достарым, есіңізде
болсын, егер ұйықтар алдында періштеге айналмасаңыз, сіз ұйқыға
кеткен соң да періште болмайсыз. Дәл солайша сізге жер бетінде
еңбек сіңірмейтін болсаңыз, қанат пен нұр берілмейді. Кім болғыңыз

келіп, нені қаласаңыз, қазірден бастап солай болуға тиіссіз. Сіз ол үшін бүгіннен бастап жұмыстануға тиіссіз.

Біз материалдық табыс жүйелі қолданылуды талап еткені секілді, рухани мәселелерде қарапайым болуымыз керек. Өзіндік танымның практикалық аспектісі мыңдаған адамдардың өмірін өзгертті. Шынайы Өзіндік таным Батыс тұрғыны Қасиетті Линнді [1] бұрын-соңды көрмегендей етіп қайта өзгертті. Бізде қарапайым адам армандап та көрмегендей рухани тербелістермен керемет алмасу бар. Құдай оның өзін ұстай білуінен көрінгендіктен, бет-жүзі мені Құдайдың рухани шаттығына жібереді. Егер сіз Құдаймен бірге болсаңыз, жек көрген адамдарыңа басқа адамдардың жек көрінішін тудыра алғаныңыз секілді, басқаларды да Құдайды сезінуге мәжбүр ете аласыз. Сіз Құдайдың аспабы болу үшін күшіңізді пайдалана алуыңыз керек. Шынайылық өмірімізде Құдай сәулесін шағылыстыратын мөлдір алмаз.

Бірақ осынша діннің барлығы сізді көкке жіберетінін айтып отырған кезде Құдайға қалай жақындауға болатынын қайдан білесіз? Сіз көп жолдардың бірін байқап та көрдіңіз, бірақ өзіңіздің көкте отырғаныңызды немесе оларға неғұрлым жақынырақ екеніңізді сезіп көрдіңіз бе? Сіздің жеке Өзіндік танымыңыздың ақиқаты, қасаң қағида емес, ол сіздің рухани өміріңізде жалғыз міндетті күш болуы қажет.

Мен біреуді өзімнің жекелігім ретінде ұстағым келмейді; егер мен мұны жасайтын болсам, өлім сол бірізділікті қысқартуға тиіс болған кезде, бұл жандардан сол гүл алқасы шашылып, уақытпен тапталып қалады. Мен бұл жерде жандарға қызмет етуге тиіспін, және өзім қолданатын жалғыз ғана алдаусырататын нәрсе менің махаббатым. Мен ешқашан жағымпазданған емеспін. Осы жолдың әдістерін шынайы түрде қолданған кез-келген адам, менімен оның жеке Өзіндік танымымен байланысты күйінде бірге қалады. Сіз интуициялық түсінікке көзді ашып қарап немесе қасаң қағида немесе діни дүмшеліктің соңынан емес, ақиқатқа сүйенуге тиіссіз. Барлық дінге түсіністікпен, мейіріммен қараңыз, оларды жүрекпен жақсы көріңіз, бірақ Құдай салған дұрыс жолда болыңыз. Менің және басқаның сөздерін тыңдамай, Әкеден сұраңыз, Ол сізге айтады. Оған

---

[1] Раджарси Джанакананда (Дж.Дж.Линн), Парамаханса Йоганаданың рухани өкілі ретінде Өзіндік таным қоғамдастығы мен Үндістан Йогода Сатсанга қоғамының бірінші мұрагері және президенті болды. (Глоссарийдан қараңыз)

сыйыныңыз: «Көк Аспан Әкесі, мені адастыра көрме». Егер сіз шынайы болсаңыз, онда Ол сізді жетелеп, дұрыс жолға салатынын түсінесіз, сонда сіз менің сөздерімнің ақиқатын өзіңіздің жеке тәжірибеңіз арқылы дәлелдей аласыз.

«МАЙМЫЛ ПРОЦЕСІ» - ЖӘНЕ ОНЫҢ ЖАЛҒАСЫ

Біз, адамдар, өз-өзімізді балағаттайтынымыз қандай жаман. Теннеси штатында мектеп мұғалімі Чарльз Дарвин эволюциясының [2] теориясын беріп жатқан кезде танымал процесс болған болатын. Бұл жерде адам маймылдан жаралды ма, әлде Құдай жаратты ма деген үлкен дау туындады. Бір жағы «Айталық, біз шынымен де маймылдан тарадық делік. Бұл, әрине, жақсы» десе, екінші жағы «Біз бұл ата-бабаларымыз ағашқа құйрығымен іліп қойған абсурдпен келіспейміз! деген болатын. Процесс жалғасып жатқан кезде, әлемдегі ең басты маймыл көкке өз делегаттарымен Құдайды көру үшін барады деп айтады. Ол Құдайға қарап: «Тақсыр, біз наразылықты тіркеу үшін келдік. Белгілі болғандай, адамзат зұлымдықтың барлық түрлеріне-алаяқтыққа, зинақорлыққа және кісі өлтіруге, соғысқа қатысты. Енді осы тіршілікті біздің туысқандарымыз етуге талпынушы секта құрылды. Бізге тіл тигізіп, қорлады!».

Бізге өзімізбен мақтануға негіз жоқ, бірақ сонда да олардың қателігі үшін түңілуге тиісті емеспіз. Әрдайым назарыңызды әрбір тәжірибедегі үміт отына аударыңыз, өз қателеріңіз арқылы үйреніңіз, не болып жатса да Құдайға жүгініңіз.

Егер сіз біреудің көк аспанға еш күш салмай-ақ жете аласыз деген сөзіне сенер болсаңыз, онда сіз қатты түңілесіз. Сіз Құдайды табуға, Оған ұнап, жақындауға көмектесетін әдісті білуіңіз керек. Дұғалар, құптайтын дәлелдер, моральдық жолдардың әдістері, шоғырланулар, медитациялар бар. Мен сіздерге беріп отырған Крия йога жолы осы бүкіл әдістерден тұратын ғылым болып табылады.

Егер барлық ғалымдар жиналып, жаңалық ашуға байланысты сыйынатын болса, онда олардың дұғалары қабыл болар ма еді? Жоқ. Олар Құдай заңын қолдануға тиісті. Шіркеу мен ғибадатхана сізге құр дұғаның өзімен немесе салтанатпен Құдайды әкеліпп бере ала ма? Сіз

---

[2] Танымал Скоупстің байқауы 1925 жылы ашылды. Парамаханса Йогананданың эволюция жайлы егжей-тегжейлі жасаған талдауларын 20 беттен қараңыз

шіркеуге немесе ғибадатханаға әлеуметтік сипат немесе жақсы әуен мен жоғары уағыздар тыңдау үшін бармайсыз, Құдай үшін және Құдай Санасы беретін өзіңіздің жеке рухани дамуыңыз үшін барасыз.

Мен ешқашан жалған уәдені құрыққа түсіруге тырыспаймын. Егер сіз мында Құдай үшін келетін болсаңыз, өзіңізге берілген ерекше ақыл-ес пен ерікті дұрыс пайдалансаңыз дұрыс тіршілік құрып, өмірдің жоғары мақсатына жете аласыз, сонда сіз жеке өзіңізді -өзіңіз танып-білуіңіз арқылы ақиқатты білетін боласыз.

Иса Құдайды «шын жүректен, бүкіл жан-тәніңмен, барлық ақыл-ойыңмен және бар күш-қуатыңмен сүюдің»[3] ең үлкен өсиеті екенін үйретті. Мәсіхтің оқытуын Әулие Пауыл «парасатсыз болмай, Құдайдың еркін танып-біле беріңдер»[4] деген сөздер арқылы көрсетті. Будда «Құдайға медитация жасаңыз» деп үйретті. Бхагаван Кришна «Ақылы йогамен тұрақтанған, Ол туралы ойларға бекітілген ол Жоғары Нұр сәулелі Құдайға жетеді, О Арджуна!»,[5] - деп үйреткен. Зороастр және шынайы діндердің барлық пайғамбарлары да осылай үйретті.

ҚҰДАЙДЫҢ БАР ЕКЕНІНІҢ ДӘЛЕЛДЕ

Құдайдың бар екендігі туралы айғақ кітаптан да, басқа сөздерден де табылмайды. Бұл ішкі дүниеде. Сіз тыныш отырып, сыйынған кезде, ештеңе де болмайды, сіз Құдаймен байланысқан жоқсыз. Құр дұға және бұрыс бағытта айтылған дұға жұмыс жасамайды. Егер сіз Генри Форд болу үшін күніне бес сағаттан сыйынатын болсаңыз, сіздің дұғаңыз қабыл болады. Бірақ егер Құдайға «Мен –сіздің балаңызбын. Мен өзіңізге ұқсап жаратылдым. Мені өзіңізбен бірге етіңіз» деп сыйынатын болсаңыз, онда дұғаңыз қабыл болатын болады.

Толқын «Мен-мұхитпын» деп айта алмайды, өйткені мұхит толқынсыз да тіршілік ете алады. Бірақ мұхит «Мен- толқынмын» деп айта алады, өйткені толқын мұхитсыз бола алмайды. Дұрысында, мұхит толқын болды деп айту керек. Дәл солайша, «Мен-Құдаймын» деп айту үлкен қателік. Өзіңіздің жеке тәжірибеңіздің негізінде іштей өзіңіздің Онымен бірге екеніңізді және Оның кереметтігіне сенетініңізді білуіңіз керек. Сіз өзіңіздің санаңызды әрбір атомнан,

---

[3] Марқа 12:30

[4] Ефестіктерге 5:17

[5] Бхагавад Гита VIII:8

бүкіл кеңістіктен және одан тыс жерлерден сезген кезіңізде ғана, сіз «Құдаймен бірліктемін» деп айтуға құқылысыз.

Құдаймен жоғалған қатынасыңызды қайта қалыпқа келтірсімен-ақ, сізде барлығы да болады. Иса Генри Фордқа қарағанда ауқаттырақ емес пе? Онда Көктегі Әкеде болғанның барлығы да болды. Оның үйі бүкіл әлем болды. Оның санасы кезбе болды. Міне сондықтан да Иса: «Түлкілердің іні, құстардың қонақтайтын жері бар, ал Адам Ұлының бас тірейтін тұрағы да жоқ»,[6]- деген болатын. Және де Исаның Құдаймен бірлікте болғанын: «Жоқ әлде Әкемнен дәл қазір періштелердің қалың қолын жіберуін сұрап өтіне алмайды деп ойлайсың ба?,[7] - деп айтқан сөзінен көруге болады. Бірақ ол өзінің өкілеттігін өзін шегеге кергендерді құрту үшін пайдаланбайды. Осы қылығымен ол өзінің Құдай тәріздес қасиетін көрсете білді. Құдай бізді қателіктеріміз үшін жазаламағандықтан, Әлем өмірінің үлкен тірегінің бірі болып табылатын не ексең, соны орасың деген әділеттілік заңдылығына өзімізді өзіміз жазалаймыз. Сондықтан да, Иса: «Әке, оларды кешіре көр, өйткені не істеп жатқандарын білмейді»[8] дегенде, ол Құдайды өзінің бой ұсынушылығымен және басқаларды жазалау билігін пайдаланудан бас тартуымен көрсете білді.

ҚҰДАЙДЫ ТАНУ ӘДІСІ

Сонда Құдайды тану жолы қайсы?[9] Сіз сол барлық шынайы діндерге ортақ дұрыс өмірдің моральдық принциптеріне сүйенуіңіз керек. Алдымен «Сіз пақыр кедей боласыз»: Ұрламаңыз, өтірік айтпаңыз, адам өлтірмеңіз, зинақорлық жасамаңыз, жаман істен аулақ болыңыз. Барлығының мақсаты бар, және сіз моральдық қағиданың себептерін түсінгеніңіз жөн. Мысалы, егер сіз секстің құлы болсаңыз, өз билігіңізді теріс пайдаланып, өзіңіздің – бала табу діни мақсатыңызды ұмытсаңыз, онда сіз энергияңызды жоғалтып, дене

---

[6] Матай 8:20

[7] Матай 26:53

[8] Лұқа 23:34

[9] Парамахансажидің осы пунктінен Пайтанджали Йоганың сегіз мәрте жолын көруге болады: *Яма* (өнеге тәртібі), *Нияма* (діни салт-жоралар), *асана* (дұрыс қалып), *пранаяма* (*Прана* бақылауы, өмір нәзіктігі), *пратяхра* (сезімді сыртқы нысандардан аудару), *дхарана* (шоғырлану), *дьяна* (медитация) және *самадхи* (тәжірибенің жоғары санасы). Глоссарийдан *Йогаға* берілген түсінікті қараңыз

және психикалық денсаулығыңыздан айырыласыз.

Екіншіден, белгілі бір мөлшерге жеткен дұрыс: мейірімді, шынайы, әділетті болу, жақындарыңызды жақсы көріңіз, өзін-өзі саралауды және өзін-өзі бақылауды қолданыңыз.

Бірақ Құдайды білу үшін алдыңғы екі қадам жеткіліксіз. Өмірдің дұрыс әдістерін қабылдағаннан кейін сіз тән мен ақылды тыныштандыруға үйретуіңіз керек, мұның бәрі дұрыс мүсіннен басталады. Әрдайым арқаңызды тік ұстаған қалыпта отырыңыз. Бұл әсіресе медитация үшін аса қажет. Тәннің тыныштық шеберлігі үлкен ақыл-ой билігін өндіреді.

Төртінші қадам тәннен өмір күшін назары Құдайды іштей көруге азат болатындай етіп шығарып тастау қажет. Сіз Құдаймен эмоционалдық және бұлшық етті көрсету арқылы тілдесе алмайсыз. Өмір күші бұлшық ет пен сезімнен өшірілген кезде, түйсік ішкі шоғырлануды бұзу үшін миға жете алмайды. Неліктен сіз әлемді дене және ақыл-ой әрекетсіздігінде сезесіз. Түнде ұйқыда жатқанда сезінетін әлем қайдан келеді? Бос нәрседен бірдеңе шығуы мүмкін емес. Мұның жауабы: Құдай ұйқы жағдайының ар жағында тұр. Ұйқы кезінде сезген әлеміңіз Құдайдан шығады. Осылайша, қожайындары біздің тәндегі өмір күшін басқару әдісін білдіретін *пранаяманы* қолдануға тиісті екенімізді айтты.

Пранаяма қарапайым дұғаға немесе басқа да ақылды сенсорлық ықпалдан құтқару әдістеріне қарағанда, нәтижені шапшаң береді. Бір өміріңізде сіз құдай Санасына Өзіндік таным әдістері арқылы жете аласыз. Интериоризацияға жеткен соң болатын медитацияны саналы, ақылға толықтай ие болған кезде, түсіңізде санадан тыс сезінетін құдайшыл әлем мен қуаныш жағдайындай бастан кешіруге болады. Осылайша, шеберлер бес рецепторды: көру, есту, иіс сезу, дәм сезу, жанасу өшіре отырып, *пранаяма* арқылы сіз өз тілегіңізді мың есеге дейін күшейте аласыз деп үйретеді. Әрбір психикалық жағдайдың тиесілі дене жағдайы болғандықтан, және әрбір дене жағдайына сәйкес психикалық жағдайы болғандықтан, *Пранаяма* тәжірибесіне Өзіндік таным үшін тамақтану құқығы, көзқарас, ағзаны оттекке толтыру үшін дұрыс тәртіп және тиесілі жаттығулар көмектеседі.

Табысты *пранаямадан* соң сіздің санаңыз интериоризацияланады. Бұл интериоризация бесінші қадам болып табылады. Сіз өз ақылыңызды толықтай қырағы және іштей шоғырланған, діни әлемге ие болуға және алтыншы, жетінші адымдарда барлық ой-өрісті ішкі дүниеге, Құдайдың нұрына, Құдайға терең шоғырланып, медитация жасауға дайын күйде табасыз. Барлық сезімдерді тұншықтырып, олардан бас тартып, қозғалыстарды тоқтатып, Сіз өзіңізді алаңдататын түйсіктерді жауып тастай алатындай жағдайда болғаныңызда, сіз Құдай мехрабынан табыласыз.

Тесттен өтіңіз. Тақуа қай жолға түскеніне қарамастан, ол, ақыр соңында, өз жолын кері қарай Құдайға осы бірізділік адымдарымен қайта орнатуға тиісті болады.

Мен өзімнің барлығына толығымен шоғырланған ойларымды сақтай аламын. Сіз өзіңіздің мазасыз ойларыңызды өз тілегіңіз бойынша жауып, назарыңызды толығымен Құдаймен тілдесудің шынайы бастамасы болып саналатын Құдайға аударыңыз. Егер сіз мұны жасауға қабілетті болмасаңыз, онда әлі де Құдайға жете қоймағансыз.

Құдайды сүйетін адам үнемі Құдай туралы ой ойлайды. Егер Оны жеткілікті түрде қатты сүйетін болсаңыз, сіз әлемнен кетпеуіңіз керек. Сіз кез-келген міндетті орындап, Ол туралы ойлауды жалғастыра бере аласыз. Пианинода ойнаушының үнемі әуен туралы ойлағаны секілді, Құдайды сүйетін жан да әрдайым Оны естен шығармайды. Діни қуаныш миды, жүрек пен жанды қоректендіреді. Бұл қуаныш Құдайдың өзі болып табылады; Ол әрдайым жаңа ләззат.

Мен ұстазымның (Свами Шри Юктешвар) маған: «Егер сізге тұтас дүние берілген болса, онда сіз одан шаршап кетер едіңіз. Ештеңе де Құдайды тану қуанышына жете алмайды. Бұл әрбір жанның іздейтін көп жылдық бақыты. Құдай-әрдайым мәңгілікке апарар жаңа ләззат. Егер сізде осы ләззат бар болса, ол ешқашан ескірмейді», деп айтып отыратыны есімде. Сол күннен бастап осы ләззат мені еш тастаған емес. Жағдайға байланысты мұңайып немесе өзімді жақсы сезінген кездерімде, күлсем де, айғайласам да, Құдайдың ең жоғарғы ләззат өзені менің ойларымның құмының астында және өмірімнің барлық кездерінде үздіксіз ағып жатады. Тұтас дүние мені қызықтырмайды, өйткені осы ең жоғарғы ләззат өзенін іштей тамашалаймын, мен соған қанағаттанамын.

Үндістанда бұл ақиқаттар дәлелденген. Ұлы рухани ұстаздар дәлелдеген құдай туралы ақиқат көп айтылған жоқ. Сіздер де солай Құдайдың Өзін іздеп ең жоғарғы ләззатқа ұмтылуыңыз керек.

Мен де: «Құдайым, Құдайым, Құдайым» деп айта отырып, шадыман жағдайға ауыса аламын. Мен бұл жағдайға медитацияның көмегімен, немесе әдемі табиғат көркіне, ия болмаса, бет –жүзі Құдайды танығандықтан алаулап тұрған адамға қарап ауыса аламын. Сіз нирбакальпа самадхидің жоғары жағдайына жететін сатыны игерген кезіңізде, сіз оған өз қалауыңыз бойынша кез-келген әдіспен жете аласыз. Сіз нирбакальпа самадхидің ең жоғарғы жағдайына жеттіңіз. Осы ақиқатты өз медитацияларыңда тексеріп көріңіз. Бірақ адасуға жол бермеңіз. Көп адамдар эгосын тапқан, олар өздерін сол жақтамыз деп ойлайды. Бірақ мен оларға «Егер қолыңызды сындырып алсаңыз, сіз оны бірден жаза аласыз, өйткені Иса шегеге керілгеннің өзінде тіріліп шыққан жоқ па?», деймін. Егер сіз мұны жасай алмайтын болсаңыз, онда сізді Құдаймен бірге Христос бірлігі жағдайына жетті деп ойламаймын. Сіз әлі де біраз тер төгіп, еңбектенуіңіз керек.

Өз тақуаларына Құдай кейде Өзін үлкен сәуле ретінде *Аум* немесе *Әуминнің* ғарыштық дыбысы ретінде, иә болмаса шексіз ләззат, махаббат және даналық ретінде көрсетеді. Оның сәулесі бүкіл мәңгілікке қанат секілді жайылады, - мұндай сәуле мені кейде жерді түс ретінде көруіме итермелейді. Бұл әлем түс *емес пе?*

Құдай интеллектуалдық, шығармашылық, вибрациялық Әумин дыбысында болады. Ол менімен осы вибрация арқылы сөйлеседі. Одан мен Оның Ақыл-ой шығармашылық қабілеті мен құдіретін сеземін.

Құдай ол махаббат. Сіз барлық жандарға сөзсіз махаббатыңызды сезінген кезіңізде, Құдайды сезінгеніңіз. Әулиелердің бойынан, әрине, сіз Құдайға деген махаббат көбірек көрінетінін сезесіз, бірақ сонда да сіз барлығын да жақсы көре аласыз, өйткені ол жасырын болса да, барлық жандардың бойында.

Онымен үнемі қатынаста болсаңыз, Құдай сізді тастамайды. Менде ұлттық сана деген жоқ, Үндістан немесе Америка деген де сана жоқ. Мен барлығыңызды да өзімнің отбасымды жақсы көргендей жақсы көремін. Жақсы ма, жаман ба, білмеймін, бірақ олардың барлығы да менің бауырларым болғандықтан, бірдей жақсы көремін. Жақсы болайық, жаман болайық, біз-Жаратушының балаларымыз.

Осы махаббатты біз қазірден бастап көрсете білуіміз керек. Барлық елдерді өз еліндей жақсы көруге үйрететін отансүйгіштік, патриотизмнің дұрыс формасы болып табылады. Бірақ тек өз елін ғана сүйіп, басқа елдерге дұшпандық сезімде болуға үйрететін, қантөгіс пен агрессиялық басым жағдай жасауға үйрететін – дұрыс патриотизм болып саналмайды.

Адамдарды Құдайдың баласы ретінде жақсы көрмейтіндер «Менің Үндістаным» [10] деп өлең жолдарында көрсеткенімдей, шынайы отансүйгіштікке ие емес. Құдай осы әлемді жаратты; бірақ адам елдерді қатып қалған қиялымен бірге шектеулі етті».

Сіз теріңіздің түсімен, нәсілмен немесе дініңізбен мақтанған кезде өзіңізді қорлағанмен бірдейсіз. Мен Еуропа нәсілі қара түске, ал азия халқы ақ түске енетінін алдын ала болжап айта аламын. Теріңіздің, тәніңіздің, сүйегіңіздің астында Құдай образының бар екеніне шаттаныңыз. Тек осыны мақтаныш етіңіз. Бір түрлі оғаш парадокс: Сіз Батыста Шығыстық болған Христосты қабылдадыңыз. Ол Шығыста азып-тозған елдер арасында сіздің бүкіл елдер мен нәсілдерді сүюге тиісті екеніңізді көрсетуіңіз үшін дүниеге келді.

Осылайша, *самадхидің* соңғы немесе сегізінші қадамы Құдай Жарық ретінде, немесе Ғарыштық сөз Әумин немесе Ләззаттың, Махаббат пен Даналық бірлігінің қадамы ретінде, тек бірлік қана емес, бірліктің тән шектеуінен мәңгілік шекарасына дейін кеңеюінің бірлігі болып та табылады. Егер сіз осы Құдайды толық тани біліп, онымен жақындасуға жеткен болсаңыз, мен сіздердің алдыңызда басымды иемін. Сондай- ақ, Мен толығымен Құдаймен байланыстылығын сезіп-білген кез-келген адамның аяғының астына отыра аламын.

Не алсаңыз, соған жұмсақ қараңыз, және осы бағытта адал қызмет етіңіз. Әйтпесе сіз ешқашан осы жолдың керемет ризашылығын біле алмайсыз. Түрлі маршрут бойынша саяхат жасап жүрген бес автокөлікпен біреуінен екіншісіне өтуді доғару керек. Өзіңізге таныс бір әдісті алып, соған сүйеніңіз. Сіз Құдайды өзіңіз түсінуіңіз керек. Ол- махаббатты сөзсіз қажет етеді және мәңгілік жалғыз ғана Дос. Сіз өмірге келген уақытқа дейін, жаныңызда ешкім болмаған кездің өзінде де, Ол сізбен үнемі бірге болды. Сондай –ақ, бірге жүрген жердегі достарыңыз қайтыс болып жерлеген кезде де Құдай сізбен бірге болады.

Әр түн сайын медитация жасауға отырған кезіңізде, Оған үздіксіз сыйына беріңіз. Сары уайым тыныштығыңызды үзіңіз. Өзіңіздің әкеңізге, не анаңызға жылағандай жылап: «Қайдасыз? Мені жараттыңыз, Өзіңізді іздеу үшін маған ақыл-парасат бердіңіз. Сіз гүлдерде, айда, жұлдыздардасыз; Сіз тығылуға тиіссіз бе? Маған келіңіз. Келуге тиіссіз! Келуге тиіссіз?»,- деген дұғаңызды тоқтатпауыңыз

---

[10] Жан әндері атты шумағында беріледі

керек. Құдайды барлық жерде бар, мәңгілік деп біліп, Оны ешуақытта ұмытпай, Өз ақылыңыздың Алла тағалаға толық арнап, өз жүрегіңіздегі бүкіл махаббатыңызбен тыныштық шымылдығын қайта-қайта жырта беріңіз. Қайта –қайта шайқау арқылы сүттен жасырын май шығатыны секілді, эфирді өзіңіздің Құдайға берілгендігіңіздің шөмішімен шайқай беріңіз, сонда Құдай қарсы алдыңызға келеді.

Шадыман тақуа

Шамамен 1930 жылы жазылған

Бейтаныс адамдарды жатсынбаймын. Менде барлығын бірдей жақсы көру қабілеті бар. Бәрін бауырыма мейірлене басқым келеді, Құдайдың Маған сыйлаған осы махаббатына ризамын. Қаншама қасиетті адамдардың «Ешкімге етене жақын үйреніспе» деп ұлығанына мен соншалықты мән бермеймін!». Мен барлығына да тез үйренісіп кетемін. Егер мұншалық терең сүйіспеншілік пен махаббат тек бір адамға немесе бірнешеуін қамтитын болса, құштарлық сезім қажет. Менің құштарлық сезімім бәріне ортақ ешқашан ерекше болмайды.

Барлығын да өзіңіздің жеке нәрсеңіздей, сұлу, жағымды, жүректі оятатындай нәрседей шынайы құштарлықпен жақсы көріңіз. Жағымды қызығатын нәрсенің бәрі Құдай, ол шадыман тақуа да, шадыман өтірікші де, ол бізге өзіміз жақсы көретін ана, әке, бала, сүйікті, дос, таныстың формасын киіп келеді. Бізді махаббатымызды ата-ананың, зайыбымыздың және достық қатынастың махаббаты арқылы үйрету үшін, шадыман тақуа ата-ана, бала, сүйікті, дос кейпінде бізге жұпар иісті махаббатын сыйлаған кезде, жасырын түрде бізден жүректерімізге деген хош иісті махаббатты сол формалар арқылы алады.

Онда неге Ол бізбен жасырынбақ ойнап, Өзінің кейбір формаларын өзіміздің сүйіктіміз секілді ұнатуымызға, содан соң олардың өткізбейтін экранның ар жағына ғайып болуына мәжбүрлеп, біздің жүректерімізді аяусыз жаралайды? Ол сол ойын-сауықты біз дұрыс түсінбейді деп ойлайды. Ол бізге айырылу ауыртпалығын көрсеткісі келмейді, Ол біздің тәнімізді де жанымызды да қанағаттандыруға ұмтылады. Оның кейіптері мен жас ерекшеліктерінің сансыз түрлеріне барлығын қамтитын ынтықтығымызбен Өзін жақсы көргенімізді қалайды. Ол біздің тұрақты таза, рухани махаббатымызды іздейді, өйткені Ол Өзінің қызықты жаңа түрлерін өмір сатыларында көрсетеді. Ол бізді Өзін түрлі формаларда сау немесе ауру тәнде, бай әке немесе кедей ана, мейірімді немесе сатқын дос, патша немесе малай, қорғаушы немесе дұшпан, табынушы немесе сыншы, аға немесе сүйікті, қыз немесе ұл, дәрігер немесе министр, құс, жануар, гүл, көк аспанның сұлулығы, төмен қарай құлаған теңіз толқындары ретінде жақсы көруге шақырады.

Құдайға қызмет етушілер Оны өзіміз таңдаған таңдаулы формаларда мәңгі жақсы көруімізге Оның үнемі өзгеріп тұратын түрлерін бағалай білуіміз үшін тыйым салады. Бірақ біз оның өзімізді жақсы көруін қаласақ, шадыман тақуа бізді алдымен оның өзін жақсы көруге шақырады, Оның баяу ғана иландыруы арқылы біздің махаббатымыз пәк, өзімшілдіктен, жеке ынтықтықтан, құр сезімнен, өлім шектеуінен, айырылу ауыртпалығынан, зұлымдықтан, эмоционалдықтан, ауыспалылықтан, адами немқұрайлылықтан және ұмытшақтықтан, өлім жарылысынан ада болады.

Жақындарыңызды жақсы көруден қорықпаңыз, олардан өлім тұманында айырылып қаламын деудің өзі ақымақтық. Оларды қатты жақсы көріңіз, таза және мәңгіге жақсы көріңіз- тіпті уақытша махаббаттың өзінде де сіз Құдайдың шынайы да, мәңгі махаббатын табасыз. Діни Махаббатты іздеуде сіз оның күмбезінен бүкіл кейіптегі барлық жақындарыңызды табасыз, және кезбе махаббат арқылы сіз тек оларды ғана емес, сонымен қатар, ең алдымен көзге көрінбейтін, шадыман тақуаның белгісіз формасын қамтитын боласыз.

Құдай дербесте өзіндігі жоқта болып табылады

Өзіндік таным қоғамдастығының Халықаралық штаб-пәтері, Лос-Анджелес, Калифорния, 21-ші желтоқсан, 1939 жыл

Бүгінгі әңгіме Иса Христостың жер бетіне келуінің маңызын санаңызға жеткізеді. Кей адамдар осыдан жиырма жүзжылдық бұрын болған оқиғаға күмән келтіргенімен, оның осы әлемде болғаны рас - көп адамдар онымен жеке кездескен. Кей адамдар оның ұлылығын түсінсе, басқалары өздерінің түсінбеушіліктерінің кесірінен керіп тастауға көмектескен. Өмір драмасында Иса бізге Құдайдың кімге ұқсайтынын, және жер бетіне тән түрінде келген болса, өзін қалай ұстайтынын көрсете білді. Исадан біз, басқа да діни кейіптерден көргеніміздей, Құдайды көреміз.

Кейбір қасиетті жазбаларда Құдай әркез біз үшін жазалауға дайын тұратын кек алғыш құдірет секілді көрсетілген. Ол шынайы түрде: «Әкем екеуміз бірліктеміз»[1], -деп жария ете алды. Өзінің рухының ішінде ол шексіз Құдаймен бірге болды. Кімде-кім Құдаймен бірлікте болса, оның өзі Құдай. Иса мұны өз өмірімен дәлелдеді. Сонда да, Құдаймен бірге бола тұра, ол өзін көнгіш түрде белгілі адамдардың надандығының кесірінен оларға қарсы жауап берудің орнына, өзін шегемен керуге мүмкіндік берді. Құдайдың ұлы, шадыман Сана кескіні ретінде, ол жаратылыстағы барлық күштерді билейді, бірақ ешқашан өз билігін біреуге қарсы қолданған емес. Ол өлгендерді тірілте алды, оны көбісі денесі физикалық емес, эфирлі болғандықтан, әрине, өзін кресттен құтқара алатынын түсінді. «Жоқ әлде Әкемнен дәл қазір періштелердің қалың қолын жіберуін сұрап өтіне алмайды деп ойлайсың ба?»[2] деседе ол өзінің құдіретін жасырып, тәнін керіп

---

[1] Жохан 10:30

[2] Матай 26:53

тастауларына мүмкіндік берді. Ол өзінің «он екі періште легионымен» дұшпандарын қырып-жойған жоқ, оның орнына зұлымдықты өзінің діни махаббатымен жеңе білді. Оның әрекеті Құдайға деген жоғары махаббатты және Онымен бірліктегі жандардың тәртібін көрсетті.

Сіз шексіз махаббатымен: «Мен сіздерді кешіремін, өйткені не істеп жатқандарыңызды өздерің де білмейсіңдер»,- дейтін Құдайды қаламайсыз ба? Сіз өзіңіз жасаған әділетсіздігіңіз үшін мазалансаңыз да, Құдай мазаланбайды. Бірақ болар іс, болды. Сіз –Оның баласысыз, және дұрыс жасамағандығыңыздың себебі, Оны білмегендіктен. Ол сіздің надандығыңыздың кесірінен жасаған ісіңізге ренжімейді. Оның сізден сұрайтыны- сол қателіктерді қайталамау. Ол сіздің жақсы болуға деген ниетіңіздің қаншалықты шынайы екенін ғана білгісі келеді.

Құдай Өзінің кешірімін бізге күн сайын көрсетеді. Ол бізді қателіктеріміз үшін тозақтың отына күйдіре алады, бірақ олай жасаған жоқ. Тозақ оты адамның кекшілдігінің қиялдағы санасы болып табылады, оны да Құдайға жабады. Бірақ кек алу Құдай жолы емес. Өз құдіретінде Құдай әрдайым балаларын жақсы көрген. Біз Одан ешқашан қорқуға тиісті емеспіз. Біз тек өзімізден, өзіміздің жеке бас қылықтарымыздан, ар-ұятымызға қарсы жасаған әрекеттерімізден қорқуға тиістіміз. Зұлым адам өзін ар-ұят трибуналының алдында жазалайды. Иса: "Күнәларыңа өкініңдер, өйткені Көк патшалығы таяп қалды",[3] — деген екен. Яғни, жасаған қате ісіңізге өкініңіз, сонда Құдай Патшалығына жетесіз. Сондықтан да, Құдай сізді сөкпейді, сіз өзіңіз өзіңізге жасаған істеріңіз үшін үкім шығарасыз. Іс-әрекетіңізге сәйкес оның нәтижесін кармалық нәтижелері арқылы жазаланып өзіңіздің бақытыңызды өзіңіз құрайсыз. Себебі, өмірдегі барлық жаман-жақсы қатынастар тек қана адамның өзіне байланысты.

Ең басты проблема, Құдай біз туралы тым көп біледі! Мен Оған: «Тәңірім, сіздің біз туралы білетіңіз, ал біздің Сіз туралы ештеңе білмейтініміз әділдік емес» дегенді жиі айтамын. Егер сіз Құдайдың өзіңізбен үнемі бірге болатынын білсеңіз, онда көп нәрселерді жасамаған болар едіңіз. Бірақ Ол өзі берген мейірімді ерікке араласқысы келмейді. Ол сіздің тікелей махаббатыңызды қалайды. Ол сізге рақымшылық және зұлымдық істер жасауға, Оны қуып жібересіз бе немесе өз жүрегіңіздің мехрабында Оның рахымдылығы мен мейірімділігін қабылдайсыз ба,

---

[3] Матай 4:17

қайсысын таңдасаң да ерік өзіңде. Өз өміріңізді өзіңіз қалауыңызша жасай аласыз; Ол араласпайды. Құдай әлемді жаратып, оның өмір сүру заңдылықтарын ғана берді. Материалдық әлем сол заңдылықтармен өмір сүреді. Оған Құдай араласпайды. Бірақ жақсы әрекеттерді құлшына таңдайтындар Исаның Құдайдың мұратты өкілі болғаны секілді, Құдайдың өкілдері бола алады.

Иса: «Сендерге шындығын айтамын, көптеген пайғамбарлар мен әділ адамдар сендер көріп жатқандарды көргісі келген, бірақ көрген жоқ. Сендер естіп жатқандарды естігісі келген, бірақ естіген жоқ»,[4] деген болатын. Бұл тек ішінара, Құдай өз даңқын арнайы міндетпен жіберетін түрлі жаста болады. Олардың өмірлері Құдайдың түрлі белгілерін көрсетеді: Кришна Құдайдың сүйіспеншілік аспектісін көрсеткен, Иса өмірі Құдайдың діни және белсенді аспектілерін ұсынды, Свами Шанкара Құдай даналығын, Чайтаньяның[5] махаббатын, Будда бізге Құдайдың парасатын *дхарма* немесе ғарыштық заң арқылы көрсеткен. Құдайдың өзі көзге көрінбегенімен, Ол өзін осындай ұлы әулиелер болмысынан көрсеткен.

Біз адам кейпінде бола тұра, Құдай туралы ойлауымыз дұрыс, біз Оны өзімізге тән түсініктерге сәйкес ұсынамыз. Мысалы, қытайлықтар Будданың бейнесін тегіс мұрынды және миндальды көздермен жасайды, үнділіктер оны құс мұрынды етіп көрсетеді. Адамның жеке Құдайға деген қажеттілігі осындай.

ҚҰДАЙ ДЕРБЕСТЕ ӨЗІНДІГІ ЖОҚТА БОЛЫП ТАБЫЛАДЫ

Көптеген тақуалар Құдайдың жеке аспектісіне табынып, өзіне тән Құдай түсінігінен қашады, ал Айқын еместік тақуалары кейде жеке Құдай идеясын теріске шығарады. Бірақ мен Құдайдың дербесте өзіндігі жоқта болатыны туралы айтып отырмын. Ол кемелді. Ол Жаратушылық аспектісімен (қасиетімен) ғана шектелмейді, ол бүкіл болмысты түгел қамтығандықтан Ол Өзін әр түрлі етіп көрсетеді. Егер көгілдір аспан болмаса, кең кеңістік болмаса, әдемі пейзаж болмаса, ешқандай ай да, жарқыраған жұлдыздар да болмаса, біз Құдайдың

---

[4] Матай 13:17

[5] Үндістанның жарқын ұстазы Шри Чайтанья 1508 жылы рухани құлшынысқа ие болып, Кришнаның жарқын бейнесі ретінде табынатын Құдайға деген махаббатын көрсеткен. Ол Үндістанда 16-шы ғасырда танымал болған *бхакта* ретінде (Құдай тақуасы) танылды.

бар екендігі туралы ешқашан ойланбас та едік. Осы дүниеден көріп отырған кереметтер, бізге Алланың сипаттары мен қасиетін ұсынады. Бүкіл жаратылыс Абсолюттің аясында. Ол барлық жерден, Өзі жаратқан нәрсенің барлығынан көрінеді, және бүкіл жаратылысты басқарып отырған Оның парасатының бүкіл қызметінен көрінеді.

Біз трагедия картинасын- драма, не болмаса комедияны киноэкраннан көргенімізде, кейіпкерлер мен олардың ерекшеліктері сәуле формасын дірілдетіп тұрған электр қуатынан басқа ештеңе де емес екенін ұмытып кетіп жатамыз. Осылайша, уақыт ықпалымен қоғам өміріндегі түрлі заттарды, жерді, аспанды, ағаштарды, басқа да адам тіршілігін көрген кезімізде, біз мұның барлығының Құдай екенін, ғарыштық электр қуаты екенін ұмытып кетеміз. Біз барлығымыз да бұл дүниеде мейірімділік пен зұлымдық драмасын ойнап жүргенімізді және біздің тәніміз, оған жарық беріп тұрған шам мен электр қуаты, үлкен мұхит, темір барлығы да Құдайдан жасалған. Мұны ұмыта көрмеңіздер. Барлығы да Құдайдың ғарыштық нәзік энергиясынан тұрады, бүкіл болмыс көрінісі – Жаратушының энергиясы, Оның нұрынан жаралған. Бүкіл әлем Құдайдан шықты және Соның қуатымен өмір сүріп жатыр.

Көзге көрінетін әлем, осылайша, көзге көрінбейтін Рухтың үлкен жеке көрінісі болып табылады. Барлығы да , тіпті көзге көрінер-көрінбес шаңның өзі де Оның бөлігі. Инертті болып көрінетін орман да Құдайдың тірі сәулесі болып табылады. Бос кеңістікте тек бір ғана Байланыс бар, барлығын дүниеде біріктіріп отырған бір мәңгілік Өмір - барлығының бойынан ағатын Өмірдің бір толқыны бар.

Мұхит секілді толқын, әлі де мұхит емес. Осылайша, әрбір жаратылыс толқыны мәңгі Рух Мұхитының бөлшегі болып табылады. Мұхит толқынсыз бола алады, бірақ толқындар Мұхитсыз бола алмайды.

Сондықтан да, сіздер Құдайдың дербесте өзіндігі жоқта болытынын көріп тұрсыздар. Ол- жаратылған мүлтіксіздік емес, және Ол бізге жарқылдаған жұлдыздар арқылы, бізге өзінің жұпар иісін гүлдер арқылы иіскетіп, әулиелері арқылы бізбен сөйлеседі.

ТІПТІ СОҢЫДА ШЕКСІЗ

Енді, тек дүниенің соңында ғана шексіз Құдай бар. Және сондықтан да Құдай ешбір формамен байланысты бола алмайды, тіпті Оның әлемдегі жеке аспектісі де шексіз. Осылайша, шексіз және соңғы деп атайтынымыздың екеуі де біздің көзімізше дұрыс болып көрінеді. Бірақ көздеріміз бізді алдайды, өйткені олар дұрыс бола алмайды. Соңғы деп жүргеніміз, көбінесе шексіз. Сондықтан да, біз аспан, кеңістік тереңдігін көзге елестете алмаймыз. Бұл бөлмедегі кеңістік шамамен он сегіз футты құрайды, бірақ кеңістіктің өзін көріп, өлшеу мүмкін емес. Сіз тау шыңында тұрып, ашық түнгі аспанға қарап тұрғаныңызда, тек мыңдаған жұлдыздарды ғана көресіз. Бірақ біздің көзімізден тыс сансыз триллиондар жатыр. Егер телескопқа қарасаңыз, оның тек кейбіреуін ғана көресіз, Сатурн және Юпитер секілді планеталардың серіктерін ғана көресіз. Алыстағы жұлдыздар жарығы жерге жету үшін эралар кетеді. Ал алыстағы жұлдыздың ар жағында не болып жатыр?Адам білмейді. Кеңістік шексіз. Қарапайым адамның ақыл-парасаты бұл ақиқатты түсіне алмайды.

Егер сіз бәрін бақылап отырсаңыз соңында мұның шексіз екенін көресіз. Адамдардың пайда болуы мен түп-тамырын бақылаңыз, сонда сіз қайтадан олардың шексіз екенін түсінесіз. Сіз «Менің есімім Джон. Мен соңғымын» деп айта аласыз. Бірақ сіздің ата-анаңыз кімдер болды? Олардың ата-анасы кімдер болды? Бұл туралы әрбір алдыңғы буыннан сұрап көріңіз, сонда ақыр аяғында сіз Адам мен Хиуаға келесіз. Олар қайдан шықты? Шексіз Құдайдан шықты. Жаратылыс басында да, аяғында да шексіз. Қазіргі таңда сіз сол шексіз өзгерістің ортасында немесе айқындалған мемлекеттесіз. Сондықтан да сіз басыңыздан аяғыңызға дейін шексізсіз.

Бұл мағынада ештеңе де жеке болып табылмайды. Барлығы да - осы ғарыш арқылы бізге жеке және көзге көрінетіндей өшпес мүлтіксіздік болып табылады. Бұл- бүкіл әлемнен күнді, ай мен жұлдызды математикалық тәртіппен айналдыра өтетін, оның өмірі. Құдай осы жаратылған формалар секілді көзге көрінгіш, бірақ сол көрінгіштігі Оны көрінбейтін етеді: Қатты шайқалулар барлығында басы мен аяғы болатын Оның шексіз сипатын; Оның кезбе көзге көрінбестігін жасырады. Мысалыға бу көзге көрінбейді, бірақ ол қозғалыста су секілді мұз болып қатып, көзге көрінетін болады. Бу газ, мұз дене болып табылады, олар бірдей болғанның өзінде бір-бірінен өзгеше. Дәл солайша, Құдай дара да, өзіндігі жоқ та болып табылады. Бүкіл сұрақ Рух, және Рух сұрақ болып табылады. Ешқандай да айтарлықтай өзгешелік жоқ. Осылайша сөз ете отырып, біз үшін көзге көрінбейтін Құдайда көзге көрінетін аспект болады деп сезіну оңай.

АБСОЛЮТ БАРЛЫҒЫН ҚАМТИТЫНДЫҚТАН ОЛ СИПАТТАЛМАЙДЫ

Өзіндігі жоқ Құдай сипатталмайды, немесе интеллект арқылы түсіну де мүмкін емес. Абсолюттің Рухпен бірге екенін білудің Жалғыз ғана жолы бар. Бұл тек өзіміз ойлап, бас иетін Құдай ғана. Мен кез-келген адамнан Құдайдың бар екенін айта ала ма деп сұрайтын болсам, жеке бас түсінігін қолданбай жауап бере алмайтынына көз жеткіздім. Өзіңіз жүрегіңізбен сезіп жүрген Құдай махаббаты туралы ойлаған кезіңізде, сіз бұдан гөрі Құдай махаббатын көбірек көз алдыңызға елестетесіз. Мүлтіксіздік, махаббат, даналық өзіңіз білетін адамдар немесе әулиелер өмірінде жүзеге асқандықтан, сіз Құдай сапасын көз алдыңызға елестетіп, Оның мейірімді, жақсы, көркем, дана және жақсы көруші екенін айтуға қабілеттісіз бе? Бірақ Құдайдың жеке діни үлгілерісіз біз Оны көз алдымызға елестете алмаймыз. Өзіміздің тән санамызбен теңдестіріліп тұрғанымызда, Құдай[6] біз үшін өзіндігі жоқ аспектіден гөрі, жеке аспектісінде шынайы болып көрінеді. Осылайша, алдымен Құдайды дара аспектісі ретінде түсініп алу оңай. Шын мәнісінде, біз Оған көзге көрінетін аспектісі *арқылы* жақындауға тиіспіз, өйткені біз оны сеземіз. Осы себепті, жерге Иса келді. Біз Құдаймен бірге болғанның өзінде, оларда да ет пен сүйектен жаралған тән бар. Осылайша, Құдай өз балаларын шабыттандырып, бағыт беріп отыру үшін тәнді өз қалауы бойынша алады. Бірақ Ол тек бір тәнмен шектелуі де мүмкін, өйткені бұл Оның туылып, өлетінін білдірер еді. Ол шексіз, өлшеусіз болмай, шектеулі болған болса, ол Құдайда болмас еді.

ҚҰДАЙ- АДАМ КЕЙІПТЕРІНІҢ КӨРІНУІ

Дүние жаратылмас бұрын, бастапқыда Құдай көзге көрінбеді, бірақ Ол көрінгісі келіп, өзінің шексіз табиғатымен оның алуан түрлері арқылы рахаттанғысы келді. Электр қуаты айналамыздағы ауада, бірақ сіз оны көрмейсіз. Айқын емес, өзіндік ерекшелігі жоқ. Бірақ ол шамға бойлаған кезде, көзге көрінеді. Құдаймен де солай. Сендер құдайсыңдар[7] - шамда көрінетін етіп жасалынған Құдайшыл

Электр қуаты. Осылайша, менің Құдайым жұлдыздардың ар жағында, аспанға жасырынған күйде тек көрінбей қала бермейді, сонымен қатар Ол – жер бетінде миллиард тіршіліктен аса формаларды қабылдаған Құдай маған көрінеді. « Әлде өздеріңнің Құдайдың ғибадатханасы екендеріңді әрі оның рухы араларыңда мекендейтінін білмеуші ме едіңдер?».[8] Бірақ Ол өзін әр адамның бойында жеке көрініс етіп жасаса да, кейбіреулері Оның жарығын басқаларға қарағанда, айқынырақ көрсетеді. Бұл Оның ұлы әулиелері.

Тағы да Исаның мысалын келтірейін, оның тәні керілді, және ол қайта жаратып, немесе қайта тірілуі көзге көрінбейтін Құдайдан көрінді. Және сол қайта туылған форма екінші өліммен өлген жоқ, бірақ Иса өз шәкірттеріне көрінген кезде Рухта еріген болатын. Бұл көрініс Құдайдың өзін көзге көрінетін етіп, кез-келген формада кез-келген уақытта пайда бола алатынының дәлелі. Құдай ешқандай көріністермен шектелмегендіктен, Оны кез-келген формада көру дұрыс болып, және сіздің жүрегіңіз үшін ең қымбатты болып саналады. Ол сізге үнді жазбаларының құдіретінде дербестелген, немесе басқа да кез-келген әулие, иә болмаса өзіңіз жақсы көретін ұлы жандар түрінде кейіптеліп, Өзінің діни атрибуттарының бірінің формасында пайда болады. Осы діни жауапты құрастыруда бірінші қадам медитация кезінде жабық көзбен құдіреттің немесе әулиенің бейнесін көру болып табылады. Егер сіздің ойыңыз терең болса, және күш салуыңыз тұрақты болса, онда сіз Құдайды өзіңізге тарта аласыз.

Жиырма ғасыр бойы Иса кейпіне енген Құдай Әулие Фрэнсис Ассизи секілді көптеген тақуалар алдында пайда болды. Және сондықтан да Әулие Фрэнсис өзін толығымен Исамен теңдестіріп, Исаның крестке керілген кезінде ол сол жағдайды жеке санасында сезіп, және таңба оның да тәнінде пайда болған. Мен сол кереметті Тереза Нойманнан[9] да көрдім, оның аяқ-қолдарында шегенің орындары көрінді, міне, Құдайдың дәлелі де осы.

ГУРУ ҚҰДАЙ ҮЛГІСІ БОЛЫП ТАБЫЛАДЫ

Үндістанда біз Құдайды тек рухани өкілі арқылы тани аламыз, ал Батыста Құдайтануда ішкі рухани дәрежесіне байланысты емес

---

[8] Қорынттықтарға 3:16

[9] Бавариядағы католик стигмат (1898–1962). Йог өмірбаянындағы 39 тарауды қараңыз.

шіркеулерде айырықша көңіл аударады. Үндістанда біз айналадан Құдайдың көзге көрінетін Құдайды біліп, Онымен қатынас орнататын өкілін іздейміз. Осындай үлгіні тапқан кезімізде, Құдайды әрекет үстінде көрген кезімізде, біз оны «гуру» деп атап, оған сеніммен және шындықпен қызмет етеміз. Гуру- Құдайдың сізді надандық қараңғылығынан шығарып, жер бетіне Оның мәңгі жарығына жетелеу үшін тағайындаған адамы. Іздеушінің, мүмкін, көптеген рухани ұстаздары болған болар, бірақ оның тек бір ғана гуруы болуы мүмкін. Ол өз гуруын тапқан кезде, сол гурудың соңынан нық еретін болады. Құдай Өзін жақсы көретін және Өзіне сәйкес жандар өмірінен көрінеді. Осылайша, өзін гурумен үндістіретін адам Құдайды табады. Сіз өз мысалы арқылы Құдайға жол көрсететін адамның соңынан қалай еру керек екенін көріп отырсыздар ма? Сіз Құдай өкіліне көрінетін өз гуруыңызға сәйкес болған кезде, Ол сіз медитация жасап отырған кезіңізде, сол формада келеді. Сонда сіз Құдайдың шынайы екенін және Оның гуру арқылы әрекет ететінін білетін боласыз.

Өлер алдында, менің ұлы гуруым Свами Шри Юктешвар маған арнайы қорғаныс ретінде белгілі бір білезікті тағып жүруіме кеңес берді. Оның кеңесіне құлақ аса, мен сол білезікті тақтым. Бұрын Америкаға оралудың орнына Бомбейде болған кездерімде, ібіліс билігі менің өмірімді қиратқысы келгенін, оның өзіме Құдай мен гуруым берген міндетіме кедергі келтіргісі келгенін түсіндім. Мен қорыққаным жоқ, Құдайдың өзіммен бірге екенін білдім, және гуруымның мені қорғап жүретіні туралы уәдесі де жадымда болатын. Бөлмеме аздап сәуле түсіріп қойдым, өйткені зұлым күштерге жарық ұнамайды. Аздаған уақытқа мен медитация жасап отырдым. Содан соң ұйқымның келгенін сездім. Көзімді ашып, бөлменің оң жақ қабырғасына қарап едім, түрі мысыққа ұқсайтын, құйрығы бар, түрі жиіркенішті ібілістің қап-қара сұлбасын көрдім. Ол менің төсіме секіріп мінгені сол еді, жүрегім соғуын қойды. Ойша: «Мен қорықпаймын сенен. Мен- Рухпын» дедім. Бірақ дегенменен, жүрегім тоқтап қалды. Кенет көзқарасымды қызыл қошқыл түсті киімге аударып едім, сол жерде гуруым тұрды. Ол ібілістің кетуіне бұйырды, осы сөзді айтсымен, сұлба ғайып болды да, менің тынысым қалыпқа келді. Сонда «Ұстазым менің!»,- деп айғайлап жібердім. Ол: «Ібіліс сізді құртқысы келді, бірақ қорықпаңыз. Мен әркез сізбен біргемін»,- деді. Мен тіпті өзіме таныс, гуруымнан шығып тұрған жұпар иісті бұрынғы жер бетінде болған кезіндегідей сезгендей болдым.

Мұндай жағдайлар радио тербелістің ғарышта болатыны секілді, сізге мейірімділік пен зұлымдық күші шын мәнісінде бар екеніне көзіңізді жеткізеді. Егер сіз эфирде радиоқабылдағышыңызбен болсаңыз, онда кеңістікте басқа пункттен берілген әндерді бірден ести аласыз. Дәл солайша, әулиелер ақыл-ойын Құдай күйге келтіріп, Оны тыныштық кеңістігінен жақындатқан. Ол және Оның әулиелері осы жерде, эфидің артына жасырынған. Олармен күйге келу оңай шаруа емес, бірақ егер осылай жасап үйренбесеңіз, онда өзіңізді Құдайдың бар екеніне қалай сендірмекшісіз?

Құдайдың үлкен кейіптерде көрінетін он алты қасиеті бар. Кришна мен Христоста, сонымен қатар Бабажи, Лахири Махасая және Шри Юктешвар осы бүкіл он алты қасиеттің бәрі де болған, яғни, кезбелік билігі, жобалау билігі, құдіреттілік билігі, қуаныш және т.с.с. Кіші пайғамбарларда кіші көрінулер бар. Құдайдың он алты қасиеті адам болмысынан табылса, онда ол Құдайдың өзімен бірлікте болғаны.

ҚҰДАЙМЕН БІРЛІКТЕГІ АДАМ КЕЗ-КЕЛГЕН УАҚЫТТА ПАЙДА БОЛА АЛАДЫ

Құдаймен бірліктегі рухани ұстаз өзі қалаған кез-келген түрде, кез-келген уақытта маған гуруымның келгені секілді пайда бола алады, өйткені бұрын Иса өзінің сүйікті шәкірті Әулие Фрэнсиске әр түн сайын келетін болған. Осы секілді бір тәжіриебе болғанның өзінде өміріңіздің қандай болатынын ойлап көріңізші! Сіз шын мәнісінде тұтас әлемді көрер едіңіз. Бірақ сіз медитацияны терең зерттеуге күш салғыңыз келмейді. Медитацияда Құдай молымен пайда болады, бірақ сіз осы төңіректе жұмыс жасағыңыз келмейді, сіз өз интеллектіңізді және Құдайдың Оны табу үшін берген бостандығын пайдаланбайсыз. Мен осы өмірде өз ізденісімді бастаған кезімде, ұлы ұстаздардың шындықты айтатынына көз жеткізіп, Құдай жолына түстім.

Бір күні түнде бір шәкіртіммен екеуміз Кришнаға медитация жасауға бел будық, біз оны көргіміз келді. Бірнеше сағаттан соң қасымдағы жолдасым: «Жүр, ұйықтайық»,- деді. Оның бүкіл ойы ұйқыда болды, өйткені ол шынымен де Кришнаның бізге келетініне сенбеді. Бірақ мен оған «Қаласаңыз, ұйықтай беріңіз, бірақ мен сенімімді жоғалтпаймын, медитация жасай беремін»,- дедім. Сол айтқанымдай, кенеттен болған жарқыл көзіме шағылысып, Кришна Тәңірдің діни дидарын көрдім. «Кришна осында!»,- деп айғайлап жібердім. Қасымдағы досым да көрді.

Сонымен, бір жағынан алғанда, Құдайды табу деген қиын нәрсе, бірақ егер шынайы да, табанды болсаңыз, ол сіз үшін қарапайым нәрсе болады. Құдайды үлкен ғибадатханалар мен жоспарланған уағыздар қызықтырмайды; Ол мақтаныш пен материалдық салтанаттылық қақпасына кірмейді; Ол механикалық қатынас арқылы танылмайды. Құдай жүректен шыққан шынайы дауысқа үн қатады. ''Шөптесін кішкентай мехрабтағы өзеннің сыбдыры естілетін, тартымды дауыс –менің тыныш қана бұрышым сол жерде».[10] Менің бала күнімдегі ғибадатханам сондай болатын. Мен бұрын тыныш ашық бұрышты іздейтінмін, мен сол жерде шөптер Құдайдың сіңіріне, су Құдайдың сәулесіне айналғанша, және өзен күлкісінен Оның дауысын естігенше сыйына беретінмін.

ҚҰДАЙДЫ ТАНУ БҰЛЖЫМАС ШЕШІМДІ ТАЛАП ЕТЕДІ

Бірақ сіздердің көпшілігіңіз Құдайға апарар бүкіл жолдан өту үшін қажетті күш салмайсыз. Кейбіреулер аздап дұға оқиды да, жабық көздің ар жағында тек қараңғылық бар деген қорытындыға келеді. Кейбіреулері, Құдайды фортепьяно немесе скрипкада ойнай отырып, немесе сурет сала отырып, өнер арқылы таба алатындарын айтады. Бірақ қол жеткізу сіз ойлағандай оңай емес. Медитацияда бұлжымас шешіммен, Ол үшін көздің жасын көл қыла күні-түні жылап отырып қалағанда ғана Оны тани аласыз. Құдайдың жоғары күшті талап ететінін сонда түсінесіз.

«Мені барлық жерден сезінетін және менің бойымнан бәрін көре білетін адам, Мені ешқашан жоғалтпайды, мен де оны әрқашан назарымда ұстаймын».[11] Тәңір: «Мен өз тақуаммен жасырынбақ ойнаймын. Ол Мені бақылауды жалғастыра бергендіктен, мен де оны бақылаймын. Мен адам талпынысының ар жағына жасырынамын десе, тақуа адам оған: «Тәңірім, мен өз талпыныстарымды бағып отырғанның өзінде де, Мен сізді олардың ар жағынан іздеймін, және сонда бір күні сіз менің берілгендігімнің торына түсетін боласыз, сонда мен де жауап беремін»,- дейді.

Құдайдан әлем жұмысбастылығында қашып кету сондай оңай. Бірақ сіз қол қусырып отыратын болсаңыз, Ол сізге келмейді. Ол сіздің

---

[10] «Мен қайдамын» Парамаханса Йогананданың *Жан әні* атты өлеңінен үзінді.

[11] Бхагавад Гита VI:30.

427

үнемі Ол туралы ойлай, конструктивті түрде жұмыс жасағаныңызды жақсы көреді. Және Ол Өзі туралы терең медитацияда ойлағаныңызды қалайды. Тапжылмастан еңбек етіңіз, бірақ тыныштық уақыты келген кезде, өзіңізді медитацияда толығымен Құдайға тапсырыңыз.

Осылайша, сіз әрекет етуді бастағаныңыз жөн. Өзіңіз медитацияда өткізген шоғырлануыңыздың тереңдігі мен уақыт кесіндісі маңызды. Қысқа дұғаны оқу Құдайдан жауап әкеле алмайды, басқа бір нәрсені ойлап отырып, сыйыну да мүмкін емес. Егер аса құлшыныссыз іздейтін болсақ, бізге Құдай ешқашан келмейді. Медитация жасаған кезіңізде, Христостың екі қастың ортасындағы орталығына шоғырландырып, өзіңіздің медитацияңыздың нысанынан басқа ештеңені ойламаңыз. Жексенбі күндері таңертең шіркеуге барып, енжар түрде уағыз тыңдап, түскі асқа не берілер екен деп ойлап отыратын адамдарға ұқсай көрмеңіз. Құдайды тануға талпыныс жасаңыз. Үндістанда біз гурудың аяғының астында отырамыз, ол сөйлейді, ал біз назар қоя ұйып тыңдаймыз. Ол сөйлемеген кезде, тыныш қана медитациямызды жасап отырамыз.

МЕДИТАЦИЯНЫҢ ДҰРЫС ӘДІСТЕРІ ҚАЖЕТ

Медитация мазасыз ойлармен ұлы шайқаста болады. Медитацияда ойлар тыныштталған кезде, тек бір Құдайға шоғырланған кезіңізде ғана, сіз Онымен байланыса аласыз. Қарапайым ақыл-парасат статикалықпен толық, бірақ статикалық шоғырлану мен берілгендік арқылы шеттетілгенде, Құдай келеді. Сіз медитация кезінде өзіңіздің мазасыз ойларыңызды өшіріп қоюға жағдайыңыз жете ме? Жоқ па? Міне сондықтан да Өзіндік таным қоғамындағы берілетін сабақтар мен дәрістер баға жетпес қазына болып табылады. Өзіңіздің тынымсыздығыңызды осы ғылыми әдістермен ұштастыра алсаңыз, Құдайдың жеке аспектісі сізге келеді.

Құдайдың сізге берген жауабының бірінші белгілері, сіз Құдайды шынайы іздегендіктен, сабырлылық, жарық немесе *Әумин* дыбысы болып табылады; сонда сіз жүрегіңізде үлкен қуанышты сезетін боласыз. Сіз рухани көзді [12] көріп, Құдайдың немесе басқа да Оның әулиелерінің бірінің дауысын ести аласыз. Сонда сіз Құдайдың өзіңізбен бірге екенін білесіз.

---

[12] Глоссарийдан қараңыз

Күшті қиялға немесе әлсіз жүйке жүйесіне ие адамдар, елестерді тез қабылдағыш болып келеді. Өзіндік таным әдістеріне сүйене отырып, елестерден құтылып, шынайы рухани жағдайларының ризашылығын алуға болады. Міне сондықтан да мен табанды түрде сіздерді осы әдістерді қолданып, оларды күш сала ұстануға шақырамын. Нұсқаларды оқып шығып, жақсы екен деп жаба салу жеткіліксіз. Сіз оларды күнделікті медитацияда қолдануыңыз керек.

ҚҰДАЙДЫ ІЗДЕУІҢІЗДІ КЕЙІНГЕ ҚАЛДЫРМАҢЫЗ

Бұл өмір алыстап кетпес бұрын, Құдайды қазірден бастап көзге көрінетін етіңіз. Құдайды іздеуді қартайған шағыңызға дейін қалдырып жүрмеңіз, өліп кетпес бұрын Оған қол жеткізуді ойлаңыз. Ұры ұйқы алдында да, ұйқыға кеткен соң да ұры. Дәл солайша, біз о дүниелік болған кезде періштеге айналамыз. Өлген соң да бұрынғы қалпымызда қаламыз. Өзіңіз үшін Құдайды осы өмірде көзге көрінетіндей етіңіз. Ол келген кезде, сіз сондай ләззатты, махаббатты, даналықты, түсінікті сезінесіз!

Тілектің болмауы өмір мақсаты болып табылмайды. Өмір мақсаты- барлық тілектерді мәңгілік орындау. Барлық бәле сіз кіші тілектеріңізге Құдай үшін маңызды тілектердің орындалуына кедергі келтіруге мүмкіндік беретініңізде. Оны тауып алысымен, басқа барлық тілектер қабыл болады.

Барлығы ұйқыда жатқанда, сіз өз түніңізді медитацияға арнасаңыз, сіз Құдайды табасыз. Осыған күш салмай тұрып, ұйқыға жатпаңыз. Аздаған ұйқыңызды жоғалтсаңыз не болмақ?. Үлкен өлім ұйқысы қайткен күнде де сізге жетеді. Бірақ егер Өлім сізді таппас бұрын өшпес жағдайға кенеле алсаңыз, онда тіпті жақсы.

Оңашалану ұлылық құны. Құдайды түсініп, Исаны және басқа да ұлыларды көру үшін, сізде өзіңізбен-өзіңіз оңаша қалатындай уақыт болуы тиіс. Өне бойы адамдармен қатынаста болсаңыз, сізде діни қатынас болмайды. Бірақ Құдаймен қатынасқа жеткен кезде, қайда, кіммен болғаныңызға қарамастан, сіз Құдайдың жаныңыздан табылғанына масайрайтын боласыз.

Мен іштей әрдайым осы Құдай ләззатқа мас болып жүремін. Бірақ Батыста өзімнің ішкі рухани сезімімді сирек көрсететінмін. Мұнда мені көбісі түсінбеді. Үндістан халқы мұндай нәрселерді жақсы түсінеді. Менің тәнім бірнеше мәрте экстазға түсті, мен санамнан айырылатынмын. Бірақ егер бұл жағдай Америкада болған болса, кейбіреулері «Не болды?» деп сұрар еді. Батыста ұстаздар кеңістік санасына кірген кезде, осы санадағы олардың тыныстары үлбіреп көтерілетінін айтады. *Самадхиде* тыныс алу жойылып, ериді, және тән Өмір кеңістігімен қолданады. Құдай әнінің симфониясы жүрекке енген кезде, сана туралы ой да ериді. Тән мен оның үрдістері Құдай сізбен болған кездерінде қозғалыссыз.

Өзіндік таным қоғамының дәрістері арқылы сіз осы айтып отырған ақиқатты тәжірибеңізде қолдана аласыз. Бірақ егер күш салмайтын болсаңыз, ешкім сізге мұндай тәжірибе бере алмайды.

Сонымен, бүгінгі кештен бастап әрекетке көшіңіз! Жүрігіңіздің үлкен ынта-жігерімен, ықыласымен сыйыныңыз, сонда сіз Құдайды көресіз, Исаны көресіз, Кришна мен басқа да әулиелерді көресіз. Бірақ Оларды медитацияда тамашалау үшін күш салуыңыз керек, өйткені сіз бұл діни мемлекетке жете алмайсыз. Сіздің осылай жасап көретініңізге кәміл сенемін. Сенімсіз адамның фортепьянода ойнап отырған кездегі нәтижесі шабытсыз, ал фортепьянода бұрын ойнап көрген адамның шабытын барлығы «О, қандай тамаша!»,- дейтіні белгілі.

Қарапайым адам қажетті уақыты мен құлшынысын медитация мен дұғаға сыйдырғанда, ол діни адам болып шығады. Гуруым (рухани ұстазым) бұрын: «Джунглиде ойнап жүрген кішкентай мысық жабайы болады» дейтін. Джунгли кітабына кіретін кішкентай ойлары бар кішкентай адам Құдай туралы интеллектуалдыққа шомады, бірақ құдай нектарын таба алмайды. Бірақ үнемі Құдай қуанышы туралы ойлап, үнемі сыйынатын кішкентай адам Құдаймен бір болады.

Сіз бір күні Құдайдың дауысын естігеніңізде, санаңыз ең жоғары Рухпен тура байланыста болып, ғарыштық санаға ие боласыз. Сонда Сіз тұрақты, жеке және өзіндік ерекшелігі жоқ Құдайды біліп, Одан артық сұлу, күшті, даңқты, дәулетті, жомарт, білімді, рақымды ешкім жоқ екенін ұғынып, оны ең жақыныңнан да артық көретін боласыз.

Жеңіске жету жолдары

Өзіндік таным қоғамдастығының халықаралық штаб-пәтері,
Лос-Анджелес, Калифорния, 16- ші ақпан,1939 жыл

Бір кездері сондай үлкен болып көрінген осы жерді, мен енді ғарышта айналып, сәулеге қыздырынған, тұман газдың айналасында ойнақтаған атомдардың кішкентай ғана шамы ретінде, түрлі өмір формалары өсетін кішкентай саз балшық шар ретінде көремін. Құдайдың сөзі,[1] Рухтың Дауысы –Құдай көрінісі –барлық жандар бойында көрінеді. Осы өмірдің сергелдеңі көбіне жақсы мен жаманды айырып білмеуден, әрнені мөлшерінен асырып жіберуден туады ғой, зұлымдық төңкерістер адамның өзімшілдігінен, бірін - бірі өзара түсінбеушілігінен және адамдар өз Рухын түсінбеушіліктің кесірінен туындайды. Адамзат болса осы апаттардан сабақ алмады, жер қираткыш дауылдарды, жер сілкінулерін, су тасқынын, ауру, және ең жаманы- соғыс ауыртпалығын басынан кешіруде.

Осы дүниені жаулап алудың әдісі бар - табиғат пен өмірді сол қалпында, жоқшылығымен, ауру-сырқауымен, соғыстарымен және басқа да мәселелерімен жеңіп алу. Біз осы жеңіске жетер жолды үйренуіміз керек. Наполеон, Шыңғысхан, Уильям Жаулап алушы секілді ұлы көшбасшылар жер бетіне билік жүргізе білді. Сонда да, олардың жеңістері уақытша болды. Иса Христос жеткен жеңіс мәңгі. Осы мәңгі жеңіске қалай жетуге болады? Оны өзіңізден бастағаныңыз жөн. Сіз жек көрушілік пен адамзатты Христосқа махаббат арқылы шабыттандыру бос әуре деп ойлайсыз, өйткені қажеттілік соншалықты ұлы болмаған. Атеистік идеология дінді жоққа шығару үшін күресуде. Әлем жабайы тіршілік драмасында қозғалуда. Ашу-ыза дауылын тоқтатуға талпыныс жасай отырып, біз мұхитта жүзіп жүрген кішкентай құмырсқалардан аса алмаймыз. Бірақ

---

[1] Құрылымдар мен бүкіл жаратылысқа жан бітіретін ғарыштық интеллектуалдық вибрация (*Әумин* сөзіне берілген түсінікті глоссарийден.қараңыз.)

күшіңізді минимизацияламаңыз. Шынайы жеңіс Иса Мәсіх секілді өзіңді жеңуден тұрады. Иса Мәсіх жүрекке дән егеді. Оның өзін-өзі жеңуі оған барлық табиғатты жеңе білетіндей билік берді.

Ғылым табиғат пен өмір шеберлігіне басқа қатынаста жақындайды. Сонда да, ғылыми жаңалықтардың бастапқы уәделері көбінесе тұрақтылыққа әкелмейді. Жағымды ықпал тек аздаған уақыт бойына ғана сезіледі; содан соң адамның бақыты мен игілікті өміріне қоқан-лоқы көрсететіндей бір нәрсе келеді. Тек бір ғана ғылымның әдістерін қолданатын толық жеңіс келмейді, өйткені бұл әдістер олардың нәзік себептерімен емес, сыртқы әсерлермен байланысты. Апаттарға қарамастан дүние жалғасса, ал ғылым қайта-қайта жаңа табыстар жасай береді. Бірақ тек рухани ғылым ғана бізді толық жеңіске жетуге үйрете алады.

АҚЫЛ-ПАРАСАТ ЖЕҢІЛГЕН КҮЙДЕ ҚАЛА АЛМАЙДЫ

Рухани ғылымға сәйкес, ақыл амал да, айла да, жақсының, жаманның екеуінің де – сүйенгені, сенгені –барлығы болып саналады. Ақылды адам өз сезімдеріне ие, ол әрқашан да сабырлы, ұстамды.Төтенше жоғары температураны жасанды түрде салқындатылған ауаның көмегімен, және төтенше суықты жасанды түрдегі жылумен жеңіп алған дұрыс, бірақ жайсыздықты сырттай жеңу үшін, әр жағдайға нейтралды болып қалу үшін миды жаттықтыру керек. Ақыл өзіңіз назар аударған кез-келген бояудың түсін қабылдап алатын сорғыш қағаз секілді. Ақылдың басым бөлігі өз ортасының түсін қабылдайды. Бірақ сыртқы жағдайлардан жеңілетін ақыл-парасатқа деген ешқандай ақталу жоқ. Егер сіздің психологиялық күйге келуіңіз үнемі сынақтар қысымы арқылы өзгеретін болса, онда тіршілік үшін күресті жоғалтқаныңыз. Бұл- біреу бір кездері саламатты күйде, дұрыс ақылмен өмір сүруге нәпақа табу үшін әлемге шығып, бірнеше кедергіге жолыққан соң, сол бойда сәтсіздікке ұшырағанымен тең. Сәтсіздікке ұшыраған *кезде*, сіз *сәтсіздіксіз*. Ауруға ұшырап, болып жатқан сәтсіздіктерге қарамастан, үнемі алға тырмысатын адам емес, керісінше, үнемі жалқаулыққа салынатын адам шынайы сәтсіз болып тбылады. Ойлаудан, пайымдаудан, айырудан, немесе өзінің тілегі мен шығармашылық энергиясын пайдалануға күші жетпейтін адам, ендігі өлі адам.

Жеңіс психологиясын пайдалануды үйреніңіз. Кейбіреулері «Сәтсіздік туралы ауызға да алмаңыз» деп кеңес береді. Бірақ бұндай жалғыз кеңес өз-өзінен көмектеспейді. Біріншіден, өз сәтсіздігіңіз бен оның себебін саралап көріңіз, содан соң одан бар ойыңызды ауытқытыңыз. Ол сан мәрте сәтсіздікке ұшыраса да, күресуді жалғастыратын адамның ішкі дүниесі қайтпас қайсар болса, шын мәнінде жеңімпаз бола алады. Дүние оны сәтсіз деп есептегеніне қарамастан, ойша берілмеген болса, ол Құдай алдында жеңіліске ұшырамайды. Бұл ақиқатты мен Рухпен қатынас орнату сабақтарынан алдым.

Сіз өз тағдырыңызды әрдайым басқалардың тағдырымен салыстырасыз. Біреу сізге қарағанда, неғұрлым қырағы және табысты, сондықтан да сіз өзіңізді бақытсыз адаммын деп санайсыз. Бұл адам болмысының парадоксы. Өз тағдырыңызға бола налымаңыз. Өзіңізде барды басқада бар нәрселермен қызғанышпен салыстырып отырған минутта, сіз өзіңізге зиян келтіресіз. Егер басқалардың ақылымен хабардар болған болсаңыз, онда олардың бірі болуға құлқыңыз болмаған болар еді!

Біз ешкімге де көре алмаушылық сезімде болмауымыз керек. Басқалары сізді күндесін. Өзіңізде барға қанағат етіп, өзіңізбен мақтаныңыз. Ешкім де сіздікіндей даралыққа ие емес. Ешкімнің бет-әлпеті сіздікіне ұқсамайды және сіздің жаныңыздай жан ешкімде жоқ. Сіз- Құдайдың керемет жаратылысыз. Соны мақтаныш етіңіз!

ЗҰЛЫМДЫҚ ҚҰДАЙДЫ ҰҒЫНУҒА КЕДЕРГІ КЕЛТІРУШІ

Ешқандай зұлымдық жоқ деп айтудың өзі қисынсыз. Біз қанша елемесек те, зұлымдықтан құтыла алмаймыз. Зұлым деген не? Құдайды ұғынуға кедергі келтіруші. Құдай біздің барлық бұрыс ойларымыз, қылығымыз және келелі мәселелеріміз туралы хабардар. Егер Ол зұлымдықтың бар екенін білмесе, Ол бәрінен де бейхабар болған болар еді! Сонымен, мейірімділік пен зұлымдық, жағымды мен жағымсыз, екеуі де осы дүниеде бар нәрсе. Сананы жағымды күйде сақтауға тырмыса отырып, көптеген адамдар өздерінің жағымсыз ойларынан қорқақтайды. Жағымсыз ойлар болмайды деу де қисынсыз, бірақ сіз олардан қорықпауыңыз керек. Бұрыс ойларды саралау үшін өзіңіздің кемсітушілігіңізді қолданыңыз да, содан соң олардан арылыңыз.

Жағымсыз ойлар уы эгода [2] бекітілсімен, олардан құтылу оңайға

---

[2] Жан өзін тән ретінде танығанда ғана ол өзінің рухани болмысын ұмытады. Сана тән деңгейіне дейін жеткенде адам өзін тәндегі сезімдер арқылы таниды. Жанның діни санасы Құдаймен теңдестірілген және жағымсыз әсерлерді өткізбейді.

соқпайды. Әйел бойынан қара ниетті рухты қуып шыққысы келген адам туралы аңыз бар. Ол адам бойында қара ниетті рухы бар әйелге қыша дәнін тастайды. Бірақ қара ниетті рух күліп: «Мен қыша дәніне сіз тастамас бұрын тап болғанмын, сондықтан да, ол маған әсер етпейді» дейді. Дәл солайша, жағымсыз ойлар уы сіздің ақыл-парасатыңызға толығымен еніп алғандықтан, ақыл күші ендігі әрекет етпейді. Жағымсыз ойлардың «қара ниеті» сіздің ақыл-ой күшіңіздің «қыша дәніне» енеді. Осылайша, егер сіз ай бойына ауру болсаңыз, онда үнемі ауру болып қала аласыз. Қалайша бір ай бойына болған ауру өзіңіз рахатын көрген көп жылдық денсаулықты баса алады? Мұндай пайым сіздің ақылыңызға әділетсіз.

Күшті метафизика жан санасында өз өмірінен зұлымдық іздерін сүртіп тастайтын діни күштерді зерттейді. Бұл Йога Құдаймен бірлесу жолындағы бүкіл кедергілерді жою әдісі, қиялдайтын емес, ғылыми әдіс. Йога Құдайға апарар жоғары жол. Йоганың көмегімен сіз бүкіл жағымсыз ойларды артта қалдырып, сананың түпкілікті жағдайына жетесіз. Йога рухани ғалымның жолы. Бұл – барлығының пәк ғылымы, тұтас ғылым. Йога шындыққа тіке қарап, өзіңді табуға және өз жаныңыздың бар күшімен бойыңыздағы зұлымдықты жоюға үйретеді. Сіз зұлымдықты жәй ғана жоққа шығара алмайсыз. Қаншалықты қажырлылықтың қажет екені маңызды емес, рухани ғалымды айныту мүмкін емес. Ол өзіне Құдай берген күшті жеңетіндей ешқандай мәселенің жоқ екенін жақсы біледі. Ол қуат көзі Алла тағалада, сондықтан, шексіз.

Өзіңді жеңу- ең Үлкен Жеңіс

Жағымсыз бен жағымдыға қарап отырып, өзіңді саралап үйрен: қазіргі қалпыңыздай болу үшін не істедіңіз? Қадір-қасиетіңіз бен жағымсыз жақтарыңыз қандай, оларға қалай ие болдыңыз? Содан соң жаман өнімді жоюға кірісіңіз. Өз жаныңыздан жауыз қасиеттер ыдысын жойып, жақсы өнім алу үшін рухани сападағы дәндерді көбірек шашыңыз. Өз әлсіздігіңізді мойындап, ғылыми түрде олардан арылған соң, сіз неғұрлым күштірек бола түсесіз. Сондықтан да сіз өзіңізге сәтсіздікті мойындағанды білдіретін өз әлсіздіктеріңіздің салдарынан абыржуға мүмкіндік бермеңіз. Сіз өзіңізге конструктивті өзін-өзі саралау арқылы көмек беруге тиіссіз. Олардың ерекше қабілеттерін іске асырып отырғандар, соқыр, жан даналығы надандықпен көлегейленген. Міне, сондықтан да адамдар қайғы-қасірет шегуде.

Құдай бізге көзімізді ашып, жарықты көре білу күшін бергеніндей, бізге надандықты жою және өзіміздің туа бітті даналығымызды ашу құқығын берді. Әр түн сайын өзіңізді саралаңыз, ақыл-ой күнделігін сақтаңыз және арагідік күндізгі уақытта минут бойына өзіңіздің жасаған істеріңіз бен ойларыңызды саралаңыз. Өзін сараламайтын адам, ешқашан өзгермейді. Олар үлкеймейді де, кішіреймейді де, сол қалпында қатып қалады. Бұл тіршілік етудің қауіпті жағдайы.

Өзіңіздің дұрыс ойларыңызды жоққа шығаруға мүмкіндік бергеніңізде сарсылып қаласыз. Құдай Патшалығы туралы ұмытып кету тым оңай. Сондықтан да сіз ұсақ нәрселерге қадалып қаласыз да, Ол туралы ойлауға уақытыңыз қалмайды. Өзіңізді әр түн сайын саралаған кезде, сергек боласыз, бір орында тұрып қалмайсыз. Әлемге өзіңізді жоғалтпау үшін емес, өзіңіздің шынайы мәніңізді табу үшін кірдіңіз. Сізді Құдай мұнда Өз өміріңізді жеңу үшін өз әскері ретінде жіберді. Сіз оның баласысыз, және ұмытып, өзіңіздің ең жоғары міндетіңізді кейінге қалдыру- ең үлкен күнә болып табылады, яғни өзіңіздің кішкентай ғана болмысыңызды жеңе біліп, өзіңіздің шынайы орныңызды Құдай Патшалығында қайта орнату.

Келелі мәселелеріңіз неғұрлым көп болса, өзіңізді Тәңірге рухани Наполеон немесе Шыңғысхан ретінде көрсетуге мүмкіндік те көбірек болады. Біздің бойымызда жойылуға тиісті кемшіліктеріміз көп. Өзінің болмысының билеушісі бола білген адам, нағыз жаулап алушы болып табылады. Сіздер мен жасап жүрген нәрселерді жасауға талпыныс жасауыңыз керек, мен өзімді іштей үнемі жеңімпаз етіп отырамын. Және осы ішкі жеңісте, өз командамнан тұтас әлемді табамын. Бізге соншалықты қарама-қайшы және құпия болып көрінетін элементтер, қасиетті жазбалар Құдайдың үлкен жарығында айқын жасалған. Сол дүниеде барлығы да түсініп, орындауға шамалары келеді. Құдайдың осы даналығына ие болу- сізді осында жібергендегі негізгі мақсат, және мұның орнына басқа бір нәрсені іздесеңіз, онда өзіңізді жазалағаныңыз болып саналады. Өзіңізді және Құдайды табыңыз. Өмір сізден нені талап етсе, шама-шарқыңызша жасаңыз. Дискриминациялау арқылы дұрыс әрекет жасап кез-келген кедергіні жеңің, өзін-өзі ұстай білушілік әдісіне жетіңіз.

Өмірмен шайқаста жеңем бе, әлде жеңіліске ұшыраймын ба деп күмән келтіріп отырғаныңызда, сіз жеңілгенмен бірдейсіз. Бірақ ішкі дүниеңізде Құдай бақытына мас болған кезіңізде, сіз неғұрлым сенімді, байсалды боласыз. Артқа шегінбей, тоқтамастан ілгері жылжи беріңіз.

Адамдардың басым бөлігі мейірімділік пен зұлымдық тенденциясы арасындағы арқанды тартумен айналысуда. Кім жеңіп шығады? Арбау ақылыңыздың шегінен тыс сыбырлап отырған ібілістің дауысы болып табылады. Ібіліс әрдайым сіздің сұрақтарыңызды бұзу жағын көздейді. Әлсіздікке ұрыну күнә болып саналмайды, бірақ оны жеңіп шығуға күш салған минутыңызды сіз жоғалтып алдыңыз. Құлап бара жатып, өзіңіздің көңіл-күйіңізді көтеретін болсаңыз, онда жеңіп шығуыңыз мүмкін. Ләззат сезімін әкелетін жеңістің өзі емес, ол әлсіздікті жеңген кездегі күш пен қанағат.

Әулиелер өмірін зерттеңіз. Оңай жасалатын нәрсе, Құдайға апарар жол Тәңір жолы! Әулие Франциск сіз ойлағаннан артық қиындықтарды бастан кешірді, бірақ сонда да берілген емес. Ақыл күші арқылы ол барлық кедергілерден сүрінбей өтіп, Дүние Жаратушысымен бірлікке енді. Сіздерге осындай табандылыққа неге ие болмасқа? Мен әрдайым өмірдегі күнәлі әрекет деген ол өз сәтсіздіктерін мойындай отырып, жанның жоғары күшін, ішкі дүниедегі Құдай образын жоққа шығару деп ойлаймын. Ешқашан берілмеңіз.

Өзіңізге көп күш беретін істі дамытыңыз. Шынайы жеңіс бүкіл қиыншылықтарға қарамастан, сіздің игілікті пиғылдарыңыз арқылы орындалуға тиіс. Ештеңеге өз табандылығыңызды бүлдіруге жол бермеңіз. Көп адамдар «Бүгін емес, ертеңнен» бастаймыз деп жатады . Өзіңізді-өзіңіз алдаусыратпаңыз. Мұндай көзқарастар жеңіс әкеле алмайды. Егер шешім қабылдап, оны орындаудан ешқашан бас тартпайтын болсаңыз, онда сіз табысқа кенелесіз. Әулие Тереза Авила: «Әулиелер ешқашан жоқ пен барға берілмеген; бірақ риясыз құрметтейтіндерге берілген күнәқарлар» деген екен. Рухани жолдың қиындығы мен нәзіктігін жеңген жандар, ақыр соңында жеңіске жетеді.

ӨЗІҢІЗДІҢ ТУА БІТТІ МҮЛТІКСІЗДІГІҢІЗГЕ СЕНІМДІ БОЛЫҢЫЗ

Күндердің бір күнінде сіз осы өмірден кетесіз. Кейбіреулер сізді жоқтайтын болады, ал кейбіреулер сізге қарсы бірнеше сөз айтуы мүмкін. Бірақ өзіңізбен бірге болған жақсы ойлар да, жаман ойлар да өзіңізбен бірге кететіні естеріңде болсын. Осылайша, сіздің маңызды міндетіңіз өзіңізді бақылауға алудан, өзіңізді түзетуден бүкіл күшіңізді салудан тұрады. Дұрыс қылық көрсетуге тырмысып жүргенде, өзіңізге басқалар қарсы шығып, қарсы сөз айтып жатса, елемеуге тырысыңыз.

Мен өзім ешқашан ешкімге қарсы әрекет жасамауға тырысамын, және өз жүрегімде барлық жандарға қолымнан келген мейірімді істерімді аямайтынымды да білемін. Бірақ адамның пікіріне ғана қарамаймын, мақтау сөз бе, әлде кінәлау ма, мен үшін бәрібір. Құдай менімен бірге, ал мен болсам, Онымен біргемін ең бастысы сол.

Бұл мақтаншақтық емес, бірақ мен өзімнің жеке санамда сенімді сезім қуанышын сезіндім, сондықтан да ешкім мені кек алуға азғыра алмайды. Мен сараң болғанша, өзімді соғып қалғаным артық деп ойлаймын. Егер сіз адамдардың өзіңізге қарсы әрекеттеріне қарамастан, мейірімді болуға талпынып тұратын болсаңыз, сіз жүрек жаулап алушысыз. Осыны ойлаңыз. Сізге қоқан-лоқы көрсеткен кезде де сабырлы күйіңізді сақтап, бәрібір өзіңізді жеңе алатыныңызды білсеңіз, ештеңеден қорықпайсыз. Сіздің дұшпаныңыз сіздің рухыңызға тиісе алмайды.

Мен өзімнің қас дұшпанымның өзіне де мейірімсіз бола алмаймын. Бұлай жасау маған ауыр болар еді. Мен әлемнен көптеген мейірімсіздікті көремін, оған менің сөзім жетпейді. Құдайды жақсы көрсеңіз, Құдайды әрбір жанның бойынан көрсеңіз, сіз сараң бола алмайсыз. Егер біреу сізді құртқысы келсе, оған сүйіспеншілікпен қараудың жақсы әдістері туралы ойлаңыз. Егер ол әлі де ілтипатты болудан бас тартса, шыдамдылық танытып жүре беріңіз. Өз мейіріміңізді іште қамауда ұстаңыз, бірақ тәртібіңізді ешқандай жаманшылықтың бүлдіруіне жол бермеңіз. Өзіңді жеңудің ең үлкен жеңісінің бірі, өз мүмкіндігіңізде әрдайым сүйікті болу, өзіңізді басқа біреу басқаша әрекет етуге мәжбүр ете алмайтындай сенімді болу. Осыны қолданып көріңіз. Бүкіл рим өкіметі Христостың теріс ниеттілігін шақыра алмаған. Тіпті өзін шегемен керіп тастағандар үшін де, ол Құдайға: "Әке, оларды кешіре көр, өйткені не істеп жатқандарын білмейді",[3] -деп сыйынған екен.

Өзіңізді ұстай білу қасиетіңізге сенімді болған кезіңізде, сіздің жеңісіңіз өз арының трибуналы алдындағы жендеттің жеңісінен де артық. Өз арыңыз өзіңізге төреші. Ойларыңыз әділ қазыларыңыз болсын, ал сіз жауап беруші болыңыз. Өзіңізді күн сайын тексеріп отырыңыз, сонда жағымды болу- өзіңіздің діни табиғатыңызға сенімді болу үшін өз арыңыздың қолынан қанша рет жаза алатыныңызды, өзіңізге қаншалықты қатаң үкім шығаратыныңызды білсеңіз- жеңіске жетесіз.

---

[3] Лұқа 23:34

Өзіңізді өзгерту үшін жас ерекшелігінің қатысы жоқ. Жеңіс жастықтан емес, тұрақтылықтан тұрады. Иса мәсіх ие болған табандылықты дамытыңыз. Өз тәнінен бас тарту уақыты жеткен кезде Иерусалим көшесімен келе жатқан кез-келген табысты еркін адамша тәнін тастау кезіндегі менталитетін салыстырып көріңіз. Аяғына дейін, әрбір сынақта-тіпті Иса түрмеге қамалып, өз дұшпандары оны керіп қойған кездің өзінде де, ол жоғары дәрежеде жеңіске жете білді. Оның барлық табиғат үстінен билейтіндей күші болды, және өлімді жеңу үшін өліммен ойнады. Кімде-кім өлімнен қорқатын болса, солар өздерін өлімнің жеңуіне жол береді. Бірақ өз-өзімен қақтығысып, күн сайын жақсы болуды және өліммен батыл түрде бетпе-бет келіп, шынайы жеңіске жетуді көздеген жан сол жеңістің маңыздысы болып табылады.

Мен үшін өлім мен өмір арасында ешқандай шымылдық жоқ секілді, соған қарағанда өлім мені үркіте алмайды. Жаңа кейіпке енген жан мұхиттағы толқын іспеттес. Біреу қайтыс болған кезде, жан толқыны төмен түсіп, өзі келген Рух мұхитының бетінен жоғалады. Өлім туралы шындық Құдайды тану үшін күш салмаған қарапайым адамдардың санасынан жасырынып қалған. Мұндай адамдар өздерінің ішкі дүниесінде кереметке толы Құдай Патшалығын сезіне алмайды. Ол жерде ауру да, жоқшылық та, қам-қарекет те, үрейлер де жаныңызды адастыра алмайды. Мен өзімнің рухани көзімді ашсам, жер болмайды, оның орнына басқа әлем пайда болады. Бұл жер бетінде мен Құдай шексіздігін тамашалаймын. Бұл жағдай әрекет пен медитация арасындағы баланс арқылы енеді. Үлкен әрекет қажет, өзіңе ықыласпен қызмет ету емес, шын- ниет ықыласпен Құдайға қызмет ету. Және Құдайды терең медитация арқылы білу үшін күн сайынғы әрекеттер де бірдей қажет.

ҚҰДАЙДЫ ЖҰМЫС ҮШІН ЕМЕС, ЖҰМЫСТЫ ҚҰДАЙ ҮШІН ЖАСАҢЫЗ

Сіз қаншалықты жұмысбасты болсаңыз да, Құдайды ұмытуға тиісті емессіз. Тақуалар рухани жолда материалдық жолдағыларға қарағанда көбірек сынақтарға тап болады, сондықтан да өзіңіздің пенделік міндеттеріңізді Құдайды елемегеніңіз үшін ақталу ретінде пайдаланбаңыз.

Сіз жұмыс жасаған уақытта Құдайды елемеуге, және жұмысты Құдай үшін елемеуге тиісті емессіз. Сіз екі жағдайға да келіспеуіңіз керек.

Күн сайын медитация жасаңыз, Оған жағыну үшін қолдан келгеннің бәрін жасап жатқаныңызды сезініңіз. Егер сіз уақытыңызды Құдайға арнасаңыз, онда сіздің қандай міндеттерді орындап жатқаныңызға қарамастан, ақыл-парасатыңыз үнемі Ол туралы болады.

Медитация мен әрекет арасындағы тепе-теңдікті сақтау үшін болған қиын күресте ең үлкен қауіпсіздік Құдай санасында болады. Құдай санасымен жасағанымның барлығы медитацияға айналады. Ішімдік іщетіндер әдетте, ішімдіктің ықпалында қалған уақытқа дейін жұмыс жасай береді. Ал егер сіз Құдайға масаңсып қалған болсаңыз, онда ішкі діни қатынасыңызды үзбестен жұмыс жасай беретін боласыз. Ақыл-парасатыңыз бәрінен алшақтап, терең медитацияға түсіп, Құдай санасымен бірге болған кезіңізде, ешқандай келеңсіз ой сіздің жадыңыздың табалдырығынан аттай алмайды. Сіз Құдаймен өз шоғырлануыңызбен шын бірлікте бола білсеңіз, кедергілерде, үй аруақтары да өтуге батылы бармайтын күшті темір қақпасының ар жағында тұрасыз. Бұл жеңістің ең ғажап жағдайы!

Құдаймен бірге болу үшін арагідік бәрінен қашып кетіңіз. Ешкімге қарамаңыз. Өзіңізді өзіңіз саралап, үйреніңіз, медитация жасаңыз. Бұған түнгі уақыт қолайлы. Сіз өз әдеттеріңізді өзгертіп, мұны уақытыңызды осынша міндеттер алып жатқандықтан қолдана алмаймын деп ойлайсыз. Бірақ сіздің өзіңізге арналған алда тұтас түн жатыр, бұл тұрғыдан алғанда сіздің Құдайды іздеуге уақытым жоқ дегенді айтудың өзі қисынсыз екені де сондықтан. Аздаған уақыт бойына ұйқыдан айырылсам, денсаулықтан айырыламын деп ойлау бос әуре. Терең медитацияның көмегімен денсаулығыңыз нығая түседі.

Түнде белгіленген уақыттан соң, менің ақылым бұл дүниеде емес секілді, мен барлығынан өзімді алыста сезінемін. Ұйқы- өмірімдегі ең кішкентай түсінік. Түнде мен басқалар секілді ұйқыдағыдай сезінуге тырысамын, өз-өзіме ұйықтаймын десем де, үлкен Жарық пайда болады да, бүкіл ұйқы туралы ойым жоғалып кеткендей болады. Мен ұйықтамаған кезімде, оны ешқашан жібермеймін. Мәңгі ұйқысыздықта ешқандай ұйқының жоқ екенін көремін. Діни даналық қуанышы сананы шаттыққа кенелтеді.

Мен ешкім сезіне алмайтын Құдай драмасын сезінемін, Құдай Өзін кімнің алдында көрсетсе, соларды сақтайды. Мен осы әлемдік драманың бір бөлшегімін. Сендердің барлығыңды осы кеңістік ойынындағы актерлер ретінде тамашалаймын. Құдай-директор. Сізге ерекше роль берілгеннің өзінде, Ол сізді автомат етіп жаратпады. Ол сізді роліңізді ақылмен орындап, Оның өзі үшін ойнап жатқаныңызды білгісі келеді. Сіз осылай ойлауға тиіссіз. Құдай сізді осы әлемде белгілі бір жұмыс үшін таңдады, және сіз бизнесменсіз бе, үй қызметшісісіз бе, немесе жұмысшысыз ба, кім болғанда да, өз роліңізді тек Оған ғана ұнау үшін жақсылап ойнауға тиіссіз. Сонда сіз бұл дүниедегі қайғы-қасірет пен шектеулерді жеңетін боласыз. Кеудесінде Құдайы бар жан, ішкі дүниесінде періштелердің бүкіл өкілеттігіне ие. Ол әрдайым жеңімпаз.

ҚҰДАЙ ҚҰПИЯ АРҚЫЛЫ ЕМЕС, ЖАН СӘУЛЕСІ АРҚЫЛЫ ҮЙРЕТЕДІ

Сіз соқыр тәуекелмен өмір жазықтығында жылжығаныңызда, қараңғылыққа тап болып, көзі бар жандардың көмегіне зәру боласыз. Сізге гуру (рухани ұстаз) қажет болады. Жарқын жанның соңынан ілесу, осы әлемде пайда болған үлкен шатақтан шығудың жалғыз жолы. Мен өзіме рухани қызығушылық танытқан және мені жетелеуге даналығы жететін өз Гуруымды кездестірген уақытқа дейін шынайы бақыт пен бостандықты сезінген емеспін.

Жүрегіңізде үнемі Құдайға сыйыныңыз. Құдайды Оған деген тілегіңізбен сендірген кезде, сізді Өзін тануға үйрететін Ол біреуді яғни өз гуруыңызды жібереді. Құдайды білетін адам ғана Оны тану жолдарын көрсете алады. Осындай адамды Свами Шри Юктешварды кездестірген кезімде, Құдайды құпия арқылы емес, сәуле түскен жандар арқылы үйрететінін түсіндім. Құдай көзге көрінбейді, бірақ Ол Өзімен үнемі қатынаста болған адамның интеллектісі мен рухани түйсігі арқылы көрінеді. Өмірде ұстаздар көп болса да, гуру жалғыз. Гуру діни заңды орындаған, оның міндеті – басқаларға білім беру ғана емес, сонымен бірге оларға өз өмірімен үлгі көрсету. Мұны Исаның Иоанн Шоқындырғышты өз гуруы ретінде мойындағанынан көруге болады.[4]

Құдайды түсінген жандардың ішінде ол жалғыз, яғни өзінің рухани болмысын толық сезінген адам ғана гуру бола алады. Жәй ғана гуру бола

---

[4] Сол кездері Иса Жақияның қолынан шомылдыру рәсімінен өту үшін Ғалилеядан Иорданға келді. Бірақ Жақия оны тоқтатпақ болып: "Сенің маған келгенің қалай, қайта, мен сенің қолыңнан шомылдыру рәсімінен өтуім керек қой?" — деді. Иса оған: "Мені бөгеме, өйткені Құдайдың бар қалауын осылай жүзеге асырғанымыз абзал", — деп жауап берді. Содан ол оны бөгемеді. (Матай 3:13-15)

салу дұрыс емес. Гуру өз құлқы үшін ештеңе тілемейді. Бірақ Ол рухани әлем мен материалдық әлемді байланыстырып отырады. Иса шынайы гурудың Құдай еркі бойынша әрекет ететінін « Мені жіберген Әкем жақындатып тартса ғана, адам маған келе алады. Ал мен оны ақырғы күні қайта тірілтемін» [5] деген сөздерінен көруге болады. Ол Құдайдың күшіне толықтай сенеді. Сіз тек Құдайдың ғана тән ғибадатханасында өмір сүретінін, және өз бойыңыздағы қасиеттерді Құдай қасиеттерімен жақындастырып, Құдаймен санаңызбен бір болған кезде ғана Оған сәйкес болатыныңызды біліп қойыңыз. Иса өз шәкірттеріне: "Кімде-кім менің атымнан осындай кішкентай балалардың бірін қабылдаса, мені де қабылдағаны. Ал кім мені қабылдаса, мені ғана емес, мені жібергенді де қабылдағаны",— дегенді естеріне салатын. [6]

Басқалардың табынуын жеке қабылдайтын ұстаз, қарапайым ғана өзінің жеке эгосының діни қауымының мүшесі болып табылады. Рухани құлшылық жолдың шынайы екенін білу үшін артында қандай ұстаздың тұрғанын анықтаңыз, Құдаймен бірге екенін көрсете ме, әлде өзінің жеке эгосын көрсете ме, соны анықтаңыз. Даналық қасиеті билегенімен, рақымшылық істерге қабілеті жоқ көшбасшы сізге Құдай Патшалығын көрсете алмайды. Шіркеулер болғаны дұрыс, бірақ діни қасаң қағидаға деген соқыр сенім адамдарды рухани бейхабар етіп іркілген күйде ұстайды. Мен сан рет кеңейтілген конгрегациялардың Құдай атын шырқап жатқандарын көрдім, бірақ Құдай олардың санасынан алыстағы жұлдыздар секілді алшақ. Ешкім де тек шіркеуге барғанының арқасында құтылып кете алмайды. Бостандыққа апарар шынайы жол Йогада, ғылыми өзіндік саралауда жатыр, және дін ілімі орманынан өткен адам ғана сізді Құдайға аман-есен алып бара алады.

ТАБЫС КӨЗІ ТІЛЕК СҰРАУШЫНЫҢ РУХАНИ ДӘРЕЖЕСІНЕ БАЙЛАНЫСТЫ

Сонымен, Өзіндік таным қоғамының жетекшілерімен берілетін дәрістерге байсалды түрде қараңыз. Олар сізге жарық түсіру үшін жіберілді. Осы жұмыстың нәтижесінде қаншама жандар рухани надандық қараңғылығынан құтылды. Басқалары, дүние ләззатына

---

[5] Жохан 6:44

[6] Марқа 9:37

алданып, өз бойына сенбей алысқа ауытқыды, және олардың кейбіреуінің жолдың жиегіне құлағанын білемін. Айып осы жолда табысқа жете алмаған іздеуші шегінде болады. Өзгеру үшін жалғыздан-жалғыз шынайы түрде күш салып, Өзіңді - өзін тану әдісінің соңынан нық еретін болсаңыз, онда сіз дін ілімінің өлі орманы мен осы дүниенің шексіз апаттарынан шығатын өз жолыңызды табасыз.

Құдайды тану үшін қазірден бастап көбірек күш салуға тырысыңыз. Мен бұл жерге сізге тек Құдай туралы философиялық немесе иеологиялық идеялар бойынша дәріс оқу үшін ғана келмеймін, сізді Оны білуге марапаттау үшін келемін. Міне сондықтан да, мен осы кездесулерді өткізуге өзімді міндеттемеймін. Егер шабыттың Әкеден шығып жатқанын сезбесем, келмес едім. Діни шабыттың басы да, аяғы да жоқ, мен өзім бастаған сол шабыт шолпылын сезмін. Сіздің мұхиттан қанша тамшы алатыныңызға қарамастан, ол бұрынғы қалпын жоймайды. Құдай- рухани мұхит. Одан не керектің бәрін алыңыз, дей тұрғанмен, Ол бәрібір сол қалпында: басшысыз, шексіз. Ол ешқашан сарқылмайды.

Мен не айтсам да, Көк аспан Әкем үшін айтамын- өзімнің тілегім немесе өзімнің эгом үшін емес сіздерге эмансипация жолында көмектесу үшін айтамын. Өзіндік таным қоғамдастығының жұмысы бүкіл жерде жүріп жатыр. Мен Құдайдың менің дауысым арқылы сөйлейтінін білемін. Өзіндік таным дауысы- Құдайдың дауысы. Соған еріңіз. Таза құлшылық жолына түскен адамдар Оның нектарын ішеді. Іс-әрекетіңізді түгелдей Құдай жолына таза бағыштаңыз, сонда ғана қалау-ниетіңіз түгелдей Құдайдың ықпалында болады. Осы оқуды үйреніңіз, сонда сіз өмірдің осынша тамаша екенін көретін боласыз.

ҚҰДАЙ ҚУАНЫШЫНА ҚУАНЫП, БАСҚАЛАРҒА ҚЫЗМЕТ ЕТІҢІЗ

Ірі, механикалық ұйымды дамыту менің тілегім емес, бірақ ара ұясы Құдайдың рухани балымен толыққан. Министр ешқашан шіркеу орындарын толтыру үшін сансыз конгрегацияны таратпайды. Тобыр мен үлкен ғибадатханалар тілегі қар секілді еріп кетеді. Мен тек Құдай бақытына және Оның көмектесу үшін жіберген қызметіне ғана қуанамын. Өз үлесіңізді қосыңыз. Құдай тағала барлық жан иелеріне мейірімді болғандықтан, Ол сұраған тілекті орындайды. Өзіндік таным жұмысын сіздердің айтылған сөздер мен жасаған іс-әрекеттер сол сөздеріңіз бен істеген істеріңіздің үлгілері арқылы, сіздің шын ниетіңіздің таза ықпалы арқылы таратыңыз. Бұл жұмысымның көптігі емес, бірақ мен көмек сұрағанның барлығына көмек қолымды созғым келеді, және сіздің міндетіңіз, олар осы ақиқатты ала алуы үшін осы оқуды өзіңіздің рухани тербелісіңіздің көмегімен тарату. Мен өз сыпайылығым арқылы үлкен ақиқат жойқынын көремін, және Құдай осындай сый ұсынғанына өте риза болғандықтан, оның хабарламасын таратуға міндеттімін. Осы рухани жолды шын ниетімен танығандар өздерінің рухани мақсатын сезініп, рухани қасиеттерін көре біледі.

Өзін өзі тану жұмысы Христос пен Бабажидің жұмысы. Шіркеулерде ібіліс Құдай түсінігімен байланысты емес әрекеттерге адамдарды бағыттағаны Иса жүрегіне ауыр тиеді. «Шіркеу» өзінің әлеуметтік диверсиясымен және фанаттығымен оларды Христос рухынан алып тастайды. Біз шіркеуге бір мақсатпен: Құдаймен қатынасқа түсу үшін барғанымыз дұрыс. Сендердің осында келген себептерің де осы. Егер сіз тынышталуға, үйде және шіркеуде терең медитация жасап үйренсеңіз, онда бір кездері мұны өз өміріңіз үшін жасалғанын түсінесіз. Сізге Құдаймен тілдесу үшін тыныш орын қажет. Бұл шіркеулер мен ғибадатханалар үшін шынайы мақсат болып табылады.

ҚҰДАЙ ЖОЛЫНА ЖЕТУ ТҮПКІЛІКТІ ЖЕҢІС

Осы тұрғыдан алғанда, сіз өзгеріп, жақсара алмаймын деген ойдан арылыңыз. Әр түн сайын өзіңізді саралап, терең медитация жасаңыз, «Тәңірім, мен сізсіз тым көп өмір сүрдім. Менің өз тілектеріммен ойыным қанды. Енді менімен не болмақ? Маған сіз керексіз. Маған көмекке келіңіз. Өзіңіздің үндемес антыңызды бұзыңыз да, мені жетелеңіз» деуден жалықпаңыз. Маған көмекке келіңіз. Үндемес антыңызды бұзыңыз. Мені жетелеңіз». Ол он рет үндемей қалуы мүмкін, бірақ Оны тағатсыздана күткен кезіңізде, Ол сізге келеді. Ол сізден алыста қала алмайды. Сіз кейіпсіз құмарлықты қоректендіріп отырғаныңызда, Ол сізге келмейді, бірақ та, егер шын мәнісінде шынайы болсаңыз, онда сіздің қай жерде екеніңізге қарамастан, Ол сізбен бірге болады. Бұл күш салуға тұрарлықтай жағдай.

Оңашалану ұлылық құны. Тым шулы жерлерге жиі барудан аулақ болыңыз. Шу мен тынымсыз әрекет сіздің жүйкеңізді толқулы күйде ұстайды. Бұл Құдайға емес, өлімге апаратын жол, өйткені сіздің әлеміңізді бұзатын нәрсе сізді Құдайдан алшақ ұстайды. Сіз сабырлысыз және тынышсыз, өйткені Құдаймен біргесіз. Уақытымның басым бөлігінде мен жалғыз қалғанды ұнатамын, бірақ тобырдың арасында боламын ба, жалғыз қаламын ба, әрдайым өз жанымда оңаша қаламын. Қандай терең үңгір! Жердің бүкіл дыбыстары жоғалады да, дүние мен үшін өлі болып көрінеді, өйткені мен өзімнің бейбіт үңгірімде серуендеймін. Егер сіз осы ішкі патшалықты таба алмаған болсаңыз, онда уақытыңызды неге текке жойып жүрсіз? Сізді кім құтқарады? Өзіңнен басқа ешкім де емес. Сондықтан да көп уақытыңызды жойып алмаңыз.

Сіз мүгедек, соқыр, мылқау, керең, және тастанды болсаңыз да, берілмеңіз! Егер сіз «Тәңірім, мен Сіздің ғибадатханаңызға өзімнің дәрменсіз көздерім мен аяқ-қолдарымның кесірінен бара алмай отырмын, бірақ өзімнің бүкіл ақыл-парасатыммен мен Сіз туралы ойлаудан тынбаймын» деп сыйынсаңыз, Құдай сізге «Балам, дүние сізден безсе де, Мен өз құшағыма аламын. Меніңше сіз жеңімпазсыз» деп жауап береді. Мен күн сайын Оның бар екенін ұғына, рахаттана өмір сүремін. Барлығынан да керемет безушілікті сеземін. Тіпті бір нәрсеге деген ерекше ықыласты сезінуге талпынғанның өзінде де, ақыл-парасатымның бөлек екенін білемін. Рух- менің асым, Рух- менің қуанышым, Рух- менің шабыт алатын ғибадатханам, Рух- менің махаббатым және Сүйіктім. Құдай Рухы менің бүкіл тілектерімді қанағаттандырады, өйткені Оның бойынан мен бүкіл даналықты, сүйіктіме деген бүкіл махаббатты, сұлулықты көремін. Құдайдан басқа ешқандай да басқа тілек, басқа менмендік деген жоқ. Мен не іздеген болсам, соны Оның бойынан таптым. Сіздер де солай таба аласыздар.

ҚҰДАЙДЫ ІЗДЕУ МҮМКІНДІГІН ЖОҒАЛТПАҢЫЗ

Көп уақытыңызды кетірмеңіз, өйткені, егер сіз өзіңіздің физикалық тұрағыңызды өзгертетін болсаңыз, онда Құдайды шынайы түрде іздеу үшін алдымен өрлеу және балалықтың ауыр еңбегін, жастық шақтың тынымсыздығынан өтіп, ұзақ уақыт бойы басқа мүмкіндік іздейсіз. Сонда неге уақытыңызды пайдасыз тілектерге бола жоясыз? Өз өміріңізді өлім келген уақытта тастауға тиісті заттарды іздеуге кетірудің өзі ақымақтық емес пе? Бұлай ешқашан бақытты таба алмайсыз. Бірақ медитация кезінде Құдаймен байланыс жасау үшін жасаған әрбір әрекетіңіз сізге жанның мәңгі сыйын әкеледі. Қазірден бастаңыз-даңқты емес, Рухты іздейтін адам – Құдайдың нағыз сүйіктісі.

Әрбір адам өзінің жеке басының жеңісіне жетуі керек. Өзіңіз жоғары дәрежеде жеңімпаз болуға тырысыңыз. Сіз әскерге, ақшаға немесе басқа да кез-келген көмекке зәрусіз, ең жоғарғы жеңіске жету үшін, жеңуге тиіспін деп шешіңіз. Сіз медитация жасап, дискриминация қылышымен мазасыз ойларды бірінен соң бірін шаба беріңіз. Олар барлығы да өлген кезде, Құдай Патшалығының даналығы сіздікі болады.

Осы уағызды естігендер, және өзгеру үшін күш салған жандар Құдаймен қатынас орнатады, және Оның бойынан рухтың шынайы және берік жеңісін табады.

"Оны тамашалауға бата алғанмын"

Өзіндік таным қоғамдастығының халықаралық штаб - пәтері Лос-Анджелес, Калифорния, 3-ші қаңтар, 1937 жыл

[1925 жылғы Вашингтон тауындағы Халықаралық штаб - пәтеріндегі, Парамахансажидің Үндістаннан оралу құрметіне және Өзіндік таным негізінің қаланғанына он екі жыл толуына орай шақырылған арнайы шақырылымның жабылу зияпатынан алынған кіріспе]

Мен сіздің бүгінгі кеште маған айтқан барлық мейірімді сөздеріңізге сөзбен ризашылығымды жеткізе алмаймын. Сіздің шын берілгендігіңіз бен рух күшіңізге, жүректен шыққан сөздеріңізге ризашылығымды білдіремін. Өзіңізге абыроймен қызмет ету үшін сіздің батаңызды сұраймын. Өзіңізбен бірге болғанымды мақтан тұтамын, және сіздің алдыңызда қарыздар болғаныма, сізге және әлемдегі барлық аға-әпкелерге қарыздар болғаныма мақтанамын.

Мұнда Йогананда мен арқылы емес, ішімдегі Ол арқылы сөйледі. Жан сапа жағынан Жоғары Жанға ұқсас. Менің тек білетінім, сіз Христосқа ұқсас жаратылғансыз. Толқынды бақылаған кезіңізде, сіз мұхитты көресіз, бірақ мұхитты бақылаған кезде, сіз мұхиттың толқынға айналғанын көресіз. Бұл- барлық толқындардан төмен сол мұхиттың өзі. Мен Рух мұхитын сіздердің бүкіл өміріңізден төмен көремін. Мен сіздердің алдыңызда басымды иемін.

Сіздің мен туралы айтқан тамаша сөдеріңізге лайықты еместін. Менің айтарым, бұл сіздердің алдарыңызда мені сүйікті етіп отырған Құдай ризашылығының көрінісі. Менің жер бетіндегі өмірім бос болмады. Сөздеріңіз үшін Тәңірім батасын берсін, және мүмкін сонда сіздер айтқан сөздерге неғұрлым лайықтырақ болармын.

Мен осы бүкіл шектеулер мен айырмашылықтарды ұмыттырған діни қуанышты, діни түсінікті және діни қатынасты сезінген жағдайларға таңданамын. Мен түсінік пен көркем мерекелер арқылы түсініктің не екенін сұраймын, бүкіл жер бетінде мейірімділік билегендіктен, мехрабта патшалық пен Құдай кезбелігінің бірлігі көрінеді. Жанымыздағы осындай жартасты және пайдасыз қабықтар қалаймен сындырылған - Діни Көктемгі ағындар әрі қарай бізге жаңа тазалықты, жаңа ләззатты, жаңа махаббатты алып келеді.

ЖАҢА ЖЫЛДЫҢ ЖАҢА БАСТАМАСЫ

Біз жаңа жылды жаңарған санамен бастадық. Күн сайын бұрыс әдеттерден арылып, жақсы әрекеттер мен әдеттерді бойымызға дарытайық. Мүмкін, біз барлығымыз осы Жиналыс секілді жағдайлардың қуанышын түсініп, осы жағдайлардан шабыт алармыз, сонда надандық қараңғылығы мәңгіге осы қуаныштың маягы арқылы ыдырайды. Мен Оны осы жағдайда тамашалауға және Оның шабытын әрқайсысыңыздың бойыңыздан тамашалау маған шексіз қуаныш сыйлайды. Оның осы діни жандар аузынан шыққанын естігеніме шексіз қуаныштымын.

Құдай ғана маған Оның бағасы туралы айтқан болатын. Біле-білсеңіз, барлығыңыз да құдайсыздар. Сіздің санаңыздың ар жағында Құдай теңізі. Сіз ішке үңілуге тиіссіз. Шағын тән толқынының әлсіздіктеріне шоғырланбаңыз, төменге қараңыз. Көзіңізді жұмсаңыз, қайда қарасаңыз да, алдыңызда тұрған кең жайылған кезбелікті көресіз. Сіз сол орталық өрісінде тұрсыз, және тәннен және оның оқиғаларынан өз санаңызды түсірмегендіктен, өрістің жұлдыздарға жарық беріп, жел мен дауылға күш беретін үлкен қуаныш пен бақытқа толы екенін көресіз. Құдай біздің бүкіл қуанышымыздың және табиғаттағы барлық көрінісіміздің қайнар көзі.

Құдай табыспен табылмайды «Ендеше Құдай патшалығы мен оның әділдігін әрдайым бірінші орынға қойыңдар, сонда сендерге мұның бәрі қосып беріледі», Сондықтан не ішіп-жейтіндеріңді ойлап уайымдамаңдар. Сарыуайымға салынуды қойыңдар![1]

Өзіңізді надандық түнегінен оятыңыз. Сіз адасу ұйқысында көзіңізді жұмып алдыңыз. Ояныңыз! Көзіңізді ашыңыз, сонда сіз Құдай даңқын көресіз- Құдай жарығының зор көрінісі бүкіл заттардың бойына кеңінен жайылған. Мен сіздерге діни реалист болыңыз дэймін, сонда сіз барлық сұрақтарға Құдайдан жауап алатын боласыз. Медитация жалғыз ғана жолы. Дінге сену, кітап оқу сізге нақты

---

[1] Матай 6:33, Лұқа12:29

жауап бере алмайды. Дұрыс бағытта медитация жасай отырып, сіз ұлы түсінік пен қуаныш табасыз. Егер осы жолға сүйенетін болсаңыз, онда сіз Құдайды бос дұға мен жарамсақтық арқылы қарата алмайсыз, бірақ Ол сіздің жүрегіңізге деген махаббатпен, ынтықтықпен ауысуы мүмкін. Медитация әдістері тәжірибелерімен бірге, сіз өзіңізді Құдайға беруіңіз керек. Сіз өзіңіздің діни ажырамас құқығыңызды талап етуіңіз керек. Сіздің тұрақты дұғаларыңыз, шексіз шешімділігіңіз, сіздің Құдайды үздіксіз қалауыңыз Оны Өзінің үндемес антын бұзуына мәжбүр етіп, сізге жауап қататын болады. Ең алдымен, тыныштық ғибадатханасында Ол Өзін сыйға тартады.

ӨМІРДІҢ ДРАМА ФИЛЬМІ

Сіз кинофильм немесе театр қойылымын көрген кезіңізде, сюжетін алдымен жақсы білген болсаңыз, онда бұл сізге аса қызық болмайды. Осы өмірді түсінбейтініңіз жақсы, өйткені Құдай сіздің өміріңізде кино драмасын ойнайды. Осының немен бітетінін біліп отырсақ, қызық болмаған болар еді. Аяғы немен бітетініне абыржымаңыз. Бірақ әрдайым Құдайға «Мені осы өмір драмасында өз ролімді ойнауға үйретіңізші әлсіз немесе күшті, ауру немесе жақсы, биік немесе аласа, бай немесе кедей болсын осы драманың соңында осының барлығы туралы білгім келеді» деп сыйыныңыз.

Уақытыңызды текке жоймаңыз. Сіз Құдай жаратқан жаратылыстың ішіндегі ең зорысыз. Сіз ойлап, пайымдау қабілетіне иесіз. Құдай «Мен сіздерге ерік бердім, мен сіздерге бостандық пен таңдау еркіндігін бердім. Сіз мүмкін осы бүкіл заттарды қоя тұрып, осы сыйдың барлығын сіздерге беріп отырған Мені жақсы көретін боларсыз» дейді. Мен, әйтеуір, үлкен Сана Мұхитына әкеліп тірейтін өз тілектерімнің бүкіл күміс жылғаларын таптым. Сіздердің көпшілігіңіз осы Мұхит арқылы жүзіп өтесіз, бірақ жағалауға келгенде тоқтап қаласыз. Егер сіз осыдан соң өмірдегі жақсының бәрін сақтап қалатын болсаңыз, онда сіз тілек ағысымен Құдай санасының мұхитына жүзуге тиіссіз. Сіздің алдыңызда тұрған бүкіл өмірдің «дәлелдері» шынайы емес. Бүгін бар болсақ, ертең жоқпыз. Біз өзіміздің міндетімізді бүкіл өмірлеріміздің соңында тұрған ұлы державада есте сақтауға тиіспіз. Өз ролімізді осы драмада ойнай отырып, біз Оның алдындағы зор міндетімізді ұмытпауымыз керек. Егер осы өмірді түсінгіміз келсе, біз Құдайдың гүлдерде не істейтінін, біздің ойларымызда жанып тұрған

Оның ақылының алауын, біздің бойымызда ағып жатқан өмірдегі нәзік жұмысын түсінуге тиіспіз. Шексіз Құдай ретінде, қалай болғанда да, біз Оны өз санамызда сезінеміз. Біздің өміріміз осы Рухтың көрінісі. Ешқандай толқын мұхитсыз бола алмайды; сондықтан біз өз өмірлеріміздің артындағы үлкен Өмір Мұхитын түсінуге тиіспіз.

ІСКЕ АСУ ТАУДАН БА НЕМЕСЕ ТІРІ ЖАНДАРДАН БА?

Бұл сіздерге Құдай санасын бере алатын діни жандар мысалдары. Бір кездері, осыдан көп уақыт бұрын, мен лашық тақуасы міндетінен кетіп, Құдайды Гималай тауының тірі жан жоқ жерлерінен іздегім келді. Ұстаз (Свами Шри Юктешвар) маған өзінің жетекшілігімен медитация әдісін үйреніп, медитацияға көп көңіл бөлгенімді, ол жақтан Құдай туралы дұрыс түсінікті ала алмайтынымды айтқысы келді. Бірақ мен оның тұспалын естіген жоқпын да, кетіп қалдым. Көп ұзамай, әдетте, мен өз гуруыма қайтып оралдым. Сол кезде ол маған қатты ашулы деп ойладым. Бірақ, ренжудің орнына, мені көрген кезде ол маған «Жүр, жейтін бір нәрсе қарастырайық» деді.

Мен болсам: «Сіз маған ренжулі емессіз бе, сэр?» деп сұрадым.

Ол: «Мен неге сізге ренжуге тиіспін? Мен сізді өзімнің жеке мақсатым үшін пайдаланғым келмейді. Сіз оралдыңыз, ал менің өзіңізге деген махаббатым бұрынғы қалпында. Сіз кетсеңіз, ол сіздің рахатыңыз болды, және менде сол кезде де өзіңізге деген сол махаббат болған болатын» деп жауап берді. Сонда мен Құдайдың сөзсіз махаббатының мәнін, және Құдай жер бетінде менің гуруым секілді жандар арқылы осы махаббатты тақуаларына беріп жүргенін түсіндім.

Қайтып оралған соң, көп ұзамай, терең медитация жасауға кіріскелі жатыр едім, кенет ұстазым мені өзіне шақырды. Мен барғым келмеді. Ол мені қайтадан шақырды. Сонда мен «Ұстазым, мен медитация жасап жатырмын»,-дедім.

Сонда ол «Медитацияны қалай жасап жатқаныңызды біліп отырмын. Кел мында» деді. Барып, оның көзіне қараған кезде, үлкен діни аяушылықпен маған тесіле қарап отырғанын көрдім. «Байғұс бала» деді ол, «таулар сізге қалағаныңызды бермейді» деді. Кенет менің кеудеме қолын басып қалып еді. Сол кезде ұстаздың маған берген діни қабылдауын естідім, мен мұны түсіндім. Бәрі еріп кеткендей болды, бәрі жеп-жеңіл болып көрінді. Тынысым тарылғандай болып, тәнім жерге еніп кеткендей болды. Мен өзімнің тәннен босап шыққанымды сездім, мен Рух болдым. Мың көзім болды. Алдымдағыны да, артымдағыны да, бірнеше миль жердегіні де көріп тұрдым. Қатты денелерді көрдім, ағаштардың тамырынан ағып жатқан шырынды көрдім, ғимараттың ішін, қабырғасын, барлығын көре алдым. Сонда көріп тұрғанымның рас-өтірігін тексергім келді, айналаның барлығын көзді ашып тұрып та, жұмып тұрып та көре алғандықтан, рас екенін түсіндім. Мұндай қуанышты мен көп жылдар бойы аңсаған едім, ұстаз маған оны бір рет жанасу арқылы берді, сол кездегі басымнан кешірген қуаныш пен бақытты сөзбен жеткізу мүмкін емес еді. (Мен ешқашан өз ұстазымның ұлылығын түсінбеген едім. Мен оған қатты сенімді болатынмын. Оның менің өмірімнің діни ризашылығы бойынша осынша жұмыс істейтінін түсінбеп едім). Құдайдың көзі жоқ. Ол кеңістік қуыстығы арқылы көреді- менің айналаның бәрін көзсіз көргенім секілді әдіспен көреді. Әлемдегінің барлығы менің ішкі дүниемде болып жатты.

Жарты сағаттық бақыт пен ғажайып көріністен соң, ұстаз маған қайтадан қолын тигізіп еді, мен қайтадан тәнге шектеулі күйіме оралдым. Таулар шынымен де Құдайды ұстаз арқылы бергенін бере алмады. Ол мен үшін жер бетіндегі Құдай кейпі болып көрінді. Ол «Жүр, серуендеп қайтайық» деді де, серуенге бармас бұрын самалдықтың еденін тазалатып қойды. Қандай кереғарлық! Теңдестірілген рухани өмір сабағы. Ол екеуміз сол жолы Ганга өзенін бойлап келе жаттық. Оның маған берген рухани көрінісі үшін өзімнің ризашылығымды білдіргім келген кезде, ол немқұрайлылық танытты. Бұл менің ұлы әулием болатын.

ШРИ ЮКТЕШВАРДЫҢ ТІРІЛУІ

Ұстаз айналада серуендеп жүретін радио-тербеліс секілді еркін.[2] Оның мені әрдайым аңдып жүретіні ұнайды. Ол тап қазіргідей ешқашан болып көрмеді. Мен оның әркез жанымда тұрғанын сеземін. Ол маған не айтса, соның барлығы да жүзеге асты. Ол «Сен Үндістанға келген соң, мен тәнімнен босап шығамын» деп алдын ала айтқан болатын. Мен оны ешқашан ұмытпаймын. Қаншама жылдар бойы менің оралуымды күтті. Америкада қанша жыл болсам да [1920

---

[2] Свами Шри Юктешвар Парамахансажи Үндістанға келген кезде,1936 жылдың 9 наурыз күні қайтыс болды.

жылдан бастап]; ол мені аса шыдамдылықпен күтіп, мені шақырмады, екі жыл өткен соң мен Әулие Линнге «Ұстазым мені шақыртып жатыр. Ол әрі қарай күте алмайды. Мен кетуім керек»,- деп хат жаздым. Әулие Линн рухани және интуициялық түсіністік танытып, көп кешіктірмей, мені Үндістанға аттандырды. Мен барған кезде, ұстазым Мәңгілікпен кездесті. Ол тәнінен босап шығып; содан соң, менің таңданысыма, ол маған қайта тірілген күйде келді.[3] Бұл қиял емес, достарым. Радио және басқаларының бүгінде пайда болуы бұдан бір жыл бұрын скептицизммен қарастырылар еді. Егер осы көріністерді көргіңіз келсе, Құдай сізге тамаша нәрселерді көрсете алады. Байқап көруге болады. Сіз жүрегіңізді, жаныңызды медитацияға сыйдыра білуіңіз керек. Егер таңертең және кешке екі сағат уақытыңызды бөлсеңіз, онда Ұлы Құдайды таба аласыз.

«Мың адамдардың ішінде, мүмкін, біреуі рухани жетістікке ұмтылар; және Маған жетуге тырмысып жүрген, бата алған іздеушілердің Мені осы күйімде көре алар».[4] Бұл Құдайды табу үшін міндетті түрде бірінші келгендер емес; сол жолдан өтіп, ризашылыққа ие болғандар. Олар Оны қабылдауға тиіс.

Арбауға қарағанда Құдай сондай еліктіргіш

Мен Құдайдың арбауға қарағанда, неғұрлым еліктіргіш екенін түсіндім. Оны бүкіл материалдық тілектермен салыстырып көріп едім, басқаға қарағанда, Оның неғұрлым қалаулы екеніне көзім жетті. Мен сол Рухтың зәкіріндемін. Өз үйімді Вашингтон тауынан немесе автокөліктен, Үндістаннан немесе Америкадан, немесе қалаған жерімнен таба аламын. Материалдық заттардың қуанышы жоғалса да, бірақ Құдай қуанышы ешқашан жоғалмайды. Бұл Рухпен мәңгі роман. Бұл айтып жеткізуге болмастай қуаныш, ләззаттың өзі. Сіз Құдайшылдықтың жарқылын көрсеңіз де, оны қанағат тұтпай, тереңірек бойлай беріңіз, сонда сіз Құдай алдындағы мәңгілік табалдырықта отыратын боласыз. Сонда, армандарыңыздан тыс жер бетінде, тыныштық кемесіне ене аласыз. Құдай күтуде. Сіз осы түсті аңсайсыз. Өз назарыңызды осы дүниеден ішкі дүниеңіздегі Құдай Патшалығына аударып көріңіз. Мен өзімді қуантып, жұлдыздар мен

---

[3] *Йог өмірбаяны* шығармадағы 43 тараудан алынған

[4] Бхагавад Гита VII:3.

планеталар санамның жайылымында жүзіп жүрген сол патшалықта өмір сүремін.

«О Құдайым, мен Сіздің Өз сұлулығыңызды аспан кенебінде, табиғат кенебінде, менің санамның кенебінде салып жатқаныңызды көрдім. О, қандай жолым болғыш адаммын! Мен Сіздің есіміңізді атауға лайықты емеспін».

Мен медитацияда Оны жабулы көздеріммен де, ашық көздеріммен де көремін. Сіз де осы мәңгі бостандықты табуға тиіссіз. Мұны жасау сіздің қолыңыздан келеді, тек күш салсаңыз болғаны. Құдайсыз өмір сүргенше, бүкіл кіші тілектерді жойып, егер қолың күнәға азғырса оны кесіп таста. Өйткені екі қолыңмен жаһаннамға — ешқашан сөнбейтін отқа — кеткеннен гөрі кемтар болып өмірді иеленгенің артық. [5] Өзіңізді оятыңыз! Бүкіл жаратылыс арқылы мұхит секілді ағып жатқан Құдай Рухының зәкірінде болыңыз. Құдай санасына ие болу үшін осы қамшының сабындай қысқа ғұмырда күш салу керек. Қуаныш үнемі ағып тұратын болады. Осы үлкен Өмір Мұхитын сеземін де, «О Құдайым, осы кішкентай ғана тіршілік иесі Өзіңіздің қуанышыңыздан бата алған. Енді мен Исаның қансырап, өз өмірін басқалар үшін қиюға дайын болуының мәнісін түсіндім: Ол сіздің қуанышыңыздың зәкірінде болған екен ғой» деймін.

Біз бәріміз де, өз тәнімізді, ақыл-парасатымызды, жанымызды тәртіпке келтіріп, Құдайға күшімізді сала сыйынуымыз керек. Егер сіз, біз оқытып жатқан медитация жолына түсетін болсаңыз, онда бір күні, ойламаған жерден Құдай сізді көтеріп алғысы келіп екі қолын созады. Бұл тек сіздің Құдайды іздегеніңіз емес, Құдайдың сізді іздегені. Бірақ, қаласаңыз, Құдай сізге қабыл алмастай тәуелсіздік берді. Сіз өз Әкеңізге көмектесуге тиіссіз. Өз үйіңізге оралып, үйіне қайтып оралған інжілдік адасқан ұл секілді, Ол сол кезде семіртуге қойған даналық, мәңгі бақыт және діни түсінік қашарын сіздің құрметіңізге соятын болады. Сонда Оны мәңгіге өз жаныңыздан табатын боласыз.

Құдай, Гуру, Парамгуру, тақуалар, мен бәріңіздің алдыңызда басымды иемін. Мен бүкіл адамзаттың аяғына жығыламын, өйткені бәрі де Құдайдың балалары.

---

[5] Марқа 9:43

Құдайды өзіңізбен бірге өз өміріңіз арқылы алыңыз

Өзіндік таным қоғамдастығында жасалған баяндамадан үзінді,
Халықаралық штаб пәтері, Лос-Анджелес, Калифорния,
17-ші тамыз 1939 жыл [1]

Құдайдың арқасында бәрі бар. Оның арқасында сіздер тіршілік етіп отырсыздар. Оның арқасында сізде материалдық молшылық пен жайлылық бар, және не керек болса, соның бәрі бар. Осылайша, сіздің Құдайға деген ризашылығыңыз мол болуға тиіс. Сіз неге Оның өзіңізге арналған жоғары маңызын есте сақтамайсыз? Сіз қалайша күн сайын Оны көрместен ұйқыдан оянасыз? Ешқандай ақталу деген жоқ. Материалдық өмірге осынша мән берудің қажеті не? Жердегі міндетіңізге көңіл бөлген кезде үнемі Құдай туралы естен шығармаңыз. Күн сайын тағдыр әзәзілі адамдарды осы уақытша жерден алып кетіп жатады, кез-келген сәтте сізді де алып кетуі мүмкін.

Осы дүниеде өз міндеттеріңізді адал орындаңыз, бірақ өз міндетіңізді Құдаймен тоқтаусыз ұстап тұрыңыз. Мен бәріне қызмет ету үшін қажырлы еңбек етемін, бірақ жалғыз медитация жасап жатқанымда, ешкімнің мені мазалағанынын қаламаймын. Басқа мәселелер күтіп тұра алар, бірақ Құдай алдындағы міндетті ескермеуге болмайды. Үндістанда бірде-бір әулие тіпті шұғыл хабарлама келіп жатса да, өзінің дінге қызметін тоқтатпас еді. Сіз де өз өміріңізде Онымен күн сайынғы қатынасқа жоғары мән бергеніңіз жөн. Әйтпесе сіз ешқашан Құдаймен әрекеттестігіңізді сақтай алмайсыз.

Ұлы ұстаздар сізге немқұрайлы болуға кеңес бермейді, олар сізді салмақты болуға үйретеді. Сіз тәніңізді асырап, киіндіру үшін күмәнсіз

---

[1] Парамахансажи дәріс беріп тұрғанның өзінде тыңдаушыларының ойламаған жерден келген ара кідік сұрақтарына жауап беріп тұрады. Мына беріліп отырған мақаладағы материалда спонтандық шегіністер көп кездеседі. Бұл мақала *Адам өзінің мәңгілік иесін іздеуінен* "Әлемнің жаратылуына ғибрат көзбен қарау" деген тарауынан алынған.

жұмыс жасауыңыз керек. Бірақ бір міндетіңіздің екінші міндетке қарсы тұруына мүмкіндік берер болсаңыз, бұл шынайы міндет емес. Мыңдаған бизнесмендер байлық жинаймын деп әуре, сондықтан да олар жүрек ауруына ұшырап жатады! Егер гүлденуге деген міндетіңіз сізді денсаулыққа деген міндетті ұмытуға мәжбүр етсе, бұл да міндет емес. Үндестік тәсілімен даму қажет. Өз назарыңызды сұлу тәннің дамуына бөлудің қажеті жоқ. Қабілеттер де дамыған болуы шарт. Егер сіздің денсаулығыңыз, көркеюіңіз бен интеллектіңіз мықты болып, өзіңіз әлі де бақытсыз болсаңыз, өз өміріңізде әлі де табысқа кенеле қоймағаныңыздың белгісі. Сіз «Мен бақыттымын, ешкім де менің бақытымды тартып ала алмайды» деп шын айта алсаңыз, сіз-патшасыз, сіз ішкі дүниеңізден Құдай образын таптыңыз. Осы іштегі образды мақтан етіңіз. Егер сіз өмір арқылы көкезуленіп, өршеленіп, бәріне жаратпаушылықпен қарасаңыз және осы санамен өлетін болсаңыз, сіз Құдайдың өзіңіздің ішкі дүниеңізде екенін түсінуді бастамағыңыз да келмегені.

Бір күні үнді әулиесі мен бірнеше шәкірттері Гангаға шомылып жатқан кезде, басқа бір адам келіп, әулиенің жанына атын жуындырады. Арам ойлы адам өзінің атын баптап, әулиеге суын шашырата бастайды. Ренжулі шәкірттер бұл адамды соғып жібергісі келеді. Бірақ гуру оларға «Жоқ, бұл адамды жәйіна қалдырыңдар» дейді. Кенет ат қожайынын теуіп жіберген кезде, бірнеше тісін сындырады. Әулие зақым алған адамға сыпайы түрде жақындайды. Тағдырдың заңының қаттылығын қарасаңшы, оған әулие емес, Құдай жазасын берді. Құдай және Оның ғарыштық заңдар әрекеті дұрыс жандардың пайдасына жұмыс жасап, құдайшылдыққа адал емес жандарды осылай жазалайды. Рухани адамның деңгейі неғұрлым жоғары болса, табиғаттың әділет заңдылығы бойынша, оған кесапат жасамақ болған адамның зардабы да солғұрлым үлкен болады. Себебі әулиелер Алла тағаланың ең сүйікті жарандары, сондықтан Ол өз сүйіктісін қорлағандарды кешірмейді.

АДАМ ҚҰДАЙ ОБРАЗЫ БОЙЫНША ЖАРАТЫЛҒАН

Сіз Құдай образысыз, сіз өзіңізді Құдай секілді ұстауға тиіссіз. Бірақ не болды? Алдымен таң атқалы сіз ашуға мініп, «менің кофем салқындап кетті» деп наразылық білдіресіз. Онда тұрған не бар? Неге мұндай нәрселерге бола ашуланасыз? Сөзсіз сабырлы, бүкіл ашудан ада сол ақыл-парасатқа көшіңіз. Бұл сіздің қалағаныңыз. Ешкімге және ештеңеге "сіздің дүниеңізге тиісуіне мүмкіндік бермеңіз". Сіздің "дүниеңіз" сіздің әлеміңіз. Ешкім де сізден ештеңе ала алмайтын болсын. Және өзіңіздің бақытсыздығыңызға ешкімді кінәлай көрмеңіз, өзіңізді кінәлаңыз. Егер сізге басқалары дұрыс қарамаса, қатені өз бойыңыздан іздеңіз, сонда сіз басқалармен неғұрлым оңай тіл табысасыз. Иса өзінің дұшпандарын кішкентай балаларша қарастырған. Егер сізді бала ұрып-соқса, оған жек көрушілік сезімде болмаңыз. Оны кешіріңіз, өйткені ол әлі бала екенін түсініңіз. Адамдар сіздің ізіңізге түскенде, өз бойыңыздағы Құдайға кек сақтап, тіл тигізе көрмеңіз. Егер сіз Оның образын ішкі дүниеңізбен түсінгіңіз келсе, өзінің Құдаймен байланысыңызды дамытып, Сонымен ұқсас екенін, Оның бір бөлшегі екенін ұғынсаңыз, өзіңіздің рухани қуатыңыз Оның қуатымен бірдей болады. Солай Құдай сияқты өмір сүріп жатқаңызды *бүгіннен бастап* еске түсіріңіз.

Адамдардың басым бөлігі көңіл-күйдің құрбаны болады, егер күн сайын оларды басқарып отырмаса, олар оны бақылайтын болады. Ақыл-есі толығымен дұрыс емес адамдар "ұстамсыз" болады, және ол мұны өздері білмейді! Өз қыңырлығын білетін адам, неғұрлым ұстамды бола бастайды. Ешкім өзінің қызығушылығына қарсы сезіп тұрғанды өз еркімен жасағысы келмейді, қызық құбылыс, сонда да оның өз еркімен, қыңырлықпен, еркелікпен және әдеттермен қаныққан ол өзінің игілігіне қарсы көп нәрселерді жасайды.

Қандай іс болса да адам баласы әуелі ол істің не үшін керегі барын білуі керек емес пе? Әркез алдымен не істейтініңізді және сізге сол іс әрекетіңіз қалай әсер ететінін ойлап алыңыз. Импульста әрекет ету бостандық емес, өйткені сіз бұрыс әрекеттердің жағымсыз кесірлерімен байланысты боласыз. Бірақ мұндай нәрселерді жасауға өзіңіздің дискриминацияңыз жақсы нәрсе бәрін де азат етеді дейді. Мұндай даналықпен басқарылатын әрекет бәрін де діни тіршілік үшін жасайды. Сонда сіз өз бойыңыздағы Құдай образын тауып, көрсететін боласыз. Бір нәрсені жасауға, не жасамауға шешім қабылдаған кезіңізде, және сіз сол резолюцияны қарама-қарсы қыңырлықтар мен жаман әдеттерге қарамастан жасайтын болсаңыз - бұл нағыз бостандықтың өзі.

Үндістанның ұлы әулиелері үйрететін даналығы бұл аптаның басқа күндері ұмыт болып тек жексенбі күні еске алатын іс емес, олар күн сайын қолданыста болуы шарт. Тек құр сенім жеткіліксіз, өзін-өзі тәрбиелеу, қыңырлықты бақылау өте маңызды. Үндістанның рухани ұстаздары басқарған үлкен мектептері шәкіртке сөзсіз бақытты болу, қайғы-қасіретке және өзгеріске мойымау жолдарын көрсетеді. Рухани ұстаздардан тәлім алған шәкірттер таза болып, адамзатқа зор ықпал жасай алады. Рухани біліммен сусындатқаны үшін мен оларға шексіз ризамын.

КҰДАЙ ӨЗІН СІЗГЕ МӘЖБҮР ЕТПЕЙДІ

Егер сіз ақиқатты шынайы іздейтін болсаңыз, Құдай сізге шабыттандырып, рухани діни кітапты немесе рухани ұстазды табуға көмектеседі. Егер ізденуші терең ізденіске түскен кезде, Құдай сізге гуруды жібереді. Гуру ақиқат іздеушіні өзіне шәкірт ретінде қабылдай алатын, оны надандық түнегінен даналық сәулесіне жетелей алатын, Құдайды таныған тұлға. Гурудың таза қабылдауының арқасында Құдай өзіне берілген жанды оқытады. Өйткені Құдай үндемес антын қабылдаған, және сол тақуа рухани дамудың белгілі дәрежесіне жетпей, Ол шәкіртке тікелей шықпайды. Құдайдың үнсіз қалуы Оның қатігез немесе немқұрайлы екенін білдірмейді. Керісінше, Ол өз махаббаты арқылы адам баласына өзінің жеке басының тағдырын шешуіне бостандық берді. Құдай осы еркін таңдау бостандығына араласқысы келмейді, бірақ ол Өзін табуға біздерді мәжбүрлемей, Ол біздің өзіміздің Оны табуға деген бостандығымызды қолданғанымызды қалайды.

Шексіз мейірімді Құдай ешкімнің де еркін шектемейді, сондықтан, өзін сезіну үшін бізге еркіндік берді, бірақ осыны түсінбей дене қамымен жүріп, біз көп уақытымызды пайдасыз өткізіп аламыз. Бірақ рухани білім алу арқылы өз қасиеттерімізді Алла тағаланың қасиеттеріне ұқсатып жетілдіре алатын болсақ, Құдайдың дауысы *естіледі*, Құдай *танылады*. Ол Сыртқы бес сезімдерден артық шынайы. Құдай тағала ең жоғарғы өзгермейтін мәңгілікті Сана. Сондықтан, Құдай тағала бүкіл болмысты жаратушы. Құдайды табу үшін бізге көп ізденіс керек.

ГУРУДЫ ҚҰДАЙ ЖІБЕРЕДІ

Өмірдің әрбір аспектісі секілді, Құдайшыл ізденісте Құдайдың заңдарына бағыну қажет. Мектепте алатын зайырлы білімді түсіне білу үшін, сіз оны жақсы білетін ұстаздан білім алғаныңыз дұрыс. Сол секілді, рухани ақиқатты түсіну үшін Құдайды білетін рухани ұстаз немесе гуру қажет. Тіпті егер ойыңыздағыдай ұстаз таба алмаған жағдайдың өзінде, сіз үлгі боларлық ұстаздың іліміне сүйенгеніңіз дұрыс. Кез-келген ұстаздың қолынан мұның барлығы келе бермейді. Тек жалғыз ғана керемет тақуа гуру болады. Бірақ сіз Құдай эмиссарынан теріс айналсаңыз, Ол тыныш қана: «Сіздің жан туралы діни ғылымды үйрену үшін менің жіберген көмегімді алмағаныңыз ақымақтық болды, енді қайтадан жауап беруімді күтуге тура келеді» дейтін болады. Бұл кезеңдерде жан өзінің қайда бара жатқанын білмесе де ол осы ұзақ сапарда болуға мәжбүр болды. Және әлі жүздеген түрлі әлемдерден өтуге тура келеді. Өзінің Құдай белгілеген гуруының даналығы мен махаббаты арқылы үйрене алмайтын жандар, бұл өмірде Құдайды таба алмайды. Былайша айтқанда, оған тағы да осындай мүмкіндік берілуі үшін қайтадан бірнеше дене алуына тура келеді.

Гуру мен шәкірт діни заңды түсінуі керек. Біз мұны Үндістаннан білеміз. Бұл өте қарапайым, бірақ өте маңызды: сіз алдымен гуруды табуыңыз керек, сонда шынайы рухани прогресс те басталады. Бұл менің өзімнің жеке басыма сіздің жылы көзбен қарауыңызды қалағаным емес. Мен тек шындықты белгілегенім; егер сіз Құдайды қаласаңыз, өзіңізге көмектесетін жалғыз Құдайға адал болуыңыз керек.

Гуруға көңіл бұрғандықтан басқа, күндіз-түні сіз Құдайға деген ерекше қажеттілікті сезінуге тиіссіз. Сіздің жүрегіңізде Ол үшін мыңдаған жүректер құштарлығы мен қайсар қажеттілік санасы болуы тиіс: сараңның ақша іздегені, нақсүйердің сүйіктісін аңсағаны, суға батқанның тұншыққаны секілді, сіз де Құдайды аңсауыңыз керек. Оны «Мен сізді тауып алғым келе ме? Мен тек Өзіңді қалаймын!» деп үнемі шақыра беріңіз. Сіз сыйынғаныңызда, мүмкін, өзіңізге жіберілген Құдай сәулесінің жарқылын көре аларсыз. Бірақ Құдай сіздің тілегіңіз ешқандай арбауға көнбейтіндей табанды ма, соны білгісі келеді. Сіз жасаған қателердің өзіндік маңызы бар. Егер Құдайға деген махаббатыңызды ештеңе де өзгерте алмаса, Ол сізге келеді.

Бірақ Оны қабылдау үшін сіздер жеткілікті түрде терең медитация жасап жүрсіздер ме? Егер сіз мұны дұрыс бағытта жасасаңыз, егер Құдаймен байыпты түрде сөйлессеңіз және Оған ұнауға тырыссаңыз, Оны табасыз, және Ол сізбен өзіңіздің арыңыз, өзіңіздің ояу рухани қабылдауыңыз арқылы сөйлесетін болады.

ӨЗІНІҢ ТАҚУАСЫНА ҚҰДАЙДЫҢ БЕРГЕН ЖАУАБЫ

Бір күні, шамамен жеті ай бұрын мен әр түн сайын дәрістер оқып, адамдармен күн сайын сөйлесемін деп әрекетке батып кеттім. Құдаймен оңаша қалуға уақыт та қалмады, сонда Ол алыста секілді көрінді. Мен өте қатты қиналып кеттім. «Тәңірім-ау, бұл не?»,-дедім. «Мен Сіз туралы қалай ойлаймын? Осы кластардан шығып кетейін бе?»,- деп сыйындым (Мен Одан үнемі бәрін тастап, тек Ол туралы ойлайтынымды қала ма екен, соны сұрап отырамын). «Адамдар ақша үшін, әйелдер үшін қырылды. Мен Сіз үшін, өзімнің Құдайым үшін өлуге қарсы емеспін! Бірақ мен Сіздің осы жерде менімен бірге екеніңізді білгім келеді. Мен Сізді қалай көре аламын? Мен Сізсіз қалай өмір сүремін? Мен жұмыс жасағым келеді, адамдарға қолымның ұшын бергім келеді, бірақ Сізді жоғалтып алғым келмейді. Құдайым, менің жалғыз ғана ойым- Сізге қызмет ету, бірақ неліктен мен арагідік Өзіңізбен байланысты жоғалтып ала беремін?». Мен одан жауап келгенше сондай күттім. Құдай сонда: «Сіз медитация жасамаған кезіңізде өз ойларыңызда Мені сағынып, медитация туралы ойламайсыз ба? Сіз медитация жасап жатқан кезде Мен туралы ойладыңыз, және медитация жасамаған кезде де Мені сағындыңыз, сондықтан да Мен туралы ойдың өзі әрдайым басым болды»,- деді.

Сол күннен бастап мен айлар экстазында болдым! Тіпті адамдармен сөйлескен кезде де, класстар немесе басқа да оқуларды жүргізуді жалғастыра бердім, әр минутымда Құдаймен байланыстан шаттық сезімін сезіндім. Бұл діни жағдай көп айлар бойы менімен бірге болды. Не жасап жатқаныма қарамастан, Құдайға арналған ақыл-парасатымның компас тілін санаймын. Тақуаның санасы да осындай.

Сіз де жауап алғанша осылай сыйына беріңіз. Ол маған бергеніндей, сіздерге де жауап береді. Өзіңіздің санаңызда үнемі жасырынып тұратын ерекше сана әрдайым болады. Өзіңіздің ақыл-парасатыңызда денсаулық, ақша, махаббат секілді нәрселердің қайсысы басым тұратынын біліп алыңыз. Мүмкін сіздің денсаулығыңыз өте жақсы болмағандықтан үнемі «Тәңірім, мен қайтадан дені сау адамға айналсамшы!» деп айта беретін боларсыз? Неге Құдайды осылай аңсамасқа? Оның өзіңізбен бірге екенін және ең үлкен қажеттілігіңіз екенін есте сақтай отырып, сіз Құдайды өз ақыл-ойыңыздың ең биігінде сақтай аласыз. Ақыл-ес адам баласын ойлауға итермелейді. Себебі, сізге басқаларда жоқ ерік пен ерекше ақыл-ес берілген. Құдайға жету үшін өзіңізді-өзіңіз дұрыс тани білуіңіз керексіз.

АМЕРИКАҒА АРНАЛҒАН МАХАББАТ ХАБАРЛАМАЛАРЫ

Үндістанда Құдайды ұмытпайсың, өйткені бұл елде бәрі де Ол туралы көп айтады. Мұнда сіз Құдай туралы шіркеуден басқа жерлерде және жексенбіден басқа күндері айтатын болсаңыз, сіз фанатик ретінде бағаландыңыз! Бірақ Америка рухани жағынан шапшаң дамып келеді. Мұнда әлемнің басқа бөліктеріне қарағанда, Құдайды терең түсінеді және аңсайды. Менің ойымша, сіздер өз жандарыңызда барлық елдерді өзіңізге қарата алатындай қасиеттерді дамытуға тиіссіз. Бағынатын екі маңызды уағыз бар, олар: « Ехоба Құдайыңды шын жүректен, бүкіл жан-тәніңмен, барлық ақыл-ойыңмен және бар күш-қуатыңмен сүй! Ал екіншісі мынадай: "Жақыныңды өзіңді сүйгендей сүй". Бұлардан ұлы өсиет жоқ ».[2] Сіз өз көршіңізді өзіңізді жақсы көргендей көріңіз. «Көрші» сіздің өміріңізге қатысты адам. Осы екі уағызды ұстанатын болсаңыз, қалғанының барлығы өзінен-өзі сақталатын болады.

Кімде- кім байсалды болып және Құдайды сүйетін болса, ол адам барлығынан да биік тұрады. Құдайға арнауға уақытым жетпейді деп айту оңай, бірақ жүрегіңізде және ақыл-парасатыңыздың арғы жағында сіз қоймастан: «Тәңірім, маған келіңізші! Сіз менің өмірімсіз» деп сыйына беріңіз. Осы ойларды әрдайым жасай беріңіз. Келелі мәселелермен күресесіз бе, әлде кей жетістіктерге рахаттанасыз ба, Құдайға өз ақыл-парасатыңыздың артқы жағында үздіксіз болуына мұрсат беріңіз: «Мен Өзіңізді ғана жақсы көремін. Өзіңізді көрсетіңізші» дей беретін болсаңыз, Құдай сізге келеді.

Ойлар балауыз, Құдайға махаббат- бал секілді. Егер сіз шынымен де адал болсаңыз, сіздің адалдығыңыздың балын сіздің ойларыңыздың балауызынан ішу үшін Құдай келетін болады.

БІЗДІҢ МІНДЕТІМІЗ ҚҰДАЙ

Құдайға деген талпыныс өзінен-өзі келмейді, ол өсіп-өніп барып келеді. Бұл тілексіз өмірдің мәні жоқ. Ұйықтап жатқаныңызда осы дүниемен, отбасымен, тіпті өз есіміңізбен, барлығымен қош айтысасыз. Тәніңізді ұмытасыз. Сіз бұл дүниемен қашан қош айтысатыныңызды білмейсіз. Бұл жерге тек аздаған уақытқа ғана тоқтап, саяхатта жүрсіз. Өмір жаныңыздан өтіп бара жатқан керуен тәрізді. Сіздің алғашқы қызығушылығыңыз осы жол жүрудің мақсаты мен міндеттерін біліп алудан тұрады. Бұл міндет-Құдай. Басқа ештеңе де емес.

Жаратушы Өзі үшін өмір сүріп, Өзі үшін жанын қиюға дайын тұрған тақуаға келеді. Ол осы жанға жақындап: «Балам менің, ояныңыз. Сіз тек түс көріп жатырсыз. Өлім сізге толығымен келген жоқ» дейтін болады. Сонда тақуа өзінің жердегі өмірінің азаптау үшін емес, оны шынайы табиғатқа үйретуге арналғанын түсінеді.

---

[2] Марқа 12:30-31

Жан өртеніп кетпеуі тиіс. Оны батыру, соғу немесе қирату мүмкін емес.[3] Тақуа «Мен тән емеспін. Мен формасызбын. Мен қуаныштың өзімін» дегенді жақсы түсінеді. Өзіңіз ұйқыдан оянған кезде: «Мен тек жай ғана өзімнің ішкі түйсігімнен пайда болдым. Мен тән емеспін. Мен көзге көрінбеймін. Мен-қуанышпын. Мен жеп-жеңілмін. Мен-даналықпын. Мен- махаббатпын. Мен, осы жер өміріндегі қозғалыста тән ретінде өмір сүріп, түс көрудемін; бірақ мен мәңгі Рухпын», - деп әр таңда осы ақиқатты есіңізге түсіріп отырыңыз.

БАҚЫЛАУҒА АЛЫНҒАН АҚЫЛ-ПАРАСАТ АУРУДЫ АЗАЙТАДЫ

Әркез, дене немесе ақыл-ой қайғы-қасіретін шеккен кезде осы рухани сананы қолданыңыз. Ұйқы кезінде сіз тіпті сынған сүйекті де сезбейсіз. Егер сергек кезіңізде сіз ақыл-парасатыңызды бақылауға алсаңыз, басыңыздағы кез-келген аурудың үштен бір бөлігі жоғалады, өйткені ақыл-парасаттан басқа тән мен аурудың арасында ешқандай байланыс қалмайды. Бейтаныс адам ауруға ұшырағанда сіз өз бауырыңызға қиналғандай қиналмайсыз. Баласының қайғысын көріп отырған ана, басқа баланың ауырғанына қиналмағанымен, өз баласына қатты қайғырады. Бұдан басқа, сіздің тәніңіздегі дене қасіреті күшейе түседі, өйткені онымен теңдестірілу арқылы, сіз басқадан гөрі, өз тәніңізбен келісімде боласыз. Тәннен ақыл мен сезімді алшақтату үшін сіз көп мүмкіндіктерге ие болуыңыз керек. Міне, сондықтан да кезінде Иса пайғамбар: «не ішіп-жейміз деп жандарыңды, не киеміз деп тәндеріңді ойлап уайымдай беруді қойыңдар! Жан тамақтан, ал тән киімнен әлдеқайда артық емес пе?!»[4] деген екен. Тәнге деген махаббат, сезімге деген махаббат өзіңіздің рухани дамуыңызға зиянды.

Егер рухани жарқын өмірді қаласаңыз, осы ақиқатты қолданыңыз. Олардың пайдалылығы сондай, қолданған жанның барлығына көмектеседі. Арагідік бір немесе екі күнге[5] ас-судан және басқа да күнделікті өміредгі қажеттіліктерден бас тартып көріңіз. Өзіңіздің

---

[3] «Ешбір қару сіздің жаныңызға ене алмайды, ешбір от оны өртей алмайды, ешбір су дымқылдай алмайды, кез-келген жел оны құрғата алмайды...Жан өзгермейді, бәріне еніп кете алады, әрдайым сабырлы, және мәңгі» (Бхагавад Гита II:23–24).

[4] Матай 6:25.

[5] 149 беттегі сілтемені қараңыз

бойыңыз үйренген кейбір жайлылықтардан бас тартып көріңіз де, оларсыз қалай екенін байқап көріңіз. Еркін туылған адам өзіне өзі қожайын. Ол жанның ішкі даналығын басқа жеке әдеттер мен қыңырлықтарға қарамастан басқарады. Мұндай бостандық өзін-өзі берік ұстай білуді және терең өзіндік түсінікті талап етеді. Бірақ осы бостандыққа жету қиын емес. Бұл сіздің шынайы табиғатыңыз.

Құдайға деген тұрақты психикалық адалдық жағдайын қолдап отыру қажет. Мен әрекеттің барлық түрін қолданып көрдім, бірақ не істесем де барлық іс-әрекетім, ақыл-санам Құдаймен ылғи да бірге. Сіз тәуелді болмастан, осы санамен рахаттаныуыңыз керек. Мен Құдаймен бірге болудың рахатын өз тәжірибемнен білемін. Бүкіл болмысты Құдаймен байланыстырамын. Көп адамдар адасып жүр, сондықтан да Оны тануға күш салмайды. Оларда Құдайға деген сенім бірде бар, бірде жоқ. Бұлар әлі өзін-өзі рухани танымағандықтан, соқыр сенімде жүріп тән ықпалынан толық шыға алмағандықтан Құдайға берілу ниеттерін толық жүзеге асыра алмайды. Олар пенде қызықтарына қатысса да, Оны кітап оқу арқылы немесе бір діннен екінші дінге адасып жүріп, енжар түрде іздеулері де мүмкін. Адамдар Құдайды қабылдаудың шынайы жолына түспейді, өйткені бұл жол күні-түні Құдайға жақындауға талпынып, үздіксіз жалбарынудан тұрады. Құдайға құлшылық іс мәңгілікті, оның нәтижесі ешуақытта жоғалмайды. Шын ниетімен, бар ынтасымен Құдайдан құлшылық етуді тілеп, ол құлшылығын қабылдауын ғана сұрап, басқа тілек болмауы керек.

Йога осындай күш салудың ішіндегі ең кереметі болып табылады, өйткені ол Құдайды ұғынуға жетелейтін әдістер береді. Колледжде сіз Адасу Докторы болып, Дін туралы ілім Докторы ретінде хабарланып, сонда да, Адасу Докторы болып қалуыңыз мүмкін! Тек интеллектуалдық түсінік қана емес, сонымен қатар дін *тәжірибесі* де ең негізгі- Құдайды *қабылдау* тәжірибесі болып табылады. Дін – Құдайға қайтуға арналған жол, бірақ барлық жолдар тәрізді бұл жолда да баратын жерді, оған барудың мақсатын беретін білім керек.

Кейбір діни ұстаздардың табыстары тұрақты негізге ие емес, бір уақытта өсіп шығатын рухани саңырауқұлақтарына ұқсас. Өте жоғары жетілген таза құлшылық жолындағы Құзіретті ұстаздар діни танымға ие және Құдай ризашылығымен, өзін гуру ретінде таныған жеке Құдайы арқылы басқарылады.

Өз жаныңызды құтқара алмасаңыз, басқалардың жанын құтқара алмайсыз. Шығыста шынайы іздеушілер өздерінің емес, басқаны құтқаруға әзір тұрады. Батыста көптеген ұстаздар басқаға қарағанда өздерінің жандарын құтқаруға әзір тұрады. Мен осындай бір адамды кезіктірдім. Ол тән мен сүйектен жаралған адам еді, сонда да оның діни ұстаздар секілді көп тақуалары бар болатын. Ол өзін терең рухани адам болмаса да, солай етіп көрсететін. Мен Үндістандық болғандықтан, мені «пұтқа табынушы» деп, өзін «жақсы христианмын» деп санайтын бір адам, маған Ақиқат туралы ештеңе білмейсің дейтін. Бірақ одан экстазға кіріп, Құдаймен тілдескенде басынан кешіргенін сипаттап беруін сұрағанымда, жауап бере алмады; Онда мен оған: «Сіздің Құдайды тану тәжірибеңіз бен шынайы мінезіңіз шектеулі, өйткені сіз неғұрлым рухани даму сезімімен шектен тыс теңдестірілгенсіз. Көптеген тақуалардың жарамсақтануы біреудің танымының өлшемі емес. Басқалардың айтқандары сізді ұлы етпейді. Мұндай жарамсақтану адал емес және мәнсіз. Егер сіз өзіңіздің жеке еңбегіңіз арқылы жақындатқан адамдардан шынайы махаббат алуға шоғырлансаңыз, онда сіз пасықтыққа тап болмайсыз, өйткені оның іші-сыртын бірдей көріп тұрасыз. Жарамсақтану улы, өйткені осы бұрмаланған ақиқаттар, бізді адастырады. Демек, Өзіңіздің жарамсақтарыңызбен рахаттанып жатқаныңызда, сізде нағыз достар да қалмайды»,- дедім.

Менен жарамсақтықты күтіп отыратын адамдар бар, бірақ мен олай ешқашан жасай алмаймын. Олар әлі адасып жүрсе де, Мен Құдайға жасанды пейілде бола алмаймын.

Өз жаныңыздың шынайы сипатына сәйкестігіңізді көру үшін, күн сайын тексеріп отырыңыз. Құдай дұғаларымды естімейді немесе Құдай жолындағы күресімді білмейді деп қапа болмаңыз. Егер пайғамбарлар мен әулиелер өмірінен хабардар болсаңыз, онда олардың сізге қарағанда қиыншылықты көп көргендерін көретін боласыз. Одан басқа, олар өзін жеңгені былай тұрсын, басқалардың келелі мәселелерін өздеріне алуға тиіс. Гуруға келетін әрбір адам, өзін ұстаз қамқорындағы жалғыз жан ретінде есептейді. Ол өзіне гурудың өзінің жеке тілектеріне сәйкес жауап бергенін қалайды. Бұдан басқа, бұл елде шәкірттерді ұйымдастырып, қолдауда рухани ұстаз машинамен чек басушы болуы керек! Бірақ Құдай маған көмектесу үшін Өзі жіберген түсінгіш жандар арқылы батасын берді.

ҚҰДАЙДЫ ТАПҚАНДАРДЫҢ СОҢЫНАН ЕРІҢІЗ

Құдайды тапқан әулиелер мойындаған рухани жолға түсіңіз. Егер сіз Өзіндік таным йогасы әдістерін қолдансаңыз, онда Құдайға ілімнің соқыр маршрутымен саяхат жасағаннан гөрі әлдеқайда шапшаң жетесіз. Үндістан Құдайды іздеуге маманданған. Егер сол Үндістанның ұлы әулиелерінің соңынан ілесетін болсаңыз, осы негізгі мақсатқа тез жетесіз. Мен өзімнің ертерек кездегі ізденісімде барлық әдістерді қолданып көрдім, және мен ненің шапшаң екенін де жақсы білемін. Бірек маған: «Әрқайсысы өз жолын мақтайды. Оны қалай білуіме болады?» деп сұрады «тексеріп көріңіз»,- дедім мен. Суды ішіп көрген соң ғана шөлді қандырар-қандырмасын айта аласыз. Құдай өзіңізді қолдасын десеңіз, сыйыныңыз. Егер сіз Құдайға таза беріліп, адал болсаңыз, онда Құдай сізге дұрыс жолды көрсетеді.

Қымбаттыларым менің, естеріңізде болсын: Күні-түні Құдайды іздеңіз. Қыңырлық немесе әдеттер басқармасын сізді, әрдайым дұрыс жүріп, дұрыс тұру үшін өзіңіздің ерікті еркіңізді пайдалана біліңіз. Немен айналысып жатсаңыз да, әркез Құдайға сыйынудан жалықпаңыз. Енжар болмаңыз, бәрін де шоғырлана жасаңыз, бірақ өз ақылыңыздың айнасында: «Тәңірім жасасын! Маған келіңіз. Сіздің махаббатыңыз бәрін де қанағаттандырады. Мен тек Өзіңізді қалаймын!»,-деп Оны шақырудан тынбаңыз. Ал түнде медитация жасаңыз, Өзіндік таным жолындағы әулиелермен берілген әдістерді қолданыңыз, сонда Құдайды таппау мүмкін емес. Менімен бірге анықтама жасаңыз:

«Құдайым, біз елеске берілмейтінімізді салтанатты түрде уәде етеміз, бірақ Өзіңізге сыйыну үшін бар күшімізді саламыз, қалайда Өзіңізді табуға тырысып, йоганың Өзіндік таным жолына түсеміз, және біздің үлгіміз басқаларға Сенің Патшалығыңа келуге көмектеседі. Әке, Өзіңді табуға көмектес бізге, өйткені Сен біздікісің».

Ләззат Аврорасы

1920 жылдың басында жазылған

Ләззат сабырсыз қасірет толқынында дауыл әкеткен моряк жанының полярлық жұлдызы.

Құдай ләззатқа толы, сол Ләззат Құдай санасы - діни болмысының, Оның жоғары сапасының, Оның шексіз өмірінің санасы. Медитацияда үнемі өсіп отыратын Құдай ләззатты сезіну Оның жанында екенінің нағыз дұрыс белгісі болып табылады. Бақыт дегеніміз адамның жан рахатын алып, өзін ләззатты сезінуі. Бақыт неғұрлым көп болса, Құдаймен байланыс та соғұрлым терең.

Ләззатты сезінудің екі әдісі бар: *сабикальпа самадхи* және *нирбакальпа самадхи*.

Сабикальпа жағдайында, медитация жасаушы тақуа іштей ой, сезім, ес образына шомады. Қызықты оқиғаны беріле оқып отырған адамның айналасында не болып жатқанынан бейхабар болғаны секілді, тақуаның бақытқа кенелетіні соншалық, тіпті түсінік дегеннің өзі мүлдем болмайды. Бұл сананы жоғалту немесе ішкі және сыртқы сананың бір уақытта жоғалуы болатын хлороформдық жағдай емес, күшейтілген ішкі діни түйсік жағдайы.

Нирбакальпа самадхи, немесе толық одақ кезінде, йог бір уақытта Абсолюттің санадан тыс ерекше шаттығымен, сонымен қатар барлық әмбебап көріністердегі Рухтың шадыман кезбелігімен рахаттанады. Бұл жағдайда тақуа көзін жұмған күйде, немесе көзі ашық күйде де жүріп келе жатып, сөйлеп отырып, ұйықтап жатып, ойланып отырып, саналы түрде *керемет ләззатпен* ұлы игілік ретінде байланыса алады. Ол ләззатты - саналы, интеллектуалды, тұрақты, тамаша, әркез жаңа қуаныш ретінде өзін ежелгі себепті, ашық жұлдызды, және дөрекі дене жаратылысында да мағынасы кең, өте терең ұғым екенін түсінеді. Сондықтан барлық жан иелері бұл дүниеде ләззат іздейді.

Үнсіз тыныш медитацияда ләззатқа неғұрлым терең бойлау арқылы, ләзаттың субұрқағын сана, ойлар, сезім және түйсік мәнінің қуыстары арқылы табады. Жан құмары тек қана рухани болғандықтан, ол ләззатты адамның Алла тағаламен байланыс кезінде алады. Нағыз ләззатқа жан құмарын қанағаттандырғанда ғана жетуге болады.

Менің әлі күнге дейін медитацияның қарапайым әдеттерінің ауыр жұмысының бұлтының арасынан санамда кенет Ләззат Аврорасының пайда болған алғаш күні әлі есімде. Мұны мен күтпеген едім. Сөзбен айтып жеткізуге болмастай қуаныш! Ләззат сәулесі сұрақтар көлеңкесін жинай отырып, құдайшылдықты дөрекі нысандар арқылы беріп және шығыста, батыста, оңтүстікте, солтүстікте және артта, алда, төменде, ішінде, сыртында, айналаның бәріндегі қадалған көздер көкжиегінен тыс жатқан барлық нәрселерлі көрсете отырып, сананың бүкіл қараңғы бұрыштарына сәулесін түсірді.

Осы сәуле аясында мен ғарыш қозғалысының суретін көрдім. Өткен ғасырлардағы өлі естеліктер қайта тірілді. Ләззат әлем бөлмесіне жарық түсірді, сонда мен өткен өмірдегі, қазіргі және болашақтағы туыстарымды көрдім: жұлдызды шаң, бағалы тастар, гүлдер, құстар мен аңдар, аналар мен әкелер, ағалар мен әпкелер, әулиелер мен ежелгі данагөйлер.[1]

Осындай оянудан соң йог тыныш қана:

«Өзімнің тексіз ойларымның қараңғы түндеріне қарай отырып, даналыққа қадала отырып, ақыр соңында, мен өз санамның шегінде жарылған Ләззат Аврорасын таптым. Санасыз кейіптер бұлттары соңында болар-болмас жылтылдап тұрған Оның жарығы менің орындалмаған талпыныстарым арқылы жарқырайды» дейтін болады.

"Қандай жарқыл десеңші! Аспан кенебіндегі әдемі сахна ләззаттың түрлі бояуларымен боялған. Скрипка, құстар әуені, өрістер, атом тербелістері бәрі бірігіп ләззаттың ұлы симфониясын құрағандай. Гүлдер иісі бақыттың жұпар иісімен толыққан, олардың жапырақтары ләззат сұлулығынан жасалғандай. Бүкіл қуаныш бақытпен шабыттанған. Шөл қандырарлықтай құдайлар шарабы, балғын ағындардан жасалған салқындатылған сусындар, гүлдер балы, жеміс нектары, барлығы да ләззаттан ағып жатыр.

«Менің ауыздары ашық ойларым өмірдің барлық әрекеттерінен ләззат сусынын іздейді. Менің жабайы қиялдарым еріндерін ләзаттың алтын өзеніне малады. Менің сезімдерім әрдайым жаңа ләзаттың

---

[1] Глоссарийдан *Себепті әлемге* берілген түсініктемені қараңыз

толқындарында жүзиді. Менің интуициям, кезбе эфир секілді таралып, керемет бақытпен араласады.

«Мен ләззаттың еліктіргіш әуенін тыңдаймын. Мен ғажайып ләззаттың иісін, дәмін сеземін, ойлаймын. Ләзатты айналаның барлық жерінен тамашалаймын. Бақытты кез-келген формада және жаратылыс бөлшегінде қамтимын. Бір ләззаттан екінші ләзатқа кенелемін, ләзатта өмір сүріп, ләзатпен бірге қосыламын. Ләззат- менің бүкіл тілектерімнің, армандарымның, талпыныстарымның, әрекеттерімнің, адалдығымның, даналығымның толқындары бір орындалу теңізінде біріккен мұхит.

Өткен, қазіргі және болашақ өз шымылдықтарын түсіреді. Мен үнемі өзгеріп тұратын құйылған нұрды, ләзаттың мәңгі нұр шашуын бұрын өмір сүрген, сенім артып, дүниеден өткен әрбір жанның миында аққан ойлар арқылы өтетінінін көремін. Аврора күн сәулесінің, ай жарығының және мекен ететін планеталар артында жасырынған ойлардың ғарыш жарығы түспейтін себепті формалары[2] арқылы өтеді. Осы ойлардан ләзаттың бір өмір негізі төмен қарай барлық заманауи адамдардың ойлар артериясы арқылы ағады. Ләзаттың жұлдызды электр қуаты бүкіл тірі және жансыз болмыс баданасында жарқырайды. Өнер, әдебиет, ғылым, дін және қасиетті жазбалар, ойлар, әрекеттер және жаңалықтар туралы қиялдар болашақ жер миында немесе басқа да планета ұрпақтарында жарқырап, бәрін білгіш ләзаттан олардың аңызға айналған гобеленін тоқып беруіне көмек күтеді.

«Ғарыш Аврорасының ләззат бөлмесінде, қиял жекежайында, мен тауларды, жұлдыздарды, өркениетті және орманды джунглей тұрғындарын, жылу магнитті электр заңдарын, адамдарды, жануарларды, ойларды, рухани түйсікті тамашалаймын - олардың барлығы әмбебап бауырластық әнінің тамаша үндестігінде»

---

[2] Сондай–ақ, *Жан әніндегі* «менің туыстарым» деген тарауды қараңыз

Христостың дауысына үн қатыңыз!

Күні бойы әрекет ететін рождестволық медитация, Өзіндік таным қоғамдастығының халықаралық штаб-пәтері Лос-Анджелес, Калифорния, 24-ші желтоқсан, 1939 жыл

Христос тұжырымы қарапайым емес, ол кіршіксіз болды. Біз үшін оның дүниеге келген күні тамаша тіршіліктің туылуға дайындалған Исаның, Көк Аспан Әкесінің күні ретінде ерекше күн болып қала бермек.[1] Рождествоның шынайы тойлануы- өзіміздің санамызда Христос Санасының туылуын ұғыну.

Бүкіл адасқан ойлармен қош айтысып, өз бірлігіңізді Христос Рухымен бірге сезініңіз. Мен Исаны және онымен Рухы бірге, онымен бірге жер бетінде мың тоғыз жүз жылда бір туылатын, осы қазір сіздің араңыздағы өз санасын көрсете алатын әулиелерді шақырамын. Мен бүгін жанымның зәйтүн майының жалынымен сыйынамын. Дұға арқылы бәрі де мүмкін болады. Иса «Сондықтан сендерге айтамын: дұғада не тілесеңдер де, сұрағандарыңды алып қойғандай сеніңдер. Сонда оны міндетті түрде аласыңдар»[2] деген екен. Сіз дұғаңыздың орындалатынына сеніңіз. Христосқа деген махаббат тек жан сабырлылығы ғана емес, мүлтіксіздікке сабырлы, адал ерік арқылы жету. «О Христос, бізге келіңіз! Өзіңізді біздің бойымызда көрсетіңіз! Жақсы болайық, жаман болайық, біздер- сіздікіміз. Бізді мазасыздық құлдығынан құтқарып, осы күйімізде қабыл алыңыз».

Бізбен бүгінде үндестікте болғандардың барлығы (кімдердің ойлары маған келетінін сезінсем)[3] Христос санасы арқылы ризашылыққа ие

---

[1] Бхагавад-Гитада, IV: 7-8, Тәңір айтады: Әркез, (дхарма) құлдырап, (адхарма) орнағанда, дүниеге аватар бейнесіндегі тақуаларды, зұлымдардың көзін құрту үшін төмен түсіремін, Әділдікті қайта орнату үшін ізгілікті сақтап, зұлымдықты жоя алатын ғасырдан ғасырға көзге көрінетін формада боламын".

[2] Марқа 11:24

[3] 1939 жылы осы күні рождестволық медитация кездесуін өткізген бүкіл әлемдегі Өзіндік таным қоғамдастығының студенттері атынан.

467

болады. «Көк Аспан Әкесі, Сіз шынымен де жүрегімізден шығатын дұғаларды ұсынасыз, және бұл Сіз бізге келсін деген шын жүректен шыққан дұғалар. О шексіз сәуле! Біздің адалдығымыздың бүкіл шамшырақтары жанып тұр. Келіңіз! Бізге келіңіз!»

Құдайға деген махаббатты сөзбен айтып жеткізу мүмкін емес. Бірақ оны сезуге болады, өйткені жүрек тазарып, өзгермес күйде қалады. Ақыл-парасат пен сезім ішке бағытталғандықтан, сіз Оның қуанышын сезіне бастайсыз. Сезім ләззаты ұзаққа бармайды, бірақ Құдай қуанышы мәңгілік. Бұл теңдессіз! Бүгін сіздер осы жерде үздіксіз берілгендікпен өткізген ұзақ уақыт медитациялар арқылы өзіңіз жасаған рухани жетістікті түсінетін боласыз. Сіз төрт сағат бойы медитация жасадыңыз, бірақ бұл уақыт көпшілігіңіз үшін минуттар секілді болды. Кей адамдар санасынан мен Құдайдан жауап алғанын; ал кейбіреулерінен Құдайшылдықтың толығымен адалдық қармағына ілінгенін көріп тұрмын.

Басқаның барлығын ұмытыңыз! Тек Құдайдың аяғының астында жатсаңыз болғаны. Қазір өзіңді Оған арнауға өте қолайлы сәт. Алдымен Ол шағын медитациядан кейін келіп, бірақ біраз уақытқа қалатын қуаныш жарқылын сыйлайды. Бұл адамдардың басым бөлігі дұрыс түсінбей, беріліп, өзін пенде қақпанында қайта жоғалтуы. Бірақ үлкен бақыт пен қуаныш Христос рухын түсініп, Ұлымен байланыс арқылы болатын ләззатты бастан кешіргеніңізді түсінген уақытқа дейін жалғастыра берсеңіз, болады. Ешқандай сезім рахаты сол жайлылық пен бақытты бере алмайды. Тіпті фильм де қызықты оқиғаларымен жалықтырып жіберуі мүмкін, бірақ Құдай ешқашан шаршатпайды. Құдайға жетіп, Оның шаттығын сезінсімен, Ол сіз үшін басқасына қарағанда шынайы көрінеді, басқа кез-келген арбауларға қарағанда неғұрлым еліктіргіш болып көрінеді. Оның қуанышын сезінбесеңіз, сіз ешқашан Оның даңқына жете алмайсыз, патшалар патшалығында, жарық бекзадасында қандай бақыт болатынын біле алмайсыз.

Міне, сондықтан да, сіз өз жаныңыздың бүкіл күшін Құдайды табу үшін қолдануға тиіссіз. Ол монополия емес, Оны сатып алу мүмкін емес. Құдай сіздің мадағыңызға зәру емес. Оған деген мұндай қадам нақсүйердің қуанту үшін өзінің сүйіктісін үнемі мақтауы секілді күш салуды тұспалдайды. Құдай сізбен мұндай қатынасты қаламайды. Бірақ құдайшыл, сөзсіз махаббат сондай керемет. Оған жасайтындай өзіңіздің махаббатыңыздан басқа ешқандай сыйлық жоқ. Егер Құдай бір кездері бізден не сұрасы- ол біздің махаббатымыз болмақ. Оның бізден сұрайтыны тек махаббат қана. Адасудың тұман басқан шымылдығы Онымен біздің арамызға тұрып алды, және Ол біздің Оны көзімізден таса қылып алғанымызға өкінеді. Ол Өз балаларының бомбалар жарылысынан, жаман аурулардың және өмірдің зиянды әдеттерінің кесірінен осынша қасірет шеккенін көргісі келмейді. Ол бізді жақсы көргендіктен өкінеді және бізді қайтарғысы келеді. Онымен бірге болу үшін түнгі уақытта медитация жасауға күш салсаңыз ғой! Ол сіз туралы көп ойлайды. Сізді Ол емес, сіздер Оны тастадыңыз. Сіз жеке бақытыңызға қарсы шыққан нағыз қылмыскерсіз. Құдай сізге ешқашан селсоқ қарамайды.

Сіз бүгін терең медитация жасадыңыз. Осылай әр түн сайын жасай беріңіз. Осылай жасаудың орнына сіз уақытыңызды текке жойып, Құдаймен бірге болу мүмкіндігін жоғалтасыз. Пайдасы жоқ істерді ұмытыңыз. Көзге көрінбейтін міндеттерді қажет болса елемеуге болады, бірақ Құдайды ескермеуге болмас. Ол жәй ғана есім емес. Құдай- бойымызда буырқанып жатқан өмір. Кей уақытта біз осы жерде бір-бірімізді тамашалаймыз. «Бүгін» бар болғаны Құдай туралы ой, мәңгілік сәті ғана. Құдай маған тұтас жаратылыстың Өзінің ойларынан басқа ештеңеден тұрмайтынын қайта-қайта көрсетеді.

Біз ұйқыда жүргендейміз. Оянудың жалғыз ғана әдісі- Құдайдан басқаны мойындаудан бас тарту. Әйтпесе сіз өзіңіздің жеке жаратылысыңыз ие болып отырған қайғы-қасірет батпағына қайта-қайта бататын боласыз, олай болмас үшін жолы болғыш та, зұлымдық та шынайы емес, тек Ол ғана шынайы екенін түсінуіңіз керек. Сонда жердегі барлық адасулар (ауру мен денсаулық, қуаныш пен қайғы, өмір мен өлім) ғайып болады. Қаншама адамдар осы жерге келіп, кетті; дей тұрғанмен, біз осы жерде мәңгіге қалатын секілдіміз. Тек үнемі есінде Құдайды сақтайтын жан ғана дана. Ол туралы ойлаудың өзі осы жер қозғалысындағы болып жатқан түстің туылуы мен өлімінен бостандықты таба білуді білдіреді.

Егер сіздер барлығыңыз да Құдайға деген махаббатқа толы болсаңыз, өз жүрегіңізде күні-түні Оның қуанышынан басқа ештеңені білмейсіз. Мен Құдаймен қайта-қайта сөйлестім, Оны осы жаратылыста болған жағдайларға байланысты қайта-қайта жазғырдым да. Өйткені біз мұнда алдымен ібілістің арбауына ұшыраймыз. Алдымен Құдайға арбалып, ібіліс жолына түспесек қой. Қасірет шегу бұл сөздің ішіне адасу да кіреді, бізді, бірімізден –соң бірімізді біз білмейтін бір жақтарға алып кетіп жатыр. Мұнда қандай да бір бақыт бар ма? Жоқ, бақыт тек түсінік болған жерде ғана болады, шатасу шынайы емес, Құдай шынайы.

Бейбітшілікті қалаған жандар Оған табынсын. Бірақ сіз Рухтың жоғары ләззатын тану үшін алға жүре бересіз. Құдайға махаббат мәңгі. Егер бір күндері Оған жетер болсаңыз, компастың тілін қайда бұрсаңыз да, әрдайым солтүстікті көрсетіп тұратыны секілді, сіздің ақыл-парасатыңыз Рух махаббатына бұрылып тұратын болады. Бұл махаббатты сипаттауға сөз де жетпейді.

Рухтан басқа ешбір ләззат шынайы емес. Бірақ сіздің жүрегіңіз Құдайды қаламаса, Оны тану мүмкін болмасы анық. Пенделік жандардың жүректері шаң секілді құрғап кетеді. Неге? Өйткені олар Құдайдан басқаға бастарын қатырады. Сіз Құдай үшін айғай салуға тиіссіз! Сіздің тілектеріңізді жүзеге асыратын да Ол. Жаратылыстың жалғыз ғана мақсаты, сізді өз құпияларыңызды шешіп, барлық жерден Құдайды қабылдауға мәжбүр ету. Ол сізді барлығын ұмытып, Өзін іздегеніңізді қалайды. Құдайдан тұрақ тапсымен, өлім мен өмір санасы болмайды. Сіз ұйқы кезінде Құдайдың мәңгі тіршілігіндегі келіп-кетіп жатқан екі жақты түстерді көресіз. Осы уағызды, Оның менің дауысым арқылы білдіріп отырған уағызын ұмытпаңыз. Ұмытпаңыз! Ол айтады:

«Мен де сіздер секілді дәрменсізбін, өйткені мен сіздің жаныңыз секілді тәнде өзіңізге байланысқанмын. Егер өзіңіздің Меніңізді өтемесеңіз, онда мен сізбен бірге торда қаламын. Қайғы-қасірет пен надандық батпағына батып, сенделіп бос жүрмеңіз. Келіңіз! Менің сәулемде шомылыңыз»

Құдай сізді қалайтындықтан, мен осы жерде сіздермен біргемін, сіздерді менің Сүйіктім, Христос, Кришна, Бабажи, Лахири Махасая, Шри Юктешвар және басқа да әулиелер отырған үйге шақыру үшін мен осындамын. Тәңір «Келіңіз» дейді, «Олар барлығы маған қуанады. Пенде қуанышының - астың дәмі, гүлдің әдемілігі, жер махаббатының өткінші ләззаты бірде-біреуі Менің үйімнің құдайшыл қуанышына жете алмайды. Келіңіз! Келіңіз! Келіңіз! Әр түн сайын медитацияда сіз Менімен мәңгі махаббатта өмір сүретін боласыз. Мені ұмытпаңыздар! Менің махаббатымды есте сақтаңыздар!» Құдай сіздерді осылай шақырып отыр. Тек бір ғана шындық бар. Ол-Құдай. Басқаның барлығын ұмытыңыздар.

Өзіндік таным қоғамдастығы жанынан берілетін Сабақтарын өзіңіздің күн сайынғы зерттеуіңіз етіп, әр түн сайын медитация жасаудан жалықпаңыз. Құдаймен тілдеспей тұрып төсекке жатпаңыз. Түнгі тыныштықта, өз санаңыздың күркесінде Құдаймен қатынасыңызды қайта жаңартыңыз. Шексіздік күркесінде, оның айлы түндегі ләззатының астында, Дүние сүйіктісімен мәңгі қарым-қатынас орнатыңыз.

Құдайшыл Ананың бет-жүзі найзағайдай ашық. Ол бүгін бізбен бірге. Біз қандай бақыттымыз! Біз қалай қуанып отырмыз! «Күн сайын, О Ана , бізбен бірге бол, біз жағымсыз сезімдерді артқа тастап, өз міндеттеріміз етіп, Сіздің аңқыған жұпар иісіңізді иіскеу үшін сізге келеміз. Әке, Ана, Достар, сүйікті Құдай, Иса Христос, Бхагаван Кришна, Махаватар Бабажи, Лахири Махасая, Шри Юктешвар, бүкіл діндердің әулиелері, біз сіздердің алдарыңызда басымызды иеміз. Сіздердің даңқыңызда шомылуымыз үшін бізге келіңіз!»,-деп құлшылық етіңіз.

(Осы тұста Парамахансажи әндете бастады, «Менің Жан Әнімді» [4] келесі медитациялар бойына тыңдауға келіңіз. Содан соң ол қайта сөйлеп кетті).

Құдай жүрегіңіздің соғысынан да, біздің ойларымыздан да жақын. Оны сүйіңіз! Адасқан жан ана әліміне қашып, Құдайға оралған кезде, Көк Аспанда қуаныш орнайды, сою́а семіртілген даналық қашары сол жанның Құдай Патшалығына оралу салтанатына орай дайындалған. Егер де сіз ішке үңілгіңіз келсе, онда Құдайдың әр түрлі ойын-сауықты ұсынатын тамаша қожайын екенін көрер едіңіз! Онда уақыт та, кеңістік те, түрлі шексіздіктер де жоқ.

«Иса мен әулиелер, бізбен бірге болыңыз! Өздеріңіздің даңқыңызбен біздерді шабыттандырыңыз! Біз сіздерге лайықты емеспіз, О Рух! Біздің аузымыз пенделік сөздерге бола босқа уақытын кетірген. Енді біздің бүлінген еріндеріміз Сіз туралы сөйлеп тұр. Құдайшыл Рух. Бізге батаңызды беріңіз, біз өз жүрегімізде ғасырдан-ғасырға тек Сіз туралы айтатын боламыз. Өз тілімізбен не айтсақ та, жүректеріміз әрдайым Сіз туралы айтатын болады. Құдайшыл Сүйікті, сіз біздікісіз. Осында отырған жандардың барлығына батаңызды беріңіз, олар барлығы да Сіздің даңқыңызға, қуанышыңызға мас,

---

[4] Парамаханса Йогананданың Ғарыш әндерінен

471

сондықтан да жер ұйқысын ұмытып қалады. Біз түсімізде жәй ғана араласамыз. Біз өмірдің өткінші сахнасын бастан кешіріп, жұмыс жасай аламыз, бірақ бұл шынайы емес. Тек сіздің болмысыңыздың ләззатын сезінген кезде ғана, біз шынайылықта оянамыз. *Әумин, Христос Жасасын, Әумин* »

«Парамахансажи келесі тәжірибені байланыстырған кезде, медитацияның басқа кезеңі басталады).

Мен үлкен көк түсті жазықтықты көрдім. Таулар жарқыраған бағалы тастар секілді болды. Осы түрлі-түсті түске енген таулардың айналасында тұман көрінеді. Тыныштықтың күміс өзені сылдырлап ағып жатыр. Тау түбінен шығып келе жатып, қол ұстасып келе жатқан Иса мен Кришнаны көрдім, Христос Иордан және (Джáмна) Ямун өзені бойында әндетіп келе жатты. Кришна сыбызғыда ойнап, жетектесіп келе жатып, мені өзенде шоқындырды. Менің жаным ашық түсті суда еріп бара жатты. Ап-анық таулар, өзендер мен аспан от жібере бастады. Менің тәнім және су мен көкте алаулаған Христос пен Кришнаның тәні билеген оттар секілді болды да, от атомдары ұшып кетті. Ақыр соңында жұмсақ сәуледен басқа ештеңе де қалмады. Сол Сәуледен мен жаратылыстың дірілін көремін. Сен барлық формалар араласқан Рухтың мәңгі сәулесісің бұл *Әумин.*

(Медитация кезеңі жалғасады).

Құдайды іздеп табудың Оған берілуден басқа амалы жоқ. Ақылыңызды Оны ұсына алатындай етіп жетілдіріңіз. Төрт қадам немесе сана жағдайы бар. Қарапайым адам өне бойы мазасыз. Әдетте, ол медитация жасаса, уақыт өте келе сабырлы бола бастайды, бірақ уақытының басым бөлігінде мазасыз күйде қалады. Медитацияны неғұрлым көбірек қолданса, соғұрлым уақытының жартысында өзін сабырлы күйде, ал жартысында мазасыз күйде сезінеді. Медитацияны үзбестен, күн сайын қолданатын болса, ол уақытының басым бөлігінде сабырлы күйде, тек арагідік мазасыз күйде болады. Ақыр соңында ол өне бойы сабырлы күйде болатын жағдайға жетеді.

Бұл жердегі мәселе, сіз жеткілікті түрде ұзақ медитация жасамайсыз, және демек, сіз толық сабырлылық жағдайына жетпейсіз. Барлығы ұйқыда жатқан кезде, әр түн сайын ақыл-парасатыңыз Оған үздіксіз сыйынса, Құдай үн қатады. Оған «Тәңірім, бұл өмір сіздікі. Мен Сізсіз өмір сүре алар емеспін. Сіз маған келуіңіз керек»,- деп сыйына беріңіз. Егер осыны ойлап отырмасаңыз, онда сыйынудың қажеті не? Тек жәй ғана әдетке айналған дұға қорлағанмен бірдей. Бүгін сіздер Ол туралы көп білдіңіз, тіпті жеті сағат медитация жасағаныңызды да білмей қалдыңыз. Тек жаңа бастаған секілдіміз. Әрдайым осылай сыйынуыңыз керек. Күні-түні, кейде апталап, мен шынымен де осы дүниені сезбей қаламын. Бұл шынымен де солай. Мен әрдайым Мәңгі Рух ләззатына маспын. «Себебі кім жанын сақтағысы келсе, одан айырылады, ал мен үшін және ізгі хабар үшін жанынан айырылған әркім оны сақтап қалады ».⁵ Сіз жаныңызды Құдай үшін жоғалтуға дайын болуыңыз керек.

Осы Рождество ең үлкен шіркеу салтанатына айналсын. Тек Құдайға махаббатты қалаймын. Бұл өз-өзінен шынайы. Егер сол діни сананы сезбесеңіз, ешқашан ұйықтамаңыз. Мен осы байланыс болмай тұрғанда ұйықтай алмаймын. Қадірлі достар, 365 күн бойы бүгінгі секілді қайта-қайта медитация жасауды күтіп отыра бермеңіз. Сол 365 күнде кейбіреулеріңіз осы жерден кетесіз. Бұл өмір кеме секілді. Сіз осы кемеде өткінші сахнаны бақылап отырсыз, және кенеттен сіз кеменің мотор қозғалтқышының аялдамасын естисіз де, сіз үшін кемемен жүзу аяқталады.

Тұтас әлем Құдай күшімен бүлкілдейді: тілмен жеткізуге болмайтын, шексіз бақыт, шаттық толқындары. Сіздің жүрегіңіз жағалау секілді, және шексіз махаббат Мұхиты сіздің жүрегіңіздің жағалауында болады. Мен сіздердің осыны саналы түрде бастан кешіретініңізге сенемін. Христостың туылуын «тойлау» үшін бүгінде шарапқа мас болған миллиондаған адам туралы ойлаңыз. Қандай күпірлік! Ібіліс адам баласын Құдайдан алшақтатып, назарын басқа жаққа аударғысы келеді. Бірақ біздің күнтізбемізде Құдайға деген міндет жоғары болуы тиіс.

Ұстазым Шри Юктешвармен рухани оқуымның бас кезінде кешкі уақыттарда медитацияда отырғанда, Калькуттаға баратын соңғы поезға үлгеру үшін Серампурдағы лашықтан кететін уақыт таяп қалғанда мазасыздана бастайтынмын. Менің жанымның күйзелісін елеместен, ұстазым мені шығарып жіберуді ойламайды деп түсіндім. Мен әр түн сайын поезға әрең үлгеріп жүрдім. Поезд кестесіне байланысты мазаланыуым ұстазыма әсер етпейтінін байқағандықтан,

---

⁵ Марқа 8:35

мен оны өзімді бұрын мазаландырған мазасыз сезімдер пункті еттім. Гуруым өз поезыма отыруым үшін жағдай жасады.

Шри Юктешвар керемет тәлім-тәрбие берді! Бұл елдің шіркеулерінде осындай тәлім-тәрбие берілмейтіні өкінішті. Егер байғұс шіркеу қызметкері әр жексенбі сайын сіздің көңіліңізді көтеруге тиіс болса, онда шіркеудің барлық мақсаты жіберіліп қойған, өйткені Құдай қозғалыс аяқталған жерден басталады. Бүгін мен сіздермен өзім нені сезінсем, сіздер де сезіне алатындай нәрселер туралы айтуға тиіс едім. Бірақ Үндістан әулиелері сөйлеп отырып, оқытпайды. Олар тек өздерімен бірге медитация жасауды үйретеді.

Әр түнді Рождество түні етіңіз, бүгін сезінгендей діни санаға толыққанша, медитация жасай беріңіз. Құдайға сенімді болудың орнына сіздер ақшаға сенім арттыңыз. Ертең сіздер осы жерден байлығыңызды өзіңізбен бірге арқалап кетпейсіз. Бірақ дер кезінде Құдайға уақыт бөлген болсаңыз және Христос Санасын сезінген болсаңыз, ажал келген уақытта сіз шынымен де «Мен өмір мен өлім патшасымын. Мен шексіздікке қуана шомамын!»,-деп айта алатын боласыз.

Бәзбіреулер Америка туралы материалистік ел ретінде ойлайды, бірақ мен осы жерден көптеген тамаша жандарды кезіктірдім. Көпшілігін бүгін осы жерден көргеніме, менімен бірге медитация жасап отырғандарына қуаныштымын. Бұл сіздерсіз және жандарың да өзіңіз секілді, сіздер осы елдің нағыз құтқарушыларысыз.

Құтылуға болатын жалғыз ғана әдіс, Құдайға толығымен адал болу. Жалғыз ғана шынайылық- ол Құдайға деген махаббат. Басқасы- жалған қиялдар. Олардан қашыңыз. Мұның қаншалықты қажет екенін мен әрбір минуттан көріп тұрмын. Бірақ ол мені Өзіндік таным бауырластығы қызметіне шақырды, сондықтан да Оған: «Мен тек Сіз үшін қызмет етемін» дедім. Сонда ішімнен Оның жоғары ләззатын сездім, Оның сүйіспеншілігіне бөлендім.

Ол қаншалықты өзінің лайықсыз тақуасына мейірімді болды! Мен Құдайды жеңемін деген үш ұйықтасам түсіме де кірмеп еді. Шынында да, бұрын өзімді аянышты етіп: «Құдай, Сіз өз әулиелеріңізді жақсы көріп, мені неге жек көресіз?» деп айтатынмын. Қазір мен Оның барлығын бірдей жақсы көретінін түсіндім. Бірақ алдымен сіз Оған өз жүрегіңізде тек Оны қалайтыныН көрсетуіңіз керек. Егер тән, ұйқы және басқа да тілектерді қалдыра алмасаңыз, Оны тани алмайсыз. Күні-түні Құдайшыл Сүйікті туралы ойлаңыз. Сонда сіздің жүрегіңіз әрдайым әндетіп тұратын болады. *Өзіндік таным қоғамдастығы Сабақтарына* сүйеніңіз. Құдайға құлшылық етіңіз. Медитация жасаңыз. Ол адамның барлық қалау-ниетін, ой-өрісін біледі, ештеңені жасыруға болмайды.

Сіздерге менің ұзақ уақыт бойы медитация жасап, Құдай сүйіспеншілігі мен махаббатын бірге татқан күнгі үлкен Рождестволық сыйлығым бар. Осы уақыттың басым бөлігін қолданыңыз. Қуаныш пен кешірімді сезініңіз. Құдай қуанышында айналыңыз. Құдайға уағыз етіңіз. Америкаға ризашылығыңызды білдіріңіз, бүкіл әлемге Құдай махаббатымен ризашылық білдіріңіз.

Менің тәнім өтсе де, жұмысым жалғаса береді. Менің рухым да өмір сүре беретін болады. Мен осы дүниеде болмаған күннің өзінде де, мен өздеріңнен бірге қызмет ете беретін боламын. Құдай даңқына дайындалыңыз. Өзіңізді Рух алауымен қуаттандырыңыз. Тән тілегіне қатысты құлдықты тастаңыз. Өз рухани билігіңізді тәнге жүргізбес бұрын, тәніңіз-дұшпаныңыз. Осыны ұмытпаңыздар! Құдайға құлшылық кезінде біз Оны риза ете алсақ, онда Оның өзі біздің жүрегімізге ашылады. Сөйтіп біз Оны тани аламыз. Тану арқылы Оған сүйіспеншілікке жетеміз. Себебі Одан артық сұлу, күшті, даңқты, дәулетті, жомарт, білімді, рақымды ешкім жоқ. Сондықтан Оны тану үшін құлшылыққа түскен адам ешуақытта да өкініште қалмайды. Керісінше, шексіз бақытқа кенеледі. Оның атын таратып, Ол туралы әркез ойлап, әндеткеннен басқа тілегіңіз болмасын. Қандай қуаныш! Ақша сіздерге осы қуанышты бере ала ма? Жоқ! Бұл қуаныш тек Құдайдан ғана келеді.

Тәңірім біздің осы алдамшы дүниеден қашқанымызды қалайды. Ол біз үшін айғай салады, өйткені Оның құтқаруына ие болу өте қиын. Бірақ сіздер Оның баласы екеніңізді ұмытпағайсыздар. Өзіңізді аямаңыз. Құдай сізді Иса мен Кришнадай жақсы көреді. Сіз Оның махаббатын іздеуге тиіссіз, өйткені ол мәңгі азаттықты, шексіз қуанышты және мәңгілік өмірді қамтиды. Құдай бақытын бастан кешіре отырып, сіз уақыт секілді нәрсенің жоқ екенін көресіз, және ешқашан өлмейтініңізді де біліп қойыңыз. Мен күн сайын осы санамен рахаттанамын. Мен оны шынымен де көрсете алмаймын, ол тым нәзік және құнды. Оны махаббат торынан ұстап алдым. Мен Иса Христосты сезінген күні, сіздер де сезінді деп ойлаймын. Иса бүгін аз ғана уақытқа кішкентай бала ретінде пайда болып; бірақ соңынан менімен формасыз мәңгі қуаныш, мәңгі сәуле секілді көбірек уақыт бірге болды.

Мен сіздерге осы оқиғаларды сіздерді шақыру үшін айтып отырмын, бірақ сіздер басқалармен өздеріңіздің қасиетті сезімдеріңіз туралы айтпауыңыз керек. Оны жүрегіңізде сақтаңыз. Түнгі уақытты Құдаймен сөйлесуге пайдаланыңыз. Ұйқыға аса мән бермеңіз, оның мәні жоқ. Ертеңгі күнді ойлап, бас қатырмаңыз. Әр түн сайын және күні бойы бүгін сезінген қуанышқа ие болыңыз. Жалқау адамдар ешқашан Құдай Патшалығына ене алмайды. Аянбай еңбек етуден қорықпаңыз. Тәнді санамен жеңіңіз. Және өне бойы медитация жасай беріңіз. Жұмыс жасай отырып: «Құдайым, мен Сізді ұмытуға тиісті емеспін» деп ойлаңыз. Оған деген тілегіңіз терең болсын. Оны шақыра айғайлаңыз. Сағатқа қарамаңыз. Ол жауап бермесе, қапа болмаңыз, өйткені сіздің махаббатыңызға шарт қояды. Ол сіздің әрбір жанайқайыңызды біліп отыр, жүрегіңіз толық берілген кезде, тағдырдың *сұмдық биі* біткен кезде, Ол өзінің *майя* шымылдығын сіз үшін өртегенде, Оның сәулесінен басқа ештеңе де қалмайды сонда өлім қайда? Кәрілік қайда? Қайғы-қасірет қайда? Бұл-шындық.

Осы сөзді естіген жандар, ендігәрі қобалжымаңыз. Құдайдың Өзіндік таным қоғамдастығы арқылы жіберген ақиқатқа еріңіз, сонда сіз мәңгіге бата аласыз. Құдай сізді әрдайым өз жүрегінің сыбызғысы арқылы шақырады. Мен сіздерді оны ұмытпауға шақырамын! Біздің тәніміз жоғалуы мүмкін, бірақ жанымызға Құдай жүрегінде мәңгі жұлдыздарша жарқырап тұруына мүмкіндік беріңіз.

Бүгін менімен бірге салтанатты шешімді қабыл алыңыз: «Көктегі Христос, Кришна, Бабажи, Лахири Махасая, Шри Юктешвар, барлық діндердің әулиелері, біз өзіміз арқылы шексіз Христосты, шексіз Құдайды түсінетін өз өмірімізді өзіміздің жеке Өзіндік танымымызға арнайтынымызға уәде береміз. Көк Аспан Әкесі, біз Сізді ұмытып кетіп жатсақ та, бізді ұмыта көрмеңіз. Біз Сізге немқұрайлы болсақ та, бізге немқұрайлылық танытпаңыз. Бізге батаңызды беріңіз, өйткені біз: «Әрбір түнде, күні бойы рухани Рождествоны бастан кешіру үшін бар күшімізді саламыз» деп салтанатты түрде серт беріп отырмыз. Бізді ажал аузына, өзіміз қазған надандық шұңқырына тастамаңыз. Өмірдегі жалғыз ғана маңызды міндет- біздің Өзіңізбен түнгі өзара қарым-қатынасымыз екенін түсінуімізге мәжбүр етіңіз. Бізді жалқаулықтан әрі қылып, санаңыз әрбір адамға аууы үшін, тәнімізді әрбір сәтте дүниені өтеуге қызмет етуге мәжбүр етіңіз. Бізбен бірге болыңыз, О Христос пен әулиелер! Біз өз жүрегіміздің бар пәрменімен сыйынып отырмыз. О Құдайым, біз Сізді ешқашан ұмытпаймыз. Бізбен қашанда бірге болыңыз. Ертең өзіміздің рождество мерекемізді, О Христос, өзіміз жақсы көретін достармен бірге тойлаймыз. Бірақ бүгін біз сіздің туған күніңізді Өзіңізді еске ала тойладық. *Әумин. Сабырлылық бере гөр. Әумин».*

Осы Рождествоны сақтау тәсілі бүкіл әлемде қажет. Тәнімнің қай жерде болатыны маңызды емес, сіздер күн сайын осы қасиетті күнді күн сайын тойлайтыныңызға сенемін, бірақ, әсіресе, Рождестводан бір күн бұрын, күні бойы медитация жасап, ерекше тойлайтыныңызға сенімім мол. Сонда сіздер нағыз Рождествоны Христос Санасымен бірге өткізгеніңізді түсінесіз.

Сіздерге жылдың әрбір түні мен күнінде Христостың мәңгі даңқында қалуыңызға тілектеспін. Медитация кезінде тәніңізді ұмытып, Құдайға деген махаббатыңызды қарқынды еткен сайын, бата аласыз. Сонда тәніңіз тазарады. Құдайға мас болыңыз. *Өзіндік таным қоғамдастығы Сабақтарын* терең түсінікпен, қызығушылықпен оқуға шешім қабылдаңыз. Сонда сіздің осы дүниеде айтуға тұрарлықтай нәрсе жасауға шамаңыз жетеді. «Көше шешені» болғаннан не пайда?». Сіз тек Құдай мен Христос тәжірибесі негізінде сөйлеуіңіз керек. Маған Құдай мен Христос туралы сөйлеуге қабілетті ұстаздар қажет, өйткені олар шын мәнісінде Оларды көріп, сезінеді. Менімен бірге сыйыныңыз:

«Көк Аспан Әкесі, тәнімді Өз күшіңізбен толтырыңыз. Өмірімді Өз өміріңізбен толтырыңыз. Жанымды Өзіңіздің мәңгі махаббатыңызбен толтырыңыз. Біз Сізге берілеміз. Христос Санасы біздің тәніміздің, жанымыздың бесігінде туыла алады. Көк Аспан Әкесі, Ана, Дос, сүйікті Құдай, бізбен әрдайым бірге болыңыз. Бұл біздің адал дұғамыз: «Бізбен мәңгі бірге болыңыз».

Құдаймен және Христоспен діни қатынас

Парамаханса Йогананданың медитация кезінде Өзіндік таным қоғамдастығының, Халықаралық штаб -пәтеріндегі кішкентай шіркеуіндегі қызметінде бастан кешірген шаттығы, 24-ші желтоқсан 1940 жыл

Батыста мерекелі сананы атап өте отырып, Христостың туған күнін маусымдық тойлаумен бірге жүретін шынайы рухани сезім көбінесе жетіспейді. Парамаханса Йогананда 1931 жылы Өзіндік таным қоғамдастығындағы жетекшілерімен Рождествоны 25-ші желтоқсандағы әлеуметтік мереке алдында күні бойы медитацияға бағыштайтын, таза рухани бағытта тойлау дәстүрін бастады. Сондай –ақ, Өзіндік таным қоғамының рухани ұстаздар тізбегіндегі Бхагаван Кришна мен Гурулардың туған күндеріне орай өткізіліп тұратын болады, өйткені арнайы баталар Ұлылардан зерек жүректерге құйылып жататын мұндай уақыттар ерекше жағымды.

Осы Парамахансажи бастаған ұзақ медитациялар кезінде, ол *самадхиге* жиі еніп, Құдаймен және Ұлылармен тілдесіп отырды. Кейде ол қатысып отырғандарға Құдайшыл махаббат туралы көріністі сыйлай отырып, Құдаймен дауыстап сөйлесетін. Сіз олармен алаулап тұрған жүректерден, Құдайға және адамзатқа арналған махаббаттан алған шабытыңызбен бөлісе аласыз, өйткені Парамахансажи 1940 жылы медитация кезінде Құдайшылдықпен сыйына отырып, сөйлескен болатын. Келесі сөздер оның Құдаймен ұзақ қатынасы кезіндегі сәттерде және Шексіз Христос Санасын Исаның сүйікті формасында тамашалап отырған кезде айтылған еді.

Құдаймен Иса Христосты өз жүрегіңіздің тынышғи бадатханасында оңаша қалуға көндіру үшін бүгін бүкіл күшіңізді салыңыз. Бүкіл мазасыздық пен бос ойларды ысырып қойып, шыдамсыздықты қуып, шексіздікке шомыңыз. Бүгінгі медитациямызда біз саналы түрде Христосқа жақындап, Оны сезінуіміз, көруіміз керек! Басқа ештеңені қанағат тұтпаңыз.

Бірге сыйыналық:

«Көк Аспан Әкесі, Иса Христос, Бхагаван Кришна, Махаватар Бабажи, Лахири Махасая, Шри Юктешвар, Гуру Тәлімгер, біз сіздердің алдарыңызда басымызды иеміз».

«Көк Аспан Әкесі, Сізге бүгінгі күні Христос елесін Рух түрінде ұсынады деген оймен шын жүрегмізбен сыйынамыз. О Христос, жүрегімізден шыққан жолдауымызды қабыл алып, бізге келіңіз, алдымыздан көрініңіз. Иса Христос, Құдай және ұстаз миллиондар Құдайы және жаратылыс шебері біздің адалдығымыздың бесігінде алдымыздан саналы түрде пайда болады. Өзіңізді тән түрінде, жер бетінде болған күйіңізде және Рух ретінде сөзбен жеткізуге болмастай қуаныш, дүние, тыныштық, кезбелік және мәңгі шаттық ретінде көрсетіңіз.

«Сүйікті Тәңірім, өз жанымыздағы шексіз қамаулы бақыт пен ләззатты, неге біз осыны дүниеден сұраймыз? Бізді шексіз жағалауға жетелеңіз. *Әумин Сабырлылылқ бере гөр, Әумин*».

(Ұзақ уақытқа созылған терең медитациядан және діни ән шырқаудан соң, Парамахансажи жалғыз өзі сыйынады. Бала секілді, толығымен діни қатынасқа шомған, бата алған ұстаз, Құдайға: «Сіз» және «Сен» жақындық пен ізеттің тәтті араласуындасыз» дейді).

«Қаншама сағаттар, күндер, жылдар материалдықтың ізіне түсумен өтті! О Тәңірім, өзімшілдік пен мансапқұмарлық қабырғасын бұзыңыз. Атақ даңққа деген құмарлық билік тілегін бұзыңыз. Біз бәрін де аяғыңыздың астына қоямыз, Сүйіктім, өйткені біз осы жер бетіне тек Сіздің ғана есіміңізді әйгілі ету үшін келдік. Егер сіз бізге келмейтін болсаңыз, осы жерде тіршілік етуіміздің мәні неде? Қаншама кейіпке енулер босқа кетті, мұның шын болуына мүмкіндік бермеңіз! Осы өмірде Өзіңізді табуда көп күш салуымыз үшін бізге батаңызды беріңіз.

«О Құдайым, Сізде барлық жүректерде діни махаббатты тұтатып жіберерліктей күш бар. Сіз Өзіңіздің тақуаларыңызды күндіз-түні Өзіңізді сағынуға батаңызды бере аласыз. Бізге Өзіңіздің махаббатыңызды беріңіз, сонда Өзіңіз туралы кенет ойлаған кезде жүректеріміз бен жанымыз Өзіңіздің діни махаббатыңызбен толатын болады

«Мен барлық адал жандар үшін сыйынамын, таңертең де, күндіз де, түнде де, олар Сіздің атыңызды, Қасиетті атыңызды айтып әндетеді. Сізді бір мезетке болса да шырқамасақ, біз қалай бата аламыз? Сіздің есіміңіздің аясында біздің бүкіл күнәларымыз жоғалады, және біз

479

ендігі пенделік адасуда ұйықтамаймыз. Біз Сіздің балаларыңызбыз, жандарымыздағы шексіздік қалымыз. Сіздің өшпес сүйісіңіз біздің қасымызда. Сіздің созған қолыңыз бізге келіп тіреледі.

«Бізді Өзіңізбен бірлікте болуымызға мәжбүрлеңіз. Бізді адасу ұйқысынан оятыңыз. Ажал мен адасу қорқыныштары айналамызда шыр көбелек айналып жүр, біздер олардан аулақпыз

«Өзіңізді іздеген жаннан ібіліс аулақ жүрсін. Ол күшті, бірақ сіздің махаббатыңыз одан да күштірек. Сіздің әсемдігіңіздің жанасқанының өзі ібілісті бүкіл жүректерден аулақ қыла алады. Әке, Сіздің маған жіберген тақуаңыздың біреуі немесе екеуі адасу батпағында жасырынды. Мен олар үшін сыйынамын. Ешкімнің ібіліске жол беруіне мүмкіндік берменіз. Бүгін терең медитация жасап отырғандардың көпшілігі үшін өмірлерінде ібілістің болмауына сыйынамын

«Екі қолымызды қусыра, қуанышқа толы жүрегімізбен, біз Сізге басымызды иеміз. О, қандай қуаныш десеңші! Сүйіктім, осындай ұлы шаттыққа мен қандай еңбек сіңірдім? Мен бүкіл жүректердің ыдысынан Сіздің атыңызды ішу үшін өмір сүруді қалаймын. Өзіңізден басқа ештеңені де қаламаймын. Аяғыңыздың астына не қойсам да, тек Өзіңізге деген махаббаттан. Сіздің махаббатыңызды және менің оларға деген мейірімділігімді бәрі түсінуі үшін маған батаңызды беріңіз.

«Мен дүниеден және отбасымнан бездім. Мен бар болғаны Өзіңіздің студентіңізбін, сіздің шәкіртіңізбін. Мен мұнда тек Сіздің махаббатыңыз туралы айту үшін ғана. О, қандай даңқ! Қандай қуаныш!

«Неліктен, Тәңірім, мен осындай ұйымдастырушылық қызмет атқаруға тиіспін? Маған мансап немесе құрметтің қажеті жоқ. Мен Өзіңізден басқа ештеңені және Өзіңізді ұмытпауға көмектесетін сол адал жандармен бірге болудан басқаны қаламаймын. Мен кез-келген адамды тәртіпке шақырамын деп сөккім келмейді. Мен тек өзімді ғана тәртіпке салғым келеді. Бірақ бұл мен еместпін, бұл Сізсіз, оларды жақсы көріп, олармен сөйлесетін, маған үнемі батасын беріп отыратын Сізсіз. Бұл ойлап, сезінетін, қозғалатын, мен арқылы жақсы көретін Сізсіз, О Құдайшыл Рух, О Сүйіктім, Тамаша, Сүйікті Құдай, барлық гурулардың гуруы

«Сол жақта әлі не бар еді, Тәңірім? Мен үшін бәрі де түс секілді. Менің тәнім қайда? Мен мұның барлығын дөрекі қиял ретінде көріп тұрмын. Бүкіл тілектер ғайып болды. Менде енді ұйымдастыруға деген тілек жоқ, тек Өзіңізге деген тілек қалды. Мен не жасасам да, Өзіңізді қуанту үшін жасаймын. Мен жыраларда жұмыс істеуге дайынмын, егер сіз мені қаласаңыз, бірақ Сіз менімен, және Өзіңізді жақсы көретін сол адал жандармен әрдайым бірге болатыныңызға уәде беріңіз».

«Сіз маған жер бетінде қызмет ету жауапкершілігін бердіңіз.[1] Мен Сізді құмнан да, күннен де сеземін. Мен сіздің нәзіктігіңізді желден және күшіңізді күректің сабынан да сеземін. Сіз жұмсақ батаңызды бере отырып, айналамдағының барлығы бола білдіңіз. Әрбір оймен Сіз менімен сөйлестіңіз

«О Сүйікті Жаратушым, Әке, Ана, Дос, бүкіл ана махаббаты Сіздің бір махаббатыңызды еске түсіреді. Сіз барлық сүйіктілердің Сүйіктісісіз, барлық достардың Досысыз, барлық туысқандардың туысқанысыз. Мен Өзіңізден артық қатынасты мойындағым келмейді. Бүкіл адам қатынасы Сізсіз өлі қатынас екенін түсініңіз. Барлығына өзіңіздің жалғыз махаббат екеніңізді, жалғыз шынайылық екеніңізді түсінуіне мәжбүр етіңіз

«Мен адасу әлемінен Өзіңізге қарай секіріп кету үшін мәңгілік табалдырығында дайын тұрмын. Бірақ мен әлемді өзіммен бірге ала кеткім келеді. Сізге деген махаббатты ойламайтын бет-жүзді көрсетпеңіз маған. Сізді, Мен барлығын да, тіпті дұшпандарымды да жақсы көремін, өйткені Сізді әрбір тіршілік иесінен көремін. Менің аяқ-қолым, сөздерім, ойларым мен сезімдерім әрдайым Өзіңізге арналуы үшін маған батаңызды беріңіз. Сіздің махаббатыңыз туралы айтудан жалықпаймын

«Өзіңізден алыста бір минут та болғым келмейді. Сізді бір мезетке болса да ұмытып кетер болсам, менің көзімді құртыңыз. Мен Сізсіз өмірді қаламаймын. Мені адастыра көрмеңіз. Оған шыдай алмаспын. Оған шыдай алмаспын!»

«Құдайшыл Рух, сіздің өнеріңіздің даңқы қандай, қуанышы қандай! Жаратушым! Сіздің рахатыңыздың бір ғана жарқылы надандық қараңғылығын және бүкіл зиянды әдеттерді бұза алады! Бізді құтқарыңыз. Сіз бар жерде мен кішкентай нәресте секілдімін. Мен ұстаз емес, аяғыңыздың астындағы сабырлы нәресте болғым келеді, Тәңірім. Мен бәрін де Сіздің аяғыңыздың астына қоямын, Сүйіктім

---

[1] Парамахансажи бұл жерде ашрам тұрғындарымен бірге айналаны тазарту, ағаштар отырғызу, жаңа ғимараттар құрылысына бағыт беру секілді жұмыстарды меңзейді. Ол ешбір міндет Құдайға қызмет етуде үлкен немесе көзге еленбейтіндей болып қарастырылмауы тиіс деп үйретті. Ол өзі неге үйретсе, солай өмір сүрді.

«О Сүйікті Христос, шынымен де бірнеше сағат ішінде, осы күні, біз медитацияның осы терең қуанышына жеттік пе? Сіз туралы тәтті естелік менімен бірге қалады. Барлығы да Сізді сезіне алуы үшін сыйынамын. Олардың аса зор күш салып, Өзіңізді көрсетпей тұрған адасу мен мазасыздық шымылдығын жұлып алып, кем дегенде жылына бір рет, Рождество күні ләззат алуларына тілектеспін. Мен үшін әрбір күн - қуаныш Рождествосы. Күн сайын, автокөлікпен саяхатта жүрсем де, жалғыз өзім ашрамда отырсам да, жұмыста немесе медитацияда болсам да, сіздің шексіз санаңыз менің бойымда қайта туылады. О әрдайым жаңа қуаныш!»

(Христос пен Шри Юктешвар елесін көре отырып, Парамахансажи қатысып отырғандарға қарап сөйлейді:)

Мұнда Иса Христос барлығыңызға ризашылық білдіреді! Кеңістікте жасырынған өзімнің Гуруымды көріп тұрмын. Гуру, Гуру, Гуру!

(Парамахансажи өзінің Құдаймен және Христоспен діни қатынасын жалғастырады:)

«О Әлем Христосы, Сіз бізге қандай қуаныш сыйладыңыз. Өзіңізсіз, Христос Санасысыз бірде-бір адам өмір сүре алмайтындығын біліп, неліктен адамзат Сіздің даңқыңызға ие болмайды. О шексіз Христос, Сіздің бойыңыздан мен әулиелердің жұлдыз тәріздес жарқырайтынын көріп тұрмын. Сіз олар жарқырайтын аспансыз. Сіз сол *жалғызсыз*. Қандай қуаныш!

«О Хрисос, осы күні біз Сізді шын жүректен шақырдық, Сіз келдіңіз де, барлығымызға батаңызды бердіңіз. Сіз физикалық формада және Рухта, біздің адалдығымыздың бесігінде туылдыңыз. Қандай қуанышты сезіп отырмын десеңізші, мәңгі бақыт қуанышын сезіп отырмын. О Христос, біз Сізге басымызды иеміз

«Сүйікті Құдай, біз әрбір тақуаның Құдайшыл байланыс тәжірибесінің болуын сұраймыз. Біз Сізсіз, Сіздің басшылық етуіңізсіз өмір сүре алмаймыз. Сіз біздің қолымызды, сөздерімізді басқарасыз. Сіз біздің әрбір ойларымыз бен сезімімізді басқарасыз. Сонда да, Сіз бізден жасырынғанды ұнатасыз! Менің Сүйікті Тәңірім, Сіз біз үшін қайғырасыз, соған қарағанда Сіз Өзіңіздің неге жасырынатыныңызды түсінесіз де, менің сөгісіме қарсы болмайсыз. Біз, Сіздің балаларыңыз, мүмкін, тіл алмайтын шығармыз, бірақ Сіз бізден жасырынбауыңыз керек, өйткені біз қайғыратын боламыз. Өзіңізді бізге көрсетіп, бізбен бірге болыңыз. Ендігі бізден тығылмаңыз, сүйікті Тәңірім, ендігі жасырынбаңыз. Екі қолды қусыра, басымызды иіп, алдыңызда тұрмыз. Біздің адал ниетімізді қабыл алыңыз. Бізге Өзіңізге ұнайтын кез-келген формада келе беріңіз, тек Сізді сезіне алсақ болғаны. Бұл өмірде біздің уақытымыз тым аз, және сол аз ғана өмір Сізді ұғынуға арналуы тиіс

«Ойша мен барлығынан бездім. Мен болмашы міндеттерге ешқандай көңіл аудармаймын, бірақ Сізге толығымен көңіл аударамын, Сізді жақсы көріп, Сізге қызмет етуге дайынмын. Мен тобырды ұнатпаймын, бірақ Өзіңізді сүйетін жандар тобырын жақсы көремін. Өзіңізді сүймейтін, сүйгісі келмейтін жандарға келмеңіз. Өзіңізді іздеп, Өзіңізге деген тілегі алаулаған жандарды ғана Өзіңізге тартыңыз. Мен басқа адамдардан ештеңе де қаламаймын, бірақ олар арқылы Сізбен сөйлесіп, олардың жүректерінің ыдысынан Сіздің махаббатыңызды ішіп тауысқым келеді. Вашингтон тауы мен Энсинитасқа келгендердің барлығы Өзіңізді іздеп, Өзіңізді ғана жақсы көруі үшін дұға етемін

«Біз Сіз үшін ризамыз, О Рух, бізге Иса Христосты жер бетіне жібергеніңіз үшін ризамыз, Кришна, Бабажи, Лахири Махасая, Шри Юктешвар үшін ризамыз, өйткені олар арқылы Сіз бізді шақырдыңыз. Өзіндік таным қоғамында қызмет ететін жандармен байланысқа түскен адам, өзін тауып, ұлылардың батасын алады. Бізді қабылдаңыз, О Құдай және Гуру, біз Сіздермен ауру мен өлім, қайғы мен келелі мәселе, жек көрушілік, соғыс пен қайғы жоқ көк аспанда шаттанатын боламыз. Осы адасу түстері біздің Сізбен қатынасымыздың аясында жоғалсын. Әке, Ана, Дос, Сүйікті Құдай, сіздердің мәңгі қуанышызға таңданған біздер арбауға ешқандай қызығушылық танытпаймыз, Сіздің сынақтарыңыздың бірде-біреуінің алдында үрейленбейміз. Құдайшыл Ана, біз жақсы, не жаман болайық, біз- Сіздің балаңызбыз. Сіз бізді сөзсіз жақсы көріңіз, біз де Сізді сөзсіз жақсы көретін боламыз. Біз Сізге қайыршы секілді емес, Сіздің балаларыңыз секілді болып келеміз, және біз Сізден Өзіңізді көрсетуіңізді талап етеміз, Өзіңізді көрсетіңіз!

«Бізді матап тұрған карманың түйінін шешіңіз. Бізді ештеңе де ұстап тұра алмайды, өйткені біз Сіздің балаларыңыз. Сіздің ризашылығыңыз бен қайырымдылығыңыздың арқасында, ақыр соңында, біз Сізді табатын боламыз. Біз Сіздің алдыңызда бүкіл кіші тілектерімізден арылуға уәде береміз, біз өз назарымызды қуанышты уайымның көз жасын Өзіңіздің аяғыңыздың астына төге отырып,

Өзіңізге деген махаббатқа шоғырландыра аламыз. Біз Сіз үшін түн тыныштығында айғай салуымыз үшін адал ниетпен ризашылығыңызды беріңіз, сонда ібіліс Сіз туралы біздің айғайымыздан, Сіздің жауабыңыздан шошып, қашып кететін болады

«Бізді Өзіңіздің қамалыңызда қорғаңыз. Ібіліске бізді алдауына жол бере көрмеңіз. Өзіңіздің берекелі көзқарасыңызбен ібіліс билігін сейілтіп, оны біржола қуып жіберіңіз. Біздің жүректеріміз- Сіздікі. Бұл тек Өзіңізбен таныстықтың басы ғана, О Құдай- мәңгіліктің бастамасы. Біз Сізді жүрегімізбен, ақыл-ойымызбен, бар күшімізбен, жан-тәнімізбен сүйеміз

«Біз Сізге берілеміз, біздің тәніміз, ақылымыз және жанымыз Өзіңізбен тазаруға тиіс. Біз Сізді ұмытып кетіп жатсақ та, бізді ұмыта көрмеңіз. Біз есте сақтамай жатсақ та, бізді Сіз есіңізде сақтаңыз. Бізге немқұрайлы болмаңыз. Бізді адасудан сақтап, Өзіңіздің жалғыз махаббатыңызбен баурап алыңыз. Аяғыңызға жығылған бізді тұрғызыңыз, О Ана. Бізді өзіңіздің табалдырығыңнан қуа көрмеңіз

«Адасудың бүкіл түстері аяқталды. Мен үшін осы дүние туралы түс те таусылды. Құдай, осы дүние қиялының ар жағында тұрған жалғыз шынайылық. Менің жанымның жалғыз талпынысы, өмірімнің жалғыз мақсаты. Мен іздеп жүрген Гуру, ұстаз және нақсүйер, Дос және жалғыз Сүйіктім

«Әлем Христосының даңқы бізге қарасын. Біз жүрегімізде құйылып жатқан Жаратушыны қасымыздан сезіне аламыз. О Мәңгі Жарық, біз Шексіз Христосты іштен де, сырттан да көре аламыз. Біз бұл Христосты рухта тойлаймыз, және әрбір күн діни қуаныштың Рождествосы болсын деп жалбарынамыз. *Әумин, Сабырлылық бере гөр, Әумин*»

Мәңгі роман

Өзіндік таным қоғамдастығының ғибадатханасы, Голливуд,
Калифорния, 10-ші қаңтар 1943 жыл

Әркез, Құдайға сыйынған кезімде, Құдайды жанымнан табамын. Кейде Ол маған ғажайып нәрселер туралы айтады. Тіршіліктің бүкіл қиындықтары кетті. Таза білім қарапайымдылығында мен Оны табамын.

Ойлар Рухтың сұйыққоймасынан ағып жатқан өзендер. Өз өмірімді Рухпен байланыстыру- ең маңызды міндет. Құдай сіздің жүрегіңіздің тіліне-өзіңіздің мәніңіздің түбінен шығып жатқан тіліңізге құлақ түреді. Адамдар Құдай дұғаларына жауап бермейді деп ойлайды, өйткені олар Құдайдың кейде олар күткеннен басқаша жауап беретінін біле бермейді. Ол адамдар Өзінің тілегін орындап болмай, олардың тілегіне сәйкес жауап бере бермейді.

Бір күні автокөлікте келе жатыр едім, Құдай сол кезде маған болашақты көрсетті, біз өтіп бара жатқан үйдің қазіргі тұрғындары кетіп қалды. Олар осы өмірге сондай сенімді еді. Құдай «Мен бұл дүниені тек адамдар үшін жаратқаным жоқ. Балаларым Мені, өздерінің Жаратушысын іздей ме екен деп, соны көру үшін арбауды да жараттым»,- деді. Бұл мені соншалықты қанағаттандырды. Мен бүкіл жауапкершілік Құдайға жүктелетінін көрдім. Осы мәселені Өзі кіргізгенін Ол жақсы біледі!

Біз Құдай көрінбейді дейміз. Сағатқа қарап тұрып, біз оны кім жасағанын, қашан жасағанын білеміз. Енді осы дүниенің кішкене «сағаттары» күнді, айды, жұлдыздар мен жерді қалай жасады және кім жасады? Сіздер тамақты шайнайсыз, бірақ кішкене ақыл-парасат оны тән қажеттілігінің бүкіл элементтеріне қайта өзгертеді. Сізге тыныс алу үшін ауаны берген кім, және ауамен арадағы байланысты, өмір мен тән арасындағы байланысты кім жаратты? Оған қатысты қалайша күмәнданасыз? Ол барлық жерде. Мен Оны бұлттардан және айналаның барлығынан іздеймін, Оны өз тәнімнің әрбір қозғалысынан табамын, және өз ақыл-парасатымның тыныштығының тағына көтердім.

Әркез, бір нәрсені білгім келген кездері, Құдай менімен сөйлеседі,

Ол мені жетелейді немесе не айту керек екенін айтады. Немесе адамдар айтқан нәрсені Оның сөзі екенін түсінемін. Өткен жексенбіде қызметімді жүргізіп жатқан кезде, тек сыйына бастап едім, Ол алдымда ұлы Жарық болып тұрып алды. Олар менің сол күні ең жақсы дәрістерімнің бірін бергенімді айтты.[1] Соңынан күн класы, және ақыр соңында, кешкі дәріс. Бәрі мені шарпап, қоя салады деп ойлады, бірақ біз медитация жасай бердік, таң атқанша мен жақсы түс көргендей, сергек күйімнен арылмадым. Он бес күн бойы ұйқым жоқтың қасы болды. Оның Жарығы мені қолдап тұрды.

ҚҰДАЙ ӨЗ САНАҢЫЗДЫҢ ЕСІГІНІҢ АЛДЫНДА ТҰР

Бұл мендегі кей жағдайлар. Олар шынайы және Құдайдың Өзіңізбен бірге екенін білген кезде көбейе бастайды. Ол мұндай оқиғаларды тек өзіңізді тарту үшін ғана бермейді, бірақ басқадан бас тартып, Оны қалайтыныңызға Оның көзін жеткізе алуыңыз керек. Ол маған немқұрайлы қарайды деп те айта алмаймын. Тек Оны жақсы көретін болсаңыз, Ол сіз үшін керемет нәрселер жасайды. Ол барлығын тегістей жақсы көреді. Ол сіздің санаңыздың есігінің алдында тұр, ал сіз болсаңыз, Оны ішке жібермейсіз. Менің байқауымша, біз Оны іздегеннен гөрі, Ол бізді көбірек іздейтін секілді. Ол бізге немқұрайлы қарамайды, керісінше, біз Оған немқұрайлымыз. Соған қарағанда, сіз Оны үлкен ақыл қарқындылығымен, адал шын-ниетпен іздегеніңіз дұрыс. Сіз адамдардың басым бөлігі абыржып, тоқтаған кезде, Ол жауап бермейді деп ойлайсыз. Бірақ Ол ғана алысқа кетіп бара жатқан сізді ұстап тұрды, бірақ сіз берілмеуіңіз керек. Күмән туған кезде, «Мен қалай қолдарымды қозғалта аламын? Менің ас қорытуым қалай жұмыс жасайды? Менің тынысым қалай тез өзгереді? Ол сонда болуы *тиіс Ол бар* сонда» деп айтады. Осы Билікке тәуелді болғандықтан, осы билікке неге жүгінбеске? Күн сайын Оған махаббатыңызды көрсетіп, табанды болған кезіңізде, бірінші кезекте, өзіңіз қалаған нәрселер болады.

ҚҰДАЙ БІЗДІҢ МАХАББАТЫМЫЗДЫ АҢСАЙДЫ

Мен Құдайдан осы жаратылысты не үшін жаратқанын сұрадым. «Бұл Сіз үшін шын мәнінде сондай қажет болды ма?» Сонда Ол «Жоқ,

---

[1] *Саяхаттан өзіндік танымға дейін* «Өміріңізді өзгерте отырып» (Өзіндік таным қоғамдастығы арқылы басылып шыққан)

бірақ менде қуанышымды бөлісетіндей ешкімім болмады»,- деп жауап берді. Міне, сондықтан да, Ол Жаратушы болды, бірақ бір шарты болды: Ол Өз тіршіліктеріне тартқызғандай уайым мен ізденісті Өзіне тартқызар еді. Әрбір адам бақыт үшін бірдеңе іздейді, және соған қол жеткіземін деп үміттенеді. Бірақ адамдар шынайы бақытты таба алмайды, өйткені материалдық пайданың бүкіл мүмкіндіктері тұйық жерде аяқталады. Сіз өзіңізде әзірге болмағандықтан, сол нәрсені қалайсыз. Ал сол затқа қол жеткізген кезде, қызығыңыз басылады. Адамдардың көпшілігі өмірде дүниеге келіп, үйленіп, бала тауып, ақша тапқаннан артық қызық жоқ деп ойлайды. Бірақ бұл олай емес. Құдай «Мен Өз балаларыма артқан бүкіл қиындықты Өзіме де арттым, Олардың көңілі көншімесе, менің де көңілім тоқ болмайды", - дейді. Құдай нені аңсайды? Біздің махаббатымызды. Біздің көңілімізді. Ол оны Өзі үшін өте қиындатып алды, өйткені Ол адамға Өзін іздеп немесе кері итеру үшін ерікті ерік берді. Ол «Мен әр жүректі балаларым Менің жаратылысымды қабыл алмай, өзіне бұрыла ма деп үміттене бағып жүрмін». Қандай ұлы ой десеңші, Ол бізге артқанның барлығын, Өзіне де "артып " отыр, яғни Құдай да біздің іздегенімізді- біздің махаббатымызды іздейді.

Біз Құдай жәйлі айтқанымызда, көп адамдар Оны Аспаннан алыста тақта отырған мәртебелі ретінде елестетеді. Олар «Қалайша мен осы көзге көрінбейтін Құдайға махаббат сезімін сезінемін? Одан да қазір ішіп, жеп, көңіл көтерейік!» деп ойлайды. Бірақ әрбір рахаттың қызыл бұтағының ар жағында бақытсыздық жыланы бар. Дүниеде тұрақты рахат деген болмайды. Сіздің тәніңіз сымбатты болуы мүмкін, бірақ ауру тап келсе, сол тәнді емдеу қиын болады. Сіз өте бай бола аласыз, бірақ қор нарығы күйреуге ұшырайды да, сіз бәрінен құр алақан қаласыз. Біз неге осындай нәрселерге бола қайғыруға тиіспіз? Демек, Құдайдың да көңілі қалған, өйткені Ол бізді қалайды, ал біз болсақ, Оған махаббатымызды бере алмай отырмыз. Осылайша, Ол да қайғырады, егер біз Оған шын көңілмен баруға шешім қабылдамасақ, Ол бізді немесе Өзін қайғы-қасіреттен арылта алмайды.

ТІЛЕК БАРЛЫҚ ТІЛЕКТЕРДІҢ СОҢЫНДА

Аздаған уақытқа сіздің пенделік заттарға бола көңіліңіз толық болғанымен, іштей шарасызсыз. Бәрі де сізді зеріктіреді. Мен мұны бала күнімде түсінгенмін. Мен өзімді осындай жағдайлардың әрқайсысына қойып көрдім. Өзіме қатысты пікірді көз алдыма елестетіп көре алмаған кезде, мен өзім жақсы өмір сүріп жатыр деп ойлаған басқа біреуге қарап, бақытсыздық пен көңіл толмаушылықты көретінмін. Міне, сондықтан да мен осы торға түскен емеспін.

Мен заттырымызға ие болып, басқаларды сүю үшін біздің жүректерімізді пайдаланғандарды көрдім. Бірақ сонда Ол өлімдегідей махаббатымыздың сол нысанын тартып алады немесе кенет махаббат ескіріп, кетіп қалады. Сол махаббат қайда? Ол бізбен жасырынбақ ойнап жүрген Құдай, біз Оны іздеуге тиіспіз.

Мен Құдайға тіке айта аламын. « Маған Сіз жақыннан да жақынсыз, қымбаттан да қымбатсыз» деймін Оған. Құдайға ойымдағының барлығын жайып саламын, сонда Ол маған жауап береді. Басқа кім осылай жақсы көре алады? Ол әрдайым кіргісі келіп, өмірімнің қақпасын қаға, менің соңымда болды. Мен өмірден іздегенімді таптым, ол Құдай. Әркез тілегімді қанағаттандырады. «Ең сүйікті, соқыр, нағыз әлсіз, іздегендерің [2] –Менмін. «Мен» деген Құдайдың мәңгі қуанышын білдіреді.

Ақшаны, сексті, адам махаббатын қалаған кезде, адамдар, шын мәнісінде, тек бір ғана нәрсені, бақытты іздейді, ал сол бақыт дегеніміз –ол Құдай. Мен бұрынғыша сол бақыт күні және түнімен маспын. Бұл ақылдың абстрактілі жағдайы емес; бұл сіздермен сөйлескісі келіп тұрған Бақыт. Сол бақыт- Құдай, және өз махаббатыңызды шектеп, басқа бір нәрсені іздеудің өзі ақылсыздық. Мен ешқашан өз махаббатымды, тіпті өзімнің қатты жақсы көрген анама да бере алған емеспін, өйткені оның артында мені анам арқылы жақсы көріп отырған Біреудің бар екенін білдім.

НАДАНДЫҚ ҚҰДАЙ КҮШІН ПАЙДАЛАНБАУ ДЕГЕНДІ БІЛДІРЕДІ

Өмір елестерінің бірі дәрменсіз күйде өмір сүруді жалғастыра беру. «Бұл бос әуре» деп айтсаңыз болды, солай болып шығады. Іштегі надандық елесі дұрыс болып шығады. Надандық өзіңізге берілген Құдай күшін пайдаланбау дегенді білдіреді. Неге сіз сол зиянды нәрселерді күн сайын, қайта-қайта жасай бересіз? Өз қалауыңыз бойынша өзгере алмаймын деп ойлаудың өзі адасу болып табылады.

---

[2] *Небесная Гончая*, Фрэнсис Томпсонның поэмасынан

Сіз шешім қабылдап, сіз өзіңізді өзгертуге *тиісті* болып, зиянды әдеттерден арылуға шамаңыз жетеді.

Адамдардың басым бөлігі әрдайым өздерін күні бұрын болжап қойғандай етіп ұстайды, өйткені оларға әдеттер бағыт береді. Бірақ егер адам іштей өз әдеттерін өзгертіп, оны басқалары байқап: «Ол басқа адам!» дегеннің өзінде де, оның сыртқы келбеті өзгерген жоқ. Сол күйіңізде қала бермеңіз. Ішкі дүниеңізге үңіліп, әлі де сол ескі әдеттердің қалған, қалмағанын байқаңыз. Егер сол адамдар айтып жүрген әдеттеріңізді жылдан жылға қалмай бақылап жүретін болса, қолыңызға даналық қылышын алып, жаман әдеттің барлығын шауып тастаңыз. Содан соң, Құдай берген дискриминацияны өміріңізді неғұрлым лайықты бейнеге өзгерту үшін пайдаланыңыз.

Осы жаңа жыл бойына өзім ескермеген шағын нәрселер туралы және өмірімнің осы жекежайынан алтын уақыт аралығын толтырып тұрған қажетсіз "даңғаза" нәрселерді жою туралы бірнеше шешім қабылдадым. Мен ол туралы ешкімге тіс жарған емеспін. Шешім қабылдағаннан кейінгі сегіз күнде ауыр сынақтар түсті басыма, оларды қиратуға мәжбүр ету үшін, бәрі де жасанды болып көрінді. Бірақ бірінші қаңтардан бастап, Құдайдың көмегімен, мен өзімнің ақыл-парасатымнан бүкіл қарама-қайшы бейімділіктерді еркімді ештеңе де бұза алмас үшін жойдым.

Сіз- өзіңізге-өзіңіз дұшпансыз, «Мұны жасау мүмкін емес» деген кезіңізде, сіз өміріңізді өзгерту үшін Құдайдың қаншама бостандық бергенін біліп, таңғаласыз. Тәніңізге ауру төнбей тұрғанда, ақылыңыз әлсіремей тұрған кезде күресіңіз. Сіз тән де, қан да емессіз. Сіз осы тәнге сәуле беріп тұрған жарықсыз. Бірақ берген жарығы және жылуы арқылы оның бар екенін білеміз. Сол сияқты денені сезіну арқылы жанның бар екенін мойындаймыз. Бірақ біз бір денені, өз денемізді ғана сезінеміз. Ал жүректегі Жоғары Жан болса, Ол барлық денелерді сезінеді. Өшпес өмір осы кішкене форманың клеткасында, және ол шыққысы келеді. Жуырда екі шәкірт менің жанымда тұрған болатын, кенет оларды рентгендегідей қарап шықтым- тән, сүйектері және органдары, олардан үлкен Жарық көрініп тұрды. Құдай өзіңізбен бірге болса, бүкіл материя электр көлеңкесінде өзгереді. Бәрі де эфирлі болады. Бұл оқиғалар ойдан шығарылған қиял емес. Олар ақиқаттың айқын көрінісі.

ҚҰДАЙ- НАҒЫЗ ТАРТЫМДЫ ТІРШІЛІК ИЕСІ

Құдай дұғамды қабыл алмайды деген ой ешқашан болмайтын болсын. Оған сыбырлаған әрбір сөзіңізді Ол жүрегіне жазып алды, және күндердің бір күнінде Ол сізге жауап қататын болады. Егер Оны әр түрлі жолдармен бақылауды жалғастыра беретін болсаңыз, онда сіз Оның өзіңізге барлық уақытта да жауап беріп отыратынын білетін боласыз. Егер шыдамсыздық танытсаңыз, онда Ол үлкен тәсілмен жауап береді. Тек тұрақтылық арқылы Оны келуіне көндіруге болады.

Құдай дүниедегі ең сүйкімді тіршілік иесі. Сіздің қалағаныңыздың барлығы Оның бойынан табылады. Басқа бір нәрсені іздеу- үлкен қателік. Мен өз уақытымды текке жойғым келмейді. Алаңдататын нәрселердің бәрін де шығарып тастадым. Мұндай бақытты мен еш жерден таба алмаймын. Мен өзім қалаған құдай Санасында өмір сүремін; және Махаббатын сыйлаған жандарға, менде әкем берген махаббатпен жауап бергім келеді.

Жас кезімде бір күні отбасым мені үйлендіргісі келді. Болашақ қалыңдығымды да көрдім, оның келбеті өте сұлу болатын, мен мұндай сұлулықты бұрын-соңды көрмеген едім. Сонда Құдайдың «Сіз неге үйленіп жатырсыз?» деген дауысын естідім. Сонда мен Оған «Сіз одан да керемет емессіз бе? Мен осы жүзді емес; осы жүздің ар жағындағы сіздің жүзіңізді, Сізді қалаймын!»,- дедім. Жылдар өте келе оның болашақ қалыңдығымның сұлулығы жоғалғанын көрдім, бірақ менің Құдайға деген ләззатым мың есе көбейе түсті!

Неке Құдайдың өзі жеткілікті деп ойлайтындар үшін емес. Бірақ үйленгендерге Құдайды іздеуге тыйым салынбайды діни достық некесінің мақсаты осы бағытта бір-біріне көмектесуден тұрады. Шын мәнісінде, бірде-бір неке Құдай махаббатысыз сөзсіз сәтті бола алмайды. Ерлі-зайыптылардың қарым-қатынасын үйлесімді ету үшін Ол сөзсіз махаббат сыйлайды. Бұл махаббат болмаса, бір-біріне деген сенім болмаса, ерлері мен әйелдерінің өмірі тозаққа айналады. Махаббат сезімі адамдардың барлығына тән. Біреуді жақсы көрмейтін адам болмайды.

Тіпті нағыз жақын қатынастың өзінде ерлі-зайыптылар өте тұйық және бәрін іштеріне сақтайды. Бастапқы кезде олар бәрін бір-бірімен бөлісіп отырады, бірақ, соңынан алауыздық пен ұрыс-керіс пайда болады да, жағдай өзгереді. Махаббат қайда кетті? Екі жас адам бірге болмасақ, өлеміз дейді. Бірақ егер кенет олардың біреуі қартайып, шашы ағарып кетсе, махаббаты да жоғалады. Сонда олар нені жақсы көрген, жанын ба? Жоқ, тәнді ме.

Сіздің бірінші мақсатыңыз- Құдайды танудан тұрады. Оны тапқан кезде, жүрегіңіз Оған сәйкес келіп тұрса, онда сіз бәрін де жөнге келтіресіз. Бірақ өзіңізді шырмап тастайтын болсаңыз, онда адасу жолын таңдаған боласыз.

Сіз жер бетінде жалғызсыз, және өзіңізден басқа ешкім де сіздің қателіктеріңізге жауап бермейді. Онда неге басқалардың қателіктерін қайталайсыз? Сіз өз өміріңізді сүруге тиіссіз, өйткені сіз солай дұрыс екенін жақсы білесіз. Өзіңіздің жаман әдеттеріңізді азықтандыруды қойыңыз. Әлсіз адам «Мен шылым шегемін, дәл қазір мен қоя алмаймын» дейді. Шылым шекпес бұрын оны қажетсінген жоқсыз. Азат болыңыз. Құдайдың шексіз қуанышы мен тыныштандырушы сәулесі келген кезде, ештеңенің де мәні болмайды. Сонда сыртқы жағдайлар да сіздің іштей көргеніңіздің барлығы шындық екеніне куә болады.

СЫРТТАЙ ҚАРАҒАННАН ГӨРІ, ОНДА ӨМІР КӨБІРЕК

Осыдан басқа өмір жоқ деудің өзі үлкен қателік. Сіздің Құдаймен шынайылығыңыз, және Оған оралу – осында болуымыздың себебі. Ол біздің көңілімізді көтеру үшін осы дүниені жаратуды өз қолына алды, және оны біздің Оның ойыны ретінде қарастырғанымызды қалайды. «Мені сатқандар, сіздерді де сатады».[3] Пенде рахатының жетегінде кетіп, Құдайды ұмытсаңыз, сіз бақытсыздыққа бет алған болып есептелесіз. Зұлымдық бақытты етемін деп дәмелендіріп, қайғыға ұшыратады. Егер де гүл улы екенін білсеңіз, жұлып алар ма едіңіз? Жоқ. Жалғыз ғана баянды бақыт Құдайда. Тыныш отырып, терең, беріле сыйыныңыз. Онымен сөйлесіңіз. Одан қорықпаңыз. Оны танудың медитациядан басқа әдісі жоқ. Оны жіберіп алмауға тиіссіз. Күннің соңына қарай сіз шаршап, ұйқыға кетесіз, бірақ оның орнына, отырып, қарқынды түрде медитация жасаңыз. Сонда өміріңіздің өзгергенін көресіз. Құдаймен терең қатынастан соң төрт немесе бес сағат ұйқының өзі жеткілікті. Бұдан басқа сіз өзіңізді топастандырасыз. Қалған уақытты медитация жасау үшін қолданыңыз.

Осы күндері мен ешкімді дерлік көрмей жүрмін; мен Құдаймен қатынас орнататын жандармен ғана бірге болғым келеді. Неғұрлым аз

---

[3] Тағы да *Небесная Гончая*, Фрэнсис Томпсонның поэмасынан

сөйлесеңіз, соғұрлым жақсы. Уақыттарын текке жойып жүргендермен неғұрлым аз қатынаста болсаңыз, соғұрлым рухани өміріңізге жақсы. Оңаша қалу ұлылық құны. Бұл қысқа мерзім сіз түсініп болғанға дейін таусылып қалады. Ешкім тартып ала алмайтын діни бақыт өнімін жинаңыз. Бұл қолыңыздан келеді. Күш ішіңізде, сондықтан да ақылыңыз бір нәрсені жасай алмаймын деп тұрса, сол ойға «Шық. Бұл қолымнан келеді!» деп бұйырыңыз. Егер солай деп шешсеңіз, болады да. Жалған ләззатқа бола уақытты жоюдың қажеті қанша? Қайнар көзіне қарай жүріңіз. Егер осы Бақытта қала беретін болсаңыз, сіз дүниеде бақытты жанға айналасыз, сонда ауру мен қайғы-қасірет тәннің уақытша бастығырылу екенін көресіз.

Әрбір күн шайқас, сіз де шайқасуға тиіссіз. Әулиелерде ең үлкен шайқас болады, бірақ олардың күресі аздаған уақыт өткен соң мәнсіз болып қалады, өйткені олар Құдайды тапты. Әулие Францисктің өмірі туралы ойлаңыз. Көптеген әулиелер ол секілді қасірет шеккен: ауыр науқасты және соқыр, ол қаншама науқасты емдеді десеңші, тіпті өлген соң да өлілерді жөнге салды- оның Құдайға деген махаббатының билігі осындай болатын.

ҚҰДАЙ ӘРДАЙЫМ БІЗБЕН БІРГЕ

Құдай Өз санасынан бөлінбеген; Ол әрдайым бізбен бірге. Сіз желді көрмейсіз, бірақ бар екенін білесіз. Ол желді де, бізді де жасады, Ол осында. Әркез, аяқ-қолдарымды қозғалтқан кезде, қозғалтып отырған Ол екенін білемін. Бүкіл дүние Одан қалтырайды. Басқа шынайылық жоқ.

Бұл өмір ғарыш кинофильмі. Құдай келсімен, бәрі де жеп-жеңіл болып, Оның аясында билей бастайды. Кино көріп отырып, оның жәй ғана көңіл көтеру екенін ұмытып кетіп, сіз оны шынайы деп қабылдайсыз. Бірақ оны картина ретінде қарайтын болсаңыз, сіз қайғы-қасірет, зорлық-зомбылық және өлімге бола азапқа түспейсіз. Бұл жаратылысты сол жерде пайда болуына мәжбүр еткен Құдай жарығы мен көлеңкесі ойыны. Осыны ұғынған кезде, сіз оны қиял кинофильмі ретінде қарайтын боласыз. Егер түсінбейтін болсаңыз, обалыңыз өзіңізге, сізге ауыртпалық түсіріп, өзіңізді жалғыз сезінуге мәжбүр етеді. Ояныңыз; Құдайдың өзіңізбен бірге екенін біліңіз, және ажал келген уақытта Құдай мен гурудан басқа ешкім сізге көмектеспейді.

Жер байлығына ие адамдар, Құдай байлығысыз ештеңеге де ие бола алмайды. Олар өлгенде өздерімен бірге ештеңе де алып кетпейді. Бірақ, жақсы қасиеттерге ие болған адамдар, шынымен де бай адамдар, өйткені олар осы қазынаны өздерімен о дүниеге алып кетеді.

Көптеген адамдар рухани өмірге лайықты емеспін деп ойлайды, бірақ бұл ібілістің ұлы өтірігі. Ібіліс- надандық. Құдай маған Өзіне жетелейтін жалғыз жолды көрсетті. Міне сондықтан да бізді басқа ештеңе де қанағаттандырмайды. Құдайға әлі дайын еместін деу, жалған пайым. Кез-келген жүрек қасірет шегеді, және қасірет шеккеннің барлығы да дайын.

Квадрат бағдар дөңгелек саңылауға сыймайды. Бұл жерді дөңгелек саңылаумен , ал сіздің өміріңізді квадрат бағдармен салыстыруға болады. Күндердің бір күнінде сіз өзіңіз сәйкес келетін «квадрат саңылау» Құдай болып шығады. Сіз отбасыңызға, еліңізге арналдым деп ойлағанда, қателесесіз. Мен үшін Америка да, Үндістан да жоқ; барлық елдер менікі, өйткені олар- Құдай. Мен ешқашан ешкімге және ештеңеге өзімді монополизациялауға жол берген емеспін. Құдайға: «Махаббатымды Өзіңізден басқа ешкімге де бермеймін» дедім. Өзімшіл жандарға бермеймін, олар сұраса да, ешбір жанға бермеймін. Бәрінен қашсам да, махаббатымды Өзіңіз үшін қорғап қаламын. Махаббатымды тек жалғыз Құдайдың өзіне бере отырып, барлық жандарға бергендеймін.

Көңіліңіз бұзылмасын. Құдайға бұрылыңыз. Оның маған айтқанынан уәде артық бола ала ма?деймін. "Мен сіздің сыбырлап айтқан әрбір сөзіңізге жауап қайтарамын". Ешқашан барлық ұйымдастырушылық міндеттеріммен бірге, іштей Құдайдың осындай қуанышында қаламын деп ойламап едім. Бұл менің бір затты: өзімнің медитациямды ешқашан ұмытпағандықтан деп білемін. Менің жалғыз ғана тілегім- Құдаймен бірге болып, Одан «Мені осынша үлкен жұмыстан қашан босатасыз?» деп сұрай алатындай жағдайда болу. Енді, жұмыста, немесе жұмыстан тыс уақытта, Оның рақымымен мен ең үлкен ішкі азаттық және шаттықпен рахаттанамын.

Әдеттердің қысқашын қиып тастап, мұны жасау қолдан келмес деп тұрған сегізаяқтың ақылын өлтіріңіз. Жәй ғана «Жасауға болады!» деңіз де, солай жасаңыз. Өзіңіздің зиянды әдеттеріңізден құтылыңыз. Өзіңізді күн сайын өзгертіп отырыңыз. Бүкіл міндеттерді мойныңызға алып, шамадан тыс күш түсірмеңіз. Өмір бізге Мәңгі

Өмірді табу үшін берілді. Дүние бізге Мәңгі Дүниені табу үшін берілді. Тілек материалдық нәрселерді пайдалану үшін емес, өзіміздің қажеттіліктерімізді қолдану үшін берілді. Оны шапшаң іздегіңіз келсе, онда Оны табар едіңіз. Күмән келтірмеңіз!

Америкаға келмес бұрын, бір күні Құдайға қоймастан сыйынып: «Мені Америкада не күтіп тұрғанын білмеймін, бірақ менен Сізді тартып алатын болса, онда өмір сүргім келмейді! Сізбен бәрі жақсы болады деген белгі беріңізші!» дегенім сол еді, кенет есік тықылы естіліп; ашсам, әулие келіп тұр екен. Ол «Мені Құдай сізге өз Гуруыңыздың еркіне еріп, Америкаға бара берсін деп айтуға жіберді. Қорықпаңыз; Сізді қорғап отырады» деді. Мен оның соңынан ергім келіп еді, «Менің соңымнан еріп жүрмеңіз» деп шығып кетті. Мен ілескім-ақ келіп еді, бірақ аяқтарымды баса алмай қалдым. Америкада әулиенің уәдесі орындалды. Мен ешқашан Құдайдан артық ешкімді жақсы көріп көрген емеспін, адалдығымнан Ол менімен бірге қалды. [4]

Бір күні Бостонда, қарқынды қызмет жүріп жатқан кезде, маған қойылған бүкіл талаптардың арасынан Құдайды жоғалтып алмас үшін, қашып кеткім келіп, Оған жалбарындым. Бірақ Құдай маған: «Жұмысыңызды тастамаңыз. Сіз оны Мен үшін жасаудасыз. Сіз қолыңыз бос болмаған кезде, сіз уақытымды босқа өткізудемін дей бересіз, бірақ олай емес, *сіз* Менімен біргесіз!». Осы сөздерден соң жеті ай бойына рахат күй кештім; бәрі де сол қалпында жүріп жатты, бірақ мен Құдай рахатында болдым.

Ол кеткен кезде, миллионердің бүкіл ақшасынан айырылып қалған кездегі азабы секілді, жаман сезім пайда болады.

ҚҰДАЙМЕН БОЛАТЫН РОМАН МӘҢГІ

Сіздерге менің беріп отырғаным жәй ғана уағыз емес, сонымен қатар өзіңізді азат ететін ақиқат. Сонымен, мен сіздердің мынаны есте сақтағандарыңды қалаймын: *Өзіндік таным қоғамдастығы Сабақтарына* сүйеніңіз, өйткені олар хабарламаға толы. Ал түнгі уақытта тыныштық үңгірінде үздіксіз сыйына беріңіз. Медитациясыз ұйқыға кетпеңіз. Ұйқы үшін кез-келген уақытты пайдалануға болады, бірақ Құдай үшін түн қолайлы. Әркез, адамдар сізді жәйіңізға

---

[4] Әулие Махаватар Бабажи болған болатын. Ол туралы Парамахансажидің *Йог өмірбаянында* нақты жазылған. Осы баяндама жасалған кезде, ол осы еңбек бойынша жұмыстанып жатты.

қалдырған кезде, аздаған уақытқа тыныш отырып, Оған сыйыныңыз: «Өзіңізді көрсетіңіз. Сіз осындасыз, Сіз мені алдай алмайсыз. Сіз менің бойымдасыз және айналамдасыз. Сізді ғана жақсы көремін» деумен болыңыз. Ол сізге бұлттардан, жарықтан, әр түрлі кейіпке еніп келеді. Құдай өзінің тақуаларымен интуициялық сезім арқылы, достар арқылы, ішкі дүниеңізден шыққан Дауыс арқылы сөйлеседі.[5]

Кеше кешкұрым, медитация жасап жатқанымда, маған көк аспан ашылды. Оның аясында көргенімнің барлығы жүзеге асады. Ол тек сізден жасырынып қалатынын біліп қойыңыз. Сізде болатын ең күшті роман, ол Құдай романы болып табылады. Адам махаббаты тұрақсыз, бірақ Құдаймен бірге болған роман мәңгілік. Бірде-бір күн Оны көрместен өтпеуі тиіс. Сол себепті, мен «Сансыз кейіптер арқылы мен өзімнің барлық күміс қияддарымның жылғаларынан іздеп, Сіздің атыңызды шақырдым».[6] Оған әрдайым мені жібергені үшін Оның кінәлі екенін айтамын; бірақ ақыр соңында, бүкіл өмір елестері Оны көбірек бағалауыма, оны іздеуіме мәжбүр етуге тиіс екенін түсіне бастаймын. Менің сансыз кейіптерден іздегенім Ол, әкелерімнің Әкесі, аналарымның Анасы, сүйіктілердің сүйіктісі. Ол- ғашық жан, ал біздің жандарымыз сүйікті, жан әлемнің ең ұлы Ғашық жанын күткен кезде, мәңгі роман басталады. Қаншама кейіптер бойы іздеп келе жатқан махаббатыңыз, ақыр соңында сіздікі. Махаббаттыңыздың ең жоғарғы көзі Құдайдың Өзіне деген махаббат. Бұл негізгі мақсатқа жету, Құдайға қайту. Құдай өзін сүйгенді ерекше сүйіп, оны өзіне қайтарып алады. Сіз ендігі жерде одан артық ештеңені де қаламайсыз.

---

5 *Құдаймен қалай тілдесуге болады* атты, Өзіндік таным қоғамдастығы басып шығарған бүктемеде Парамаханса Йогананда Құдайдың тақуасымен *Аумин* вибрациясы арқылы сөйлесетінін айтады: "Медитацияда сіз еститін Ғарыштық Дыбыс, Құдайдың дауысы болып табылады. Бұл дыбыс бізге түсінікті тілде беріледі. *Ауминді* естіп отырған кезімде, кей кездері Құдайдан белгілі бір нәрсе туралы айтуын сұрасам, *Аумин* дыбысы ағылшын немесе бенгаль тіліне ауысып, маған нақты нұсқау береді." (*Аум* деген түсінікке берілген түсініктемені глоссарийден қараңыз).

6 *Жан әніндегі,* «Махаббаттың діни қайғысы»

Махаббаттың қасиетті жазбасы

Парамаханса Йогананда өзінің сүйікті шәкірті Раджарси Джанакананда арқылы «құдайшыл махаббат кейпі» деп сипатталды. 1930- жылдары жазылған келесі прозасында, Парамаханса алдымен өзінің сол құдайшыл махаббатты іздегені; содан өзінің Махаббатын Құдайга арнаганы туралы айтады.

Мен махаббатты көптеген адамдар өмірінен іздедім. Махаббаттың қандай екенін білу үшін, өкініштен көз жасымды көл қылдым. Ақырында, тек Құдайды ғана жақсы көретінімді білу үшін, бәрін де құрбан еттім. Сонда мен махаббатты барлық шынайы жүректер арқылы таттым. Ол-Жалғыз Ғарыштық Сүюші, өмір бағының алуан түрлі махаббат түстерінің бәріне ене алатын Жалғыз Хош иіс.

Көптеген жандар, ойлана, дәрменсіз күйде, неліктен махаббат бір жүректен екінші жүрекке шабады деген сұрақтар қояды, ілгері көкірегі ояу жандар жүректің түрлі махаббатқа тұрақты емес екенін, бірақ барлық жүректерден орын тапқан Жалғыз Құдайды жақсы көретінін түсінеді.

Құдай әрдайым сізге сыбырлап:

Мен Махаббатпын. Бірақ, махаббатты сыйға беруді бастан кешіру үшін, мен Өзімді үш бөлікке бөлдім; махаббат, сүюші және сүйікті. Менің махаббатым сұлу, таза, мәңгі қуанышты, және мен оны көптеген формалар арқылы әр түрлі бастан кешіремін.

Әке ретінде мен өз баламның жүрегінің көктемінен құрметті махаббатты ішемін. Ана ретінде кішкентай нәрестенің жанынан сөзсіз махаббат нектарын ішемін. Сәби ретінде әкенің әділетті себебіне махаббат қорғанысын сіңіремін. Нәресте ретінде аналық тартылыстың Қасиетті Граалынан себепсіз махаббатты ішемін. Шебер ретінде малай қамқорының құтысынан тиісті махаббатты ішемін. Құл ретінде шебер ризашылығының текшесінен құрметті махаббатты тартамын. Гуру-тәлімгер ретінде мен адал шәкірттің ыдысынан ең таза махаббатпен рахаттанамын. Дос ретінде тікелей махаббаттың өзінен-өзі көбік ататын субұрқақтан ішемін. Діни дос ретінде, мен Құдайды қастерлейтін жүректердің сұйыққоймасынан ғарыштық махаббаттың кристалл суын құрғатамын.

Мен тек жалғыз Махаббатты ғана жақсы көремін, бірақ ана мен әке ретінде адасуға да жол беремін, мен нәресте үшін ойлап, сезінемін; ғашық жан ретінде сүйіктімді қамқорлап; құл ретінде тек шебер үшін өмір сүремін. Тек мен бір ғана Махаббатты сүйгендіктен, мен ақыр соңында Өзімнің сансыз Менімнің адасуынан шығамын. Осы себепті оның емес, нәрестені қорғап отырған Менің махаббатым екенін ұмытып кеткен кезде, әкемді жұлдызды жерге тапсырамын. Ананың махаббаты Менің махаббатым екенін білуі үшін нәрестені ана кеудесінен көтеріп аламын. Мен ғашық жанның махаббаты Менің махаббатым екенін түсіндіремін.

Осылайша, менің махаббатым бүкіл адам жүректерінде жасырынбақ ойнайды, әрқайсысы таба біліп, табуды үйрене алады, менің махаббатымның қан тамырлары бір жүректен екінші жүрекке ауысуда.

Адамдар «Тек мені жақсы көріңіз», деп бірін-бірі ығыр қылады, сондықтан да, мен олардың еріндерін салқындатып, осы жалған сөзді ендігі айтпасын деп, біржола желімдеп тастаймын. Олар барлығы да –Менің балаларым болғандықтан, олардың «Барлығымыздың бойымыздағы жалғыз Махаббатты жақсы көріңіз» деген түпкілікті шындықты айтуға үйренгенін қалаймын. Басқа біреуге «Мен сізді сүйемін» деген сөзі «Менің бойымдағы махаббат Құдай, сіздің бойыңыздағы махаббатта Құдай» деген ақиқатты ұғынған уақытқа дейін жалған болып саналады.

Ай өз сүйіктілеріне: «Мен сізді мәңгілік жақсы көремін» деп санасыз түрде жалған айтқан миллиондаған ізгі ниетті ғашықтарды күлкі етеді. Олардың бас сүйектері желден қорғалмаған мәңгілік құмына көмілген. Олар ендігі «Мен сені сүйемін» деп айта алмайды. Олар еске түсіріп, бірін-бірі мәңгіге сүйеміз деген уәдесін өтей алмайды.

Сөз айтпастан, мен әрдайым Сізді сүйдім. Тек мен ғана шынымен де: «Мен Сізді сүйемін» деп айта аламын; өйткені сіз дүниеге келмей тұрғанның өзінде мен сізді сүйген болатынмын; Менің махаббатым сізге өмір береді және осы сәтте сізді қолдайды, тек мен ғана сізді өлім қақпасы түрмеге жапқан кездің өзінде де, ешкім сізбен байланыса алмағанның өзінде де, мен жақсы көретін боламын.

Мен адам марионеткалары өмір сахнасында махаббат драмасын ойнау үшін эмоция мен инстинкт қатарында билейтін махаббатпын. Оның Өзін ғана жақсы көрген кезде, менің махаббатым ғажап және шексіз жағымды; бірақ сізде өмір жолы мен ләззат жолы қысқартылған, және оның орнына сіз адам эмоциясы мен ынтықтық сезімге шырмаланып қаласыз. Түсініңіз, Балаларым менің, бұл өзіңіз аңсап жүрген, ынтық болып жүрген, барлық мүшелеріңді қанағаттандырып, оларға күш-қуат беріп жүрген Менің махаббатым!

Мені тек бір адамдай, немесе жеткіліксіз жақсы көретіндер, махаббаттың не екенін түсінбейді. Мені дана, кіршіксіз, толығымен жақсы көретіндер ғана және Мені мүлтіксіз және *бәрін* бірдей жақсы көретіндер, және Мені мүлтіксіз және барлығына бірдей *секілді* жақсы көретіндер Махаббаттың не екенін жақсы біледі.

ПАРАМАХАНСА ЙОГАНАНДА:

ӨМІРДЕ ДЕ, ӨЛІМДЕ ДЕ ЙОГ

Парамаханса Йогананда *махасамадхи* жағдайына (йог өзі саналы түрде өз тәнінен біржола шығуы) 1952 жылы 7 наурызда Калифорнияның Лос-Анджелес қаласында Үндістанның АҚШ-тағы елшісі Р. Б.Сенның құрметіне арнап сөз сөйлеп болған соң енген болатын.

Ұлы ұстаз йоганың құндылығын (Құдайды танудың ғылыми техникасын) тек өз өмірі арқылы емес, өлімі арқылы да көрсете білді. Өмірден озғаннан соң бірнеше апта бойы оның жүзі бал - бұл жанған күйінде алаулап тұрды.

Лос-Анджелес қаласындағы «Форест лоун» мемориалдық саябағы мәйітханасының (ұлы шебердің мәйіті уақытша қойылған жер) бастығы Гарри Т. Роув *Self-Realization Fellowship* қоғамына нотариуспен расталған хат жіберді бұл хатта былай деп жазылған:

«Парамаханса Йогананданың жансыз денесінде қандай да болмасын көрнекті белгілері жоқ яғни өліктің шіруі сияқты еш ыдырау белгілері білінбеді, бұл біздің тәжірибемізіздегі алғашқы ең таңғаларлық жағдай...Қайтыс болғанына жиырма күн өтсе де сол күйінен өзгерген жоқ. Терісі көгермей, бұлшық ет тарамдары да солмады, сондай – ақ терісінен іріп - шіріп тесілу сияқты тканьдер десикациясы (кебуі) байқалған жоқ. Мәйітхана қызметкері ретінде ұзақ уақыт қызметімде осы мекеменің арнайы мұрағатын зерттей отырып, бұл бұрын болып көрмеген теңдессіз жағдай екенін ашық айта аламын. Йогананданың денесі мәйітханаға жеткізілген кезде біздің қызметкерлеріміз табыттың әйнек қақпағының астынан ыдыраудың әдеттегі белгілерін кездестіреміз деп ойлаған болатын, бірақ біздің таңырқауымыз денеде еш өзгеріс болмағандықтан күн сайын өсе түсті. Бұл ретте біз таңғаларлық жағдайға кезіккенімізді байқадық, Йогананданың денесі бұзылмады. Денесінен шіріген иіс те білінбеді. Ол феноменалдық бүлінбес жағдайда екені белгілі болды.

Йогананданың табытының қола қақпағын жапқан кезде, оның денесі 7-ші наурызда қайтыс болған түні қандай болған болса, 27- ші наурыз күні жерлеген кезде де сол күйінде сақталды. Демек, 27-ші наурыз күні бізге бұл адамның денесінде қандай болса да бір ыдырау белгісінің болғаны туралы айтуға негіз жоқ. Осылайша, Парамаханса Йогананда жағдайы біздің тәжірибемізде бұрын - соңды болып көрмегенін тағы да қайталап айтамын.

Автор туралы

«Парамахнса Йогананданың өмірінде Құдайға деген махаббат пен адамзатқа қызмет ету мұраты толығымен айқындалды... Өз өмірінің басым бөлігін Йогананда Үндістаннан тыс жерде өткізгенімен де, ол біздің ұлы әулиелеріміздің қатарынан өз орнын ала алады. Оның еңбегінің жемісі өсуін жалғастырып, бүкіл әлем адамдарын рухани тәуіп ету жолына тартуда одан сайын жарқырай түседі».

Парамаханса Йогананданың махасамадхи ретіндегі 25-жылдық мерейтойы құрметіне естелік маркалардың шығарылуына арналған Үнді үкіметі хабарламасынан

Батыста йога әкесі болып танылған Парамаханса Йогананда, біздің уақытымыздың аса көрнекті рухани қайраткерлерінің бірі. Шын аты Мукунда Лал Гхош (1893-1952), Гималай тауының етегінде Солтүстік Үндістанда орналасқан Горакхпур қаласында 1893 жылы 5 қаңтарда дүниеге келді. Ол формалды түрде 1915 жылы Калькутта Университетін тәмамдағаннан кейін, ежелгі үнді Свами Ордені монахтық антын қабылдады. Шри Йогананда екі жылдан кейін барлық Үндістан аумағы бойынша 17 жоғары институт деңгей дәрежелі оқу орындары қамтитын дәстүрлі мектеп пәндері йога тәжірибесімен және рухани идеология тәрбиесімен бейім етіп оқытатын өмір ұстанымдарына үйлесім тапқан алғаш өмір тәжірибесін тәлімгерлік «how-to-live» мектептен бастайды.

1920 жылы ол Америка Штатына Халықаралық Діни либералдық конгресіне Үндістанның атынан шақырылады. Оның «Дін ғылым ретінде» атты баяндамасы үлкен құлшыныспен қабылданады. Сол жолы Америкада Лос-Анджелес қаласында Шри Йогананда йога туралы және оның уақыт сынағынан өткен медитациялық әдістерін таратуға бағытталған, өзі негізін қалаған сектарлық емес діни қоғамын, Self-Realization Fellowship халықаралық бас кеңсесін ашты.

30 жылдай астам уақыт Парамаханса Йогананда Батыста тұрып, ертедегі Шығыстың даналық парасатын Батыс еліне лайықты деңгейде

таныстыра білді. Біздің заманымызда Парамаханса Йогананда негізін қалаған қоғамның рухани және гуманитарлық жұмыстары жақын тұтқан шәкіртінің бірі Self-Realization Fellowship және үнді Йогода Сатсанга қоғамының президенті Шри Мриналини Матаның жетекшілік етуімен жалғасып келеді. Йогананданың жазба еңбектерін, дәрістерін, бейресми әңгімелерін және үйде оқуға арналған бәрін тегістей қамтитын сабақтар сериясын Лос- Анджелесте орналасқан Self-Realization Fellowship қоғамының штаб – пәтеріндегі баспа орталығы басып шығарудан басқа, осы қоғам орталық барлық елдердегі ғибадатханалар, ретриттер, медитациялық орталықтар мен Self-Realization Fellowship монахтар қауымдастығына басшылық етеді. Қоғам жанынан ашылған Бүкіләлемдік Дұға Шеңбері мұқтаж болғандарға дене, менталдық және рухани сауығудың құралы ретінде қызмет етеді және әлемдегі барлық ұлттар отбасының үйлесімділігін арттыруға көп көмегін тигізеді.

Парамаханса Йогананданың Крия-йога Туралы Ілімдері: Қосымша Ресурстар

Self-Realization Fellowship қоғамы бүкіл әлемдегі рухани іздеушілерге қолдау көрсетеді. Сіз біздің сайтқа кіруге немесе төмендегі көрсетілген мекен-жайы орналасқан SRF-тің Халықаралық Орталық Кеңсесіне хабарласуыңызға болады. Онда Сіз біздің ғибадатханалар мен түрлі әлем елдеріндегі медитация орталықтарында өткізілетін медитация және Құдайға таза құлшылық ету жолдары көрсетілген ақпарат, сонымен қатар ұсынылатын дәрістер, кластар, ретриттер мен басқа да шаралар кестесімен танысасыз.

www.yogananda-srf.org

Self-Realization Fellowship

3880 San Rafael Avenue

Los Angeles, CA 90065

(323) 225-2471

Сондай- ақ, Self-Realization Fellowship қоғамының басылымынан Мақсаттары мен Идеалдары Self-Realization Fellowship

Негізін қалаушы Парамаханса Йоганинданың тұжырымдары
Шри Мриналини Мата, Президент

Әлемдегі халықтар арасына Құдаймен тікелей байланыс орнату бойынша нақты техника білімін тарату.

Өмірдің жоғары мақсатына жету үшін адамның шектеулі пенде санасын Құдай санасы деңгейіне дейін дамытуға адам рухани жетіліп, салауатты өмір салтымен, өз-өзімен жұмыс жасай білу арқылы қол жеткізуге болатынын үйрету.

Бүкіл әлемдегі барлық халықтарды Тәңірге біріктіруге мүмкіндік туғызатын Өзіндік таным қоғамдастығы ғибадатханаларын құру және жеке ғибадатханалардың үйлер мен барлық адамдардың жүрегінде ашылуын қолдау.

Әлемге Иса пайғамбар алып келген түпкі христиан ілімдері мен Бхагаван Кришна алып келген йоганың түпкі ілімдерінің толық үйлесімділігі мен бірлік мәнінің маңыздылығын адамдарға айтып жеткізу.

Барлық Діннің ішкі және сыртқы мәнін шынайы негізінде бір ғана ғылыми принцип жатқанын көрсету.

Сайып келгенде, барлық шынайы діндер жолы тоғысатын жалғыз ғана Құдаймен біріктіретін күнделікті, адамның күнделікті өмірдегі тірегі ғана емес сонымен бірге адамның алдағы болашағын анықтау құралы болатын ғылыми және Құдайға шапшаң жету жолы медитация жолын көрсету.

Адамдарды үш жақты қайғы-қасіреттен азат ету яғни олар дене ауруынан, ақыл үйлесімсіздігінен, рухани надандықтан және адамның рухани және заттық (материалдық) – болмыстарын айту.

«Қарапайым өмір мен жоғары ойлай білуді» мадақтау, адамдарды Құдайдың жанындағы бірлік туралы мәңгі ақиқатқа үйрете отырып, адамдар арасында бауырластық рухын тарату.

Ақыл–парасат тәннен жоғары, ал жан ақыл-парасаттан жоғары екенін көрсету. Қатігездікті рақымшылдықпен, қайғыны қуанышпен, зұлымдықты мейірімділікпен, надандықты даналықпен жеңе білуге үйрету.

Дін мен даналық ілімін (философия) нағыз бостандық пен әділеттілікке жету жолына йога тәжірибелерін өзара байланыстырып, біріктіру және ғылым мен діннің қарым-қатынасын көрсетіп, олардың арасында қарама-қайшылықтың жоқтығын айтып, ғылымды дінмен бірлік принциптеріне жету арқылы біріктіру.

Шығыс пен Батыс арасындағы өзара рухани және мәдени түсіністікке себепші болу және олардың ең үздік жетістіктерімен өзара алмасуын мадақтау.

Адамзатқа өзінің Жоғары Мен-і секілді қызмет ету.

Self-Realization Fellowship қоғамының басылымынан

Йог Өмірбаяны

Парамаханса Йогананданың бұл танымал «Йог өмірбаяны» кітабында біздің заманымыздың нағыз танымал рухани қайраткерінің жарқын бейнесі суреттеледі. Өз шыншылдығымен, әсерлі сөздерімен және әзіл-оспағымен баурай отырып, Парамаханса Йогананда өз өмірінің шабытты оқиғаларын сипаттайды: балалық шағының бірегей тұстары; жасөспірім шағында жарқын ұстаз іздеп бүкіл Үндістанды шарлаған кездегі данагөйлермен және әулиелермен кездесулері; ашрамдағы аса құрметті йог шебері Шри Юктешвармен он жыл бойы рухани білім алуы, өзінің Махатма Ганди, Рабиндранат Тагор, Лютер Бёрбэнкпен, католик стигматшы Тереза Нойманн мен Америка елінде болғандағы отыз жыл тәлімгерлік қызметі жазылған. Сондай – ақ бұл кітапта Шығыс пен Батыстың рухани тұлғаларымен болған кездесулері де бейнеленген.

Йог өмірбаянында ғажайып өмір туралы қызғылықты, еліктіргіш әңгімелермен қоса йоганың ежелгі ғылымы мен медитацияның мыңдаған жылдар бойғы дәстүріне тиянақты кіріспе ұсынады. Ғылыми негізде екі жақтың Батыс пен Шығыс арасындағы ұлы діни жолдарын байланыстырады. Автор күнделікті өмірдегі қарапайым таңғажайып оқиғалар сыртында тұрған нәзік, бірақ күші өзгермейтін заңдарды нақты түрде түсіндіреді. Керемет өмірді еліктіре баяндау адам болмысының терең құпиясына терең бойлауға мүмкіндік береді. Заманауи рухани классика ретінде мойындалған бұл кітап 18-ден астам тілдерге аударылып, колледждер мен Университеттерде библиографиялық дереккөз ретінде кеңінен пайдаланылуда. «Йог өмірбаяны» атты кітап бүкіл әлемдегі миллиондаған оқырмандардың жүрегінен орын таба білді.

Осы кітапты кітап дүкенінен алуға болады немесе тікелей біздің штаб-пәтерімізбен байланысып тапсырыс беруіңізге болады.

«Сирек кездесетін таңғажайып».

–The New York Times

«Аса еліктіргіш, қарапайым және түсінікті».

– Newsweek

«Батыс оқырманына әсер қалдырып, қызықтырмай қоймайды».

– Saturday Review

«Ешкімге ұқсамайтын өткір тілмен жазылған әсерлі хикая және көркем әдебиеттің шынайы шығармасы секілді қызықтырылып оқылады».

– News-Sentinel, Fort Wayne, Indiana

«Ағылшын тілінде, басқа да еуропа тілдерінде йога ілімі күні бүгінге дейін осылайша ұсынылып көрген емес».

– Columbia University Press

«Сонымен, бұл кітап Дүние жүзінің көрінісін кеңістіктегі әлемдерден бастап, адам өмірінің болмашы нақтылықтарына дейін айқындайды».

— Runner's World.

«Осындай құлақ естіп, көз көрмеген ұлы тұлғалардың өмірі жазылған бұл беттерді тамаша күшпен және өмір тазалығымен айқындап, оқырман басынан аяғына дейін бір деммен оқиды. Біз осы маңызды өмірбаянда берілген рухани революция себебіне қызмет ету қабілетін мойындауға тиістіміз».

—Schleswig-Holsteinische Tagespost, Германия

Парамаханса Йогананданың
Қазақ Тіліндегі Кітаптары

Йог өмірбаяны
Autobiography of a Yogi

Жетістік заңы
The Law of Success

Құдаймен қалай тілдесуге болады
How You Can Talk With God

Парамаханса Йогананданың айтқандары
Sayings of Paramahansa Yoganada

Метафизикалық медитациялар
Metaphysical Meditations

Дін туралы ғылым
The Science of Religion

Адамзаттың мәңгілік ізденісі
Man's Eternal Quest

Құдай Романы
The Divine Romance

Парамаханса Йогананданың Ағылшын Тіліндегі Кітаптары

Төмендегі кітаптар тізбегі бойынша кітаптарға, кітап дүкенінен немесе тікелей төменде көрсетілген мекен-жайға тапсырыс бере аласыз:

Self-Realization Fellowship
3880 San Rafael Avenue • Los Angeles, California 90065-3219
Tel (323) 225-2471 • Fax (323) 225-5088
www.yogananda-srf.org

Autobiography of a Yogi

The Second Coming of Christ:
The Resurrection of the Christ Within You
Христостың Өз Ішінде тірілуі - Иисустың бастапқы іліміне ескертпе

God Talks with Arjuna;
The Bhagavad Gita
жаңа аударма мен ескертпе

Man's Eternal Quest
Бірінші томдық Парамаханса Йогананданың шығармалар жинағы
мен жәй әңгімелері

The Divine Romance
Екінші томдық Парамаханса Йогананданың шығармалар жинағы,
жәй әңгімелері мен эсселері

Journey to Self-Realization
Үшінші томдық Парамаханса Йогананданың шығармалар жинағы
мен жай әңгімелері

Wine of the Mystic:
The Rubaiyat of Omar Khayyam — A Spiritual Interpretation
Рубайяттың жұмбақ образының арғы жағында жасырынған
Құдаймен байланысудың тылсым ғылымын жарыққа шығаратын
шабытты ескертпе

Where There Is Light:
Insight and Inspiration for Meeting Life's Challenges

Whispers from Eternity
Сананың медитацияда жоғары деңгейіне жету кезіндегі Парамаханса
Йогананданың дұғасы және нұр сәулелі коллекциясы

The Science of Religion

The Yoga of the Bhagavad Gita:
An Introduction to India's Universal Science of God-Realization

The Yoga of Jesus:
Understanding the Hidden Teachings of the Gospels

In the Sanctuary of the Soul:
A Guide to Effective Prayer

Inner Peace:
How to Be Calmly Active and Actively Calm

To Be Victorious in Life

Why God Permits Evil and How to Rise Above It

Living Fearlessly:
Bringing Out Your Inner Soul Strength

How You Can Talk With God

Metaphysical Meditations
Рухани серпіліс шақыратын 300-ден астам медитациялар, дұғалар
және аффирмациялар

Scientific Healing Affirmations
Парамаханса Йогананда ұсынып отырған аффирмациялардың мағынасын терең түсініп, тиімді қолдану

Sayings of Paramahansa Yogananda
Парамаханса Йоганананың нақыл сөздері мен рухани баталары мен даналық кеңестері

Songs of the Soul
Парамаханса Йоганананың мистикалық поэзиясы

The Law of Success
Адамның жоғары мақсатына жетудегі динамикалық күштің басқару қағидаты

Cosmic Chants
Сөздер (ағылшынша) және 60 шақты діни әндер; мұндай діни әндерді айту ол біртіндеп адамды Құдайдың дидарына жақындастырады

Парамаханса Йогананданың Ағылшын Тіліндегі Дыбыстық Жазбалары

Beholding the One in All

The Great Light of God

Songs of My Heart

To Make Heaven on Earth

Removing All Sorrow and Suffering

Follow the Path of Christ, Krishna, and the Masters

Awake in the Cosmic Dream

Be a Smile Millionaire

One Life Versus Reincarnation

In the Glory of the Spirit

Self-Realization: The Inner and the Outer Path

Басқа да Шығармалар
Self-Realization Fellowship

Каталогтың барлық дыбыстық жазбалары мен бейне таспаларына
Self-Realization Fellowship-тың Бас кеңсесіне тапсырыс беруге болады

The Holy Science
by Swami Sri Yukteswar

Only Love:
Living the Spiritual Life in a Changing World
by Sri Daya Mata

Finding the Joy Within You:
Personal Counsel for God-Centered Living
by Sri Daya Mata

God Alone:
The Life and Letters of a Saint
by Sri Gyanamata

"Mejda":
The Family and the Early Life of Paramahansa Yogananda
by Sananda Lal Ghosh

Self-Realization
(1925 жылы Парамаханса Йогананда негізін қалаған тоқсан сайын
жарыққа шығатын журнал)

Self-Realization Fellowship Дәрістері

Парамаханса Йогананда оқытқан *Крия-йоганы* қоса, медитацияның ғылыми техникасы, сонымен қатар оның теңдестірілген рухани өмірдің барлық аспектілері бойынша жетекшілігі үйде оқуға арналған *Self-Realization Fellowship Lessons* сабақтар сериясында ұсынылған. *Бұл* сабақтар туралы көбірек ақпарат ағылшын, испан және неміс тілдерінде халықаралық бас кеңседе тегін тапсырыс беруге болатын *Undreamed-of Possibilities* атты брошюрада беріледі. Осы брошюраға және басқа да қосымша мағлұматтар алғыңыз келсе біздің сайтқа кіріп немесе жоғарыда көрсетілген мекен-жайда орналасқан біздің SRF-тің Халықаралық штаб-пәтермен байланысуыңызға болады

Глоссарий

Арджуна. Бхагавад Гитада Кришнаның эпостық батыр Арджунаға айтқан діни-философиялық ақыл-кеңестері орын алған. Көне үнді әдебиетінің асыл мұраларының бірі — *Махабхарата* дастанында басты кейіпкер — Брахманның жердегі өкілі — қайырымды әскер басшысы Арджуна, әрі бес ағалы-інілі Пандавтардың әскери басшыларының бірі.

Ашрам. Құлшылық ететін орын; жиі монастырь деп аталады.

Астралдық дене. Жарықтан, *пранадан* немесе жизнетрондардан тұратын адамның нәзік денесі, жан бекітілген үш қабықшаның немесе дененің екіншісі каузалдық дене, астралдық дене және физикалық дене. Астралдық дене күші электр қуатының шамды жаққаны секілді физикалық денеге жан бітіреді. Астралдық дене он тоғыз элементтен тұрады. Олар: ақыл-парасат, эго, сезім (сезіммен келісілген сана), бес таным құралы (дененің сезім органдарының ар жағында тұрған нәзік күштер: көру, есту, дәм сезу, иіс сезу және түйсіну); көзге – мүсін-бейне (порым) , құлаққа – дыбыс, мұрынға иіс, тілге – дәм, қолға (теріге) – заттың сыртқы бетінің қасиеттері (температура, тегістігі және т.б.) әрекет етудің бес құралы (бала туу, секреция, сөйлеу, жүру және қолмен жұмыс жасау қабілетін іске асырушы функциялар) және бес өмір күшінің құралдары (ағзаның қан айналу, метаболизм, ассимиляция, кристаллизация мен қалдық шығару функцияларын әрекет еттіруші).

Астралдық жарық. Жизнетрондардан шығатын (қараңыз: *прана*) жіңішке жарық; жанның барлығын түгел қамтитын интуициялық қабылдауы медитация жасаушы құдайға сенген жанға терең шоғырлану кезінде рухани көз арқылы астралдық жарықты көруіне мүмкіндік береді.

Астралдық әлем. Жаратушы жасаған жоғары нәзік әлем өрісі, өз құрылымы бойынша атомдықтан да нәзік (қараңыз:*прана*) өмір энергиясынан (жизнетрондардан) тұратын жарық және түс әлемі. Әрбір тіршілік иесі, әрбір зат және әрбір вибрация өзінің астралдық егізіне ие, өйткені астралдық әлем (аспан) физикалық әлемнің дәл көшірмесі. Табиғат көрінісіндегі элементтер жан иелерінің барлығында да бар. Олар табиғаттың мынандай бөліктері: бес сезімдер; бес сезім мүшелері; бес сезім объектілері; табиғаттың бес алғашқы элементтері (жер, су, ауа, от және эфир) және үш нәзік элементі (ақыл, ес және жалған эго). Адам баласы бұл дүниеден қайтқанда оның жаны нәзік әлемдерге өтеді. Адамның қалай өмір сүруіне байланысты оның жаны нәзік әлемнің түрлі қабаттарына яғни астралдық қабықшада жоғары немесе төменгі астралдық өріске өзінің рухани дамуын жалғастыру үшін барады. Жұмақ әлемі нәзік болса да, бірақ олар да материалды.Нәзік болмысымен нәзік материалдық әлемдерде болады. Оның физикалық денесімен істеген барлық іс-әрекеттің нәтижелері осы нәзік болмыста сақталып, жақсылықтың да, жамандықтың да (өзіне сәйкес) қайтарылатын есебі әділет заңдылығы бойынша өз қарымтасын алғанша жойылмайды. Сондықтан қарымтасын тазалау үшін астралдық сферада ұзақ уақыт еркіндік жағдайда болып, эволюция жолымен дамуы басталады, эволюциялық жетілуін дамытып дене тағы тазаланып физикалық әлемге қайтадан жіберіліп отырады.

Аим (Ом) Аумин - нағыз құдайшыл және қасиетті *Ом* сөзі санскрит сөзі Құдай немесе Жаратушы деген мағынадағы Алланы білдіретін рәміз-сөз; барлық дыбыстардың негізі; Ғарыш Вибрациясы. Ведалық *Ом* сөзі тибеттіктер үшін киелі сөзі *Хам*; мұсылмандар үшін *Аумин*,египеттіктер, гректер, еврейлер және христиандар үшін *Аминь* немесе *Амен*. Барлық дүниежүзілік діндер ғарыштық вибрациялық қуаты (энергия) бар *Ауминді* (*Аум, Амен, Сөз, Киелі Рух*) ұлы жаратылыс беретін құдіретті сөз екенін дәлелдеді. Исаның қызметінің арқасында халық рухани жарықты көрді және жалған діни ілімдердің құлдығынан босады. Иса: «Өзіме сенген әркім қара түнекте қалмасын деп, дүниеге келген "Құдайдың Нұрымын",— деген, Бастапқыда Сөз болған, Сөз Құдаймен бірге болған, Сөз Құдайға ұқсас болған. Бастапқыда-ақ ол Құдаймен бірге болған. Құдай бәрін Сөз арқылы жаратқан, онсыз ештеңе де жаратылмаған. Өмір Сөз арқылы пайда болды, әрі бұл өмір адамдар үшін жарық болды. Жарық түнекте жарқырап тұр, бірақ түнек оны жеңе алмайды» (Жох. 1:1,3).

Аумин сөзі Ивритше (бұрынғы еврей тілі, Израильдің ресми тілі) *батыл, адал сенім, шүбәсіз* деген мағынаны білдіреді. «Лаудикидегі қауымның періштесіне былай деп жаз: Бұл — «Аумин» деп те аталатын Мәсіхтен хабар. Ол — шындықты жариялап, шейіт болған адал да шынайы Куәгер әрі Құдайдың жаратылысының Билеушісі.»[Аян 3:14] Жұмыс істеп тұрған мотордың дыбысы сияқты кезбе *Аумин* сөзі «Ғарыштық Мотор»-дың жұмысын куәландыратын барлық өмірдің және әлемнің әрбір бөлшегіне қуат беріп қолдау беретін вибрациялық қуат, Алланың қуаты. Сол сөзден болмыстың барлық көріністері пайда болады және сөз Құдай жаратылыстарының арасында ең жоғарғы дәрежеге ие. Парамаханса Йоган066аданың *Self-Realization Fellowship* қоғамында оқытатын сабақтары яғни йога бойынша берілетін дәрістерінің бірі медитация техникасымен айналысатындарға ғана *Ом* дыбысы естіліп *Аумин* сөзінің Құдай немесе Киелі Рух екенін сезіндіріп ұғындырады .«Ал Әкем Менің атымнан Қамқоршыларың — Киелі Рухты жібереді. Ол Менің сендерге айтқан сөздерімнің бәрін естеріңе салып, рухани өмірлеріңе керектің бәрін үйретеді.» [Жохан 14:26]

Аватар. Құдайды іске асыру; *аватар* - санскрит сөзі «түсу» деген мағынаны білдіреді; бұл *ава*, «төмен» және *тар*, «өту». Құдаймен бірігіп, біртұтастығын толық таныған, жер бетіне жоғары әлемнен келіп Ол – адамзаттың санасын рухани жетілу дәрежесіне көтеру арқылы имандылық жолына салып, әрбір жанның мақсаты болып табылатын Құдайды тануға, оны іздеп табуға және Құдайға қайтуға жету жолын үйретіп көмектесетін адамды аватар деп атайды.

Авидья. Надандық, адасушылық, жалған білім. Сөзбе-сөз аударғанда «білместік» надандық, *майядағы* адамның болмысы, ғарыштық иллюзия. Маңыздысы, *авидья* бұл адамның заттық табиғатының жойылып, ал жалғыз шындық оның жаны – мәңгілік рух екенін білмейтіндігі: Рух.

Бабажи. *Махаватар Бабажиға* берілген түсініктен қараңыз.

Бхагавад Гита. "Махабхаратаның" кітабының бір бөлігі болып есептелетін "Бхагавад-Гита" қасиетті мәтін. (Құдіретті ән)Үндінің «Рухтың жыры немесе Жаратушы әні» көлемі үлкен бірнеше кіріспе жырлардан тұратын Махабхаратаның 18 кітабының , "БхагавадГита" дастанынан құралған. Кришна жалпы үнділік жоғарғы құдай дәрежесіне көтерілген. Аватар саналатын Кришна Тәңірмен қайырымды әскер басшысы батыр жауынгер Арджунаның арасындағы Курукшетра даласында болған ұлы шайқасының тарихи ұрысы туралы әңгіме диалог ретінде Махабхарата жырына енгізілген, Гита Йога(Құдаймен одақ құру) ілімінің бұлжымас трактаты және уақыт пен шектелмейтін күнделікті өмірдің бақыты мен табыс рецептісі. Гита аллегория болып табылады, сонымен қатар, адамның жақсы мен жаман тенденцияларының арасындағы ішкі шайқастағы тарихи, рухани диссертация. Өте құнды саналатын бұл мәтінде Кришна рухани ұстаз, рухани жетілген толық жан есебінде ерекше бейнеленіп жалпы үнділік Жоғарғы Құдай ретінде, ал Арджуна батыр жауынгер қайырымды әрі сенімді әскер басшысы болып баяндалады. Үндістан елінің жарық жұлдызы Махатма Гандидің әмбебеп жазбаларында: «Кімде кім Гитаға құлшылық етіп медитация жасаса, Гита оның күнделікті әрбір күнін қызғылықты, қуанышты, шаттыққа толы етіп, жаңа ағымға бейімдейді. Гита қандай шырғалаңнан да еркін шығып отырады Гита үшін шешілмейтін рухани шиеленіс жоқ»-деп жазылған.

Егерде Парамаханса Йогананданың өзінің жеке аудармаларынан, Бхагавад-Гитаның кең көлемде дәйексөздері берілмесе, ол сол Гитадан алынған сөздерді санскрит түріндегі дәлме-дәл мағынасын берген болады, ал кейде өзінің тақырыптарының мәтініне байланысты өз сөзімен түсініктемесін береді. Гитаның көптеген дәйексөздері осы Парамаханса Йогананданың «*Адамзаттың мәңгілік ізденісі* » атты кітабында енгізіліп отыр, оның мына кітапқа нақты нұсқасы етіп кіргізген бәрін тегіс қамтитын тұжырымды аудармасы мен түсініктемелері:*God Talks with Arjuna; The Bhagavad Gita-Royal Science of God Realization* атты (Self-Realization Fellowship қоғамының жанынан баспа бөлімдері ашылып бұл кітаптар 1995 жылы жарық көрді) кітаптарынан алынған. Гитаның нақты мәнін анықтау үшін неғұрлым еркін түрде берілген түсініктемесі сақталып кітап беті астында жеке берілетін қосымша мәліметтерге сілтеме ретінде көрсетіледі.

Бхагаван Кришна. *Аватар* Христиан дәуіріне дейінгі ежелгі Үндістанда өмір сүрген.Үндінің қасиетті жазбаларында Кришна деген сөзге берілген мағыналарының бірі « Жоғарғы Рух». (Рух - кең мағынада сана, психикалық іс-әрекеттің жоғарғы формасы, тар мағынада ойлау ұғымымен бара-бар). Кришна рухани лауазымы *Христос* сияқты Құдаймен біртұтас бейнесін беретін *аватар* - Құдай санасымен бірге жоғарғы Құдай дәрежесіне көтерілген. *Бхагаван* лауазымы «Құдай» деген мағынаны білдіреді. Бхагавад -Гита жазылған уақытта, Кришна Тәңірі Солтүстік Үндістанның патшасы болған. Бала кезінде ол өз серіктестерін сырнай даусымен еліктіретін бақташы болған. Кришнаның медитация сырнайында ойнайтын жанның аллегориялық образындағы рөлі барлық қаңғырған ойларды жиі кері қарай Бәрін көргіш аулаға бағыттау болатын.

Бхакти-йога. Құдайға деген адал махаббат пен сүйіспеншілік таныту тәжірибесі – бұл негізгі мақсатқа жетудің, яғни Құдаймен біртұтас кепілі. *Йогаға* берілген түсініктемені қараңыз.

Брахма-Вишну-Шива. Дүние жаратылысындағы үш құдайлық бейнелер. Үш түрлі кейіпке енген: Брахма - дүниенің жаратушысы, Вишну - бейбітшілік сақтаушы, Шива - күйретуші және қайта құру құдайы болып үш негізгі күштер болып көрсетіледі. *Үштік* деген түсініктен қараңыз.

Брахман (Брахма). Абсолютті рух.

Тыныс алу. «Тыныс алу арқылы сансыз космос токтары адамды толтырып, оның ақылының мазасыз күйін шақырады», «Тыныс алу адамды әлеммен байланыстырады. Феноменді әлемдердің таусылмас әрекетінен құтылып, Рух шексіздігіне кіру үшін, йог өз тынысын ғылыми медитация жолымен тыныштылдыруға үйренеді», - деп жазды Парамаханса Йогананда.

Каста. қоғамдық топ (Үндістанда және кейбір Шығыс елдерінде шығу тегі мен құқықтары бойынша ерекшеленген қоғамдық топ). Кастаның Үндістанда бастапқыда мұрагерлік лауазымы болған жоқ, ал адамдардың топтастырылуы олардың туа біткен бейімділігінен. Адамдар өзінің эволюциялық дамуы деңгейіне сай келетін дәрежесіне байланысты төрт Үндістанның касталық құрылысының негізін қалады. Әр каста әрқайсысы қоғамда өзіне тиесілі орын алды және өздеріне ғана тән дәстүрлі мамандықтары болды. Кастада (әрі діндар, әрі білімді) ертедегі нағыз абыздар үлкен роль атқарды. *Шудралар* (құлдар), *Вайшьилер* (ауқатты шаруалар), *Кшатриилер* (әскер басшылары), және *Брахмандар* (абыздар). *Шудраларға* бірінші кезекте өзінің дене бітімінің салмағы мен еркіне байланысты қара жұмыс қана тиді. *Вайшьилер* өздерінің икемділігімен шығармашылық қабілеттілігімен *Шудраларға* қарағанда жоғары тұрғыдан кәсіпкерлік жұмысқа бейімділігімен, көңілдеріне сай өздеріне лайық суретші, фермерлік, егін шаруашылығы, қолөнер кәсібі, саудагерлік және ақыл күшіне жүгінетін жұмыстарға ие болды. *Кшатриилер, Шудралар мен Вайшьилердің* барлық өткен өмірлерінде қол жеткізген жетістіктерінің даму деңгейіне сай өмірдің мәні неде екенін іздеуден бастайды, олар өздерінің бойынан көрген жаман әдеттерін жеңуге тырысады және өздерінің бойындағы сезімдеріне бой алдырмай жақсылыққа жүгініп жетілу жолын дұрыс таңдайды. *Кшатриилердің* қызмет түрлері: мейірбанды мәртебелі әкімдер мен басқармалар, мемлекеттік қайраткерлер, әскери атақты адамдар. *Брахмандар* өздерінің төменгі жетілмеген табиғатын жеңіп, өзін табиғи қалыпта көрсететін бейімділігін дамыта отырып діни тәжірбие мен рухани өмірге және рухани ұмтылысымен Құдайды тануға баса мән береді, басқалардың материалдық ләззаттан азаттығын табуға жетелеп, рухани дамуы мен ішкі рухани дүниесінің барлық жақтарын тануға көмектеседі.

Каузальдық (себепті) қалып. Негізінде, адам жан сияқты каузальдық (себепті) қалыптан тұрады. Каузальдық (себепті) қалып – бұл астрал мен физикалық денелердегі идея, идеяның қалпы, моделі. Каузальдық (себепті) қалып 35 идеядан тұрады. 19 идея сіздің астральдық денеңіздің 19 электр элементінен ал 16 идея физикалық дененің қатты материалдық элементтерінен жаралған.

Каузальдық (себепті) әлем. Материяның физикалық әлем (атомдар, протондар, электрондар) мен жіңішке астралдық әлемнің жарқыраған өмір (жизнетрондар) энергиясының ар жағында себепті, немесе ақыл-ой мен ғана білуге болатын денесіз идеялар (мыслетрондар) әлемі бар. Адамдар дене мен астралды дене шегінен шығуға жеткілікті түрде дамыған кезде, ол себепті әлемде орнығады. Себепті тіршілік иелерінің санасында физикалық және астралдық әлемдер ой ретінде болады. Физикалық адамның қиялындағысын, себепті адам жүзеге асыра алады-жалғыз ғана шектеу:ой түрінде іске асырады. Ақыр соңында, адам кезбе Рухпен вибрациялық сфералардың шенінен тыс жерде бірігу үшін жанның соңғы қабықшасын -өзінің себепті тәнін шешіп Жоғары Рухтың бір болымсыз кішкентай бөлшегі екенін түсініп, Жоғары Рухқа келіп бірлеседі.

Чакра. Үнді йога ілім негізгі жеті энергетикалық орталықтың (чакралар, жеті нұр көзі) бар екенін көрсетеді. Негізгі жеті чакраның орталықтары омыртқалар арқылы өтетін тәннің өстік сызығының бойында орналасқан, тек шеткі екі – бірінші және жетінші чакра ғана тәннің алдыңғы және соңғы бөліктерінде шоғырланады. Олар: *Муладхара* (Құйымшак нұр көзі); *свадхистхана* (сегізкөз бен шап және құрсақ асты жүйкелердің тоғысқан жерінде және шат деңгейінде орналасады.); *манипура* (бел және жүйкелердің шоғырлануы деңгейінде орналасқан; *анахата* (жүректі, өкпені, қабырға мен төсті, иммунитеттің бір түріне жауапты айыр безін (тимус) энергиялармен қамтамасыз етеді); *вишуддха* (қалқанша безі мен қалқанша жанындағы безді, жоғарғы тыныс алу жолдарын, көмекей, дауыс байламдарын энергиямен қамтамасыз етеді); *аджна* (Орталық нерв жүйесі нұр көзі қастың арасында орналасқан. Ол мидың лимфалық жүйесін, сопақша ми, домалақ безді (эпифиз) – ағзаның гармоналдық тепе-теңдігіне жауапты ішкі секреция бездерін энергиямен қамтамасыз етеді.); сондай-ақ *медулла* мен *рухани көзге* берілген түсініктемелерді қараңыз; және *сахасрара* (бастың төбесімен церебралды жүйке өрімімен байланысты.

Жеті орталық - Құдайдың алдын ала ойластырған жанның тәнге кіріп, медитация үрдісінде қайтадан Құдайға көтерілетін «құпия есіктері». Өзінің жеті ашық немесе ояу арқа ми орталықтарына өрлеуінде, жан өзі үшін шексіздікке кейін қарай Үйіне Әкесіне бара алатындай шынайы жол салады.

Йога трактаттарында *чакра* деп, әдетте алты төмен түсетін орталықты айтады; жетінші орталық-*сахасрара* бөлек айтылады. Алайда, барлық жеті орталық ашық лотостармен өмір мен сана омыртқаға өрлеген кездегі рухани ояу символы ретінде салыстырылады.

Читта. Денедегі барлық энергетикалық өріс жиынтығы, мүшелерге сіңген өмірлік күш прана немесе чи қуаты: *ахамкара* (эго), *буддхи* (ақыл-парасат), және *манас* (сана немесе сана-сезім).

Христос орталығы. Христос орталығы *Кутастха*, немесе екі қас аралығындағы, медулламен қарама-қарсы байланысқан (алтыншы энергетикалық орталық) *аджна-чакра*; ерік , шоғырлану орталығы және Христос Санасы; рухани көз.

Христос Санасы. «Христос» немесе «Христос Санасы» Құдай Санасының вибрациялық әлем проекциясына тән. Інжілде ол «Жалғыз туылған Ұл» -Құдай Әкенің жалғыз ғана пәк бейнесі деп аталады. Қасиетті үнді жазбаларында ол *Кутастха Чайтанья* немесе *Тат*, Әлемдегі кезбе Құдайдың Ғарыштық Ақыл-парасаты деп аталады. Ол Иса, Кришна және басқа да аватарлар көрсеткен сол әмбебап, Құдаймен бірліктегі Сана. Әулиелер мен йогтар оны саналары дүниенің әрбір бөлшегінің ақыл-парасатымен теңдестірілген *самадхи* жағдайы ретінде біледі; олар дүниені өздерінің жеке тәні ретінде сезінеді. *Уштік* деген түсініктен қараңыз.

Шоғырлану техникасы. *Self-Realization Fellowship* сабақтарында үй тапсырмасы ретінде берілетін *Хонг-Со* шоғырлану техникасы. Бұл техника ойша түйсіктен бөлінуге және өз зейініңді бір нысанда тіге білуге үйретеді.

Ол медитация үшін және Құдайға шоғырлану үшін өте қажет. *Хонг-Со* техникасы *Крия-йоганың* ажырамас бөлігі болып табылады.

Сана, оның жағдайы. Өзінің пенделік санасында адам үш жағдайды басынан өткереді: сергектік, ұйқы және түс көру. Бірақ егер ол жоғары сананы (жанды), және ғарыштық сананы Христос Санасына ие болған адам секілді игере алмайды. Қарапайым адамның өз тәнін ұққаны секілді, Христос Санасының адамы бүкіл Дүниені өзінің жеке тәні секілді ұғынады. Христос Санасынан кейін Ғарыштық Сана бар, Оның Абсолюттік Санасында Құдаймен бірлікте екенін, Оның феноменалдық әлемдерде де, оның шегінен тыс жерлерде де айқындалған кезбелігін білу.

Ғарыштық Абсолют Санасы. Вибрациялық әлемнен тыс Рух. Сонымен қатар *самадхи* медитациясы- Құдаймен ішкі әлем вибрациясы және ішкі әлемнен тыс ішкі вибрация ретінде Құдаймен бірлесу жағдайы. *Уштік* деген түсініктен қараңыз.

Ғарыштық адасу. *Майя* деген түсініктен қараңыз.

Ғарыштық қуат. *Прана* деген түсініктен қараңыз.

Ақыл-парасатты Ғарыштық Вибрация. *Аумин* деген түсініктен қараңыз.

Ғарыштық дыбыс. *Аум* (Ом) *Аумин* деген түсініктен қараңыз.

Дхарма. Әлемді қолдаушы табиғи әділдіктің мәңгі заңдары; табиғат сыйлаған адамның міндеті,- осы заңдарға бағыну. *Санатана Дхарма* деген түсініктен қараңыз.

Дикша. Рухани инициация; санскриттік түбірден *diksh* арнауды қабылдау. *Крия-йога* деген түсініктен қараңыз.

Шәкірт. Құдайды тану даналығын іздеп гуруға келетін рухани іздеуші және соңынан ол өз рухын танып, өзінің ақиқат жолындағы рухани тәрбиешісі болған гуруымен мәңгі рухани байланыс орнатады. Self-Realization Fellowship қоғамындағы *Крия - йога* жолында жүрген гуру (рухани ұстаз) мен шәкірттер аралығындағы байланыс *дикша* арқылы орнатылған . Сондай-ақ, *Крия - йога* мен *гуруға* берілген түсініктемені қараңыз.

Құдайшыл Ана. Құдайдың жаратуда белсенді аспектісі болып табылады, *шакти* немесе трансценденттік Тәңір күші. Оны жаратуда белсенді, Құдай аспектісін айқындайтын, сапасына қарай көп есімдер арқылы біледі. Осы Құдайшылдық аспектісінің басқа есімдері: Табиғат (*Пракрити*), *Аумин*, Киелі Рух, Парасатты Ғарыш Вибрациясы. Сонымен қатар Ана, Құдайдың махаббаты мен аяушылық білдіруін бейнелейтін Оның жеке аспектісі ретіндегі Ана.

Үнді жазбалары Құдай имманентті және трансцендентті, Ол-Тіршілік иесі және жеке, және өзгешеліксіз деп үйретеді. Оны Абсолют ретінде,

Оның: Махаббат, Даналық, Шаттық, Жарық, *ишта* секілді (құдірет), Көк Аспан Әкесі, Анасы, Досы секілді мәңгі сапалары ретінде көреді.

Эго: Эго ұстаным *ахамкара* (дәлме-дәл «мен жасаймын») дуализмнің негізгі себебі, немесе Жалған эго алған жанда "менікі" деген сезім бар, ол өзіне байланыстының барлығын "менікі" деп есептейді. ол өзін рухани танып, "мен тән емес, жанмын" деп сезінбей, өзін тәнмен балап, осы материалдық әлемнің бір бөлігі ретінде сезінуін "эго" дейді. *Ахамкара* адам тұқымын *майя* тұзағына апарады, және субъект (эго) нысан ретінде көрінеді; адамның өз Жаратушысынан қашықта тұрғандай көрінетіні. Сана өз ұйқысынан ояну жолымен эгоны қуады. Жанның санасы рух арқылы адамның бүкіл болмысына тарайды. Сөйтіп, жанның рухы адамға қуат бергендіктен өзін-өзі тану жолына түсіп, адам өз бірлігін жалғыз Құдаймен бірге екенін біліп, осылайша ол Жаратушы ретінде көрінеді.

Элементтер (бес стихия энергиясы). Ғарыштық вибрация немесе нағыз құдайшыл және қасиетті *Ом* сөзі (*Аумин*), барлық физикалық жаратылыстағы құрылымның, қоршаған орта мен адам ағзасында болып жатқан процестердің сонымен қоса бес элементті стихия (*таттва*): су, от, ауа, жер және эфир барлығының кезеңдік сипатын басшылыққа алады. Бұл құрылымдық күштер (немесе энергиялар) әрқайсысы өзінің энергетикалық табиғатына қарай өзара вибрациялы және интеллекті әрекетке негізделген. Бұл бес стихия – барлық заттар мен табиғат және адам ағзасы күйлерінің бірізді кезектілігінің негізі. Жер элементісіз материяның қатты зат құрылымы болмас еді; Су элементісіз суық зат болмас еді; Ауа элементісіз газ тәрізді отын; газ тәрізді дене (зат) болмас еді; От элементісіз күйдіріп-жандыру, жылу болмас еді; Эфир элементісіз ғарыштың кинофильмын көрсететін фон болмас еді. Барлық бес стихия бір-бірімен тығыз байланысты. Бес стихияның энергиялары адам ағзасын қоректендіреді, адамның денесіне *прана* (ғарыштың тербелмелі қуаты) медулла арқылы келіп, содан кейін бес физикалық дененің деңгейінде жұмыс істейтін энергетикалық орталықтарына (*чакралар*) бөлініп, ағзада жеңіл энергетикалық ағын энергиясы ерекше каналдар – өмірлік энергия арқылы таралады, солардың бойымен өтіп, ағзаның ішкі органдары мен жүйелерін қоректендіреді: Құйымшақ (жер энергиясымен),сегізкөз (су энергиясымен),бел (күн мен от энергиясымен), арқа, кеуде (ауа энергиясымен) және мойын (эфир энергиясымен). Санскритте осы элементтер сәйкесінше: *притхиви, ап, тедж, прана* және *акаша* деп аталады.

Энергия беретін жаттығулар. Балық сумен өмір сүрген сияқты, адам да ғарыштық қоршаудың өте мол ғарыштың энергиялы мұхитында өмір сүреді. Парамаханса Йогананда құрастырған және үйде оқуға арналған *Self-Realization Fellowship Lessons* (Өзіндік Таным қоғамдастығындағы) берілетін сабақтарына енгізілген энергия беретін жаттығулар адамға өз тәнін үнемі осы ғарыштық энергиямен, немесе *пранамен* қайта қуаттауға мүмкіндік береді. Сондай-ақ адамның тұрақты шынығуындағы қайрат беретін жаттығулары шыңдалған сайын оның биоэнергетикасының қуаты да жоғары болады.

Эфир (санскр. *akasha*). Материалдық әлемнің табиғатында бүгінгі ғылымда эфир фактор болып есептелмеседе, Үндістан абыздары мың жыл бойына эфир туралы біраз түсінік айтып келеді. Парамаханса Йогананда эфирді Алла тағала жаратқан бүкіл әлем көрінісін, ғарыш кинофильмін экранда үлкейтіп көрсету фоны деп айтты. Кеңістік затқа өлшем береді, эфир бір-бірінен бөледі. Бұл «фон» кеңістіктегі барлық вибрацияларды үйлестіруші жасампаз күш, космос табиғаты мен материалдық күш пен материяның пайда болуы контексінде нәзік күштер- өмір ойы мен энергиясы (*прана*) қарастарылған кездегі қажетті фактор. *Элементтер* деген түсінікті қараңыз.

Сайтан. Бұл саналы және тәуелсіз керемет күш иесі, рухани санасы төмен (*дхармаға* берілген түсінікті қараңыз) және Құдай танымынан санасы алшақ адамдардың бәрін Құдаймен жақындастырмай күнәлі істерге бастап, құлшылығына кедергі жасайды оларды түзу жолдан адастыру жолына итермелейді.

Гундар. Табиғаттың үш атрибуты*: тамас, раджас* және *саттва* кедергі, қызмет және кеңею; немесе масса, энергия және ақыл-парасат. Адамда осы үш гуннндер надандық немесе инерция, белсенді қызмет немесе күрес және даналық ретінде айқындалады.

Гуру-рухани ұстаз. *Гуру* деген сөз кез-келген ұстаз бен нұсқаушыны осылай атайтындықтан дұрыс қолданылмайды. Шынайы, Құдайға берілген жарқын гуру өз-өзін билей алатын және өзінің кезбе Рухпен тепе-теңдігін ұғынған жан. Тек осындай гуру ғана құдайды іздеушіні құдайшыл ізденіске бағыттай алады.

Құдайға сенген адам Құдайды іздеуге шындап дайын болған кезде, Құдай оған гуруды жібереді. Тәңірі шәкіртті даналыққа, ақыл-парасатқа, Өзіндік танымға және осындай шебердің ілімдеріне бағыттайды. Өз гуруының ілімдеріне сүйене отырып және өзіндік тәртіпті қолдана отырып, шәкірт өз жанының Құдайды қабылдау маннуының дәмін татып көру тілегін қандырады. Құдай тағайындаған шынайы гуру шынайы құдайды іздеушілердің терең жанайқайына жауап береді, өйткені ол жәй ұстаз ғана емес. Құдай оның тәнін, сөз сөйлеуін, ақыл-ойын, рухани-лығын адасқан жандарды кері өзінің мәңгілік үйіне қайтаруда бағыт беруге қажетті құрал ретінде пайдаланады. Гуру- рухани ақиқаттың тірі жаратылысы. Ол-Құдайдың шын сенген адамның материя шынжырынан босануға деген жанайқайына жауап ретінде тағайындалған құтқару делдалы. «Өз гуруыңмен бірге болу «бұл тек оның жанында болу емес (кейде ол мүмкін емес), бірақ, көңілі соған ауып, онымен ақылыңмен және жүрегіңмен бірыңғай болу» -деп жазады Свами Шри Юктешвар өзінің жазған *Қасиетті ғылым* атты кітабында. *Ұстаз* деген түсінікті қараңыз.

Гурудэва. Санск. «құдайшыл ұстаз» рухани тәлімгерге деген құрметті есім. Ағылшын тілінде, осы атау эквиваленті ретінде *Ұстаз* сөзі де қолданылады.

Гуру Self-Realization Fellowship/ Yogoda Satsanga Society of India –Иса Христос, Бхагаван Кришна және қазіргі дәуірдің ұлы рухани ұстаздары: Махаватар Бабажи, Лахири Махасая, Шри Юктешвар және Парамаханса Йогананда. SRF-тың негізгі мақсаты әлемге Иса Христостың ілімдері мен Бхагаван Кришнаның йогалық өсиеттерінің үйлесімдігі мен маңызды бірлігі туралы айту. Осы гурулардың барлығы да өздерінің рухани ілімдерімен және құдайшыл жарастырушылығымен Self-Realization Fellowship-тың адамзатқа Құдайды ұғынудың практикалық рухани ғылымын беру міндетін орындауда үлес қосты.

Хатха-йога. нақты техникадан *асанас* (кейіп) тұратын дене жаттығу системасы, физикалық және психикалық яғни адамның тән саулығы ғана емес, сонымен қатар оның психикасының, (жан тыныштығы) саулығын қолдап салауатты Денсаулықты қалыптастыру жолына бағыт береді. *Йога* деген түсінікті қараңыз.

Интуиция. Жанның бүкіл жұмысын басқарады, жанның шығармашылық қаруы бұл адамдарға ақиқатқа дәлелдемелер арқылы емес, сезім мүшелерін араластырмай оны тікелей көріп өту жолымен жеткізуге мүмкіндік береді.

Джадава Кришна. Кришнаның аттары көп соның бірі– *Джадава*, бұл Бхагавад Кришна патша болған династияның аты; *Бхагаван Кришнаға* берілген түсініктемені қараңыз.

Джи. Сыйластықты білдіретін жұрнағы джи бұл Үндістанда адамның атына тіркеседі біреуді құрметтегенде яғни Ол нақты тұлғаның атына және лауазымына қарай жалғанады, мысалы Гандиджи, Парамахансаджи, гуруджи.

Джняна-йога. Құдаймен айырып тану интеллект күшін бәрін жетелегіш жан даналығына айналдыру арқылы бірлесу.

Карма. Осы және өткен өмірлердегі әрекет салдарының кармасы; санскриттік *kri* –«жасау» деген сөзден шыққан. Карманың үнді жазбаларында баяндалған теңестіретін заңдары, ол әрекет пен реакция, себеп пен салдар, егу және ору заңдары. Табиғи әділдік заңының шеңберінде кез-келген адам өз тағдырын өзінің ойларымен және әрекеттерімен қалыптастырады. Есті және ессіз түрде әрекетке жіберетін энергия түрлері оған өзінің бастапқы нүктесі ретінде, ырыққа көнбейтін тұйық шеңбері секілді қайта оралуға тиісті. Карманы әділеттілік заңы ретінде түсіну адамның ақыл-парасатын

Құдайға және адамға деген реніштен құтқаруға көмектеседі. Әрбір адамның кармасы орындалып немесе рухани түрде еңсерілмей, бір инкарнациядан екінші инкарнацияға ауысып отырады.

Адамдардың ішкі үлкен қауымдағы жалпы әрекеті, ұлттар немесе әлем мәнділігіне сәйкес және жасаған мейірімділігі мен зұлымдық деңгейіне байланысты жергілікті және өзекті оқиғалар маңызын қалыптастырып, тұтастай ұжымдық карманы пайда болдырады. *Реинкарнация* деген түсінікті қараңыз.

Карма-йога. Құдайға ынтық болу және басқаларға риясыз қызмет ету жолы. Өз еңбегінің өнімін Құдай арқылы екенін мойындап, Құдайдан жалғыз Жасаушыны көре отырып, йог эгодан азат болады да, Құдайға жетеді. *Йога* деген түсінікті қараңыз.

Кришна. *Бхагаван Кришнаға* берілген түсініктен қараңыз.

Кришна санасы. Христос санасы, *Кутастха Чайтанья*. *Христос санасына* берілген түсініктен қараңыз.

Крия –йога. Бірнеше мыңдаған жылдар бұрын пайда болған қасиетті рухани білім. Оны шын беріле қолданған адамға Құдайды ұғынуға көмектесетін нақты медитация техникасынан тұрады. Парамаханса Йогананда *крия* сөзінің санскриттік түбірі *kri* (жасау, әрекет ету, мән беру) карма деген сөзді де, яғни, себеп пен салдар заңын да білдіреді. *Крия-йога*, осылайша, Шексіздікпен белгілі бір әрекет арқылы, немесе салт-жоралар (*крия*) арқылы «бірлесу» (*йога*) деген мағынаны білдіреді. *Крия-йога* Бхагавад Гитада Кришна Тәңірі, және *Йога- сутрада* данагөй Патанджали мадақтаған *Раджа-йога* («роуал» немесе «бітіру») формаларының бір түрі. Заманауи дәуірде Махаватар Бабажи арқылы қайта өркендеген *Крия –йога* Self-Realization Fellowship Ұлы Гуруларынан қабылданған рухани арнау болып табылады. Парамаханса Йогананда өмірден озған соң, *дикша* өзі тағайындаған рухани өкілі Self-Realization Fellowship\Yogoda Satsanga Society of India президенті (немесе оның тағайындаған өкілі) арқылы қабылданады. *Дикшаны* қабылдау үшін алдын-ала нақты *Крия- Йога* немесе *Криябан* рухани білім алуы тиіс. Сондай-ақ, *гуру* мен *шәкіртке* берілген түсініктемені қараңыз.

Лахири Махасая. Шьяма Чаран Лахири (1828-1895). *Лахири-* отбасылық есімі, *Махасая-* «кең ойлағыш» деген мағынаны білдіретін діни есімі. Лахири Махасая Махаватар Бабажи мен гуру Свами Шри Юктешвардың (Парамаханса Йогананданың гуруы) шәкірті болған. Ол бойында керемет қабілет дарыған христос тәрізбес Ұстаз болды, сонымен қатар ол кәсіби міндетке ие болып, отбасылы адам болған. Оның міндеті пенделік міндеттерді адал ниетпен орындаумен теңгерілетін, заманауи адамға икемделген йоганы таратудан тұрды. Оның рухани титулы *Йогаватар*, «Йоганы жүзеге асыру». Оған ғана Бабажи ежелгі, ұмытыла бастаған *Крия-йоганы* ашып, оған тек шынайы құдайға сенушілерді ғана арнау керектігін айтқан. Лахири Махасаяның өмірі *Йог өмірбаяны* атты кітапта сипатталған.

Лайя-йога. Йоганың бұл жүйесі ақыл-ой арқылы Құдаймен бірлесуге жетелейтін (мысалы, Ғарыштық *Аумин* Дыбысы) астралдық белгілі дыбыстарды қабылдауға үйретеді. *Аумин* және *йогаға* берілген түсініктемені қараңыз.

Дәрістер. *Self-Realization Fellowship* дәрістері деген түсініктен қараңыз.

Өмірлік қайрат. *Пранаға* берілген түсініктен қараңыз.

Жизнетрондар. *Пранаға* берілген түсініктен қараңыз.

Махасамадхи - ұлы *самадхи* (санскр. *maha-* «ұлы»); соңғы медитация, немесе толық рухани дамыған шебердің өз денесінен саналы түрде босап, Ғарыштық *Аумин* дыбысымен қосылар кездегі Құдаймен саналы тілдесуі. Шебер Құдайдың алдын ала өзіне тағайындаған өмірден кету уақытын әрдайым біледі. *Самадхига* берілген түсініктемені қараңыз.

Махаватар Бабажи – өлмейтін *махаватар* («ұлы аватар», «Құдайшылдықтың нақ өзі»), 1861 жылы *Крия-йогаға* өзінің шәкірті Лахири Махасаяны арнап, осылайша ежелгі құтқару әдісін қайта жандандырды. Мәңгі жас қалпында, ол әлемге үнемі өзінің батасын бере, бірнеше ғасырлар бойы Гималайда жасырын өмір сүруде. Оның міндеті пайғамбарлардың жер бетінде жаралуына көмек беру. Оған көптеген рухани титулдар ұсынылған болатын, бірақ көбінесе олардың бірі-*махаватар* Бабажи деген қарапайым атымен бірге қолданылады (баба «әке» және «жи» құрмет белгісін білдіретін есімнің құрамдас бөлігі). Оның христостәріздес өмірі туралы және рухани міндеті неғұрлым кең ақпаратты «Йог өмірбаяны» атты кітаптан табуға болады. *Аватарға* берілген түсініктемені қараңыз.

Мантра-йога. Рухани берекелі вибрациялық күшке ие сөз дыбыстарды шоғырлана қайталау арқылы Құдаймен бірлесуге апарар жол. *Йогаға* берілген түсініктемені қараңыз.

(Master) Діни Шебер дегеніміз өзін-өзі билей алатын, рухани қуаттың ықпалында жүретін, Өзінің Құдаймен байланысын толық сезінген адамзаттың рухани ұстаздары. Парамаханса Йогананда «шеберді ерекше ететін оның дене сипатының қабілеті емес, рухани сипаты» екенін баса айтқан. Адамның рухани шеберлігінің жалғыз куәсі оның өз қалауы бойынша тыныс алмау қалпына (*сабикальпа самадхи*) енуі мен бұлжымас шаттыққа (*нирвакальпа самадхи*) жете білу қабілеті. *Самадхига* берілген түсініктемені қараңыз.

Парамахансажи әрі қарай былай деп айтады: «Барлық жазбалар Тәңірдің адамды Өзінің құдіретті бейнесі бойынша жаратқанын әйгілі етті. Дүниені бақылау табиғаттан тыс болып көрінуі мүмкін, бірақ шын мәнісінде, рухани жетілудің негізгі мақсаты – адам бойындағы қасиеттерді Құдай қасиеттерімен жақындастырып, Өзінің Құдаймен біртұтастығын «дұрыс еске түсіруін» жете білген жандар үшін бәрі табиғи. Рухани дәрежеге жеткен Өзінің Құдаймен байланысын толық сезінген адамдар... олар өз сезімдеріне толық ие, эго принциптері (*ахамкара*) мен жеке қалау-ниеттер ықпалынан толық шығып, Жоғары Жаратушының аясына кірген шынайы шеберлер әрекеті *ритамен*, табиғи әділдікпен сәйкестікте болады. Эмерсонның сөзімен айтар болсақ, барлық ұлы адамдар «ізгілікті болмайды, бірақ рақымшыл жан болса, онда бұл жаратылыстың соңы яғни олар өздерінің іс-әрекетін түгелдей Құдай жолына бағыштап, Құдайға жарамды болып, Құдайдың ықпалында болады.»

Майя. Біреу көп болып ұсынылған кездегі әлемге тән ғарыштық адасу. *Майя* салыстырмалылық, инверсия, кереғарлық, дуалдық, қарама-қайшылық жағдай заңы. *Ібіліс* (ивриттен «қарсылас» деп аударылады) Көне Өсиетте, және Исаның «Сендердің рухани аталарың — әзәзіл шайтан. Соның құмарлықтарын орындағыларың келеді. Ол әуел бастан-ақ кісі өлтіруші болып келеді, ақиқат жағында тұрған да емес, өйткені онда ақиқат жоқ. Әзәзіл өтірікті өз болмысына сай айта береді, себебі ол — өтірікші, өтіріктің бастауы» деп атаған. (Жохан 8:44).

Шри Йогананда былай деп жазады:

«Санскритте *майя* сөзі дәлме-дәл «өлшеуіш» деп аталады. *Майя* шек қою мен бөліну өлшенбейтін және бөлінбейтінде алдамшы түрде болатындай ететін әлемдегі магия күші. *Майя-* Табиғаттың өзі: Өзгермейтін Құдайшылдықта үнемі қарама-қарсы өзгеріп отыратын феноменалдық әлемдер.

Ібілістің Құдайшыл ниет ойындағы (*лила*) жалғыз ғана қызметі (яғни *майяның*) адамның көңілін Рухтан материяға, Шынайылықтан шындыққа жатпайтынға аудару. «Жел қалаған жерінде соғады: оның гүлін естисің, бірақ қайдан келіп, қайда кеткенін білмейсің. Киелі Рухтан туылған әр адамның басынан өткені де осыған ұқсас,— деді.» (Жохан 3:8). Бұл адамда Христос Санасының айқындалуы барлық елесті немесе «әзәзілдің ісін» оңай қиратады дегенді білдіреді.

«*Майя -* табиғаттағы және әлемдегі шексіз өзгерістердің барлық ауыспалылығының қабықшасы; Бұл адам баласының Тәңірді, өзгермес және бұлжымас мәңгі Шынайылықты көре алу үшін сыпырып тастайтын қабықшасы».

Медитация. Құдайға шоғырлану. Бұл терминмен көбінесе зейінді тереңдетуге және бір нысанда шоғырландыруға арналған кез-келген техниканы атайды. Тар мағынада медитация деп Құдайды интуиция арқылы тікелей қабылдау секілді әдістерді табысты қолданудың ақырғы нәтижесін айтады. Бұл Патанджалидің йога жүйесінің Сегіздік Жолының жетінші сатысы (дхьяна): йогты сыртқы әлем түйсіктері алаңдатпаған кезде зейіннің ішкі шоғырлануына жетеді. Ең терең медитацияда йог йоганың Сегіздік Жолының сегізінші сатысына, яғни *самадхига*, Құдаймен бірлесуге жетеді. (*Йогаға* берілген түсініктемені қараңыз.)

Медулла (сопақша ми) - өмір энергиясының (*прана*) тәнге түсетін органы; алтыншы жұлын орталығы чакра, оның қызметі- ғарыш энергиясының ағынын қабылдап, бағыттау. Өмір күші жетінші орталықта (*сахастрара*) бас миының ең жоғарғы бөлігінде сақталады. Осы сұйыққоймадан ол бүкіл денеге тарайды. Медуллада орналасқан нәзік орталық өмір энергиясының келуін, сақталуы мен тарауын қадағалап отырады.

Маунт-Вашингтон (Mt. Washington Center; Mother Center) Лос – Анджелестегі Self-Realization Fellowship/Yogoda Satsanga Society of India халықаралық қоғам кеңсесі орналасқан SRF –тің басты Орталығы. SRF Орталығы болған жер меншігіне Парамаханса Йогананда 1925 жылы ие болды. Жеті гектардан тұратын оның аймағында ол Өзіндік таным Ордені ашрамын және бүкіл әлемге *Крия-йоганың* ежелгі ғылымын таратудың әкімшілік орталығын орналастырды.

Парамаханса. Рухани титул, «шебер» деген мағынаны білдіреді; шәкіртке өзінің шынайы гуруы арқылы беріледі. «Парамаханса» дәлме-дәл «жоғары аққу» деген мағынаны білдіреді. Қасиетті үнді жазбаларында *ханса* немесе аққу рухани айырып тану символы болып табылады. Свами Шри Юктешвар осы титулды өзінің сүйікті шәкірті Йоганандаға 1935 жылы ұсынды.

Парамгуру. Сөзбе- сөз аударғанда «алдыңғы гуру» яғни гурудың гуруы деген мағынаны білдіреді. Өзіндік Таным қоғамдағылар үшін (Парамаханса Йоганананың шәкірттеріне), *парамгуру* Шри Юктешвар. Парамахансажиге Лахири Махасая. Махаватар Бабажи Парамахансажиге *парам-парамгуру* болып келеді.

Патанджали. Ежелгі йоганы түсіндіруші, оның *Йога-сутрасы* сегіз сатыдан тұратын йога жолын сипаттайды: (1) *яма*, адамгершілік тәртіп; (2) *нияма*, діни салт-жораларды сақтау; (3) *асана*, мазасыз ақыл-ойды тыныштандыруға арналған дұрыс қалып; (4) *пранаяма*, прананы, нәзік өмір токтарын бақылау; (5) *пратьяхара*, өзіңнің ішкі дүниеңе бойлау; (6) *дхарана*, шоғырлану; (7) *дхьяна*, медитация; және (8) *самадхи*, жоғары сана жағдайы. *Йогаға* берілген түсініктемені қараңыз.

Прана. Ақыл-парасатты энергия ұшқыны өз құрылымы бойынша атомдықтан жіңішке, ежелгі трактаттарда *прана* деп аталса, Парамаханса Йогананда «жизнетрондар» деп атаған. Өз мәнінде *прана* – Құдайдың шоғырланған ойлары, астралдық әлемнің субстанциясы және физикалық ғарыштың өмір негізі. Физикалық әлемде прананың екі түрі бар: 1.Әлемде болушы, ғарыштың ғарыштық вибрация энергиясы, 2. Әр адамның денесінен өтіп, оны бес ағын, немесе бес функция арқылы қолдап отыратын ерекше *прана* немесе *энергия*. *Прана* ағыны кристалдану қызметін атқарады; *вьяна* ағыны-қан айналу қызметін, *самана* ағыны - ассимиляция қызметін, *удана* ағыны-метаболизм қызметін және *апана* ағыны – ағыс, ажырату қызметін атқарады.

Пранам. Сәлемдесу формасы: алақанды жүрек деңгейінде жайып, бас маңдайы бармақтардың ұштарына тигенше иіледі. Бұл ишара *пранам* модификациясы, ол «толық сәлемдесу» дегенді білдіреді (*nam* –«иілу» және *pra* – «толықтай»). *Пранам* сәлемдесуі- Үндістанда сәлемдесудің қарапайым түрі. Монахтар мен басқа да қасиетті тұлғалар алдында бұл сәлемдесу кезінде *пранам* сөзі де қолданылуы мүмкін.

Пранаяма. *Прананы* саналы бақылау (денені белсендіруші және оны қолдаушы саналы вибрация немесе энергия). *Пранаяманың* йогалық ғылымы ақыл адамды тән санасында тұтқында ұстап отырған ойдың саналы түрде барлық өмір энергиясынан бөлінудің тікелей жолы. *Пранаяма* адам санасын азат етіп, Құдаймен тілдесуіне мүмкіндік береді. Жанға Рухпен бірлесуіне мүмкіндік беретін барлық ғылыми техникалар йога және *пранаяма*-құдайшыл бірлесуді игеруге ең жақсы әдіс ретінде жіктеледі.

Раджа-йога «патшалық», немесе Құдаймен бірлесудің ең жоғарғы жолы. *Раджа-йога* Құдайды ұғынудың ең жоғарғы құралы ретінде ғылыми медитациядан тұрады және барлық басқа йога түрлерінің ең жоғарғы элементтерінен тұрады. *Раджа-йога* ілімдері - Self-Realization Fellowship-дағы йога *Крия-йога* медитациясы себепші болатын тәннің, ақыл-ой мен жанның мүлтіксіз жетілуіне жетелейтін өмір образын тұспалдайды. *Йогаға* берілген түсініктемені қараңыз.

Ранчидегі мектеп. 1918 жылы махараджа Касимбазар өзінің жазғы сарайын және Бихар штатының Ранчи қаласындағы бес жер акрын мектептің қолдануына берген кезде, Парамаханса Йогананда негізін қалаған Йогода Сатсанга Видьялайя мектебі («мектеп»). Бұл жеке меншік Self-Realization Fellowship иелігіне 1935-36 жылдары Парамаханса –джи Үндістанда болған кезінде тиген болатын. Бүгінде Ранчидегі Йогода Сансанга мектептерінде екі мыңнан астам балалар білім алуда. *Yogoda Satsanga Society of India* берілген түсініктемені қараңыз.

Реинкарнация. Үнді жазбаларында баяндалған адамның жерге қайта-қайта келетіні туралы ілім. Адам саналы түрде өзіне Құдайдың ұлы деген мәртебені қайтарған кезде реинкарнация циклы аяқталады. «Жеңіп шыққан әркімді Мен Құдайымның киелі үйінің «бағанасы» қылып қадірлеймін; ол содан ешқашан шықпайтын болады. Сол жеңімпазға Құдайымның атын әрі Оның қаласының атын, яғни көктен, Оның қасынан түсетін жаңа Иерусалимнің атын және Өзімнің жаңа атымды да жазамын.» (Аян 3:12). Інжілдің көптеген тараулары карма заңы мен одан шығатын реинкарнация туралы түсініктен тұрады.

Ерте христиандық шіркеу гностиктер мен шіркеудің сансыз әкелері, соның ішінде VI ғасырда өмір сүрген әулие Жером мен белгілі Ориген Клементий Александрийский баяндаған ілімді мойындаған. Алайда б.э.д. 553 жылы Екінші Константинополь Соборы арқылы реинкарнация теориясы күпірлік, сандырақ деп хабарланды. Ол кездері көптеген христиандар реинкарнация доктринасы адамға тым кең уақыт пен кеңістік перспективасын беріп, оны тез құтқару үшін жігерлендіруге көмектескен жоқ деп санаған. Біздің кезімізде көптеген батыс ойшылдары карма теориясы мен реинкарнацияны қабылдай отырып, одан өмірдегі теңсіздік болып көрінетіндей негізде жатқан әділет заңын көреді.

Риши. Асқақ жандар, құдайшыл даналыққа ие; Ежелгі Үндістанның жарқын данагөйлері, Ведтер олар үшін ашылған.

Садхана. Рухани өзін-өзі тәрбиелеу жолы. Гурудың өз шәкірттеріне тапсырған нақты қағидалары мен медитация тәжірибесі. Осыларға сүйене отырып, шәкірттер ақыр соңында Құдайды ұғына алады.

Самадхи. Патанджалидің йогалық жүйесінің Сегіздік Жолындағы ең жоғарғы сатысы. *Самадхи* жағдайына медитация жасаушы, медитация үрдісі (ақыл-ой түйсіктен бөлінеді) және медитация нысаны (Құдай) біртұтас болғанда жетеді. Парамаханса Йогананда «Құдаймен тілдесудің бастапқы сатысында (*савикальпа-самадхи*) йог санасы Ғарыштық Рухпен бірлескенде, оның өмір энергиясы «өлі» болып көрінетін тәннен босайды ол қозғалмастай болып қатып қалады, бірақ осы кезде йог тәнінде өмір қызметінің тоқтап қалғанын толығымен ұғынады. Йог алға басқан сайын, неғұрлым жоғары санаға (*нирвикальпа-самадхи*) жетіп, тәнде ешқандай өзгеріссіз, тіпті әдеттегі істермен айналысып отырған кездің өзінде де Құдаймен тілдесе алады»,- деп жазады. *Самадхидің* екі жағдайы да әрдайым жаңа Рухпен бірлікте екенін сипаттайды, бірақ *нирвикальпа-самадхиді* бастан өткеріп көру үшін жоғары, ілгері жылжыған шебер (рухани ұстаз) болуы тиіс.

Санатана Дхарма. Дәлме-дәл айтқанда: «мәңгі дін», Александр Македонскийдің басшылық етуімен Солтүстік-Батыс Үндістанды басып алған гректер Индус өзені жағалауында қоныстанған халықты *индуустар* деп атағаннан кейін «индуизм» деген атауға ие болған вед ілімдерінің корпусы. *Дхарма* берілген түсініктемені қараңыз.

Сатан. Ібіліс ивритше дәлме-дәл: «қарсылас». Ібіліс барлығын Шектелгендіктің рухани емес санасы мен Құдайдан алшақ ұстайтын адастырушы саналы және тәуелсіз әлемдік күш. Ол үшін Ібіліс өзінің қаруы ретінде *майяны* (ғарыштық адасу) және *авидиді* (жекелей адасу, рухани көрсоқырлық) қолданады. *Майяға* берілген түсініктемені қараңыз.

Сат-Тат-Аум. *Сат* –Ақиқат, Абсолют, Шаттық; *Тат* - Әлемдік Ақыл-парасат немесе Сана; *Аумин*-Ақыл-парасатты Ғарыштық Вибрация, «Құдай» деген мағынаны білдіретін сөз-символ. *Үштік* немесе *Аумингe* берілген түсініктемені қараңыз.

Мен. Әр адамның рухани «Мені», оның *Атманы* осы түп негізбен пара-пар. Атман – бұл ұғымның бірнеше мағынасы бар: «мен», «езімді», «дене». Бірақ атман ұғымының ең басты мағынасы – индивидуальдік және универсальдік космостық психикалық болмыс ретіндегі «адам». Осы мағынада атман бүкіл бар болып отырғанның генетикалық және субстанционалдық бастауы, негізі және соңы. Атманның табиғаты— біржағынан дене сияқты болса, екінші жағынан рух сияқты, сондықтан Атман рухани және денелік деп бөлінеді, «брахман» ұғымымен бірдей деңгейде түсініледі. Брахман және атманмен бірге қатар тұрған ұғымдардың бірі — "мен". Басты әріппен жазылған Мен деген сөз *атман*, яғни жан, адамның құдайшыл мәні деген мағынаны білдіреді. Кішкене әріппен жазылған әншейін «мен» деген жазу- эго, адам тұлғасы. «Мен»- табиғаты әрдайым маңызды, мәңгі саналы, әрдайым жаңа Шаттықтағы жеке Рух. «Мен», яғни жан махаббат, даналық, әлем, батылдық, аяушылық білдіру ішкі қайнар көз болып табылады және адам бойындағы басқа да құдайшыл қасиеттерді білдіреді.

Self-Realization (дәлме-дәл: «Өзіндік жүзеге асыру»). Self-Realization Fellowship қоғамының Өзіндік таным ілімдері, Өзіндік таным ғибадатханасы, Өзіндік таным ашрамы, Лос-Анджелестегі Өзіндік таным қоғамының штаб-пәтері секілді сөз тіркесінде кездесетін қысқартылған атауы.

Self-Realization (**Өзіндік таным**). Парамаханса Йогананда Өзіндік танымның келесі анықтамасын берген: «Өзіндік таным дегеніміз Құдайдың кезбелігімен бірлікте екенімізді және ол туралы жалбарынудың қажет емес екенін тәнмен, ақылмен және жанмен білу; және оның біздің өміріміздің әрбір сәтінде ғана емес, сонымен қатар Құдайдың кезбелігі біздің өзіміздің кезбелігіміз және біз Құдайдың Өзіне сеніп,өзіміздің жан екенін түсініп Жоғары Рухтың бір болымсыз кішкентай бөлшегі яғни Құдайдың бір бөлшегіміз екенін, және солай болып қалатынымыз туралы білу».

Self-Realization Fellowship (SRF) – 1920 жылы Парамаханса Йогананда адамзатқа көмек ретінде рухани принциптер мен *Крия-йога* медитациясының техникасын бүкіл әлемде тарату мақсатында негізін қалаған қоғам (Yogoda Sansanga Society of India ретінде – 1917 жылы). SRF «Маунт-Вашингтон» Халықаралық Орталығы Лос Анджелес қаласының Калифорния штатында орналасқан. Парамаханса Йогананда қоғамның атауы «Өзіндік таным арқылы Құдаймен одақтас болып (өз «Менін" ұғыну), Ақиқатты іздегендермен достық қатынаста болу» деген мағынаны білдіреді. Сондай-ақ, «Self-Realization Fellowship-тің мақсаттары мен идеалдарына» берілген түсініктемені қараңыз.

Self-Realization Fellowship сабақтары. Парамаханса Йогананда ілімдері үйде оқуға арналған барлығын қамтитын сабақтар сериясына жинақталған және әлемдегі барлық елдердің Құдайға сенушілеріне қолжетімді. Бұл Сабақтарда Парамаханса Йоганданың йога медитациясының техникасы берілген, олар, сонымен қатар, рухани оқудың бастапқы курсын бітіргендер үшін *Крия-йогадан* да тұрады. Сабақтар туралы ақпаратты SRF-тің халықаралық бас кеңсе орталығынан алуға болады.

Self-Realization Fellowship журнал. Заманауи оқырманның қызығушылығы мен құндылығын қалыптастыратын, Парамаханса Йогананданың сұхбаттары мен эсселері, сонымен қатар жалпы рухани, тәжірибелік және ақпараттық сипаттағы мақалалары жарияланатын Self-Realization Fellowship басып шығаратын тоқсан сайын шығатын журнал.

Шанкара, Свами. Белгілі жарқын үнді философы, оны Ади («алғашқы») Шанкарачарья (Шанкара+ *ачарья*, «ұстаз») деп те атайды. Оның өмір сүрген жылдары белгісіз; көптеген ғалымдар оны VIII-IX ғасырларға жатқызады. Ол Құдайды негативтік абстракция ретінде емес, позитивтік, мәңгі, әрдайым жаңа Ләззат ретінде түсіндірді. Шанкара ежелгі Свами Орденін реформалап, рухани білім алу үшін көшбасшыларына *Джагадгуру* Шри Шанкарачарья жоғары титулы берілетін төрт *монах* (мат, ашрам, монастырь) орталығының негізін қалады. Джагдуру «әлемдік Ұстаз» деген мағынаны білдіреді.

Сиддха. Дәлме-дәл: «табысқа кім кенелсе». Өзіндік танымға жеткен жан.

Жан. Жеке Рух. Жан пәк, ол тазалық арқылы ләззаттанады. Жан адамның және барлық тіршілік атаулының шынайы және өшпес табиғаты; тек ол ғана уақытша каузалдық, астралдық және физикалық тән киімін киеді. Жан Алла тағаланың бір бөлігі. Жан табиғаты -Рухтың өзі, мәңгілік маңызды, мәңгілік саналы, әрдайым жаңа Қуаныш, ең жоғарғы ләззат.

Рухани көз. Интуиция мен кезбенің рухани жалғыз көзі екі қастың ортасындағы (*аджна-чакра*) Христос (*Кутастха*) орталығында орналасқан. Терең медитацияда рухани көзді алтын нұрмен көмкерілген күңгірт-көгілдір өріс түрінде және сол өріс ішінде-ақ бес тармақты жұлдызды көруге болады. Микроғарыштық бұл формалар мен түстер сәйкесінше Ұлды, немесе Құдайдың әлемдегі Ақыл-парасатын (Христос Санасын), әлемнің вибрациялық өрісін (Ғарыш Табиғатын, Киелі Рухты) және Жылжымас Рухты барлық вибрациялардан тыс (Құдай Әке) символмен көрсетеді.

Рухани көз- құдайшыл сананың ең жоғарғы жағдайына ену қақпасы. Алла тағала ең жоғарғы өзгермейтін мәңгілікті Сана. Терең медитация жасаушы йогтың санасы рухани көзге енуіне байланысты, ол келесі жағдайларды басынан кешіреді: Жоғары сана, Құдай санасына немесе Құдаймен *Аум* ретінде бірлік пен жанның әрдайым жаңа қуанышын ұғыну (Киелі Рух), Христос Санасы, әлемдік Құдай ақыл-парасатымен бірлесу және Ғарыштық Сана, Құдайдың кезбелігімен ішкі және оның шегінен тыс вибрациялық әлем ретінде бірлесу. Жан Құдаймен бірге болғанда оның санасы да Құдай санасымен бірігіп, Құдай санасын алады. Сондай-ақ, *сана, жоғары сана, Христос Саналарына* берілген түсініктемені қараңыз.

Иезекиильден (43:1-2) пассажды түсіндіре отырып, Парамаханса Йогананда былай деп жазады: «Маңдайдағы құдайшыл көз арқылы («шығыс») йог өзінің кеме-санасын Кезбелікке алып келеді, Сөзді (*Аумин*), құдайшыл дыбысты: жалғыз әлем шынайылығы құралған жарық вибрациясын естиді». Иезекииль сөздері: ««Содан соң әлгі хабаршы мені шығысқа қарап тұрған қақпа ғимаратына алып келді. Кенеттен шығыс жақтан Исраилдің Құдайының келе жатқан нұрлы салтанатын көрдім. Оның үні сарқырап қатты ағып жатқан судың гүріліндей болды.Төңіректегі бүкіл жер Оның салтанатынан нұрланып жарқырап тұрды».

Рухани көз жайында Иса да айтқан болатын: «Дененің «шамы» — көз. Көзің кіршіксіз таза болғанда, өмірің түгелдей нұрға кенеледі. Ал егер ашкөз болсаң, өміріңді қараңғылық басады.Сондықтан өміріңде нұр орнына қараңғылық болмасын, байқа!». (Лұқа 11:34-35).

Шри құрметті атау; «киелі» деген мағынаны білдіреді; рухани тұлғаның есімінің алдында қолданылады.

Шри Юктешвар, Свами – Свами Шри Юктешвар Гири (1855-1936) –үнді *Джнанаватар* («Даналықтың нақты үлгісі»); Парамаханса Йогананда гуруы мен Self-Realization Fellowship *Крия-йога парамгуруы*. Шри Юктешвар Лахири Махасаяның шәкірті болған. Өзінің парамгуруы, Бабажидің тапсырмасымен, ол «Қасиетті ғылымды», христиан мен қасиетті үнді жазбаларының бірлігіне негіз болатын трактат- кітапты жазып, Парамаханса Йогананданы әлемдегі рухани міндетіне: *Крия-йоганы* таратуға дайындаған. Парамаханса-джи Шри Юктешвардың өмірін «Йог өмірбаяны» атты кітабында аса сүйіспеншілікпен сипаттаған.

Жоғары саналы ақыл- ой. Жанның ақиқатты тікелей және тура қабылдай алу қабілеті; интуиция.

Жоғары сана. Таза, интуициялы, бәрін жетелеуші, әрдайым шадыман жан санасы. Бұл термин *самадхидің* медитация кезіндегі түрлі жағдайын, және әсіресе йогтың өз санасында эго шегінен тыс шығып, өзін Құдайға ұқсап жаратылған жан ретінде ұғынған кезіндегі *самадхидің* бірінші жағдайын айтады. Ұғынудың келесі жоғары жағдайлары: Христос Санасы мен Ғарыштық Сана.

Свами. VIII және IX ғасырлар шегінде Свами Шанкара арқылы реформаланған ең ежелгі Свами Ордені. Свами некесіздік және пенделік құштарлық пен талпыныстарға салқын қарау антын береді; ол өзін медитацияға және басқа да рухани тәртіпке, сонымен қатар адамзатқа қызмет етуге арнайды. Свами Ордені он тармақтан тұрады: *Гири, Пури, Бхарати, Тиртха, Сарасвати,* және басқалар. Свами Шри Юктешвар мен Парамаханса Йогананда *Гири* тармағына жатқан. («Тау»).

Санскриттік «swami» деген сөзі «кім өзінің Менімен бірлікте (swa)» деген мағынаны білдіреді.

Үштік. Рух жаратқан кезде, Ол Үштікке айналады: Әке, Ұл және Киелі Рух немесе *Сат-Тат-Аум*. Әке (*Сат*) –Құдай дүние шегінен тыс жердегі Жаратушы ретінде. Ұл (*Тат*) --дүниедегі Құдайдың кезбе ақыл-парасаты. Киелі Рух (*Аумин*) –жарату затын заттандыратын вибрациялық күш.

Адам топтамалары ғарыштың жаратылысы мен сұйылтуында мәңгілікке келіп кетеді (юганы қараңыз). Ғарыштың сұйылту барысында Үштік және басқа да арақатысты жаратылыс абсолютті рухпен шешіледі.

Веданта. Дәлме-дәл: «Ведтің соңы» дегенді білдіреді; Өз бастауын *Упанишадтан* алатын философияда Ведтің соңғы бөлімінде Ведтің басты түсіндірушісі Шанкара (VIII- IX ғасырдың басы), Құдай жалғыз Шындық және өз мәнінде жаратылған, әлем- елес пен адамның Құдайды тануға қабілетті, құдайшыл және өзінің шынайы табиғатын тануға міндетті бірыңғай тіршілік иесі екенін мойындады.

Ведтер. Ежелгі Үндістанның төрт қасиетті мәтіндерінен тұрады: Риг-веда, Яджур-веда, Сама-веда және Атхарва-веда. Үндістанның бай әдебиетінде Ведтер (*білу* деген сөзден шыққан) ешқандай авторлыққа жатпайтын жалғыз ғана мәтіндер корпусы болып табылады. Риг-веда осы гимндердің діни пайда болуы туралы, олардың бізге «ежелгі заманнан», жаңа тілге жамылып келгенін баяндайды. Онда, сонымен қатар, ғасырдан ғасырға *ришилер* немесе *нитьяваға* (уақыттан тыс аяқталу) тән «көрушілер» арқылы беріліп келгені туралы айтылады.

Йога. Санскриттік *yuj* «бірлесу» деген мағынаны білдіреді. «Одақ, бірігу, гармония». Бұл ұдайы өзін-өзі адамның тану жүйесі болмақ. Бұл адам мен табиғат гармониясы және адам мен әлем арасындағы ұқсас гармониялық сыбайластықты көрсетеді. Бұл әлем микрокосмосындағы (микроғарыштық) адамның да ара бірлігінің даму заңдылығы. Йога Рухпен жеке жанның бірлесуін білдіреді; сонымен қатар, осы бірлесуге жетуге көмектесетін әдістер жатады. Үнді философиясы көзқарасының кең спектірінің аясында йог алты ортодоксалды жүйенің бірі болып табылады, ал, нақтырақ айтар болсақ: «Веданта», «Миманса», «Санкхья», «Вайшешика», «Ньяя» және «Йога». Йоганың алуан түрлі әдістері бар: *хатха-йога, мантра-йога, лайя-йога, карма-йога, джнана-йога, бхакти-йога және раджа-йога.* Раджа йога «патшалық», немесе толық йога; бұл әдіс Self-Realization Fellowship қоғамы қолданып, Бхагавад-Гитада Бхагаван Кришна мақтауына іліккен әдіс. Онда: «*Йог тәнді жүгендеумен айналысатын аскеттерге қарағанда неғұрлым ұлы болып саналады, тіпті даналық жолы мен әрекет жолы ізбасарларынан да ұлы. О Арджуна, йог болсаңшы!» деп жазылған!» (Бхагавад-Гита VI:46).* Йоганың ежелгі түсіндірушісі данагөй Патанджали *раджа-йоганы* Құдаймен бірлесуге жетелейтін сегіз сатыны айқындаған, нақтырақ: (1) *яма,* адамгершілік тәртіп; (2) *нияма,* діни салт-жораларды сақтау; (3) *асана,* мазасыз ақыл-ойды тынышталдыруға арналған дұрыс қалып; (4) *пранаяма, прананы,* нәзік өмір токтарын бақылау; (5) *пратьяхара,* өзіңнің ішкі дүниеңе бойлау; (6) *дхарана,* шоғырлану; (7) *дхьяна,* медитация; және (8) *самадхи,* жоғары сана жағдайы.

Йог - йоганы қолданушы адам. Құдайды ұғынудың ғылыми техникасын қолданушы кез-келген адам йог болып табылады. Ол үйленген немесе үйленбеген болуы және материалдық әлемде де немесе рухани өмірге Өзінің ең жоғарғы дәрежесі Құдаймен байланысу болып табылатын, өмірдің басты мақсаты Құдайға жету деп қабылдайтын адам және ол монастырьда да тұруы мүмкін.

Йогода Сатсанга Yogoda Sansanga Society of India (YSS). Үндістанда белгілі, Парамаханса Йогананда негізін қалаған қоғам. Сөзбе-сөз аудармасы: Үнді Йогода Сатсанга Қоғамы. 1917 жылы негізі қаланды. Оның басты Орталығы Йогода *Мат* Калькуттаға жуық маңдағы Ганга жағалауында Дакшинешварда орналасқан; филиалы Бихар штатының Ранчи қаласында орналасқан. Йогода Сатсанга Қоғамы тек Үндістанның барлық жеріндегі медитация орталықтарына ғана емес, сонымен қатар, бастауыш мектептер мен колледжер секілді 23 білім беру мекемелеріне жетекшілік етеді. Парамаханса Йогананда ойлап тапқан *Йогода* атауы *йога* «Одақ, бірігу, гармония) және *да,* «беруші деген мағына береді» *Сатсанга* «құдайшыл одақтастық», немесе «Ақиқатпен одақтастық» деген мағынаны білдіреді. Батыс үшін Парамаханса-джи өзінің үнді тіліндегі атауын «Self-Realization Fellowship» деп атаған.

Юга. Үнді жазбаларында кездесетін цикл, немесе дәуір. Өзінің жазған «Қасиетті ғылым» атты кітабында Шри Юктешвар 24000 жылдық аспан экваторының қозғалыс циклы мен ондағы адамзаттың даму кезеңін сипаттайды. Дәуір ежелгі *ришилер* санап шығарған әлемдік жаратылыстың неғұрлым ұзағырақ циклы ішінде пайда болады, ол туралы «Йог өмірбаяны» атты кітаптың 16 тарауында айтылған. «Жазбаларда бұл әлемдің циклдың 4,300, 560, 000 жылға созылатыны және Бір Жаратылыс күнін көрсететіні айтылады. Бұл әсерлі сан күн жылының ұзақтығынан және пи санынан шығарылған (3,1416 диаметр шеңберінің ұзындығына қатысты)».

«Дүниенің өмір циклы, ежелгі сәуегейлердің пайымдауынша, «Бхарма ғасыры» атты 314,159,000,000,000 күн жылын құрайды.»

Мазмұны

Алғысөз viii

Кіріспе xii

Құдайшыл махаббатты тәрбиелеу жолдары 1

Махаббаттың әлемдік табиғаты 3

Әке махаббаты себепке ие 4

Ана махаббаты сезімге негізделген және шексіз 6

Ерлі-зайыптылар арасындағы махаббат 8

Қожайын мен қызметші арасындағы махаббат 12

Достық адам махаббатының ұлы көрінісі 13

Гуру мен Шәкіртінің шексіз құдайшыл махаббаты 14

Құдай махаббатының Бхагаван Кришнадағы биік көрінісі 15

Жан мен Рухтың мүлтіксіз махаббаты 17

Ғарыштық жарату табиғаты мен оның қайнар көзіне жаңа көзқарас ...20

Ғарыштық түстің бастамасы..21

Парасат эволюциясы...23

Реинкарнация түстің ішіндегі түс кезегі 24

Өмірдің өзі сіздің көз жасыңызға тұрмайтын түс 26

Біздің шектеулеріміз тек түсімізге енеді 27

Өмірге соншалықты көңіл аудармаңыз 29

Алдамшы түстер медитация кезінде жоғалады 30

Ешқашан жан азабына түспеңіз 31

Сіз өз түстеріңізден қорқасыз 32

Ақыл күші шексіз 33

Тек Құдайда ғана сіздер адасудан азатсыз 34

Ғылыми Қадам арқылы Дінді тану 36

Ғалымдар Құдайшыл ашылумен жұмыс істейді 36

Сенім бар болғаны бірінші қадам 37

Өзіндік таным Құдайды қабылдау үшін қажет............................40

Үнсіздік алғашқы тәжірибенің өзі 41

Шындықты айтыңыз.. 42

Өтіріктің залалсызы болмайды 43

Басқа адамдардың бақыты Сіз үшін өте маңызды 44

«Өзін-өзі ұстай білу» ерік құдіретіне жетелейді 45

Діндегі тәжірибе 46

Тығырықтан шығар жол қашан да болады 46

Құдайшыл Заңдарда «Егер» деген сөз қолданылмайды 47

Діни ғылым- көру және сену 48

Ләззат іздеу *50*

Тағдыр дегеніміз не? 53

Неліктен біз-бір-бірімізден өзгешеміз 54

Зардаппен күрестің үш тәсілі 55

Тіпті өлім тағдырын да өзгертуге болады 56

Жағымсыз зардаптардан аулақ болу үшін бұрыс қылықтардан аулақ болыңыз ... 58

Жақсыға өзгеруге деген талпынысыңыздан ешқашан арылмаңыз 61

Періштелер көкте емес жерде қалыптасады 62

Медитация қалай сіздің тағдырыңызды өзгертеді 63

Ең маңызды марапат- Құдаймен бірге болу 64

Тағдыр түнегінен қашыңыз 65

Ақырзаман **68**

Адамның жақсы және жаман қылықтары жер балансының үйлесімдігіне

әсерін тигізеді 69

Жердің өмір циклдары 70

Двапара Юга 71

Барлық халықтарда руханилық тәрбиеленуі тиіс 73

Өз еліне құлай берілу 73

Трета Юга 75

Сатья Юга 75

Өзіңіз туылған кезеңнен жоғары болыңыз 76

Әлем біз үшін сананы бөлумен аяқталады 76

Біз үшін әлем тілектерден арылтумен аяқталады 77

Нағыз ақырзаман Самадхиде басталады 78

Өз елестеріңізді Құдайда аяқтаңыз 79

Діннің әдістері мен себептері 81

Йог діннің міндетін орындайды 82

Діннің әмбебап ғылымы 83

Логика кезеңі басталды 84

Құдайшыл махаббаттан бақытты қанағат табыңыз 86

Зұлымдық бумеранггың өзі 86

Пікірден қателесу сізді жаман қылық жасауға мәжбүрлейді 87

Әрбір заңның себебі 88

Нағыз қару: бұл Бейбітшілік пен Махаббат 90

Шынайы гуруға бағыну- даналыққа апарар ең сенімді жол 91

Рухани сананың көптүрлілігі 93

Ақиқат дегеніміз не? 94

Рухани сана өмірді толыққанды етіп отырған барлық қағидаларға бағынады ... 95

Ішкі әлем сыртқы әлемге қарсы 96

Руханилық бақылауға алынған тіршілік қарекеті алаңын қамтиды 97

Есепке алынатын шынайылық пен ынта 100

Материалдық және рухани сананың қарама- қайшылығы 101

Сіздің игілігіңіз рухани санадан тұрады 103

Ақыл-парасат: шексіз мүмкіндіктердің кең орны 105

Біздің ұсақ ақылымыз Құдайдың Құдіретті парасатының бір бөлшегі ... 105

Сіздің жаныңызда табыс ұрығы бар 106

Ой заттана алады 107

Бір нәрсеге қол жеткізу Құдайға жағыну деген сөз 109

Өзіңізді Құдаймен бірге дамытыңыз 110

Пайданы жағдайдан шығара біліңіз 111

Сәтсіздікпен келіспеңіз 113

Құдай уағызын сұраңыз 114

Сіз өзіңіздің дәрменсіздігіңізді немесе күшіңізді өзіңіз жасайсыз 115

Құдайсыз материалдық табыс бос 116

Құдайды үндемеу антын бұзуына мәжбүр етіңіз 117

«Құдайым, мені рухани сайқымазақ ете көрме» 118

Құдайға жағынудың қуанышы 119

Неліктен зұлымдық Құдай жаратылыстың бір бөлшегі болып табылады **121**

Бұл әлемде мүлтіксіздік жоқ 122

Махаббат ұлы жеңімпаз күш 125

«Тақуалы өмір үшін өмірімді қиюға дайынмын» 126

Ғарыштық кинофильм 127

Құдайды ұғынған жан үшін зұлымдық деген болмайды 129

Махатма Гандидің жұмбақтары **131**

Діни принциптер өмір сүрудің негізін құрайды...........................132

Махатма Ганди: саясат билігіндегі бүкіл халықты саяси құтқарушы.......133

Інжіл ақиқатының тірі кейпі..134

Саясаткерлер үшін керемет үлгі..135

«Біреуі барлығы үшін және барлығы біреуі үшін».......................136

Үндістан үшін Ганди мұраттары не істеді..................................137

Христиандық ілімінің оралуы..138

Зұлымдыққа махаббатпен қарсы әрекет ету................................139

Нағыз теңдікке махаббат арқылы жетеді....................................140

Жек көрушілікті жойыңыз, сонда бейбітшілік те келеді.............141

Магнетизм: Жанның ажырамас күші **144**

Азық-түлік әдетінің магнетизмге ықпалы....................................145

Бүкіл әлем вибрациясы сіздің тәніңіз арқылы өтеді....................147

Сабырлылық сізді жағымсыз вибрациялардан қорғайды............148

Тақуалардан магнетизмді қалай «ұрлауға» болады....................148

Өз уақытыңызды қадірлеңіз..150

Мылжың болмаңыз...150

Риясыз махаббат магнетизмі...152

Құдайды өзіңіздің бойыңыздан өткізіңіз.......................................152

Сіздің күмәніңіз Құдайды жақындатпайды...................................153

Құдайдың барлығын сіңіріп алатын махаббаты..........................154

Құдай Рухына құлақ түріңіз...156

Психологиялық жиһаз **158**

Қандай аспаптар бізді психологиялық жиһаз етеді?...................159

Адам өзгешелігі..161

Қауіпті психологиялық жиһаз..163

Жиһаздың сөзқұмар бөлшегі..164

Құныңызды көтеру үшін тұрақты түрде күш салыңыз................164

Басқа адамдардың ішкі ерекшеліктеріне бой ұсынуға тырысыңыздар.......166

Даналық дегеніміз қашау, махаббат дегеніміз зімпаралы қағаз.......166

Естің беймәлім әлеуеті **168**

Адамның жер есінің ақырғы әрекеті...169

Алдыңғы өмір естеліктері..170

Өткен өмірден тек жақсы әдеттерді ғана таңдаңыз.................171

Өткен қателіктерді ұмытыңыз..172

Ақиқат пен мейірімділікке ұмтылыңыз 173

Есті қалай жетілдіруге болады 174

Рухпен өзіңіздің бірлігіңізді ұмытпаңыз 175

Дене, ақыл-ой және рухани сауықтыру әдістерінің келісімі 177

Сауығудың үш негізгі әдісі 180

Барлығы да –ой күші 181

Егер басқара білсеңіз, ақыл-парасат жұмыс жасайды 183

Ақыл-парасат жағымсыз, жағымды нәтижеге де алып келуі мүмкін 185

Адам гипноздалған адасумен сақталған 186

Қайғыру басқалардың жақсы тұрмысы үшін болуы мүмкін 188

Адасудан азат болу үшін құдайда ояныңыз 189

Тамаша сауықтыру 191

Көбірек ақыл-ой күшіне ие болыңыз 192

Ақыл-парасат билігі сізге салмақты азайтып немесе көбейтуге көмектеседі 194

Арықпын деп ойла 196

Диетаның фанаты болмаңыз 198

Шаршамастан қалай жұмыс жасауға болады 200

Аштықтың табиғи инстинктіне қарсы мәдени дәмдер 201

Балғын жемістер мен көкөністер денсаулыққа өте маңызды 202

Жаттығулар шаршағанды басады 204

Энергияны босқа жоймаңыз 205

Жігерліліктің құпиясы 206

Ерік пен энергия қол ұстаса жүреді 207

Махаббат ең үлкен ерікті ынталандырушылардың бірі 209

Мазасыздық санасынан арылу 212

Табыс немесе сәтсіздік сіздің миыңызда анықталған 213

Біз жер бетіне сабақ алу үшін келдік 214

Ақыл-ой бейтараптығын қолданыңыз 216

Құдай Сізден ешқашан бас тартпайды 218

Егер Құдай кармадан арыла алса, біз неліктен арыла алмаймыз 219

Аурудың үш себебі бар 220

Сіз бен дене ауруы арасындағы байланыс тек ақыл-ой байланысы 221

Ұйқы кезінде сіз кармадан арылған күйдесіз 223

Өлім- марапат 223

Жаман карманы дұрыс әрекетпен қиратыңыз 226

Гуру көмегі 228

Кармадан жоғары болудың үш тәсілі 229

Крия-Йога карманың түрме торларын бөледі 229

Өлім санасы мен өлімді жеңудегі йога өнері **231**

Өзін-өзі ұстай білуге үйренудің физиологиялық әдістері 232

Өлім шын мәнінде сәтсіздік немесе жасырын ризашылық па? 233

Аурудың рухани психологиясы 234

Өлім қасіреті өз-өзіне келтірілген 235

Неліктен қарапайым адам өлімнен соң өзінің бұрынғы өмірін ұмытады 236

Жан ынтықтығының бұғауын қалай қысқартуға болады 238

Сезім жанды қалай бүркемелейді **242**

«Сонда бақылаушы (жан) оның жеке жағдайына орнатылған» 242

Сезім мен эмоция жанды көлеңкелейді 243

Кішіпейілдік жанды тәуелді етеді 243

Байсалды қатынас жан түсінігін мәпелейді 244

Жұмысты беріле жасаңыз, бірақ құштарлық болмасын 246

Себеп дұрыс және бұрыс әрекеттер белгісі 248

Сабырлылық дұрыс әрекеттің атасы 249

Өзіңді физикалық дене ретінде емес, жан ретінде қарастыру 251

Өзіңіздің терең медитацияңызды қолданып, оның ықпалын сақтаңыз 252

Йог мақсаты барлығынан бас тарту **254**

Құдайға көбірек тәуелді болыңыз 255

Құдай бір жақты құлай берілгендікті бағалайды 256

Йога: Әмбебап орташа жол 258

Құдайға жағыну үшін бүкіл міндеттерді орындаңыз 259

Өмір драмасында өз роліңізді жақсы орындаңыз 260

Әлемде өмір сүріңіз, бірақ әлем үшін емес 261

Құдай санасындағы өмір 262

Бүлінгіш әлемдер апаттарының қажымас ортасына шыдаңыз 264

Құдай фильмінен қорықпаңыз 265

Құдайды өміріңіздің темірқазығы етіңіз 265

Құдайдың пайымы әділ 266

«Қолыңдағы барыңмен парасатқа ие болғын» **268**

Құдайды білетін рухани Ұстаз көмегін іздеңіз 269

Түсініксіз өмір рухани әлем үшін де материалдық әлем үшін сәтсіздік............................271

Түсініктің жүрегі мен ақыл-парасаты болуы шарт.............................272

Өзіңіздің дұрыс, не бұрыс екеніңізді шынайы түсінік айтады.............................273

Гуруымның басшылығы мені көреген етті.............................274

Ойланбастан жақсы шешім қабылдаңыз.............................276

Дұрыс нәрсені қолдаңыз.............................277

Түсінікті Құдайға сену арқылы табыңыз.............................277

Критицизм **279**

Иса қазір қайда және немен айналысуда?....................................**283**

Азат болған әулиелер әлемді қалай бақылайды.............................284

Христос кеткен жоқ, ол сені бақылап отыр.............................285

Христос секілді өмір сүру қиын, бірақ пайдалы.............................286

Христостың мызғымас махаббатының ескерткіші.............................287

Мен Христос ілімдерінің маңызын Үнді Гурулары арқылы таныдым.............................288

Өзіңді ренжіткендерді сүйе біл.............................289

Қазымыр адамды қалай өзгерткен.............................291

Егер сен тарбағанмен байланыссаң, онда раушан гүлдің жұпар
    иісін сезіне алмайсың.............................292

Жан жарасы тән жарасына қарағанда қаттырақ аурады.............................293

Зұлымдық жасағандармен өз жаныңды ластама.............................293

Егер сен маған Христос өмірімен өмір сүруге қосылсаң.............................294

Жандар қайта кейіпке ене ме?..**297**

Құдай жаратылысынан біз бейберекеттік жасадық.............................298

Біз өзімізді пенде ретінде санаймыз, өйткені сана
    үздіксіздігінде кемшілікке иеміз.............................300

Біз өткен өміріміздегі проблемаларды еске алғымыз келмейді.............................301

Бұдан соң не боларына мән берместен, қазір әділ болыңыз.............................302

Біз соқыр мүмкіншіліктің өнімі емеспіз.............................303

Бар мақсаттар өткен өмірлер сипатын айқындайды.............................304

Сіздің әдетке айналдыратыныңыз біздің құдайшыл табиғатымыз.............................305

Өлім мен өмір құпиясына жауап іздеңіз.............................306

Бұрын білген жандарды қалай танимыз.............................308

Өткен өмірдегі дұшпандарыңызға махаббат пен кешірім
    арқылы көмектесіңіз.............................310

Құдайды іздеңіз: Ол сізге өзіңіздің өткен өміріңіздің жарқылын көрсетеді.............................310

Егер күш салсаңыз, Құдайды табасыз.............................311

Құдай келген кезде адасу шымылдығы кішірейеді.............................312

«Мен мұнда тек сізге Құдайдың өзі сол қуаныш екенін айту үшін келдім» 313

Сіздердің марқұм болған сүйіктілеріңіз қайда? **316**

Ойдың түсініксіз әлемі...............................316

Көк аспан қайда?......................................318

Біз өлім де қирата алмайтын құдай ойларынан жаратылғанбыз...........................319

Сүйіктілеріңізді табудың дұрыс әдісін біліңіз.............................320

Астралдық әлемде сала көп.............................321

Жұмақ әлемімен коммуникация құпия сақталатын ғылым 322

Әулиелер рухани дамымаған жандарға келмейді.............................323

Марқұм жандарға ойларды беру техникасы............................326

Қайтадан туылған сүйіктілерімізді таба аламыз 327

Нағыз махаббат әр өмір сайын жандарды біріктіреді...........................328

Жан мен оның бақыты мәңгілік 329

Махаббат туралы ойлар............................**331**

Белгілі және белгісіз **334**

Талантты қалай дамытуға болады 334

Сізді керемет ететін негізгі ойды мойындаңыз 336

Бұқаралық пайда болу бөлек дамуды есепке алуы керек 337

Өткен тілектер қазіргі негізгі ойды береді 338

Қаншама мейірімді ерікке біз иеміз?...........................339

Ғарыш заңы біздің шешіміміз арқылы әрекет етеді.............................341

Құдай үшін өмір сүріңіз 342

Өз тағдырымызды басқару **344**

Адамзат тағдыры адамдардың іс-әрекетінен туындайтын өткен

және қазіргі өміріңе байланысты 346

Ұлы адамдардың үлгісі біздің тағдырымыздың жазылмағанын көрсетеді............351

Ойша тән шектеуінен бөлініңіз 351

Құдіретті күш Ойда негізделген 352

Жақсы, не жаман қонақтар **355**

Құдайға хат.......................................356

Өзіңді жаман әдеттерден қадай арылтуға болады **359**

Анықталған әдет 360

Өткен өмірден келген зиянды әдеттерді қадағалаңыз........................361

Балаларды дұрыс әдеттер қалыптастыруына үйретіңіз.....................362

Арбауга орын жоқ дегенде, оның мәнін есіңізде ұстаңыз..................363

Ұнату мен жаратпаушылыққа жагынбаңыз...363

Жаман әдеттер сегізаяққа ұқсайды..364

Тәуелді болуга деген тілегіңізді үйретіңіз...365

«Болмайды» тарихын ерік күші қозгайды...367

Ерік күшін шогырландыру арқылы әдеттер пайда болуы мүмкін......367

Өзіңіздің шын мәнінде кім екеніңізді білу үшін өз-өзіңізді
     саралаумен айналысыңыз..368

Тұрақты бейбітшілік пен қуаныш сыртыңызда емес, ішіңізде..........369

Қазір рухани әдеттер қалыптастырудың ыңгайлы сәті...................370

Әдеттерді жасау және қирату техникасы...371

Қиял рахаттары Құдай шаттыгын алмастыра алмайды....................372

Гүлденген қасиеттер багы..**373**

Шыгыстық және батыстық христиандық...**376**

Шынайы христиандық...376

Шыгыстагы өмір жагдайы әр түрлі болатын....................................378

Неліктен Батыста христиандық басқаша...381

Нагыз Құдаймен байланысу қажет..383

Шыгыс пен Батысқа тепе-теңдік қажет...385

Құдайды гылыми тұргыдан тану..386

Шексіз әлем..**389**

Түсінік теріс ұгымнан азат етілуі тиіс...390

Әлемді өз ұлтыңыз бен отбасыңызды сүйгендей сүйіңіз...................390

Халықаралық өзара түсіністік алауыздық шекарасын ерітеді........392

Біз Құдайды барлық жерден көре білген кезде бейбітшілік орнайды.....392

Бейбітшілік отбасында және мектепте басталады..........................393

Өзімшілдік болмаса, согыс та болмас еді..394

Йога медитациясы біздің діни табигатымызды ашады......................395

Егер әрбір адам Құдаймен қатынас жасауга үйренсе, әлемде
     салтанат орнайды..397

Құдайды білу барлыгын сүю дегенді білдіреді.......................................**398**

Махаббат, даналық және сұлулық Құдайы...399

Құдаймен байланыс барлық сұраққа жауап бере алады....................400

Ол Құдай ізденісінде Жеңімпаз..401

Ақиқат бағы Құдаймен қатынаста табылған..402

Өзіңнің рухани молшылығыңа жүгін..403

Құдайға қалай жақындауға болады...406

«Маймыл процесі» - және оның жалғасы...408

Құдайдың бар екенін дәлелде..409

Құдайды тану әдісі..410

Шадыман тақуа..**416**

Құдай дербесте өзіндігі жоқта болып табылады **418**

Құдай дербесте өзіндігі жоқта екеуіде..420

Тіпті соңыда шексіз...421

Абсолют барлығын қамтитындықтан ол сипатталмайды......................423

Құдай- адам кейіптерінде көрінеді..423

Гуру құдай үлгісі болып табылады...424

Құдаймен бірліктегі адам кез-келген уақытта пайда бола алады........426

Құдайды тану бұлжымас шешімді талап етеді...427

Медитацияның дұрыс әдістері қажет...428

Құдайды іздеуіңізді кейінге қалдырмаңыз...429

Жеңіске жету жолдары...**431**

Ақыл-парасат жеңілген күйде қала алмайды..432

Зұлымдық Құдайды ұғынуға кедергі келтіруші......................................433

Өзіңді жеңу- ең Үлкен Жеңіс..434

Өзіңіздің туа бітті мүлтіксіздігіңізге сенімді болыңыз.........................436

Құдайды жұмыс үшін емес, жұмысты Құдай үшін жасаңыз..................438

Құдай құпия арқылы емес, жан сәулесі арқылы үйретеді......................440

Табыс көзі тілек сұраушының рухани дәрежесіне байланысты............441

Құдай қуанышына қуанып, басқаларға қызмет етіңіз...........................442

Құдай жолына жету түпкілікті жеңіс..443

Құдайды іздеу мүмкіндігін жоғалтпаңыз..444

"Оны тамашалауға бата алғанмын" **446**

Жаңа жылдың жаңа бастамасы..447

Өмірдің драма фильмі..448

Іске асу таудан ба немесе тірі жандардан ба?..449

Шри Юктешвардың тірілуі...450

Арбауға қарағанда Құдай сондай еліктіргіш 451

Құдайды өзіңізбен бірге өз өміріңіз арқылы алыңыз........................**453**

Адам Құдай образы бойынша жаратылған.................................454

Құдай өзін сізге мәжбүр етпейді...456

Гуруды Құдай жібереді...456

Өзінің тақуасына Құдайдың берген жауабы 457

Америкаға арналған махаббат хабарламалары 458

Біздің міндетеміз Құдай...459

Бақылауға алынған ақыл-парасат ауруды азайтады..............460

Құдайды тапқандардың соңынан еріңіз 463

Ләззат Аврорасы **464**

Христостың дауысына үн қатыңыз! **467**

Құдаймен және Христоспен діни қатынас..**478**

Мәңгі Роман **485**

Құдай Өз санаңыздың есігінің алдында тұр............................486

Құдай біздің махаббатымызды аңсайды.................................486

Тілек барлық тілектердің соңында 487

Надандық Құдай күшін пайдаланбау дегенді білдіреді...........488

Құдай- нағыз тартымды тіршілік иесі 490

Сырттай қарағаннан гөрі, онда өмір көбірек 491

Құдай әрдайым бізбен бірге..492

Құдаймен болатын роман мәңгі...494

Махаббаттың қасиетті жазбасы **496**

Парамаханса Йогананда: өмірдегі және өлімдегі йог ... .501

Автор туралы 502

Self-Realization Fellowship-тің мақсаттары мен идеалдары 505

Йог өмірбаяны..507

Глоссарий..516

Суреттеме

Мұқабасы: Парамаханса Йогананда,1951 жыл

Парамаханса Йогананда (*фронтиспис*)...ii

Парамаханса Йогананда Калифорния лейтенант губернаторы

    және Гудвин Дж. Найт ханым,1950 жыл, Көл ғибадатханасының

    ашылу салтанаты...5

Парамаханса Йогананда йога класын 2 қалада өткізуде............................7

Парамаханса Йогананда дәріс туры кезінде Аляска, 1924 жыл 38

Шри Йогананда және Лютер Бербанк, Санта-Роза, 1924 жыл.................... 39

Парамаханса Йогананда және төреші A.D Брэндон, Питтсбург,

    1926 жыл... 39

Парамаханса Йогананда және мадам Амелита Галли-Курчи,

    Washington, DC, 1927 жыл..348

Свами Шри Юктешвар мен Парамаханса Йогананда діни шеруде,

    Калькутта, 1935 жыл...350

Парамаханса Йогананда, 1951 жыл..380

Өзіндік таным қоғамдастығының халықаралық штаб-пәтерінің әкімшілік

    ғимараты, Лос-Анджелес, Калифорния...382

SRF Эрмитажы,Энсинитас, Калифорния,(*Стив Уэленнің фото альбомынан,*

    Америка елінің азаматы, Солана Бич, Штат Калифорния).....................382